科技赋能 机器换人
穿梭车密集存取解决方案
堆垛机自动存取解决方案
AMR智能搬运解决方案
输送分拣解决方案
物流仓储管理软件系统
10 出口国家
300 服务客户
300 智能制造
1000 物流中心
30 应用行业
150 软件著作权
200 专利
1000 核心团队
GALAXIS
GALAXIS
凯乐士科技
400-101-0947
info@galaxis.com.cn
www.galaxis-tech.com
U0944695
凯乐士微信公众号
凯乐士抖音

Produced by
FOTONDAIMLER
福田戴姆勒
Galaxy

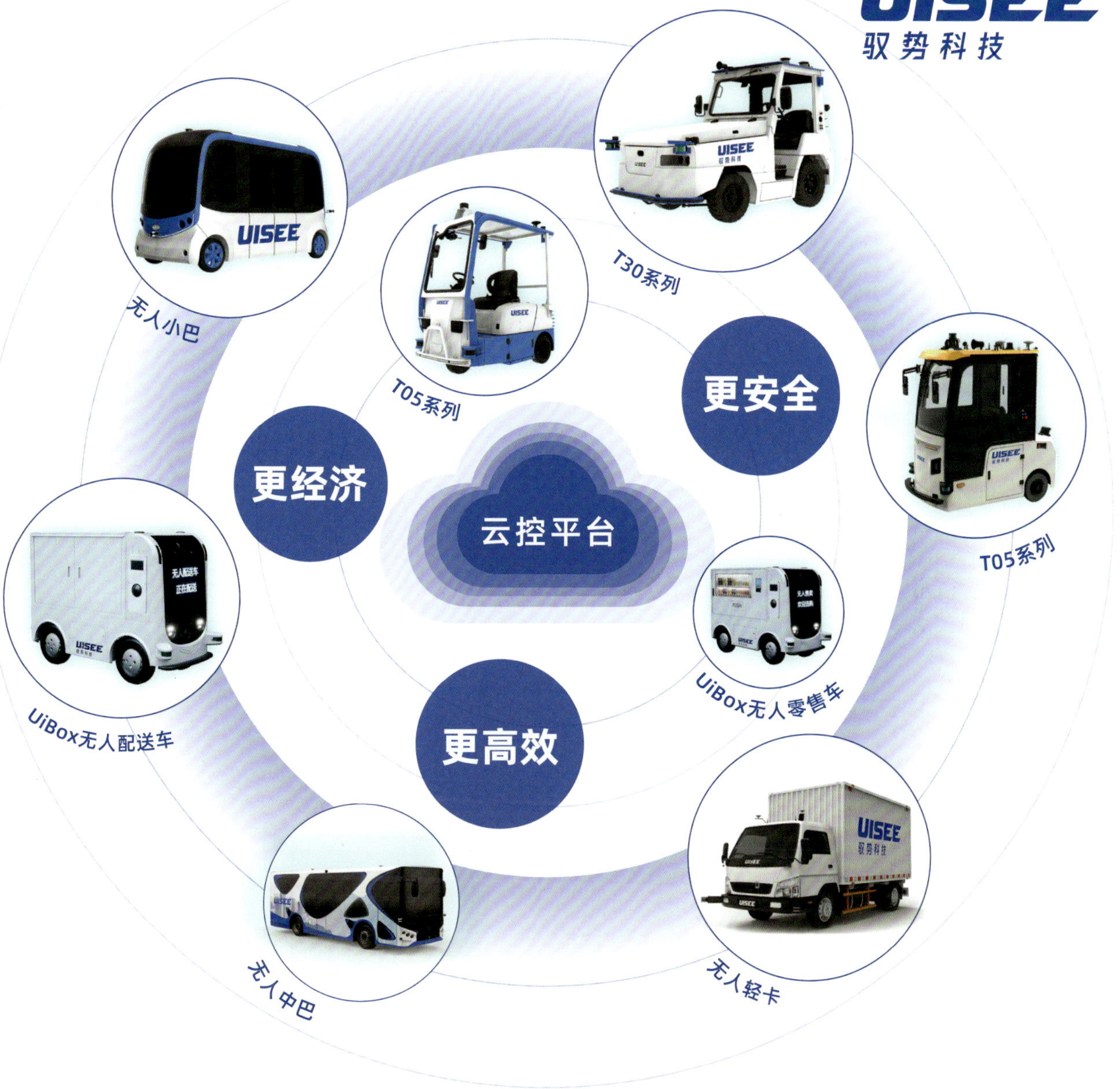

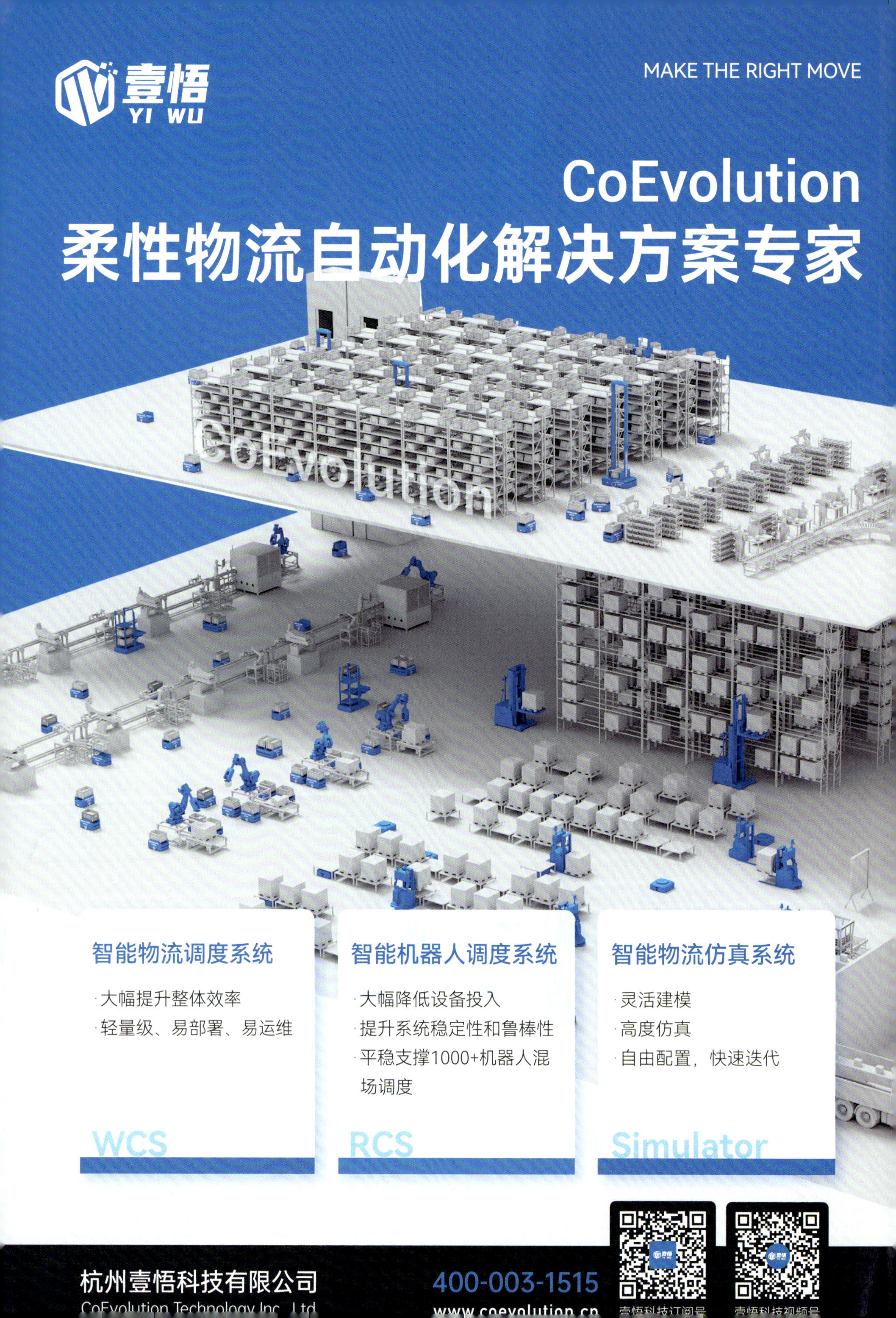

壹悟
YI WU
MAKE THE RIGHT MOVE
CoEvolution
柔性物流自动化解决方案专家
智能物流调度系统
·大幅提升整体效率
·轻量级、易部署、易运维
WCS
智能机器人调度系统
·大幅降低设备投入
·提升系统稳定性和鲁棒性
·平稳支撑1000+机器人混场调度
RCS
智能物流仿真系统
·灵活建模
·高度仿真
·自由配置，快速迭代
Simulator
杭州壹悟科技有限公司
CoEvolution Technology Inc., Ltd
400-003-1515
www.coevolution.cn
壹悟科技订阅号
壹悟科技视频号

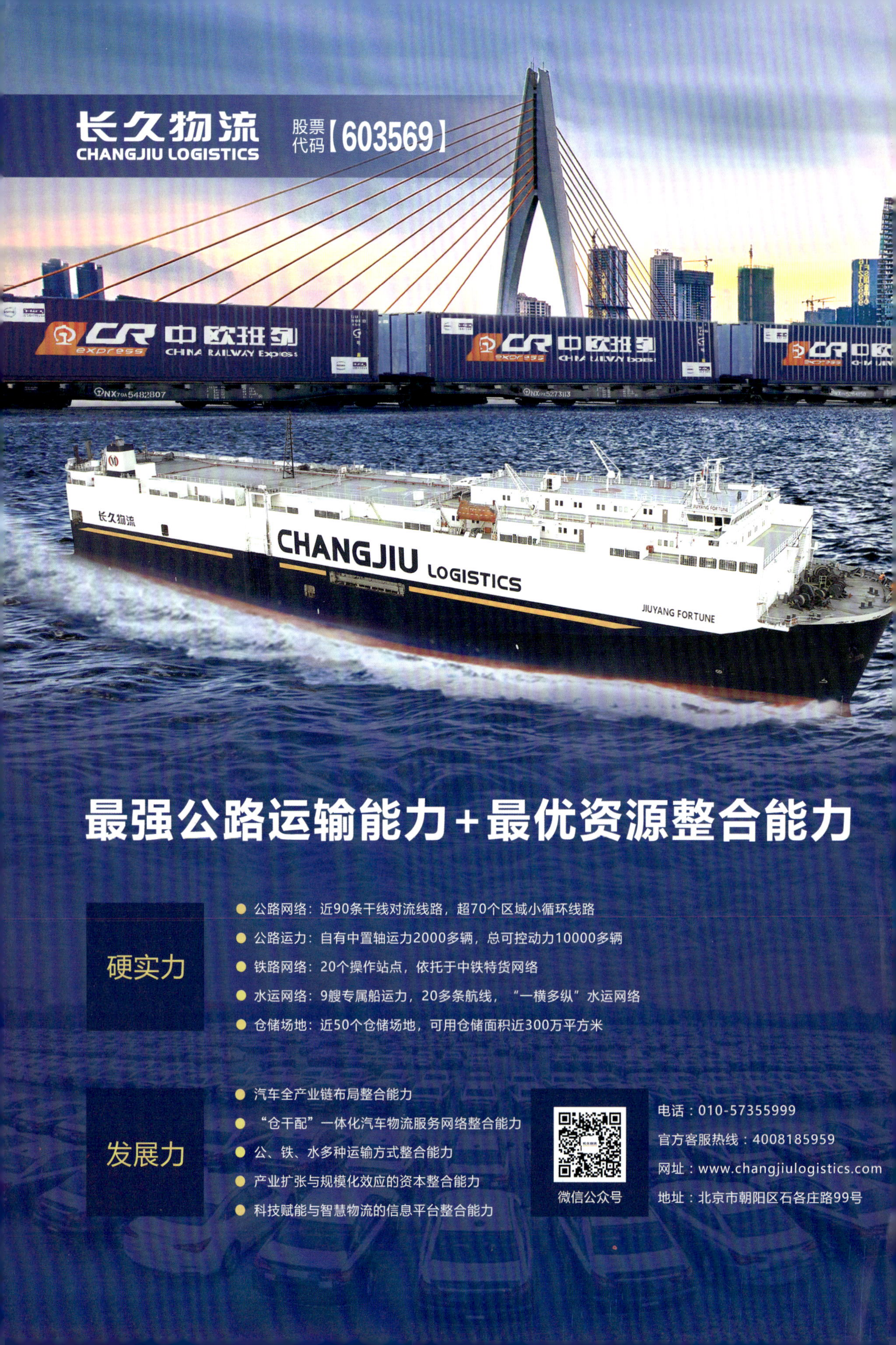
长久物流
CHANGJIU LOGISTICS
股票代码【603569】
CR 中欧班列
CHINA RAILWAY Express
CHANGJIU LOGISTICS
JIUYANG FORTUNE
最强公路运输能力+最优资源整合能力
硬实力
公路网络：近90条干线对流线路，超70个区域小循环线路
公路运力：自有中置轴运力2000多辆，总可控动力10000多辆
铁路网络：20个操作站点，依托于中铁特货网络
水运网络：9艘专属船运力，20多条航线，“一横多纵”水运网络
仓储场地：近50个仓储场地，可用仓储面积近300万平方米
发展力
汽车全产业链布局整合能力
“仓干配”一体化汽车物流服务网络整合能力
公、铁、水多种运输方式整合能力
产业扩张与规模化效应的资本整合能力
科技赋能与智慧物流的信息平台整合能力
微信公众号
电话：010-57355999
官方客服热线：4008185959
网址：www.changjiulogistics.com
地址：北京市朝阳区石各庄路99号

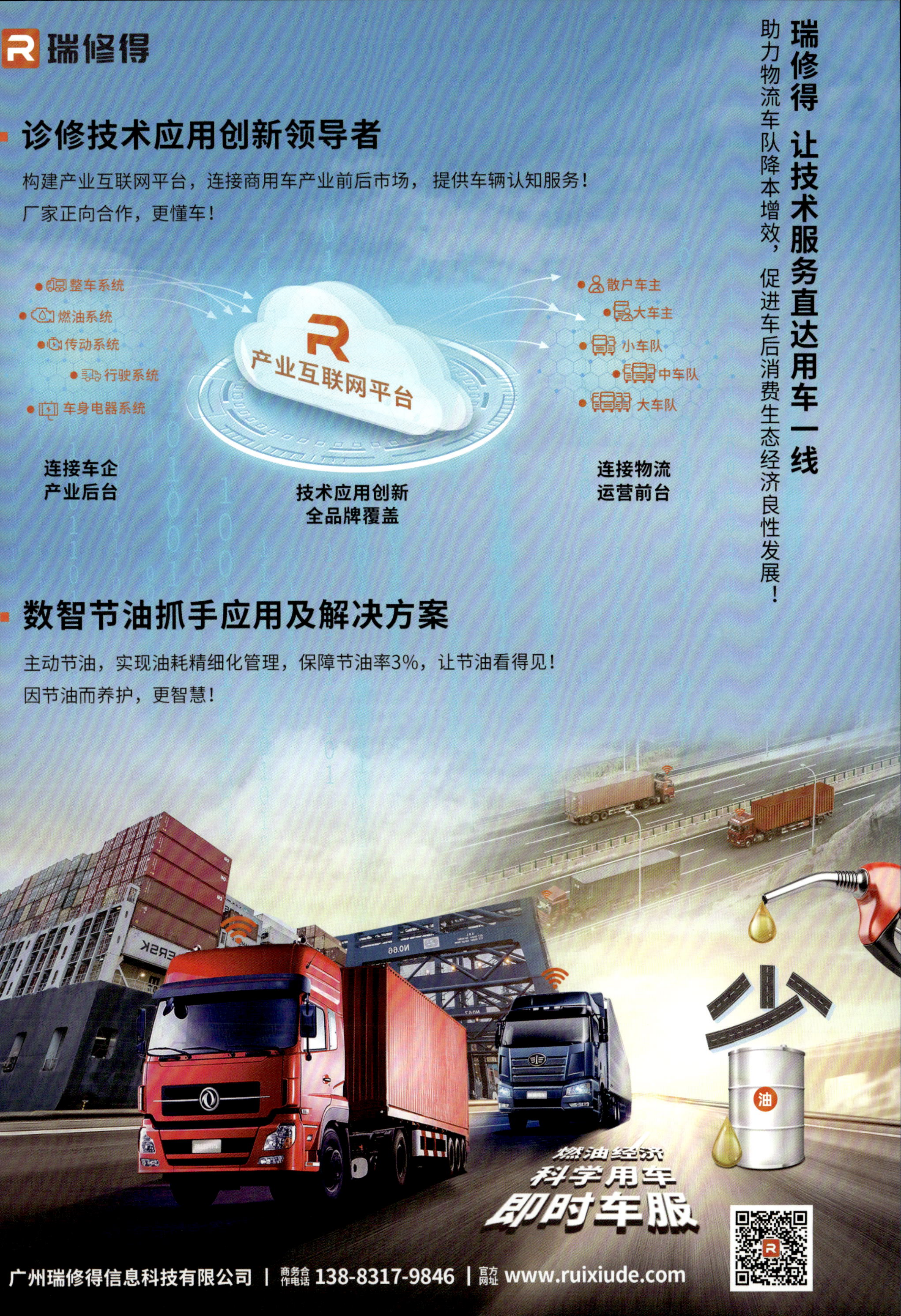
瑞修得
瑞修得 让技术服务直达用车一线
助力物流车队降本增效，促进车后消费生态经济良性发展！
诊修技术应用创新领导者
构建产业互联网平台，连接商用车产业前后市场，提供车辆认知服务！
厂家正向合作，更懂车！
整车系统
燃油系统
传动系统
行驶系统
车身电器系统
产业互联网平台
散户车主
大车主
小车队
中车队
大车队
连接车企
产业后台
技术应用创新
全品牌覆盖
连接物流
运营前台
数智节油抓手应用及解决方案
主动节油，实现油耗精细化管理，保障节油率3%，让节油看得见！
因节油而养护，更智慧！
少
油
燃油经济
科学用车
即时车服
广州瑞修得信息科技有限公司 | 商务合作电话 138-8317-9846 | 官方网址 www.ruixiude.com

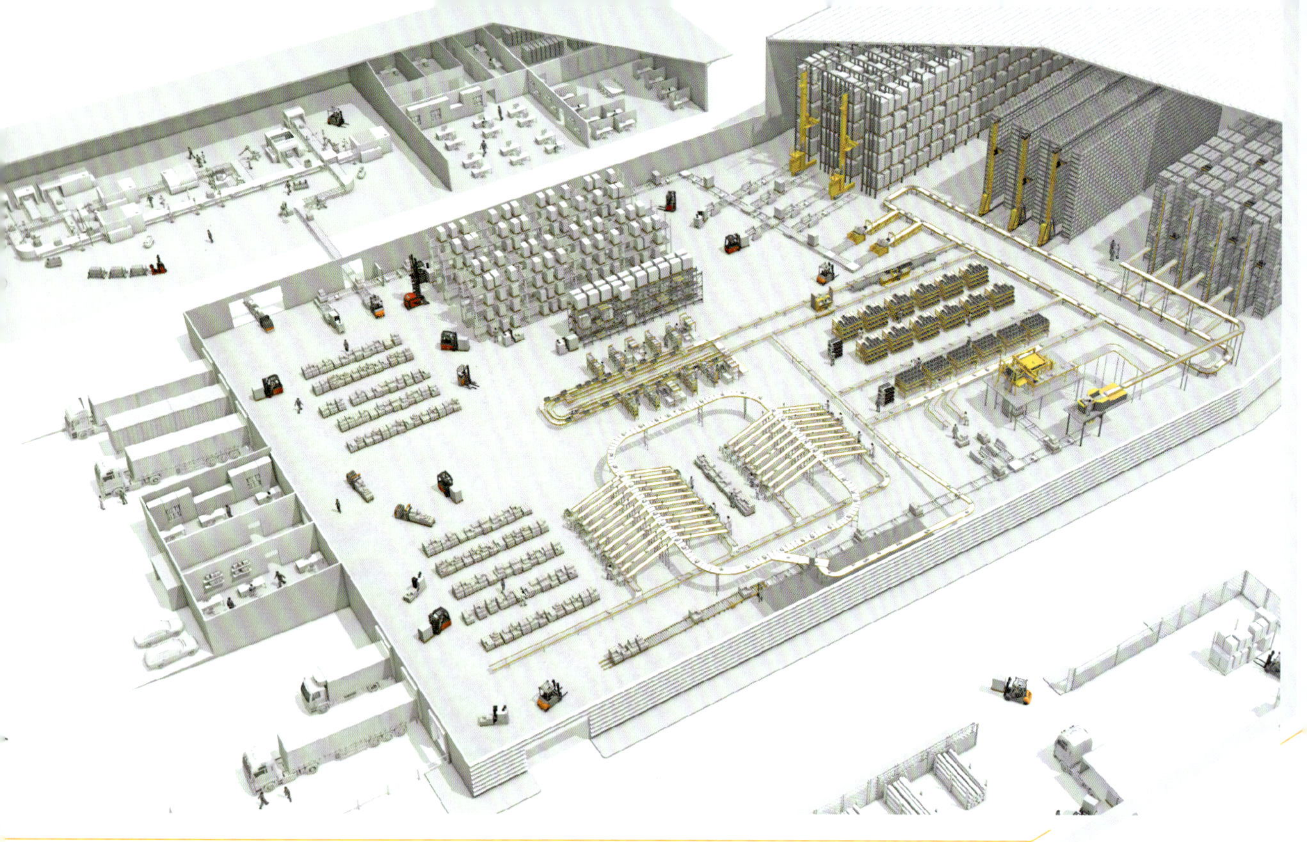

中国物流技术发展报告（2022）

主　编　何黎明

副主编　张晓东　马增荣　王　沛

中国财富出版社有限公司

图书在版编目（CIP）数据

中国物流技术发展报告．2022 / 何黎明主编．—北京：中国财富出版社有限公司，2023.5

ISBN 978-7-5047-7895-6

Ⅰ.①中…　Ⅱ.①何…　Ⅲ.①物流技术—研究报告—中国—2022　Ⅳ.①F259.239

中国国家版本馆 CIP 数据核字（2023）第 079969 号

策划编辑 郑欣怡　**责任编辑** 庞冰心　**版权编辑** 李　洋
责任印制 尚立业　**责任校对** 杨小静　**责任发行** 敬　东

出版发行 中国财富出版社有限公司
社　　址 北京市丰台区南四环西路 188 号 5 区 20 楼　**邮政编码** 100070
电　　话 010-52227588 转 2098（发行部）　010-52227588 转 321（总编室）
010-52227566（24 小时读者服务）　010-52227588 转 305（质检部）
网　　址 http://www.cfpress.com.cn　**排　　版** 宝蕾元
经　　销 新华书店　**印　　刷** 宝蕾元仁浩（天津）印刷有限公司
书　　号 ISBN 978-7-5047-7895-6/F·3542
开　　本 787mm×1092mm　1/16　**版　　次** 2023 年 5 月第 1 版
印　　张 29.5　**彩　插** 1　**印　　次** 2023 年 5 月第 1 次印刷
字　　数 632 千字　**定　　价** 218.00 元

《中国物流技术发展报告（2022）》编写人员

主　编：何黎明

副主编：张晓东　马增荣　王　沛

成　员：左新宇　李艳东　王　辉　朱　应　王　坤　吉　莹
宋夏虹　张晋姝　施　伟　邓　彬　房宇轩　韩首侃
梁力元　李夏曦　齐　昕　吴一非　蒋卓玲　吕晨菲
陆　铮　王羽凡　万　辉　赵启昕　代辛倩　刘世钰
魏　然　杨佳俊　章凯祥

承办部门：中国物流与采购联合会物流装备专业委员会

电话：010-83775811

邮箱：zbw@ wlzb. org. cn

前　言

2022年是中共二十大召开之年，是实施“十四五”规划的关键之年，是我国踏上全面建设社会主义现代化国家新征程、向第二个百年奋斗目标进军的重要一年。这一年，我国高效统筹疫情防控和经济社会发展，全年经济总量超过120万亿元，“物流业一头连着生产，一头连着消费”，支撑着经济运行与产业链供应链安全稳定，保通保畅稳产稳链的系列举措帮助企业和百姓克服了诸多不易；这一年，我国成功举办北京冬奥会、冬残奥会，北京冬奥会主物流中心无人化、智能化技术高效保障了赛事运行，赢得世界赞誉；这一年，我国白鹤滩水电站全面投产发电，世界最大清洁能源走廊建成，安全高效运输大型发电机组彰显了中国物流的力量；这一年，我国新能源汽车产销量连续八年保持全球第一，绿色物流的发展理念已经深入人心，成为发展共识。现代物流高度集成并融合运输、仓储、分拨、配送、信息等服务功能，是延伸产业链、打造供应链、提升价值链的重要支撑，在构建现代流通体系、促进形成强大国内市场、推动高质量发展、建设现代化经济体系中发挥了先导性、基础性、战略性作用。

中共二十大报告指出，“着力提升产业链供应链韧性和安全水平”，“确保粮食、能源资源、重要产业链供应链安全”。中央财经委员会第十一次会议提出，要加强信息、科技、物流等产业升级基础设施建设，布局建设新一代超算、云计算、人工智能平台、宽带基础网络等设施，推进重大科技基础设施布局建设。《“十四五”现代物流发展规划》中也指出，要强化物流数字化科技赋能。可见，科技日益成为实现我国物流业高质量发展的重要手段。

近年来，移动互联网、大数据、云计算、物联网等现代信息技术在物流领域实现广泛应用，网络货运、数字仓库、无接触配送等“互联网+”高效物流新模式新业态不断涌现，自动分拣系统、无人仓、无人码头、无人配送车、物流机器人、智能快件箱等新型智慧技术装备加快应用，高铁快运动车组、大型货运无人机、无人驾驶卡车等新型载运工具起步发展，绿色包装、新能源汽车、绿色托盘等绿色技术装备不断推广，物流创新发展活力不断增强，物流技术发展不断加快，物流数字化、网络化、智慧化程度不断提高，物流技术在提质量、增效能、降成本、育生态等方面为物流业高质量发展注入了强大动力。

《中国物流技术发展报告》记录着我国物流技术发展与应用的点点滴滴，旨在反映物流技术发展的新特点，总结物流技术研发与应用的新进展，探讨未来发展的新趋势。2023 年我们迎来了第 7 位家庭成员——《中国物流技术发展报告（2022）》（以下简称《报告》），《报告》是在总结前 6 年编写经验的基础上，充分听取行业相关人士、专家及读者建议，借鉴中国物流与采购联合会物流装备专业委员会的行业实践，并吸收 2022 年全球物流技术大会及物流技术相关前沿发展资料而完成的最新成果。章节结构方面，《报告》基本延续了 2021 年的总体框架结构，保持了系列特色。同时，在编写的过程中遵循了以下原则。一是全面性，《报告》力求覆盖物流技术的主要方面，既包括运输、储存、包装、信息等功能类物流技术，又包括汽车、航空、快递、服装、医药、冷链等专业场景与特色物流技术。二是实时性，《报告》充分结合时代发展情况，展现物流技术最新发展成果与发展趋势。三是实用性，《报告》不仅展现各领域崭新的物流装备技术，而且着重反映新装备技术下新的物流运营组织技术，尽可能多地为读者勾勒出技术的应用场景。四是可读性，《报告》摒弃晦涩难懂的专业技术表述，力求用通俗易懂的语言展现各项物流技术的发展历程、特性用途和应用场景。

《报告》由何黎明任主编，张晓东、马增荣、王沛任副主编。何黎明提出顶层设计，张晓东、马增荣负责确定《报告》总体框架和章节结构，并明确技术要点、把握报告逻辑。《报告》由中国物流与采购联合会和北京交通大学交通运输学院的相关人员参与编写。其中，第一章由何黎明、张晓东、马增荣、房宇轩编写；第二章第一节由左新宇、李艳东、梁力元编写，第二节由王沛、王羽凡编写，第三节、第四节由张晓东、梁力元编写，第五节由马增荣、王羽凡编写；第三章第一节由马增荣、朱应、吕晨菲编写，第二节由马增荣、左新宇、王辉、刘世钰编写，第三节由张晓东、刘世钰编写，第四节由左新宇、吉莹、吕晨菲编写；第四章第一节、第二节由王沛、蒋卓玲编写，第三节、第四节由李艳东、魏然编写，第五节由马增荣、蒋卓玲编写；第五章由张晓东、左新宇、王坤、韩首侃、章凯祥编写；第六章由左新宇、李艳东、万辉、杨佳俊编写；第七章由张晓东、左新宇、王辉、朱应、赵启昕、代辛倩编写；第八章第一节由张晋姝、宋夏虹、齐昕编写，第二节由王辉、齐昕编写，第三节由朱应、吴一非编写，第四节由施伟、陆铮编写，第五节由张晓东、陆铮编写，第六节由马增荣、王辉、吴一非编写，第七节由张晓东、陆铮编写，第八节由马增荣、齐昕编写；第九章由左新宇、邓彬、李夏曦编写。

《报告》中主要数据来源于国家统计局、国家发展改革委、中国政府网，大多为初步统计数据，未包括香港特别行政区、澳门特别行政区和台湾地区。其中出现的增长速度（增长率）大多按可比价格计算。《报告》中部分数据因四舍五入的原因，存在总计与分项合计不等的情况，未进行机械调整。

《报告》在编写过程中，得到了国内外许多物流技术装备企业以及专家、学者的大力支持，获得了宝贵的一手资料。在此基础上，编写组认真研读、精心组织，尽可能将资料的价值最大化地呈现给读者。此外，中国财富出版社有限公司的编辑们在时间紧、任务重的情况下，加班加点工作，保证了《报告》如期出版。在此，对为《报告》编写提供帮助的各企业、专家和中国财富出版社有限公司表示衷心感谢。

物流技术体系庞大且发展日新月异，加之编者时间和能力有限，《报告》中难免存在不足与疏漏之处，衷心希望读者谅解并提出宝贵意见，以便在今后的报告中不断改进与完善。

编　者

2023 年 1 月

目　录

第一章　物流技术发展环境

2021年是国家“十四五”规划的开局之年，也是构建新发展格局的起步之年，国际环境复杂严峻、国内疫情多发散发等因素倒逼我国物流运行效率、供应链响应水平加速提升。物流一头连着生产，另一头连着消费，高度集成并融合运输、仓储、分拨、配送、信息等服务功能，是延伸产业链、提升价值链、打造供应链的重要支撑，在构建现代流通体系、促进形成强大国内市场、推动高质量发展、建设现代化经济体系中发挥着先导性、基础性、战略性作用。

第一节　物流技术发展经济环境

经济环境是物流技术高质量发展的重要宏观环境之一。良好的经济环境将为发展物流技术提供良好的市场需求环境，刺激物流技术进步。2021年，面对错综复杂的国内外环境与新冠肺炎疫情的影响，我国经济运行整体呈现平稳发展的态势。

一、经济总体运行情况

2021年，在深刻复杂变化发展环境下，我国经济发展仍保持全球领先地位，国民经济总体运行在合理区间，主要指标实现预期目标，构建新发展格局迈出新步伐，高质量发展取得新成效，“十四五”实现了良好开局。

（一）国内生产总值（GDP）

2021年国内生产总值1143670亿元，比上年增长8.1%。其中，第一季度国内生产总值同比增长18.3%，第二季度同比增长7.9%，第三季度同比增长4.9%，第四季度同比增长4.0%，经济整体增速逐步放缓。2022年前三季度国内生产总值870269亿元，第一季度国内生产总值同比增长4.8%，第二季度同比增长0.4%，第三季度同比增长3.9%，经济总体呈现恢复向好态势。2017—2022年前三季度我国国内生产总值及其同比增长率如图1-1所示。

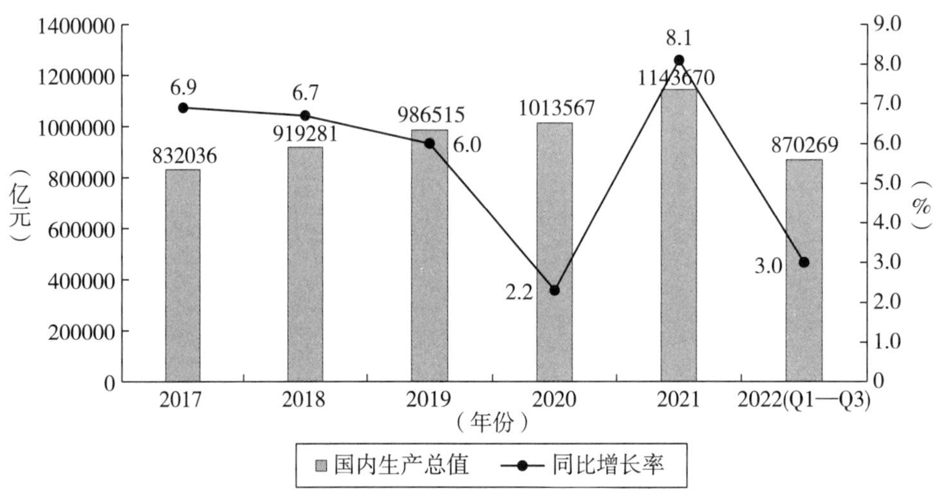

图 1-1　2017—2022 年前三季度我国国内生产总值及其同比增长率

资料来源：国家统计局、中国政府网。

（二）三次产业增加值

我国产业格局保持稳定，发展新动能不断增强。2021 年全国第一产业增加值 8.3 万亿元，同比增长 7.1%；第二产业增加值 45.1 万亿元，同比增长 8.2%；第三产业增加值 61.0 万亿元，同比增长 8.2%。2022 年前三季度全国第一产业增加值 5.5 万亿元，同比增长 4.2%；第二产业增加值 35.0 万亿元，同比增长 3.9%；第三产业增加值 46.5 万亿元，同比增长 2.3%。2022 年前三季度第一产业、第二产业、第三产业增加值占国内生产总值的比重分别为 6.3%、40.2%、53.5%。2017—2022 年前三季度我国三次产业增加值占比情况如图 1-2 所示。

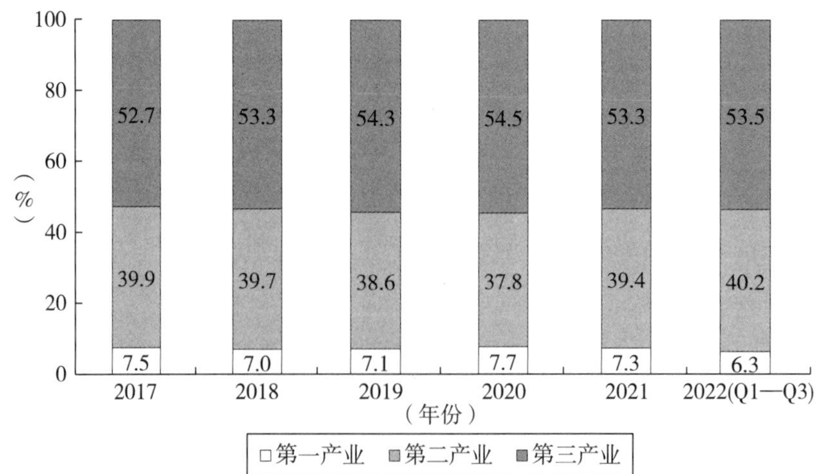

图 1-2　2017—2022 年前三季度我国三次产业增加值占比情况

资料来源：国家统计局、国家发展改革委。

（三）全部工业增加值及交通运输、仓储和邮政业增加值

2021 年，我国全部工业增加值 372575 亿元，比上年增长 9.6%，规模以上工业增加值增长 9.6%。在规模以上工业中，农副食品加工业增加值比上年增长 7.7%，纺织业增长 1.4%，化学原料和化学制品制造业增长 7.7%，非金属矿物制品业增长 8.0%，黑色金属冶炼和压延加工业增长 1.2%，通用设备制造业增长 12.4%，专用设备制造业增长 12.6%，汽车制造业增长 5.5%，电气机械和器材制造业增长 16.8%，计算机、通信和其他电子设备制造业增长 15.7%，电力、热力生产和供应业增长 10.9%，工业经济持续恢复发展。交通运输、仓储和邮政业增加值 47061 亿元，占第三产业增加值的 7.7%。2017—2021 年我国全部工业增加值及交通运输、仓储和邮政业增加值如图 1-3 所示。

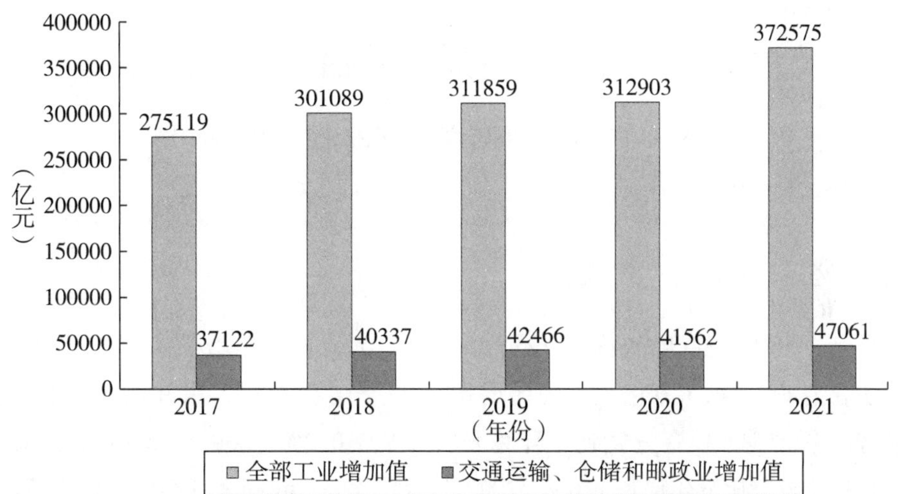

图 1-3　2017—2021 年我国全部工业增加值及交通运输、仓储和邮政业增加值

资料来源：国家统计局。

（四）社会消费品零售总额

2021 年，我国社会消费增势较好，全年社会消费品零售总额 440823 亿元，比上年增长 12.5%。全年限额以上单位商品零售额中，粮油食品类零售额比上年增长 10.8%，饮料类增长 20.4%，烟酒类增长 21.2%，服装、鞋帽、针纺织品类增长 12.7%，化妆品类增长 14.0%，金银珠宝类增长 29.8%，日用品类增长 14.4%，家用电器和音像器材类增长 10.0%，中西药品类增长 9.9%，文化办公用品类增长 18.8%，家具类增长 14.5%，通信器材类增长 14.6%，建筑及装潢材料类增长 20.4%，石油及制品类增长 21.2%，汽车类增长 7.6%。2022 年前三季度，我国社会消费品零售总额 320305 亿元，

同比增长 0.7%，限额以上单位粮油食品类、饮料类商品零售额分别增长 9.1%、6.9%，全国网上零售额 95884 亿元，同比增长 4.0%，其中，实物商品网上零售额 82374 亿元，增长 6.1%，占社会消费品零售总额的比重为 25.7%。2017—2022 年前三季度我国社会消费品零售总额如图 1-4 所示。

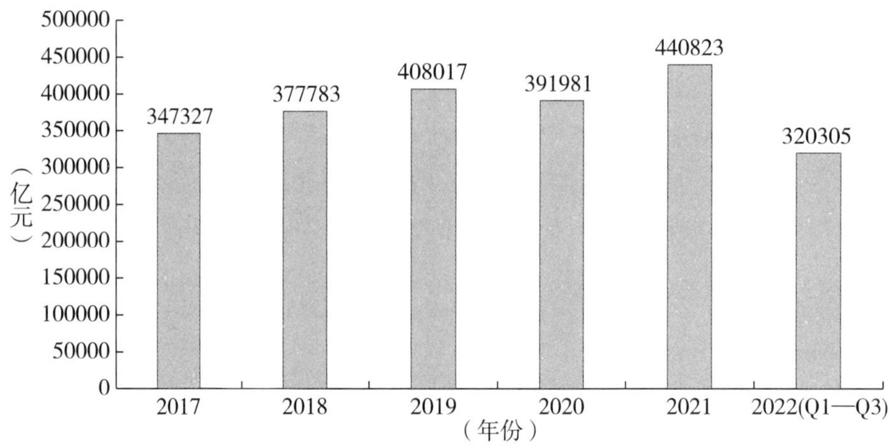

图 1-4　2017—2022 年前三季度我国社会消费品零售总额

资料来源：国家统计局、国家发展改革委。

（五）全社会固定资产投资

2021 年，我国全社会固定资产投资 55.3 万亿元，比上年增长 4.9%，其中，固定资产（不含农户）54.5 万亿元，同比增长 4.9%。分区域看，东部地区、中部地区、西部地区、东北地区投资分别比上年增长 6.4%、10.2%、3.9%、5.7%。交通运输、仓储和邮政业投资比上年增长 1.6%。2022 年前三季度，我国全社会固定资产投资（不含农户）42.1 万亿元，同比增长 5.9%，分产业看，前三季度第一产业投资同比增长 1.6%，第二产业投资同比增长 11.0%，第三产业投资同比增长 3.9%。2017—2021 年我国全社会固定资产投资及其同比增长率如图 1-5 所示。

（六）货物进出口总额

2021 年全年货物进出口总额 39.1 万亿元，比上年增长 21.4%，进口和出口均实现较大增长，出口总额 217348 亿元，增长 21.2%；进口总额 173661 亿元，增长 21.5%。货物进出口顺差 43687 亿元，比上年增加 7344 亿元。对“一带一路”沿线国家和地区进出口总额 115979 亿元，比上年增长 23.6%。其中，出口总额 65924 亿元，增长 21.5%；进口总额 50055 亿元，增长 26.4%。国际国内消费市场的快速发展拉动了对物流的需求，加速了物流企业走出去和全球化布局。2017—2022 年前三季度我国货物进出口总额如图 1-6 所示。

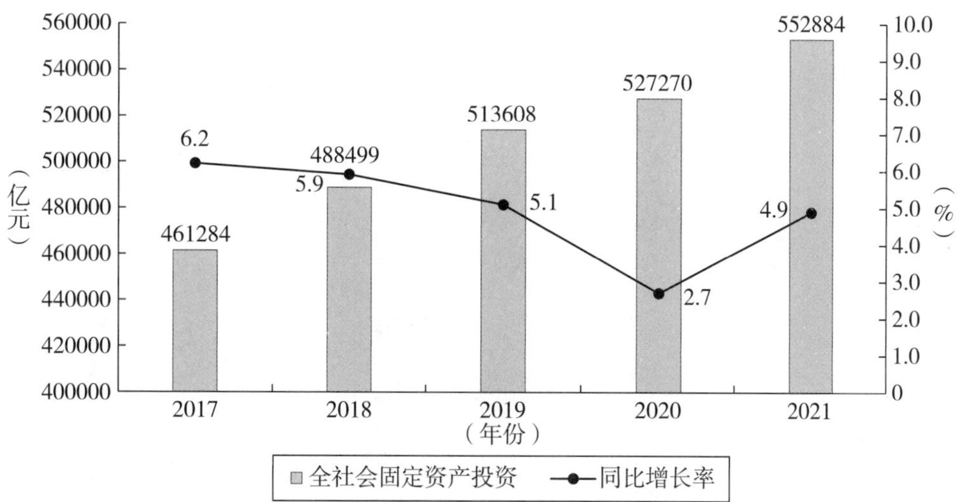

图 1-5 2017—2021 年我国全社会固定资产投资及其同比增长率

资料来源：国家统计局。

注：根据统计调查方法改革和制度规定，对 2020 年固定资产投资相关数据进行修订，2021 年相关指标增速按可比口径计算。

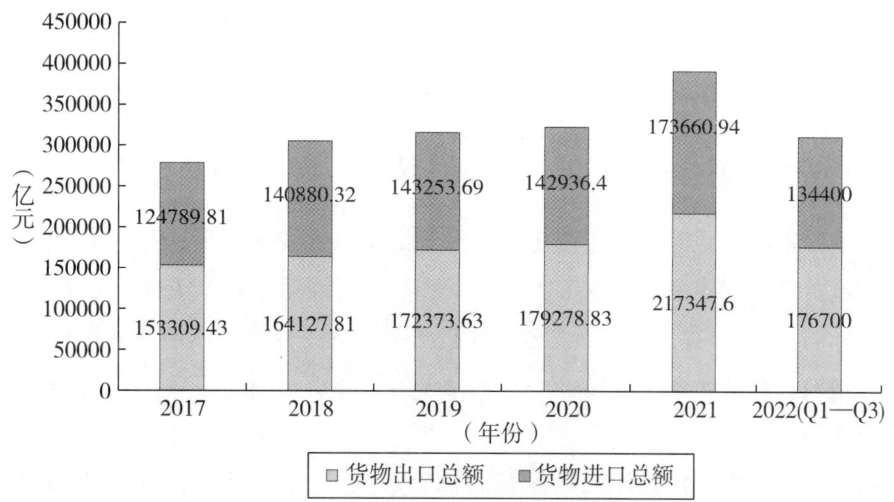

图 1-6 2017—2022 年前三季度我国货物进出口总额

资料来源：国家统计局、国家发展改革委。

（七）居民人均可支配收入

2021 年我国居民人均可支配收入为 35128 元，扣除价格因素，实际增长 8.1%，增速较 2020 年有所提高。居民人均可支配收入在物流业发展与居民人均消费总量的关系中发挥部分中介作用，伴随居民人均可支配收入的不断提高和现代生活节奏的加快，进一步推动了物流业的高质量发展，加速了智能物流、冷链物流、绿色物流及相关技术的发展与应用。2017—2022 年前三季度我国居民人均可支配收入如图 1-7 所示。

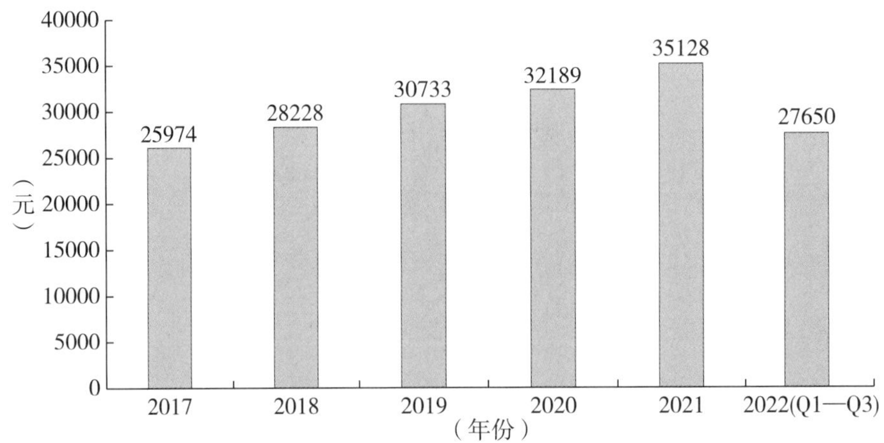

图 1-7　2017—2022 年前三季度我国居民人均可支配收入

资料来源：国家统计局、中国政府网。

二、新形势下的新要求

现代物流是支撑国民经济有序运行的基础性产业，是优化产业组织与提升产业价值的战略性产业，也是引导产业布局和业态创新的先导性产业。

（一）为构建新发展格局提供网络化设施和基础性服务保障

当今世界正经历百年未有之大变局。在经济全球化发展新形势下，中共十九届五中全会通过了《中共中央关于制定国民经济和社会发展第十四个五年规划和二〇三五年远景目标的建议》，提出要加快构建以国内大循环为主体、国内国际双循环相互促进的新发展格局。新发展格局的提出，对于我国国民经济长期稳定健康发展具有重要导向和保障作用。

中共十八大以来，我国加强物流基础设施建设，搭建了以国家物流枢纽为核心、多种运输方式为通道，骨干冷链物流基地、示范物流园区、多式联运场站、城市配送中心、物流末端网点等为支撑的物流基础设施网络，初步形成了“通道+枢纽+网络”的物流运行体系。国家发展改革委会同有关部门开展重大物流基础设施建设，目前，已牵头确认布局建设 94 个国家物流枢纽、遴选 78 家示范物流园区、公布 41 个国家骨干冷链物流基地。加快构建新发展格局、建设现代流通体系等新战略的提出，势必推动我国产业布局、流通方向、居民消费空间重构，对内外联通、安全高效的物流网络建设提出了新的发展要求。除构建现代物流运行体系外，还将建立安全可靠的现代供应链体系、发展集约高效的现代物流服务体系、培育发展创新赋能的现代物流经济、打造内联外通的现代国际物流体系、健全保障有力的现代应急物流体系、培育分工协同的物流市场主体体系以及夯实科学完备的现代物流基础体系。

（二）为建设现代化经济体系提供战略性服务系统支撑

“十四五”期间，我国经济总量持续增加，经济基本面长期向好。但高质量发展面临的内外环境将更加错综复杂，百年未有之大变局加速演进，不稳定性与不确定性显著增强，世界之变、时代之变、历史之变的特征日益明显，在经济高质量发展中需要解决的矛盾和问题比以往更加错综复杂。新变化、新趋势、新方位，对畅通国民经济循环、建设现代化经济体系提出了更高要求。

物流业是支撑国民经济发展的基础性、战略性、先导性产业，是支撑资源要素自由流动及高效配置的基础，在促进生产、分配、流通、消费整个经济循环中发挥着不可替代的功能和作用。近年来，物流业持续推进降本增效，2021 年我国社会物流总费用与 GDP 的比率为 14.6%，比上年下降 0.1 个百分点。

当前，我国供给和需求均呈现分散化、细分化、去中心化，解决信息高度不对称、降低全社会物流成本等问题，需要更加精准和高效的物流体系作为支撑。因此，物流业要顺应时代发展趋势，大力推动产业数字化、技术智能化，以创新带动生产消费模式变革，促进资源要素高效流动，深化线上线下融合，加快打造新业态新模式，助力实体经济高质量发展。

（三）为保障产业链供应链安全、稳定、顺畅提供先导性服务组织引领

当前，全球产业链供应链加速重构。中共中央、国务院积极推进我国产业链供应链安全稳定，将保产业链供应链稳定纳入“六保”任务，持续推进补链稳链固链强链，提升产业链供应链现代化水平。中共二十大报告指出，“着力提升产业链供应链韧性和安全水平”，“确保粮食、能源资源、重要产业链供应链安全”。现代物流连接生产与消费，贯穿第一、第二、第三产业，是现代产业链供应链的重要组成部分。因此，物流业需要在衔接大循环、双循环中，深度嵌入产业链供应链，助力产业链供应链稳链；利用现代信息、智能技术为仓储、配送、通道运输网络化运行赋能，将产业链、供应链有机衔接，调整物流网络和服务组织方式，增强供应链一体化服务能力，促进产业链供应链补链；创造物流服务供应链新价值，形成全新的物流空间布局和服务循环，推动产业链供应链强链。大力推进产业链供应链数字化转型、智能化改造和网络化布局，以商流牵引物流、物流支撑商流，打造将采购、贸易、物流、金融等融为一体的供应链集成服务模式，保障产业链供应链安全稳定。

（四）为促进绿色智慧化转型提供创新性技术、业态、模式驱动

习近平总书记在第 75 届联合国大会上提出了我国碳中和、碳达峰的“双碳”目标。2020 年 12 月 12 日，习近平总书记在气候雄心峰会上也提出了“在推动高质量发展中促进经济社会发展全面绿色转型”。物流行业作为国民经济发展的支柱产业之一，肩负着节能降碳的重要使命。未来，物流行业的绿色智慧转型将进一步发展，通过充分利用物流资源，采用先进的物流技术，合理规划和实施运输、仓储、包装、装卸、搬运、流通加工、配送、信息处理等物流活动，降低对环境的影响，创新新技术、新模式、新业态，实现经济效益、社会效益和生态效益的统一，促进经济社会绿色智慧化转型。

第二节　物流技术发展政策环境

物流业是支撑国民经济发展的基础性、战略性、先导性产业，是组成我国国民经济体系的重要基础，也是实现现代化强国之路的重要支撑。近些年来，国家不断推动物流产业的发展，提出数字物流、智慧物流、绿色物流发展。2022 年作为“十四五”规划的承上启下之年，同样也是物流行业发展的关键之年，中共中央、国务院出台了一系列促进物流业发展的政策，而物流技术也在相关政策的指引下不断发展。

一、物流技术相关政策出台情况

2021 年 12 月以来，我国陆续出台了一系列相关政策文件，为物流技术的发展提供了重要的方向指引。物流技术相关政策出台情况如表 1-1 所示。

二、物流技术相关政策要点

近年来，我国政府高度重视物流业发展，出台了一系列支持物流业发展的相关政策。其中，对于物流技术发展的要求集中体现在加强物流基础设施设备建设、加速物流数智化水平提升、推进物流绿色低碳转型升级、保障产业链供应链平稳运行四个方面。

（一）加强物流基础设施设备建设

物流业是支撑国民经济发展的基础性、战略性、先导性产业，是我国经济持续高速发展的重要动力引擎。为进一步强化畅通国内大循环、联通国内国际双循环，推动物流业高质量可持续发展，相关政策提出加强物流基础设施设备建设，推动互联网、

表 1-1　　物流技术相关政策出台情况

序号	发文时间	发文部门	政策文件名称	有关物流技术内容
1	2021 年 12 月	国家发展改革委办公厅、商务部办公厅、国家邮政局办公室	《国家发展改革委办公厅 商务部办公厅 国家邮政局办公室关于组织开展可循环快递包装规模化应用试点的通知》	通过开展试点，探索形成一批可复制、可推广、可持续的可循环快递包装规模化应用模式。推广一批使用方便、成本较低、绿色低碳的可循环快递包装产品。推动解决可循环快递包装应用成本高、回收调拨运营难、个人消费者使用意愿不高、包装与物流状态数据链接不畅、产品标准化低等问题。促进可循环快递包装使用规模和比例明显提升，使用范围逐步扩大，投放和回收基础设施不断完善，回收方式更加丰富有效，调拨运营网络基本健全
2	2021 年 12 月	国务院办公厅	《国务院办公厅关于印发“十四五”冷链物流发展规划的通知》	加强冷链物流技术基础研究和装备研发。聚焦冷链物流相关领域关键和共性技术问题，部署国家级技术攻关，加强冷链产品品质劣变腐损的生物学原理及其与物流环境之间耦合效应、高品质低温加工、高效节能与可再生能源利用、环保制冷剂及安全应用、冷链安全消杀等基础性研究，夯实冷链物流发展基础。在“十四五”国家重点研发计划中支持冷链物流相关技术研发，从源头提升我国冷链技术装备现代化水平。 完善冷链技术创新应用机制。强化企业创新主体地位，打造以企业为主体、市场为导向、产学研用深度融合的冷链物流技术装备创新应用体系。支持企业与高等院校、科研机构、行业协会等共建冷链技术装备创新应用平台，结合市场需求，聚焦果蔬预冷、速冻、冷冻冷藏、冷藏运输与宅配、冷链信息化智慧化等应用场景，集中优势力量，开展冷链装备研发和产业化应用
3	2021 年 12 月	工业和信息化部、国家发展改革委等十五部门	《十五部门关于印发〈“十四五”机器人产业发展规划〉的通知》	研制面向汽车、航空航天、轨道交通等领域的高精度、高可靠性的焊接机器人，面向半导体行业的自动搬运、智能移动与存储等真空（洁净）机器人，具备防爆功能的民爆物品生产机器人，AGV、无人叉车，分拣、包装等物流机器人，面向3C、汽车零部件等领域的大负载、轻型、柔性、双臂、移动等协作机器人，可在转运、打磨、装配等工作区域内任意位置移动、实现空间任意位置和姿态可达、具有灵活抓取和操作能力的移动操作机器人

续 表

序号	发文时间	发文部门	政策文件名称	有关物流技术内容
4	2021年12月	工业和信息化部、国家发展改革委等八部门	《八部门关于印发〈“十四五”智能制造发展规划〉的通知》	建设智能物流配送系统，优化生产经营决策系统。 研发智能多层多向穿梭车、智能大型立体仓库等智能物流装备
5	2021年12月	交通运输部	《交通运输部关于印发〈数字交通“十四五”发展规划〉的通知》	智慧公路。完善公路感知网络，推进公路基础设施全要素全周期数字化，发展车路协同和自动驾驶，推动重点路段开展恶劣天气行车诱导，缓解交通拥堵、提升运行效率。深化高速公路电子不停车收费系统（ETC）应用，建设监测、调度、管控、应急、服务一体的智慧路网平台。 智慧邮政。建设完善自动化分拣设施、无人仓储、无人车和无人机配送、智能快件箱、智能信包箱、智慧冷链基础设施等。建设完善大数据中心等信息基础设施。构建基于北斗、5G的应用场景和产业生态，在交通运输领域开展创新示范应用，助力新一代信息技术产业应用
6	2022年1月	国务院办公厅	《国务院办公厅关于印发推进多式联运发展优化调整运输结构工作方案（2021—2025年）的通知》	推广应用标准化运载单元。推动建立跨区域、跨运输方式的集装箱循环共用系统，降低空箱调转比例。探索在大型铁路货场、综合货运枢纽拓展海运箱提还箱等功能，提供等同于港口的箱管服务。积极推动标准化托盘（1200mm×1000mm）在集装箱运输和多式联运中的应用。加快培育集装箱、半挂车、托盘等专业化租赁市场。 加强技术装备研发应用。加快铁路快运、空铁（公）联运标准集装器（板）等物流技术装备研发。研究适应内陆集装箱发展的道路自卸卡车、岸桥等设施设备。鼓励研发推广冷链、危化品等专用运输车船。推动新型模块化运载工具、快速转运和智能口岸查验等设备研发和产业化应用。 提高技术装备绿色化水平。积极推动新能源和清洁能源车船、航空器应用，推动在高速公路服务区和港站枢纽规划建设充换电、加气等配套设施。在港区、场区短途运输和固定线路运输等场景示范应用新能源重型卡车。加快推进港站枢纽绿色化、智能化改造，协同推进船舶和港口岸电设施匹配改造，深入推进船舶靠港使用岸电

续 表

序号	发文时间	发文部门	政策文件名称	有关物流技术内容
7	2022 年 1 月	国务院	《国务院关于印发“十四五”数字经济发展规划的通知》	稳步构建智能高效的融合基础设施，提升基础设施网络化、智能化、服务化、协同化水平。高效布局人工智能基础设施，提升支撑“智能+”发展的行业赋能能力。推动农林牧渔业基础设施和生产装备智能化改造，推进机器视觉、机器学习等技术应用。建设可靠、灵活、安全的工业互联网基础设施，支撑制造资源的泛在连接、弹性供给和高效配置。加快推进能源、交通运输、水利、物流、环保等领域基础设施数字化改造
8	2022 年 1 月	国务院	《国务院关于印发“十四五”现代综合交通运输体系发展规划的通知》	坚持创新驱动发展，推动互联网、大数据、人工智能、区块链等新技术与交通行业深度融合，推进先进技术装备应用，构建泛在互联、柔性协同、具有全球竞争力的智能交通系统，加强科技自立自强，夯实创新发展基础，增强综合交通运输发展新动能
9	2022 年 1 月	交通运输部	《交通运输部关于印发〈绿色交通“十四五”发展规划〉的通知》	推进绿色交通科技创新。构建市场导向的绿色技术创新体系，支持新能源运输装备和设施设备、氢燃料动力车辆及船舶、LNG 和生物质燃料船舶等应用研究；加快新能源汽车性能监控与保障技术、交通能源互联网技术、基础设施分布式光伏发电设备及并网技术研究。深化交通污染综合防治等关键技术研究，重点推进船舶大气污染和碳排放协同治理、港口与船舶水污染深度治理、交通能耗与污染排放监测监管等新技术、新工艺和新装备研发。推进交通廊道与基础设施生态优化、路域生态连通与生态重建、绿色建筑材料和技术等领域研究
10	2022 年 1 月	国家发展改革委、工业和信息化部、住房城乡建设部、商务部、市场监管总局、国管局、中直管理局	《国家发展改革委等部门关于印发〈促进绿色消费实施方案〉的通知》	加快发展绿色物流配送。积极推广绿色快递包装，引导电商企业、快递企业优先选购使用获得绿色认证的快递包装产品，促进快递包装绿色转型。鼓励企业使用商品和物流一体化包装，更多采用原箱发货，大幅减少物流环节二次包装。推广应用低克重高强度快递包装纸箱、免胶纸箱、可循环配送箱等快递包装新产品，鼓励通过包装结构优化减少填充物使用。加快城乡物流配送体系和快递公共末端设施建设，完善农村配送网络，创新绿色低碳、集约高效的配送模式，大力发展集中配送、共同配送、夜间配送

续 表

序号	发文时间	发文部门	政策文件名称	有关物流技术内容
11	2022 年 1 月	国务院	《国务院关于印发“十四五”节能减排综合工作方案的通知》	交通物流节能减排工程。推动绿色铁路、绿色公路、绿色港口、绿色航道、绿色机场建设，有序推进充换电、加注（气）、加氢、港口机场岸电等基础设施建设。提高城市公交、出租、物流、环卫清扫等车辆使用新能源汽车的比例。加快大宗货物和中长途货物运输“公转铁”“公转水”，大力发展铁水、公铁、公水等多式联运。全面实施汽车国六排放标准和非道路移动柴油机械国四排放标准，基本淘汰国三及以下排放标准汽车。深入实施清洁柴油机行动，鼓励重型柴油货车更新替代。实施汽车排放检验与维护制度，加强机动车排放召回管理。加强船舶清洁能源动力推广应用，推动船舶岸电受电设施改造。提升铁路电气化水平，推广低能耗运输装备，推动实施铁路内燃机车国一排放标准。大力发展智能交通，积极运用大数据优化运输组织模式。加快绿色仓储建设，鼓励建设绿色物流园区。加快标准化物流周转箱推广应用。全面推广绿色快递包装，引导电商企业、邮政快递企业选购使用获得绿色认证的快递包装产品。到 2025 年，新能源汽车新车销售量达到汽车新车销售总量的 20%左右，铁路、水路货运量占比进一步提升
12	2022 年 2 月	交通运输部、国家铁路局、中国民用航空局、国家邮政局、中国国家铁路集团有限公司	《现代综合交通枢纽体系“十四五”发展规划》	推进综合货运枢纽建设智能仓储配送、数字月台等设施，积极应用无人机、无人配送车、无人叉车、智能安检、智能拣选机器人、无人智慧闸口等先进装备。推广仓储数字管理、安全生产预警、车货自动匹配、智能调度等应用。推动取货、配送、仓储、转运、查询、保险等环节无纸化作业
13	2022 年 2 月	国家发展改革委、国家能源局	《国家发展改革委 国家能源局关于完善能源绿色低碳转型体制机制和政策措施的意见》	推进交通运输绿色低碳转型，优化交通运输结构，推行绿色低碳交通设施装备。推行大容量电气化公共交通和电动、氢能、先进生物液体燃料、天然气等清洁能源交通工具，完善充换电、加氢、加气（LNG）站点布局及服务设施，降低交通运输领域清洁能源用能成本。对交通供能场站布局和建设在土地空间等方面予以支持，开展多能融合交通供能场站建设，推进新能源汽车与电网能量互动试点示范，推动车桩、船岸协同发展。对利用铁路沿线、高速公路服务区等建设新能源设施的，鼓励对同一省级区域内的项目统一规划、统一实施、统一核准（备案）

续 表

序号	发文时间	发文部门	政策文件名称	有关物流技术内容
14	2022 年 3 月	交通运输部、国家发展改革委	《交通运输部 国家发展改革委关于印发〈多式联运示范工程管理办法（暂行）〉的通知》	技术装备升级情况。主要包括：集装箱、厢式半挂车等多式联运运载单元推广应用情况；用于快速转运的各种装卸、换装设备改造升级情况；铁路集装箱（半挂车）专用平车、公路集装箱拖车、半挂车滚装运输船舶等专用载运工具发展情况；托盘、托板、拖架等集装化装载及搬运设备的应用发展情况；其他作业自动化、设备智能化技术创新应用情况等
15	2022 年 3 月	国家发展改革委、外交部、生态环境部、商务部	《国家发展改革委等部门关于推进共建“一带一路”绿色发展的意见》	加强绿色交通合作。加强绿色交通领域国际合作，助力共建“一带一路”国家发展绿色交通。积极推动国际海运和国际航空低碳发展。推广新能源和清洁能源车船等节能低碳型交通工具，推广智能交通中国方案。鼓励企业参与境外铁路电气化升级改造项目，巩固稳定提升中欧班列良好发展态势，发展多式联运和绿色物流
16	2022 年 3 月	交通运输部、科学技术部	《交通运输部 科学技术部关于印发〈交通领域科技创新中长期发展规划纲要（2021—2035年）〉的通知》	加快载运装备技术升级。强化汽车、民用飞行器、船舶等装备动力传动系统攻关，突破高效率、大推力/大功率发动机关键技术，研发大功率船舶涡轮增压器、车规级芯片等核心零部件，推广应用智能交通装备的认证、检测监测和运维技术。推动新能源汽车和智能网联汽车研发，突破高效安全纯电驱动、燃料电池与整车设计、车载智能感知与控制等关键技术及设备。推动新能源清洁能源船舶、智能船舶、大中型邮轮、极地航行船舶等自主设计建造及现代化导航助航设备研发，突破船载智能感知与控制关键技术及设备。推动时速 400 公里级高速轮轨客运列车研发，实现 3 万吨级重载列车、时速 250 公里级高速轮轨货运列车重大突破。加快大型民用飞机、重型直升机、智能化通用航空器等研发，推动完善民用飞机产品谱系化。推动智能集装箱、智能循环周转箱、快速换装转运设备等新型载运单元研发。 加快智慧物流技术研发应用。推动多制式多栖化智慧物流发展，开展多式联运智能协同与集成、智能感知及互联、智能监测监控与分析评价、大型物流枢纽智能调度与集成控制、物流系统应急反应处置等技术研究，研发应用智能仓储和快速装卸、智能分拣与投递、智能快速安检和语音处理、通用寄递编码等技术和设备，

续 表

序号	发文时间	发文部门	政策文件名称	有关物流技术内容
16	2022年3月	交通运输部、科学技术部	《交通运输部 科学技术部关于印发〈交通领域科技创新中长期发展规划纲要（2021—2035年）〉的通知》	推动道路货运行业监测分析技术研发，构建全国多式联运公共信息平台，实现物流全程可视化、可控化、可追溯。推进城市地下智慧物流发展，攻克高载荷轻量化载具设计、低成本管轨设计、物流设施设备智能运营与维护等技术。壮大供应链服务、冷链快递、高铁快运、双层集装箱运输、即时直递、无人机（车）物流递送等新业态新模式。 加速新一代信息技术与交通运输融合。加快新一代信息技术在交通运输公共服务、交通运输监测预警、综合应急指挥和监管、交通运输舆情主动响应、驾驶培训等领域应用。促进道路自动驾驶技术研发与应用，突破融合感知、车路信息交互、高精度时空服务、智能计算平台、感知—决策—控制功能在线进化等技术，推动自动驾驶、辅助驾驶在道路货运、城市配送、城市公交的推广应用。加强智能航运技术创新，攻克船舶环境感知与智能航行、船岸通信、智能航运测试评估、智能管控等技术及标准，推进基于区块链的全球航运服务网络应用。研发智能铁路技术，开展新一代列控与铁路专用移动通信技术研究，研发下一代列车运行控制系统，探索适应于超高速、多栖化导向运输系统的调度指挥系统。发展智慧民航技术，突破有人/无人驾驶航空器融合运行、民航运行多要素透彻感知、宽带移动通信、空地泛在互联、智能融合应用等新一代智慧民航技术。 推动运输服务绿色环保技术研发应用。突破基于生态承载力的交通网络优化技术，开展基于多源数据的交通运输能耗、温室气体和大气污染物排放监测与评估技术研发，推动载运工具污染物检测溯源、污染物在线监测及防控、噪声污染防治等新技术及装备研发，推广应用液化天然气等清洁能源。突破生物降解包装材料、邮件快件智能打包、冷链寄递包装、循环及共享包装等新材料新技术，提升邮政业绿色发展水平

续 表

序号	发文时间	发文部门	政策文件名称	有关物流技术内容
17	2022 年 4 月	交通运输部、科学技术部	《交通运输部 科学技术部关于印发〈“十四五”交通领域科技创新规划〉的通知》	围绕提升交通装备安全智能绿色技术及标准化水平，实现主要交通装备国际引领，创建自主式交通系统技术体系，重点突破智能绿色载运装备、专用作业保障装备、新型载运工具等领域关键技术。 大力发展智慧交通，推动云计算、大数据、物联网、移动互联网、区块链、人工智能等新一代信息技术与交通运输融合，加快北斗导航技术应用，开展智能交通先导应用试点
18	2022 年 4 月	交通运输部、铁路局、民航局、邮政局、国铁集团	《关于加快推进冷链物流运输高质量发展的实施意见》	推进冷链运输工具专业化发展。加强冷链运输车辆技术管理，冷链运输车辆应当按规定配备符合标准要求的制冷和温度监测设备，并保持功能良好。强化冷链运输车辆相关标准引导作用，推广应用多温层、新能源冷链运输车辆，支持城市冷链配送车辆安装使用尾板。加快铁路机械冷藏车更新升级，加大货车轴端发电、机车供电、电网取电等技术攻关力度，研发和制造适应小批量、多批次、高时效运输需求的铁路冷藏车型。 促进冷链运载单元标准化发展。推广应用标准化周转箱、托盘、笼车等运载单元以及冷藏集装箱、蓄冷箱、保温箱等单元化冷链载器具，提高带板运输比例。鼓励企业研发应用适合果蔬等农产品的单元化包装，推动冷链运输全程“不倒托”“不拆箱”，减少运输环节损耗。加强冷藏集装箱检验检测，大力发展国际海运标准冷藏集装箱，推动和规范海运冷藏集装箱在道路运输等其他运输方式中的使用。 推广应用智能化温控设施设备。加强温湿度监测设备、卫星定位装置、视频监控设备、电子围栏等在冷链运输车辆、保温箱、集装箱的推广应用，鼓励企业建立完善冷链运输温度监测管理信息系统，实现对冷链运输过程的温湿度实时监测、自动调节、远程控制等，促进冷链运输上下游企业温控信息共享，提升冷链运输过程智能温控管理水平。开展基于区块链和物联网的冷藏集装箱港航服务提升行动，鼓励重点海运企业安装配备冷藏集装箱物联网设备，实现海运企业、代理企业、货主等各方对冷藏集装箱实时跟踪、智能温控、全程可溯

续　表

序号	发文时间	发文部门	政策文件名称	有关物流技术内容
19	2022 年 4 月	国务院办公厅	《国务院办公厅关于进一步释放消费潜力促进消费持续恢复的意见》	大力发展绿色消费。增强全民节约意识，反对奢侈浪费和过度消费，形成简约适度、绿色低碳的生活方式和消费模式。推广绿色有机食品、农产品。倡导绿色出行，提高城市公共汽电车、轨道交通出行占比，推动公共服务车辆电动化。推动绿色建筑规模化发展，大力发展装配式建筑，积极推广绿色建材，加快建筑节能改造。支持新能源汽车加快发展。大力发展绿色家装，鼓励消费者更换或新购绿色节能家电、环保家具等家居产品。加快构建废旧物资循环利用体系，推动汽车、家电、家具、电池、电子产品等回收利用，适当放宽废旧物资回收车辆进城、进小区限制。推进商品包装和流通环节包装绿色化、减量化、循环化。开展促进绿色消费试点。广泛开展节约型机关、绿色家庭、绿色社区、绿色出行等创建活动。加快健全消费品流通体系。进一步完善电子商务体系和快递物流配送体系，加强疫情防控措施跨区域相互衔接，畅通物流大通道，加快构建覆盖全球、安全可靠、高效畅通的流通网络。支持智能快件箱（信包箱）、快递服务站进社区，加强末端环节及配套设施建设。加快发展冷链物流，完善国家骨干冷链物流基地设施条件，培育一批专业化生鲜冷链物流龙头企业。大力推广标准化冷藏车，鼓励企业研发应用适合果蔬等农产品的单元化包装，推动实现全程“不倒托”“不倒箱”。健全进口冷链食品检验检疫制度，加快区块链技术在冷链物流智慧监测追溯系统建设中的应用，推动全链条闭环追溯管理，提高食品药品流通效率和安全水平。针对进口物品等可能引发的输入性疫情，严格排查入境、仓储、加工、运输、销售等环节，建立健全进口冻品集中监管制度，筑牢疫情外防输入防线
20	2022 年 5 月	交通运输部办公厅	《交通运输部办公厅关于开展冷藏集装箱港航服务提升行动的通知》	推进基于物联网的冷藏集装箱发展。以主要冷藏集装箱航运企业为重点，推广集成传感、无线通信、自动定位等技术的物联网设备安装应用，实现对冷藏集装箱温湿度、冷机工作模式和通电状态等信息的自动化采集与传输，逐步实现冷藏集装箱及货物等要素全程信息化、可视化

续 表

序号	发文时间	发文部门	政策文件名称	有关物流技术内容
21	2022年7月	工业和信息化部、商务部、国家市场监督管理总局、国家药品监督管理局、国家知识产权局	《五部门关于印发数字化助力消费品工业"三品"行动方案（2022—2025年）的通知》	加深智慧供应链管理，提升产业链协同效率。支持企业加快人机智能交互、工业机器人、智慧物流等技术装备应用，推动实现研发、采购、生产、营销、物流等关键环节的数据集成和信息共享，提升供应链一体化管控水平。鼓励企业加强与供应链伙伴、平台服务商开展业务协作和资源共享，积极开展协同采购、协同制造、协同配送，提升供应链协同管理水平，营造供应链数字化生态圈。面向重点消费品行业，打造数据互联互通、信息可信交互、生产深度协同、资源柔性配置的智慧供应链服务体系
22	2022年7月	财政部、交通运输部	《关于支持国家综合货运枢纽补链强链的通知》	围绕货运装备标准化、智能化、绿色化发展，推广应用专业化多式联运设备和跨方式快速换装转运的装卸、分拣设施及标准化载运单元，鼓励配备符合低碳目标的作业设施、新能源货车和全货运机型等
23	2022年8月	工业和信息化部、国家发展改革委、生态环境部	《工业和信息化部 国家发展改革委 生态环境部关于印发工业领域碳达峰实施方案的通知》	支持汽车、机械、电子、纺织、通信等行业龙头企业，在供应链整合、创新低碳管理等关键领域发挥引领作用，将绿色低碳理念贯穿产品设计、原料采购、生产、运输、储存、使用、回收处理的全过程，加快推进构建统一的绿色产品认证与标识体系，推动供应链全链条绿色低碳发展。鼓励"一链一策"制订低碳发展方案，发布核心供应商碳减排成效报告。鼓励有条件的工业企业加快铁路专用线和管道基础设施建设，推动优化大宗货物运输方式和厂内物流运输结构
24	2022年8月	科技部	《科技部关于支持建设新一代人工智能示范应用场景的通知》	针对港口大型码头泊位、岸桥管理以及堆场、配载调度等关键业务环节，运用智能化码头机械、数字孪生集成生产时空管控系统等关键技术，开展船舶自动配载、自动作业路径及泊位计划优化、水平运输车辆及新型轨道交通设备的协同调度、智能堆场选位等场景应用，形成覆盖码头运作、运行监测与设备健康管理的智能化解决方案，打造世界一流水平的超大型智能港口。 针对自动驾驶从特定道路向常规道路进一步拓展需求，运用车端与路端传感器融合的高准确环境感知与超视距信息共享、车路云一体化的协同决策与控制等关键

续 表

序号	发文时间	发文部门	政策文件名称	有关物流技术内容
24	2022 年 8 月	科技部	《科技部关于支持建设新一代人工智能示范应用场景的通知》	技术，开展交叉路口、环岛、匝道等复杂行车条件下自动驾驶场景示范应用，推动高速公路无人物流、高级别自动驾驶汽车、智能网联公交车、自主代客泊车等场景发展。 针对智能仓储、智能配送、冷链运输等关键环节，运用人机交互、物流机械臂控制、反向定制、需求预测与售后追踪等关键技术，优化场景驱动的智能供应链算法，构建智能、高效、协同的供应链体系，推进智能物流与供应链技术规模化落地应用，提升产品库存周转效率，降低物流成本
25	2022 年 8 月	科技部、教育部、工业和信息化部、交通运输部、农业农村部、国家卫生健康委	《科技部等六部门关于印发〈关于加快场景创新以人工智能高水平应用促进经济高质量发展的指导意见〉的通知》	鼓励在制造、农业、物流、金融、商务、家居等重点行业深入挖掘人工智能技术应用场景，促进智能经济高端高效发展。物流领域优先探索机器人分流分拣、物料搬运、智能立体仓储以及追溯终端等智能场景
26	2022 年 9 月	国务院办公厅	《国务院办公厅关于进一步加强商品过度包装治理的通知》	加强包装领域技术创新。推动包装企业提供设计合理、用材节约、回收便利、经济适用的包装整体解决方案，自主研发低克重、高强度、功能化包装材料及其生产设备，创新研发商品和快递一体化包装产品。充分发挥包装企业在推广简约包装、倡导理性消费中的桥梁纽带作用，推动包装设计、商品生产等上下游各环节践行简约适度理念

续 表

序号	发文时间	发文部门	政策文件名称	有关物流技术内容
27	2022年9月	工业和信息化部、国家发展改革委、财政部、生态环境部、交通运输部	《工业和信息化部等五部门关于加快内河船舶绿色智能发展的实施意见》	加快先进适用安全环保智能技术应用。降低船舶安全风险和船员劳动强度，加快船舶航行、靠离泊、货物装卸、机舱设备监控、快速充换电等智能系统设备研发，推动在航行环境复杂水域船舶上的应用。提升船舶能效和降低污染排放，加快运营管理、航线优化、智能机舱、排放监控、数据传输等智能系统设备研发，推动在长江干线、西江干线等大型货船、客船上的应用。 推动新一代智能航行船舶技术研发应用。加强新型数字化智能船用设备研发，开展基于5G网络的“岸基驾控、船端值守”船舶航行新模式研究，重点突破船岸协同下的远程驾驶技术和避碰技术，提升船岸通信能力和安全水平。研究在通航秩序好、船舶交通密度适中的骨干支线航段客船、货船上率先开展远程驾驶系统技术的试点示范。加强智能船舶前瞻性技术布局，探索发展自主航行船舶，推动内河航运创新发展
28	2022年10月	交通运输部、国家标准化管理委员会	《交通运输部 国家标准化管理委员会关于印发〈交通运输智慧物流标准体系建设指南〉的通知》	坚持需求导向、创新引领。全面总结交通强国建设试点等成果，围绕智慧物流新基建、智能运载装备、数字化物流管理、信息交换共享等方面需要，梳理设施设备、运输服务、系统平台、数据单证等标准需求，推动先进技术与交通运输业融合创新，加快传统交通运输业数字化转型升级，促进物流提质降本增效
29	2022年10月	交通运输部、国家铁路局、中国民用航空局、国家邮政局	《交通运输部 国家铁路局 中国民用航空局 国家邮政局关于加快建设国家综合立体交通网主骨架的意见》	坚持创新驱动，以数字化、网络化、智能化为主线，推动感知、传输、计算等设施与主骨架交通基础设施协同融合建设。推进铁路基础设施智能化，打造新一代轨道交通移动通信系统，推动高速铁路智能化升级改造，推进下一代列控系统、智能行车调度指挥系统应用。开展公路数字化行动，有序推进公路基础设施全要素周期数字化，深化高速公路电子不停车收费系统（ETC）拓展应用，稳步推进智慧路网云控平台建设。积极推进智慧航道和智慧港口建设，完善内河高等级航道电子航道图，加强梯级枢纽船闸联合智能调度系统建设，推进新型自动化集装箱、大宗干散货码头建设及码头操作系统研发推广应用。推进智慧机场建设，提

续 表

序号	发文时间	发文部门	政策文件名称	有关物流技术内容
29	2022 年 10 月	交通运输部、国家铁路局、中国民用航空局、国家邮政局	《交通运输部 国家铁路局 中国民用航空局 国家邮政局关于加快建设国家综合立体交通网主骨架的意见》	升机场保障能力、服务水平和运行效率，发展新一代空管系统，提升空中交通全局化、精细化、智慧化运行能力。推动综合客运枢纽、货运枢纽（物流园区）智能化建设，开展仓储库存数字化管理等应用。推进数字化智能化设施跨省统筹布局、统一标准、同步建设，尽快形成整体服务能力
30	2022 年 11 月	工业和信息化部办公厅	《工业和信息化部办公厅关于印发中小企业数字化转型指南的通知》	应用订阅式产品服务，推动研发设计、生产制造、仓储物流、营销服务等业务环节数字化，降低一次性投入成本。使用 SaaS 化的计算机辅助设计（CAD）、计算机辅助工程（CAE）等工具开展数字化研发设计，发展众包设计和协同研发等新模式，提升研发设计效能。应用云化制造执行系统（MES）和高级计划与排程（APS）等数字化产品，优化生产制造资源配置，实现按需柔性生产。应用仓库管理（WMS）、订单管理（OMS）、运输管理（TMS）等解决方案和无人搬运车（AGV）、自主移动机器人（AMR）等硬件，使用第三方物流平台，推动仓储物流环节数字化。开展产品全生命周期管理，构建产品数字镜像，提升产品数据管理水平，发展基于数字化产品的增值服务，拓展业务范围，创新盈利模式
31	2022 年 12 月	国务院办公厅	《国务院办公厅关于印发“十四五”现代物流发展规划的通知》	加快物流数字化转型。利用现代信息技术推动物流要素在线化数据化，开发多样化应用场景，实现物流资源线上线下联动。 推进物流智慧化改造。深度应用第五代移动通信（5G）、北斗、移动互联网、大数据、人工智能等技术，分类推动物流基础设施改造升级，加快物联网相关设施建设，发展智慧物流枢纽、智慧物流园区、智慧仓储物流基地、智慧港口、数字仓库等新型物流基础设施。 促进物流网络化升级。依托重大物流基础设施打造物流信息组织中枢，推动物流设施设备全面联网，实现作业流程透明化、智慧设备全连接，促进物流信息交互联通

大数据、人工智能、区块链等新技术应用，支持绿色化设施设备建设，提升物流基础设施网络化、智能化、服务化、协同化水平。

（二）加速物流数智化水平提升

目前，数字化、智能化逐渐成为下一轮生产力革命的核心力量，数智化升级成为物流行业发展变革的必然趋势。为优化社会资源配置效率、实现物流行业整体的转型升级，为物流行业发展注入新活力、增加新动能，相关政策要求加速北斗、5G（5th Generation Mobile Communication Technology，第五代移动通信技术）、物联网、云计算、大数据、人工智能、区块链等新一代信息技术与传统物流融合，完善大数据中心等可靠、灵活、安全的信息基础设施建设，加快无人仓、无人码头、无人配送、无人机、物流机器人、智能驾驶卡车等智慧物流技术研发应用与装备技术升级，提高物流系统分析决策和智能执行能力，提升整个物流行业的智能化、自动化水平。

（三）推进物流绿色低碳转型升级

物流贯穿产品原材料采购、生产、运输、储存、使用、回收处理的全过程，发展绿色物流对于推进物流业降本增效，实现我国碳达峰、碳中和目标，促进经济社会绿色低碳发展和推动物流高质量发展具有重要意义。政策一方面提出加强新型绿色节能低碳物流技术装备的应用，推广新能源车船等清洁能源交通工具，推行电能、氢能等清洁物流能源使用，加强绿色能源站点等基础设施建设布局；另一方面提出降低物流用能消耗，全面推广绿色快递包装、标准化物流周转箱的使用，推动供应链全链条绿色低碳发展。

（四）保障产业链供应链平稳运行

受疫情以及国际形势的影响，全球产业链供应链正在加速重构，保产业链供应链稳定已经纳入我国“六保”任务。物流是保障产业链供应链稳定的基础性、先导性力量。为保证我国产业链供应链稳定畅通、平稳运行，相关政策要求一方面加强标准化关键物流技术设备应用，形成高效物流服务体系，提高物流运作效率，提升产业链供应链韧性；另一方面加强新型信息技术创新应用与信息整合，实现上下游数据共享与决策优化，促进物流各要素的统筹协调，提高产业链供应链安全水平。

第三节　物流业发展状况

近年来，我国物流业总体实现跨越式发展，产业地位稳步提升，初步奠定了高质量发展的产业基础。现代物流对于提升国民经济运行质量和效率、增强综合国力具有重要作用，物流发展战略已成为国家总体发展战略的重要组成部分。

一、物流业发展现状

2021 年是构建新发展格局的起步之年，国际环境复杂严峻、国内疫情多发散发等因素倒逼我国物流运行效率、供应链响应水平加速提升，物流在畅通经济内外循环、保障产业链畅通稳定方面发挥了重要作用，助力单位物流成本稳中有降。

（一）社会物流总额

2021 年全国社会物流总额 335.2 万亿元，按可比价格计算，同比增长 9.2%，两年年均增长 6.2%，增速恢复至正常年份平均水平。从年内走势看，由于受下半年散发疫情和上年同期基数较高等因素影响，走势前高后低。第一季度同比增长 24.2%，上半年增长 15.7%，前三季度增长 10.5%。2022 年前三季度，全国社会物流总额 247.0 万亿元，按可比价格计算，同比增长 3.5%，增速比上半年提高 0.4 个百分点，高于同期 GDP 增速 0.5 个百分点。物流需求结构随经济结构调整、产业升级同步变化，工业品物流总额占社会物流总额的九成左右，支撑我国连续 12 年位居世界第一制造大国。国际进口物流下行压力较大，民生消费物流保持平稳增长。产业升级带来的高技术制造物流需求发展趋势向好，引领带动作用增强。2017—2022 年前三季度我国社会物流总额及其同比增长率如图 1-8 所示。

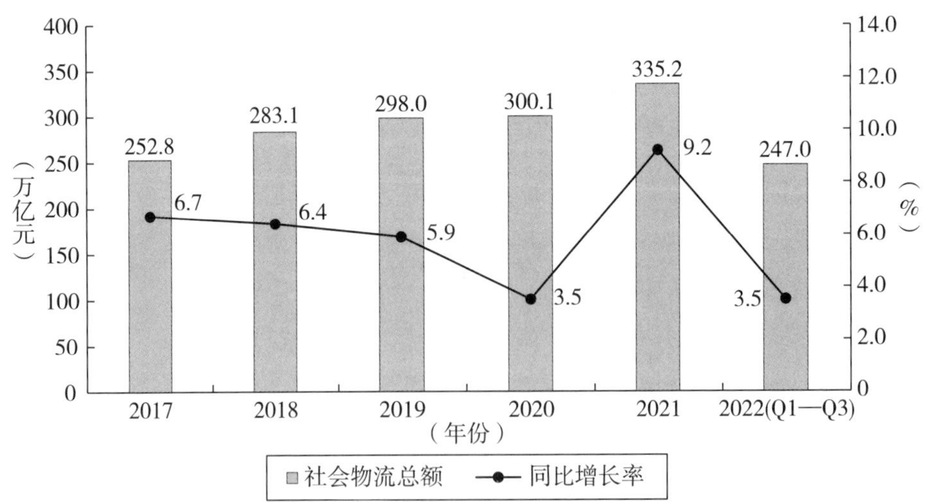

图 1-8　2017—2022 年前三季度我国社会物流总额及其同比增长率

资料来源：中国物流与采购联合会、国家发展改革委。

（二）社会物流总费用

我国物流业近年来虽然保持较快的增长势头，但整体运行效率依然较低。2021 年社会物流总费用 16.7 万亿元，按可比价格计算，同比增长 12.5%。2021 年我国社会物流总费用与 GDP 的比率为 14.6%，比上年下降 0.1 个百分点，反映出国内物流效率有所改善。从结构看，2021 年我国社会物流总费用中，运输费用为 9.0 万亿元，增长 15.8%，占社会物流总费用的 53.9%；保管费用 5.6 万亿元，增长 8.8%，占社会物流总费用的 33.5%；管理费用 2.2 万亿元，增长 9.2%，占社会物流总费用的 13.2%。2017 年至 2022 年 1—7 月我国社会物流总费用及其与 GDP 的比率如图 1-9 所示。

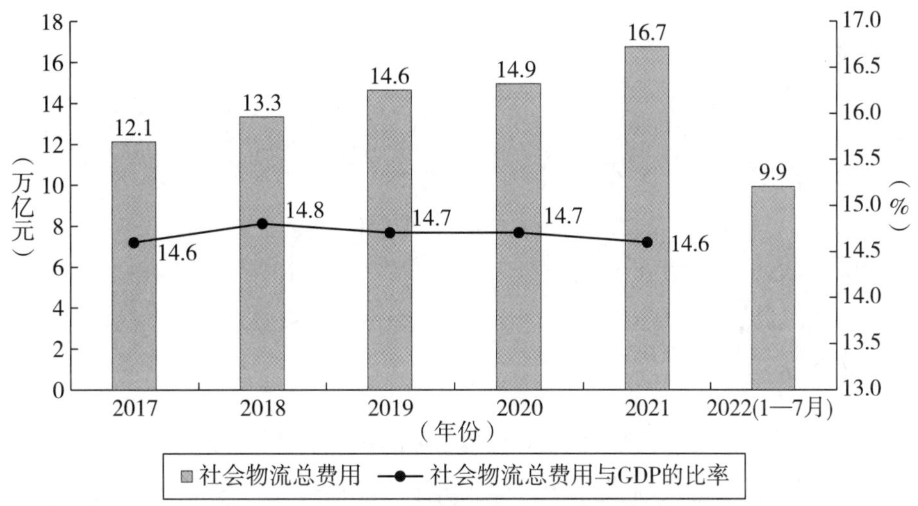

图 1-9　2017 年至 2022 年 1—7 月我国社会物流总费用及其与 GDP 的比率

资料来源：中国物流与采购联合会、国家发展改革委。

（三）物流业景气指数

2021 年 12 月中国物流业景气指数为 52.6%，较上月小幅回落，但仍呈扩张态势。分行业看，铁路运输业、快递快运业指数保持在高景气区间，道路运输业、仓储业、水上运输业、装卸搬运和其他运输服务业运行平稳。2021 年全年，中国物流业景气指数第一季度为 53%，实现良好开局，第二季度回升至 55.9%的高点，下半年受供应链上下游需求放缓和多点散发疫情影响，指数出现一定波动，第三季度回落至 51.3%，第四季度缓中趋稳回升到 53.2%，全年中国物流业景气指数平均为 53.4%，较上年提高 1.7 个百分点，实现圆满收官。2022 年前三季度，中国物流业景气指数平均为 49.1%，受国际经济环境以及国内局部地区疫情散发多发的影响，第二、第三季度指数回落较大，国家政策措施有效落地、居民消费稳步复苏、能源物流快速增长和物流供给能力全面恢复等多方面因素综合作用，9 月实现回升。2021 年 1 月至 2022 年 9 月中国物流业景气指数如图 1-10 所示。

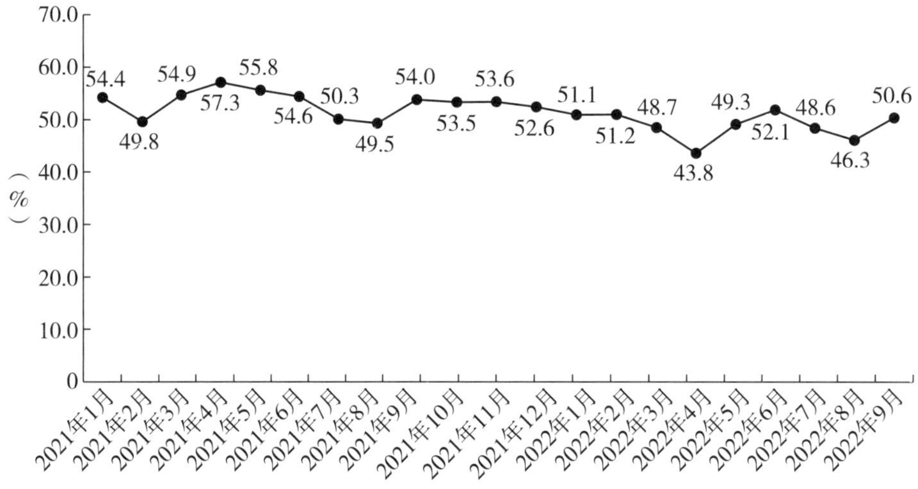

图 1-10　2021 年 1 月至 2022 年 9 月中国物流业景气指数

资料来源：中国物流与采购联合会。

（四）仓储指数

2021 年 12 月中国仓储指数为 51. 6%，连续五个月保持在扩张区间，反映出仓储行业运行态势较为稳定。消费品受节日因素和电商活动提振，业务需求较为旺盛；部分大宗商品受冬储需求增强影响，整体库存水平继续提高。2022 年 9 月中国仓储指数为 52. 0%，较上月上升 0. 8 个百分点，表明仓储业务需求增势较好，行业整体继续保持平稳向好运行态势。2021 年 1 月至 2022 年 9 月中国仓储指数如图 1-11 所示。

（五）货运量与货物周转量

2021 年，我国货物运输总量 529. 8 亿吨，货物周转量 223600. 4 亿吨公里。2021 年全年港口完成货物吞吐量 155. 5 亿吨，比上年增长 6. 8%，其中，港口外贸货物的吞吐量约 47 亿吨，同比增长 4. 5%。港口集装箱吞吐量 2. 8 亿标箱，同比增长 7%。2022 年前三季度，我国货物运输总量 376. 3 亿吨，货物周转量 165635. 4 亿吨公里。2017—2022 年前三季度我国货物运输总量如图 1-12 所示，2017—2022 年前三季度我国货物周转量如图 1-13 所示。

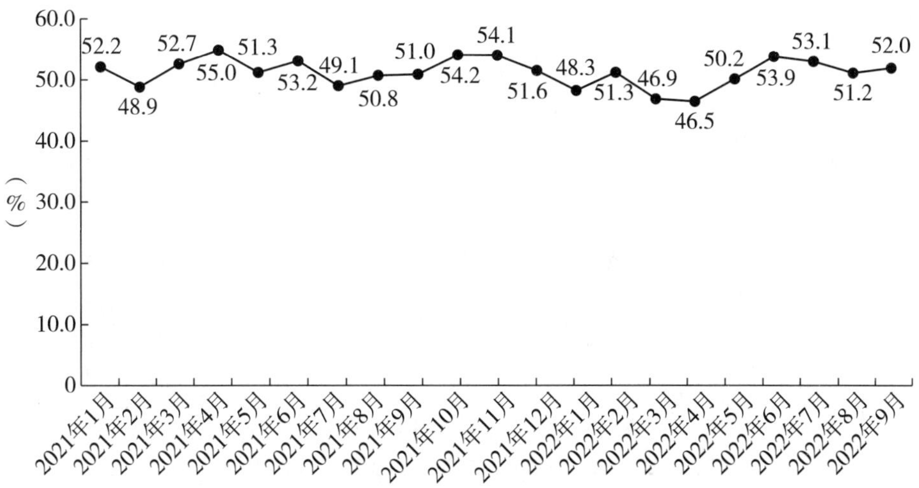

图 1-11　2021 年 1 月至 2022 年 9 月中国仓储指数

资料来源：中国物流与采购联合会。

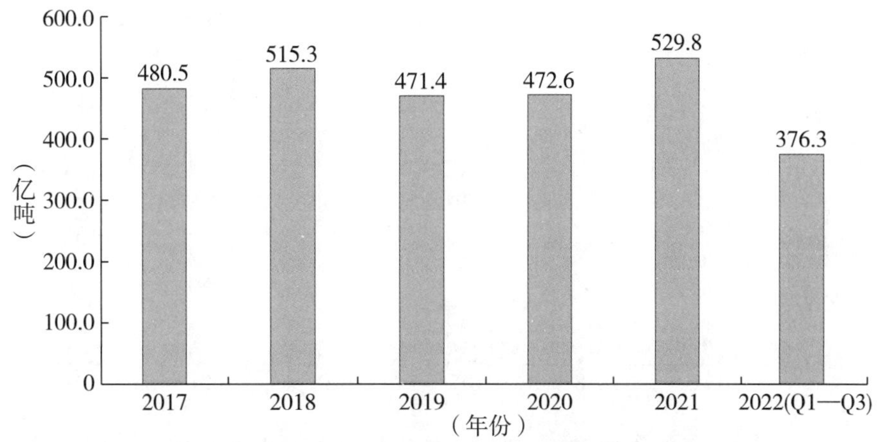

图 1-12　2017—2022 年前三季度我国货物运输总量

资料来源：国家统计局。

（六）快递业务量及快递业务收入

2021 年，我国完成快递业务量 1083. 0 亿件，同比增长 29. 9%；完成快递业务收入 10332. 3 亿元，同比增长 17. 5%。2022 年前三季度，我国完成快递业务量和收入分别为 800. 1 亿件和 7688. 9 亿元，同比分别增长 4. 2%和 3. 5%。2017—2022 年前三季度我国快递业务量如图 1-14 所示，2017—2022 年前三季度我国快递业务收入如图 1-15 所示。

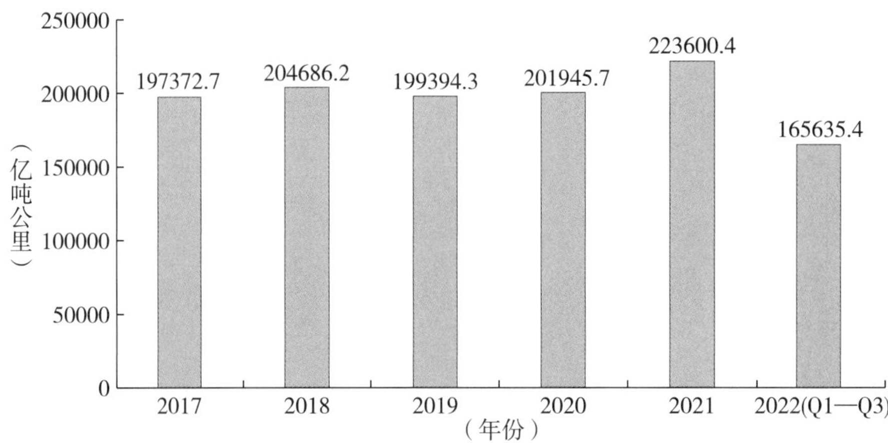

图 1-13　2017—2022 年前三季度我国货物周转量

资料来源：国家统计局。

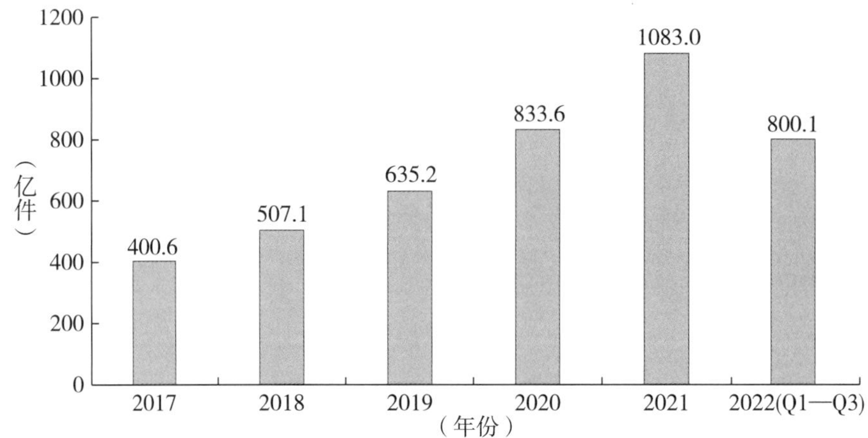

图 1-14　2017—2022 年前三季度我国快递业务量

资料来源：国家邮政局。

二、物流业发展面临的形势

当前，我国物流运行面临的国内国际形势较为严峻，为现代物流体系建设带来一定挑战，但也存在重大机遇。我们需要从战略层面积极谋划、妥善应对，开辟一条现代物流高质量发展的道路。

（一）全球产业链供应链调整风险加剧

新冠肺炎疫情对全球产业链供应链的影响持续分化。我国凭借有效的疫情防控措施，较快恢复生产，产业链供应链韧性增强，货物进出口总额再创历史新高。但是国

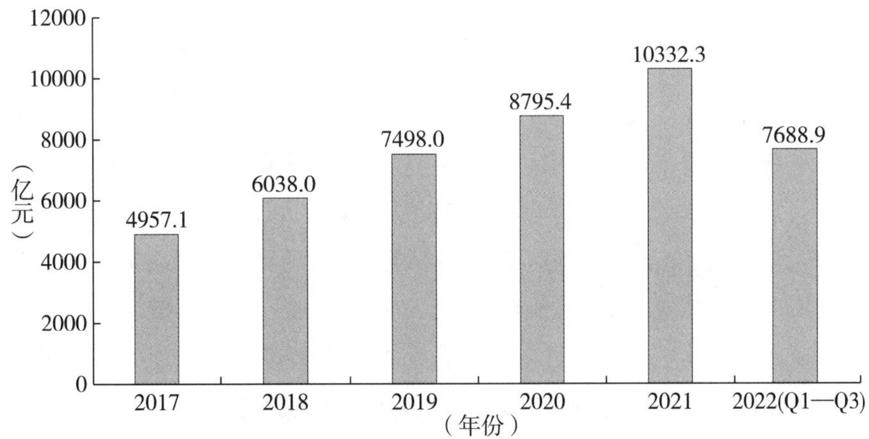

图 1-15　2017—2022 年前三季度我国快递业务收入

资料来源：国家邮政局。

际航运运力紧张、电力能源供应不足等问题加剧了供应链的不确定性。随着国外疫情态势逐步转变，全球供应链呈现区域化、本土化、多元化趋势，部分生产需求将加快回流和转移，这对未来一段时间适应全球供应链调整风险、提升现代物流韧性和灵活性提出了挑战。同时，随着中欧班列常态化开行，陆海新通道、中老铁路等国际大通道陆续开辟，“一带一路”国际经贸走廊承接产能转移，有助于维护区域供应链稳定。《区域全面经济伙伴关系协定》（RCEP）正式生效，带来了供应链区域合作机会，为现代物流跟随产业链“走出去”带来了新的机遇。

（二）要素成本价格上涨压力持续加大

2020 年下半年以来，国际大宗商品价格持续上涨。到 2021 年下半年，国内电力、煤炭、成品油等领域出现了阶段性供应紧张。全年成品油价调整出现“15 次上涨、6 次下跌、4 次搁浅”的局面，柴油累计每吨上涨超过 1400 元，物流企业不堪重负。国家大力推动中小企业普惠金融，但是企业获得感不足。主要原因是物流企业存在大量保证金和运费账期，账期普遍在 3 个月以上，由于缺乏征信数据和确权手段，无法获得信贷支持，最终导致资金成本高企。此外，物流用人难用人贵、用地难用地贵问题日益突出。《2021 年货车司机从业状况调查报告》显示，35 岁以下司机占比为 25. 5%，较 2016 年调查明显减少，司机“招聘难”成为普遍现象。部分城市规定市区内不再新批物流用地，城市配送中心远离城市大幅推高了配送成本。2021 年我国社会物流总费用 16. 7 万亿元，同比增长 12. 5%，运输费用、仓储费用、配送费用等上涨幅度较大，单纯依靠要素降本，空间日益收窄。

（三）产业迈向价值链中高端存在瓶颈

外部形势变化和经营成本上涨，倒逼企业向价值链中高端迈进。产业升级提速对产业链供应链现代化提出更高要求。2021 年 7 月商务部等 8 单位联合印发通知，公布首批全国供应链创新与应用 10 个示范城市和 94 家示范企业。各地积极制订并实施“链长制”方案，优质企业牵头制造业强链补链行动，重在推动经济循环流转和产业关联畅通，维护产业链供应链安全稳定。但是，我国物流配套能力低端化成为重要制约瓶颈。物流业作为重要的生产性服务业，长期处于微利经营状态，主要是服务功能单一、专业化水平低。物流业与制造业之间更多是简单的供需关系，产业融合成熟度不够。国家发展改革委等部门推进物流业制造业深度融合创新发展，激发制造业释放服务需求，带动物流业效率提升和效益增加，促进物流业以专业服务助力制造业价值链攀升，有望实现产业链供应链整体跃迁。

（四）实施扩大内需战略，物流短板凸显

我国具有超大规模市场的优势，扩大内需战略正在成为战略基点。2021 年，内需对经济增长的贡献率达 79.1%，是我国经济增长的第一拉动力。我国人均 GDP 超过 1.2 万美元，与高收入国家差距进一步缩小。我国城镇化率超过 60%，对内需有很大的拉动力。城乡居民收入差距继续缩小，乡村振兴带动城乡区域协调发展。新一轮扩大内需战略重在围绕做大做强国内市场，把满足国内需求作为出发点，加快构建完整的内需体系，着力打通生产、分配、流通、消费各个环节，增强经济内生动力，这对与内需相适应的物流基础设施和服务能力都提出了更高要求。当前，城市物流普遍面临限行限地问题，特别是城市末端网点短缺，不适应高时效、高频次的消费物流需求。区域物流枢纽承载条件不够，不适应标准化、大批量的中转物流需求。物流服务交付能力不足，不适应一体化、集成式产业物流需求。多层级物流基础设施布局、高标准物流交付能力，仍是制约内需扩大的重要短板。

（五）数字经济成为经济发展的新动能

数字经济正在成为重组全球要素资源、重塑全球经济结构、改变全球竞争格局的关键力量，发展数字经济是把握新一轮科技革命和产业变革新机遇的战略选择。数字经济是继农业经济、工业经济之后的主要经济形态，随着新一代信息技术与传统产业融合程度加深，产业边界正在消融，新兴业态的场景革命正在兴起，开放、共享、协同、去中心等特征使资源配置效率更高、市场响应速度更短，将从根本上改变整个产业生态体系，为企业转型升级带来更多机遇。《“十四五”数字经济发展规划》明确提

出大力发展智慧物流，涉及物流新基建、新技术、新模式、新业态等。但是，转型过程中也出现了资本无序扩张、不正当竞争、行业垄断和权益保障等问题。中小企业仍然面临数字化鸿沟，存在“不敢转”“不会转”“不能转”等问题。数字化政务等公共服务还存在短板，数据治理、平台治理能力还有待提升，制约了智慧物流健康发展。

（六）“碳达峰、碳中和”带来绿色转型机遇

习近平总书记强调，实现“碳达峰、碳中和”是一场广泛而深刻的经济社会系统性变革，要把“碳达峰、碳中和”纳入生态文明建设整体布局。目前，全球有 140 多个国家以各种形式提出了“碳中和”承诺，这意味着未来发展范式将发生深刻转变。过去传统的“先发展、后治理模式”被低碳发展模式取代。不过，这也是一项复杂工程和长期任务，不可能毕其功于一役。目前，一些地方出现了“碳冲锋”“一刀切”、运动式“减碳”等问题，特别是国四、国五排放车辆限行的区域越来越大，甚至限制柴油货车进入工矿厂区，将长期目标短期化，影响了地区经济运转和民生保障。对于传统物流业来说，绿色转型是否会增加物流成本，需要统筹考虑外部成本、隐性成本、机会成本等，这也将带动物流相关领域碳排放核算监测和评价体系发展。全国碳排放交易市场上线、交通运输绿色低碳行动开展，为物流企业绿色转型的自主变革带来重大机遇。

三、我国物流业发展趋势

2022 年是全面实施“十四五”规划的关键期，也是现代物流体系建设的攻坚期。继 2021 年强劲反弹后，由于新冠肺炎疫情持续、长期的供应链挑战和通货膨胀不断增加，全球经济面临较大复苏压力。我国经济发展面临需求收缩、供给冲击、预期转弱的三重压力，经济下行压力有所累积。但是我国经济韧性较强，长期向好的局面不会改变。国家“十四五”规划多处提到物流和供应链，涉及国民经济的方方面面，全方位、多角度勾画出现代物流体系建设蓝图，现代物流日益成为支撑实体经济发展的先导性、基础性、战略性产业。在稳中求进的工作总基调下，我国物流业有望延续稳中有升态势，社会物流总额增速全年预计保持在 6%左右。

面临新的形势，现代物流高质量发展是必由之路。当前，现代物流高质量发展将重点体现五个新变化。

（一）新阶段：从粗放式规模扩张向精益化提质增效转变

我国物流业规模连续多年居世界第一位，物流业收入增速也保持了相对较高的水平，但是企业盈利能力总体不高。随着我国产业加快迈向价值链中高端，对物流交付、

时效、品质都提出更高要求，倒逼物流业转型升级，进入追求高品质、高效率、高效益的精益化新发展阶段。产业升级、结构优化、创新驱动助力提质增效，将成为现代物流高质量发展的重要特征。

（二）新任务：从单纯降低物流企业成本向降低供应链全流程物流成本转变

我国社会物流总费用与 GDP 的比率维持在 14.6%左右已经有较长一段时期，下一步单纯依靠降低运输、仓储、配送等单环节成本的下降空间较小。未来，国家间的竞争就是供应链之间的竞争，现代物流贯穿第一、第二、第三产业，随着物流与制造业、商贸业、农业等深度融合，通过资源整合、流程优化、组织协同、生态共建降低供应链全流程物流成本，进一步推进物流运行水平提升的潜力巨大。

（三）新模式：从传统物流模式向数字经济、区域经济、低碳经济新模式转变

随着新一代信息技术与物流业深度融合，推动传统物流模式向以数字化、智能化为特点的智慧物流模式转变。随着区域重大战略和区域协调发展战略的实施，畅通国内大循环带动原来以沿海布局为主的物流设施向全国延伸，将加快形成内外联通、安全高效的物流网络，助力产业升级和梯度转移，构建区域经济新增长极。随着“碳达峰、碳中和”任务推进，传统高碳经济向低碳经济转变，产业绿色转型预期更加明确。

（四）新动力：从劳动力、土地等要素驱动向创新驱动转变

我国传统物流业靠投入劳动力、土地等要素，以提供单环节基础性服务为主，同质化程度高、附加价值偏低，存在“低端锁定”问题。随着产业链供应链升级，现代物流一体化、集成化、高端化要求日益迫切，物流业进入以创新和人力资本为主要驱动的时代，技术创新、流程创新、模式创新日益活跃。物流业将由原来的同质化低成本竞争向差异化的质量竞争、效率竞争、效益竞争转变，逐步向微笑曲线两端延伸。

（五）新机制：营商环境优化和体制机制改革是重要保障

现代物流作为以人为本的产业，与政府监管等营商环境息息相关。可以说，没有高质量的营商环境就没有高质量的物流产业。随着改革逐步进入深水区，更需要通过深层次的体制机制改革，破除阻碍高质量发展的政策瓶颈，逐步由监管缺位、越位、错位向综合监管、协同监管、数字监管转变，形成有利于现代物流高质量发展的公平竞争、规范有序、开放稳定的营商环境，充分激发市场主体的活力，为推动现代物流

供需适配、经济高效、开放协同、安全可靠和可持续发展奠定制度基础。

第四节　物流技术的发展趋势

现代信息技术、新型智慧装备的广泛应用以及现代产业体系质量、效率、动力变革的深入推进，既为物流创新发展注入了新的活力，也要求加快现代物流数字化、网络化、智慧化赋能，打造科技含量高、创新能力强的智慧物流新模式，促进物流业快速发展。

一、我国物流技术发展情况

近年来，我国经济社会持续发展，基础设施建设以及固定资产的投资力度持续加大，新经济模式和业态不断形成，大数据、物联网、云计算等新型技术不断创新。在此背景下，我国物流行业规模不断壮大，物流技术装备作为生产力要素，对于促进物流业转型升级与高质量发展具有十分重要的作用。

（一）技术不断推陈出新

近年来，受地缘冲突、新冠肺炎疫情等因素的影响，国际贸易不确定性增加，为保障供应链透明度、便利性、柔韧性，物流数字化程度不断加深；人工智能、云计算、区块链等技术的发展，也为智慧物流技术装备的发展带来了新的机遇。现代信息技术不断融合传统物流装备，以科技创新为动力，加快物流领域技术革新，以新能源车辆、自动驾驶、智慧仓储、人工智能机器人等为代表的新型物流技术不断涌现。

（二）装备市场稳步发展

近年来，随着我国物流产业的发展以及物流成本的不断增长，新能源产品、医疗物资、电动汽车、智能手机、半导体产业、信息技术产品、绿色环保产业、高端制造与智能制造等行业对物流技术的市场需求快速增长，物流技术设施设备总体数量和市场规模迅速增加。截至 2021 年，全国叉车销量达 109.94 万台，托盘市场保有量超过 15.5 亿片，智慧物流市场规模已达 6477 亿元，其中，自动分拣设备市场规模约 260 亿元，年度增长率约 21.8%。

（三）应用领域不断扩大

物流技术可为物流行业的发展提供有力的软硬件支撑。随着互联网技术蓬勃发展、物流市场持续扩大，整个物流装备行业也欣欣向荣，一大批新兴企业诞生，基础零部件供应日新月异，市场需求呈现多元化发展。运输技术、仓储技术、装卸搬运技术、包装技术以及配送技术等物流硬技术类型不断增加，仓储管理信息系统、运输管理信息系统、订单管理信息系统等配套物流软技术在计划、管理、分析、优化等方面的应用不断加强。

（四）专业化程度逐渐提升

随着物流各环节分工的不断细化，以满足顾客需要为宗旨的物流服务需求类型增加，专业化的新型物流技术设施设备和新技术的物流技术设施设备不断涌现。以仓储环节为例，为适应不同仓库搬运作业场景，已经发展出了全向轮平衡重式 AGV（自动导引车）、平衡重式 AGV 以及前移式堆垛 AGV 等类型的运输车。

二、我国物流技术发展趋势

新一轮科技革命的发展，加快了现代物流技术的创新与业态升级，而现代产业体系的建设，要求现代物流适应多元化、专业化服务，促进经济降本增效，推动着物流技术与装备向智能化、标准化、绿色化发展。

（一）物流技术与装备呈智能化发展

当前，在我国人口红利逐渐消失的背景下，行业的竞争逐渐演变成智能的竞争。智能化发展是指先进的科学技术和现代生产组织方式的融合，智能化已经成为我国物流技术装备发展的必然趋势。从发展上看，5G、大数据、人工智能和物联网技术的成熟和应用，为智能物流技术装备的加速发展和普及提供了坚实的技术基础和保障；从需求上看，处于风口的智能制造、持续快速发展的电商快递物流，以及新冠肺炎疫情影响下的末端配送，都对智能物流技术与装备有着强烈的需求。

（二）物流技术与装备呈标准化发展

目前，物流行业发展表现出企业广泛整合物流资源、降低物流成本的趋势。而随着物流技术的发展，物流装备品类繁多、千变万化，这对技术装备标准化提出了一定的要求。标准化发展可以使物流技术与装备从供应链前端开始按单元化思想设计，实现技术装备通用化，提高作业效率、作业安全与作业损耗，满足现代化物流作业需求，并为今后物流技术装备模块化、单元化发展奠定基础。

（三）物流技术与装备呈绿色化发展

目前，由于环境和资源双重压力，绿色发展已经成为新时代的发展主题。物流发展的绿色化已迫在眉睫，如何降低碳排放、实现绿色物流低碳发展已经成为行业的关注焦点，同时，也对物流技术与装备的绿色化提出更高要求。包装方面，减量包装、循环包装等绿色包装技术不断推广，绿色货架、电动叉车、绿色托盘等绿色储存技术不断创新，新能源物流车、汽车轻量化等绿色运输技术不断涌现，物流技术与装备通过绿色化发展，促进物流行业绿色化的实现。

三、物流技术对物流业发展的重要作用

物流技术贯穿整个物流系统全过程、深入每个作业环节，是实现物流各项作业功能的物质基础和手段。物流技术为物流业的发展提供了强有力的软硬件支持，具体体现在助力构建现代物流体系、推动现代物流高质量发展、促进现代物流提质降本增效三大方面。

（一）助力构建现代物流体系

随着我国经济体制改革的深化和社会主义市场经济的发展，现代物流已经成为我国经济发展的重要产业和新的经济增长点。现代物流体系是现代产业体系的重要组成部分，现代物流水平在很大程度上决定着国内大循环、国内国际双循环的速度与质量，而物流技术的发展是建设现代物流体系的必然之路。

目前，我国正处于消费产业升级和技术突破的关键时期，物联网技术、共享平台网络、共享经济、无人机（车、仓）、快递周转箱、大数据、云计算、跟踪技术、信息查询技术、快递组织技术等高新技术和新模式在物流领域广泛应用，包装、运输、储存、装卸、搬运、流通加工、配送等物流环节技术装备的更新换代，深刻地改变着物流行业的面貌。物流技术装备作为物流活动进行的物质技术基础，作为生产力发展水平与现代化程度的重要标志，在发展现代物流、改善物流状况、促进现代化生产流通、强化物流系统能力、助力构建现代物流体系的过程中具有十分重要的地位和作用。

（二）推动现代物流高质量发展

我国物流高质量发展，面临着加快发展方式转变、实现结构调整升级、提高发展质量与效益的新要求，迫切需要全面推动物流领域的服务创新、技术创新、组织创新、方式创新和体制创新，实现以创新驱动物流高质量发展的动力变革。

目前，我国物流技术发展抓住了新一轮技术革命带来的重大发展机遇，加快推进现代信息技术、运输技术、仓储技术和能源技术在我国物流领域的应用和集成创新，推动物流新技术、新业态、新模式、新组织的发展，增强适应高质量发展的物流创新动力，为物流高质量发展注入强大创新动力。

（三）促进现代物流提质降本增效

近年来，我国物流需求进一步增长，社会物流总费用逐年上涨，传统物流人工成本抬升，物流从业人员数量下降，这要求现代物流进一步提质降本增效。物流技术通过自动化物流系统、设备和软件，从信息处理、运输、配送、装卸搬运、仓储、库存控制、包装等方面实现各个经营环节、各物流资源的信息化、自动化、智能化和集成化，具有联通性强、融合度广、经济成本低、运行效率高、生态效益好等显著优势，代表着现代物流业的发展方向，对提高物流服务质量、降低物流作业成本、增强物流运行效益作用巨大。

第二章　年度物流热点技术

本章聚焦当前物流技术装备年度热点技术，从5G、北斗卫星导航系统、供应链技术、碳排放控制技术、元宇宙相关技术和物流用能相关技术角度出发，介绍相关领域物流与热点技术融合发展应用情况。

第一节　5G

5G融合应用是促进经济社会数字化、网络化、智能化转型的重要引擎。习近平总书记就加快5G发展多次作出重要指示，强调要加快5G等新型基础设施建设，丰富5G应用场景。当前，5G融合应用正处于规模化发展的关键期。

一、5G发展现状

5G商用以来，发展成效显著，技术产业能力不断提升，网络和用户规模全球领先，国家政府更加重视5G应用，顶层设计不断完善，标准不断丰富。

（一）5G顶层设计不断完善

近年来，5G的发展受到国家产业政策的重点支持。国家密集地推出系列文件指导5G行业应用融合发展，推动5G应用进入规模化关键期，5G应用落地上升为国家战略。

2021—2022年5G国家重点政策汇总如表2-1所示。

（二）5G标准不断丰富

5G发展推动数字经济与实体经济不断融合。与此同时，5G的标准能力也在持续增强，服务逐渐走向精细化，标准向高带宽、低时延、广连接、网络的基础能力以及安全性五个领域并发演进。

表 2-1　2021—2022 年 5G 国家重点政策汇总

发文时间	政策文件名称	重点内容
2021 年 7 月	《工业和信息化部 中央网络安全和信息化委员会办公室 国家发展和改革委员会 教育部 财政部 住房和城乡建设部 文化和旅游部 国家卫生健康委员会 国务院国有资产监督管理委员会 国家能源局关于印发〈5G 应用"扬帆"行动计划（2021—2023 年）〉的通知》	重点领域 5G 应用成效凸显。个人消费领域，打造一批"5G+"新型消费的新业务、新模式、新业态，用户获得感显著提升。垂直行业领域，大型工业企业的 5G 应用渗透率超过 35%，电力、采矿等领域 5G 应用实现规模化复制推广，5G+车联网试点范围进一步扩大，促进农业水利等传统行业数字化转型升级。社会民生领域，打造一批 5G+智慧教育、5G+智慧医疗、5G+文化旅游样板项目，5G+智慧城市建设水平进一步提升。每个重点行业打造 100 个以上 5G 应用标杆
2021 年 11 月	《工业和信息化部关于印发"十四五"信息通信行业发展规划的通知》	完善产业发展环境。实施 5G 应用创新行动计划，积极培育 5G 产业生态。推动小型微型企业创业创新示范基地等载体建设，充分发挥互联网平台作用，提升服务中小企业创业创新能力。开展融合应用试点示范项目建设，培育一批专业化应用解决方案提供商，推动形成一批特色鲜明的产业集聚区和示范基地
2021 年 12 月	《国家发展改革委等部门关于印发〈贯彻落实碳达峰碳中和目标要求 推动数据中心和 5G 等新型基础设施绿色高质量发展实施方案〉的通知》	强化统筹布局。在交通、能源、工业和市政等基础设施的规划和建设中同步考虑 5G 网络建设
2022 年 1 月	《国务院关于印发"十四五"数字经济发展规划的通知》	加快建设信息网络基础设施。建设高速泛在、天地一体、云网融合、智能敏捷、绿色低碳、安全可控的智能化综合性数字信息基础设施。有序推进骨干网扩容，协同推进千兆光纤网络和 5G 网络基础设施建设，推动 5G 商用部署和规模应用，前瞻布局第六代移动通信（6G）网络技术储备，加大 6G 技术研发支持力度，积极参与推动 6G 国际标准化工作

2022 年 6 月，3GPP（3rd Generation Partnership Project，第三代合作伙伴计划）全会第 96 次会议宣布冻结 5G R17（5G Release 17，第 17 个公开版本的 5G 协议）标准，全球 5G 商用迈向新阶段。根据 3GPP 的规划，5G 技术演进被分为两个阶段，R15、R16、R17 这三个版本称为 5G 演进的第一阶段，R18、R19、R20 这三个版本称为 5G 演进的第二轮创新——5G-Advanced，也可以称为 5. 5G。

R17 是 5G 的增强标准，一方面，R17 优化了关键功能，完善了现网应用；另一方面，它提升了关键指标性能，深化了应用场景。为了进一步拓展 5G 的应用场景，R17 引入了“新终端”“新网络”和“新功能”。作为 R17 标准的主要内容之一，RedCap（Reduced Capability，降低能力）实现了面向智能可穿戴设备、工业无线传感器和视频监控等中高速物联场景的 5G 网络服务，进一步拓展了 5G 应用场景与解决方案。同时，R17 支持在非活跃态进行上行小包数据传输，面向微信、健康检测数据上传、应用推送等小包数据业务，以降低功耗、减少信令开销、提升网络效率且减少时延。R18 标准计划将于 2023 年 12 月完成，逐步向提升增强宽带能力、提升精细化设计垂直行业应用供给能力、开发新业务场景等方向演进。

二、5G 应用全面发展

5G 网络覆盖广度和深度不断拓展，在个人应用与行业应用领域全面发展。

（一）个人应用带来全新体验

工业和信息化部正式发放 5G 商用牌照已满 3 年，5G 商用以来，个人应用在用户规模、应用终端、应用场景等方面取得积极进展。

在用户规模方面，截至 2022 年 5 月底，全国建成开通 5G 基站 170 万个，5G 移动电话用户数达到 4.28 亿户，5G 流量占移动流量比重达到 27.2%。在应用终端方面，截至 2022 年 5 月底，获入网许可的 5G 设备终端数达 868 款，其中，5G 手机终端有 601 款。在应用场景方面，5G 在个人用户端的应用已覆盖超高清视频、娱乐游戏、体育赛事、居住服务、购物等多个重点领域，虚拟数字人、5G 消息、5G 新通话、AR（Augmented Reality，增强现实）/VR（Virtual Reality，虚拟现实）等个人应用迅速发展，给消费者带来了全新体验。

5G 高带宽、低时延、广连接等特性与超高清视频、AR/VR、人工智能等技术的融合，围绕视、听、玩等消费领域将催生大量创新应用场景，市场前景广阔。但因现象级应用尚未突破、产业基础有待提升、生态环境仍需优化等问题，5G 在个人用户端应用中整体上仍处于探索孕育阶段。

（二）行业应用多点落地开花

随着 5G 的持续演进与发展，5G 与各行各业在应用上的融合创新为行业发展带来更多可能。行业应用一直是 5G 应用的关键和重点。近年来，国家多部门发布 5G 应用相关政策，工业和信息化部联合国家卫生健康委、教育部、国家能源局等开展 5G+医疗健康、5G+智慧教育试点示范，举办“绽放杯”5G 应用征集大赛等系列举措，推动

5G 行业应用探索实现了从“0 到 1”的突破，应用范围从单点向多点落地开花。

5G 在行业端的应用已驶入快车道。目前，5G 融合应用已在工业、医疗、教育、交通等多个行业领域发挥赋能效应，覆盖国民经济 40 个大类。2021 年 12 月，由工业和信息化部主办的第四届“绽放杯”5G 应用征集大赛中，1. 2 万个参赛项目中已有接近半数项目实现“商业落地”和“解决方案可复制”。在钢铁、电力、矿山、港口、医疗等先导行业领域，智能挖掘与生产控制、机器视觉质检、无人智能巡检、现场辅助装配等应用场景开始实现解决方案复制。

1. 5G+工业互联网

作为 5G 规模商用和产业数字化的“新名片”，我国“5G+工业互联网”创新发展进入快车道。截至 2022 年 11 月，全国“5G+工业互联网”在建项目超过 4000 个，工业互联网标识解析体系“5+2”国家顶级节点全面建成，累计标识注册量突破 2139 亿个，国家顶级节点日解析量 1. 2 亿个，覆盖 29 个省区市和 38 个重点行业。

5G 在工业领域的应用已从生产外围辅助环节向生产中心控制环节加速迈进，面向工业的 5G 芯片、模组、终端不断涌现。全国在建“5G+工业互联网”项目在电子设备制造、钢铁、电力等十大重点行业，形成了远程设备操控、机器视觉质检、无人智能巡检等一大批典型应用实践，培育了一批高水平的 5G 全连接工厂。

以武汉钢铁“5G+全连接工厂”为例，武汉钢铁有限公司的生产网络一直以来存在三大技术痛点：一是冶金工厂环境复杂，部署有线网络较为困难且成本高；二是厂区内强电磁干扰场景多、无线信号衰减严重、4G 网络带宽不足和时延长，难以满足工业生产应用需求；三是企业对数据安全、生产安全、网络安全要求高，当前应用难以满足。为解决企业痛点和满足智慧制造发展，武汉钢铁有限公司大力推行 5G 网络与生产融合，与湖北联通合作建设 5G 核心专网，并于 2021 年 5 月 17 日正式开通 5G 核心专网功能。在已建成的 5G 核心专网基础上，武汉钢铁有限公司进一步扩大网络覆盖范围，提升网络质量，提高网络稳定性。截至 2022 年 8 月，已建设配套宏基站 61 个，日均流 3 TB，同步建设了武钢有限 5G 专网管理平台。

武汉钢铁有限公司利用 5G 高带宽、低时延、广连接的特性，落地“实时定位跟踪、设备在线监测、运输作业管控、边缘计算数据回传、道口安全管控、铁水运输无人驾驶”六大应用场景，建立铁钢界面全流程、全要素一体化智慧管控平台，首创性研发机器视觉容错二维码视觉识别技术，突破铁水罐位置跟踪难题，建立铁水智能调度模型，从生产效率、作业安全等方面助力铁钢界面降本增效。

5G 核心专网在铁钢界面智慧管控平台项目的应用，可为智慧铁水调度、铁水运输作业效率提升、铁水温降降低、岗位作业人员配置优化等方面提供支撑，并实现优化岗位作业人员 50 人、节约人工成本 675 万元/年、生产效率提升 10%、铁水温降降低

10℃等成果，助力武汉钢铁有限公司降本增效。

2. 5G+智慧港口

港口本身具有投资规模大、资本密集、人力需求量大、机械化设备多等特点，因此，随着港口业务量不断增长，发展智能化制造、数字化管理等模式成为提升港口综合作业效率、保障安全生产、降低人工成本的主要渠道。

宁波舟山港实现“5G+智慧港口”融合发展。2018 年 3 月，宁波舟山港建成全国首个 5G 港口基站，并于 2020 年 5 月与中国移动、华为公司、振华重工签订了《5G+智慧港口战略合作协议》，打造 5G 辅助靠泊、5G 智能理货、5G 集卡无人驾驶、5G 轮胎式龙门吊远控、5G 港区 360 度作业综合调度五大智慧应用场景。2020 年 8 月，宁波舟山港的 5G 轮胎式龙门吊远控已实现规模应用，6 台设备投入生产，规模位居全国第一，作业人力成本减少 50%以上，设备改造成本节约 20%以上。

山东港口青岛港集团有限公司与中国联通合作，开展了“青岛港 5G 智慧港口”项目建设，实现了生产能效管控场景的应用。截至 2021 年 5 月，在港区内建设 34 个 5G 基站，实现了码头 5G 网络全覆盖。以 5G 行业专网为依托，打造了 5G 远程智能理货、5G 轨道吊和桥吊远程控制、5G 主动安全防御系统等示范应用，贯穿港口智慧作业全流程。通过 5G 网络，将温感、电感、液压、烟感等传感器采集的数据实时回传到智能集成管理平台，截至 2022 年年初，实现船岸两端 63 个设备、350 个能耗指标的实时管控。通过大数据分析对船舶动力系统进行节能评估，动态调整船舶的经济航速，实现削峰填谷、节能减排。通过自动化采集设备运行数据，提升危险环境下的安全生产管理能力，提高安全生产预测效率和管理水平。针对异常耗能现象进行分析研判，为设备的检修维护提供决策支持，每年节省拖轮运维费用 100 万元，节省人工检测成本 40 万元，检测效率提升 30%。

2020 年，天津港、华为公司和中国移动联合成立“5G+智能港口”专项组，依据业务场景，利用 5G 高宽带、低时延、广覆盖、高可靠性的优势，结合 AI（人工智能）、云计算、物联网等新 ICT（Information and Communications Technology，信息与通信技术），创造性推出车路协同超 L4 级的无人自动驾驶和 5G 远程控制方案，助力码头自动化，在提升港口运转效率的同时降低整体作业能耗，让港口运营更安全。该项目基于 5G 创新应用，建设智能调度中心。在智能调度中心实现 5G 远程控制，操作人员可以在中控室基于 5G 回传的高清视频信息和设备状态信息对场桥、岸桥进行远程操控，实现远程装卸集装箱作业。该项目运用 5G 技术降低人工成本，同时大幅提升港口龙门吊的综合作业效率，降低设备运行与维护成本。

3. 5G+智能物流

5G 与物流融合应用，重点体现在 5G 融合定位、自主搬运、协同控制与视频监控等方面，实现仓储自动化、调度智能化、管理智能化和全程可视化。

中国石化扬子石油化工有限公司利用5G和北斗技术，对生产区内危化品车辆进行高精度定位，并将位置信息实时传输至危化品运输管控平台。平台对进入扬子生产区的危化品车辆进行全过程、实时管控，基于定位数据形成行驶轨迹，进行偏离预警，有效保证危化品车辆按照规定路线行驶和在规定地点装载。

福田汽车在山东省诸城市打造超级卡车工厂基地，利用5G网络构建厂区智能物流场景。在入厂车辆调度环节，开发集虚拟电子围栏、车辆自动识别、车辆探测等多种技术于一体的入厂协同系统，利用5G技术将厂区车辆泊位状态等信息实时传递到各种智能显示终端及信息系统。

中兴在南京江宁滨江经济开发区打造5G智能制造基地，自研集成5G模组的AGV载重平台，并在园区的MEC（多接入边缘计算）端部署AGV调度管理系统；实现与企业既有的数字化生产和物流管理系统业务融合，自动化调度近40台AGV，并进行多车联动、调度指令、实时位置、任务完成等信息的稳定可靠下达；利用5G网络在部分AGV上使用了基于MEC视频云化的AI障碍物分析技术，实现智慧避障，在控制AGV硬件成本的前提下弹性扩展了AGV的功能。中兴南京滨江工厂通过打造“5G+智能物流”解决了既有Wi-Fi连接信号不稳定问题，使热点切换区域掉线率降低80%以上，同时实现了制造基地物料周转的完全无人化，厂区内货物周转效率提升15%。

三、5G技术发展新趋势

5G商用以来，随着5G应用的快速发展，5G技术也在向5G-Advanced演进，向着万兆（10Gbps）体验、千亿连接及内生智能方向迈进。

（一）5G-Advanced技术提出背景

无线通信网络基本每十年就会进行一次更新迭代。2021年4月27日，在3GPP第46次PCG（Project Cooperation Group，项目合作组）会议上，3GPP正式确定了5G演进下一阶段的名称为5G-Advanced。同时，代表5G-Advanced开始的R18版本将于2021年年底正式立项，预计2023年年底冻结。随后，在2021年6月，3GPP召开了R18专题研讨会，来自全球的60多家公司向3GPP提交了500多篇R18版本立项提案，除了涵盖5G传统场景外，也提出新场景、新业务，如上行大容量、人工智能空口和网络、网络和终端绿色节能、虚拟现实和增强现实业务、高精度定位等。

最终，在2021年12月6日至17日，3GPP召开会议确定了5G-Advanced第一个标准版本R18的首批项目，首批立项的28个课题涵盖了5G-Advanced在各个领域的持续演进，包括eMBB（Enhanced Mobile Broadband，增强移动宽带）服务升级、上行体验容量提升拓展5G-Advanced网络能力、实时宽带通信构筑虚拟与现实的桥梁、车联及高精度定位扩展垂直行业新应用、5G 一张网络融合低成本低功耗物联、To C（To Customer，面向客户）和 To B（To Business，面向企业）全面提升毫米波网络覆盖和容量、Sub100GHz 频谱灵活高效使用、低碳高效绿色网络、人工智能开启 5G 新领域 9 个大领域，这也标志着 5G-Advanced 技术研究和标准化将进入实际性阶段。

（二）5G-Advanced 与 5G、6G 的区别

5G 是具有高速率、低时延和大连接特点的新一代宽带移动通信技术，5G 通信设施是实现人、机、物互联的网络基础设施。5G 网络峰值理论传输速度比 4G 网络传输速度快 10 倍以上，可达 20Gbps，约 2.5GB 每秒。举例来说，一部 1G 的电影运用 5G 网络可以在 4 秒之内下载完成。

6G（6th Generation Wireless Systems or 6th Generation Mobile Networks，第六代移动通信系统），也被称为第六代移动通信技术。当前 6G 技术仍在探索中，没有全球统一的 6G 定义。但诸多专家学者对 6G 网络架构仍有许多想法。英国电信集团首席网络架构师尼尔·麦克雷（Neil McRae）最早公开提出 6G 概念，他认为：6G 就是“5G+卫星网络”，通过卫星让 5G 信号不需要基站就能实现全球覆盖，从而实现更加廉价且快捷的互联网连接，让全球的网络真正成为一个整体。基于尼尔·麦克雷的全球网络构想，学界、产业界从不同角度对 6G 进行了展望，最终可以归结为：6G 的通信指标将比 5G 高 10~100 倍，且不仅具备高速率、大带宽、低时延的特点，还将在传感、成像和定位方面有所改善。

5G-Advanced 的本质就是 5G 和 6G 之间的过渡和衔接。因移动通信技术发展速度较快，整数代与整数代之间易出现技术差异太大的情况，因此会在命名时考虑中间阶段，以显示和前代、后代的区别。在 5G 泛在千兆（1Gbps）体验、百亿连接的基础上，5G-Advanced 将实现下行万兆、上行千兆的峰值速率，以及毫秒级时延、低成本千亿物联。

（三）5G-Advanced 关键技术演进方向

1. 网络智能化

随着网络资源虚拟化、业务多样化、网络切片以及边缘计算等 5G 新能力的不断引入，5G 运营和商用面临新的挑战。5G 网络的不断演进使网络变得越来越复杂，网络运维复杂度的增加对网络的智能化、自动化提出了更高的要求。为满足 5G 演进需求，机器学习、数字孪生等人工智能领域相关技术可以为 5G-Advanced 网络智能化发展提供参考。以数字孪生为例，数字孪生可以更好地监测和控制网络，还可以更好地预测网络状态、流量等，在虚拟孪生环境中对网络变更提前仿真评估，最终实现网络数智化

管理水平的提升。

2. 行业网融合

5G-Advanced 网络面的垂直行业客户的一个重点场景是 5G 与行业网融合。5G 凭借自身无线化、移动性等优势帮助客户实现“一网到底”的理想。5G-Advanced 的演进发展，将进一步增强网络组网互通、网络管理和网络安全。

（1）网络组网互通增强。

5G-LAN（Local Area Network，局域网）技术可利用 5G 网络代替当前工业领域的局域网，解决当前工业网络中线缆移动性限制、光纤铺设成本高的问题，为行业用户提供快速灵活组建移动专网的能力。5G-Advanced 可以促进 5G-LAN 技术的增强，进一步研究工业网络中的新需求，在移动网络二层数据传输方面进行增强，扩大 5G-LAN 在工业网络中的应用场景；扩展实现 5G-LAN 支持一个组跨多个 SMF（Session Management Function，会话管理功能），从而实现广域范围的互联互通等。

（2）网络管理增强。

构建面向企业的统一网管监控体系，简化网络管理流程，打破烟囱式管理模式。

（3）网络安全增强。

由运营商部署运维的行业网需要符合企业在安全性和可靠性方面的要求。企业要求的安全保障能力包括接入终端与卡号鉴权、拓扑隐藏等。可靠性能力包括接入可靠性、资源独享性和连接可靠性。行业网与公网隔离的一个可行办法为支持行业专网［如 PNI-NPN（Public Network Integrated Non-Public Network，非独立的非公共网络）等］。

3. 天地一体化网络融合

5G 网络不仅提供更高速的数据传输服务，而且提供无处不在的移动网络接入服务。然而 5G 网络的发展仍受基础设施与成本的限制，在山区、沙漠、远洋等难以建设基站的偏远地区无法提供无缝的 5G 网络覆盖。因此，未来 5G-Advanced 发展网络应充分融合卫星通信，如支持不同轨道高度的卫星网络与地面 5G 网络的融合，支持卫星接入或者地面接入运营商等，共同构成全球无缝覆盖的天地一体化综合通信网，满足用户无处不在的各种业务需求。

4. 交互式通信能力增强

随着 5G 技术的发展，用户实时通信的诉求不再只局限于音视频，而是向高清化、交互式、沉浸式及开放式的交互式通信演进。交互式通信在实时通信的基础上搭载新的数据传输通道，为用户提供除音频外更丰富、更全面的实时交互服务，如个性呼叫、远程协作、AR 社交、VR 通信、企业园区通信及互动远程教育等。同时，交互式通信能力增强还需要分布式融合媒体、全新 QoS（Quality of Service，服务质量）机制等技术的支撑。

第二节　北斗卫星导航系统

北斗三号全球卫星导航系统（以下简称“北斗三号全球系统”）正式开通后，开始为全球提供服务，中国航天又站在了一个新的起点上。从仅为中国服务的北斗一号卫星到现在为全球服务的北斗三号全球系统，这个过程中出现了许多技术创新和突破性进步。北斗既是大国重器，又是寻常百姓常用的生活工具。建设北斗卫星导航系统的最终目的就是服务千家万户、造福子孙后代。近年来，北斗卫星导航系统已成功应用于我国的测绘、电信、水利、渔业、交通运输、森林防火、减灾救灾和公共安全等众多领域。

一、北斗卫星导航系统概况

（一）系统简介

北斗卫星导航系统（以下简称“北斗系统”）是中国着眼于国家安全和经济社会发展需要，自主建设运行的全球卫星导航系统，是为全球用户提供全天候、全天时、高精度的定位、导航和授时服务的国家重要时空基础设施。

北斗系统提供服务以来，已在交通运输、农林渔业、水文监测、气象测报、通信授时、电力调度、救灾减灾、公共安全等领域得到广泛应用，服务国家重要基础设施，产生了显著的经济效益和社会效益。基于北斗系统的导航服务已被电子商务、移动智能终端制造、位置服务等厂商采用，广泛进入中国大众消费、共享经济和民生领域，应用的新模式、新业态、新经济不断涌现，深刻改变着人们的生产生活方式。中国将持续推进北斗应用与产业化发展，服务国家现代化建设和百姓日常生活，为全球科技、经济和社会发展作出贡献。

北斗系统秉承“中国的北斗、世界的北斗、一流的北斗”发展理念，代表中国愿与世界各国共享北斗系统建设发展成果的积极姿态，促进全球卫星导航事业蓬勃发展，为服务全球、造福人类贡献中国智慧和力量。北斗系统为经济社会发展提供重要的时空信息保障，是中国实施改革开放 40 余年来取得的重要成就之一，是中国贡献给世界的全球公共服务产品。

（二）发展现状

北斗系统的独特优势体现在以下 3 个方面：①稳定性能好，接收信号强，在特殊地势环境下有一定的优势；②双向通信能力优势显著，可灵活应用于多种场景，应用前景可观；③授时、定位技术先进，采用功效低的铷原子钟和稳定性高的国产氢原子钟，具有较大的领先优势。北斗三号全球系统的全面建设和技术开发，在应用方面彰显出众多成就。在2019年年底的疫情防控期间，北斗系统快速响应国家号召，加入防控新冠肺炎疫情的工作中，通过智能监测把控抗疫主阵地，精准引导全程护航物资投送，巡防结合阻断疫情传播，坚定不移地履行着“北斗”服务人民的忠实承诺，为打赢疫情防控阻击战提供了强力的技术支撑。武汉火神山、雷神山医院在建设期间，运用北斗系统的RTK（Real Time Kinematic，实时动态定位）技术，精确获得了地理信息数据，为2座医院施工缩短了时间。

北斗系统作为国家重要的空间信息基础设施，在国家安全、科技自立自强等方面具有重要的基础性支撑作用。北斗三号全球系统开通两年多以来，在交通运输、公共安全、救灾减灾等行业领域，及电力、水利、通信基础设施建设等方面，已逐步形成深度应用和规模化发展。2022年5月，中国卫星导航定位协会发布的《2022中国卫星导航与位置服务产业发展白皮书》显示，2021年以北斗应用为核心的中国卫星导航与位置服务产业总体产值达到4690亿元，较2020年增长约16.29%。

随着北斗三号全球系统的开通，目前共有45颗北斗卫星正在轨提供服务，我国空间和地面基础设施均已具备较为完善的服务能力，基本形成北斗产业应用体系，为我国数字经济的发展赋予了强大的生命力。近年来，工业和信息化部大力支持北斗短报文、高精度、低功耗等芯片/模块的研发和产业化，不断改进工艺、提升性能、降低成本。

二、北斗卫星导航系统的基本组成

（一）空间段

北斗三号标称空间星座由3颗地球静止轨道（GEO）卫星、3颗倾斜地球同步轨道（IGSO）卫星和24颗中圆地球轨道（MEO）卫星组成。GEO卫星轨道高度35786千米，分别定点于东经80度、110.5度和140度；IGSO卫星轨道高度35786千米，轨道倾角55度；MEO卫星轨道高度21528千米，轨道倾角55度，分布于Walker 24/3/1星座。系统视情部署在轨备份卫星。

（二）地面段

北斗系统的地面段由主控站、注入站和监测站等组成。

主控站用于系统运行管理与控制等。主控站从监测站接收数据并进行处理，生成卫星导航电文和差分完好性信息，然后交由注入站执行信息的发送。同时，主控站还负责管理、协调整个地面控制系统的工作。

注入站用于向卫星发送信号，对卫星进行控制管理，在接受主控站的调度后，将卫星导航电文和差分完好性信息向卫星发送。

监测站用于接收卫星的信号，并发送给主控站，实现对卫星的跟踪、监测，为卫星轨道确定和时间同步提供观测资料。

（三）用户段

用户段即用户的终端，既可以是专用于北斗系统的信号接收机，也可以是兼容其他卫星导航系统的接收机。接收机通过捕获并跟踪卫星的信号，可测量出接收天线至卫星的伪距离和距离的变化率，从而解调出卫星轨道参数等数据。接收机中的微处理计算机根据这些数据按一定的方式进行定位计算，最终得到用户的经纬度、高度、速度、时间等信息。北斗系统采用卫星无线电测定与卫星无线电导航集成体制，使其既能像其他导航系统一样为用户提供卫星无线电导航服务，又具备位置报告及短报文通信功能。

接收机有各种类型，有用于航天、航空、航海的机载导航型接收机，测定定位的测量型接收机，还有日常使用的车载、手持型接收机。接收设备也可嵌入其他设备中构成组合型导航定位设备，如导航手机、导航相机等。

三、北斗卫星导航系统服务类型

目前北斗三号全球系统提供七种服务，自 2020 年 7 月正式建成开通以来，持续稳定运行，服务性能世界领先。

定位导航授时服务：北斗三号全球系统全球范围实测定位精度水平方向优于 2.5 米，垂直方向优于 5.0 米；测速精度优于 0.2 米/秒，授时精度优于 20 纳秒。

全球短报文通信服务：通过 14 颗 MEO 卫星为全球用户提供试用服务，最大单次报文长度 560 比特，约 40 个汉字。

国际搜救服务：由 6 颗 MEO 卫星搭载搜救载荷，在符合国际标准的基础上，提供北斗特色 B2b 反向链路的确认功能，为全球用户提供遇险报警服务。

区域短报文服务：最大单次报文长度为 14000 比特，约 1000 个汉字，2021 年年底具有区域短报文功能的智能手机进入市场。

精密单点定位服务：通过 3 颗 GEO 卫星播发精密单点定位信号，定位精度实测水平方向优于 20 厘米，高程优于 35 厘米。

星基增强服务：支持单频及双频多星座两种增强服务模式，满足国际民航组织技术验证要求。目前星基增强系统服务平台已基本建成，面向民航、海事、铁路等高完好性用户提供试运行服务。

地基增强服务：已在中国全境内建设框架网基准站和区域网基准站，面向行业和大众用户提供实时厘米级、事后毫米级定位增强服务。

北斗系统已构建先进完备的运行管理体系，由地面工作人员 24 小时连续运行控制和状态监测，确保系统稳定运行。同时，地面工作人员根据在轨卫星服务情况，已同步优化了备份卫星性能，启动了备份卫星的研制生产，根据需要择机发射。

四、北斗卫星导航技术在现代物流业的推广应用

（一）北斗卫星导航技术在物流管理领域的应用

随着我国电子商务的迅猛发展，传统物流行业同样得到了飞速发展。虽然我国的物流基础和技术已经有了很大改善，但在物流行业的发展带来经济增长的同时，许多问题也逐渐显现出来，如订单流失、货损、司机不文明驾驶以及车源利用率不高等。北斗 GPS 定位器在物流行业中的应用可以很好地解决这些问题。

物流管理的最终目标是降低成本、提高工作效率以及物流服务水平，这需要物流企业能够及时、准确、全面地掌握运输车辆的信息，对运输车辆实现实时监控调度。现代科技、通信技术的发展，GPS（Global Positioning System，全球定位系统）/GIS（Geographic Information System，地理信息系统）技术的成熟和 GPRS（General Packet Radio Service，通用分组无线业务）技术的广泛应用，为现代物流管理提供了强大而有效的工具。北斗 GPS 定位器的应用对物流企业优化资源配置、提高市场竞争力起到积极的促进作用。

首先，北斗 GPS 定位器的应用实现了物流运输过程的透明化，为运送过程提供保障，降低事故出现的概率；其次，解决了物流调度与管理难的问题，提升了物流企业的运作水平和车辆监控能力，从而提高其自身竞争力。

物流企业应用北斗 GPS 定位器，通过网络实现资源共享，企业可以随时查看运输过程中的货物运行路线、车辆以及货物的实时运行位置、人员和货物的安全情况等。北斗 GPS 定位器的应用有利于车辆的指挥调度，协调运输公司、车辆使用方和接货方之间的商务关系，从而大幅度提高运行效率，实现经济效益的最大化，获得最优的物流方案。

北斗 GPS 定位器作为信息接收终端，将接收到的信息发送到服务器，物流企业可根据车牌号通过平台查询车辆的行车路线、车辆所处的区域以及报警情况，从而向北斗 GPS 终端发送各种命令。平台可以保存车辆近 180 天的历史记录，确保物流公司可

以随时查看车辆的运行路线、停车地点、停留时间等。

货物发出以后，物流企业可以向客户开放权限，客户可以通过网络实时查询货物的运输情况以及位置信息，了解货物在运输途中的安全情况和到达时间，以此来提前安排货物的接收、存放以及销售环节，提前完成货物的销售链。

（二）携行位置监控系统

携行位置监控系统是面向国家保密单位、政府、军事、外交、公安、反恐、教育、金融、商业等企事业单位用户，为企事业单位涉密载体运输、携带保驾护航的一款专业化产品。该产品融合了北斗 RDSS（Radio Determination Satellite Service，卫星无线电测定业务）和 RNSS（Radio Navigation Satellite System，卫星无线电导航业务）双模定位技术、移动网络技术、安全硬件加密技术、电子围栏技术、指纹识别技术、RFID（Radio Frequency Identification，射频识别）技术、智能分析技术等。

携行位置监控系统采用 C/S（Client-Server，服务器—客户机）架构模式，主要包括以下功能模块：账号分级权限管理功能、北斗和 4G（the 4th Generation Mobile Communication Technology，第四代移动通信技术）双模链路加密通信功能、电子地图实时显示任务执行轨迹功能、动态位置及业务数据实时监控功能、电子围栏越界告警功能、蓝牙超距告警功能、位置信息断点续传功能、远程动态码开锁功能、历史数据存储查询统计功能。

（三）海运船舶监控系统

基于北斗技术的海运船舶监控系统主要包括北斗指挥机、北斗船载终端和定位终端，该系统充分利用了北斗卫星通信、无线自组网等技术，可对港口、船舶远洋航行过程中的集装箱位置进行监控，并实现与监控中心的信息互通。在集装箱跨地域、长周期的运输过程中可实现高实时性、全流程、全状态的定位监视。

（四）通航低空监视系统

通航低空监视系统可提供完善的空域运行可视化、飞行情报服务、低空监视和通信系统等功能，具备动态掌握通航有人机和无人机飞行活动态势的能力。该系统由北斗多模机载终端、地面监视站、北斗低空监视服务平台组成。它能够向机场、航空公司、军方和政府管理部门提供精准监视数据服务，并与民航局通用航空北斗飞行动态信息服务平台实现数据共享。经过前期的试运行，目前该系统已实现对各类通航飞行活动全空域监视的覆盖，通过为通航机组提供空中交通态势感知与安全预警，进一步提高通航自主飞行安全。同时，该系统具有不受地形影响、覆盖无盲区、数据更新率高等技术特点，填补了通航低空监视系统的空白，也为北斗技术在通航领域的大规模应用奠定了坚实的基础。

五、北斗卫星导航技术的国际合作现状

（一）中阿北斗合作

2021 年 12 月，中华人民共和国外交部发表《新时代的中阿合作报告》，其中多处指出，中国和阿拉伯国家在卫星导航领域的合作成果丰硕。和平合作、开放包容、互学互鉴、互利共赢始终是中阿交往的主旋律。2004 年中阿合作论坛正式启动以来，论坛框架下已建立起中阿北斗合作论坛等 17 项合作机制，成为推动中阿关系发展的重要引擎，在国际上树立了跨区域合作的成功典范；在航天卫星领域，建立了中阿北斗合作论坛合作机制，在突尼斯落成北斗卫星导航系统首个海外中心——中阿北斗/GNSS（Global Navigation Satellite System，全球导航卫星系统）中心；根据中阿合作论坛行动执行计划，筹备 2022—2023 年度各项活动和会议。

此外，中阿双方签署了《第一届中阿北斗合作论坛声明》《第二届中阿北斗合作论坛联合声明》，推动双方在应用产业化、教育培训、测试评估、技术研发、北斗增强系统等领域开展合作。在此期间，中阿双方还陆续发布了两份《中阿联合北斗测试评价结果》，面向阿拉伯地区和全球用户全面展示北斗系统持续提升的服务能力。2021 年 12 月 8 日，第三届中阿北斗合作论坛成功举行，中阿双方签署了《中国—阿拉伯国家卫星导航领域合作行动计划（2022—2023 年）》《开展北斗中轨搜救服务及反向链路服务联合测试合作意向书》，充分利用北斗的特色能力，实现为阿拉伯地区精准服务。

（二）北斗系统正式加入国际中轨道卫星搜救系统

2022 年 11 月 16 日至 29 日，国际搜救卫星组织第 67 届公开理事会成功召开，会议期间，大会主席发表声明，正式宣布中华人民共和国海事局作为中国政府代表，已与国际搜救卫星组织四个理事国（加拿大、法国、俄罗斯、美国）完成了北斗中轨搜救载荷加入国际搜救卫星组织政府间合作意向声明的签署工作，同时，大会还审议通过了全球卫星搜救系统技术和程序标准文件中北斗相关的修订内容，标志着中国正式成为国际搜救卫星组织空间段提供国，北斗国际搜救服务成为继定位导航授时服务后第二个获得国际组织认可的全球服务。

六、北斗卫星导航技术发展前景

（一）北斗与5G的融合发展

随着5G网络的不断扩大，其技术应用也十分广泛。北斗导航信息系统的开发将会和5G相融合，结合北斗系统的短报文功能，有助于在更多的电子科技领域开展应用，同时开发北斗系统更丰富的功能，展开新的全球服务。现阶段，北斗产业链已经全部打通，中国芯片、主板等技术产业已经可以进行大批量生产，其生产水平已接近或达到国际一流水平。北斗系统中的短报文功能和定位功能，及其与5G的结合，可以进一步发展到手机用户端，手机用户端可以通过短报文功能实现直接利用卫星系统进行定位。在移动电子设备（如手机、车载导航等）上安装北斗系统，使北斗系统和CPS（Cyber-Physical Systems，信息物理系统）兼容，可实现移动端的精确导航。北斗系统与5G的融合将为用户提供更加丰富的信息化服务和更加精确的定位服务。

（二）高精度定位在交通运输业的普及应用

随着我国经济持续快速增长和国民生活质量的提高，卫星导航系统在交通运输业中蓬勃发展。随着北斗定位技术的快速发展，越来越多的车辆管理机构、公司等将导航技术应用在车辆上，并结合后台系统中的地图，对车辆进行跟踪和监督，极大地提高了车辆的管理效率。高精度定位等技术的应用，可以帮助更多的车辆实现无人驾驶，并实现高效率的车辆行驶状态监管，而物流领域中无人送货的普及，更是为我国交通运输业提供了更多便利。

（三）北斗技术实现高精度测量

地理测绘工作是国家地理信息系统建设的重点工作。借助北斗系统的特点和优势，我国地理测绘工作可结合北斗系统进行多角度的综合应用，从而实现地理测绘工作的升级和创新。北斗系统具有更广的覆盖范围、更高的精度、独有的卫星导航通信功能以及更安全可靠的系统性能。无人机测量是地理测绘中主要的测绘工程之一，新发明的无人机可借助北斗系统实现更加精确的数据测量。同时，北斗系统的优势可以应用在测绘软件中。当前的测量工作以人工测量方式为主。北斗系统不会因气候环境等各种自然因素的变化而受到影响，具备自主完成测量的发展前景。

（四）国防和应急救援

北斗系统对维护国家安全起着重大作用，其可以服务于更为高效的作战指挥，并有助于开发更先进的技术（如反卫星武器）从而对北斗系统进行保护，依靠精准的导航系统和精确定位技术还可以开发更多的军事武器，以此维护国家安全。当自然灾害发生时，运用精确定位技术，可以及时反映、上报和共享受灾情况，卫星地面段可以及时开展指挥和调度，实现应急通信，可显著提高救灾减灾的决策部署能力及应急反应能力。

（五）促进国际交流

当前，我国已经攻克了重重困难，成功打破了国际上的技术垄断，北斗系统已经布满全球，不少国家已正式启用北斗系统，未来会有更多的国家积极参与关于北斗系统的学习交流。

第三节 “双碳”下的碳排放控制技术

2020 年，我国向世界庄严提出碳达峰碳中和目标。我国将 2030 年前碳达峰目标置于碳中和的“旗帜”下，赋予了碳达峰新的内涵：碳达峰是碳中和目标的基线峰，而不是不受碳中和目标约束的碳排放量高峰。这一基线峰意味着我国进入了碳指标绝对值评价新阶段。同时，从 2021 年起，我国进入了碳中和目标管理新时期。

一、碳达峰碳中和发展现状

碳达峰碳中和目标提出以来，我国碳达峰碳中和顶层设计不断完善，高碳行业“低碳化”进程加快，“双碳”领域投资规模持续扩大。

（一）碳达峰碳中和顶层设计不断完善

自 2020 年年底以来，我国多次在重要场合和政策文件中提及碳达峰碳中和，国家多级部门出台多项碳达峰碳中和相关政策，推动各行各业双碳发展。近年国家重点碳达峰碳中和政策汇总如表 2-2 所示。

（二）高碳行业“低碳化”进程加快

中共中央统筹国内国际两个大局作出重大战略决策，计划 2030 年前实现碳达峰、2060 年前实现碳中和。钢铁、有色金属等行业作为国民经济的基础性产业，对于我国稳增长、保就业、防风险，增强产业链稳定性和经济的整体竞争力有重要作用，然而其碳排放总量仍处于较高水平。为进一步响应国家“双碳”要求、适应行业未来发展方向，在当前碳排放总量被严格控制的前提下，钢铁、有色金属等高碳行业积极探索

表 2-2　近年国家重点碳达峰碳中和政策汇总

时间	政策名称	重点内容
2021 年 10 月	《国务院关于印发 2030 年前碳达峰行动方案的通知》	将碳达峰贯穿于经济社会发展全过程和各方面，重点实施能源绿色低碳转型行动、节能降碳增效行动、工业领域碳达峰行动、城乡建设碳达峰行动、交通运输绿色低碳行动、循环经济助力降碳行动、绿色低碳科技创新行动、碳汇能力巩固提升行动、绿色低碳全民行动、各地区梯次有序碳达峰行动“碳达峰十大行动”
2021 年 10 月	《中共中央 国务院关于完整准确全面贯彻新发展理念做好碳达峰碳中和工作的意见》	到 2025 年，绿色低碳循环发展的经济体系初步形成，重点行业能源利用效率大幅提升。单位国内生产总值能耗比 2020 年下降 13.5%；单位国内生产总值二氧化碳排放比 2020 年下降 18%；非化石能源消费比重达到 20%左右；森林覆盖率达到 24.1%，森林蓄积量达到 180 亿立方米，为实现碳达峰、碳中和奠定坚实基础
2022 年 5 月	《关于印发〈财政支持做好碳达峰碳中和工作的意见〉的通知》	到 2025 年，财政政策工具不断丰富，有利于绿色低碳发展的财税政策框架初步建立，有力支持各地区各行业加快绿色低碳转型
2022 年 6 月	《住房和城乡建设部 国家发展改革委关于印发城乡建设领域碳达峰实施方案的通知》	2030 年前，城乡建设领域碳排放达到峰值。城乡建设绿色低碳发展政策体系和体制机制基本建立；建筑节能、垃圾资源化利用等水平大幅提高，能源资源利用效率达到国际先进水平；用能结构和方式更加优化，可再生能源应用更加充分；城乡建设方式绿色低碳转型取得积极进展，“大量建设、大量消耗、大量排放”基本扭转；城市整体性、系统性、生长性增强，“城市病”问题初步解决；建筑品质和工程质量进一步提高，人居环境质量大幅改善；绿色生活方式普遍形成，绿色低碳运行初步实现
2022 年 7 月	《关于印发贯彻实施〈国家标准化发展纲要〉行动计划的通知》	实施碳达峰碳中和标准化提升工程。出台建立健全碳达峰碳中和标准计量体系实施方案。强化各领域标准化工作统筹协调，组建国家碳达峰碳中和标准化总体组。加快完善碳达峰基础通用标准，升级一批重点行业能耗限额、重点用能产品能效强制性国家标准，完善能源核算、检测认证、评估、审计等配套标准。制定地区、重点行业、企业、产品碳排放核算报告核查标准。制定重点行业和产品温室气体排放标准。加强新型电力系统标准建设，完善风电、光伏、输配电、储能、氢能、先进核电和化石能源清洁高效利用标准。研究制定生态碳汇、碳捕集利用与封存标准。开展碳达峰碳中和标准化试点。分类建立绿色公共机构建设及评价标准

续 表

时间	政策名称	重点内容
2022 年 8 月	《科技部等九部门关于印发〈科技支撑碳达峰碳中和实施方案（2022—2030 年）〉的通知》	针对钢铁、水泥、化工、有色等重点工业行业绿色低碳发展需求，以原料燃料替代、短流程制造和低碳技术集成耦合优化为核心，深度融合大数据、人工智能、第五代移动通信等新兴技术，引领高碳工业流程的零碳和低碳再造及数字化转型
2022 年 8 月	《工业和信息化部 国家发展改革委 生态环境部关于印发工业领域碳达峰实施方案的通知》	“十四五”期间，产业结构与用能结构优化取得积极进展，能源资源利用效率大幅提升，建成一批绿色工厂和绿色工业园区，研发、示范、推广一批减排效果显著的低碳零碳负碳技术工艺装备产品，筑牢工业领域碳达峰基础。到 2025 年，规模以上工业单位增加值能耗较 2020 年下降 13.5%，单位工业增加值二氧化碳排放下降幅度大于全社会下降幅度，重点行业二氧化碳排放强度明显下降
2022 年 8 月	《工业和信息化部 财政部 商务部 国务院国有资产监督管理委员会 国家市场监督管理总局关于印发加快电力装备绿色低碳创新发展行动计划的通知》	推动绿色低碳装备检测认证。组织制修订电力装备重点领域碳排放核算方法，推动建立覆盖全面、算法科学的行业碳排放核算方法体系。完善绿色产品标准、认证与标识体系，探索建立电力装备碳达峰碳中和认证制度。

“低碳化”发展路径与方法。

以有色金属行业为例，根据北京安泰科信息股份有限公司提供的数据，2020 年我国有色金属行业二氧化碳总排放量约 7 亿吨，约占全国碳排放总量的 5%。有色金属冶炼企业通常直接或间接使用煤炭等化石能源，因此，实现能源领域的绿色化是有色金属行业探索“低碳化”发展的重要途径。如在电解铝领域应用绿色能源：中铝集团旗下的云南铝业依托云南省丰富的绿色水电资源进行生产；中国宏桥向云南省转移原铝产能 396 万吨，以绿色水电替代传统火电能源结构。

近年来，越来越多的高碳行业通过产业结构调整、科技创新等举措，迈向低能耗、低排放的低碳目标。

（三）“双碳”领域投资规模持续扩大

“双碳”目标的达成不是简单减排，而是在碳约束下实现更高水平的发展。金融是推动绿色发展的重要支柱，大力发展绿色金融为推动实现碳中和提供了重要保障。据统计，截至 2022 年 4 月 1 日，在公布年报的 23 家 A 股上市银行中，共 16 家银行公布了绿色贷款、绿色债券、碳减排支持贷款等绿色金融相关数据情况。其中，12 家银行绿色贷款余额突破千亿元，增幅达到了 30%以上；2 家银行绿色债券规模突破千亿元。此外，6 家国有大行碳减排贷款总和为 1664.39 亿元，占碳减排贷款总额的 76.38%。2021 年，央行推出一系列碳减排支持工具，为新能源、工业生产制造等领域的绿色项目提供了融资便利，备受业内关注。

二、碳排放权交易市场运行情况

《碳排放权交易管理办法（试行）》（中华人民共和国生态环境部令第 19 号）于 2021 年 2 月 1 日起正式施行。同年 7 月，全国碳排放权交易市场正式上线。截至 2022 年 7 月 15 日，全国碳排放权交易市场碳排放配额累计成交量 1.94 亿吨，累计成交额近 85 亿元，整体运行良好。

（一）碳排放权交易市场运行体系

当前，国内碳排放权交易市场分为地区碳排放权交易市场（7 个试点地区及四川省、福建省 2 个非试点地区）与全国碳排放权交易市场。

地区碳排放权交易市场由各地区自行设立、独立运行，存在分别设立登记机构与交易机构、登记机构与交易机构合并设置运作的方式。全国碳排放权交易市场采用登记与交易区分管理的方式运作，具体涉及全国碳排放权注册登记机构和交易机构。根据《碳排放权交易管理办法（试行）》规定，全国碳排放权注册登记机构通过全国碳排放权注册登记系统，记录碳排放配额的持有、变更、清缴、注销等信息，并提供结算服务。全国碳排放权注册登记系统记录的信息是判断碳排放配额归属的最终依据。全国碳排放权交易机构负责组织开展全国碳排放权集中统一交易。目前，全国碳排放权注册登记机构、交易机构尚未成立，由湖北碳排放权交易中心有限公司承担全国碳排放权注册登记系统相关工作，上海环境能源交易所股份有限公司承担全国碳排放权交易系统相关工作。

（二）碳排放权交易市场运行机制

1. 碳排放配额分配

碳排放配额分配是碳排放权交易制度设计中与企业关系最密切的环节。碳排放配额总量按照“自下而上”方法设定，即由各省级、计划单列市生态环境主管部门分别核算本行政区域内各重点排放单位配额数量，加总形成本行政区域配额总量基数；国务院生态环境主管部门以各地配额基数审核加总为基本依据，综合考虑有偿分配、市场调节、重大建设项目等需要，最终研究确定全国配额总量。再由政府采取基准线法、历史排放法、历史强度法或拍卖的方法进行分配。

2. 履约周期及配额清缴

重点排放单位应当根据其温室气体实际排放量，在每一履约周期内向分配配额的省级生态环境主管部门清缴本履约期的碳排放配额，目前地区与全国碳排放权交易市场的履约周期均为一年。如果控排企业清缴碳排放配额后仍有剩余，除湖北碳排放权交易市场内的富余碳排放配额将在每个履约周期届满归零外，其他地区以及全国碳排放权交易市场内富余配额均可由企业在后续履约周期中自行结转使用或出售。若企业不能及时清缴，可通过碳排放权交易市场购买碳排放配额，也可在一定比例范围内使用 CCER（China Certified Emission Reduction，国家核证自愿减排量）及相应地区各自核证的自愿减排量抵消其碳排放量以完成配额清缴。

截至 2021 年 12 月 31 日，第一个履约周期共运行 114 个交易日，碳排放配额累计成交量 1.79 亿吨，累计成交金额 76.61 亿元。经过第一个履约周期建设运行，全国碳市场运行框架基本建立，企业减排意识和能力得到有效提高。

3. MRV 与监管机制

MRV 机制包括监测（Monitoring）、报告（Reporting）、核查（Verification），是碳排放的量化与数据质量保证的过程。从具体工作看，监测和报告环节包括制订并实施监测计划、进行排放报告，核查环节则是由第三方核查机构按照相关要求开展核查工作。

2019 年，生态环境部依托全国排污许可证管理信息平台建设全国碳排放数据报送与监管系统，并于 2020 年年底正式上线运行。该系统支持地方各级生态环境主管部门在线组织重点排放单位清单生成、完成核查与监管工作，为核查技术服务机构开展核查工作、掌握核查进度提供支撑。各碳排放权交易市场所在地区均出台了分行业排放数据测量与报告的方法、指南及第三方核查规范，并建立了企业温室气体排放信息电子报送系统，以保证数据的科学性、准确性。

（三）碳排放权交易市场运行现状

1. 覆盖种类与范围

目前，地区碳排放权交易市场覆盖的温室气体种类仅为二氧化碳，覆盖行业包括电力、热力、化工、钢铁、建材等高能耗行业以及商业、金融等服务业和建筑业等；全国碳排放权交易市场覆盖的温室气体种类和地区相同，当前覆盖行业仅为发电行业，预计未来将逐步覆盖化工、建材、钢铁、有色、造纸、民航等高能耗行业。

2. 交易主体

根据各地区碳排放权交易市场规则，除北京不允许个人参与交易外，其他地区碳排放配额的交易主体均包括纳入各自地区碳排放配额管理的控排企业、符合交易规则的法人机构及个人（对于参与交易的法人机构及个人的具体要求及标准，各地区碳排放权交易市场略有差异，通常涉及参与主体的注册资本、存续时间、是否具有投资能力、有无违法违规行为等）。但各地区 CCER 交易主体暂未开放个人交易，仅包括纳入各自地区碳排放配额管理的控排企业、减排项目业主及其他机构。

根据全国碳排放权交易市场的交易规则，其交易主体包括纳入全国碳排放配额管理的控排企业、符合国家有关交易规则的机构和个人。CCER 主体仅包括纳入全国碳排放配额管理的控排企业，暂未开放减排项目业主及其他机构、个人交易。

三、碳排放控制技术发展情况

（一）重点行业碳排放源监测技术

排放源监测主要指通过手工或自动监测手段，对能源活动、工业过程等典型源排放的温室气体排放量进行监测。

二氧化碳（CO_2）、甲烷（CH_4）等温室气体排放与大气污染物排放具有同根、同源、同过程的特点，统筹温室气体与大气污染物排放监测，对完善我国碳排放交易中排放量的确定方法，推动企业碳排放与大气污染物排放的协同监测监管有重要意义。

二氧化碳排放主要源自能源活动和工业过程，建材、冶炼等环节也会排放二氧化碳。二氧化碳排放监测主要依托连续监测技术，即通过对排放口的二氧化碳浓度和排气流量开展自动监测，实时连续监测二氧化碳排放量的变化情况。甲烷排放主要来自能源生产，如石油、天然气、煤炭开采过程中的逃逸排放，可依托挥发性有机物泄漏检测协同开展监测，从而估算泄漏排放水平，也可采用甲烷连续监测手段或根据产品产量进行估算。

（二）大气温室气体监测技术

随着人们逐渐意识到造成全球气候变暖的主要原因是大气中的温室气体浓度过高，全球—区域—国家—城市等不同层级的监测网络也在逐步形成。世界气象组织组建了全球最大、功能最全的国际性大气温室气体监测网络，通过整合 31 个全球大气本底站、400 多个区域大气本底站以及飞机和轮船上携带的二氧化碳探测仪测得的数据，从而得到全球温室气体浓度。

目前，我国建立了地空天一体化的温室气体立体监测体系，建立了 7 个国家大气本底站的国家级温室气体观测网络，以及山西、湖北、深圳、珠海等省区市级40余个温室气体高精度观测站；尝试性利用飞机研究大城市群碳排放和碳运移规律；先后发射全球二氧化碳监测科学实验卫星、风云三号气象卫星D星、高分五号卫星，均搭载了高光谱温室气体探测仪；观测种类涵盖了《京都议定书》管控的7大类30余种温室气体。

（三）碳遥感监测技术

卫星遥感监测、无人机监测、走航监测、地基遥感监测是获取大气中温室气体浓度及其排放源的重要技术手段。

1. 卫星遥感监测

卫星遥感监测通过遥感卫星实现对地球大气的大范围观测。根据二氧化碳、甲烷等温室气体所拥有的独特光谱特性，从卫星的观测数据里获取温室气体浓度分布。最终用卫星来捕捉温室气体的含量及变化。目前，我国主要有碳卫星、高光谱观测卫星和大气环境监测卫星等。

2. 无人机监测

无人机监测通过无人机飞行平台搭载高精度温室气体监测设备，可实时、动态获取局部或广阔区域的温室气体三维浓度分布情况，并且可以结合气象要素监测及碳排放反演模型进一步开展区域碳排放量评估。

3. 走航监测

走航监测利用温室气体走航监测车搭载高精度、高灵敏度温室气体探测设备，实现对城市、工业园区、重点企业等温室气体的在线监测评估，精准定位排放源，快速高效服务温室气体控排监管。

4. 地基遥感监测

地基遥感监测通过在监测区域边界处布设地基高分辨光谱仪监测站点，结合实地地形、地貌、风速、风向等信息，监测重点企业及排放区域的温室气体柱浓度并估算其碳排放量。

四、物流领域碳排放控制技术

物流行业是社会经济发展的重要组成部分，也是能源消耗和温室气体排放大户。国家统计局数据显示，当前交通运输、仓储和邮政业能源消费量已由2003年的1.28亿吨标准煤增至2019年的4.39亿吨标准煤，占我国能源消费总量的比例由6.50%提升至9.01%。促进绿色物流产业发展、构建低碳生态，已成为一项日益重要且迫切的任务。

（一）物流园区温室气体核算方法

对物流园区温室气体进行核算是实现碳中和转型的第一步。由世界资源研究所和世界可持续发展工商理事会主导的温室气体核算体系是行业公认标杆，ISO 14000 和 PAS（Publicly Available Specification，公共可用规范）系列的碳盘查、碳核查标准都参考了这一体系。

目前温室气体核算标准的基本方法论主要有系数法和测量法。

系数法：通过计算活动数据和相应的排放因子来确定排放量，典型代表是目前较为常用的温室气体核算体系和 ISO 14000 系列。

测量法：利用 CEMS（Continuous Emission Monitoring System，排放连续监测系统），对活动层面相关温室气体的浓度进行连续测量。

（二）排放源减排措施

1. 能效优化

在能效优化方面，可以通过数字场站、自动化仓储、5G 端边云协同等技术，采用节能的数字化、自动化控制机械类产品，同时借助室内物流调度系统、工时分析和库区排班、智慧节能等技术，在日常运营活动中从底层技术量化设备及设施的能耗情况，经过智能化调度手段，提升物流园区的运作效率，从而实现整体能耗的降低。

以数字场站为例，它通过基于特定算法对承运商车辆进行收发货的预约管理，提高车辆使用效率，减少排队等待时间，同时降低人工调度产生的不必要的碳排放量。当前，这一智能物流的创新模式已在多地初见成效，上海、青岛等地已经开启无人港口新时代，无人仓、无人车、无人机等应用均有效降低了物流领域的碳排放。

2. 绿色能源

物流园区的绿色减排还可以通过实施绿色可持续应用技术、数字化绿色能源管理体系实现。

绿色可持续应用技术方面，可以结合园区特点配备分布式新能源设备。例如，物流园区仓储区域具有面积较大、平整且遮挡物较少的屋顶，为建设分布式屋顶光伏提供了较好的基础。同时，还可以提高物流园区中电动物流车、氢燃料电池物流车等新能源车的使用率，有效降低物流园区的碳排放水平，实现低碳运营。

数字化绿色能源管理体系方面，可依据不同园区的情况确定合适的方案。例如，在园区内部部署微电网和储能设备进行能源调度，进行准确的出力与负荷预测，基于这种形式的能量调度，实现微电网与分布式电源的出力分配，在微电网内部将可再生能源渗透率提升到最大。

3. 资源循环

资源循环主要指物流包装的循环使用，同时进行更好的循环包装设计，促使物流包装智能化，通过智能分仓、装箱算法、原箱发货和回收箱发货到整体的绿色包装解决方案、智能路径规划，可以有效提升整个供应链物流的效率。

4. 数字化监测

数字化监测主要涵盖了三个方面的内容，分别是对物流园区能源消耗情况监测、园区各功能分区的碳排放情况监测和安全生产监控。物流园区数字监测系统具有网络化、数字化、广域化、智能化的特点，可以实现物流园区大范围内的监控。

（三）京东“亚洲一号”西安智能产业园——碳中和物流园区

京东“亚洲一号”西安智能产业园于2019年投入使用，目前已经通过北京绿色交易所认证，成为全国首个实现碳中和的物流园区。

京东“亚洲一号”西安智能产业园自建成以来，积极推进园区绿色化发展。园区内所有屋顶都配备了容量为9 MW的光伏发电设备，总计10万平方米的光伏屋顶占据了园区总面积的1/3以上，且已并网发电，依托当地充沛的日照资源，最大限度地使用现场可再生绿色能源代替传统能源。这些绿色能源不仅白天可供园区办公照明使用，而且夜间可以通过“汽车+车棚+充电桩+光伏”的项目试点，为电动新能源车充电。数据显示，2021年1—10月累计发电约8500 MW·h，相当于近4000户普通家庭一年的用电量，较火力发电可节省燃煤近2600吨，较采购市电减少碳排放量约5670吨。

京东“亚洲一号”西安智能产业园仓库同样为减排作出巨大贡献。与“灯火通明”的传统物流仓库不同，京东“亚洲一号”西安智能产业园自动化立体存储仓库是“黑灯”作业模式。借助智能控制平台，在订单到达后，系统自动从仓库调货出库；在没有传输任务时，传输装置可以在1分钟内自动断电。据测试，平均1分钟，智能设备可以通过“黑灯”作业省电2283kW·h，相当于一户普通家庭一年半的用电量。

针对排放源，京东“亚洲一号”西安智能产业园仓库通过完善节能管理制度和优化分拣、运输流程，以及引入新能源特种设备和充电终端等，持续提升园区的运营能效和电气化水平，实现园区的能效优化；在此基础上，通过碳交易与价值链优化，抵消自身产生的温室气体排放量，实现园区的二氧化碳“净零”排放。

第四节　物流用能相关技术

近年来，伴随着物流行业绿色低碳需求快速增长，新能源的各类应用在物流领域得到迅速发展，太阳能、氢能、充换电技术应用成为新能源前沿技术在物流领域应用的重要发展方向。

一、太阳能光伏发电技术

（一）太阳能光伏发电技术概述

太阳能是一种可以永续利用的清洁能源，是理想的可再生能源。依托太阳能发展的新能源技术一直以来都是能源绿色化发展的重点领域。

“十三五”期间，在产业规模快速扩大的带动下，我国光伏发电技术取得快速发展，光伏发电系统成套技术不断优化完善，智能化水平显著提升。光伏电池组件技术快速迭代，产业化制造水平世界领先。到“十三五”末期，我国光伏电池制造环节基本实现了从传统“多晶铝背场”技术到“单晶 PERC”（Passivated Emitter and Rear Cell，发射极和背面钝化电池）技术的更新换代，主流规模化量产晶体硅电池平均转换效率从“十三五”初期的 18.5%提升至 22.8%，实现跨越式发展。

（二）太阳能光伏发电技术

太阳能光伏发电技术主要涉及太阳能电池技术、光伏逆变器技术、光伏发电并网技术等领域。

1. 太阳能电池技术

太阳能电池是光伏发电技术的关键元件之一。太阳能电池的发展，大致可以分为三代。第一代是硅系太阳能电池；第二代是薄膜太阳能电池；第三代包括高倍聚光电池、有机太阳能电池、柔性太阳能电池、染料敏化纳米太阳能电池等新技术。目前，主流的是第一代硅系太阳能电池；第二代薄膜太阳能电池的市场份额正在逐步扩大；第三代电池除高倍聚光电池外，都尚处于实验室研发阶段。

（1）硅系太阳能电池。

硅系太阳能电池是以硅为基体材料的太阳能电池。其中，单晶硅太阳能电池转换效率最高、技术最为成熟，但是成本也较高。多晶硅太阳能电池可以直接制造出适于规模化生产的大尺寸方形硅锭，设备比较简单，因而制造过程简单、省电、节约硅材料，对材质要求也较低，能够很好地降低成本。

（2）薄膜太阳能电池。

硅系太阳能电池效率高，在大规模应用和工业生产中占据主导地位，但受成本限制，因此，成本更低的薄膜太阳能电池应运而生。主流的薄膜太阳能电池有硅基薄膜电池、碲化镉薄膜电池、铜铟镓硒薄膜电池三种类型。硅基薄膜电池厚度仅为 2 微米，而硅材料的用量约为硅系太阳能电池的 1.5%，成本更加低廉。按照包含 PN 结数量的不同，硅基薄膜电池还可以分为单结电池、双结电池和多结电池。目前单结电池的最高效率可达 7%，双结电池可达 10%。同时，因为材料吸光率好，碲化镉薄膜电池的转换效率要略高于硅基薄膜电池。由于元素镉具有致癌作用，且碲的天然储量有限，因此碲化镉薄膜电池的发展也会受到元素自身因素的影响。当前，铜铟镓硒薄膜太阳能电池被认为是高效薄膜太阳能电池的未来主要发展方向。目前，实验室的转换效率可达 20.1%，产品效率可达 13%~14%，是所有薄膜太阳能电池里面效率最高的一种。

（3）高倍聚光电池。

从理论上讲，第三代电池可以实现较高的转换效率。但目前除高倍聚光电池外，大多数第三代电池还处于实验室研究阶段。高倍聚光电池一般采用Ⅲ-Ⅴ族半导体材料。Ⅲ-Ⅴ族半导体具有比硅更好的耐高温特性，在高光照强度下仍具有较高的光电转换效率，理论上的转换效率可达 68%。

2. 光伏逆变器技术

光伏逆变器是可以将光伏太阳能板产生的可变直流电压转换为市电频率交流电的逆变器，可以反馈回商用输电系统或是供离网的电网使用。光伏逆变器是光伏阵列系统中重要的系统平衡之一，可以配合一般交流供电的设备使用。光伏逆变器不仅具有直交流变换的功能，还具有最大限度发挥太阳能电池性能的功能和系统故障保护功能。归纳起来，光伏逆变器有自动运行和停机功能、最大功率跟踪控制功能、防单独运行功能（并网系统用）、自动电压调整功能（并网系统用）、直流检测功能（并网系统用）、直流接地检测功能（并网系统用）。

有关光伏逆变器分类的方法很多，根据光伏逆变器适用场合的不同，主要可以分为集中型逆变器、组串型逆变器和微型逆变器。

（1）集中型逆变器。

集中型逆变器是将若干个并行的光伏组串连接到同一台集中型逆变器的直流输入端，同时使用 DSP（Digital Signal Processing，数字信号处理）转换控制器来改善所产出电能的质量，使其接近于正弦波电流，一般用于大型光伏发电站（>10kW）的系统中。集中型逆变器的特点是系统的功率高、成本低。但由于不同光伏组串的输出电压、电流往往不完全匹配，采用集中逆变的方式会导致逆变过程的效率降低，当出现光伏组串因多云、树荫、污渍等原因被部分遮挡时，影响会更加严重。如果某一光伏单元组工作状态不良，就会影响整个光伏系统的发电可靠性。

（2）组串型逆变器。

组串型逆变器是在模块化概念的基础上设计的，每个光伏组串（1kW~5kW）通过一个逆变器，在直流端具有最大功率峰值跟踪，在交流端并联并网，目前已成为国际市场上最流行的逆变器。由于组串型逆变器不受组串间模块差异和遮影的影响，同时减少了光伏组件最佳工作点与逆变器不匹配的情况，当前许多大型光伏电厂均选择使用组串型逆变器。

（3）微型逆变器。

在传统的光伏系统中，每一路组串型逆变器的直流输入端，都会有 10 块左右的光伏电池板串联接入。而串联后电池板整体的工作能力受每一块电池板的影响。若逆变器多路输入使用同一个 MPPT（Maximum Power Point Tracking，最大功率点跟踪）太阳能控制器，各路输入也会受到影响，从而大幅降低发电效率。在实际应用中还会受到环境的影响，树木、烟囱、动物、灰尘、冰雪等各种遮挡因素也会对发电效率产生影响。而在微型逆变器的光伏系统中，每一块电池板分别接入一台微型逆变器，从而保证单个电池板出现故障时不会影响整体工作，使系统总体效率更高、发电量更高。

3. 光伏发电并网技术

光伏发电并网技术是指将光伏阵列输出的直流电转化为与电网电压同幅值、同频、同相的交流电，并与电网连接，将能量输送到电网的技术系统。在光伏发电并网过程中，涉及的关键技术包括光伏并网逆变技术、光伏并网监控技术、反孤岛保护技术等。

（1）光伏并网逆变技术。

并网逆变器是实现光伏并网的重要组成部分，主要作用是将光伏电池产生的直流电能转化为交流电能，实现与电网电压的同相、同频，从而与电网电能进行交互。目前，光伏发电系统中常用的逆变器包括集中型逆变器、组串型逆变器和微型逆变器三类，不同类型逆变器根据技术特点的不同，适用于不同的光伏发电系统。

（2）光伏并网监控技术。

电站监控系统是保证光伏发电可靠、高效并网运行的关键环节。目前，大型电站大多配有监控系统，用于提高系统运行安全可靠性和经济效益。这些监控系统除了具备常规的数据采集和保护功能外，还能对光伏发电系统进行能量管理，并针对不同的应用场合对光伏发电功率进行控制，有些还具有远程控制和云数据功能。

（3）反孤岛保护技术。

反孤岛保护技术的作用是避免电网故障情况下光伏发电系统与本地负荷功率匹配，在一定时间内形成孤岛系统，对电网中的人和用电设备造成威胁。因此，系统一般需要配备反孤岛保护功能。

（三）太阳能光伏发电应用现状

1. 物流园区

物流园区因其仓储区域屋顶面积大且平坦、易于安装光伏发电装置，园区附近的环境空旷无遮挡、光照资源丰富，光伏发电系统的发电效率更高等优势，天然适合建设分布式光伏发电站。同时，物流园内的用电费用高且用电量大，安装光伏发电系统有助于降低物流园区的用电成本。

2022 年 4 月 22 日世界地球日，菜鸟公布了其国内园区 2021 年的光伏发电账单。目前，菜鸟国内安装了光伏发电设备的物流园区有 6 个，覆盖 30 万平方米园区屋顶，2021 年全年发电量 2573 万度，节省燃煤量 9263 吨，减少碳排放 16437 吨，相当于植树造林 45 公顷。其发电量远超园区用电需求，所产绿色电能的 35%为自用，65%的多余电量输送到了国家电网，余电可满足 2 万人的居民用电。

烟台十大物流中心之一的栖霞宏达仓储物流中心利用仓储物流园的立体空间，安装光伏电站，结合微能源网发展模式，打造绿色仓储物流园，在实现创收的同时，扶持入驻企业发展。其微能源网的发展分为三个阶段。第一阶段是实现园区能源自供自给，第二阶段是满足栖霞桃村镇能源的供给，第三阶段是满足栖霞市能源的供给，实现了对物流企业、新能源企业、电子商务企业及商贸企业的培植、孵化，形成独具特色的绿色商业生态圈。

2. 新能源快递车

薄膜太阳能发电技术和产品经多年发展，已广泛应用于工商业分布式屋顶电站、户用发电、BIPV（Building Integrated Photovoltaic，光伏建筑一体化）、农业及各类移动能源产品。国内企业已尝试将薄膜太阳能发电技术快速转化，率先将薄膜柔性太阳能组件应用于快递车充电，并大力推动快递车薄膜太阳能发电技术和产品的研发和生产。

2018 年汉能推出了基于薄膜太阳能增程系统的快递三轮车，整套系统由薄膜太阳能柔性组件、MPPT 太阳能充电控制器、接线器等构成，用于不断给蓄电池充电，增加快递车运输里程，同时延长电池使用寿命，增加运营时长，降低运营成本。

2018 年首批 50 辆太阳能智慧配送车已交付京东物流使用，并投入“6·18”期间北京部分地区的日常配送中。此款太阳能智慧配送车的续航能力较普通配送车可提升 50%，每天至少增加 40 件货物的派送能力。同时，配送车上的太阳能薄膜不仅能发电，还搭载了互联网智能中控系统，具备查看倒车影像等功能。

二、氢能技术

（一）氢能技术概述

氢能是清洁、低碳能源，在使用过程中不产生 CO_2 排放，也不产生额外污染。我国作为世界第一大产氢国，氢能产业正在迅速发展。近年来，中央政府及地方各级人民政府的氢能推广相关政策陆续出台，补贴力度进一步加大。未来，氢能在我国将有巨大的发展空间。

（二）氢能主要技术

氢能相关技术包含氢能运用的全过程，重点包括制氢技术、储氢技术、氢气输送技术。

1. 制氢技术

氢气的来源十分广泛，当前主要的氢源供应方式有煤、天然气等化石能源重整制氢、工业副产氢和电解水制氢，生物质制氢、光热制氢、光电制氢及核能制氢等新型制氢方式尚处于发展当中。目前，绝大部分氢气来源于化石能源重整制氢及工业副产氢。

可再生能源制氢的核心技术是高效的电解水制氢技术。所谓电解水制氢就是在直流电的作用下，通过电化学过程将水分子解离为氢气与氧气，分别在阴、阳两极析出。根据电解质系统的差别，可将电解水制氢分为碱性电解水制氢、质子交换膜（PEM）电解水制氢和固体氧化物电解水制氢。三者的基本原理相同，即在氧化还原反应过程中，阻止电子的自由交换，将电荷转移过程分解为外电路的电子传递和内电路的离子传递，从而实现氢气的产生和利用。

2. 储氢技术

氢气的储存方式较多，主要有高压气态储氢、低温液态储氢、有机液体储氢、多孔材料及金属合金等物理类固态储氢。目前工业上氢气规模化储存和运输应用较多的只有高压气态储氢和低温液态储氢。

高压气态储氢是最普通、直接的储氢方式，该方式是将氢以气态储存在高压容器内，储存量与压力成正比。商业应用高压储氢技术一般选用可承受 20 MPa 氢压的储气钢瓶，储氢压在 15 MPa 左右，由于氢气密度较低而储氢罐自重较大，氢的质量分数一般都少于 3%。为了提高储氢密度，研究人员研发出铝内胆成型、高抗疲劳性能的碳纤维全缠绕高压氢气瓶，可耐受 35~70 MPa 高压，质量浓度为 19~39 g/L。

低温液态储氢是一种可实用化的储氢方式。常温常压下液态氢的密度是气态氢的 845 倍，因此低温液态储氢具有储氢密度高、储存容器体积小等优势，其质量浓度约为 70 g/L，高于高压气态储氢（70 MPa 下质量浓度约为 39 g/L）。但氢气液化过程需要多级压缩冷却，这会消耗大量能量。此外，为了避免液态氢蒸发造成损失，液态氢储存容器需要使用具有良好绝热性能的绝热材料。因此，低温储氢罐的设计制造及材料面临成本较高的问题。

3. 氢气输送技术

（1）容器运输。

氢气可以以压缩气体、液体或者储存在氢化物中的形式通过容器运输。近距离的氢气运输主要采用长管拖车进行输送。远距离如洲际间的氢气运输可利用船舶集装箱液态运输。液态氢的密度比天然气要低很多，因此运输成本更高。

（2）管道运输。

氢气运输的另一个主要运输方式就是管道运输。氢气在管道中的运输方式与天然气极为类似，但是氢气的管道运输还要解决一些问题，如氢气的扩散损失大约是天然气的 3 倍，材料吸附氢气后会产生脆性，需要增加大量气体监测仪器，还需要安装室外紧急放空设备等，因此也会导致运输过程中的成本增加。目前，氢气运输管道的造价约为 63 万美元/千米，而天然气管道的造价约为 25 万美元/千米，氢气运输管道的造价约为天然气管道造价的 2.5 倍。

（三）氢能技术应用现状

物流车本身具备集中式管理、车队数量大、使用频率高、行程较长等特点。相比于纯电动物流车，氢能物流车具有超强的载重能力和续航优势。因此，氢能物流车在物流领域具有较好的应用前景。

2022 年 1 月，《交通运输部办公厅 公安部办公厅 商务部办公厅关于组织开展第三批城市绿色货运配送示范工程申报工作的通知》推动了各大城市的货运配送领域向以氢能为代表的绿色货运转型。企业方面也在积极推广氢能物流车的应用，各大燃料电池企业、主机厂及氢车运营商“聚力”开发生产各种氢能物流车型，以中国邮政、中通、京东集团、菜鸟、盛丰、美团、中国南山集团、金龙鱼、太太乐为代表的物流商、终端应用商纷纷探索氢能物流车的应用场景，氢能物流车在物流业的应用正在逐步兴起。

2018 年 3 月，京东物流开始试用上海新瑞生态卡车科技有限公司提供的 2 辆“东风”牌氢燃料电池物流车（氢能物流车），同年 6 月，京东物流在上海大规模引入超过 150 辆氢燃料电池物流车，以此支持“6·18”期间物流峰值的运力。目前，京东物流已经在上海、广州、佛山、北京、张家口等城市投入使用氢燃料电池物流车，并实现常态化运营。

三、充换电技术

（一）充换电基础设施发展现状

在新能源汽车行业高速发展的情况下，充换电基础设施在国家和地方政策的扶持下也进入了快速发展阶段。据中国电动汽车充电基础设施促进联盟统计，2021 年充电基础设施保有量达 261.7 万台，全年增量 93.6 万台。根据国家充换电设施监控平台统计，截至 2022 年 1 月，联盟内成员单位总计上报公共充电桩 117.7 万台，直流充电桩 48.6 万台，占比为 41.3%，交流充电桩共 69.1 万台，占比为 58.7%，交直流一体桩有 589 台。从数据上看，目前我国充电桩仍然以公用类充电桩为主。截至 2022 年 1 月，联盟内成员单位总计上报换电站 1386 座。省级行政区域内拥有的换电站数量排名前十的分别为北京市、广东省、浙江省、上海市、江苏省、四川省、山东省、福建省、河北省、湖北省。换电运营商蔚来、奥动和杭州伯坦，分别运营着 863 座、416 座和 107 座换电站。

（二）主要换电模式

换电模式是指在换电站内对电动汽车更换整体电池包，并通过集中型充电站对大量电池集中储存、集中充电、统一配送。目前，主要的换电模式有电池包整体式换电、电池包分箱式换电和移动换电车换电。

电池包整体式换电是对动力电池包进行整体更换。整车搭载的动力电池包是一个整体，一般位于整车底部，需要在整车底部进行换电操作。电池包分箱式换电是对动力电池分开更换。整车搭载多个相互分开的、标准化的、可拆卸的动力电池箱，实现电池箱之间的互换操作。移动换电车换电是指车辆先将满电电池运送至需要换电的车辆处，再进行电池更换。

（三）充换电新技术

1. ChaoJi 充电技术

ChaoJi 充电技术是一套完整的电动汽车直流充电系统解决方案，针对充电系统现有问题，在充电安全、充电功率、结构设计、向前兼容性及未来应用等方面进行了全面提升，其最大充电电流达 360Amp，未来充电功率可达 900kW，充电 5min 即可行驶 400km。

2020 年 6 月，国家电网与日本电动汽车快速充电器协会（日本 CHAdeMO 协议会）联合在线发布《电动汽车 ChaoJi 传导充电技术白皮书》和 CHAdeMO3.0 标准；中国电力企业联合会与 CHAdeMO 协议会同步启动 ChaoJi 产业化发展路线研究，标志着 ChaoJi 充电技术迈入标准制定和产业应用新阶段。

2. 无线充电技术

自动驾驶技术的研发和应用催生了无线充电技术，无线充电技术具有占地少、充电安全便利、后期维护成本低等优势，无线充电技术作为自动驾驶技术的一部分，与自动驾驶汽车发展高度融合。然而，目前无线充电技术在产业化应用上存在一些问题，如充电效率与传统充电相比较低，且缺乏统一的技术标准。总体来看，无线充电技术目前处于探索阶段，未来应用场景广阔。

3. V2G 技术

V2G（Vehicle to Grid，车辆到电网）描述了电动汽车与电网的互动关系，当车载电池需要充电时，电网向车辆补给电能，当电动汽车不启用时，车载电池的电能也能反向销售给电网。V2G 通过双向充电实现了能量在电动车与电网之间的智能流动，助力电网削峰填谷，维护电网稳定，同时通过车辆储存电能供给电网，促进了可再生能源的利用。目前，V2G 技术已在中新天津生态城落地，下一步，V2G 技术将进一步在全国范围内推广使用。

4. 换电安全技术

换电安全是指包括车身、电池、换电站在内所有环节的结构和流程安全。在车身方面，需通过加强车辆底盘的结构设计来确保整车安全和性能表现，针对卡扣式和螺栓式分别制定 5000 次和 1500 次的质量标准；在电池方面，需要实时监测电池充电的过程数据，以此判断电池内部性能表现，及时识别风险，并根据电池寿命衰减趋势和电池变化预测电池寿命；在换电站方面，需要依靠态势感知系统、安全加固技术和信息安全管理机制，对设备、信息和应用软件进行全方位保护，还需配备阻燃电缆和多功能防爆车位，完善自动灭火系统。

2021 年 11 月 1 日，《电动汽车换电安全要求》开始实施，明确了换电车辆的一般安全要求、整车安全要求及系统部件安全要求，有助于指导汽车企业从产品研发角度关注电动汽车换电安全，提升换电安全性，支撑新能源汽车产业高质量发展。

第五节　元宇宙及其在物流中的展望

近年来，元宇宙强势登上世界产业舞台，成为各大企业和各地政府竞相布局抢跑的新赛道。元宇宙是一个概念，它需要整合不同的新技术，如 5G、6G、人工智能和大数据等，以强调虚拟和现实的融合。扎克伯格将元宇宙形容为“一个实体化的网络”“你可以进入的虚拟环境”“在这里，你不仅可以查看内容，还可以置身其中”。简言之，元宇宙就像一个由无数虚拟社区组成的世界，人们可通过虚拟现实装置、手机 App，进行互动、娱乐或工作。元宇宙非常重要，不容忽视，并将对商业和个人生活产生重大影响。

一、元宇宙概念

（一）元宇宙的起源

1992 年，美国作家尼尔·斯蒂芬森（Neal Stephenson）在其著名科幻小说《雪崩》（*Snow Crash*）中提到元宇宙（Metaverse）一词。《雪崩》描绘了一个恢宏的虚拟世界，在虚拟世界里，人类通过个人虚拟现实终端设备，使用其数字化身在现实世界映射的三维空间中进行交互，用户可以像在真实物理世界中一样工作和生活。这与如今使用 VR 眼镜访问虚拟空间的方式很相似，但后者的应用场景和使用体验远没有科幻小说描绘得那么好。其实早在 1981 年美国计算机专家弗诺·文奇（Vernor Vinge）教授的中篇小说《真名实姓》（*True Names*）出版后，与元宇宙类似的概念就以各种名称出现在赛博朋克（Cyberpunk，又称数字朋克）类型的小说中。斯蒂芬森在《雪崩》的后记中表示，1986 年上线的 MMO 游戏《栖息地》中就充满了大量的元宇宙元素。

（二）元宇宙概念与内涵

元宇宙本身没有标准的定义。自 2021 年进入大众视野，它才为人们所熟知。广义地讲，元宇宙是人类运用数字技术构建的、由现实世界映射或超越现实世界，可与现实世界交互的虚拟世界，具备新型社会体系的数字生活空间。具体而言，借助于 VR 眼镜，人们可以身临其境体验的虚拟空间，就是一种元宇宙。目前，元宇宙一词，更多地只是一个大的概念，换言之，元宇宙是众多科技发展至今的产物，它融合了今天的一大批先进技术，是在扩展现实（XR）、区块链、云计算、数字孪生、人工智能等新技术混合后的概念具化。从 2021 年（元宇宙元年）开始，许多专家、研究组织以及相关公司就从不同的研究视角给出了元宇宙的定义。目前关于元宇宙的定义颇多，截至 2022 年 11 月，维基百科对元宇宙的定义是这样的：元宇宙是一个集体虚拟共享空间，由虚拟增强的物理现实和物理持久性虚拟空间融合而成，包括所有虚拟世界、增强现实和互联网的总和。构成元宇宙的七要素如图 2-1 所示。

微软公司认为，元宇宙是“智能云和智能边缘的巅峰之作”，它的本质在于构建一个与现实世界持久、稳定连接的数字世界，元宇宙将让物理世界中的人、物、场等要素与数字世界共享经验。比如，在企业加速数字化转型的过程中，元宇宙可以让人们在数字环境中会面，借助数字替身以及更有创意的协作方式，让人们从世界各个角落，更加自如地交流沟通。

亚马逊公司对元宇宙的定义是：元宇宙就是现实世界中的所有人和事都被数字化投射在了一个云端世界里，你在这个世界里可以做你在真实世界中能做的任何事情。

比如，在云端世界中与家人或朋友吃饭逛街、用虚拟社交软件交流、浏览虚拟亚马逊商店购物等。

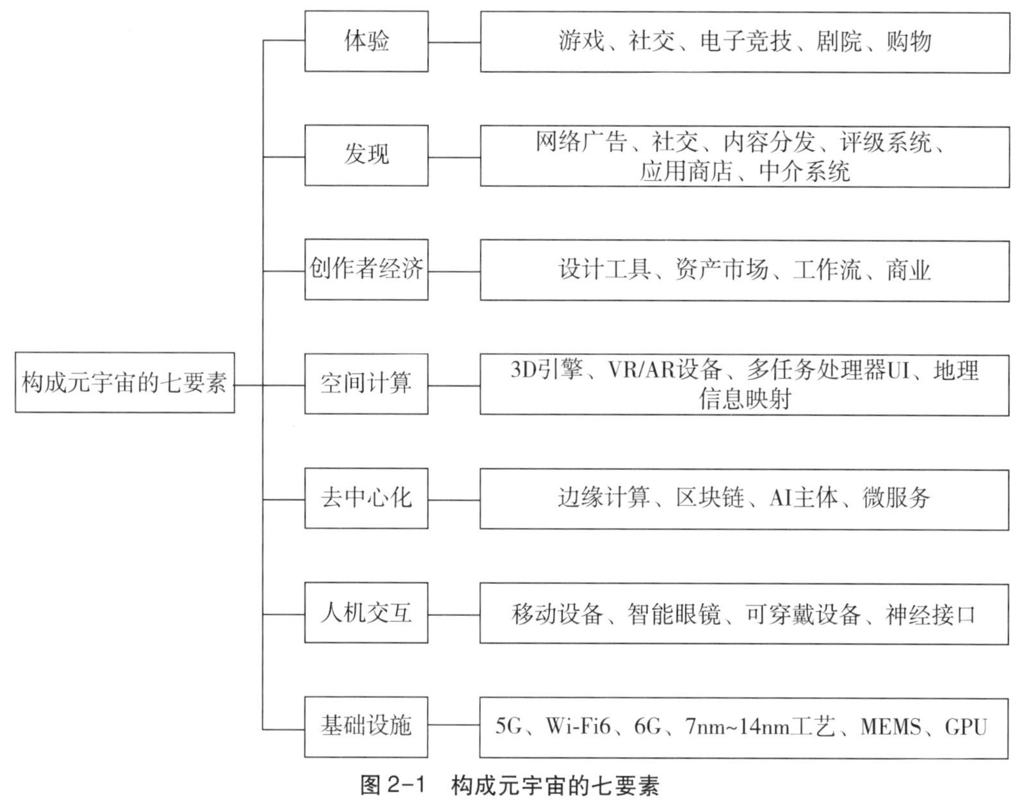

图 2-1　构成元宇宙的七要素

资料来源：方巍，伏宇翔．元宇宙：概念、技术及应用研究综述［J/OL］．南京信息工程大学学报（自然科学版），2022：1-25.

元宇宙概念上市公司 Roblox 认为，元宇宙应具备身份、朋友、沉浸感、低延迟、多元化、随地、经济系统、文明八大要素。元宇宙的表现形式大多以游戏为起点，并逐渐整合互联网、数字化娱乐、社交网络等功能，长期来看甚至可以整合社会经济与商业活动。

清华大学新闻学院沈阳教授这样定义元宇宙：元宇宙是整合多种新技术而产生的新型虚实相融的互联网应用和社会形态，它基于扩展现实技术提供沉浸式体验，以及数字孪生技术生成现实世界的镜像，通过区块链技术搭建经济体系，将虚拟世界与现实世界在经济系统、社交系统、身份系统上密切融合，并且允许每个用户进行内容生产和编辑。全国科学技术名词审定委员会将元宇宙定义为：人类运用数字技术构建的，由现实世界映射或超越现实世界，可与现实世界交互的虚拟世界。腾讯总裁刘炽平对元宇宙的表述是：元宇宙是一个令人激动，却也相对模糊的概念，从比较高的角度来审视这个领域，任何让虚拟世界变得更为真实，或者通过虚拟技术让真实世界更加丰宙的技术，都可能成为元宇宙概念的一部分。腾讯认为这个概念可以为游戏和社交网络行业增添新的增长机会。

目前，元宇宙的定义尚未统一，种类较多，不同组织对元宇宙的定义各有侧重、众说纷纭。本书认为，元宇宙是一个新的综合性技术概念，基于沉浸式互联网技术、物联网技术、交互技术、电子游戏技术、人工智能技术、Web3.0、数字藏品/NFT（Non-Fungible Token，指非同质化通证）、5G/6G、区块链技术和数字孪生技术等，构建映射真实物理世界的虚拟世界，在这个虚拟世界中，用户可以使用其虚拟化身进行交互并完成现实世界中对应的任务。特别是在新冠肺炎疫情期间，人们居家办公，使用元宇宙应用进行线上会议，可以拉近用户之间的距离，达到更好的交互效果。当前，元宇宙还处于起步阶段，相关技术还不是很成熟，主要落地应用有 Meta 公司的社交元宇宙、微软公司的工业元宇宙、Roblox 公司的元宇宙游戏、百度的元宇宙产品——希壤等。

（三）元宇宙的发展

在元宇宙的早期，特别是 20 世纪 90 年代前后，由于相关技术还不够成熟可靠，元宇宙的概念仅仅停留在科幻作品中，比如威廉·吉布森（William Gibson）的《神经漫游者》（*Neuromancer*，1984 年）、尼尔·斯蒂芬森的《雪崩》（1992 年）等。后来，随着计算机技术和电子游戏技术的快速发展，元宇宙的概念最先在电子游戏上得以实现。2003 年，总部位于美国洛杉矶的 Linden 实验室开发了一款名为《第二人生》（*Second Life*）的网络虚拟游戏，该游戏基于元宇宙的概念，为用户提供了一个高层次的社交网络服务。在该游戏中，玩家可以使用其虚拟角色进行社交、参加个人或集体活动、相互交易虚拟财产，这已经初步具备了元宇宙的一些特征。元宇宙的发展历程如图 2-2 所示。

之后，随着计算机硬件和网络通信等技术的迅猛发展，CPU 算力和网络带宽得到了巨大提升，终端设备变得更加轻巧便携，这都为元宇宙概念具体应用的落地打下了坚实的基础。2010 年后，一体式 VR 眼镜的出现，使用户可以利用头戴式显示设备沉浸式体验虚拟世界，这就直接拉近了人类和虚拟世界的距离。在移动互联网的浪潮之下，各种面向 VR 设备的应用软件应运而生，用户可以在 VR 眼镜的软件商店里下载他们想要的应用并直接体验游玩。目前，VR 软件消费市场最受欢迎的应用还是 VR 游戏，而 VR 游戏是最能够体现元宇宙概念的领域。Roblox 就是 VR 游戏领域的一个颇具影响力的代表，它是目前世界上最大的多人在线创作游戏。Roblox 兼容了虚拟世界、休闲游戏和自建内容的特点，游戏中的大多数作品都是用户自行建立的，它已经具备元宇宙的大多数特征。

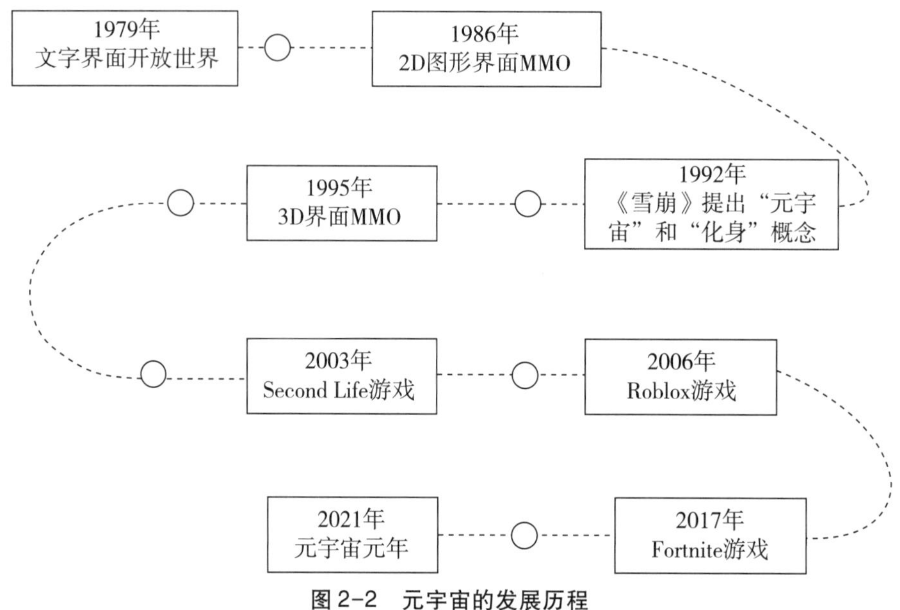

图 2-2　元宇宙的发展历程

资料来源：方巍，伏宇翔．元宇宙：概念、技术及应用研究综述［J/OL］．南京信息工程大学学报（自然科学版），2022：1-25.

2021 年，脸书、微软、亚马逊、百度、腾讯、字节跳动等科技巨头正式投资布局元宇宙，国内外许多高校和研究院所纷纷设立元宇宙研究院，国内许多城市也出台了鼓励发展元宇宙相关产业的政策和新规，一时间“元宇宙”一词频繁出现在各大媒体头条上，这标志着元宇宙时代的到来。因此，2021 年也被人们称为“元宇宙元年”。今天，网络通信及云计算、物联网、人机交互、电子游戏、人工智能、区块链、数字孪生等技术已经发展到一定高度，各项基础设施也相对成熟可靠，元宇宙的实现成为可能。

目前，各大科技公司对元宇宙的研究都倾向于将元宇宙和具体行业结合，比如，微软提出的“工业元宇宙”解决方案，希望借助于微软 Azure 云服务，用元宇宙赋能制造业，提升工业生产效率、节能减排，实现制造业数字化转型，帮助企业提升竞争力；脸书一直走在探索元宇宙的前列，创始人马克·扎克伯格表示希望将其打造为一家元宇宙公司，目前其元宇宙业务涵盖了办公、游戏、社交、教育、健身等多个领域，未来将不断探索更加多样的元宇宙应用场景；亚马逊从底层出发，打造支撑元宇宙应用的强大云计算平台 AWS，为元宇宙的实现提供强大的云计算基础设施；国内电商巨头阿里巴巴致力于打造电商元宇宙，通过元宇宙技术辅助优化电商场景的体验。

（四）元宇宙的特征

目前，元宇宙处于起步阶段，不同的组织对于元宇宙的特征定义各有差别。元宇宙上市公司 Roblox 认为，元宇宙包含八大特征要素（见图 2-3）：身份、朋友、沉浸感、低延迟、多元化、随地、经济系统和文明。世界四大会计师事务所之一的德勤公司分析认为元宇宙主要具有五大特征：逼真的沉浸体验、完整的世界结构、巨大的经济价值、新的运行规则、潜在的不确定性。北京大学陈刚教授等梳理并系统界定了元宇宙的五大特征与属性，即社会与空间属性、科技赋能的超越延伸、人机与人工智能共创、真实感与现实映射性、交易与流通。

图 2-3　元宇宙的主要特征

资料来源：方巍，伏宇翔．元宇宙：概念、技术及应用研究综述［J/OL］．南京信息工程大学学报（自然科学版），2022：1-25.

1. 平行于现实世界

元宇宙本质上是对现实世界的映射，元宇宙对应的虚拟世界中的事物是真实世界中事物的副本，它们之间存在一一对应的关系。当现实世界中的某一变量改变时，作为其映射的虚拟空间中的对应副本也会跟着变化。例如，在映射工厂的数字孪生系统中，当工厂的环境温度从 20℃升至 23℃时，数字孪生系统构建的虚拟空间中的环境温度也会从 20℃升至 23℃。

2. 反作用于现实世界

元宇宙是对现实世界的虚拟化、数字化过程。在某些应用场景下，人们利用元宇宙构建的虚拟世界对未来作预测分析，以期望达到规避风险、寻求利润最大化的效果，与此同时，这对现实世界的未来产生了间接影响。例如，气象部门使用数字孪生技术构建特定区域的虚拟空间，仿真模拟该区域在极端天气状况下的多要素特征变化情况，用来预防气象灾害、辅助制定灾害预防措施。

3. 综合多种技术

元宇宙并非单一的一种技术，它融合了许多先进技术。元宇宙的发展是在共享的基础设施、标准及协议的支撑下，由众多工具、平台不断融合、进化而最终成形。元宇宙基于网络及运算技术实现虚拟世界和现实世界的高速通信、泛在连接以及共享资源，基于物联网技术实现终端设备与虚拟世界的数据传输，基于人机交互技术为用户提供沉浸式体验，基于电子游戏技术构建虚拟世界，基于人工智能技术提升虚拟世界的智能化水平，基于区块链技术构建虚拟世界安全可靠的经济体系。

二、元宇宙关键技术

元宇宙作为一种新的技术概念，以用户为中心，是一种综合了当前几乎所有软硬件技术的互联网应用，它是信息化发展的一个新的阶段。元宇宙在综合运用现有先进技术的同时，也会推动相关技术的迭代升级，甚至催生了新的技术。它运用了多种先进技术，其中，网络及运算技术、物联网技术、人机交互技术、电子游戏技术、5G/6G、人工智能技术、区块链技术和数字孪生等技术较为关键，当然还有一些如创建身份系统与经济系统的技术、内容创作技术和治理技术。下面分别介绍元宇宙的一些关键技术。元宇宙的关键技术及其在元宇宙中的作用如表 2-3 所示。

表 2-3　元宇宙的关键技术及其在元宇宙中的作用

元宇宙关键技术	在元宇宙中的作用
网络及运算技术	元宇宙的能量，为元宇宙提供高速通信和共享资源等功能
物联网技术	连接元宇宙的一切，实现虚拟世界与现实世界的泛在连接，是构建虚实交互和万物互联的信息桥梁
人机交互技术	元宇宙的出入口，提供进入虚拟世界的设备接口，为用户提供沉浸式体验
电子游戏技术	为元宇宙的内容制作提供了强大的技术支撑
人工智能技术	端到端的智能，为元宇宙应用场景提供技术支持，提升虚拟世界的运行效率和智能化水平
区块链技术	元宇宙的定海神针，为构建安全可靠的元宇宙世界的经济体系提供技术保障
数字孪生技术	虚实融合的桥梁，对物理实体进行数字复制，实现元宇宙和物理世界的映射和相互影响
其他技术	创建身份系统和经济系统的技术、内容创作技术、治理技术等，是元宇宙社会所需的相关技术

（一）网络及运算技术

网络及运算技术是元宇宙的基石。在元宇宙概念的应用场景下，访问系统数据库、与现实世界的终端设备进行实时数据传输、用户在虚拟空间中进行实时交互等相关常规操作，都需要低延迟、大带宽的高质量网络和高性能的计算平台的支撑。

1. 5G、6G 高速无线传输服务

无论是远程执行计算繁重的任务、访问大型数据库，还是在用户之间提供共享体验，都离不开网络与通信，元宇宙时代所需要的沉浸式体验，要求网络具有低延迟、大带宽、高可靠性等特点。5G 作为新一代信息化基础设施，其上网速率高达 1 Gbps，时延低至 1 ms，连接能力可达到 100 万连接/km^2。而元宇宙需要大量带宽来实现实时传输高分辨率的内容，5G 完全可以满足其性能指标，同时为元宇宙的落地应用提供了重要的网络基础。目前，随着 5G 的商业化应用趋于普及，越来越多的行业正在享受 5G 带来的便利。

与此同时，6G 正处于开发阶段，6G 的传输能力可能比 5G 高 100 倍，网络延迟也可能从毫秒级降到微秒级。未来的 6G 网络将是一个地面无线与卫星通信集成的全连接世界，6G 不再是简单的网络容量和传输速率的突破，它更是为了缩小数字鸿沟，实现万物互联这个“终极目标”。未来，随着 6G 的逐步成熟与商业化应用，元宇宙世界与物理世界的交互延迟将大大降低，用户在元宇宙世界的感知体验也将大大改善。

2. 云计算在元宇宙中的应用

虚拟世界和现实世界的交互、用户之间的交互以及元宇宙应用的运行过程中都会产生难以估计的海量数据，这都需要云计算的支持。云计算对于元宇宙应用的支撑作用主要体现在数据处理和数据存储两个方面。在执行一些计算繁重的任务时，由于终端设备的算力有限，元宇宙应用还需要借助云计算平台的强大算力，实现大数据的高效处理。同时，由于终端设备的存储容量有限，海量的数据需要云计算平台来实现分布式存储。近年来，云计算技术的不断发展，为元宇宙的落地应用提供了底层技术支撑。

3. 边缘计算在元宇宙中的应用

在某些情况下，边缘终端设备在将本地计算任务提交到云计算服务器时，往往需要占用大量网络带宽，当终端设备和云计算服务器距离较远时，网络延迟会大大增加，这将影响用户的体验感。边缘计算在最接近最终用户和设备的地方计算、存储和传输数据，可以大大降低用户体验的时延。目前，边缘计算正处于快速发展阶段，越来越多的学者开始研究边缘计算并将其与具体行业相结合，为其他领域的通信问题提供了新的解决思路。

（二）物联网技术

宇宙框架下的虚拟世界和真实物理世界的泛在连接，需要众多传感器、智能终端等物联网设备提供数据采集、处理和传输等功能的支持。因此，物联网技术是元宇宙虚实交互和万物互联的技术基础，是虚拟世界和现实世界沟通连接的信息桥梁。目前，用户接入元宇宙虚拟世界主要也是依靠物联网终端设备，比如 VR 一体机、智能手机等。计算机硬件和物联网技术的进一步发展，将推动虚拟终端设备的小型化和便携化，用户可以随时随地使用相应的智能终端设备接入元宇宙虚拟空间，这打破了时间和地理空间的限制，能够带给用户更好的体验感。

（三）人机交互技术

人机交互技术（Human-Computer Interaction，HCI）是元宇宙应用中一种重要的技术，这是用户能够直接感受到的技术，主要包括虚拟现实技术（VR）、增强现实技术（AR）、混合现实技术（MR）。目前，用户体验元宇宙虚拟世界常见的方式就是使用 VR 眼镜，在视觉和听觉上与虚拟空间融为一体。VR 眼镜是利用头戴式显示器将人对外界的视觉、听觉封闭，引导用户产生一种身在虚拟环境中的感觉。目前，虚拟现实头戴式显示器所涉及的相关技术已相对成熟，虚拟现实终端设备也已面向消费市场普及。随着元宇宙概念的流行，VR 产业再一次迎来了春天，针对虚拟现实等的人机交互技术的研究也在不断深入。

（四）电子游戏技术

电子游戏技术通过游戏引擎、实时渲染和三维建模，在虚拟世界中构建真实物理世界的映射对象，它是目前元宇宙应用最直观的表现方式。目前，元宇宙的应用大多以 VR 游戏呈现，其底层依赖的就是我们熟知的电子游戏技术。元宇宙游戏同现实世界高度同步、高保真，同时运用 VR、AR、XR 等技术，加强虚拟空间和现实世界的密切联系，增加人机交互，提高游戏体验和游戏使用者的沉浸感。目前，这方面做得比较好的是 Roblox 游戏公司，该公司于 2006 年发行的沙盒游戏 Roblox 结合了虚拟世界、休闲游戏和自建内容，游戏中的大多数作品都是用户自行建立的。为了兼容 VR，Roblox 优化了专门用于 VR 的摄像头控制，降低了加速的速度，增加了第一和第三人视角之间的切换选项。至 2019 年，已有超过 500 万名青少年开发者使用 Roblox 开发 3D、VR 等数字内容，吸引的月活跃玩家超过 1 亿人。Roblox 也成为世界最大的基于虚拟世界的多人在线创作游戏。

（五）人工智能技术

人工智能（AI）作为元宇宙的核心技术，其地位不言而喻。人们进入元宇宙后，会以数字化身存在并活动，而数字化身在视觉、听觉、触觉等全方位感知能力方面离不开AI技术，如AI驱动的计算机视觉、自然语言处理、数字触觉等已经有了切实可行的落地应用。AI技术基于海量的数据，进行模型训练以获得最小的损失，使神经网络的输出值不断逼近真实值，从而达到分类或预测任务所要求的精度。将人工智能技术赋能元宇宙，可以对元宇宙应用起到一定性能改善和优化的效果。可以说，人工智能技术是由大数据驱动的，而元宇宙应用在运行过程中也势必会产生海量的数据，二者相辅相成、相得益彰。

（六）区块链技术

区块链技术的快速发展，为构建虚拟世界安全高效的经济体系提供了技术支撑。区块链是一种分布式数据库，数据存储在区块中，而不是传统的结构化表中。用户生成的数据填充到一个新区块中，该区块将进一步链接到以前的区块。所有区块都按时间顺序链接。用户在本地存储区块链数据，并使用一致模型与存储在对等设备上的其他区块链数据同步。用户被称为区块链中的节点，每个节点在链接后维护区块链上存储的数据的完整记录。如果一个节点出现错误，可以引用数百万个其他节点以更正错误。因此，在区块链技术下，数据的安全性得到了保证。在元宇宙的经济系统中，区块链技术能够运用于金融交易、数字版权确认、提升供应链管理效率等方面，真正实现了核心的去中心化。

（七）数字孪生技术

数字孪生（Digital Twin）是充分利用物理模型、传感器更新、运行历史等数据，集成多学科、多物理量、多尺度、多概率的仿真过程，在虚拟空间中完成映射，从而反映相对应的实体装备的全生命周期过程。简言之，数字孪生就是运用计算机技术对现实世界做数字复制的过程。目前，数字孪生技术已经相当成熟，并广泛应用于产品设计、产品制造、工程建设等领域。基于数字孪生技术能够虚拟仿真物理世界的特性，人们可以实现元宇宙和真实世界之间的虚实交互。可以说，数字孪生是构建元宇宙世界的基础，是实现元宇宙的核心技术。

（八）其他技术

元宇宙作为一个虚拟世界，同样需要法律、法规、道德等约束，元宇宙不是法外之地。在目前元宇宙的发展阶段，已凸显出了亟待解决的问题，如数字经济、数字财产、数字身份、数学藏品的炒作和丢失、个人隐私信息的泄露等。另外，内容是吸引用户进入元宇宙的主要原因，通过内容创作技术，元宇宙可以率先落地教育、培训、艺术、影视、文旅、社交、游戏等领域，从而构建元宇宙繁华景象。

数字人可以说是当下最前沿、最时尚的前沿元宇宙技术产品。数字人是指以数字形式存在于数字空间中，具有拟人或真人的外貌、行为和特点的虚拟人物，也称为虚拟形象、数字虚拟人、虚拟数字人等。数字人的核心技术主要包括计算机图形学、动作捕捉、图像渲染、AI 等。数字人不仅有逼真的人的外貌，还能很好地模拟人的行为，甚至还具备一定程度的人的思维。在技术维度上，数字人是多种前沿科技的集大成者；在艺术上，数字人的制作和表现也需要极高的审美。数字人可以打造更完美的人设，为品牌带来正向价值。互联网、金融、电商平台、消费品牌、汽车出行等领域纷纷推出数字人，用于品牌营销、智能客服等方向。从 2020 年开始，大量的网络高人气数字人出现，尤其 2022 年冬奥会期间，数字人在手语解说、节目直播等众多场合亮相，增进了公众对数字人的认知，进一步推动了元宇宙产业的发展。

另外，谷歌利用现有的技术，建立了自动语音识别系统，对医疗场景中的对话进行高级编写和标记等。通俗来讲，该系统的功能就是自动把医生和病人间的对话转录为文字。谷歌的语音识别技术已经应用在其他领域，如智能家居设备、谷歌翻译等。这些新兴技术的出现也为元宇宙的发展提供了新的机遇。

三、元宇宙技术的产业应用

（一）国际上相关的研究组织

目前，国外对元宇宙的研究主要集中在商业应用领域，推动元宇宙研究发展的组织以企业为主，较为知名的涉足元宇宙研究的公司有 Meta、微软、英伟达、谷歌、亚马逊。由于目前元宇宙还处于起步阶段，诸多科技巨头纷纷投入巨资入局元宇宙、设立元宇宙研发部门，不同领域的企业强强联手合作推动元宇宙和各自领域的结合发展等，同时各大公司在元宇宙方向上还处于研发阶段，成熟可靠的元宇宙商业应用项目屈指可数。国际上元宇宙的主要研究组织及研究方向如表 2-4 所示。

表 2-4　国际上元宇宙的主要研究组织及研究方向

团队组织	商业项目	技术特征	核心技术	适用范围
英伟达	全宇宙云	整合 3D 设计协作和模拟等服务	云计算技术	供艺术家、开发人员和企业团队设计、发布、运营和随时随地体验元宇宙应用
谷歌	谷歌像素竞技场	提供虚拟现实应用服务	3D、AR 技术	用户可用自己的虚拟化身参加篮球赛事活动

续　表

团队组织	商业项目	技术特征	核心技术	适用范围
微软	微软 Azure 云服务	整合多种计算、数据服务、应用服务、网络服务等	云计算	帮助用户快速开发、部署、管理应用程序
Meta	地平线世界	虚拟现实、身份认证	虚拟现实、电子游戏技术、软件技术	元宇宙应用游戏、身份认证系统
亚马逊	亚马逊云探索	虚拟化身	虚拟现实、3D、电子游戏	带有元宇宙色彩的游戏

2022 年年初，英伟达公司推出其首款软件和基础设施即服务产品 NVIDIA Omniverse Cloud（英伟达全宇宙云），供艺术家、开发人员和企业团队设计、发布、运营和随时随地体验元宇宙应用。2022 年 2 月，谷歌携手 NBA 推出元宇宙项目 Google Pixel Arena（谷歌像素竞技场），通过该项目，球迷可以用自己的虚拟化身参加篮球赛事活动，"身临其境"地体验 NBA 季后赛，观看比赛直播。微软提出的"工业元宇宙"解决方案则是基于微软 Azure 云服务，针对不同的使用场景推出了多种解决方案。例如，利用 Azure IoT 对工厂企业生产线、供应链中的设备与传感器实现连接管理，实时采集汇总各类数据信息；利用 Azure 数字孪生实现人、物、场等的数字孪生；利用 Azure 云服务的机器学习来模拟机器的使用情况，可以让企业对自有的设备进行预测性维护。此外，微软也表示，借助 Hololens 这样的混合设备能够实现人机交互，从而为一线员工提供在线且直观的指导，让企业实现灵活、高效的开发与运营。

Meta 公司开发的《地平线世界》（*Horizontal Worlds*）是一个类似《我的世界》的沙盒游戏，目前，它已经扩展成一个社交平台，支持用户最多同时和 20 人社交，并逐渐成长为一个由整个社区设计和构建的、不断扩展的虚拟体验宇宙。亚马逊公司则认为，元宇宙离不开云计算，未来亚马逊将从自身业务出发，进军元宇宙，为元宇宙业务场景提供基于 AWS（亚马逊网络服务）平台的基础服务。2022 年 3 月，亚马逊推出了一款在线角色扮演游戏《亚马逊云探索》（*AWS Cloud Quest*），让玩家能够培养云计算技能。在该游戏中，用户需要解决云计算难题和任务，以便在穿越虚拟世界时赚取积分。亚马逊聚焦于技术底层的能力建设，以云为核心，已形成丰富的元宇宙开发工具。

（二）国内相关研究组织

元宇宙已成为十分热门的概念。国内多个大学和研究机构都设立了元宇宙研究院和实验室，并做了大量的研究工作，最为著名的是清华大学新闻学院元宇宙文化实验室。国内企业界主要的元宇宙研究组织及研究方向如表 2-5 所示。

表 2-5　国内企业界主要的元宇宙研究组织及研究方向

团队组织	商业项目	技术特征	核心技术	适用范围
百度	希壤	元宇宙平台应用	云计算、人工智能、电子游戏技术	打造了一个跨越虚拟与现实、永久续存的多人互动空间
HTC（宏达电）	VIVERSE	开源元宇宙平台	软件、虚拟现实技术	支持智能手机、PC、平板和 Vive-Flow 眼镜的跨平台用户
字节跳动	PICO 系列 VR 一体机	VR 头显	UI 与人体工程、法、整机系统与低延迟算法、头部追踪与手势识别、眼球追踪与注视点渲染、Haptics 与触觉反馈、3DSound	计算机外围设备、光通信设备
Cocos	开源引擎框架 Cocos2d-x、游戏加速框架 CocosRuntime 等数字内容开发一站式解决方案	数字内容开发一站式解决方案	—	服务了 2D 和 3D 游戏开发、智能座舱、在线教育、XR、数字人、数字文创等领域开发者
京东	灵稀	数字藏品平台小程序	—	电子商务

百度在 2021 年 12 月 27 日的百度 AI 开发者大会上，发布了其元宇宙产品——希壤。这是一个平行于物理世界的沉浸式虚拟空间，该产品打造了一个跨越虚拟与现实、永久续存的多人互动空间。“希壤”在视觉、听觉、交互三大方面实现了技术创新突破。从 2021 年 12 月 27 日起，每一个用户都可以创造一个专属的虚拟形象，在个人电脑、手机、可穿戴设备上登录“希壤”，听会、逛街、交流、看展。HTC（宏达电）在 2022 年世界 VR 产业大会上推出全新 Vivers 开放式元宇宙生态系统和平台，展示了 VR 在行业应用层面不断落地的推进价值，以及如何使用软硬件并与内容有机结合，从而赋能消费用户的工作与生活。字节跳动在 2021 年 9 月收购了 VR 研发公司 PICO，并使其成为字节旗下的 VR 部门。PICO 致力于成为领先的世界级 XR 平台，成就开发者与

创作者，共同为全球消费者创造更美好的生活体验。目前 PICO 推出的多款优秀的 VR 头显设备在消费市场颇受欢迎，并有望推动国内 VR 设备的大众化进程。

Cocos 是一家提供数字内容开发一站式解决方案的软件公司，其最为著名的产品就是 Cocos 游戏开发引擎，它有助于降低元宇宙应用门槛，帮助开发者快速开发元宇宙应用。目前，在虚拟数字人场景，Cocos 已经实现创造虚拟人所需的建模、口型、动作捕捉、渲染、AI 接入五大关键技术，帮助开发者创造逼真的 3D 形象。京东推出的灵稀是一款京东数字藏品平台小程序，其实质是一个 NFT 数字藏品平台。每个数字藏品都有一张独一无二的“数字证书”，应用京东智臻链的区块链技术能力进行存证，具备唯一性、不可篡改性、不可复制性。平台上的所有藏品将全部采用链上发行、链上交易的模式，利用区块链技术助力数字藏品的流转。

此外，近年来有企业将元宇宙概念应用到气象领域，并取得了一些成果。北京数字冰雹信息技术有限公司率先将元宇宙概念应用于气象灾害监测领域，其开发的智慧气象数字孪生 IOC（智能运行中心）系统，支持整合气象监管相关部门现有信息系统的数据资源，深度融合 5G、大数据、云计算、AI、融合通信等前沿技术应用，将信息、技术、设备与气象监管部门需求有机结合，覆盖气象日常监测、气象灾害监测、气象灾害事件等多个业务领域，赋能用户业务应用，实现智能感知、智能分派、智能处置、智能考评、智能改进，有效提升跨部门决策和资源协调效率，为气象灾害预报预警领域的数字化转型升级提供了新的典范。

第三章　运输技术

运输是物流的中心环节之一，运输技术的发展不仅有助于立体交通领域的发展创新，也有助于相关物流业高水平技术的提升。立足运输技术领域，要面向世界科技前沿，抢抓全球科技发展先机，加速推进人工智能、新能源、空天信息等领域前沿技术与交通运输深度融合，重点发展载运工具技术、无人驾驶技术、多式联运、新能源物流车等关键领域，充分发挥交通运输在物流行业的强大驱动力。

第一节　载运工具

2022 年 3 月，交通运输部、科技部印发《交通领域科技创新中长期发展规划纲要（2021—2035 年）》，以加快交通运输领域基础研究和突破相关关键核心技术，而新型载运工具的研发也是该纲要的一项重点任务。载运工具承载着不同地区之间人与物的交流与交换，对经济的发展、运输方式的改变和运输结构的优化都起着重要作用。不同运输方式的载运工具有独特的运输特性，它们各自在不同的发展方向上创新突破，以适应飞速发展的运输需求。

一、载运工具发展情况

（一）氢动力船舶

水路交通载运工具绿色化是水运行业的技术前沿和未来趋势。随着燃料应用技术的成熟、配套设施的完善，氢及氢基燃料的应用范围将逐步扩大，氢、氨等零碳燃料技术将是水路交通载运工具实现零排放的重要途径。氢动力船舶基于燃料电池的氢能应用模式，兼顾能源高效利用、零排放、船舶舒适度提升，可以适应未来绿色船舶市场需求，并且具有广阔的应用前景。

1. 氢动力船舶发展现状

氢动力船舶通常用于湖泊、内河、近海等场景，以客船、渡船、内河货船、拖轮等类型为主，海上工程船、海上滚装船、超级游艇等大型氢动力船舶的研制是当前的国际趋势。

我国前期研制了“富原一号”“天翔 1 号”实验船，但其船型、功率较小。随着陆上新能源汽车产业的蓬勃发展，氢能和燃料电池技术快速成熟，为我国氢动力船舶提供了良好的发展机遇。2021 年下水的“蠡湖号”游艇、“仙湖 1 号”游船，燃料电池功率分别为 70 千瓦、30 千瓦；正在研制中的“绿色珠江号”内河货船、“三峡氢舟 1 号”公务船，燃料电池功率均达到了 500 千瓦级。尽管如此，国内船型与国际先进产品相比仍存有一定差距，我国氢动力船舶的系统集成技术尚未完全成熟。

目前，氢动力船舶用燃料电池的单组功率为百千瓦级，装船使用时通常采用多组燃料电池级联而成，如“绿色珠江号”内河货船拟配备 4 组 135 千瓦级 PEMFC（Proton Exchange Membrane Fuel Cell，质子交换膜燃料电池）。兆瓦级燃料电池系统作为未来重点发展方向，是实现燃料电池在船舶上广泛应用的基础，而国产船用燃料电池功率等级与国外产品相比仍存在一定差距。

氢动力船舶的续航里程与船载储氢量密切相关，一般认为受制于船载储氢技术，所以氢动力船舶仅适用于短距离航行。我国现有的氢动力船舶较多采用高压气态储氢方式，如“蠡湖号”游艇；也有少量船舶采用金属氢化物储氢方式。鉴于高压气态储氢方式的储氢密度较低、液态氢相关技术成熟，发达国家的大型氢动力船舶设计方案多采用低温液态储氢方式。

2. 氢动力船舶关键技术

（1）快速安全加氢技术。

与车用加氢相比，船舶加氢具有加注量大、持续时间长的特点，加注设备应采用更加可靠的加注连接方式，同时应具有船岸之间紧急切断的联动功能，以满足紧急脱开需要。船舶在码头进行燃料加注时一般不允许船舶断电，因此既要保证加氢时燃料电池系统正常工作（供电）以及装卸货等同步操作的需要，又要保障氢燃料加注操作的安全性，这两方面都是亟须解决的问题。

（2）船舶大功率燃料电池技术。

船用燃料电池技术表现为“小功率—大功率”的发展趋势。燃料电池主要分为以 PEMFC 为代表的低温燃料电池、以熔融碳酸盐和固体氧化物为代表的高温燃料电池：前者技术成熟，目前正在进行产业化、规模化发展，力求实现价格更低、寿命更长、功率更高；后者因其功率高、效率高、氢气纯度要求低等技术优势，更适合船舶应用，也是未来大型船舶的发展方向。

在现有的氢动力船舶示范项目中，PEMFC 的系统输出功率基本为百千瓦级，可作为小型船舶的主动力或大型船舶的辅助动力。

（3）船舶多能源协同控制技术。

在船舶能源供给趋于多样化的形势下，多能源协同控制技术日益显现出重要性。未来氢动力船舶的动力系统涉及燃料电池、蓄电池（或超级电容）、变流装置、推进电机等设备，这就需要利用多能源协同控制技术来进行各类设备之间的优化匹配与协同控制，保障动力系统的安全性、可靠性、经济性。

（二）大型货运无人机

近年来物流领域的无人机应用场景正在拓宽：一方面，新冠肺炎疫情激发了无人化配送的需求，另一方面，顺丰、京东等企业在大型无人机应用场景上不断探索。大型货运无人机以其独特优势，成为物流领域最有潜力的细分赛道。

1. 大型货运无人机发展前景

2022年1月，《国务院关于印发“十四五”现代综合交通运输体系发展规划的通知》中提出，推广无人车、无人机运输投递，稳步发展无接触递送服务。2022年1月，《中国民用航空局 国家发展和改革委员会 交通运输部关于印发〈“十四五”民用航空发展规划〉的通知》中则更为具体地提出，从通用航空领域多元、特点各异出发，按照“五纵两横”组织框架，明确重点任务。其中，“五纵”包括公益服务、新兴消费、短途运输、无人机应用和传统业态五大重点领域。

大型货运无人机基于无人化创新技术，配置适合货运的大运载和大货舱，具有载重大、航时长、航程远等优势，适合承担城市间中长距离的支干线货运任务。因为机舱无须提供客运服务，所以机舱不需要增压和设置窗户。由于没有人工驾驶员的制约，无人机突破了各种限制，带来了运力的明显提升和成本的明显下降。

大型货运无人机可以在简易跑道、土坡、草地上完成起降，这对于高原和高山等地形复杂的地区来说，拥有很强的优势，如不受机场设施与地势限制，能提供高效、便捷和广域覆盖的运输服务。此外，大型货运无人机还能够为日渐增长的生鲜农副产品、医疗用品等货品运输以及政府应急运输等需求，提供安全、可靠、经济的航空运输服务。

2. 大型货运无人机研发现状

在大型货运无人机赛道上，物流头部企业顺丰、京东、中通等均已入场参赛。

2018年，京东旗下京鸿（JDY-800）无人机宣告总装下线，同年11月，在陕西蒲城首飞成功。京鸿具有全天候、全自主的飞行能力，飞行距离超过1000公里，起飞重量高达840千克，巡航高度可达3000米，巡航速度超过200公里/小时。京东货运无人机如图3-1所示。

图 3-1 京东货运无人机

资料来源：https：//www. expreview. com/62171. html。

2020 年 8 月，顺丰旗下的丰鸟航空“两江”号 FH-98 大型货运无人机在宁夏进行首次实际载货转场飞行，近一个小时后成功抵达内蒙古目的地机场，并成功获批 9 条航线用于科研试飞和业务测试。顺丰联合航天时代电子研发的 FH-98，其前身为运五-B 运输机，首飞初步验证了 FH-98 无人机系统对部分适航标准的符合性。FH-98 的最大起飞重量达到 5. 25 吨，最大载重为 1. 5 吨，飞行高度 4500 米，最大航程 1200 公里。顺丰货运无人机如图 3-2 所示。

图 3-2 顺丰货运无人机

资料来源：http：//www. sf-uas. com/product-view. html? id=1。

2021 年 12 月，中通快递和四川天域航通合作运营的鸿雁（HY100）大型货运无人机在新疆完成载货飞行。此次飞行也是中通在国内开通的首条常态化无人机支线物流运营航线。中通的鸿雁（HY100）大型货运无人机的最大起飞重量为5.25吨，最大商载为1.9吨，最大航程为1560公里。中通货运无人机如图3-3所示。

图3-3 中通货运无人机

资料来源：https：//new.qq.com/rain/a/20220408A06X0O00。

此外，以中科院为主导，西工大、航空工业618所等多家著名的机构和企业一起进行研发，共同研制出大型货运无人机AT200，在2018年完成了飞越秦岭的异地起降飞行试验。2022年6月，中国航空工业集团下属的航空工业一飞院研制的TP500无人运输机完成首飞。TP500无人运输机，可满足500千克级标准载重、500千米半径范围的无人驾驶航空货运覆盖，最大航程1800千米，是一款通用型大载重无人运输平台。

（三）飞行汽车

《交通领域科技创新中长期发展规划纲要（2021—2035年）》中提到，部署飞行汽车研发，突破飞行器与汽车融合、飞行与地面行驶自由切换等技术。飞行汽车是指面向低空智能交通和立体智慧交通的载运工具，主要包括电动垂直起降航空器（Electric Vertical Takeoff and Landing，eVTOL）和陆空两栖汽车（见图3-4）两大类型。飞行汽车将开启包括载物和载人在内的低空智能交通新时代，是对经济社会具有全局带动和重大影响作用的未来产业。

图 3-4 陆空两栖汽车

资料来源：http：//www.yjcf360.com/jinritoutiao/645357.htm。

相较于典型的垂直起降飞行器——直升机，飞行汽车采用电动化分布式推进，可有效简化传动结构，从而降低成本。分布式多旋翼或多涵道风扇推进可大幅减小推进系统尺寸、降低噪声，提高推进效能并保证安全冗余度，具有结构简单、安全冗余度高、噪声低、成本低和推进效率高等优点。飞行汽车需要解决电动化面临的载荷小、航程短、电安全、热安全、氢安全等瓶颈问题，以及作为面向低空智能交通和立体智慧交通的载运工具要面临的智能无人驾驶和陆空相容性等关键技术问题。

1. 动力技术

动力系统是飞行汽车的“心脏”，是决定飞行汽车载荷航程的核心技术，对飞行汽车适航安全性具有重要影响。飞行汽车动力主要包括应用于轻型飞行汽车的纯电推进和应用于中重型飞行汽车的混电推进两大类型新能源动力系统，其中，混电推进新能源动力系统的发动机主要是燃料电池、氢氨内燃机和氢氨燃机。

由于新能源动力系统功率密度低，导致飞行汽车载荷小、航程短，难以满足实用要求，并且还存在电安全、热安全、低空复杂气象环境、陆空工况等适应性问题。因此高功率密度、高效率、高适应性的电动化新能源动力技术，是飞行汽车动力技术的研究重点和主要发展方向。

2. 平台技术

平台技术是决定飞行汽车适航安全性和陆空相容性的关键技术，对飞行汽车载荷航程具有重要影响。平台技术主要包括飞行汽车的总体设计、结构设计和智能驾驶系统等技术。飞行汽车总体设计主要通过分布式多旋翼推进、分布式多涵道风扇推进及倾转多旋翼或多涵道风扇推进的综合气动布局和平台构型，实现高升力或高推力。

飞行汽车结构设计的核心在于轻质车体或机体结构设计技术，主要包括车身或机身轻量化等。此外，由于气象环境严重影响低空飞行的安全性，飞行汽车应具备低空气象环境的感知、决策与控制能力。在遇到不确定情况或错误时，飞行汽车无法像地面行驶汽车一样停在路边，必须提供应急恢复模式确保安全降落停靠。对于陆空两栖飞行汽车来说，智能驾驶系统既要满足空中和地面智能驾驶的需求，又要突破飞行与地面行驶自由切换等技术瓶颈。高升力构型、轻质结构、高适应性的智能化陆空两栖平台技术，是飞行汽车平台技术的研究重点和主要发展方向。

3. 交通技术

交通技术是支撑飞行汽车实际使用的关键技术。与普通地面车辆及道路交通管理体系一样，空中交通的低空物流或出行，也需要包含气象信息的低空智能交通路网等基础设施和运行管理体系来支撑。低空智能交通网络技术与云技术融合，提供的全域态势感知能力，是支撑飞行汽车安全高效运行的关键技术。需要建设路空一体的立体智慧出行解决方案和运营体系，为立体智慧交通提供支撑和保障。安全高效、云网融合、路空一体的立体智慧交通技术，是飞行汽车交通技术的研究重点和主要发展方向。

二、前沿技术与载运工具的融合

根据《交通领域科技创新中长期发展规划纲要（2021—2035 年）》，我国将推动深度融合的智慧交通建设。该纲要提出要加速新一代信息技术与交通运输融合，加快新一代信息技术在交通运输公共服务、交通运输监测预警、综合应急指挥和监管、交通运输舆情主动响应、驾驶培训等领域的应用。

（一）空天信息技术

加快空天信息技术在交通运输领域的应用，重点在于推广北斗系统的应用。北斗系统是我国着眼于国家安全和经济社会发展需要，自主建设、独立运行的卫星导航系统，是国家重要空间基础设施，可为用户提供精准的定位、导航和授时服务，对推动我国交通运输行业转型升级、加快建设交通强国有重要的技术支撑作用。

交通运输行业作为北斗系统应用的重点领域，在交通运输部和有关部门的联合推动下，北斗系统在交通运输行业的应用不断取得新进展。截至 2021 年年底，已有超过 790 万辆道路营运车辆安装使用北斗系统，近 8000 台各型号北斗终端在铁路领域应用推广。

1. 政策支撑

2021 年 8 月，《交通运输部 科学技术部关于科技创新驱动加快建设交通强国的意见》中提出，推动北斗导航、大数据、人工智能、区块链、物联网、云计算等技术与交通运输深度融合，充分发挥科技创新对加快建设交通强国的支撑和引领作用，促进新一代信息技术与交通运输融合发展。

2021 年 12 月，《数字交通“十四五”发展规划》中提出，将部署北斗、5G 等信息基础设施应用网络，构建基于北斗、5G 的应用场景和产业生态，在交通运输领域开展创新示范应用，助力新一代信息技术产业应用。

2022 年 1 月，《国务院关于印发“十四五”现代综合交通运输体系发展规划的通知》中提出，自主化先进技术装备加快推广应用，实现北斗系统对交通运输重点领域全面覆盖；推动先进交通装备应用，促进北斗系统推广应用，完善交通运输北斗系统基础设施，健全北斗地基增强网络，提升北斗短报文通信服务水平。

2022 年 4 月，《交通运输部 科学技术部关于印发〈“十四五”交通领域科技创新规划〉的通知》中提出，“十四五”期间将大力发展智慧交通，加快北斗应用；推动北斗在自动驾驶、智能航运、智能铁路、智慧民航、智慧邮政等领域的创新应用，构建北斗交通产业链。

2. 应用示范

在应用方面，交通运输部提倡推进北斗系统短报文通信特色功能在船舶监管、应急通信等领域的应用，探索推动北斗系统与车路协同、ETC（高速公路不停车收费系统）等技术融合应用，鼓励在道路运输及运输服务新业态、航运等领域拓展应用，各地政府及相关部门也积极响应，推动北斗系统在交通运输领域的实际应用，并已取得一定的成果。

近年来，交通运输部长江通信管理局为长江干线 1.5 万余艘船舶装上了北斗智能终端，在长江干线的北斗地基增强站等共同作用下，涉水用户可享受实时厘米级、后处理毫米级的高精度定位服务，是长江智慧航运建设取得的重要实质性成果。涉水人员凭借长江北斗船载智能终端，能实时掌握天气、水文、停泊锚地、航行数据等信息，合理规划航线；涉水管理部门能通过长江北斗综合服务平台直观、准确地锁定船舶，实时掌握船舶动态，方便执法监管。

2021 年 10 月，我国首艘万吨级海事巡逻船“海巡 09”轮在广州南沙列编，加入中国海事执法序列。该轮通过包括北斗系统在内的多套卫星系统，实现海上数据中心全球联网，并建立编队自组网、数字集群，具有动态感知、监测预警、信息处理、综合指挥、海事监管等能力。该轮的投入使用将强化我国海上交通动态管控和应急保障能力，对于有效保障战略物资运输通畅和重要航运通道安全、实现海运国际物流供应链稳定和航运业高质量发展、维护国家海洋权益具有重要意义。

在雄安新区，基于“5G+北斗”的无人接驳车、无人零售车、无人清扫车、巡逻机器人等多种无人车和机器人按照统一平台调度，全部实现了无人化工作。雄安新区运用“5G+北斗”，实现了对不同无人车的统一化调度，让无人接驳车能够完成指定场景的运输、接驳、观光、导览，让无人运货车可以自动完成园区内多个仓库、分拨中心之间的包裹运输、物资调拨，让无人清扫车可以完成在设定时段、预设区域内的清扫，让巡逻机器人可以完成按指定路线的安防巡逻，让无人零售车可以实现招手即停售卖商品等。

安徽省淮北市针对货运车辆超限超载运输等公路管理难题，建设了基于北斗系统的“数字治超”动态检测系统，初步实现对货运车辆超限超载的科学治理，有效规范了交通运输市场秩序。基于北斗系统的通信终端在线自动检测系统，综合多种技术手段，可快捷高效地自动监测货运车辆是否入网、是否在线、比对车辆位置和运行轨迹，自动判定相关违法行为并固定证据。

北斗系统广泛应用于重点运输过程监控、城市交通出行服务、公路基础设施安全监控、港口高精度实时定位调度监控、铁路测试监测和运输运营等领域，显著提升了综合交通管理效率和运输安全水平。

北斗系统在交通运输领域拥有巨大的发展前景和潜力。当前，全国多个省区市已经针对交通运输领域的北斗应用，制订了多项计划和规划。随着北斗系统在交通运输领域应用深度的不断提升，其赋能交通运输、助力美好生活的作用也越来越明显。

（二）新一代信息技术

1. “5G+”

新一代信息技术在交通运输领域应用的突出代表就是5G。5G具有大带宽、低时延的特点，其重点应用方向在于车路协同、自动驾驶。通过统筹利用物联网、车联网、光纤网等，逐步在高速公路和铁路重点路段、重要综合客运枢纽、港口和物流园区等实现固移结合、宽窄结合、公专结合的网络覆盖。

2019年6月6日，工业和信息化部向中国移动、中国电信、中国联通、中国广电发放5G商用牌照，标志着我国5G商用正式开启。作为“新基建”时代的核心领域，5G对于各行各业而言都可能产生革命性颠覆的作用。随着我国5G基站建设加速推进，5G逐渐成熟，5G应用将引发交通行业的深度变革，进一步加快城市交通运输系统的智慧化进程。

（1）“5G+”城市物流配送。

近些年来，城市物流配送行业发展得如火如荼，大量先进技术在该领域得到广泛运用，保证了物流配送的安全高效。同时，随着5G的全面商用，大数据、人工智能、物联网等前沿技术与城市物流配送行业实现全面深度融合，产生了“5G+AI+物流”等新模式，传统物流正向新型智慧物流大步迈进。

要实现货物的安全快捷运输，需针对载运工具实现全面实时管理监控，当前最重要的监控管理手段是在车辆上安装车载监控系统，以实现车辆远程视频浏览、车辆地理位置记录跟踪。然而，由于当前无线网络技术水平的限制，监管的范围、时效性、有效性仍无法满足用户需求。一方面，车载监控视频大多离线存储在本地，设备一旦损坏，数据即丢失，无法保证突发事件下的视频调取；另一方面，由于带宽和稳定性不足，视频数据无法实现全面实时高清传输，无法准确掌握载运工具的真实状况。而5G技术提供了足量的带宽和稳定性，可以弥补当前通信技术的不足，通过高清视频监控获取高质量监控画面并即时传回，在云端通过算法对运输状况进行实时分析，并及时反馈，实现对载运工具的全面实时管理监控。

（2）“5G+”城市道路交叉口。

在5G时代，借助云计算、图像识别、大数据分析等工具，可实现交叉口基站、车载设备、智能手机等通信终端的系统化整合，建立起具有信息收集、数据处理、信息广播等功能的控制中心，实现人与车、车与车实时互联的智能体系。基于5G的智能交叉口将开发出流量调节、危险预警等功能。

借助智能终端自有的GPS定位、网络连接功能可实现交叉口危险预警功能。控制中心利用5G实时获取管控范围内各车辆、行人的位置、速度等信息，当某一监测对象的坐标发生异常变动时，结合视频摄像机传输数据，经云端计算分析后，若判定该监测对象为危险因素，控制中心可利用5G的低时延性，借助基站发布即时广播，通知附近车辆人员及时避让，避免交通事故的发生。

2. 云计算

云计算就是利用计算机软件的运算功能、输入输出功能等将计算机中包含的内容通过网络、信号段等方式提供给使用者。基于云计算的智能交通系统成本较低，操作便利，交通管理部门只需要租用或购买服务器即可实现交通管制。成本低、范围广、操作便利等优势，使基于云计算的智能交通系统应用越来越广泛。

目前，云计算已广泛应用于轨道交通、铁路、航空、物流等领域。云技术赋能城市智能交通，极大地提高了交通运输业的信息存储能力、数据共享能力和安全性。

哈尔滨新区智能轨道快运系统1号线，是东北高寒地区建设的首条市内“智能轨道”快运系统，也是一款低成本、零排放的新型交通工具，如图3-5所示。这辆城市智能轨道列车将现代有轨电车、公交和地铁的优点结合在一起，无须依靠实体轨道，即可实现类似地铁的灵活编组，每一辆都能容纳307名乘客。以上功能的实现主要依靠云上服务器的分析、计算、调度等功能，为智能轨道搭建了一个“智慧大脑”，利用云主机，搭载了综合无线系统、监控系统、售检票系统等七个系统，通过“云”连接七个站台和一个调度中心，既降低了运营成本，又提高了城市的交通效率。

图 3-5　哈尔滨新区智能轨道快运系统 1 号线

资料来源：https：//hlj. ifeng. com/a/20190222/7232080_0. shtml。

第二节　无人驾驶

近两年，国家陆续推出了多项无人驾驶、智能网联汽车产业相关政策。2022 年 1 月，《国家发展改革委关于印发〈“十四五”现代流通体系建设规划〉的通知》中提出，“加大北斗卫星导航系统推广，提高车路协同信息服务能力，探索发展自动驾驶货运服务”，为无人驾驶与物流的深度融合提出了新的发展方向。在各类政策的助推下，无人驾驶进入高速发展的“快车道”，关键技术不断实现突破。无人驾驶感知层的激光雷达与传感器融合技术、起到基础支撑作用的高精地图与定位技术、信息交互技术等近年来都取得了很大的进展。

一、感知与交互技术

（一）纯固态侧向补盲激光雷达

激光雷达是在无人驾驶中广泛应用的关键传感技术，按照扫描方式分为机械式、半固态和纯固态三个方向。纯固态激光雷达是指完全没有需要旋转和可动的扫描部件的激光雷达。由于没有旋转部件，与其他类型的激光雷达相比，纯固态激光雷达在体积、寿命以及可靠性上有极大的优势。

在探测方向上，目前激光雷达主要应用于前向探测，即采用一颗前向或两颗分布在汽车前杠两侧的前向激光雷达方案来解决前向长距离探测问题，如图 3-6 所示。但这类常规位置安装的前向激光雷达使车辆存在一定的视觉盲区。一方面，由于垂直方向视角的限制，前向激光雷达对近距离低矮障碍物（如交通锥、石墩、路牙等）无法精准探测；另一方面，由于单个激光雷达视场角参数普遍在100°~120°，车辆两侧近距离处有较大盲区，存在极大的安全隐患。

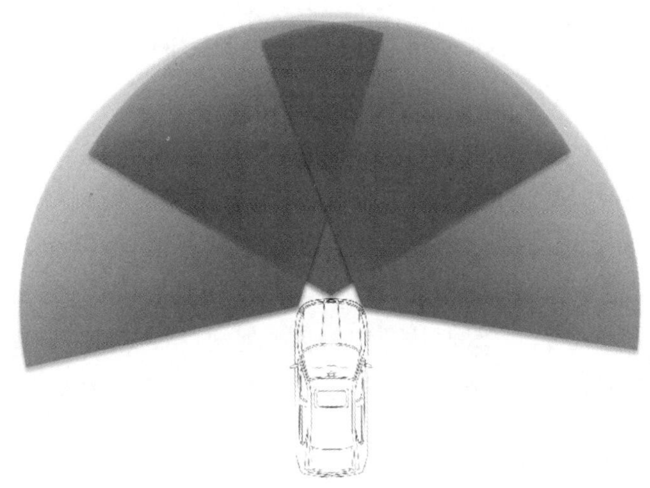

图 3-6 前向激光雷达方案

资料来源：https：//www. sohu. com/a/551144764_560178。

侧向补盲激光雷达与前向激光雷达形成有效感知如图 3-7 所示。

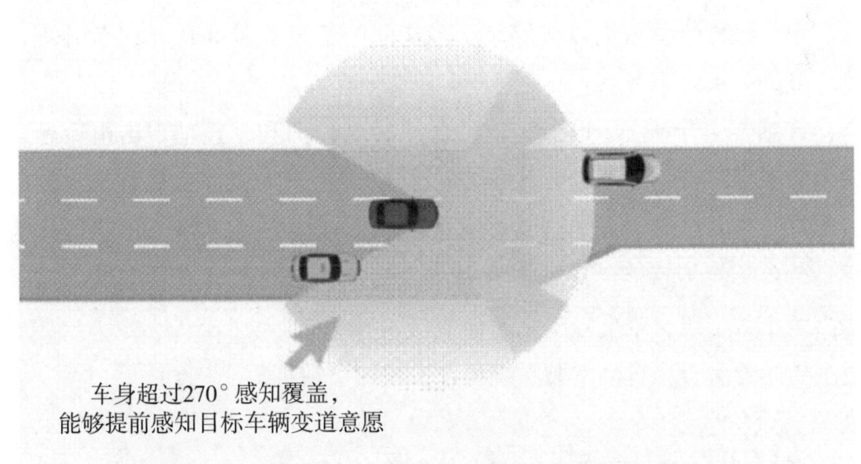

图 3-7 侧向补盲激光雷达与前向激光雷达形成有效感知

资料来源：https：//new. qq. com/rain/a/20220516A017UE00。

纯固态侧向补盲激光雷达将纯固态激光雷达和侧向安置相结合，可近场感知车辆周围环境的减速带、马路边沿、宠物、锥桶、孩童等低矮目标，精准探测奇形车位、路障栏杆、路牌等高处物体，能够赋予车辆无盲区近场信息感知能力，大幅提升车辆行泊安全。其主要特性有以下几点。

1. 纯固态 Flash 技术，芯片化设计，高可靠性、低成本

其内部结构采用纯芯片化设计的电子扫描式 Flash 技术，结构简洁，无任何运动部件。与其他激光雷达技术设计相比，更易符合严格的车规要求。在产品设计与生产过程中，拥有超高的可靠性、更长使用寿命和更强成本竞争优势。

2. 体积小巧，可灵活嵌入车身

纤巧的产品结构，令其体积可做到同级别产品最小。在做到满足不同原始设备制造商功能定义需求的同时，可灵活嵌入车身，支持多种集成方案设计。

3. 超大垂直视场角，近场盲区最大范围覆盖

垂直视场角是影响侧向补盲激光雷达感知能力的重要因素。其超大垂直视场角可实现近场盲区最大范围覆盖，及时快速应对各类驾驶场景，即使是减速带这样的矮小物体，也能精准探测，大大增强车辆感知能力，优化智能驾驶体验，守护行车安全。

（二）传感器融合技术

由于单个传感器的感知能力有限，为了实现更加安全高效的自动行驶，无人驾驶汽车往往会配备数量、种类繁多的传感器，这就给传感器融合带来了巨大的挑战。

传感器融合，即根据传感器所传输的信息进行自动分析和综合，以完成所需的决策和估计而进行的信息处理过程。和人的感知相似，不同的传感器拥有其他传感器不可替代的作用，各种传感器进行多层次、多空间的信息互补和优化组合处理，最终产生对观测环境的一致性解释。

目前，传感器融合算法可以分为前融合和后融合两类，且呈现出由后融合向前融合过渡的趋势。后融合是指每个传感器都可以独立处理生成的目标数据，最后通过传统方法将所有传感器结果融合得到最终目标信息；前融合是将每个传感器作为一部分并融合成一个单一的传感器，从整体上来考虑信息，使数据具有关联性。前融合的性能可以提高两个数量级，难度也随之增加。

通过多传感器融合，自动驾驶系统可以实现以下特征。

1. 保留冗余信息

冗余信息并不是一些不必要的、多余的内容，在很多情况下，冗余是必不可少的。在无人驾驶环境中，多个传感器得到的多份信息之间存在冗余，并且具有不同的可靠性。通过数据融合处理，可以从中提取出更加准确和可靠的信息。在这种情况下，冗余的信息可以提高系统的稳定性，从而降低因单个传感器失效而对整个系统造成的影响。

2. 完成信息互补

不同传感器之间所提供的信息具有不同的性质，描述了不同的环境特征。通过传

感器融合技术，可以实现不同信息之间的互补，完整呈现无人驾驶汽车的周遭环境特征。

3. 保证信息处理的及时性

不同的传感器之间具有互不干扰的处理过程，可以采用并行导热处理机制，从而使系统具有更快的处理速度，提供更加及时的处理结果。

（三）蜂窝车联网通信技术

车联网技术可实现车辆与周边环境和网络的全方位通信，包括车与车、车与路、车与人、车与网络等，为无人汽车驾驶提供环境感知、信息交互与协同控制能力。

蜂窝车联网通信（Cellular Vehicle-to-everything，C-V2X）技术，是融合蜂窝通信与直通通信的车联网通信技术，在无人驾驶中得到了广泛应用，为其提供基础性的通信和连接支撑能力，以实现信息实时共享与交互、协同感知和协同控制。C-V2X 作为无人驾驶的重要技术，与移动边缘计算（Mobile Edge Computing，MEC）等其他 5G 关键技术一起，与单车智能技术相比，能够以更低的成本为无人驾驶提供更广泛、更精确的信息感知，以及更强大的网联智能。其具体优势有以下几点。

1. 更广泛、更精确的信息感知

仅依赖多传感器的感知技术，存在感知范围受限、成本昂贵、在恶劣天气和亮度突变等场景下感知鲁棒性差、时空同步困难等缺陷。C-V2X 提供低时延、高可靠的车用无线通信（Vehicle-to-everything，V2X）能力保障，使汽车可以在绝大多数条件下，有效、准确地获取红绿灯状态与时长、道路标志标识、路段交通突发事件等实时信息，以及在出入隧道等极端情况下的交通实时信息，以帮助识别和警告无人驾驶系统可能忽视的其他危险。

2. 更强大的网联智能

目前，无人驾驶技术主要依赖车载计算设备的智能处理能力，存在算力需求随着自动驾驶级别上升呈指数级增长、成本高昂等明显缺陷。基于 C-V2X 构建网联智能，可实现由车载计算设备、路侧边缘计算设备和中心云计算设备构成的分级、网络化智能决策与控制。其中，C-V2X 提供计算任务与数据、决策结果、控制指令的低时延、高可靠传输能力。

3. 更具优势的系统边际成本

目前，高度自动化的无人驾驶测试车主要由高精度毫米波/激光雷达、视频传感、高精度定位系统、车载计算平台、通信及计算芯片和车机本身构成，制造、维护、测试等成本很高，存在传感器数量多、精度要求高、计算复杂且算力要求高等问题。如果路侧具备智能感知能力，通过车车及车路协同的网联智能，能降低对单车智能的能力要求。在此背景下，路侧感知和V2X属于共用基础设施，单一路口和关键路段的路侧设备可以同时服务数十到上百辆车，存在明显的成本分摊效应，有利于降低单车智能化成本。随着路侧单元和路侧感知设备、移动边缘计算设备的规模化覆盖建设，安装C-V2X功能的汽车达到一定的渗透率，系统的边际成本将快速下降，经济效益与社会效益显著。

二、高精度定位技术

（一）三维动态高精度地图

高精度地图也称为高分辨率地图，是一种专门为无人驾驶服务的地图，其与传统地图的区别主要如表3-1所示。高精度地图在无人驾驶高精度定位、辅助环境感知、规划和决策各环节都发挥着至关重要的作用。

表3-1　　高精度地图与传统地图的区别

内容	传统地图	高精度地图
要素	道路、建筑、交通设施等	详细的车道模型（曲率、坡度、行驶方向、限高、限宽等）、道路部件、定位点等
性质	信息、娱乐	车载安全
精度	米级	厘米级
用途	导航、搜索	环境感知、定位、路径规划、车辆控制
更新频率	低	高

三维动态高精度地图，则是在高精度地图静态信息的基础上，添加动态交通信息的地图。这些动态信息包括道路交通拥挤状况、施工状况、交通事故、交通管制条件、天气情况等。准静态地图的信息更新，如道路翻修、道路标志磨损和重新刷漆、交通标志变更等，可以通过周期性的高精度地图更新完成。而动态信息交通的更新则需要实时反映在地图上，以确保无人驾驶汽车能够实现智能决策与控制，保障安全出行。高精度地图信息具有以下内容和特点。

1. 道路参考线

为了便于实现车规级导航和路径规划，高精度地图需要从原始地图数据中抽象出道路结构，形成由顶点组成的拓扑结构，便于识别与判断。同时，为了优化数据的存储，道路之间的连接一般采用直线段或者平滑曲线段来表示。

2. 道路连通性

除了道路参考线以外，高精度地图还应描述道路的连通性。比如，在交叉路口时，为了辅助识别、优化数据采集等，需要将所有可能行驶的路径用连续的曲线段连接起来，保障车辆正确驶过路口、不串道。

3. 车道模型

除了记录道路参考线、车道边缘（标线）和停车线外，高精度地图数据库还需要记录无车道道路的拓扑结构，包括道路的几何特性、车道数、道路坡度、功能属性等。

4. 对象模型

对象模型记录的是道路和车道行驶空间范围边界区域的元素，包括对象的位置、形状和属性值。这些地图元素包括路牙、护栏、互通式立交桥、隧道、龙门架、交通标志、可变信息标志、轮廓标志、收费站、电线杆、交通灯、墙壁、箭头、文字、符号、警告区以及分流区等。

（二）5G+北斗 RTK 高精度定位技术

高精度定位技术能够支持汽车在道路中安全行驶，提供高精度位置信息，与地图进行匹配并实现导航功能，与整套感知系统进行时间同步，为无人驾驶提供最基础的时空信息。

RTK 技术是全球导航卫星系统获取高精度实时动态定位的重要手段，RTK 定位主要由三部分组成，分别是基准站接收机、移动站接收机以及两站之间数据传输链路。RTK 基准站将修正数据或采集的载波相位观测值，通过数据传输链路发送给建设在其数据传输范围内的移动站，移动站接收机接收到的卫星观测数据与基准站发送的数据进行相位差分定位的过程，即 RTK 定位过程。

5G 在定位方面有 5 大优势：一是高载波频率，二是高带宽，三是天线数量极多，四是 D2D 直接通信，五是网络密度高。

5G+北斗 RTK 高精度定位技术是 5G 和 RTK 技术相结合的室内外混合定位技术，旨在通过 5G 网络实时提供亚米级、厘米级、毫米级高精度定位服务，构建全天候、全天时、全地理的精准时空服务体系。其体系结构如图 3-8 所示。

（三）高精度 IMU 标定技术

2020 年以后，辅助驾驶呈现燎原之势，高精度组合导航系统主要由全球卫星导航信号接收、实时动态定位算法和惯性导航单元组成，其中，前两者的结合在开阔场景的精度高，但在城市复杂工况下缺少鲁棒性，而 IMU（Inertial Measurement Unit，惯性测量单元）可以克服此类缺陷。同时，IMU 和视觉、激光雷达结合，能够构建座席周围环境的虚拟地图并更新实时坐标，使车辆具备全天候、高精度定位能力。

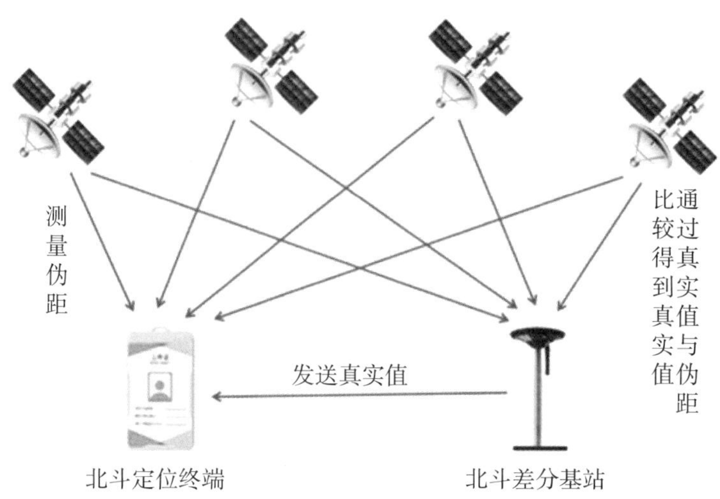

图 3-8　5G+北斗 RTK 高精度定位技术体系结构

资料来源：https：//mp. weixin. qq. com/s/c29iI-4DRQ3i7ZdiVMD_KQ。

IMU 是由三轴加速度计、三轴陀螺仪等多种传感器组成的模块。三轴加速度计可以测量物体在其坐标系下的三轴加速度，三轴陀螺仪可以测量物体在其坐标系下的三轴角速度。通过对加速度和角速度数据进行积分运算，可以解算出物体的相对定位信息。这个技术的出现弥补了卫星定位技术的不足，两者相辅相成，可以让无人驾驶汽车获得最准确的定位信息。IMU 三轴加速度与三轴角速度示意如图 3-9 所示。

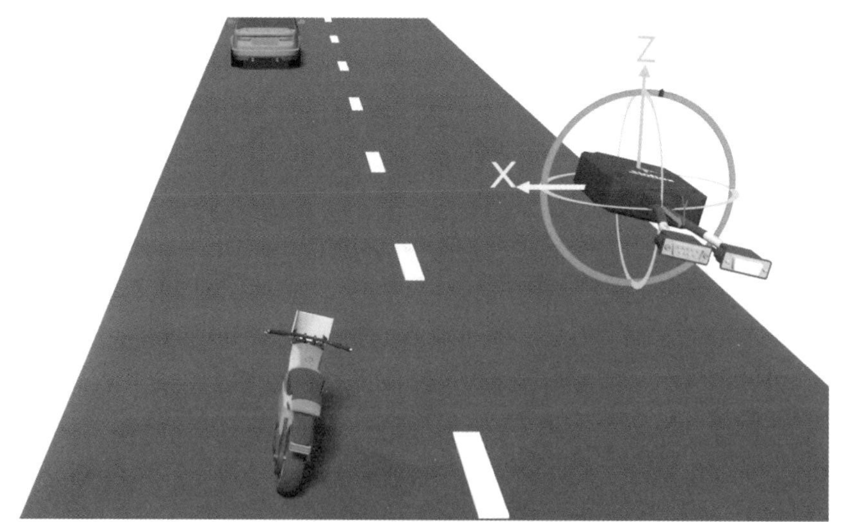

图 3-9　IMU 三轴加速度与三轴角速度示意

资料来源：https：//mp. weixin. qq. com/s/8dRox8-cDVBM6rQzL6AgRQ。

目前，无人驾驶常用的 IMU 按照精度可以分为两类。第一类是基于光纤陀螺的 IMU，特点是精度高、成本高，一般应用于精度要求较高的地图采集车辆。第二类是基于微机电系统器件的 IMU，特点是体积小、成本低、环境适应性强，但缺点是误差大。这种 IMU 在无人驾驶车辆应用中，需要经过比较复杂的处理。

为了从 IMU 的原始数据中得出导航定位输出，定位系统需要进行捷联惯性导航解算，解算包括下面四个模块：一是通过陀螺输出的角速度信息积分得到姿态信息；二是通过姿态信息对加速度计输出的比力进行转换，由载体坐标系得到导航坐标系；三是进行重力计算，以及有害加速度、地球自转角速度等补偿计算；四是由加速度信息积分得到速度与位置。

三、典型案例

（一）九曜智能——专注于工业级无人驾驶

1. 背景介绍

随着我国物流业进入“微增长”新常态，在新常态下实现智能化、无人化转型，对物流业的发展意义深远。在智能工厂转型的背景下，智慧物流成为企业生产经营的核心要素，在保障安全的基础上，需进一步节约运营成本，提升企业的生产运营效率。九曜智能专注于工业物流场景，致力于封闭、半封闭园区工业级无人驾驶技术研究，对多场景下的业务痛点有着深刻了解，打造的工业物流无人驾驶全工作链解决方案，如图 3-10 所示，可实现室内外场景下“自动装卸+自动搬运”全工作链无人作业，真正满足了工业物流领域内不同客户、不同场景下的业务需求。

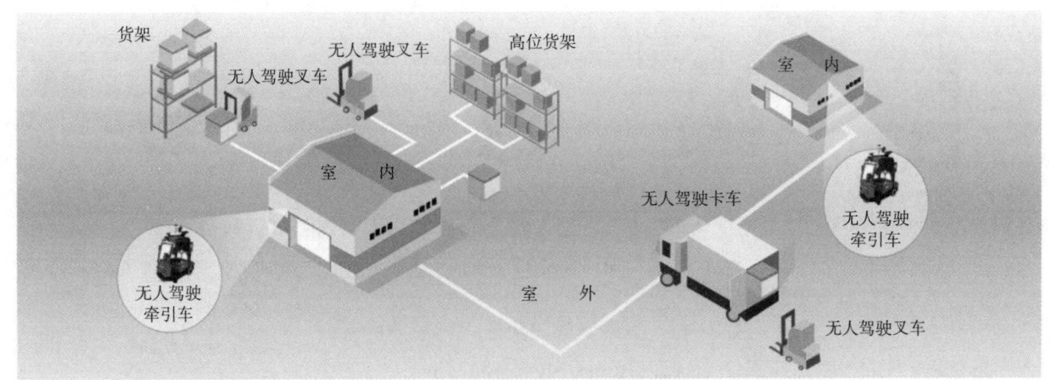

工业级“车、路、云”（无人车 + 路侧系统 + 调度系统）

图 3-10　九曜智能无人驾驶全工作链解决方案

资料来源：https：//mp. weixin. qq. com/s/ghwUM5LjaT4oHXNUZZKyYQ。

2. 核心能力

（1）帕拉斯无人驾驶平台。

聚焦工业物流场景，九曜智能打造帕拉斯无人驾驶平台，为客户提供无人驾驶全工作链解决方案。帕拉斯无人驾驶平台由工业级“车、路、云”构成。

其中，帕拉斯车端系统可以统一控制叉车、牵引车、卡车等工业级无人驾驶车辆，涵盖仓储及运输全工作链；帕拉斯路侧系统可为工业级无人驾驶车辆提供作业安全、车辆监控、任务监控、气象辅助监控、非自动化车辆的作业监控、人员安全检测等辅助信息；帕拉斯云端系统包括天玑系统平台（智能物流业务管理平台）及天枢系统平台（无人驾驶智能调度平台），打通业务管理与车辆调度环节，实现真正意义上的按需运营。

（2）天玑系统+天枢系统。

天玑系统和天枢系统是无人驾驶全工作链解决方案的核心，通过与客户上位系统的数据交互，实现多种无人驾驶设备的按需运营，为客户提供真正的商业价值。

天玑系统是指能适配多种货物的智能物流业务管理平台，具备灵活性、兼容性、开放性等特征，可与客户上位系统进行对接，无人驾驶车辆可按照实际业务需求作业。天枢系统是指具备多种安全策略的千台级无人驾驶智能调度平台，支持有人+无人驾驶混合调度、云端部署、多厂家、多车型、多导航方式，具备智能交通一体化管理能力。

（3）“牵引车+平衡重叉车+卡车”产品族。

工业物流的“最后一公里”是无人驾驶产品最理想的应用场景，九曜智能着眼于端到端的无人驾驶全工作链解决方案，聚焦开发牵引车、平衡重叉车、卡车三大无人驾驶产品系列（见图 3-11），通过多车协同实现“自动装卸+自动搬运”全工作链无人作业，真正解决业务痛点。

图 3-11　九曜智能三大无人驾驶产品系列

资料来源：https：//mp. weixin. qq. com/s/919kNTNKhaGDBJv7yP8Hhw。

3. 应用场景

（1）汽车物流。

近年来，汽车企业积极向智能制造转型，对无人化产品的需求持续扩大。目前，汽车主机厂生产线以标准产能每小时产出产品数量大于60已成常态，高线速生产必然要求强力的物流体系保障，在安全、稳定的前提下保证作业效率是无人驾驶在汽车行业规模化应用领域要解决的问题。凭借对行业需求的深刻理解，在自研业务系统与调度系统的基础上，九曜智能成功解决了“室内外穿行”“叉车和牵引车协同作业”“室外雨雪雾天气作业”“自动脱挂钩”“自适应对位”等一系列业务痛点，在实际业务中的高效运行引起了业内客户的极大关注。目前，九曜智能无人驾驶牵引车已在国内多家汽车主机厂稳定运营，得到了客户的高度认可。同时，九曜智能已与华北、华东、华中、华南、东北等区域的数十家汽配企业达成合作意向，积极推进汽车行业项目的全国布局。

（2）航空物流。

与其他行业物流业务相比，货运机场存在完全不同的特征，如单一时间段内爆发式的集群调度、人车混行、过磅称重等。基于以上问题，九曜智能针对性地开发了帕拉斯无人驾驶平台，首次在行业内提出了工业级“车、路、云”概念，工业级无人驾驶工程车辆+工业级无人驾驶路侧设备+千台级无人驾驶车辆调度系统，有效解决了“集群调度”“高精定位”“车路协同”“自动脱挂钩”等难点，在机场多次实测考核中排名第一，取得了良好的应用效果。目前，九曜智能无人驾驶牵引车已实现多家国内标杆货运机场的测试运营，同时，运营车辆已由最初的1台增加至3台，初步实现了无人驾驶车辆的集群调度。无人驾驶车辆在货运机场运营如图3-12所示。

图3-12　无人驾驶车辆在货运机场运营

资料来源：https：//mp. weixin. qq. com/s/ghwUM5LjaT4oHXNUZZKyYQ。

（3）新能源行业。

目前，随着国家“双碳”目标的提出，我国能源产业面临巨大挑战和考验，进入低碳变革时代。在“双碳”目标的强力推进下，碳排放大户压力巨大，对于能源产业而言，无人化、智能化升级需求迫切。能源行业的作业环境较为复杂，室外运输距离长，车辆需要在复杂天气环境下运行。九曜智能充分考虑客户需求，无人驾驶产品已具备全天候作业能力，可实现在一定程度的雨雪雾天气下稳定运行。目前，九曜智能无人驾驶产品已在电力、矿业等能源企业实现商业化运营，助力能源行业的智能化转型升级，为产业节能减排行动带来创新发展模式。无人驾驶叉车的工厂出库无人化协同作业如图 3-13 所示。

图 3-13　无人驾驶叉车的工厂出库无人化协同作业

资料来源：https：//mp. weixin. qq. com/s/iEj03fwTyW_az4i7yX-KNA。

（4）食品行业物流。

无人化、智能转型是食品行业产业升级的一条途径，在“双循环”政策引导下，越来越多的食品企业开始重视厂内物流作业环节的无人化应用，通过无人驾驶技术应用实现降本增效。食品行业中存在很多转运环节，需要大量的人力资源在仓库间完成搬运及装卸作业，劳动强度高，还存在一定的作业风险，而无人驾驶恰恰可以很好地解决这一痛点。九曜智能无人驾驶产品的安全保障主要通过单车智能、调度系统、路侧系统实现，达成三位一体的全方位安全保障，可实现平面 360°及 3D 全范围无死角安全检测。无人驾驶车辆在食品工厂人车混杂场景下的运营如图 3-14 所示。

图 3-14 无人驾驶车辆在食品工厂人车混杂场景下的运营

资料来源：https：//mp. weixin. qq. com/s/ghwUM5LjaT4oHXNUZZKyYQ。

（二）驭势科技——化工厂无人驾驶物流解决方案

1. 企业介绍

作为国内自动驾驶商业化领跑企业，驭势科技为十多类实体经济场景交付了安全可靠的“AI 驾驶员——无人驾驶物流解决方案”，新晋成为“专精特新‘小巨人’企业”，并且成为多地重点投资企业，以及重点引入培育的智能网联汽车产业优秀科创企业。驭势科技自主研发的高安全、多场景 L4 级自动驾驶系统，承担了工业和信息化部新一代人工智能自动驾驶系统领域重点创新任务，通过与多类实体经济龙头企业抱团协作、精准创新、锻造长板，创造并引领了无人驾驶新经济、新市场。驭势科技深耕全场景、真无人、全天候的无人驾驶技术，逐步拓展应用场景、扩大市场体量。其“AI 驾驶员——无人驾驶物流解决方案”已推广应用至多类实体经济，并实现国际市场拓展应用，如航空货运、汽车制造、石油化工、食品饮料、农业养殖、装备制造、烟草制造、快递运输。

近年来，驭势科技通过成熟的无人驾驶物流解决方案和丰富的商业项目运营经验，助力数十家企业数字化转型升级，这与一直致力于通过数字化手段提升生产效率及运营安全的企业不谋而合。在未来，驭势科技无人驾驶物流解决方案也将作为石油化工企业制造基地的重要组成部分，不断实现与现有生产、调度系统的无缝对接，提高基地的智能物流水平，迈出数字化道路上具有里程碑意义的一步。同时，该方案充分验证了无人驾驶物流在实体经济精益柔性生产应用的价值效果，将进一步培育及扩大新经济应用场景。驭势科技通过积极促进龙头企业与科创企业的协作创新，深度挖掘新经济应用场景，推动产业高质量发展。

2. 项目背景

驭势科技自主研发的无人驾驶物流车在某头部石油化工生产基地正式投入运营，真正实现了无人驾驶物流车完全替代有人驾驶物流车，标志着人工智能产业和化工行业的创新融合。该头部企业的业务遍布世界各地，近年来致力于通过数字化、智能化、互联化解决方案提升生产效率，与此同时还需要保障安全性。

驭势科技无人驾驶物流解决方案主要用于该厂区内化学原料的转运，以及相关产品往返于仓库和装置间的运输。驭势科技无人驾驶物流车在石油化工厂的运营如图3-15所示。无论是在恶劣天气，还是复杂环境，车辆仍然能够安全平稳运营作业。这也是国内首例无人驾驶物流解决方案落地化工企业的成功案例，这一数字化创新也使企业在物流方面得到降本增效的作用，保障企业运营更加安全。

图3-15　驭势科技无人驾驶物流车在石油化工厂的运营

资料来源：www. uisee. com。

企业对于无人驾驶在重复劳作与高危工位中的应用有较高的需求，在厂区、港口、矿山、园区等封闭场景，无人驾驶技术得到了很好的应用。特别是在较为规范的场景下，无人驾驶物流车可以代替人工驾驶物流车搬运货物。在复杂场景下，如室外拥挤区域或空间狭小区域，无人驾驶技术的避障能力以及整体搬运效率能确保物流作业的效率。厂内物流在代替人工物流方面得到了一定的验证，可以逐步达到投入产出的平衡。并且在物流配送场景中，无人驾驶物流解决方案更加适用于生产设施和仓储布局较为分散的场景，企业愿意为此投入更多的项目开发资金。货品价值是影响财务投入的重要因素，高附加值产品一般是有限试点测试的对象。目前，无人驾驶物流车的工作效率可达 90%以上。

3. 核心技术

驭势科技提供的无人驾驶物流解决方案依托全栈自研的 U-Drive 智能驾驶平台，能够在多种复杂厂区环境和极端天气下开展无人驾驶运输作业，在大幅度提高厂区物流运行效率的同时，以更安全经济的技术帮助企业真正实现降本增效。无人驾驶物流车将作为某石油化工生产基地智能制造的组成部分，不断实现与现有生产、调度系统无缝对接，提高化工生产基地的智能物流水平。

（1）无人驾驶物流车设备。

化工生产基地中主要应用的无人驾驶车型如图 3-16 所示，车辆均采用界内领先的 AI 算法和传感器设备，实现全场景、全天候、全方位实时环境感知和厘米级高精度定位，保障车辆实现精准、可靠、稳定、高效运营，在高度复杂的室外场景或者区域狭小的室内场景均可稳定行驶。该车型在行驶过程中可以全程自主规划路径，主动避让行人和障碍物，精准识别厂区内红绿灯，转弯时自主打转向灯并鸣笛，自主将车辆停靠正确位置，自主与 AGV、无人叉车、卷帘门等设备对接。该车型采用新能源车辆，配备高压快充 30 分钟即可重新投入使用，且最大牵引力可拉载 30 吨货物，时速可达 15 公里，7×24 小时高效运作，成功通过用户按秒计算的运营要求，单台车已接近人工转运效率，匹配化工生产基地精益物流的要求。

图 3-16 化工生产基地中主要应用的无人驾驶车型

资料来源：https：//www. uisee. com/solution-chemical. html。

（2）搭载拖斗。

根据厂区物流特性，无人驾驶物流车搭载拖斗（见图 3-17）。无人驾驶物流车采用货物防倾覆系统，当拖斗大小刚好满足 4 个托盘的装载量时，货物不会在拖斗里横向或纵向移动。针对拖斗实施优化控制算法，使拖斗拥有较好的寻迹性，当物流车牵引多个拖斗时，后面的拖斗会沿着前面的拖斗轨迹运行，可同时搭载超过 10 个拖斗。基于用户要求，无人驾驶物流车实现定制化功能，保障 100%的物流作业安全。

图 3-17 驭势科技无人驾驶物流车与拖斗

资料来源：https：//www. uisee. com/article30. html。

（3）云端管理平台。

云端管理平台包括运营监控和运营管理两部分（见图 3-18），用户可以通过云端管理平台远程查看运营状态，第一时间了解现场状况，一旦发生故障可以第一时间上报，并提供远程运维支持，大大提升物流周转效率。

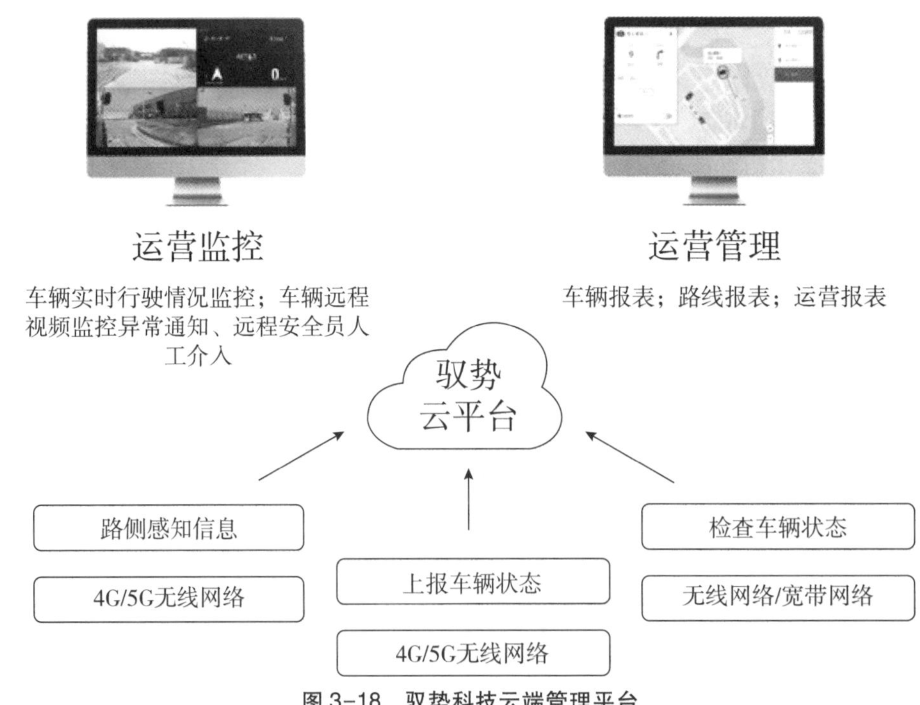

图 3-18 驭势科技云端管理平台

资料来源：https：//www. uisee. com/solution-chemical. html。

（4）系统安全性保障。

为了保障无人驾驶物流车的安全性，整套系统采用刷卡授权机制，运营人员需要在设备外读卡器上刷卡，在云端通过身份权限认证之后，方可操作无人驾驶物流车。

第三节　多式联运

多式联运作为我国第三方物流业中新兴的业务模式和内容，目前规模较小，与发达国家相比仍有较大差距，进一步推进多式联运发展，强化多式联运系统建设，推动多式联运运行水平的提升，依旧是“十四五”期间我国交通和物流领域的重要任务。在众多政策利好、示范工程和技术创新合力作用下，多式联运正在进入全面发展时期，多式联运技术也向自动化、智能化不断发展。

一、多式联运发展情况

（一）多式联运发展政策

“十四五”开局以来，国家层面发布了一系列顶层政策措施促进多式联运行业发展。2022 年，支持政策不断细化，对多式联运集装化、标准化、规模化、绿色化、网络化、品牌化等发展提出了更高的要求，具体如表 3-2 所示。

表 3-2　多式联运相关政策

发布时间	文件名称	主要内容
2022 年 1 月	《国务院办公厅关于印发推进多式联运发展优化调整运输结构工作方案（2021—2025 年）的通知》	提升多式联运承载能力和衔接水平，创新多式联运组织模式，加快技术装备升级，营造统一开放市场环境
2022 年 1 月	《国家发展改革委关于印发〈“十四五”现代流通体系建设规划〉的通知》	拓展内陆国际联运通道。提高集装箱运输通道多式联运衔接能力；发展规模化、网络化多式联运
2022 年 3 月	《交通运输部 科学技术部关于印发〈交通领域科技创新中长期发展规划纲要（2021—2035 年）〉的通知》	开展多式联运智能协同与集成、智能感知及互联、智能监测监控与分析评价，构建全国多式联运公共信息平台，实现物流全程可视化、可控化、可追溯
2022 年 3 月	《交通运输部 国家发展改革委关于印发〈多式联运示范工程管理办法（暂行）〉的通知》	适用于多式联运示范工程申报及评选、组织实施、验收与命名、动态评估等工作

续 表

发布时间	文件名称	主要内容
2022 年 4 月	《交通运输部 科学技术部关于印发〈"十四五"交通领域科技创新规划〉的通知》	推动多式联运发展，开展跨运输方式智能协同和快速换装转运、物流枢纽协同优化与集成控制、邮政寄递网络扩容升级等技术研究
2022 年 3 月	《国家发展改革委等部门关于推进共建"一带一路"绿色发展的意见》	推广新能源和清洁能源车船等节能低碳型交通工具。巩固稳定提升中欧班列良好发展态势，发展多式联运和绿色物流
2022 年 7 月	《关于支持国家综合货运枢纽补链强链的通知》	推广应用专业化多式联运设备和跨方式快速换装转运的装卸、分拣设施及标准化载运单元

（二）国内多式联运发展现状

2022 年上半年，在国内疫情多发和俄乌冲突影响的背景下，我国多式联运经受住了考验，海铁联运持续增长，为保障国际国内产业链供应链稳定，加快推动复工复产、复商复市，起到了重要支撑作用，并取得了积极成果。

2022 年上半年，我国港口海铁联运量总体呈现稳定增长。其中，沿海港口的上半年海铁联运量同比增幅的平均值接近 20%。受疫情影响较大的几个港口也在海铁联运上取得逆势增长，如上海港、盐田港、大连港、广州港海铁联运量均呈现同比大幅增长，如图 3-19 所示。根据中国物流与采购联合会对沿海 11 个海铁联运主力港口的统计，沿海主要港口完成海铁联运 421.7 万标箱，海铁联运占港口集疏运比例普遍增长，最高达到 23.6%。

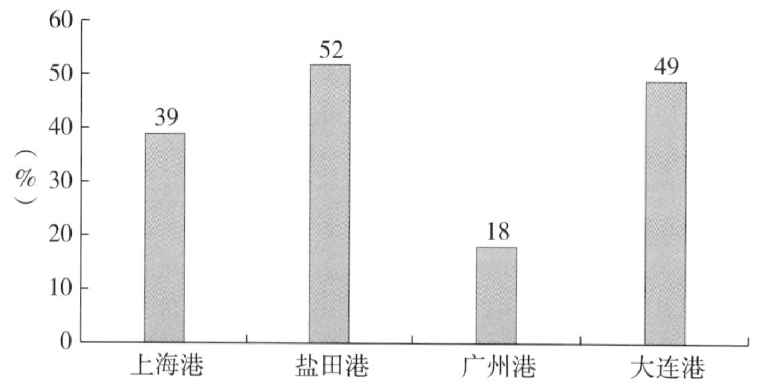

图 3-19　2022 年上半年主要港口海铁联运量增幅

资料来源：http：//www.chinawuliu.com.cn/xsyj/202209/02/587235.shtml。

此外，随着国家多式联运示范工程建设的不断深入，2022 年 10 月，交通运输部、国家发展改革委联合公布了第四批多式联运示范工程创建项目名单。截至目前，共有四批 116 个多式联运示范工程创建项目入选，充分彰显了国家对于多式联运建设的重视与支持，为推进我国多式联运持续健康发展营造了良好环境。

（三）多式联运发展方向

2022 年 1 月，《国务院办公厅关于印发推进多式联运发展优化调整运输结构工作方案（2021—2025 年）的通知》中指出，要大力发展多式联运，推动各种交通运输方式深度融合，进一步优化调整运输结构，提升综合运输效率，一方面，要加快推进多式联运基础设施建设，推广应用先进技术装备，强化“硬联通”；另一方面，要创新运输组织服务，推动多式联运智能化、信息化，改善发展环境，优化“软联通”。

从市场角度来看，以大型规模化企业为代表的装备制造企业，开始把技术和服务的重点转向多式联运装备领域的技术突破，以新装备为核心，定制化提供多式联运系统解决方案，组织开展重大技术装备和物联网在多式联运领域集成应用等专项科技攻关，其中包括多式联运的运载单元、专用载运工具、快速转运设备、信息交换接口、全程可视化的追踪技术、包装与加固技术、产品和服务标准体系等。这些新技术、新装备为提升铁路的运能运力水平，提高多式联运转运效率，提升物流的智能化水平，提高冷链、化工、工程大件、商品车等特种货运运输的集装箱化率，缓解公路拥堵和污染排放，提升多式联运信息交互效率等提供了系列的解决方案，成为多式联运产业实践的热点，也是新一轮多式联运技术发展的方向。

二、多式联运技术创新

（一）智能空中轨道集疏运系统

2021 年 6 月 29 日，山东港口全球首创智能空中轨道集疏运系统（示范段）顺利竣工，如图 3-20 所示。该系统由山东港口“连钢创新团队”和中车长江集团研发团队合作研发，实现了空轨技术与港口业务的有机融合，打通了集装箱运输港、船、站、场间的“最后一公里”，构建起更加安全、高效、环保、经济的立体智慧绿色港口集疏运新模式与新样板，实现了港区交通由单一平面向立体互联的革命性突破升级。

该系统由轨道、动车、运控、供电通信、转接和信息调度 6 大系统组成，充分体现了港口生产“高端化、融合化、绿色化、智能化”的发展趋势，实现了 5 大创新突破：

一是首创集港口装卸、水平运输于一体，智能驾驶、无人操作、精准装卸的新型

图 3-20 智能空中轨道集疏运系统（示范段）

资料来源：http：//www. chinaports. com/portlspnews/8337。

货运动车。货运动车配备的新型吊具具有二级防护功能，消除了集装箱在水平运输过程中掉落的安全风险；动车取消传统的走行轮和导向轮钢轮设计，采用高分子胶轮，实现了低噪声（约为柴油集卡噪声的 25%），缩短了转弯半径，减少了土地占用面积，轨道系统成本更低，系统安全性更高；动车动力采用电力驱动、高性能交流传动控制策略，提高了系统运行的平稳性和效率，同时降低了能耗污染。

二是研发智能运控系统。智能运控系统包括自动监控、区域控制器+计算机联锁、车载自动防护/自动驾驶系统、数据通信四部分，在安全防护的基础上，实现动车的自动发车、智能调速、自动出入库、远程控制等功能。

三是首创空轨与多设备的智能交互作业模式。系统集成融合 5G 通信以及“北斗+差分”、机器视觉、交叉感应环线、激光扫描、磁钉导航等多种定位技术，平均自动定位精度达 2 厘米，超过普通动车标准，准确衔接，无须纠偏，解决了空轨系统与 AGV、IGV、有人集卡、无人集卡等多种集装箱运输设备的交互作业问题。

四是研发基于信息交互平台的空轨智能调度系统。研究对接港口车辆—船舶—港口—场站—海关一体化架构，将过去分散的海关、铁路、场站、码头业务系统，集成设计为统一的业务后台系统架构，实现了多设备一体化智能管控和协同调度。未来，山东港口将与前湾北岸完成 9.5 公里全线贯通，与铁路港站无缝对接，将传统集卡的无序运输变为港口集疏运生态系统的空中立体有轨运行。

五是提出适应港口新型集运方式的海关监管方案，研发智能空轨监管系统。在不额外增加客户集装箱查验成本的前提下，将海关查验流程嵌入港口立体有轨集疏运流程，进口箱机检率从传统抽检的6%~7%提升到现在的100%全覆盖，有效提高查验效率，节省查验成本。

（二）移动验箱平台

移动验箱平台集成司机、车队、船货各方参与者，利用“验箱宝”作为抓手，将集装箱验箱移动化，可以实现随时随地验箱。云堆场模式下，不占用场地，节省土地成本，使集装箱不落地，节省上下车搬运成本，提高集装箱周转效率，降低运营成本。通过数据积累，赋能集装箱航运市场承运人和外贸企业获得更高效的供应链收益，并有效降低碳排放。

移动验箱平台核心“验箱宝”App采用自主开发后台算法，利用图像识别技术，让集装箱验视自动化成为可能，并能辅助港区和集装箱堆场升级道口，做到自动验视，自动判断，AI估价并给出维修建议，做到箱管智能化。

与普通验箱模式相比，其节约了大量的空跑、等待时间，具体流程如图3-21所示。

利用图像识别技术将验箱移动化，置于可以匹配的货源前

验箱宝

空跑

空跑

等待

等待

图3-21　普通验箱模式与“验箱宝”模式对比

资料来源：https：//www. yanxiangbao. com/h-nd-98. html。

“验箱宝”利用图像识别技术和机器学习技术确认箱况并配货。用户通过手持设备拍摄集装箱照片，经人工智能辨识后判断箱体能否复用：可以复用，就近装配出口货物送港；不能复用，返回原堆场验视、维修、堆存。其主要优势如下所示。

（1）简单易操作。

对于司机而言，下载“验箱宝”App即可体验该产品。用户根据软件提示拍摄不同角度的箱体照片并上传，后台根据图像识别、分割、定位、去噪、增强、特征提取等技术进行特征提取和缺陷定位，进而实现箱体的智能检验。

（2）减少等待时间和运输距离。

与人工检验箱体相比，“验箱宝”的智能检验既缩短了检验时间，又消除了人工检验中不必要的等待时间。同时，该模式省去了集装箱运输的过程，减少了运输距离，提高了作业运转效率。

（3）降低运营成本。

首先，运输距离的减少与不必要运输环节的消除导致运输成本下降，提高经济效益。其次，智能检验过程能够有效释放劳动力，降低用箱成本，提高了集装箱的使用效率。最后，该模式减少了码头对于集装箱堆场的需求，节省了堆场投入，增加了土地效益。

（三）多式联运“数字一单制”跨境联盟网络

《货物多式联运术语》标准对“一单制”的定义是“在货物多式联运的全过程中，只凭一份多式联运运单办理所有货物运输手续的制度”。其核心目标是推动实现多式联运服务规则的“软联通”，解决联运单证不衔接、责任划分不清晰和作业规范不协调等问题。

多式联运“一单制”自提出以来受到了各地的积极响应，成为各地加快对外开放、促进贸易便利化、提升物流组织和运营效率、创新服务模式的重要抓手和突破口。

上合多式联运“数字一单制”跨境联盟网络是一种运用区块链技术，搭建多方参与、提高物流贸易可信度的跨境服务联盟网络。区块链是非常安全、可靠的去中心化分布式账本数据库，人们可以在分布式账本中存储数据和交换价值，整个过程不受任何中心化机构的控制，而是由分布在海内外的各个节点进行维护，基于密码学、加密技术、数学和物理学保障了整个过程的安全性和确定性。各物流贸易公司将相关运单信息上链，后交由海关、税务等政府单位或相关业务方进行交叉自动验证，系统内可将合同类、发票类、运单类、班列补贴记录表、报关单、货物清单、违约记录七类单据生成可信数据包，最终交由银行进行评估授信放贷。多式联运“数字一单制”跨境联盟网络业务流程如图 3-22 所示。

与传统的运单质押贷款相比，“数字一单制”让数字运单不可篡改、探索增加物权属性，极大地提升企业的资金周转效率，为国际物流贸易生态系统的大量中小微企业融资贷款难题提供解决方案，具有极大的优势。

1. 交易数据透明，重塑信任网络

依托区块链技术，多式联运“数字一单制”跨境联盟网络在隐私安全的环境下可实现物流贸易融资环节中涉及的重要单据交换共享，如合同、发票、货物信息等贸易要素，实现业务数据多级穿透、核心单据查伪验真、重复融资预警，进而确保物流贸

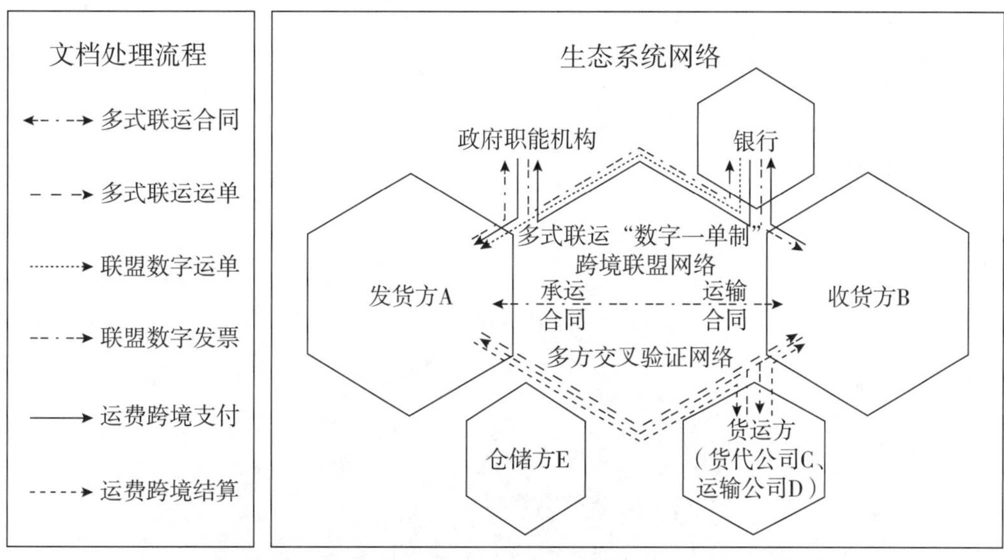

图 3-22 多式联运"数字一单制"跨境联盟网络业务流程

资料来源：https：//mp. weixin. qq. com/s/M2xpOuxt9V8-ld1udczbIw。

易融资的安全、高效，促进物流、资金流、信息流等高效便捷流通，重塑中欧班列乃至多式联运业务场景中企业、金融机构等各参与方的信任关系。

2. 提高融资效率，实现金融创新

在金融风险可控的前提下，多式联运"数字一单制"跨境联盟网络基于科技赋能金融创新，依托平台沉淀数据和"数字一单制"为企业提供轻资产融资和信用融资等服务，构建企业数字信用体系和数字资产，为跨境物流贸易行业中的中小微企业提供全新的、创新的、差异化的跨境金融服务产品，进一步降本增效。

三、典型案例：中国（云南）自由贸易试验区中老铁路"一单制"尝试

（一）背景介绍

中老铁路北起中国云南昆明，南至老挝首都万象，全长 1035 公里，是第一条采用中国标准、中老合作建设运营并与中国铁路网直接连通的国际铁路。中老铁路是泛亚铁路（中线）的重要组成部分，是中老两国互利合作的旗舰项目，是云南推进面向南亚东南亚辐射中心建设、实现高质量对外开放的重要抓手和突破点。

开通运营一年多来，中老铁路给沿线国家及其民众带来了实实在在的变化和机遇，体现出"黄金大通道，钢铁新丝路"的价值和功能，为区域互联互通和互利共赢作出积极贡献。

2022 年 8 月 30 日，中国（云南）自由贸易试验区（以下简称"云南自贸试验

区”）中老铁路“一单制”首单发车，如图 3-23 所示。中老铁路“一单制”的开通有利于促进中国老挝磨憨—磨丁经济合作区与自贸试验区（昆明片区）的联动发展，发挥辐射带动作用；有利于加快贸易流通速度，提升供应链的稳定性和竞争力，助推合作区物流产业的快速发展。

图 3-23 中老铁路“一单制”首单发车

资料来源：https：//m. thepaper. cn/baijiahao_19695919。

（二）主要做法

1. 围绕“一体化”，构建便捷普适的多式联运单证规则体系

为促进国内、国际物流便捷化，进一步提升中老铁路品牌效应，云南自贸试验区围绕多式联运“一单制”核心要素（见图 3-24），协同交通、金融、铁路、海关、法院、外事等部门以及重点物流企业、金融机构等多式联运“一单制”主体，构建“一单制”试点实施方案等指导体系。云南自贸试验区以公铁联运为依托，利用昆明王家营西海关监管场站、集装箱场站、保税仓库等设施，创新单证物权凭证功能融资模式，推动中老铁路“一单制”试单。

在云南自贸试验区中老铁路“一单制”试单中，出口货物经铁路、公路两种运输方式，完成从中国昆明经磨憨到老挝万象的跨境运输，采取整列“铁路快通”通关，使用一张运输单证。“一单制”能减少运单周转，提高物流运输效率和货物组织水平。

2. 围绕“物权化”，创新铁路物流金融模式

云南自贸试验区围绕单证的物权化，依托铁路运输单证的控货权优势，拓展金融功能，开展基于单证、多种模式的贸易结算融资试点，构建陆路贸易金融生态圈，破解贸易融资难题。传统铁路运单不具有物权属性，“一单制”改革则着眼于融资需求，

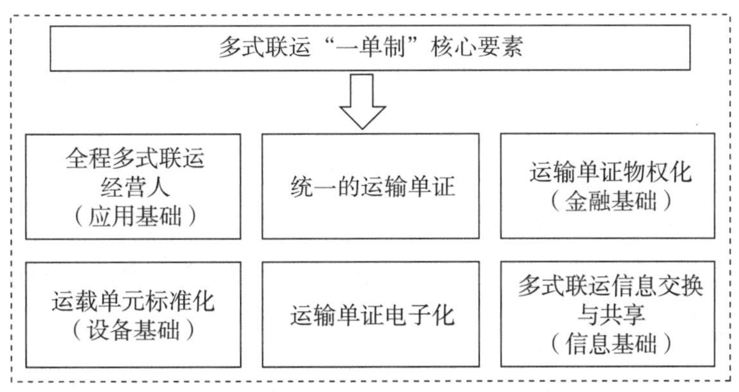

图 3-24 多式联运“一单制”核心要素

以“物权化”为切入点探索推动单证融资，整合了运输公司、承运人和银行，共同研制铁路的运单，使其具有物权属性和一定的金融属性，开发融资产品，帮助企业降低融资成本。

在云南自贸试验区中老铁路“一单制”试单中，依托“一单制”运输单证，云天化集团获得中国银行云南省分行融资。此次成功试单，标志着中老铁路“一单制”与国际铁路联运提单融资探索两项改革创新模式在云南自贸试验区落地。

2022 年 12 月，中国建设银行云南省分行与中铁集团昆明公司携手，共同为云天化联合商务有限公司在建行区块链系统中，完成通过中老铁路运输至老挝万象的 46 单磷酸氢二铵电子提单的签发、流转、提货全流程操作，并基于该电子提单在区块链系统中的签发和流转，为其发放了配套的出口货物融资，成功实现中老铁路“一单制”下货物唯一性、流转安全性、运单金融性的“三性合一”业务落地。

该业务首次尝试区块链电子提单并配套融资，是中老铁路线上“一单制”的突破，更是中老跨境物流单证物权凭证功能融资模式上的又一次创新。

（三）发展方向

未来，云南自贸试验区将围绕以下重点工作，加快推进多式联运“一单制”和单证物权凭证功能试点。

（1）依托中老铁路和中缅印度洋新通道，研究推广标准化海公铁、公铁等多式联运单证，探索多式联运组织模式，在“一单制”基础上完善全程无缝运输服务。

（2）探索建立多式联运运营平台，制定多式联运服务规则，加强铁、公、水、空运输方式在一体化组织中的货物交接、合同运单、信息共享等方面的制度对接。

（3）探索建立智能转运系统，充分利用大数据、物联网等技术，提升多式联运换装转运自动化水平。

（4）构建东引西联跨境物流通道网络，拓展市场需求。积极参与西部陆海新通道“13+1”合作、对接“两廊一圈”，以昆明为中心，以滇中城市群为支撑的核心圈，以口岸城市、物流枢纽及开放平台为支撑的沿边跨境产业合作带，聚焦老泰马新、中越、中缅“X形”走廊跨境物流通道，布局物流场站、冷链仓储、海关特殊监管区域等物流功能园区，支持企业到南亚、东南亚和环印度洋地区主要节点城市设立物流基地，联通中欧班列、连接京津冀、连接长三角、连接粤港澳大湾区通道，加快东引西联铁路、冷链、航空以及城乡物流等跨境化发展。

第四节　新能源物流车

按照《新能源汽车生产准入管理规则》中关于新能源汽车的定义，新能源汽车是指采用非常规的车用燃料作为动力来源（或使用常规的车用燃料、采用新型车载动力装置），综合车辆的动力控制和驱动方面的先进技术，形成的技术原理先进、具有新技术、新结构的汽车。

新能源商用车主要包括客车和物流车两大类。目前，大客车的电动化比率已经达到50%以上，但物流车的电动化比率还比较低。近年来，随着网购风潮的兴起，快递物流产业发展迅猛，加上受新冠肺炎疫情影响，快递货运规模也迅速增长，带动了新能源物流车的需求上涨，此外，还有国家对新能源汽车发展的保驾护航，我国新能源物流车生产和销售产业化形态正逐渐形成，绿色货运效果正在显现。

一、新能源物流车发展环境

（一）国家政策支持

1. 鼓励引导政策

近年来，国家部委先后发布了一系列政策，以推动新能源汽车在物流领域的渗透率。2020年11月，《国务院办公厅关于印发新能源汽车产业发展规划（2021—2035年）的通知》中提到，2021年起，国家生态文明试验区、大气污染防治重点区域的公共领域新增或更新公交、出租、物流配送等车辆中新能源汽车比例不低于80%。这从宏观数量角度提出了目标。

除2021年及以前国家提出的诸多引导鼓励政策外，2022年国家持续发力，继续引导新能源汽车健康发展。2022年1月，《国务院关于印发“十四五”节能减排综合工作方案的通知》也提出了要提高公交、出租、物流环卫等车辆使用新能源汽车的比例。

2022年4月，《国务院办公厅关于进一步释放消费潜力促进消费持续恢复的意见》

中提出，支持新能源汽车加快发展。以汽车、家电为重点，引导企业面向农村开展促销，鼓励有条件的地区开展新能源汽车和绿色智能家电下乡，推进充电桩（站）等配套设施建设。

2022 年 12 月，《国务院办公厅关于印发“十四五”现代物流发展规划的通知》中提出，加强货运车辆适用的充电桩、加氢站及内河船舶适用的岸电设施、液化天然气（LNG）加注站等配套布局建设，加快新能源、符合国六排放标准等货运车辆在现代物流特别是城市配送领域的应用，促进新能源叉车在仓储领域的应用。

2. 财政补贴政策

2022 年 10 月，《国务院办公厅关于印发第十次全国深化“放管服”改革电视电话会议重点任务分工方案的通知》中提出，落实阶段性减征部分乘用车购置税、延续免征新能源汽车购置税、放宽二手车迁入限制等政策。具体举措为延续实施新能源汽车免征车辆购置税政策，组织开展新能源汽车下乡和汽车“品牌向上”系列活动，支持新能源汽车产业发展，促进汽车消费。

（二）绿色发展驱动

2022 年 6 月，国家主席习近平在金砖国家领导人第十四次会晤上发表讲话，发言中明确表示，应对全球气候变化，产业链供应链需要互联互通，共同应对减贫、农业、能源、物流等领域的挑战。在国家战略背景下，物流全面绿色转型是必然趋势。

物流运输中使用的物流车是消耗石油、天然气等化石燃料、排放二氧化碳的大户。在“双碳”目标下，发展新能源物流车是我国物流领域迈向绿色化发展的必由之路，也是应对气候变化、推动低碳发展的战略举措。

截至 2021 年 12 月，我国汽车保有量 3 亿辆，商用车 3800 辆，占比 12.7%，其中物流重卡占比超过 1/3；我国商用车消耗了全国 51%的车用汽柴油，二氧化碳排放量占道路交通的 56%，污染物排放量占比为 80%，其中，超过一半的碳排放量来自物流中的重卡。

因此，推进物流车辆新能源化、智能化与能源清洁化减碳协同增效，是解决环境污染和气候变化问题的重要任务。现阶段，行业公认的物流产业减碳的有效措施之一是加大新能源汽车对传统燃油车的替代效应，这一举措可以有效改善汽车使用环节的碳排放。

资料显示，相对燃油车，新能源汽车的能源效率相对更高（见表 3-3），且每年在使用阶段减少的碳排放约为 1500 万吨。未来，随着城市货运应用场景的逐渐丰富，新能源物流车的应用场景将向多元化发展，由单一的运输向差异化配送场景延伸。此外，用户群体将进一步增大，应用范围由短途、普货运输向长途干线、冷链物流等业态延伸。新能源物流车有望迎来新一轮发展机遇，成为市场物流向前发展的必然选择（见表 3-3）。

表 3-3　　三种类型车辆的能源效率

	生产	运输	使用	整体能源效率
燃料电池车	1. 转换效率范围来源于不同的制氢方式 2. 生产效率 = 原料提取效率×燃料制氢效率	能量损失来自压缩、运输（管道/卡车）、储存（气态/液态氢）过程中的能量损耗	1. 氢转化为电能，电能转化为机械能 2. 与纯电动车运行相比，其产生额外的能量损失是多出的氢气到电能的转化步骤	4%～25%
纯电动车	转换效率范围的不同取决于不同的发电方法，以及在不同国家之间差异极大的电网建设	1. 输电过程中的平均转化率为 90%～94% 2. 充电过程中具有 90%的转换效率	车辆运行时，在电能转换过程中的能量损耗包括电机、交流转换、辅助部件和传动系统的损耗，不包括充电过程	18%～42%
燃油车	矿物燃料开采、精炼过程中 13%～18%的能量损失	在运输过程中，由于蒸发、溢出或附着在容器上而造成的少量能量损失	1. 大部分能量以热的形式损失 2. 作为目前主流的车辆类型，经过多年的改进，目前的效率已经接近内燃机的极限	14%～18%

德邦、京东、圆通等各大快递巨头，已相继启动新能源物流车计划。2020 年年底，德邦快递与福田汽车举办 100 台纯电动物流车交车仪式，主要用于北京市五环内快件转运。根据京东物流官网数据，2021 年，京东物流已在全国 7 个大区、50 多个城市，总计布局使用新能源物流车约 20000 辆，并大量使用清洁能源充电基础设施。此外，2022 年 9 月，圆通速递与东风柳汽首批 200 台新能源轻卡在圆通速递北京集运中心交付并投运。

随着新能源物流车市场需求大增，一批第三方新能源物流车企业迅速崛起。这些公司为不同物流业务场景提供不同类型的新能源汽车，包括冷藏车、微面、大面、大 VAN、轻卡等车型；同时帮助物流企业进行高效的车辆调度、行车轨迹监督、大数据分析等运营管理，降低了中小物流企业使用新能源汽车的成本。

于 2015 年成立的地上铁租车（深圳）有限公司（以下简称“地上铁”），是该领域的佼佼者。该企业致力于为快递物流和城配企业提供新能源物流车全价值链运营服务，已发展为中国较大的新能源物流车数字化运营服务平台之一。

2021 年，地上铁与宁德时代达成战略合作，从服务标准化向资产标准化迈进。同时，地上铁与新加坡城市交通服务运营商 SMRT 集团、日本伊藤忠商事株式会社合作，分别在东南亚、日本共同开展纯电动物流车商业化运营管理业务。目前，地上铁在中国实际投入运营的纯电动物流车超过 55000 台，业务覆盖 200 多个城市，服务企业客户 2500 多家，服务司机用户超过 35 万名。

二、新能源物流车关键技术

（一）燃料电池物流车：氢燃料电池

氢能汽车是以氢作为能源的汽车。一般的汽车是以内燃机燃烧柴油或汽油产生的推力作为动力源。氢能汽车包括氢内燃机汽车和氢燃料电池车，其中，前者的动力源为氢气在内燃机中燃烧产生的能源，后者则使氢或含氢物质与空气中的氧在燃料电池中反应产生电力推动电动机，由电动机推动车辆。与锂电池技术相比，氢燃料电池车燃料加注时间短、附加载重小、行驶距离长、低温适应性好、使用寿命长，非常适合商用车尤其是重卡的应用。

氢燃料电池车的动力系统主要由高压氢气储罐、动力电池、燃料电池电堆、燃料电池升压器和驱动电机等构成。其中，燃料电池电堆是氢燃料电池车最核心的部件，为电动发动机供电；高压氢气储罐则提供燃料；动力电池提供额外的功率，让车加速、爬坡和高速运行。此外，在车辆滑行时，能量控制单元将驱动电机变为发电机，从而将部分汽车动能变为电能给动力电池充电。

1. 氢能资源与开发利用情况

2022 年 3 月，国家发展改革委、国家能源局联合印发《氢能产业发展中长期规划（2021—2035 年）》。该规划明确了氢的能源属性，确认氢是未来国家能源体系的重要组成部分，要充分发挥氢能清洁低碳的特点，推动交通、工业等用能终端和高耗能、高排放行业绿色低碳转型。

（1）我国氢能开发情况。

我国氢气资源丰富，可为新能源物流车提供稳定的能源供应。按照石油和化学工业规划院的统计，当前我国氢气产能为 4000 万吨，产量为 3300 万吨，为全球最大的产氢国。从区域分布来看，目前我国氢气产能主要集中在西北、华北、华东地区，合计占比 75%。按照车百智库 2020 年发布的预测报告，2050 年氢能在我国能源体系中的占比约为 10%，氢气需求量 6000 万吨，年经济产值 12 万亿元，全国加氢站数量达 1.2 万座。

随着国家关于燃料电池政策落地，加氢站建设布局加快，刺激上游氢气供应商制氢项目加快落地，2021 年全国多地新增高纯氢、燃料电池氢生产装置，燃料电池氢及高纯氢产能递增。新增生产装置以副产氢提纯为主，少部分为水电解制氢装置，极少部分为天然气制氢。

2021 年，国内新增高纯氢、燃料电池氢生产装置产能接近 5 万吨/年，新增装置 28 套。河南省、山东省新增装置套数最多，均为 6 套，辽宁省次之，3 套，河北省、陕西省、浙江省、天津市各新增 2 套，安徽、山西、宁夏、海南、贵州均为 1 套。

在 2022 年北京冬奥会中，氢能发挥了“科技名片”的作用，向全世界展示了中国在氢能领域的发展成果。北京冬奥会的奥运火炬燃料全部采用氢能，在开幕式上，冬奥赛场的主火炬是使用氢燃料点燃的。此外，北京冬奥会还示范运营了 1000 多辆氢燃料电池车和 30 多个加氢站。北京冬奥会和冬残奥会期间，延庆赛区和张家口赛区有 700 余辆氢燃料大巴车投入使用（见图 3-25）。场馆之间提供接驳服务的车辆全部采用氢燃料电池客车，包含大巴车、中巴车等多个车型，为赛事提供交通保障服务。

图 3-25　冬奥会氢能汽车

资料来源：https：//auv. foton. com. cn/webback/media/newsDetail/511。

张家口赛区的首个加氢站项目是空气产品公司支持运行的。空气产品公司是全球领先的工业气体公司，也是氢气和氢能领域的世界领先企业，公司致力于提供各种创新解决方案，助力解决能源和环境挑战，实现可持续发展。空气产品公司在氢能领域有着 65 年的经验，处于氢能源技术的开发前沿，拥有 50 多项加氢专利技术，参与了全球 20 多个国家和地区的 250 多个加氢站项目。

空气产品公司在新能源时代提供全新的解决方案可用于各种应用场景，包括为物流行业提供更加绿色环保的运输解决方案，助力物流行业绿色低碳转型。空气产品公司的氢能“制—储—运—加”全产业链综合解决方案，涵盖氢气的生产、液化、储运和加注的整个产业链，能够助力实现氢能的示范运行和商业化应用。在加注端，空气产品公司拥有成熟的气态和液态加氢站解决方案。先进的液态加氢站解决方案，相比气态加氢站，存储量和压缩能力更强，占地面积更小，加氢效率更高。两种模式的加氢站通过为氢燃料电池车辆提供加注服务，助力交通运输业减少碳排放。

空气产品公司支持了国内多个氢能示范和先行项目，其中，包括上述提到的为北京冬奥会配套的张家口赛区首个加氢站项目；以及在山东的首座自有加氢站，助力“氢进万家”示范工程等；并在浙江嘉兴海盐投资建造国内首个世界级商用液氢工厂。

2022 年年底，空气产品公司与诚志股份在常熟合建的气氢加氢站正式投入运营，如图 3-26 所示。除了服务当地的绿色公交出行，空气产品公司也将与全球知名物流企业一同开展氢燃料电池物流车的示范运营。

图 3-26　气氢加氢站

氢能最大的特点是能够用清洁能源制造清洁能源，即利用光伏发电、风力发电制造氢。因为光伏和风力都存在峰值，发电不稳定，因此将其转化成氢可以把电力储存起来。反之，如果氢燃料电池中的氢已经加满，则可以将氢燃烧变成电储存在电池系统里面，如此纯电动物流车也可以使用。该项技术目前已经被康明斯（中国）投资有限公司成功研发，并且康明斯在广东佛山正在建造制氢站广场。此外，2021 年，康明斯与上海临港新片区管委会签署投资协议，共同推动康明斯氢能中国总部落地临港。

该项目将打造康明斯氢能中国总部、新能源研发中心及制造基地，涵盖电解水制氢装备电堆、燃料电池发动机及其核心零部件、高压储氢瓶系统等业务，项目计划实现产值 100 亿元，构筑康明斯在华氢能全产业价值链版图。

（2）氢能开发关键环节技术。

一是高效低碳的氢气制取技术。当前，氢气主要利用化石能源来获得，约占世界氢气生产量的 95%，生产过程中排放二氧化碳；利用可再生能源获得的电能来进行电网规模级别的电解水制氢，生产过程属于零碳排放，但所占比例仅为 4%～5%。碳捕集、利用与封存（Carbon Capture，Utilization and Storage ，CCUS）技术可应用于传统的化石能源制氢过程以降低碳排放量，但考虑现有技术和基础设施的成熟度，短期内基于 CCUS 技术的化石能源制氢难有明显突破。因此，基于可再生能源的电解水制氢是未来氢气制取的发展趋势。

电解水制氢分为碱水电解、质子交换膜水电解、固体氧化物水电解。碱水电解、质子交换膜水电解被认为是当前可实际应用的技术：前者在我国已经工业化；后者正处于从研发走向工业化的前期阶段。近年来，我国电解水制氢设备的装机容量显著提升，2020 年装机容量为 18MW，约占世界增量的 1/4。

二是大规模低成本的氢气运输技术。可实现规模化运输氢气的方式主要有高压气氢长管拖车、低温液氢槽车、氢气管道。高压气氢长管拖车方式技术成熟，适用于运输距离较近、输送量较低、氢气日用量为吨级的用户，与当前的氢能产业发展规模相适应。

基于气态氢的管道运输分为两类：纯氢的管道运输、天然气掺氢的管道运输。管道运输适用于大规模、长距离的氢气运输，但前期投资较大。当氢气储运设施尚不完善时，将氢气掺入天然气中并利用天然气管道进行运输，是一种兼顾技术与成本的大规模运氢方式（当掺氢天然气的含氢量约为 15%时，仅需对原有管道进行适当改造即可），这种运输方式需要关注的主要问题是天然气运输管道与氢气的相容性、氢气泄漏与检测、终端氢气分离等。随着氢能产业规模的扩大、应用需求的增加，具有运输规模优势的管道运输将成为优选方式。

三是大容量储氢技术。储氢技术发展呈现“低储氢密度—高储氢密度”的趋势。高密度储氢技术尚未成熟，技术路线仍在进行多方案探索，包括超高压气态储氢、液化储氢、金属氢化物储氢、液态有机物储氢等。

液氢的密度为 70.8 克/升，在储存密度上比高压储氢有明显优势，随着氢能产业的快速发展，低温液态储氢将逐步扩大民用范围，有望成为未来的主流储氢方式。理论上氨的储氢密度约为 17.6%，液氨的储氢密度是液氢的 1.5 倍，加之氨的液化、储存、运输技术成熟，使得以氨为载体的储氢方式成为极具潜力的大容量储氢解决方案。

氨的裂化分解是以氨为载体的储氢系统需要解决的关键技术问题，开发低压、低温、高活性、低成本的催化剂是后续的研究重点。甲醇具有较高的储氢密度且自身含氢量达12.5%，可作为绿氢的载体来实现高效储存和运输，当距离大于200千米时较直接运氢具有经济优势。

2. 氢燃料电池车应用情况

目前我国氢燃料电池车行业市场由于商业化初期阶段尚未形成规模效应，综合成本较高，行业的发展对政策依赖度较高。从应用场景看，我国燃料电池车应用场景已由前期单一的公交领域商业化示范应用向公交、环卫、城市物流配送、冷链运输、渣土运输、大宗货物等多场景示范应用转变。

据2022年工业和信息化部公布的前5批次《新能源汽车推广应用推荐车型目录》，从燃料电池车型数量来看，燃料电池重卡牵引车位居榜首，这是因为重卡牵引车主要承担中、长途干线物流运输，且经常在温差较大的环境中运行，对运输的快捷高效有着较高的要求。而燃料电池车具有续航里程长、低温启动性能好、加注氢燃料方便等优势，较为适合重卡牵引车的运输场景。

2022年以来，肯德基、必胜客、京东、宜家、金龙鱼、中国邮政、美团、太太乐等一众知名终端品牌均公开了氢燃料电池物流车的投放应用消息或落地计划（见表3-4），助推氢燃料电池汽车应用于城市配送、干线物流等场景。

表3-4　部分企业氢燃料电池物流车的应用计划

时间	终端品牌	氢燃料电池物流车动态
2022年11月	百胜中国	肯德基、必胜客等多个餐饮品牌的中国区运营商百胜中国与北汽福田、空气产品公司签署战略合作协议，将在上海市嘉定区联合打造氢燃料电池物流车的应用场景
2022年10月	京东	京东物流氢能源物流卡车在安利（中国）日用品有限公司广州生产基地投入运营，这也是安利（中国）在国内首次使用氢能源物流卡车。主要用于以广州、东莞为核心的广东氢能源示范产业城市群间的货物运输，未来还将推广至长三角城市群、京津冀城市群，以及武汉、成都、重庆等地区
2022年7月	宜家	60辆搭载重塑科技燃料电池系统的重型卡车正式交付运营，为全球知名家居企业宜家进出口陆运供应链提供零碳运输服务
2022年3月	金龙鱼	金龙鱼发布的2021年可持续发展报告中指出，将实施并推广新能源、清洁能源在物流运输环节中的应用，开展氢燃料电池物流车的试点工作，推动运输工具低碳转型

续 表

时间	终端品牌	氢燃料电池物流车动态
2022 年 3 月	中国邮政	中国邮政集团有限公司与中国石油化工集团有限公司在京签署战略合作协议，探索开展电动车辆充、换电，综合能源供应站建设以及氢能等洁净新能源汽车等合作
2022 年 3 月	美团外卖	深圳龙华区人民政府发文表示，国内首个氢能电动（美团）外卖车商业化应用示范场景预计年内建成
2022 年 3 月	太太乐	太太乐与重塑科技共同合作，搭载重塑燃料电池系统，引进首辆氢燃料电池物流车。该车归属于太太乐物流部门合作方上海东达物流有限公司，将作为上海市内运输的轻型氢燃料电池卡车进行网点配送

氢能物流车市场化应用的有力推进者除了企业，还有政府。地方层面的氢能物流车推进工作已经启动，“成渝氢走廊”宣布打造物流专线，川渝两地在两年内分批在氢走廊投入 400 辆氢燃料电池物流车，预计 2025 年前投入约 1000 辆氢燃料电池物流车；2021 年 10 月，《佛山市南海区人民政府办公室关于印发佛山市南海区新能源（氢能）市政、物流车辆推广应用实施方案（2021—2025 年）的通知》中提出要支持氢能源车辆在市政、物流等特定场景示范应用；同年 6 月，山东省（青岛—临沂）首条城际氢干线首发，将一次性启动运营 170 辆氢能冷链物流车和渣土车，每年可减少二氧化碳排放量近 2 万吨。

加氢站等基础设施建设的逐步完善也是促成氢能物流车发展“升温”的原因之一。相关数据显示，截至 2022 年 8 月 15 日，国内共建成加氢站 260 座，剔除已拆除的临时加氢站后，目前运行加氢站数量为 248 座。此外，国内已开建或进入招标阶段的加氢站数量达到 76 座。

我国加氢站呈现建设速度持续加快、建设省份趋于集中、分布城市多点开花、示范群外城市发展热情高涨、综合能源供应站、加氢站日加注能力提升明显、加氢站设备实现突破 7 大趋势。综合能源供应站是主要发展趋势，快速推进的加氢网络建设与氢车推广呈现同步发展的局面。

总体来看，氢能物流车的逐渐推广，是物流业与氢能行业的双向选择。

（二）纯电动物流车：换电模式

1. 政策利好

电动化对于汽车行业的重要性不言而喻，尤其在“双碳”目标稳步推进的背景下，汽车产业加速向绿色低碳化发展，多元化技术路线正逐步形成。换电模式作为一种高效的补能方式，开始受到业界的高度关注。

2020 年以来，国家相关部门对换电模式给予了明确支持。2020 年 4 月，财政部等四部委联合发布的《关于完善新能源汽车推广应用财政补贴政策的通知》中，明确提出鼓励“车电分离”新型商业模式的发展。全国两会期间，作为新基建的重要组成部分，换电站首次被写入《政府工作报告》中。此后，在同年 11 月发布的《国务院办公厅关于印发新能源汽车产业发展规划（2021—2035 年）的通知》中更是明确指出，鼓励开展换电模式应用，加强充换电等基础设施建设是新能源汽车产业未来 15 年发展的重点方向之一。

2021 年，换电模式迎来了新一轮政策利好。10 月，工业和信息化部办公厅印发的《关于启动新能源汽车换电模式应用试点工作的通知》中提出，正式启动新能源汽车换电模式应用试点工作，北京、南京、武汉、三亚、重庆、长春、合肥、济南、宜宾、唐山、包头 11 座城市纳入试点范围。此外，该通知还重点提到要突破换电产品关键技术、打通基础设施审批流程、建立换电汽车监管平台、健全换电技术标准体系、形成换电模式产业生态、构建换电政策支持体系等。在政策红利的带动下，换电模式有望迎来快速发展。

2. 换电模式的应用现状

相较于传统的充电模式，换电技术更能满足城市物流小批量、多批次的运输需求。从回报率和便利性来看，换电模式不失为一种全新的补能方案。

换电模式能够实现几分钟内快速完成补能，更适合城市配送的运营需求。此外，换电物流车采用“车电分离”模式，能够大幅减少用户初期投入，直击电动物流车价格高昂的痛点。除此之外，换电模式对电池的保护也优于充电模式。电池从车上拆卸下来以后，把它单独放在恒温恒湿的条件下进行涓流充电，有利于延长电池的使用寿命，提高电池残值。

《关于启动新能源汽车换电模式应用试点工作的通知》发布后，京东物流积极响应国家号召，于 2022 年 3 月率先展开了换电城配物流车试点。2022 年 8 月 15 日，京东物流首批换电新能源车投入实际运行（见图 3-27）。京东物流采用换电模式的城配物流车均使用了全品类车型通用的标准化电池包，此类电池包可随时升级为更加清洁的能源，而其电池模组可充分进行梯次利用。此外，换电模式缩短了新能源车的补能时间。据测算，相同的运行时间里，一辆 4. 2 米厢式货车的新能源运输车充满电需要 3 小时，而通过换电模式，同样规格的新能源车仅需 5 分钟。通过新能源车整体换电解决方案，京东物流将减少投放车辆超过 20%，单车碳减排量可进一步提升超过 15%，综合碳减排提升率超过 35%。

图 3-27　京东换电轻卡

资料来源：https：//www. pcauto. com. cn/hj/article/1519116. html。

3. 推广应用难点

虽然市场前景可期，又有国家政策的大力支持，但换电模式在理论和实践上都存在一些问题。

一是巨大的成本投入。从配套设施的角度来看，换电站的运维成本较高，换电站的建设位置、建设主体以及建设数量都是需要着重考虑的问题。换电站的大规模布点以及备换电池的成本支出，都需要耗费大量资金。

二是标准统一方面的掣肘。换电模式还涉及匹配和通用的问题，换电电池需要实现标准化、序列化，这一难点无法在短时间内解决。不同车企、车型以及电池容量、电池形状、电池热管理、电池机械接口方面的标准很难统一，而且现阶段在覆盖面上也无法满足所有用户的使用需求。

三是整车企业在换电物流车辆的开发上，还没有形成标准化、模块化、集成化的理念。此外，由于换电模式涉及电池装卸，因此在设计之初就要考虑到如何提升换电效率，同时兼顾整车的舒适性、操控性和用户体验，这些方面都需要车企进一步完善和优化设计。对于整车企业而言，从车辆研发开始，就要做好设计、调试、验证等工作，这一过程所付出的成本非常高昂，但由于换电物流车市场需求尚未打开，销售收入能否冲抵研发支出还是未知数。

当前换电模式在我国还处于市场探索阶段，有很多方面需要业界各方共同努力，这是一个长期探索的过程，未来如果能在成本和运营模式上不断优化，换电物流车的市场前景可期。

三、典型案例——华昌能源：电气化与智能化驱动下氢能物流重卡的发展机遇和挑战

（一）氢能重卡的技术现状

近年来，在排放要求日趋严格的交通领域，氢能成为各大主机厂争先布局的新能源赛道。而氢能重卡作为未来最有可能取代燃油重卡的新能源车型，也因此成为大型物流商的首选车型。

燃料电池重卡采用可再生能源电解制氢，全生命周期碳排放最低。且随着储氢技术的提升，续航里程变长，可达 1000 公里，此外燃料电池的耐久性将有效提升，成本也会大幅度降低。现阶段，燃料电池重卡将与燃油重卡和纯电动重卡进行错位发展、互为补充。

在能源效率方面，虽然燃料电池车的整体能源效率不高，但氢气的来源如果是原来无法并网的可再生能源，那么从原本由于随机性和波动性不能被电网接纳的“垃圾电”的角度看，氢气的成本就变得相对较低，即使燃料电池车的能源效率略低也是经济可行的。廉价低成本的氢气来源，是氢燃料电池在重卡行业实现低碳性和经济性的基础。

在经济性方面，燃料电池重卡的应用成本还比较高，现阶段的应用主要依赖补贴，但是燃料电池的成本在大幅度下降，根据德勤中国的白皮书预测，预计在未来 10 年，燃料电池系统的成本将下降 70%，氢气的价格也将下降 60%；燃料电池卡车的 TCO（Total Cost of Ownership，总拥有成本）预计将在 2024 年前后低于电动卡车，在 2028 年前后低于燃油卡车。

华昌能源科技有限公司正是氢能物流重卡研制领域中的佼佼者。华昌能源以自主研发氢燃料电堆及发动机为核心，围绕氢能全产业全链条布局，作为氢能全产业链运营商提供制、储、运、加、用一体化集成解决方案，自主研发“膜电极/双极板—电池堆—动力系统—智能控制”四维一体化产品，实现研发、制造、产业并行发展。公司控股股东华昌化工是中国化肥行业 50 强、上市公司化工百强企业，是以煤气化为产业链源头的综合性化工企业，已形成煤化工含合成氨和甲醇等基础化工、盐化工、石油化工等多产品产业格局。

华昌能源公司产品主要应用于交通、化工、能源、储能领域，涉及氢能重卡、氢能公交车、氢能船舶、热电联供、设备检测、制氢储氢运氢等，着重打造氢能高效综合应用场景。研发团队已深耕行业 26 年，完成百千瓦级检测设备国产化国家重点专项课题，且联合电子科技大学成立江苏华昌—电子科技大学氢能联合研究院（下文简称

研究院），联合南京大学研发低铂催化剂。

燃料电池的核心技术链是从膜电极、单电池、电堆、动力系统到整车。它具备蓄电池电化学反应过程，且为动态、时变的系统，具备内燃机的燃料、空气管理和热管理系统，且电堆的性能和耐久性对参数调控更敏感。因此，它兼具内燃机和蓄电池的难点，技术难度较大，但技术的发展和迭代速度非常快。

研究院核心技术团队的研究范围覆盖从膜电极、电堆到动力系统等多个领域。团队着眼于应用，从解析发动机内部材料、部件、模块和系统耦合关系入手来开展研发。

要做好一款燃料电池车，首先是调研应用工况，结合车型参数，而且还要深入理解燃料电池参数及特性。在此基础上，做系统规划，通过整车的氢电容量配置和功率调度策略的双重优化实践，可大幅提升能源效率。例如，华昌能源第二代发动机在一代发动机的基础上，体积减小了60%，氢耗降低了14%，在11米公交车上应用，运行50万公里，氢耗低至4.5千克/百公里，通过应用层面的优化，大幅度提高了能效。

其次是动力系统，发动机功率每年以将近10kW的速度增长，售价以每年10%左右的速度降低，电堆功率等级迈入200kW时代，售价迈入千元/kW。氢燃料发动机作为华昌能源公司的核心技术产品，目前120kW发动机已通过强检，200kW发动机也将通过强检，1MW热电联供系统即将投入使用，2MW热电联供系统已设计完成。华昌能源公司的产品均有自主知识产权，能够实现全生命周期监测，技术迭代速度快，运行数据对标丰田，降本增效速率及路径清晰。可见在氢燃料电池动力系统部件方面，国产化、集成度和可靠性都在大幅度提升，而成本在大幅度下降。

（二）氢能重卡发展的挑战

氢能重卡的经济性建立在低成本氢源的基础上。现阶段，氢气的来源主要是煤气化制氢。预计在2060年前后，可再生能源在电力系统的占比将由现在的5%左右提高到约60%。目前我国是走灰氢、蓝氢、绿氢的道路，而最终要走绿氢的道路。但是，当前必须最大化利用氢的低碳排放属性，采用分步走和分阶段走的路径，为未来绿氢和相关产业的发展铺平道路。

2021年中国氢能联盟发布了《可再生氢100行动倡议》，2022年发布了路线图。这说明我国要力争在2030年全国可再生能源制氢电解槽装机规模达到100GW，这是实现我国2060年前碳中和目标的基石。所以，要在完善分行业、分区域目标的基础上，通过强化“大基地”规模化示范降低制氢的成本。

对于低成本制氢方面，绿氢技术发展迅速。碱性电解水技术已发展很多年，技术成熟、成本不高，但是从电网灵活负荷的视角来看，并不是理想的调控部分。而质子交换膜电解水制氢技术，其调控迅速，拥有毫秒级的响应速度，完全可以匹配可再生能源的随机性、波动性和不可预测性，可以借此构建友好型的系统。质子交换膜电解水是燃料电池的逆过程，也涉及电堆技术、附属部件技术和集成技术，这一技术发展得也较为迅速。

此外，在交通领域，如果想替代重型卡车和在大功率系统里替代燃油车，还需要高密度的储氢技术。现在应用最多的是高压气氢技术，国内目前的应用气压是35MPa，而70MPa的储氢密度更高。另外，有部分研究表明，低温高压储氢可以获得更高的储氢密度。还有液氢技术，氢气液化需要的温度基本上是-253℃，但是该技术可以实现大容量储氢，现在船用和更长距离的运输都是采用液氢技术。国内福田智兰做的液氢重卡，续航里程可达1000公里，从这个角度来看完全可以替代燃油车。因此，高效的储氢技术也是制约氢能重卡发展的重要方面。

燃料电池技术的发展也需要产业链上下游和零部件的相互配合，近几年科技部布局了很多氢能专项，鼓励企业和科研单位通力合作来解决一些“卡脖子”问题。研究院在2021年申请参与了一个面向未来400千瓦的燃料电池系统的零部件开发撰写项目，开发加氢枪、加氢口、储氢瓶、瓶阀、瓶组等零部件，提供完善的氢系统解决方案。燃料电池系统开发如图3-28所示。

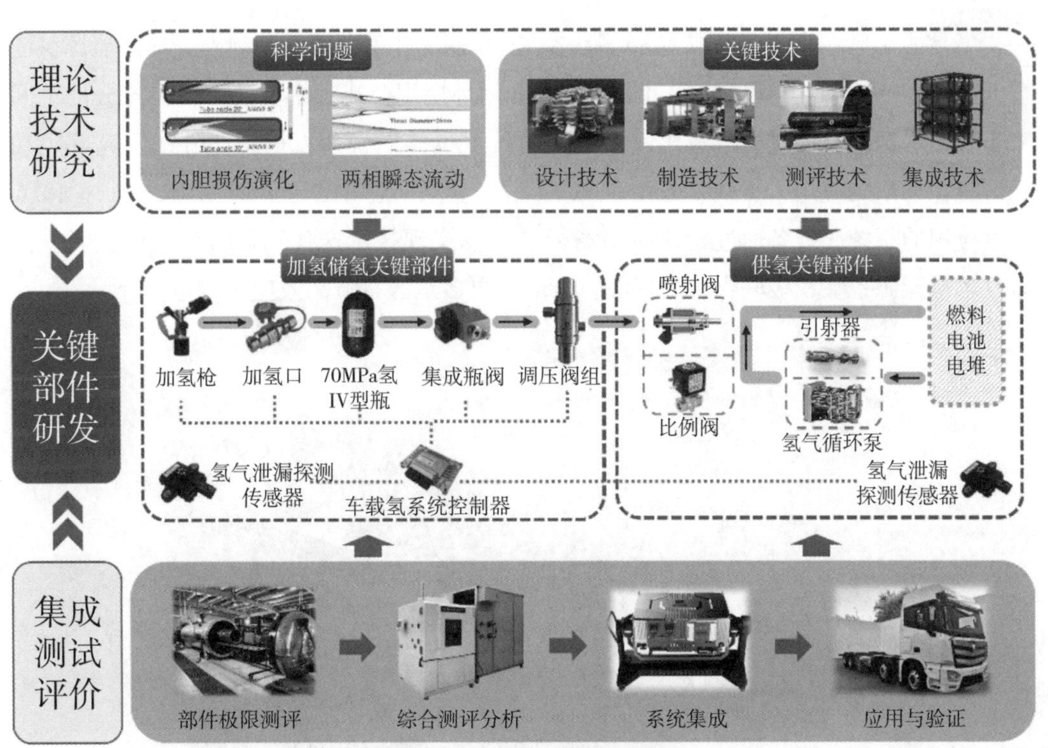

图3-28 燃料电池系统开发

资料来源：2022年氢能重卡生态大会。

研究院构建了一些多维度电堆参数检测平台、开放式动力系统；关注燃料电池内在的机理和特征，关注系统集成以及优化运行技术。其最终目标是提高动力系统的可靠性、耐久性、安全性。开放式动力系统研发平台如图 3-29 所示。

图 3-29　开放式动力系统研发平台

资料来源：2022 年氢能重卡生态大会。

华昌能源已在张家港形成了 35 辆公交和 10 辆氢能重卡的示范规模。华昌能源氢能重卡如图 3-30 所示。研究院通过运行实践和闭环应用模式，给了技术人员充分的空间来实现技术迭代。通过技术迭代，研究院的技术也得以快速发展。此外，研究院也在探讨更多场景的应用，特别是发电领域的应用，华昌能源已在 2022 年做了 1 座 1MW 发电应用的系统，准备通过构建应用场景和生态实现技术迭代和运行模式的创新。同时，华昌能源也在积极联合各方资源，争取在更多地区打造高效应用示范。

图 3-30　华昌能源氢能重卡

资料来源：2022 年氢能重卡生态大会。

第四章　仓储技术

仓储是商品流通的重要环节，也是物流活动的重要支柱。随着我国物流市场迅速增长，我国仓储行业规模日益扩大，围绕仓储环节的技术研发与创新应用更加丰富。本章基于对仓储核心技术、热点技术、发展环境、优秀应用案例等的综述分析，将本章内容划分为仓储技术发展概况、储存技术、拣选与分拣技术、装卸搬运技术、仓库管理技术五节。第一节对仓储的技术体系、发展背景、发展趋势等进行介绍；第二节至第五节为技术体系的展开，对仓储热点技术、创新技术等进行介绍。

第一节　仓储技术发展概况

仓储是指通过仓库对物资进行储存、保管以及仓库相关储存活动的总称，集成了储存、装卸、搬运、信息处理等物流基本功能。随着人工智能、大数据、新材料等领域技术的进步，仓储技术沿着智能化、标准化、绿色化方向不断发展。

一、仓储技术体系

从技术发展的角度看，我国仓储行业至今经历了人工仓储、机械化仓储、自动化仓储、智能化仓储四个阶段，各阶段的主要特征如图 4-1 所示。从中可以看出，仓储行业发展阶段的演变过程主要依托于先进仓储技术在储存、拣选、分拣、装卸、搬运、信息管理等各个环节的应用。结合作业特征与技术特点，本章将仓储技术体系划分为储存技术、拣选与分拣技术、装卸搬运技术、仓库管理技术，如图 4-2 所示。

储存技术是指用于货物存放、存取的技术，解决“如何放置货物”“如何存取货物”的问题，典型代表为高密度仓储技术（如穿梭板货架、重力式货架、压入式托盘货架等）、AS/RS 立体仓库技术、智能存取机器人技术（如无人叉车等）。

拣选与分拣技术是指用于货物拣选、分拣的技术，解决“如何找到并取出货物”的问题，典型代表为智能拣选支撑技术（如灯光拣选系统、增强视觉拣选系统等）、自动化输送分拣技术（如交叉带式分拣机等）。

装卸搬运技术是指用于货物装卸、搬运的技术，解决“如何垂直/水平移动货物”

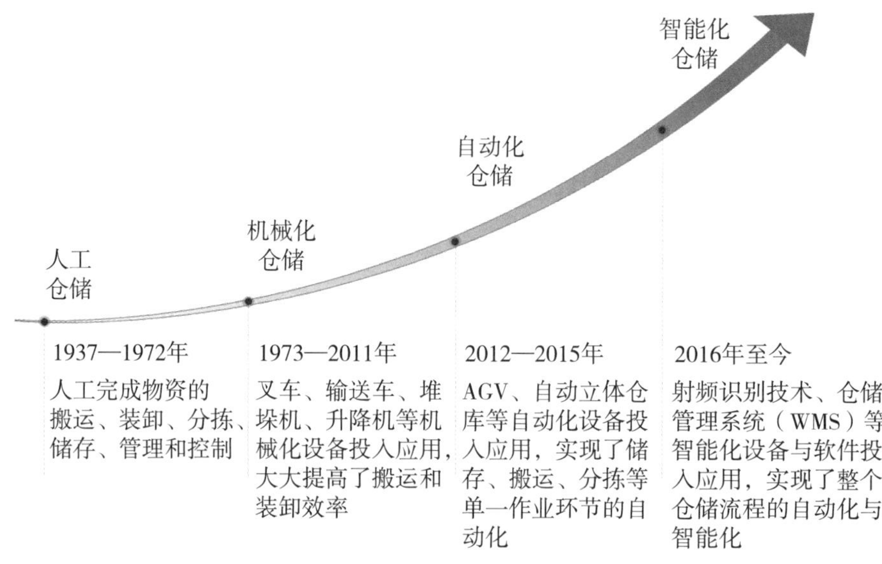

图 4-1　我国仓储行业发展阶段

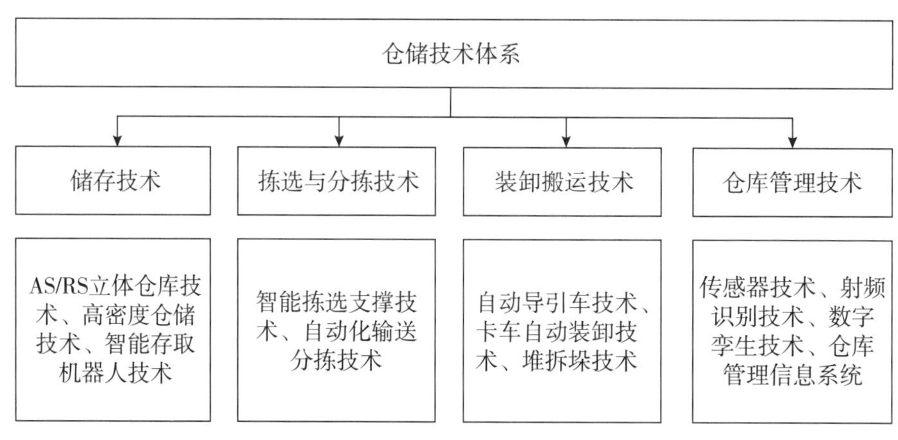

图 4-2　仓储技术体系

的问题，典型代表为自动导引车技术、卡车自动装卸技术、堆拆垛技术等。

仓库管理技术是指用于仓库信息管理的技术，解决“如何管理货物”的问题，典型代表为传感器技术、射频识别技术、数字孪生技术、仓库管理信息系统等。

二、仓储行业发展背景

（一）政策背景

随着物流业在我国经济发展中的地位愈加重要，与物流业相关的政策措施不断完善。近几年，国家层面和省区市层面密集出台了一批支持仓储行业发展的政策规划，如表 4-1 所示，为仓储技术的发展营造了良好环境，有力促进了仓储技术创新进步。

表 4-1　　国家及省区市层面仓储行业的相关政策

发布时间	政策名称	主要内容
2022 年 10 月	《关于印发〈关于扩大当前农业农村基础设施建设投资的工作方案〉的通知》	突出农产品仓储保鲜冷链物流设施项目建设
2022 年 5 月	《国务院关于印发扎实稳住经济一揽子政策措施的通知》	2022 年，中央财政安排 50 亿元左右择优支持中国重点枢纽城市，提升枢纽的货物集散、仓储、中转运输、应急保障能力，引导加快推进多式联运融合发展，降低综合货运成本
2022 年 1 月	《国家发展改革委关于印发〈“十四五”现代流通体系建设规划〉的通知》	提升订单、运输、仓储、配送全流程智能化水平
2021 年 7 月	《5G 应用“扬帆”行动计划（2021—2023 年）》	加强 5G 在园区、仓库、社区等场所的物流应用创新，推动 5G 在无人车快递运输、智能分拣、无人仓储、智能佩戴、智能识别等场景应用落地。该政策有助于推动物流行业自动化运输，深化 5G 在物流仓储环节与仓储机器人的融合
2022 年 6 月	《云南省人民政府办公厅关于印发云南省农业现代化三年行动方案（2022—2024 年）的通知》	到 2024 年，全省新建仓储保鲜设施 900 座以上，库容总量达到 800 万立方米
2021 年 11 月	《省人民政府关于印发湖北省新型基础设施建设“十四五”规划的通知》	依托鄂州花湖机场、武汉新港等推动多式联运创新发展，研发多式联运信息系统，推动智能仓储、集运分拨、共同配送、冷链物流、电子商务等核心环节信息资源互通共享

（二）市场现状

1. 行业整体运行稳定

随着中央提出“稳字当头、稳中求进”的经济工作主基调，以及促消费、稳投资等相关政策密集出台，仓储行业整体稳定运行。中国物流与采购联合会与中储发展股份有限公司联合调查的中国仓储指数显示，2021 年 1—12 月，中国仓储指数均值为 52. 0%，较 2020 年增长 1. 1%，整体位于 50%以上的扩张区间内，表明仓储行业运行稳定，如图 4-3 所示。从分项指数来看，中国仓储企业业务活动预期指数均值为 57. 3%，较 2020 年增长 3.3%，反映出仓储企业对未来行业需求预期较为乐观；中国仓储业务量指数均值为 53.1%，较 2020 年增长 0.7%，整体位于枯荣线（50%）以上，反映出仓储需求保持较为稳定的态势。

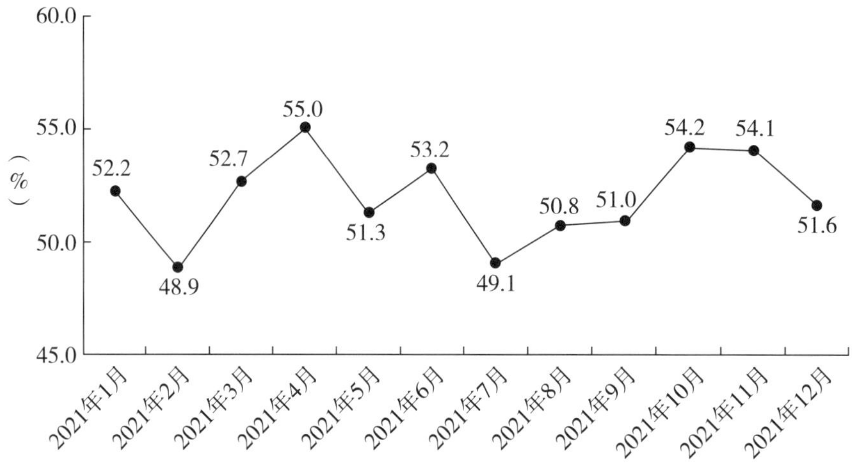

图 4-3　2021 年 1—12 月中国仓储指数变化情况

资料来源：中国物流与采购联合会。

2. 行业增长趋势放缓

目前，仓储行业正处于高质量、数字化和智能化发展的转型期，大部分企业对于仓储行业投资持较保守态度，行业的增长趋势放缓。从仓储行业企业数量来看，2021 年仓储企业（法人）数量约为 4.7 万家，净增企业数量约为 1000 家，同比增长 2.2%，增幅较上年度降低 0.5%，新增企业数量持续放缓，如图 4-4 所示；从固定资产投资额来看，2021 年我国仓储业（含装卸搬运）固定资产投资额约 7317 亿元，同比增长 6.6%，增幅较上年下降 3.3%，如图 4-5 所示。

3. 海外仓加速布局

2021 年，全球新冠肺炎疫情影响持续，国际供应链中断，一箱难求、空运价格暴涨等频发，让海外仓成为仓储行业热点。从政策环境来看，中央和各地政府充分肯定了海外仓在推动外贸尤其是跨境电商发展中的重要支撑作用，相关利好政策不断出台，积极鼓励加快海外仓建设。2021 年 7 月，《国务院办公厅关于加快发展外贸新业态新模式的意见》中提出，培育一批优秀海外仓企业，完善覆盖全球的海外仓网络。2021 年 12 月，广东省人民政府办公厅印发《广东省人民政府办公厅印发关于推进跨境电商高质量发展若干政策措施的通知》中提出，支持海外仓企业研发智能仓储技术。从海外仓规模来看，据商务部统计数据，2021 年年底我国分布在全球的海外仓数量已超过 2000 个，同比增长 11%；总面积超过 1600 万平方米，同比增长 33.3%。

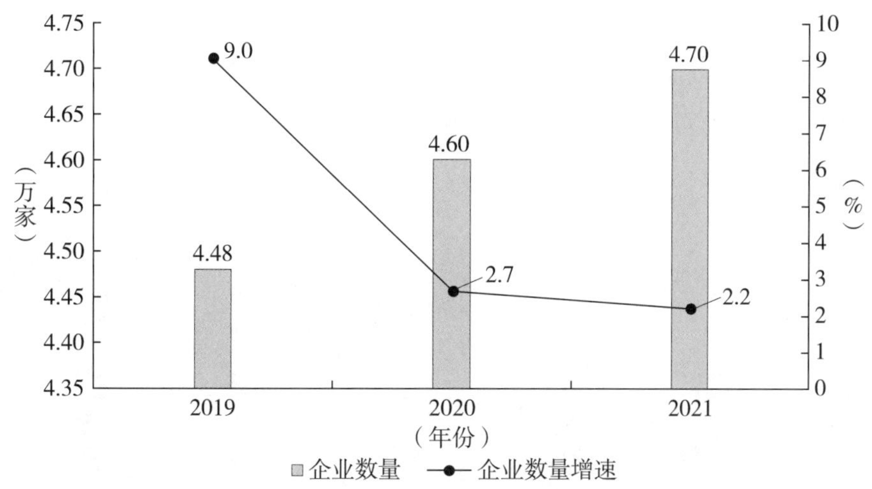

图 4-4　2019—2021 年仓储企业数量变化情况

资料来源：中国仓储与配送协会《2022 年中国仓储配送行业发展报告》。

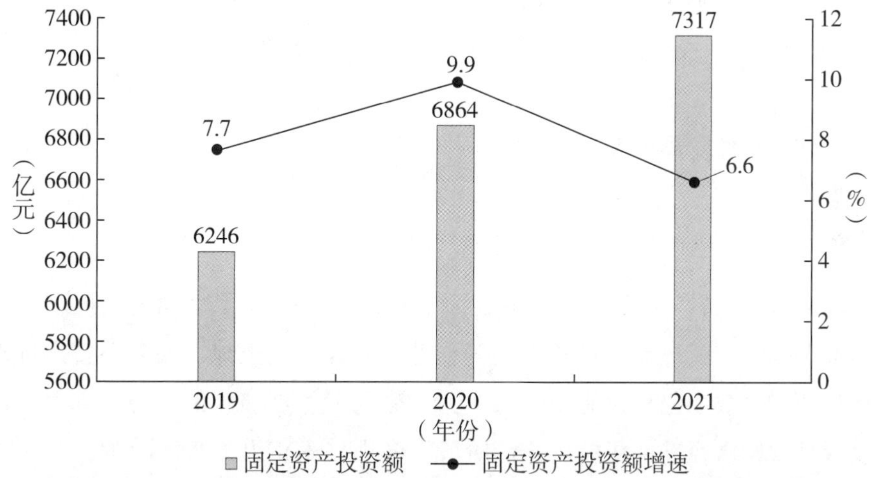

图 4-5　2019—2021 年仓储业（含装卸搬运）固定资产投资额变化情况

资料来源：中国仓储与配送协会《2022 年中国仓储配送行业发展报告》。

4. 智能仓储加速发展

我国仓储行业已经进入智能化仓储阶段，但是普及率还有待加强。随着机器人、云计算、大数据等技术不断发展，智能仓储正在加速发展。一方面，智能仓储规模持续攀升。2017—2021 年，伴随物流行业规模的迅速上升和仓储环节降本增效需求的不断攀升，中国智能仓储行业市场规模由 712. 5 亿元增至 1145. 5 亿元，年复合增长率达到了 12. 6%，如图 4-6 所示。另一方面，国内厂商优势逐渐体现。我国智能仓储行业较国外起步较晚，在技术水平、产品知名度等方面不及国外知名厂商，但是在价格、沟通、后期维护服务方面具有显著优势。目前，国内知名厂商在中低端产品市场上具有明显竞争优势，已经通过行业项目积累了大量客户资源。随着国内技术的快速发展和持续突破，本土厂商有望迅速切入高端市场领域，抢占市场份额。

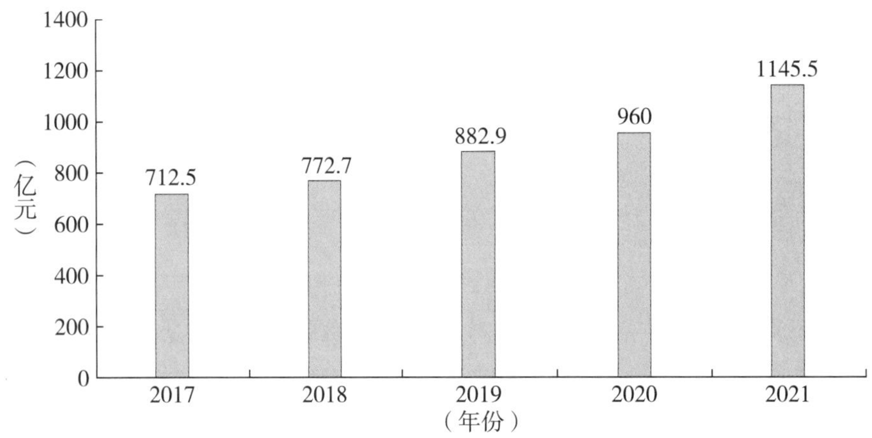

图 4-6　2017—2021 年中国智能仓储行业市场规模

资料来源：http：//adm3. logclub. com/front/lc_report/get_report_info/1129-188。

三、仓储技术发展趋势

（一）智能化

从实际需求角度看，我国仓储行业正面临商品种类愈加繁多、作业强度日渐增加、人力成本逐渐攀升、客户要求日益提高等作业现状，依托土地、人力等要素推动行业发展已遭遇瓶颈，数字化和智能化已然成为突破行业发展痛点的核心驱动力。从技术水平角度看，我国已经进入智能化仓储阶段，各项技术正沿着智能化的角度不断创新突破。2021 年 10 月，国家主席习近平在第二届联合国全球可持续交通大会开幕式的讲话中也强调，“要大力发展智慧交通和智慧物流，推动大数据、互联网、人工智能、区块链等新技术与交通行业深度融合，使人享其行、物畅其流”。

（二）标准化

标准化是指采用法律法规规定的标准或者社会普遍实行的习惯来进行仓储技术的研发，这对推动设备跨库流转、多厂商设备兼容等具有重大意义，是仓储技术发展的又一趋势。国家正在不断加强标准化工作，有力推动了仓储技术高质量发展、提质增效。2021 年 4 月，《交通运输部办公厅 国家发展改革委办公厅 工业和信息化部办公厅 农业农村部办公厅 商务部办公厅 市场监管总局办公厅 国家邮政局办公室 中华全国供销合作总社办公厅关于做好标准化物流周转箱推广应用有关工作的通知》中提出，建立健全物流周转箱标准规范体系、加快完善物流周转箱循环共用体系、加大信息技术应用和配套设施建设。以“标准化物流周转箱”为工作重点，推进物流包装可循环、减量化，物流作业单元化、机械化、模块化、绿色化，进而降低货物损耗、提高流通效率。

（三）绿色化

截至2021年年底，全国范围内达到行业标准《绿色仓库要求与评价》（SB/T 11164—2016）要求的绿色仓库总面积已超过1000万平方米，增速高达30%，仓储技术绿色化的步伐还将持续深化。从政策引导来看，《中共中央 国务院关于完整准确全面贯彻新发展理念做好碳达峰碳中和工作的意见》《国务院关于印发2030年前碳达峰行动方案的通知》等文件相继发布，强调加快发展绿色物流；《商务部等9部门关于印发〈商贸物流高质量发展专项行动计划（2021—2025年）〉的通知》中提出，健全绿色物流体系，发展绿色仓储，支持节能环保型仓储设施建设；各地方政府也逐步落实绿色发展文件并陆续出台资金奖励政策。

第二节　储存技术

货物储存包括货物存放和货物存取。目前，我国主要采用“钢结构仓库+货架”进行货物存放和“人工+叉车”进行货物存取，但随着仓储技术不断创新发展，货物储存技术的智能化和绿色化水平正在逐渐提升。一方面，货物存取技术沿着智能化方向快速创新，堆垛机、穿梭车等用于立体库自动存取的技术经久不衰，仓储机器人等用于非立体库自动存取的技术快速创新，货物存取技术的智能程度、应用场景等不断发展；另一方面，货物存放技术沿着绿色化方向快速发展，“钢结构仓库+货架”的货物存放方式是目前乃至未来主流的货物存放方式，但随着价格增高、资源有限等土地问题愈演愈烈，气膜仓库等新概念的货物存放方式开始被提出并应用。

一、自动化立体库

自动化立体库是物流技术的革命性成果，它一般由高层货架、巷道堆垛机、输送机、控制系统和计算机管理系统等构成，可以在计算机管理系统控制下完成单元货物的自动存取作业。立体库最早诞生于美国。20世纪50年代初，美国出现了采用桥式堆垛起重机的立体仓库；20世纪50年代末60年代初，出现了司机操作的巷道式堆垛起重机立体仓库；1963年，美国率先在高架仓库中采用计算机控制技术，建立了第一座计算机控制的立体仓库。此后，自动化立体库在美国和欧洲得到迅速发展，并形成了专门的学科。我国对立体仓库及其自动存取技术的研制开始并不晚，1963 年研制成第一台桥式堆垛起重机，1973 年开始研制我国第一座由计算机控制的自动化立体仓库，高 15 米，于 1980 年投入运行。从时间上来看，自动化立体库并非新技术，但从这几年的技术应用和创新发展情况来看，自动化立体库项目数量没有随着时间越来越少，反而越来越多。随着仓库作业的复杂化加深和科学技术的发展，自动化立体库的存取技术不断创新、应用场景不断丰富。

（一）堆垛机

堆垛机是自动化立体库的元老级部件，可实现水平运动、垂直运动、货叉伸缩运动三维运动。其工作原理是：堆垛机由行走电机通过驱动轴带动车轮在下导轨上作水平行走，由提升电机通过钢丝绳带动载货台作垂直升降运动，由载货台上的货叉作伸缩运动。一般来说，堆垛机按照固定的轨道来回行驶，一台堆垛机负责一条巷道，将位于巷道口的货物存入货格，将货格内的货物运送到巷道口，完成货物的自动存取操作。

利用堆垛机进行货物存取的自动化立体库是较为成熟的技术，但传统的堆垛机技术容易受限于堆垛机和巷道的匹配关系，导致作业效率和成本较高。为减少堆垛机数量，双伸位、弯轨的堆垛机技术在近期得到较多应用。双伸位堆垛机是指能够处理左右各两排货架的堆垛机，实现方式为加长货叉，如图 4-7 所示；弯轨堆垛机是指能在不同的巷道之间切换的堆垛机，实现方式为将巷道的轨道延长并在末端按照一定的曲率延伸到另一个巷道的轨道上，如图 4-8 所示。

2022 年 9 月，旷视助力护理用品头部企业悠派股份建设的应急物资智能立体仓库正式投入使用。该智能立体库就是以弯轨堆垛机为核心的自动化立体库项目，主要储存口罩等应急物资，实现了应急物资的自动化、数智化出入库操作，以及可视化管理。投产后的智能立体库，目前已经取得一些初步的应用成效：达到上万个货位，相比传统平面储存方式，其空间利用率提升 300%；在满足用户出入库流量的需求下，弯轨堆垛机相比直轨堆垛机，能够进一步节约 30% 的成本；自动化、数智化的作业方式效率比传统人工作业模式提升 200%～300%。

（二）穿梭车

利用穿梭车取代堆垛机实现自动化立体仓库的自动存取是更为先进的技术。这种模式下的货架也与传统堆垛机的货架有些许不同，穿梭式货架通过在货架深度方向设置穿梭小车导轨，存货时只需将货物放在导轨的最前端，导轨上的无线遥控穿梭车会

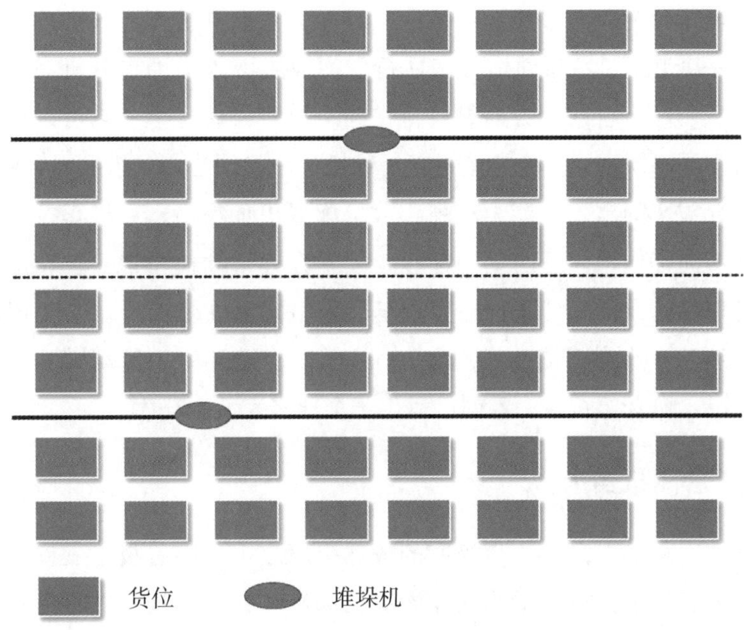

图 4-7　双伸位堆垛机工作原理

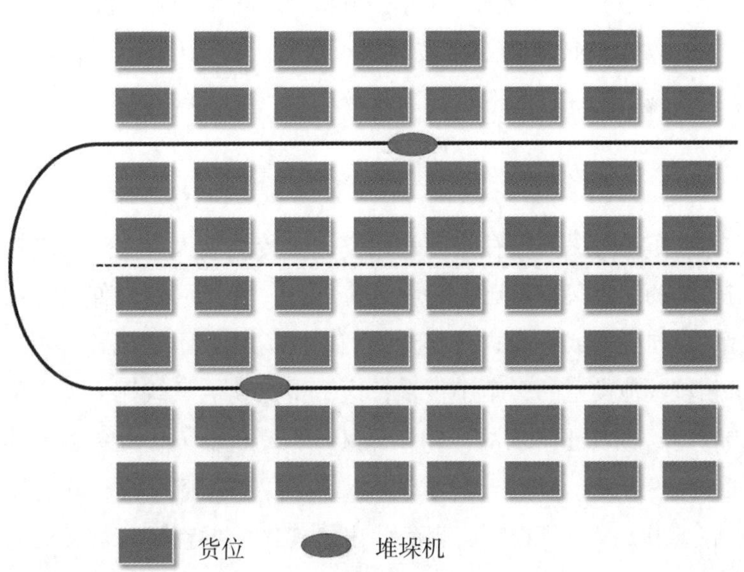

图 4-8　弯轨堆垛机工作原理

自动承载托盘在导轨上运行，将其放置于导轨最深的货物处；取货时穿梭车会将托盘放置于导轨最前端，叉车取走即可。应用穿梭车的立体仓库，一般出入库的货物会放置在巷道每层的缓存地点，然后由提升机来完成垂直方向的货物搬运。相比于堆垛机在托盘货物载重 1 吨的情况下一般只能做到双伸位储存，穿梭车系统可以实现十几个甚至几十个伸位，具有更高的存储密度和更优的作业成本。

常用的穿梭车分为双向穿梭车和四向穿梭车。双向穿梭车只能向前、后两个方向行驶，通常在一个巷道、一层轨道上来回行驶，换层必须借助提升机完成；四向穿梭车可以向前、后、左、右四个方向行驶，在同一层货架轨道上，它可以轻松行驶到其他巷道，实现在同一层面、多个巷道进行货物搬运，换层也必须借助提升机完成。

由于四向穿梭车的出入库能力较强、数量配置更加灵活，穿梭车技术的突破和应用主要聚焦在四向穿梭车，近两年的穿梭车技术在冷链仓储中取得创新应用。智库智能根据冷链环境特殊设计冷链款智能穿梭车，采用低温电芯、低温进口 PLC 及动力系统等，最长可续航 8 小时，能够实现在-25℃低温冷链环境中的高效、平稳、安全运行，适用于食品、医药等行业，目前已运用于全球多家低温仓库。

二、智能仓储机器人

自动化立体库是实现自动货物存取的成熟手段之一，随着技术发展，应用场景也越来越丰富。但实际中存在大量非立体库，堆垛机和穿梭车技术并不适用，目前主要采用无人叉车进行自动货物存取。无人叉车已有多年的发展历程，昆船智能在 20 世纪 90 年代就已经研发出我国第一辆无人叉车。但从最近的无人叉车新产品推出情况来看，无人叉车仍然是货物存取技术创新突破的热点之一，主要围绕日益丰富的应用场景，在叉车形态结构和核心元件方面不断创新突破。

（一）侧叉式无人叉车

侧叉式无人叉车是为提高储存空间利用率，对传统无人叉车形态结构进行突破的创新技术。与传统的无人叉车相比，其最大特点是：货叉从侧向伸出。在进行货物存取作业时，货叉面向货架或货垛进入作业通道，无人叉车不必先转弯再叉取货物，对巷道宽度要求相较其他类型的叉车小很多，这个特点使侧叉式无人叉车更加适合于窄通道作业。2022 年，凯乐士推出的“PTR 侧叉式移动机器人”就是侧叉式无人叉车的典型代表。如图 4-9 所示，相较于传统无人叉车，“PTR 侧叉式移动机器人”具有底盘，货叉位于底盘上，叉取货物时从侧面伸出。其作业过程是：货叉面向货架进入作业通道，到达指定货位，侧面伸出货叉叉取托盘，将托盘放置在底盘上，直线移动离开作业通道。其独特的形态结构和作业模式使“PTR 侧叉式移动机器人”具有以下优势：能够在 1.65 米超窄作业巷道里作业，实现超高密度的托盘储存，较传统人工仓提升了 30%的储存能力；能够达到 20s 内的取货能力，没有多余的转向对准动作，实现到位即取，较传统人工叉车取货时间快 80%；采用全新底盘结构方案，保证了大载重的稳定性和地面适应性。

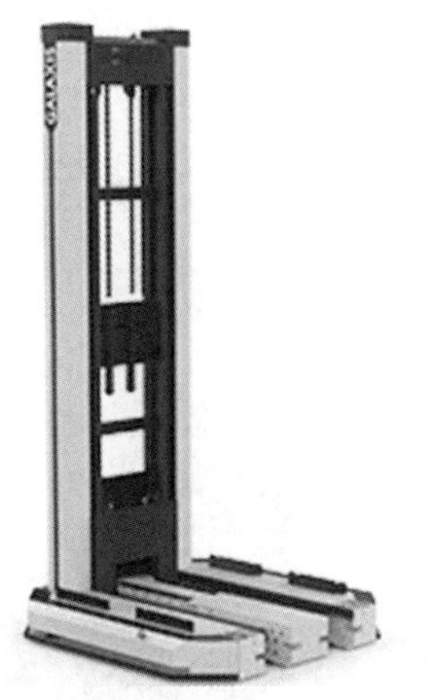

图 4-9 凯乐士 PTR 侧叉式移动机器人

资料来源：http：//www. galaxis-tech. com/index. php/solve/detailinfo/60. html。

（二）低温无人叉车

低温无人叉车是为满足日益丰富的冷链物流作业需求，对传统无人叉车核心元件进行突破的创新技术。无人叉车在冷库作业的技术难点通常有三点：第一，冷库内部的冰雾、水汽等影响导航摄像头的精确度；第二，无人叉车常规电池在低温环境下工作时间短，启动充电困难；第三，在需要出入冷库的项目中，面临着极大的环境温差。我国零部件企业和无人叉车企业聚焦冷库环境技术难点持续研究，在这两年取得了较好的技术突破。

从零部件企业来看，典型代表是泰坦智能提出的磷酸铁锂电池加热技术，能够有效解决冷库低温电池充电问题。技术原理是在电池内部加入加热膜及保温膜，使电池可自发热并保温，同时充电机配合电池，在充电时可对电池进行充电加热，使电池加热效率提高，从而达到提高电池使用效率和充电效率的目的，以解决冷库低温电池充电问题。

从无人叉车企业来看，兰剑智能、三菱重工、劢微机器人等企业在这两年相继推出低温无人叉车。2022 年 8 月，劢微机器人发布冷库版前移式无人叉车 MW-R16H，可满足-30℃低温环境搬运需求，如图 4-10 所示。针对冷库环境的技术难点，该款低温无人叉车具有以下特征：创新性采用国内电池与传感器智能恒温技术，实现车体核心元器件的温度控制，适应冷库环境-30～45℃，可在低温和常温环境中自如切换；通过在车身搭载除雾装置，解决无人叉车在高低温切换下产生的凝露；采用无接触充电代替传统充电方式，避免火灾等安全隐患，大大降低水雾对车体以及电池等器件的损耗。

图 4-10　劢微机器人冷库版前移式无人叉车

资料来源：https：//www. sohu. com/a/579962247_120960869。

三、气膜仓库

（一）气膜仓库的构成

气膜仓库是采用新型环保材料配备智能化的机电设备组合而成的，机电设备往气膜里面充气，利用密封空间内空气压力支撑原理，形成巨大的无梁无柱的建筑空间，如图 4-11 所示。气膜仓库的配套系统主要有送风系统、电源系统、照明系统、门禁系统、智能控制系统等，多系统共同作用维持气膜仓库正常运行。

图 4-11　气膜仓库

资料来源：https：//new. qq. com/rain/a/20220225a06xx100。

送风系统：气膜仓库无梁无柱，主要依靠空气来支撑，当充气膜充起来形成一个饱满的曲面结构时，气膜内外的气压会保持在一个恒定值，只要内部气压不丢失或者外部气压变化不大，风机就无须进行充气。但气膜仓库无须一直充气并不意味着可以在气压稳定时关闭风机设备，因为反复启停风机设备不但会影响设备的使用寿命，还会造成更高的能耗。此外，当气膜仓库内进行仓储作业时，大量的人员需要新鲜空气。因此，气膜仓库一般配备两组送风机，持续向气膜仓库内输送新鲜空气。正常情况下，一台机组运行，当出现意外，那么另一台机组将会顶替使用，两台送风机互为备份。

电源系统：电源系统同样配备两组，为应对突发情况，一组采用正常的电源进行供电，另一组采用燃油供电。如果正常电力系统出现检修或者节电现象，气膜仓库将处于停电状态，此时，为了保证气膜仓库的正常运行，将采用燃油发电机组。

照明系统：气膜仓库本身具有漫反射特性，可依靠日光照明，更可配备透明篷布，极大程度上利用阳光。为了在阴天或夜间照明，可设计反射式照明系统，光源将灯光照射到气膜膜布之上，通过反射照明，可以做到无眩光照明，有利于对照明要求较高的活动进行。

门禁系统：气膜仓库的出入口，采用旋转门、快速门等，提供人员进出、交通工具的进出等。

智能控制系统：将其余系统相互结合，形成控制单元，根据客户需要灵活控制温度、灯光、电源、门禁等，实现无人值守。

（二）气膜仓库的特点

1. 快速应用

气膜仓库建设周期短，从签订合同到投入使用最长为三个月，气膜的加工、制作均可工厂化进行，现场安装仅需 10 天左右，能够实现快速拆卸搬迁。

2. 节能环保

一方面，气膜仓库建筑过程污染少。利用现代气膜结构技术进行工业化和标准化制造，集成生产、施工现场快速拼装的经营模式，使建筑过程无噪声、无大气污染、无污水排放等。另一方面，气膜仓库运营能耗低。膜材具有良好的透光性，能够充分利用自然光，并且膜材具有良好的自洁性，无须维护。

3. 成本较低

一方面，气膜仓库没有任何框架或梁柱支撑，空间利用率可以达到 100%；另一方面，空间可随意分隔组合，最大跨度可达 200 米，长度不受限制。气膜内的空间高跨比为 1/4~1/2，同等建造成本下，气膜实现的空间高度为传统结构的 2~5 倍，相对于高度受限的传统仓库，可为业主增加 30%以上的可用空间。

（三）气膜仓库的应用

气膜仓库相较传统的钢结构建筑来说，在成本、空间、环保、建设等方面具有较大优势。随着我国“碳达峰、碳中和”步伐继续前进，气膜仓库技术作为节能环保的有效方式，正在钢铁、煤炭、粮食等无货架仓储的多个领域快速推广。

1. 钢铁气膜仓库

2022 年 1 月，中钢集团滨海实业有限公司 480 万吨/年带式焙烧机球团项目配套的料场仓储气膜建成，该气膜仓库长 466 米，宽 184 米，面积达到 85744 平方米，实现了气膜仓库跨度的巨大突破。项目从基础到起膜在 88 天内完成。

2. 煤炭气膜仓库

2022 年 11 月，唐山港京唐港区煤炭泊位堆场的气膜仓库成功充膜，该气膜仓库长 1130 米，跨度为 130 米，总面积近 15 万平方米，填补了国内沿海港口散货堆场封闭中气膜应用的空白。气膜仓库内部配置新风换气、消防除尘、智能控制等多个系统，实现堆场封闭的清洁化、智能化、系统化。具有显著的环保效果和经济效益：一是气膜仓库实现全封闭，有效解决粉尘污染、水污染问题，减少煤损失；二是该项目气膜仓库造价相比传统结构下降 50%左右；三是气膜使用智能化管理平台，运维成本低。

3. 粮食气膜仓库

2022 年 10 月，成都中央储备粮四川新津直属库建成四个粮食气膜仓库，单个仓体高 36.1 米、储粮 7500 吨。粮食气膜仓库和传统的粮仓相比，气密性可提升两倍以上，在氮气气调、低温储粮技术使用方面有独特优势，可确保低温储粮的粮温常年保持在 15℃以下，后期运行能耗预期可节约 30%以上。

四、典型案例

（一）慧仓科技高速立体存储系统

慧仓科技成立于 2016 年，公司立足于高速立体的仓储自动化核心技术，聚焦标准化、模块化的高速立体存储和分拣两大创新产品线，服务制造业和流通领域的数字化升级。目前，慧仓产品已经进入汽车、医药、新能源、机械、家居、印染、军工、3C、日化、鞋服等多个行业，销售服务网络覆盖全国，并进入了美国、日本、欧洲、东南亚等国际市场。

1. 技术原理及特点

慧仓科技研发的产品为搭载着慧仓机器人的高速智慧立体库。相较于传统的自动化立体库，采用堆垛机、穿梭车等进行货物出入库作业的存取技术，慧仓科技创新地将机器人与立体库结合成模块化的存储单元，实现了货物的高速存取。

（1）技术原理。

慧仓产品的技术原理如图 4-12 所示，核心部件包括机器人组群和导轨货架。机器人组群用来实现货物进出货架，能够实现多机器人和多任务实时调度，并行操作；导轨货架是机器人移动的基础，机器人能够沿轨道运动，每台机器人都能够直达任意位置。

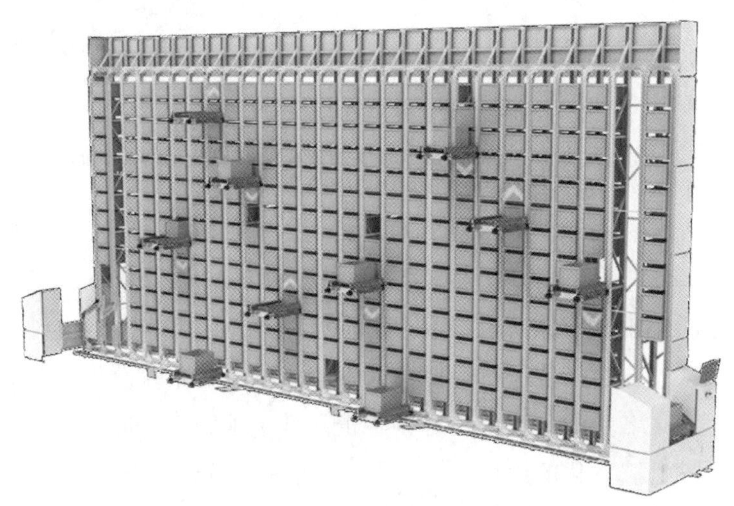

图 4-12　慧仓产品的技术原理

资料来源：2022 年全球物流技术大会演讲《慧仓科技 新技术赋能智慧仓储物流，助力企业转型升级》。

（2）技术特点。

基于慧仓科技创新的“机器人组群+导轨货架”技术原理，慧仓产品在柔性化方面具有显著优势（见图 4-13）。一是时间柔性，机器人配置数量能够随业务增长情况增加，进一步提高系统产能；二是空间柔性，可跨楼层应用，在不同楼层之间设置入库区与出库区，且模块化的单元能够快速实施、灵活搬迁；三是接口开放兼容，能够轻松对接各类 WMS/ERP 系统。

2. 典型产品及应用

慧仓科技主要聚焦高速立体存储和分拣两大创新产品线，典型代表产品包括慧仓摩天轮、慧仓迷你仓、慧仓穿云箭等存储产品以及慧仓闪电播等分拣产品。下面主要介绍慧仓摩天轮和慧仓迷你仓。

（1）慧仓摩天轮。

慧仓摩天轮是根据仓库高度和面积灵活定制的大型高速立体存储系统，适用于大型物流仓储中心的拆零拣货、整箱缓存等场景。如图 4-14 所示，该产品高 4.5~12 米、长 15~40 米、宽 2.5 米，单巷道存储量可以达到 4000 箱以上，可配置 1~2 个出入口，

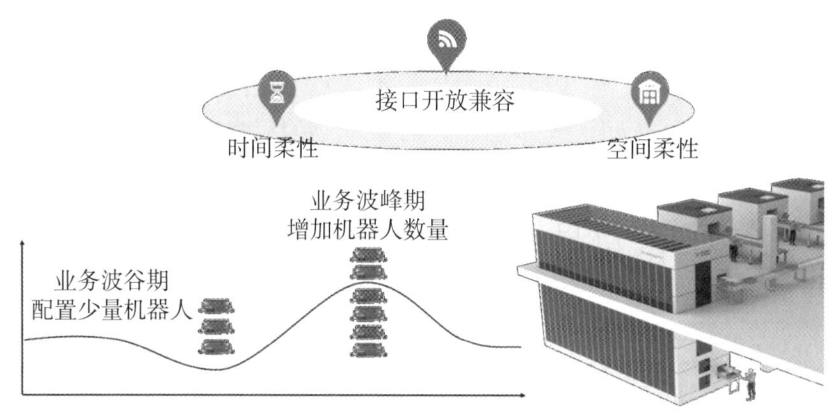

图 4-13 慧仓科技技术特点

资料来源：2022 年全球物流技术大会演讲《慧仓科技 新技术赋能智慧仓储物流，助力企业转型升级》。

每个出入口吞吐量最高可以达到 400 箱/小时。基于慧仓摩天轮的解决方案包括三部分。一是上架入库。上层系统下发入库指令，WCS（Warehouse Control System，仓库控制系统）将该指令拆分成穿梭车机器人搬运指令并分发。机器人将物料从系统入口取回并搬运至货架上指定存储位进行存储。入库完成后新增库存，并向上层系统反馈过账。二是库存管理。各类物料设定库存预警值，低于预警值，进行库存预警。根据出入库需求热度，进行自动化的库位分配。重要物料平均分配在多条巷道中，提高系统利用率。多台穿梭车智能调度，实现效率最大化。三是下架出库。上层系统下发出库指令，WCS 将该指令拆分成穿梭车机器人搬运指令并分发。机器人将物料从货架上指定存储位取出并搬运至系统出口。出库完成后扣减库存，并向上层系统反馈过账。

图 4-14 慧仓摩天轮

资料来源：https：//hcrobots. com/home。

在慧仓摩天轮配送中心缓存集单项目中，慧仓摩天轮将前端各个区域拣选完成后的无序物料进行合批缓存，并按照订单信息有序将料箱出库。慧仓摩天轮通过与前端的滚筒线对接，进行物料的存储和输送，实现物料的快速流转；同时，慧仓摩天轮后端滚筒线对接打包台，对物料进行核验打包发货。该项目的成本、效率、柔性都取得良好表现：占地面积 100 平方米，减少 70%；全自动化操作，由原有 8 名工作人员减至 0 名；出入库效率达到 600 箱/小时；可以灵活存取多种规格高度料箱。

（2）慧仓迷你仓。

慧仓迷你仓是以模块化、即插即用为特点的小型高速立体存储系统，适用于生产企业线边库以及前置仓等场景。如图 4-15 所示，该产品高 2.5~4.5 米、长 4~12 米、宽 2.5 米，吞吐量最高可以达到 500 箱/小时。基于慧仓迷你仓的解决方案的最大优势在于便携，现场数小时内即可部署，具有高机动性，并且可搬运。

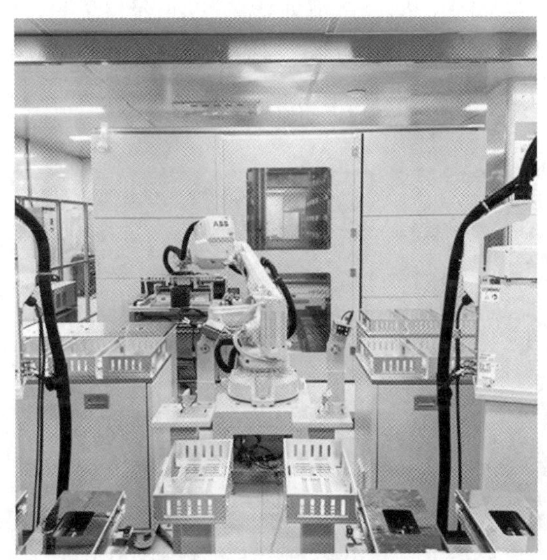

图 4-15　慧仓迷你仓

资料来源：https：//hcrobots. com/home。

在慧仓迷你仓新能源生产线线边库项目中，慧仓迷你仓配合生产线，被用于氢能源电池极板的暂存缓存，实现分类保存，将装有检测完毕合格的氢能源电池极板通过机械臂保存于立体库内，在一端的出库滚筒线出库，用于下一道工序。该项目同样取得了较好的应用效果，占地面积仅为 12 平方米；实现全自动化操作，无须工作人员；对各级能源电池极板实现了分类精准保管。

（二）新华制药现代医药物流中心项目

凯乐士创立于 2014 年，其自主研发的智能机器人已全面覆盖存取、搬运、分拣三大物流场景，拥有智能穿梭车、AMR 自主移动机器人、3D 视觉拆码垛机器人、智能分拣机等全系列产品。截至 2021 年，凯乐士已完成 600 多个物流项目，广泛应用于医药、新能源、半导体、汽车、鞋服、图书、3C 电子等 20 多个行业。医药产业是国家重点培育发展的战略性产业，在“智能制造”大背景下，越来越多的医药企业正在依托新兴物流技术与装备，推动实现内部物流的智能化改造升级。在上述背景下，新华制药与凯乐士开展合作，规划设计新华制药现代医药物流中心项目，通过投入使用堆垛机、机械手等硬件和仓储管理系统、仓储控制系统等软件，实现了信息化和智能化水平的全面提升。

1. 项目基本情况

新华制药现代医药物流中心项目位于山东省淄博市的新华制药总部，如图 4-16 所示。该项目按照国际最先进的动态药品生产管理规范标准建设，储存能力可达 26.8 万件，可支持年产片剂 200 亿片；项目占地面积为 11500 平方米，整体建筑包括 25 米高自动化立体仓库及 4 层楼库，其中自动化立体库面积为 6890 平方米，4 层楼库面积合计为 9960 平方米，使用面积共 16850 平方米。

图 4-16　新华制药现代医药物流中心项目

资料来源：http：//www.cawd.org.cn/index.php/article/detail/id/3044.html。

2. 储存技术应用

凯乐士严格按照药品生产质量管理规范对医药仓库的管理要求进行设计，参考医药行业法规中对药品生产企业物流系统的要求，结合企业的实际情况，打造了满足新华制药业务需求且符合药品监管机构要求的自动化仓储系统。

（1）自动化立体库。

新华制药现代医药物流中心项目采用 11 层立体式储存货架，合计 17160 个托盘位，预计储存能力达 25 万件；设计 13 个巷道，采用双立柱型堆垛机进行出入库作业，具有空间利用率高、人力成本低、作业效率高及管理信息化等优点。该自动化立体库由计算机通过 WMS 进行控制和管理，以先入先出为原则，迅速准确地处理物品，合理进行库存管理及数据处理；可持续检查过期商品或查找库存商品，防止不良库存，提高管理水平。

（2）楼库。

楼库一层为收、发货作业区及原辅料储存区，对于尺寸较大、不宜入立体库的原辅料采用压入式高位货架的储存模式，共设计 270 个托盘位，可储存原辅料 2500 件；楼库二层为与生产车间相连的箱式输送及自动码垛区，可将生产车间成品通过输送线送至自动码垛区进行自动码垛入库；楼库三层为专管库房（冷库、麻精库），共设计托盘位 461 个，储存能力为 7000 件；楼库四层为整件堆垛区，共设计 558 个托盘位，储存能力为 8400 件。

3. 项目建设成效

项目建成后，其工厂的物流管理水平得到了明显提升，具体表现在以下两个方面。

一是大幅度提高了新华制药的仓储能力和自动化作业水平。引入仓库管理系统，不仅实现生产到销售的信息无缝对接，同时能对药品进行全程自动跟踪，实现完善的企业仓储信息化管理。

二是仓储作业从原先的人工操作、手工账目管理过渡到全部自动化、电子化管理，不仅降低了人力资源成本和仓储成本，提高了自动化水平，更提高了企业供应链的运行效率。

第三节 拣选与分拣技术

随着全球商品经济、电商业务的蓬勃发展，以及物联网技术和产品的广泛应用，在仓储物流中，拣选和分拣环节在仓内物流中的权重不断增强，两者作为仓储物流运营系统的重要环节，是各个企业设计系统流程时重点考虑的对象。近年来，国内企业仓库业务订单量普遍快速增加，而且订单需求呈现小批量、多品种的发展趋势，这意味着配送物料的种类和数量急剧上升，极大地增加了拣选、分拣的工作强度。另外拣选和分拣效率决定着货物出库效率的高低，是仓储作业正常甚至高效运营的关键，因此发展智能化的拣选与分拣技术、采取先进的拣选与分拣解决方案已成为必然趋势。

一、拣选技术

在仓储物流场景中，拣选是将已经归类散放在料架上的物品拣出，用于配送使用的过程。拣选方式主要有人工拣选、半自动拣选、全自动拣选 3 种方案，人工拣选采用人到货拣选技术，随着电子商务的突飞猛进，“人到货”（Person to Goods or Man to

Goods，P2G or M2G）拣选已经不能满足目前高速增长的拣选需求。各种拣选技术的发展日新月异，从过去的拣货单拣货到 PDA（Personal Digital Assistant，个人数字助理）拣货，从射频识别技术到语音拣货系统，从穿梭车类货到人系统到类似 Kiva 机器人的自动拣货，琳琅满目。自动化、数字化、智能化的拣选技术正在蓬勃发展。

（一）半自动拣选技术

半自动拣选采用货到人拣选技术，货到人（Goods to person or Goods to man，G2P or G2M）拣选，顾名思义，即在物流拣选过程中，人不动，货物被自动输送到拣选人面前，供人拣选。货到人拣选是物流配送中心的一种重要的拣选方式，与人到货拣选相比，货到人拣选中作业人员行走和寻找储位的时间显著降低，工人的劳动强度大幅度下降，节省了人力成本。同时，货到人拣选采用立体储存和密集储存方式，可实现更高的储存密度。目前，货到人拣选技术发展最为迅速，已经普遍应用于电商、图书、食品、医药、服装等领域。

1. 货到人拣选技术

货到人拣选技术由三部分组成，即储存系统、输送系统、拣选系统。货到人拣选有十分明显的拣选高效优势，以拆零拣选为例，货到人拣选系统每小时大约完成 800~1000 订单行，是传统拆零拣选（包括纸单拣选、扫码拣选）的 8~15 倍。货到人拣选技术由于采用立体储存和密集储存方式，所以其储存密度可以大大提高。以拆零拣选为例，传统的拣选方式作业空间最多维持在 2 米以内；采用立体储存，空间利用率可以达到 45%以上；如果采用密集储存技术，空间利用率更是可以达到 60%以上，是传统方式的 4~5 倍。此外，货到人拣选的另一重要优势是能够大幅度降低作业人员的劳动强度。

大型电子商务配送中心是货到人技术的重要应用领域，因为其拆零拣选占拣选总量的 95%以上，是最合适采用货到人拣选技术的行业；医药物流，尤其是以拆零为主的配送中心，由于对物流效率和拣选准确性的高要求，是未来货到人拣选应用的另一重要领域；冷链物流由于作业环境恶劣，对货到人拣选有特别的需求，拣选区相对较高的温度将使作业变得相对舒适；传统行业还有很多具备采用货到人拣选的领域，如服装、食品、化妆品、长大件以及贵重品拣选等，均有应用货到人拣选的需求。

从货到人独有的优势看，几乎所有的行业都适宜采用货到人拣选技术，以提高效率和降低劳动强度。但在现阶段，立体库高昂的成本成了限制货到人拣选技术推广的重要因素。

2. 极智嘉 PopPick 新一代货到人解决方案

北京极智嘉科技股份有限公司在 2021 年推出 PopPick 新一代货到人解决方案，如

图 4-17 所示，以全能型一站式解决方案助力不同行业客户破解运营挑战。所谓全能，一方面，可以兼容大、中、小型商品的拣选。其中，料箱商品从拣选工作站完成拣选；不适合放入料箱的，如长大件、异形件，以及诸如矿泉水之类的商品，可以直接由搬运机器人送至拣选点，由拣货人员从拣选工作站的旁侧完成拣选，并合并播种，无须后续合单。另一方面，除了覆盖更多品类，PopPick 还支持拆零拣选、整托/箱拣选，以及集单功能。因此，从形式上来看，PopPick 融合了货箱、货架、托盘等所有类型的储存和拣选方式。随着企业在物流效率和运营成本方面的压力逐渐加大，仓储自动化会越来越需要高兼容度的一站式拣选方案，以支持全渠道库存共享的高效仓储运营。PopPick 的全能性，意味着它适用于几乎所有的行业和拣选场景，是更顺应未来趋势的选择。

图 4-17　PopPick 新一代货到人解决方案

资料来源：https：//mp. weixin. qq. com/s/sprF83HQmeaCbxs31noQsw。

相对 Kiva 系统，PopPick 在货品单元化的基础上实现了货品和货架的解耦，消灭了人在货架找货的环节，提升储存密度和拣选效率。相对穿梭车系统，PopPick 在货到人的“最后一米”依然坚持采用机器人的离散运输方式，从而保留了 Kiva 系统灵活性的优势。该方案主要由“PopPick 工作站+P 系列拣选机器人+货箱/货架/托盘混合储存系统”组成，兼顾超高兼容、超高储存、超高吞吐和超低成本四大优势。PopPick 工作站如图 4-18 所示。

（1）创新亮点。

超高吞吐：PopPick 从“人效、机器人效和机器人密度”三个维度创新，大幅提升吞吐能力。PopPick 拣选设计效率可达 650 箱/小时/工位，尽管人工操作会影响整体实际输出效率，但是由于 PopPick 是双点拣选，两个出箱口连续出箱，拣选人员可以不间断地连续作业，被动等候时间几乎为零，因此整体实际效率可以非常接近设计效率。基于订单预测与智能理货算法，PopPick 工作站能在夜间或闲时自动理货以提高货架订

图 4-18　PopPick 工作站

资料来源：https：//mp. weixin. qq. com/s/1DmtHZm0KuNmCHnKCoKrlg。

单命中率。目前，PopPick 方案可做到一次搬运即可命中多箱。此外，机器人空闲资源可以做到 24 小时充分利用，大幅度提高“机器人效”，避免作业浪费，真正为客户做到降本增效。

超高储存：PopPick 方案储存密度更高。由于拣选人员无须将手伸进料箱，并且工作站的机械手采用吸盘而非夹具，因此料箱间距可以进一步压缩，箱与箱之间的间距仅为 2 厘米，如图 4-19 所示，储存密度提升 4 倍。目前 PopPick 系统可以实现 5~6 米高的仓库空间的最优利用，超过 10 米，可以与四向穿梭车结合向上延展，实现超高立体储存。此外，PopPick 工作站的占地面积更小，仅 4 平方米左右，可以更加充分地利用仓库空间，让空间发挥最大价值。

图 4-19　料箱

资料来源：https：//mp. weixin. qq. com/s/sprF83HQmeaCbxs31noQsw。

超高兼容：大、中、小件全兼容，货箱、货架、托盘全融合，支持整托、整箱和拆零拣选的模式，同时支持集货。

超低成本：PopPick 新一代货到人解决方案，较传统人工仓相比，在储存密度和搬运效率方面实现 4 倍提升，吞吐量提升 5 倍以上，成本降低 50%。

（2）作业流程。

首先，基于订单预测和智能理货算法，PopPick 工作站提前（如夜间或者闲时）理货以提高货架订单命中率，这个过程无须人员干预；系统下发拣选任务后，移动搬运机器人将订单货架送至 PopPick 工作站；工作站的取放装置（带吸盘的机器人）将料箱取出并放置在工作站的输送线上；料箱被输送至拣货人员面前，拣货人员按照工作站的屏幕提示完成拣选；料箱送回至取放装置处，机器人将料箱放入货架。需要说明的是，被取出的料箱可以根据系统指令随机放入其他货架，原货架无须在工作站等待。

（3）适用场景。

PopPick 结合了标准货到人和货箱到人的优势，因此可以完全覆盖这两种产品的适用场景。具体来说，包含的场景有 3PL（Third-Part Logistics，第三方物流）、零售、鞋服、医药等行业的拆零拣选场景。除此之外，PopPick 因其智能货位调整和高储存能力的特性，还特别适用于集货场景，不同的订单杂乱存入 PopPick 后，可以按门店、路线等逻辑进行货位的重新组合，大大提高出库效率。

凡是多 SKU（Stock Keeping Unit，最小存货单位）的拆零拣选，如 SKU 数量上千且对效率要求很高的场景，PopPick 都是合适的。

（4）应用案例。

PopPick 通过优化货架机器人方案的储存能力，改善原有拣选环节的人机工学，让人员操作更舒适、拣选效率更高，从而满足仓储自动化既要高柔性，又要高储存、高效率，还要高性价比的终极需求。

在 PopPick 的助力下，某办公耗材知名企业实现了上架及拣货效率提升近 4 倍，准确率提升至 99.99%。此外，PopPick 通过压缩货箱间距至 2 厘米，实现了提升 4 倍的超高密集储存。它不仅支持全品类商品的储存和拣选，还可以根据第二天的出库预测，在夜间和空闲时间进行自动货位调整，提高吞吐量。与此同时，PopPick 大、中、小件全兼容的优势助力该企业轻松实现小至铅笔，大至打印机、地图挂图等商品的储存和拣选，真正做到一站式服务，以高创新力和高质量交付能力为客户创造真实商业价值。

3. 慧仓科技闪电播

作为高速立体智慧仓储开拓者，慧仓科技推出高可靠性解决方案——闪电播，如图 4-20 所示，适配商超零售拣选场景。其在快递行业拣选场景中的运用优势显著，目前慧仓科技在快递行业已成功落地多个海内外项目，服务的快递头部企业主要有京东、百世、顺丰、中外运敦豪等。中外运敦豪与慧仓科技共同打造并上线智能分拣设备如图 4-21 所示，现场使用慧仓闪电播对国际航空快件进行二次分拣，可以更便利地进行人工管理，提高分拣效率，助力仓库实现真正地高柔性、高智能、高效率。这不仅对快递行业的智慧物流发展具有示范意义，也是对慧仓科技卓越实力的一种肯定。不仅如此，凭借高可靠性、高性价比的智慧化物流解决方案，慧仓科技成功赋能多家国内外零售行业大客户，并实现了多个项目全球化复制。

图 4-20　闪电播

资料来源：https：//hcrobots. com/products/OmniSort。

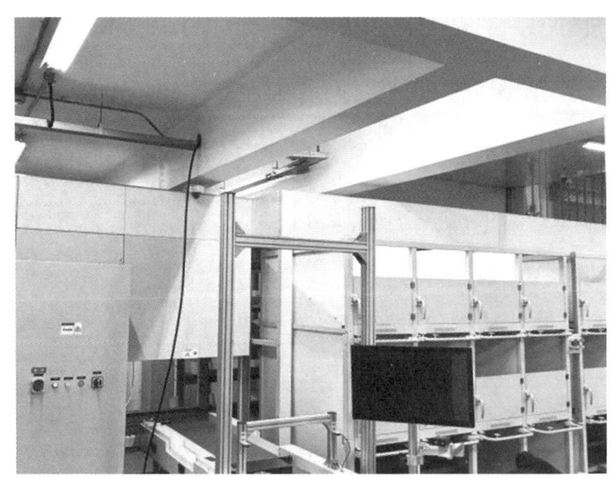

图 4-21　中外运敦豪与慧仓科技共同打造并上线智能分拣设备

资料来源：https：//mp. weixin. qq. com/s/CZc3n6-I4g5DsKqjvzObJA。

（1）闪电播主要性能。

闪电播作为立体化、灵活的高速立体分拣系统，适用于电商二次分拣、退货处理，以及门店配货等应用。闪电播具有高分拣效率和高空间利用率。客户所服务的商超零售企业出货量大、时效要求高，特别是大促期间订单压力大，对供应链的能力提出了巨大的挑战。闪电播项目的操作人员将物品放入入货口后，设备自动扫描物品信息并与订单匹配，确定目标分拣口，自动规划路径，快速投放，轻松实现超高速、无差错分拣，分拣准确率在99.99%以上，分拣效率高达1800件/小时/套，轻松实现超高分拣效率、高空间利用率的完美结合。闪电播可动态增减机器人设备，极具产能柔性。随着目前购物场景更加多元化，商超零售行业订单波动幅度较大，闪电播可根据订单情况增减机器人，实现产能的灵活调整，满足客户在不同时间段的货物分拣需求；此外，闪电播支持模块化设计，尺寸和效率可灵活扩展，随着业务量的增长，可以灵活增加分拣口，满足客户的分拣需求。闪电播可大幅度降本增效，快速实现效益最大化。该项目的作业模式为“路由分拣”，使物料快速流转，进一步实现分拣环节自动化、少人化，降低了70%的人力成本，降低对人工的依赖，大大节省运营成本，完美解决客户物流痛点，大幅度降低客户仓储运营成本。

（2）吉田海运引入慧仓科技。

在日本，整个仓储行业的市场规模达到了7万亿日元（约3500亿元人民币），其中仍有48%左右是人工费用。日本仓储行业在物流自动化建设方面的趋势，由过去以大型自动化系统为主，变为目前以小型、灵活的自动化解决方案为主，一方面是为了应对场地的限制，另一方面是为了降低人工的费用。

Gaussy株式会社（以下简称“Gaussy”）在与吉田海运合作的项目中，引进了慧仓科技的高速立体分拣解决方案，满足吉田海运的需求。

在本次项目中，吉田海运的核心需求在于按照量贩店的订单对冷冻肉类进行快速分拣。过去吉田海运依靠人工来进行分拣，作业人员在-18℃的环境下进行长时间工作是非常危险的，但是吉田海运又必须保证商品的品质，因此分拣作业不能脱离冷链环境。在这样的矛盾之下，吉田海运希望Gaussy能够为其提供一个完善的解决方案。对此，Gaussy为吉田海运导入了慧仓科技的闪电播产品及解决方案，如图4-22所示。慧仓科技的产品及解决方案非常符合Gaussy的需求，小型、灵活，导入轻松且性价比高。

该闪电播系统尺寸为长10186毫米、宽3438毫米、高2500毫米，其中包含了10台分拣机器人，分拣效率高达1800件/小时。冷冻食品在冷冻仓库内完成出库后，由作业人员将商品投入闪电播系统，闪电播系统根据订单快速分拣至相应的料箱中，之后进行复核和打包，整个过程非常流畅和迅速，如图4-23所示。

这是日本国内第一个导入慧仓科技闪电播系统的项目，无论是吉田海运，还是Gaussy和慧仓科技，都相当重视整个项目的落地与应用。据了解，在导入闪电播之后，现场作业效率提升了30%以上，且极大地降低了分拣错误率，这令吉田海运非常满意。

图 4-22　吉田海运导入闪电播产品

资料来源：https：//mp. weixin. qq. com/s/R9HpuhYkK72pc94-gYujkQ。

图 4-23　吉田海运闪电播系统正在工作

资料来源：https：//mp. weixin. qq. com/s/R9HpuhYkK72pc94-gYujkQ。

（二）全自动拣选技术

全自动拣选采用货到机器人的拣选方式，整个过程基本不需要人的参与。与货到人拣选相比，货到机器人拣选工作台中采用机器人替代人工，由机器人完成拣选操作。具体是先通过运输系统将货物输送到工作台，在工作台中利用视觉系统来识别货物，再控制机器人抓取识别到的货物并放在指定位置。

1. 货到机器人技术

货到机器人拣选采用机器人替代人工，即通过机器人来识别、抓取商品并放在指定位置，如图 4-24 所示。与货到人拣选系统相比，货到机器人拣选系统下的机器人不仅能够长时间重复拣选动作，节省人力，还可以大幅度提高拣选效率，保证准确率。因此，在人力成本越来越高的趋势下，货到机器人拣选无疑具有独特优势。

图 4-24　机器人识别、抓取商品

资料来源：http：//news. soo56. com/news/20200630/91240m1_0. html。

可以说，随着以智能制造为代表的制造业物流升级发展以及智慧物流的不断推进，无论是市场需求还是技术本身，都为货到机器人技术的发展和应用奠定了一定基础，而无人仓的落地，更为货到机器人提供了良好的应用场景。

近两年，各种货到机器人解决方案开始涌现，并逐步落地。例如，德马泰克、瑞仕格、范德兰德、华章、德马。京东无人仓惊艳登场，将货到机器人拣选方案引入人们的视线中，成为行业中关注的焦点。虽然货到机器人拣选是拣选技术的未来发展方向，但目前货到人拣选技术并不成熟，应用案例非常少，系统稳定性还有待提升。主要原因是商品的形状不规则、存放时存在相互遮挡，机器人实现自动识别与拣取的难度较大。除此之外，全自动生产线成本较高，拣选准确性和可靠性也在一定程度上影响了拣选效率。正是由于这些因素的影响，货到机器人拣选目前只能应用在固定规格的货物拣选场景中，对于不规则的货物拣选还需要进一步研究。

2. 瑞仕格拣选引擎+ItemPiQ 全自动机器人拣选系统

瑞仕格拣选引擎+ItemPiQ 全自动机器人拣选系统可实现一对一或一对多的拣选模式，单个拣选站效率可达 1000 件/小时，适用于产品表面可吸取、重量不超过 1.5 千克、尺寸在 20 毫米×25 毫米×10 毫米～650 毫米×400 毫米×400 毫米、产品出库频次 ABC 特性非常明显、订单行适中、单行小批量、订单数适中的拆零拣选场景。

（三）协作机器人拣选工作台

货到人拣选由人工进行拣选作业，相对传统方式节省了工人的行走时间，但工人在工作台仍进行大量重复的劳动，面对较重的货物时劳动负担很大；货到机器人拣选由机器人自动拣选，由于货物的不规则性，对机器人的视觉系统和夹具要求很高，目前难以得到广泛应用。

针对货到人拣选和货到机器人拣选的不足，结合智能物流中的协同化发展趋势，本书提出了人机协作拣选工作台的概念。人机协作拣选工作台由协作机器人与人类共同进行拣选，机器人完成简单的物品拣选，复杂的情况则由人类进行处理。与货到机器人拣选相比，拣选过程可进行灵活调整，系统的柔性化程度更高，作业能力可进行自主调节。协作机器人拣选工作台如图 4-25 所示。

图 4-25　协作机器人拣选工作台

资料来源：张贺龙，吴洪明．智能拣选工作台中的人机协作研究［J］．起重运输机械，2021（21）：50-55.

对人的动作识别是实现人机协作拣选过程中顺畅操作的前提条件。Kinect V2 是微软公司推出的一款深度相机，由 1 个 RGB 摄像头、1 个红外发射器、1 个红外接收器和数个麦克风组成。它通过对人的动作识别，可以提前预知人类操作意图，既方便机器人协作人类进行下一步操作，又能避免机器人与人发生碰撞，保证作业人员的安全和拣选作业的流畅性。

在拣选作业中，工人往往站在工作台前进行操作，下半身处于被遮挡的状态。在识别工人动作时，可将重点放在人体上半身的主要关节点上，能减少无关骨骼点对动作的影响，方便算法对数据的处理，减少系统运算时间，有利于动作的快速识别。

选取合适的特征是进行动作识别的基础工作，结合拣选场景，所选取的特征应满足：对不同类型的动作都能够完整描述、对不同的动作要有区分性、应尽量选取容易提取和容易处理的特征，且对于不同体型的人和不同的相机位置等外部无关因素来说，特征描述要能保持稳定，且对噪声不敏感。动作识别过程实际就是对人体动作特征数据进行处理并分类的过程。

人机协作拣选方法是利用协作机器人辅助人类在拣选台进行拣选作业。为了实现人机协作中的动作识别，Kinect V2 对外部因素不敏感，对环境适应性强，可满足大部分工业场景需要，准确率达到 94.3%，满足实际需求。

二、分拣技术

在仓储物流场景中，分拣是将物料按品种等规则进行分门别类放置的作业，是支持送货准备性工作。

（一）机械臂+机器视觉

1. 机器视觉技术

根据美国自动成像协会、美国制造工程协会机器视觉分会和美国机器人工业协会自动化视觉分会的定义，机器视觉是通过光学装置和非接触的传感器，自动地接收和处理一个真实物体的图像，以获得所需信息或用于控制机器人运动的装置。一个典型的机器视觉系统通常包含软件和硬件两部分：光源及光源控制器、镜头、相机等硬件负责成像功能，视觉控制系统负责图像处理分析、输出分析结果至智能设备的其他执行机构。完成一个成功的机器视觉应用需要上述部件的密切配合。相比人眼，机器视觉具有精度高、速度快、适应强等显著优势。机器视觉代替人眼可以在多种场景下实现多种功能，广泛应用在智能制造、高端装备、自动化设备等行业，是先进制造的重要组成部分。

机器视觉的诸多应用场景和功能，均可归为四种基本功能——识别、测量、定位和检测。其中检测技术难度最高，识别难度最低。检测指标主要针对设备的准确度、精度、速度和复杂形态，对观测能力要求极高，机器视觉出错率更低，检测速度更高，取代人工后成本也会更低。

相比欧美发达国家，我国机器视觉行业起步较晚，当前正处在快速发展阶段。早在 1970—1980 年，CCD（Charge-Coupled Device，电荷耦合元件）图像传感器出现，CPU（Central Processing Unit，中央处理器）、DSP（Digital Signal Process，数字信号处理）等图像处理硬件技术进步，国外机器视觉开始发展。国内机器视觉行业启蒙于 1990 年，2003 年以前以代理国外品牌业务为主，2004—2012 年国内市场快速发展，企业争先涌出，2013 年之后中国正式成为继欧美、日本之后机器视觉的第三市场，正处在快速发展阶段。

作为全球第一大制造国，我国机器视觉渗透率偏低，仍有较大提升空间。根据 UNSD（United Nations Statistical Division，联合国统计委员会）数据，2018 年我国制造业产值占全球的比重为 28.4%，大幅领先第二名美国的 16.6%，是名副其实的全球第一大制造国。但2018年我国机器视觉产值占比仅为14.68%，与我国全球制造中心的地位不匹配，我国机器视觉渗透率偏低。

2. 机械臂+机器视觉

机器人和机器视觉在专业研究领域有所不同。机器人技术通常属于机械工程和自动控制领域，而机器视觉属于信息工程和电气工程。这两大领域的合作，可以赋予机器人视觉感知能力。可见，机器人视觉是一种高度集成的工程技术，它通过机器视觉检测环境中的人和物体，计算它们在相机坐标系上的位置，转换为机械臂坐标系，然后驱动电机带动转轴联合操作目标，这是一个看似简单的过程，但实际上却蕴含着复杂的计算机操作。

机械臂和摄像头（机器视觉）如何配合取决于机械臂和摄像头之间的空间关系，也称为手眼关系。手眼关系是指摄像头和手臂（机械臂）分别固定在两个位置，摄像头在拍摄图像识别过程中手臂可以同时移动，因此有较好的循环时间，但必须用于确保臂架和相机保持固定的相对关系，如果两者之间的关系发生变化，则需要重新校准；二次定位，即当手臂抓握工件时，它移动到相机视野中，比较当前姿势和标准姿势的差异，然后进行进一步的姿势补偿。

手眼关系有其优点和缺点。相对位置决定了手臂相机的合作模式。传统机械臂编程采用多个手臂运动点的示教，让手臂在同一点重复相同的动作。由于点是固定的，需要大量的夹具来固定工件或周边加工机械，应用灵活性差。而一旦外力改变了手臂与工作区域内物体的相对关系，所有的点都必须重新示教。如果将手臂与机器视觉相结合，可以通过视觉识别和补偿能力灵活修正手臂的位置，有效减少夹具的使用。

机械臂与机器视觉的融合，在当前的产业发展下，并不是一件容易的事。系统集成商在选择合适的手臂时必须首先考虑手臂的长度和负载。臂长可以保证有效的工作范围。关于负载，需要计算末端执行器和夹具等工件是否满足手臂工作的额定负载范围。另外，视觉解决方案的集成有多种产品选择。对于多摄像头需求和高计算负担的情况，通常使用视觉控制器。硬件本质上是一台工业计算机，通常支持2~4个工业相机，并内置图像识别软件，让用户可以编写其想要解决的视觉识别问题。另一种产品是智能相机，它本身就是一个带有CCD/CMOS（Complementary Metal Oxide Semiconductor，互补金属氧化物半导体）传感器的嵌入式计算平台。用户可以根据自己的工作视野选择合适的镜头。该平台还包含视觉处理软件，但计算性能不如视觉控制器，通常用于代码读取和定位。

近年来，协作机器人因其安全性高、能够与工人在同一环境中工作、编程简单、用户学习门槛低等优点，比传统机器人更具优势。随着视觉传感技术的进步和人工智能的飞速发展，摄像头获取的图像信息可以从2D升级到3D，甚至到RGB-D，包含更丰富的色彩和几何信息。人工智能识别技术的改进，使机器人能够更有效地解决物体的姿态、物体距离和形状的变化。这些配件也改变了工业、电子商务和农业的经济格局。这些行业逐渐引入了机械臂终端工具、内置技术和智能功能，大大降低了成本和时间。

3. 典型案例——蓝芯科技，以深度视觉系统 LX-MRDVS 赋能移动机器人

新技术的应用离不开相关企业的推动，作为业内少有的拥有从视觉传感器、视觉系统、机器人整机到行业解决方案的全链条产品矩阵的移动机器人企业，蓝芯科技自成立起一直在探索视觉技术与移动机器人如何更好地融合应用。

近两年，蓝芯科技不断打磨技术，完善产品矩阵。蓝芯科技正在以自研的移动机器人深度视觉系统 LX-MRDVS 赋能移动机器人，如图 4-26 所示，逐步替换传统以激光雷达为主的定位导航方案、避障方案和对接方案，使移动机器人在稳定性、安全性、智能性方面获得优化，适应更加广泛、复杂的工业应用场景。

图 4-26　LX-MRDVS 赋能移动机器人

资料来源：https：//mp. weixin. qq. com/s/5yU_IEr46RTs1-AZ618q-w。

在移动机器人应用逐渐深入的同时，蓝芯科技也在不断扩大场景应用的边界。目前，蓝芯科技的产品主要分为两大部分：一是整机产品，二是视觉产品。其中，视觉产品包括结构光 3D 视觉传感器、TOF 3D 视觉传感器、智能装车系统等。

曾有相当一段时间，蓝芯科技的视觉模组是不对外的，走的是依靠视觉+算法作为核心技术的 AGV 整机的路线。但随着越来越多的移动机器人公司找到蓝芯科技，对其视觉模组有一定需求，蓝芯科技准备将视觉产品部分独立出来，支持和赋能部分移动机器人公司，希望这样的技术输出可以让更多的移动机器人公司在业内站稳脚跟，让国内移动机器人市场发展更加健康、稳固。

（二）传送带分拣技术

1. 市场应用现状

目前市场上最常见的传送带技术为交叉带分拣。交叉带分拣系统是指利用直线动

力驱动的小车队沿着环形轨道高速运动，将贴有标签的货物经过扫描器读码进行分拣，适用于电商、服装、快递行业等大中型场地。结构上，交叉带分拣系统由控制装置、分类装置、输送装置及分拣道口四大部分组成，在订单量足够大的时候，分拣效率最高，所以受到电商客户的青睐，成为近年来分拣设备中的主流。但其占地面积大，且对地面的平整度要求较高，造价成本高昂，输送模块易损坏，维修成本也较高。

这些年来，很多自动化输送分拣技术和装备提供商都向着柔性和智能的物流解决方案方向发展。输送分拣系统柔性化主要体现在平台化生产、模块化构建系统。生产制造的模块化，使企业在给客户搭建系统时成本更低，也有利于客户根据自己的需求调整系统布局。明确提出模块化的装备企业有英特诺，它推出 DMO 系列电动辊筒，基于平台化的设计理念设计生产，即用尽量少的组件组合尽可能多的产品规格型号，以满足不同客户的需求。由于使用了标准化组件和标准化接口，产品内部的不同部件可以相互置换，因此生产和维护成本更低。英特诺还推出模块化输送机平台 MCP，能够为客户便捷搭建系统。此外，德马科技推出的模块化智能输送机平台 i-G5，相比上一代箱式输送机，在物联网思维、工业化设计、柔性化布局、高效便捷、节能环保等方面均进行了革命性升级与创新。

各个设备制造和方案提供商都不约而同地表示，通过产品的标准化、模块化，能够为客户实现价值的最大化。此外，标准化和模块化还使产品后期的维护和拓展更加便捷，延长了产品的生命周期。这些都有助于提高客户满意度。

2. ModSort 模组化自动分拣机

输送和分拣问题日益具有挑战性，这些问题使物流中心的运营复杂化，尤其是在零售电子商务配送领域。RegalRexnord（雷科达）推出了 Modsort 模组化直角输送分拣站，作为应对行业挑战的解决方案，如图 4-27 所示。

图 4-27 Modsort 模组化直角输送分拣站

资料来源：https://mh.vogel.com.cn/c/2021-10-14/1137881.shtml。

（1）Modsort 分拣站工作原理。

与其他移载系统不同，Modsort 分拣站万向滚珠网带使用运动控制，如图 4-28 所示，通过控制球体的旋转从而获得向任意方向移载包裹的能力。万向滚珠网带在一条连续的、薄型的、无间隙拼接的塑料传动带上，按照 1 英寸间距均匀排布着滚动球体。网带和球体由下方的一条或多条激活的皮带提供动力。通过使用不同配置的电动辊筒皮带并控制每条皮带的相对速度，可以针对特定的传输和转向操作配置分拣站。

图 4-28　Modsort 分拣站万向滚珠网带

资料来源：https：//mh. vogel. com. cn/c/2021-10-14/1137881. shtml。

万向滚珠网带还可以加速或减速物体，以给定的速度将任何物体移动到矢量角度，或者简单地停止并将物体转动到特定方向，不需要其他输送设备。万向滚珠网带使用很少的运动部件并且具有最低的功率需求。与升降器和推臂相比，Modsort 分拣站可提供平稳、无震动的 90°横向运动。它为物流中心提供了上述所有功能，其易于配置和维护的模块化系统也大大提升了物流中心作业的灵活性和简单性。

（2）Modsort 分拣站优点。

可拓展性：Modsort 分拣站的模组化设计旨在适应特定的需求吞吐量并适合特定的建筑配置。获得专利的 Modsort 技术允许通过随着时间推移添加模组来轻松扩展分拣区，从而满足增加的需求。它可以集成到现有传统或电动辊筒输送机中。Modsort 分拣站也是便携的。它们可重新部署在其他位置或暂时闲置保存以备日后使用，或在需求发生变化时使用。

灵活性：Modsort 模组可以处理越来越多样化的包装尺寸和形状，特别适合塑料袋和较小的包装。使用嵌入连续平带中的自由旋转球体矩阵，万向滚珠网带分拣站通过沿着电动辊筒输送线，使用精确、受控和无冲击的运动来移载任何类型的产品。

提高生产力：作为“最后一米”分拣机，Modsort 模组无须手动分拣。传统作业移动小包装或塑料袋时，需要将它们放入桶中处理，然后在输送线末端进行手工分拣，这是一个耗时且劳动密集的额外步骤，而 Modsort 模组并不需要这些。此外，为了满足快速变化的需求，Modsort 模组的简单和模块化设计，意味着它可以集成到一条输送线中，并赋予它可以在几个小时内完成的新任务。该输送线可以更快地启动和运行，并根据物流中心的需求将吞吐率保持在最佳水平。

耐用性：Modsort 模组传送带由蓝色乙缩醛制成，嵌入的球体由坚韧耐磨的聚酰胺制成。两者结合使皮带强度高、摩擦小、重量比金属部件轻。由于其独特的设计，球体可以在皮带不加速的情况下速度加倍，从而减少皮带的磨损，延长其使用寿命。与其他传送带输送系统相比，模组化万向滚珠网带系统可节省 50%~60%的能源。Modsort 模组还允许更换皮带进行维修或快速更换。维护模块化塑料网带备件库存的成本低于气动升降机和压缩机系统的库存。Modsort 零件也可以在几分钟内更换，从而消除了因维修其他系统而造成的数小时停机时间。

Modsort 模组旨在解决物流中心面临的复杂问题。它具有可扩展性和灵活性，可以满足不断变化的需求。它消除了手动分拣，并且可以在多个方向分流和分拣以提高吞吐量，可帮助物流中心节省劳动力、能源，降低库存，从而提高运营效率。

（三）机器人分拣技术

1. 机器人分拣技术

近些年，我国快递行业的整体规模迅速壮大，2021 年我国快递业务量已超过 1083 亿件。快递业务量的增长，要求快递邮件的分拣效率越来越高。当前，分拣机器人系统的广泛应用引起了各快递企业的关注，并迅速成为智能化、自动化发展的新趋势。

基于快递物流客户高效、准确的分拣需求，分拣机器人系统应运而生。将分拣机器人系统与工业相机的快速读码及智能分拣系统相结合，可实现包裹称重/读码后的快速分拣及信息记录交互等工作。分拣机器人系统可大量减少分拣过程中的人工需求，提高分拣效率及自动化程度，并大幅度提高分拣准确率。随着大数据算法的日趋完善化、快递邮件信息逐步标准化和智能控制系统集成化，分拣机器人系统已成为物流业由劳动密集型产业向批量智能化转型并与之高度契合的标志性产物。

机器人分拣作业流程包括揽件、放件、机器人分拣、集包装车四个流程。包裹到达分拣中心后，卸货至皮带机，由工作人员控制供件节奏，包裹经皮带机输送至二楼的拣货区工位。工人只需将包裹以面单朝上的方向放置在排队等候的自动分拣机器人上。机器人搬运包裹过龙门架进行面单扫描以读取订单信息，同时机器人可自动完成包裹称重，该包裹的信息将直接显示并上传到控制系统中。所有分拣机器人均由后台管理系统控制和调度，并根据算法优化为每个机器人安排最优路径进行包裹投递。当机器人运行至目的地格口时，机器人停止运行并通过上方的辊道将包裹推入格口，包裹顺着滑道落入一楼集包区域。目的地格口按照城市设置。未来，随着业务量的增加，可灵活调节格口数量，甚至一个城市分布多个格口。集包工人打包完毕后，将包裹放在传送带上，完成包裹的自动装车作业。

与快递行业的交叉带分拣机相比，分拣机器人系统作为新型自动分拣技术，最高可实现 15000 件/小时的拣选效率，并且在系统灵活性、易扩展性等方面更具优势。一是系统可拓展性强。交叉带分拣机的格口是固定的，而分拣机器人系统可根据业务增长的需要进行拓展。二是人工成本低。分拣机器人系统的人员工位布置紧凑、人均效能提高，相同处理效率下相较交叉带分拣机系统可节约用工约 40%。这解决了快递行业暴力分拣问题，很好地保证了包裹的安全。三是分拣差错小。分拣机器人采用静态卸载，只要包裹面单信息正确，理论分拣差错率为 0。四是系统可靠性高。分拣机器人系统由众多独立运行的分拣机器人组成，不会因某台机器人故障而影响整个系统的运行效率；且系统支持远程升级及调试，相关技术人员可远程解决系统调度问题，所需时间也很短。五是节能环保。分拣机器人系统的用电功率较相同规模的交叉带分拣机的实际消耗功率低，且均由低功率直流可充电电池供电。绿色清洁能源的使用能够为企业级客户的提效降本作出一定贡献。

2. 典型案例——极智嘉以场景定义分拣机器人

极智嘉自成立以来一直专注于智能仓储物流，通过领先的 AI 机器人技术赋能传统物流行业，推动整个物流行业的智能化改革。极智嘉自主研发生产了多款分拣机器人，可适用于不同的分拣场景，包括小件分拣、大件分拣以及无须钢平台落地式分拣，能够良好应用于电商、邮政分拨中心的快递分拣场景。

极智嘉自主研发的分拣机器人型号主要有三种，分别是 S10、S20 和 S500。其中，根据搭配载具的不同又分为 S10c、S10t 及 S500c 的型号。“c”代表辊道载具，“t”代表翻板载具。极智嘉的 S 系列分拣机器人在分拣作业过程中可完成互相避让、自动避障等功能，系统根据实时的道路运行状况尽可能使机器人避开拥堵。Geek+分拣系列机器人如图 4-29 所示。

（1）小件分拣解决方案。

S10 分拣机器人主要针对 10kg 以下，规格在 300~400 毫米的小包裹分拣作业。单台机器人在供件处可以装载 1 件包裹，然后分拣到格口。移载机构支持双向投递分拣，需要在格口处支持向两侧投递包裹。投递格口尺寸为 600 毫米×600 毫米，能够适应大多数尺寸的小件包裹投递。S10c 机器人如图 4-30 所示。

图 4-29　Geek+分拣系列机器人

资料来源：https：//mp. weixin. qq. com/s/_4UcWOewjxYAkRF1b4B1Jg。

图 4-30　S10c 机器人

资料来源：https：//mp. weixin. qq. com/s/_4UcWOewjxYAkRF1b4B1Jg。

极智嘉分拣系统的功能模块包括自动充电及电量平衡系统、路径规划与智能调度系统、自动扫描读码系统、机器人自动避障系统等。

小件分拣解决方案已大规模应用于中国邮政包裹处理中心的分拣场景。1300 平方米的 S10 机器人区共 300 台机器人协同作业，另外配合 50 台 S500 机器人，仅需 5 个工人进行作业。机器人运行速度为 3 米/秒，分拣峰值超过 10000 件/小时。机器人单体可自动充电，充电 5 分钟可连续运行 4 小时，实行“浅充浅放”原则。

（2）大件分拣解决方案。

相比于 S10 机器人的轻便小巧，S500 机器人的体积和重量较大，更适用于大件包裹分拣。S500c 机器人如图 4-31 所示。S500 机器人最多可分拣低于 100 千克的包裹，且双辊道载具支持机器人一次分拣两件包裹，既可以应用于小件包裹的二次分拣，也可以应用于大件、异形件包裹的分拣。S500c 机器人在邮政的大件分拣场景应用如图 4-32 所示。

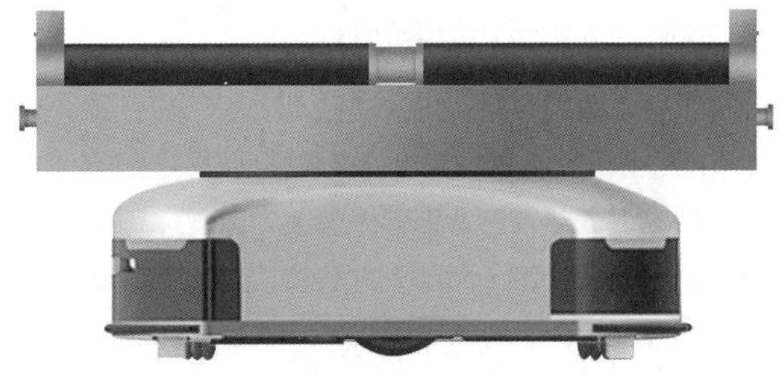

图 4-31　S500c 机器人

资料来源：https：//mp. weixin. qq. com/s/_4UcWOewjxYAkRF1b4B1Jg。

图 4-32　S500c 机器人在邮政的大件分拣场景应用

资料来源：https：//mp. weixin. qq. com/s/_4UcWOewjxYAkRF1b4B1Jg。

大件分拣解决方案与小件分拣解决方案可混合使用，目前在中国邮政武汉处理中心已规模化应用。整个机器人区面积 4000 平方米，运行 50 台 S500 及 300 台 S10 机器人，属于大件小件包裹混合分拣场景。该场景为国内首创应用，能够大幅度提高分拣效率至 12000 件/小时，同时提高包裹分拣的准确性。

（3）落地式分拣解决方案——国内首创无须钢平台的分拣系统。

机器人分拣系统通常需要搭建二层钢平台分散路径交会，在一层放置邮袋，二层机器人运行将包裹投送至格口，包裹顺着格口落至邮袋中，完成一次分拣。然而，钢平台的搭建对于仓库的改造要求较高，成本约为 3000 元/平方米，在部署机器人分拣系统时通常需要先对原有仓库进行改造，所需要的成本、工期以及不易搬迁等都是部署期间的难题。

极智嘉基于对分拣流程需求的精准把控，对机器人在包裹分拣系统方案的应用上进行持续探索和创新，自主研发出无须钢平台的落地式分拣系统，通过高度智能化和柔性化的系统调度，最大限度减少机器人路径交会，效率数据可以超越钢平台分拣所达到的峰值。

该落地式分拣系统通过 S20 机器人配合后台管理系统完成分拣。S20 机器人由极智嘉自主研发，由底部机器人载体搭配束装装置及移栽辊道，移栽辊道高度 700 毫米，可直接与笼车进行接驳，如图 4-33 所示。S20 机器人与原有的翻板分拣机器人 S10 均使用二维码导航，通过扫描包裹上的二维码以确定包裹的去向，再由机器人将包裹移动到相应的笼车进行分拣。S20 机器人分拣重量为 20 千克，可分拣尺寸大于 50 厘米×50 厘米的包裹，与交叉带分拣机相当；具有良好的柔性和可扩展性，分拣效率可以小到一两千件/小时，大到几万件/小时，充分体现柔性自动化在分拣场景的灵活应用。

图 4-33　S20 机器人

资料来源：https：//mp. weixin. qq. com/s/_4UcWOewjxYAkRF1b4B1Jg。

极智嘉设计的全新的落地式包裹分拣系统，为解决中国快递业务发展面临的新常态问题，提供了一种投资小、回报快、实施简单、扩展性强、信息化和智能化程度高的战略性解决方案。落地式分拣系统具有更加灵活、更加标准化的特性：部署实施的难度低，工程量以及成本少；标准化程度高，施工周期短，20 天即可完成系统上线；灵活布局和应用，尽可能减少对场地的改造。

第四节　装卸搬运技术

在物流过程中，装卸搬运活动是不断出现和反复进行的，它出现的频率高于其他各项物流活动，每次装卸搬运活动都要花费很长时间，所以往往成为决定物流速度的关键。装卸搬运活动消耗的人力也很多，所以装卸搬运费用在物流成本中所占的比重也较高。因此，为了提高物流效率，降低物流费用，装卸搬运技术的发展与运用变得尤为重要。

一、自动搬运技术

自动搬运技术即 AGV 技术。当前，我国工业机器人产业飞速发展，是智能装备领域中的一大亮点。尤其是其中的 AGV 自动搬运机器人，由于其功能齐全，应用范围广泛，技术相对成熟，受到各个行业的喜爱。在管理系统、监控系统的管理监控下，AGV 能够依照作业任务的要求，选择所规划的最优路径，精确行走并停靠在指定的地点，完成一系列作业任务，如取货、卸货、充电等。AGV 是衔接物流系统中各个相关组件的桥梁，在现代化的生产物流搬运设备中，它充当了一个非常重要的角色。AGV 系统由 AGV 车辆自动引导系统、自动装卸系统、通信系统、安全系统和管理系统组成。它已成为柔性制造系统和自动化仓储系统中的主流。它主要用于运输环节，大大方便了自动化管理，提高了系统的灵活性，提高了生产效率。

（一）AGV 导引技术

AGV 的核心是它的导引技术，目前市面上出现的 AGV 导引技术有以下几种。

1. 电磁感应导引

电磁感应导引是应用最广泛的技术，也是相对比较成熟的技术，在 AGV 的行驶路径上埋设金属导线，并加载低频、低压电流，使导线周围产生磁场，AGV 上的感应线圈通过对导航磁场强弱的识别和跟踪，实现 AGV 的导引。

2. 光学技术导引

光学技术导引相对来说也比较成熟，主要原理是在 AGV 的行驶路径上涂漆或粘贴色带，通过对光学传感器采入的色带图像信号进行识别，从而实现导引。

3. 激光导引

激光导引主要是采用光的反射来实现的。在 AGV 行驶路径的周围安装位置精确的激光反射板，安装在 AGV 上的激光定位装置发射激光束并采集由不同角度的反射板反射回来的信号，根据三角几何运算来确定其当前的位置和方向，实现 AGV 的导引。

4. 视觉导引

视觉导引是最具应用前景的 AGV 导引技术，该技术的原理是在 AGV 上安装 CCD 摄像机，AGV 在行驶过程中通过视觉传感器采集图像信息，并通过对图像信息的处理确定 AGV 的当前位置。视觉导引的主要技术难点在图像处理上。

5. 复合导引

复合导引指的是将多重导引技术结合起来，由于每一种导引方式均有其局限性，为了满足需要，可以将上述导引方式结合使用，来实现 AGV 的完美导引。

“朗誉号”增程式重载无人驾驶 AGV 如图 4-34 所示，基于 5G、北斗两大国家技术平台实现全自动导航，具有精度高、速度快、零排放等特点，可广泛应用于海港、陆路港、园区等场景。

图 4-34 “朗誉号”增程式重载无人驾驶 AGV

资料来源：https：//mp. weixin. qq. com/s/fid5FlUdoWfctekS0w_tww。

车长 14 米，宽 3 米，高度 1.7 米；离地间隙 0.5 米，轴距 8.5 米、轮胎直径 1.4 米；整车底盘采用复合式焊接大梁、气囊式悬架总成，四桥八轮 8×4 式驱动结构。为了保证“朗誉号”的动力性，“朗誉号”采用电驱平台，有两台 135 千瓦电机进行驱动，峰值扭矩可以达到 5500 牛·米，在这两台电机的加持下可以保证“朗誉号”在全载 80 吨的情况下也能够动如脱兔，最高速度可以达到 36 千米/小时。“朗誉号”创新性地将全车的四根车桥全部选型为转向驱动桥和转向桥，同时在重载专用液压转向系统的配合下就可以让“朗誉号”走如游龙。续航里程方面，“朗誉号”设计运行里程是 800～1000 千米，混动增程单次燃料加注能够满足运行 800～1000 千米，同时燃料加注时间不大于 15 分钟，并且“朗誉号”又创新性地选用了生物燃料甲醇作为该产品的主要燃料，通过这种方式解决客户的里程焦虑、跨地区电压不一致等问题，试验结果得出，其增程器每度电综合成本只有 1.7 元。

它是一台室外无人驾驶 AGV，在整个运行的过程中不需要任何人员操作，完全由底盘智能导航系统来实现，能够实现自动路径规划、障碍物识别、环境感知和障碍物预测等功能；导航方面，融合了北斗导航、惯性导航、激光 SLAM 导航、视觉导航以及 AI 导航融合技术，在多种路况和多种气候下可灵活应用。“朗誉号”主要用于集装箱的转运，可以承载一个 40 英尺（1 英尺≈30.48 厘米）集装箱或者两个 20 英尺集装箱。“朗誉号”可广泛应用在各级海港和陆路港口以及标准货柜集装箱的倒短等工况。

（二）AGV 通信技术

AGV 通信技术有如下 4 种。

1. 有线通信

利用导引线实现载波通信，布线隐蔽，不易污损，主要用于电磁导引、简单路径和区域不大的场合。

2. 红外光通信

没有频率许可问题，通信速度高，容易控制，通信区须在清晰可见范围，需要机械防护，对灰尘敏感，受其他光源及相同波长红外线的干扰，适用于简单路径、没有遮挡和区域不大的场合，多用于电磁导引、磁带导引、光学导引 AGV。

3. 无线电通信

具备良好的空间覆盖范围，对一般的遮挡干扰不敏感；安装简单，容易保护；室外效果更好。缺点是使用频率须许可，同一个系统内的所有 AGV 和地面基站须统一用一种频率，易受其他无线电设备干扰。适用于各种路径、各种导引方式、环境较复杂、区域较大的场合。

4. 无线局域网

除了具有无线电通信的基本特性外，还具有网络通信的各项特点，速度快、扩展方便、兼容性好、与其他系统连接便捷、成本低。适用于各种路径、各种导引方式、环境较复杂、区域较大的场合。

出身通信领域的中兴通讯将 5G、机器视觉、大数据、芯片算法等核心技术运用到机器人本体当中，从而使其移动机器人产品拥有更强的场景覆盖能力，降低运维成本，打造企业的差异化路线。作为全球领先的综合通信信息解决方案提供商，中兴通讯在移动机器人的布局中，专注以 5G 为底座，从多个方面提升移动机器人的应用性能。

2021 年，中兴通讯发布业内首款集成 5G 模组的工业自然导航 AGV 载重平台 ZX-AGV_T260。传统的 AGV 采用 Wi-Fi 通信模式，该产品支持 5G 全频段通信。在工业区域内，5G 网络能有效解决 Wi-Fi 网络中 AP 切换时延高的问题，平均掉线率降低 80%；自主研发 rBrain 智能调度系统，基于 5G 工业边缘云部署，具备智能指派、交通管制、过程可视等特色功能，大规模多车调度最高可支持 1000 台，支持 10 万平方米地图构建，可实现与 WMS/MES 等系统的无缝对接。同时，中兴 ZXAGV 采用工业自然导航技术，实现了激光+视觉导航的融合，具有物体识别、人体识别、智能决策等扩展功能，相比于传统的磁条/二维码导航方式，适用更多的场景，尤其是复杂工况、复杂光线下的工业生产环境，避免了磁条/二维码容易污染损坏的缺陷。对场地部署的改造少、周期短，作业空间大，场地部署成本降低约 80%。中兴 ZXAGV 实现了多项业界领先的卓越性能：小于 2 毫米对接精度可满足产线上下料环节的精准对接需求；10 小时超长续航、10 毫米越障、30 毫米过缝、3 度爬坡、IP54 防护等级，可以在更多严苛的环境下工作；10 万平方米超大地图随时动态刷新，覆盖更大工作空间，为柔性制造提供更大的可能。

此外，在光伏晶棒转运场景中，中兴通讯针对运输晶棒长短不一、识别难度高、车间环境复杂等痛点，推出全向式移动机器人产品 ZXAGV_T2000，从以下多个方面解决难题。

（1）加长车体，全向运行，实现空间的有效性。根据车间运输物料的尺寸和特点，量身定制了车体外形和承载结构，双舵轮全向的运动体系，可保证在有限空间内完成长硅料的运输。

（2）多重安全防护，确保物料配送安全可靠。现场配送的物料较长，生产环境复杂，为弥补货物转运时存在的盲区，通过增加前后激光雷达和车体加装相机工装实现低矮和高空的360°安全避障。支持前后左右0~10米范围内的避障，并支持2米高度以内的空中障碍物识别，有力保障长晶棒的安全运输。

（3）晶棒位姿检测，确保承载稳定性。运输的晶棒长短不一，最长的晶棒可达7米，为确保晶棒在车身上承载运输的稳定性，在车体顶部加装视觉相机，利用机器视觉算法识别晶棒的长度以检测晶棒重心。对于重心明显偏移的晶棒会作拒绝接驳处理，对于错误的晶棒长度也可进行校验校准。

（4）晶棒方向检测，确保对接准确性。硅晶棒有首尾之分，依托顶部相机可以实现晶棒尖头检测功能，在截断机库位对接前进行晶棒的首尾识别，并按照指定朝向将晶棒运至截断机。

（5）利用5G高带宽、低时延、高可靠优势，保障业务稳定运行。通过AGV车体内置中兴5G模组，实现5G网络通信。利用基地的5G定制网，下沉UPF至园区，确保生产数据不出园，为硅晶生产提供业务保障。

二、自动装卸技术

近年来，仓储自动化与智能化技术快速发展，使仓库内部运营效率大幅提升。但在连接仓储与运输的仓库月台上，装卸作业仍以人工方式为主，费时费力，成为影响供应链效率的瓶颈环节。随着国内人口红利下降和人口老龄化，人力成本逐年上升，越来越多的企业开始寻求自动装卸系统替代人力，以提高物流效率，并实现仓储作业全流程智能化。装卸技术的发展方向从省力化逐渐发展到自动化。

随着物流自动化系统的迅速发展，传统的人工或叉车装卸方式已成为影响月台作业效率与物流成本的瓶颈之一。采用卡车自动装卸系统可以大幅节省装卸车时间与人力，从而缩短运输车辆在物流中心的等待与滞留时间。自动装卸系统的实施，将满足作业效率提高的需求，同时缩短卡车在月台的停留时间，并且为员工和产品创造了更安全的环境。

ATLS（Automatic Truck Loading System，卡车自动装卸系统）是一种物料搬运系统，通过使用不同类型的输送机、滑轮或滑叉，实现卡车或拖车整车货物的自动装卸。ATLS通常由两部分组成：卡车（拖车）上的系统和月台上的系统。

（1）卡车（拖车）上的系统：根据客户需求和货物种类可以有不同类型，大多数类型的系统都可以安装在新的或改装过的标准卡车（拖车）上，具体可以改装为滑链式、滑叉式、链板式、滑轮式等多种形式。

（2）月台上的系统：一般和卡车（拖车）上的系统配对，便于对接，分别有滑链系统、滑叉系统、链板系统、滑轮系统等。此外，月台还装有视觉扫描定位系统、过渡桥、信号灯及卡车控制系统、控制箱、卡车导向装置、安全防护栏等。

自动装卸系统的作业流程基本如下：当卡车到达月台，沿着月台上安装的卡车导向装置到达指定位置；通过视觉系统使卡车上的系统和月台上的系统对接，然后锁定卡车；驾驶员开启自动装卸系统，货物一次性从卡车自动输送到月台，或者从月台输送到卡车上，最短 2 分钟即可装卸整车货物。驾驶员可以使用一个简单的控制单元来操作系统，如图 4-35 所示。

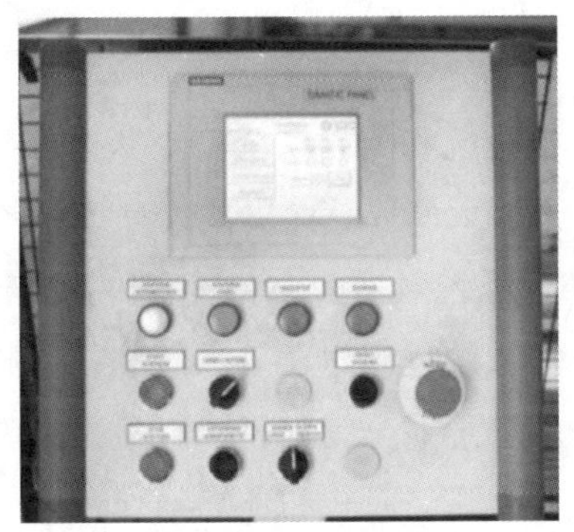

图 4-35　控制单元

资料来源：https：//www. sohu. com/a/352062022_649545。

自动装卸系统在国内只有 10 年左右的应用历史，仍在初步发展阶段。据不完全统计，目前国内自动装卸系统供应商仅有不到 20 家。广东信源物流设备有限公司近年来为京东、中国邮政等提供了自动装卸设备。据了解，信源在广州市邮政快件处理中心布置了一条自动卸车系统示范应用生产线，首创快件自动卸车的作业模式，并结合目前邮政内部快件处理环节自动化、流水化作业模式，将运输车辆与输送设备以及分拣系统无缝衔接，优化了相应的作业流程，形成了相关的管理规范。太原福莱瑞达物流设备科技有限公司，其自主研发的自动装车系统服务于纸品行业的某客户，已有 20 多套系统在使用，且技术不断迭代，第三代产品即将推出。专注于车载全自动装卸设备研发、制造、销售与服务的企业——驰运装卸服务（上海）有限公司，立志将中国人自己的全自动装卸设备做到极致，坚持在这个细分行业深耕细作，与因格（北京）智能技术有限公司等系统集成商结成合作伙伴，已在汽车、快消品等行业实施了多个项目。

当前有三大难题制约着国内自动装卸系统市场的发展：一是技术与产品不够成熟；二是购买成本高，一套袋装自动装卸系统价格在100万元以上，箱装系统的价格更高，投资回收期长（不宜长于3年）；三是作业效率达不到客户的要求。客户的现场环境比供应商想象中的复杂得多：不同包装规格的商品装车时，要考虑箱型，如果再叠加订单特性、品规、作业节拍等因素，实现自动装车的难度大幅增加。总体来看，自动装卸系统在国内的发展刚刚起步，还需要花费大量时间不断摸索，需要大量的研发投入与技术积累。

三、拆码垛技术

随着电商、物流行业的快速发展，在拆码垛应用中，由于作业强度大，工作内容单一，人工作业的质量及效率普遍低下，自动化拆码垛系统应运而生。

（一）拆码垛技术

码垛机器人由主体、驱动系统和控制系统三个基本部分组成。主体即机座和执行机构，包括臂部、腕部和手部，大多数码垛机器人有3~6个运动自由度，其中腕部通常有1~3个运动自由度；驱动系统包括动力装置和传动机构，用以使执行机构产生相应的动作；控制系统是按照输入的程序对驱动系统和执行机构发出指令信号，并进行控制。码垛机器人按臂部的运动形式分为四种：直角坐标型的臂部可沿三个直角坐标移动；圆柱坐标型的臂部可作升降、回转和伸缩动作；球坐标型的臂部能回转、俯仰和伸缩；关节型的臂部有多个转动关节。

随着工业自动化和物流技术的发展，市场对高新技术的需求日益增多。目前机器视觉广泛应用于分拣、测量、配载以及仓储管理等领域。以常见的拆垛和码垛需求为例，因为物流行业面对的SKU大多是高度无序和随机的，且对系统处理速度和吞吐量有很高的要求，给视觉识别、定位和机器人抓取都带来了极大的技术挑战，但许多企业都精益求精，给出了自己的解决方案。

针对物流场景应用痛点，梅卡曼德推出了可批量复制的AI+3D+工业机器人解决方案，可应用于拆码垛、混合拆垛/码垛、多SKU货品拣选、快递供包等物流场景中，轻松应对纸箱、麻袋、周转箱、商超货品、快递包裹等物体的识别抓取，大幅提升各行业物流应用场景的自动化水平。目前，梅卡曼德已在全球十余个国家部署物流场景实际案例近1000个。灵西结合自研软硬件产品，研发出一套3D视觉引导机械臂拆码垛的解决方案，让机械臂突破限制，弥补传统机械臂拆码垛系统的不足，更灵活地满足当前仓储物流行业拆码垛的应用需求。灵西3D视觉拆码垛解决方案采用自主研发的高精度3D视觉相机、拆码垛控制系统和第三方机械臂，将3D视觉相机与AI算法“软硬协同”，创新 3D 视觉拆码垛应用场景，可应对海量 SKU、箱规多变、来料无序等复杂情况。图漾研发的视觉拆码垛方案采用 3D 机器视觉（硬件+软件）快速、精准地获取传送带、托盘上物体三维数据信息，通过千兆以太网发送定位坐标给机器人，引导机器人快速进行拾取或码放。将箱子、包裹、袋子等物品从托盘或传送带上逐一卸下（或者抓取），按要求放置（或码放）托盘或传送带上。目前，图漾视觉拆码垛方案已经广泛应用于电器制造、物流、食品等行业的自动化生产线和物流仓储。

（二）海康视觉引导拆码垛系统

海康机器人研发了一套基于机器视觉引导的机械臂拆码垛方案（见图 4-36），可以解决多 SKU 且来料无序的问题。海康机器人采用自主研发的高精度 3D 相机配合机器人运动控制平台软件，同时搭配智能算法的方案，将 AI 算法、深度学习紧密结合，突破传统自动化拆码垛的使用场景限制，可应对垛形复杂多变、箱体种类繁多且随机的场景。

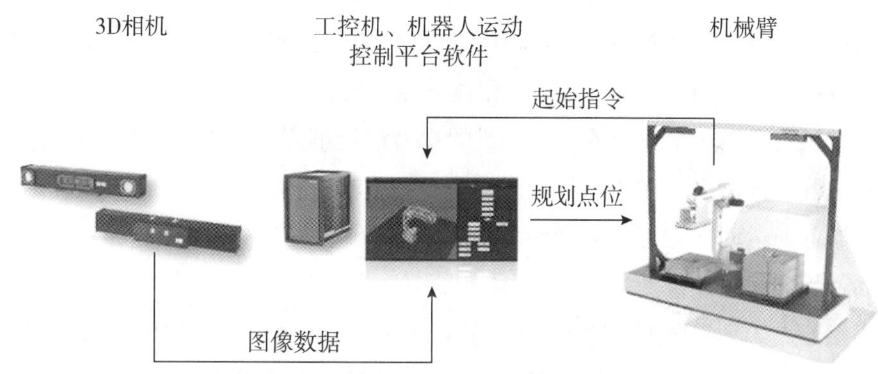

图 4-36 3D 视觉引导拆码垛系统

资料来源：https：//mp. weixin. qq. com/s/dMMSzYhKW539Y91rB0QHvQ。

该方案中，3D 相机负责获取作业范围内，如托盘或传送带上箱体的深度信息及高清 2D 图像，并将深度信息及高清 2D 图像信息发送给机器人控制平台软件，平台软件中内置 3D 视觉算法和智能轨迹规划算法，3D 视觉算法通过 AI 深度学习+3D 点云分割的方法实现快速且准确地定位箱体在托盘或皮带线上的位置，智能轨迹规划算法提供准确的抓取点位、放置点位和轨迹点位，引导机械臂快速抓取和码放动作。

方案中使用的 3D 相机为海康机器人最新推出的大视野双目结构光立体相机，兼具高精度、大景深、大视野的特点，相机检测精度达到±3 毫米，检测范围达到 1800 毫米，近视场为 1350 毫米×1200 毫米，远视场为 3650 毫米×2750 毫米，轻松适配 1. 2 米×1 米×1. 8 米等主流垛形。同时具备极高的检测效率和稳定性，从拍照到轨迹算法输出抓取点位的时间小于 1.5 秒。

拆码垛视觉定位模块采用 AI 深度学习+3D 点云分割的方案。利用 RGBD 相机实时对堆垛进行拍照，获取包裹、托盘的三维数据（深度图+RGB 图）。定位处理流程如下：首先利用深度学习网络对 RGB 图进行包裹的粗定位；然后利用物体表面纹理特征和点云边缘特征进行包裹精定位，并基于包裹表面点云计算出最优的抓取点坐标；最后利用预先获取的手眼标定关系将视觉位姿转换到机械臂坐标系下执行抓取处理。

该方案采用 2D+3D 联合视觉定位处理，具有精度高、鲁棒性强、抗环境光能力强、无惧深色物体的特点，能准确适用于各种箱体、包装盒、料盒、编织袋、工件等物件，且定位效果与精度不受物体摆放位姿的影响。

智能轨迹规划算法包含对拆垛流程及码垛流程的点位规划，由拆垛分析/码垛分析确定路径规划的终点构型，再依据感知信息、环境配置等进行碰撞检测，规划出一条安全的拆/码垛路径，其中，拆垛分析及码垛分析的大致流程如下。

拆垛分析是基于 3D 视觉分类好的点云，通过平面拟合并计算出其对应的法向量、重心位置等信息，以获得每类点云的拆垛点位置；同时由外接矩形确定物体尺寸，用以在路径规划过程中进行碰撞检测；随后通过基坐标/托盘变换关系、机器人状态及拆垛方式等对拆垛位姿的代价进行评估，最终确定最优拆垛构型。

码垛分析是对由用户编辑或自动生成的垛型进行解码，并通过基坐标/托盘变换关系计算等对各放置位姿的代价进行评估排序，获得放置构型序列，并根据输入的放置索引及机械臂逆运动学位姿获得最终的放置构型，同时内部储存已码垛箱子信息用于路径规划过程中的碰撞检测。

海康机器人 3D 视觉引导拆码垛系统旨在解决在非结构化环境中对未知形状物体无法抓取或抓取成功率低的问题。基于高精度 3D 相机对抓取物和环境的 2D 彩色图像信息，同时结合 3D 点云数据，精确提取抓取物边缘轮廓，依靠智能算法，筛选最优抓取点位，并基于软件中设定的环境约束，输出最优轨迹点位，提高了整体系统的准确性和可靠性。通过使用该系统，用户可以轻松应对多 SKU 且来料完全随机的拆码垛场景，在满足自动化拆码垛需求的同时，进一步提高生产效率，降低生产成本。

第五节　仓库管理技术

采购管理、库存管理、订单管理、货位管理、商品信息管理、作业管理等仓库管理内容一直是仓储行业的重点问题，随着物联网、区块链、大数据、数字孪生等先进技术在仓库管理中投入应用，仓库管理的自动化、精细化、智能化程度不断增加。

一、激光雷达库存管理

激光雷达是以发射激光束来探测目标的位置、速度等特征量的雷达系统，凭借高分辨率、出色的抗干扰能力、不依赖外界光照等优点，激光雷达已经在多个领域得到广泛应用。基于激光雷达技术实现自动化、智能化的库存盘点和管理是近年来仓库管理领域的热点技术之一，在煤炭、粮食等散装仓库中得到大量使用。

（一）工作原理

煤炭、粮食等货物往往是直接堆放于地面，其库存管理的重点是对货物的体积进行测量记录。以煤炭仓储为例，掌握煤炭的体积主要依靠人工手持全站仪进行煤炭体积监测，这一传统方式面临着技术手段缺乏、测量误差大、人工管理效率低下及监管困难等难题，亟须自动化升级。由于激光雷达在体积测量领域具有良好表现，在煤炭、粮食等散装仓库的库存管理中能够达到自动盘库的效果。其基本原理是：激光雷达设备多次向目标发射激光束，并接收从目标反射回来的目标回波，通过计算激光返回的时间计算出物体的距离信息，从而获取目标表面的空间点，称为点云（其中每个点包含三维坐标信息、颜色信息、反射强度信息、回波次数信息等）；对三维点云数据进行去噪、简化、配准以及补洞等处理，为后续的曲面构建及三维实体模型生成提供稳健的数据基础；结合点云数据构建体积测量的点云模型（见图4-37）；最后利用体积算法计算目标的体积。

图4-37 煤炭堆实时点云模型

资料来源：https：//blog. csdn. net/Livox_Lidar/article/details/127735580。

（二）应用案例

国微感知的仓库量方系统就是激光雷达库存管理的典型应用，其原理是在仓库内布置配备有激光雷达的智能量方终端，如图 4-38 所示，通过终端对仓库进行全方位扫描，实时获取点云数据，结合 AI 算法，将点云拟合成网格状曲面，精准测算，提供高精度、高可靠的物料体积数据，从而将库存物料数字化。

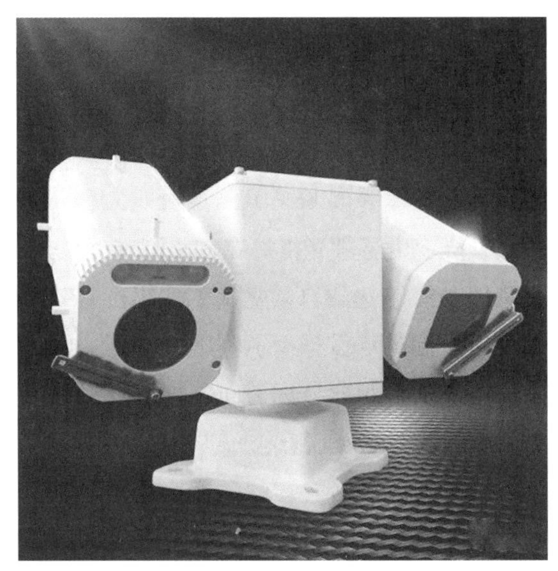

图 4-38　智能量方终端

资料来源：https：//www. sohu. com/a/497659223_121124378？_trans_＝000019_wzwza。

1. 自动库存盘点

利用激光雷达能够实现自动库存盘点，有效克服传统手工测量输入的低效率与高误差等劣势（见图 4-39）。通过驱动激光雷达器，每秒扫描数十万点云，实时获取点云数据，再通过人工智能算法将点云拟成网格状曲面，再拟合成三维料仓点云，进而计算出物料体积，自动测量的精度达到厘米级，体积测量的相对误差被控制在 1.5%以内。

2. 智能库存管理

激光雷达设备结合智能化软件能够完成数据同步，从而实现智能的库存管理（见图 4-40）。一方面，该设备能快速计算仓内三维数据，实时生成三维图形，从而更直观有效地查看和记录库存情况；另一方面，能自动设置盘点周期，定时记录体积结构变化数据，及时了解干散货物进出仓变化。

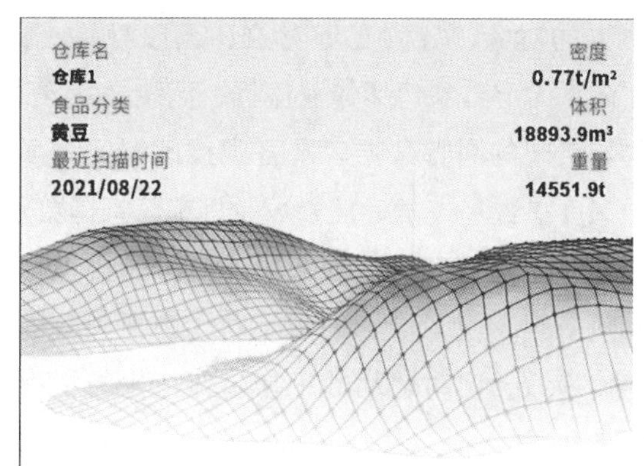

图 4-39 干散货三维图形

资料来源：https：//www. sohu. com/a/497659223_121124378？ _trans_ = 000019_wzwza。

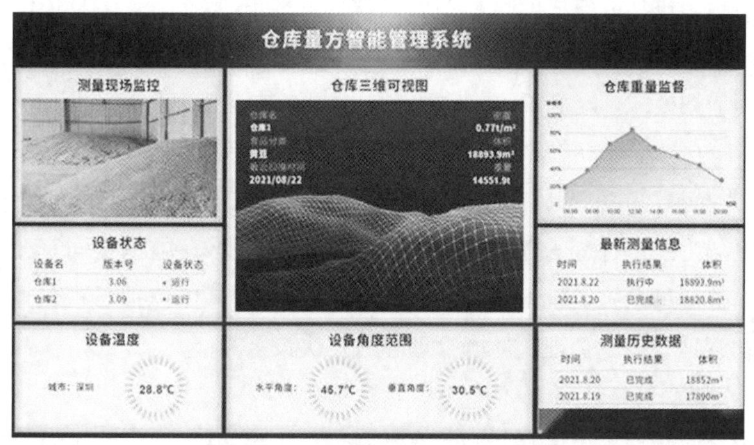

图 4-40 智能软件系统界面示意

资料来源：https：//www. sohu. com/a/497659223_121124378？ _trans_ = 000019_wzwza。

二、数字孪生仓库管理

数字孪生是以数字化方式为物理对象创建的虚拟模型，用以模拟其在现实环境中的行为。数字孪生仓库管理系统是应用数字孪生技术，对仓库内的高层货架、机械设备、建筑物、控制管理设施与周边设备等要素进行三维重构，融合多源数据，将仓库的真实场景完整映射在虚拟空间中，从而对仓库物理实体进行精确的可视化管理，同时兼具作业活动的实时监测、预测和调控。

（一）技术架构

数字孪生仓库管理技术架构包括物理层、数据层、模型层、功能层和能力层，分别对应数字孪生的物理对象、对象数据、动态模型、功能模块和应用能力。

物理层是指物理世界的对象，分为有形对象和无形对象。有形对象包括机械臂、AGV、输送带等物理实体，无形对象包括作业流程、流线关系等逻辑规则。

数据层是指来自物理空间的固有数据以及各类传感器实时采集到的运行数据，包括设备的运行参数、温湿度参数、技术标准参数、订单信息等数据。

模型层是指对应物理对象的机理模型和大量的数据驱动模型，能够实现现实对象的数字孪生体构建及相应数据信息赋予，使数字孪生体所表现的形状、空间位置、作业参数等信息与物理实体一致，同时驱动数字孪生体产生与物理实体同步的动作，真实还原仓库现实作业场景。

功能层是指各个功能模块，即由各类模型通过或独立或相互联系作用的方式形成的半自主性的子系统，包括可视化、仿真、分析、决策、预测等。

能力层是指通过功能模块的搭配组合解决特定应用场景中某类具体问题的解决方案，在归纳总结后会沉淀为一套专业知识体系，这便是数字孪生可对外提供的应用能力，也可称为应用模式。

（二）系统功能

基于数字孪生技术打造的数字孪生仓库管理系统能够在虚拟空间完全映射出仓库的真实场景，并通过系统实现对物理实体的实时优化，具体包括可视化监控、多源数据接入、货物管理、设备管理、环境管理和数据决策等功能。

1. 可视化监控

数字孪生仓库管理系统依托于数字孪生技术，能够根据现场情况对仓库进行三维场景还原，包括实景、人员、设备、货物、库位等要素；能够对作业情况进行实时展示，画面上的物料运动、设备运动均与现实世界保持一致；还能够进行旋转、缩放、快速定位等 3D 可视化操作，实现多视角、多角度的管理。

2. 多源数据接入

数字孪生技术能够基于数据采集搭建整个仓库的数字模型三维场景，进行仓库布局规划和设计，通过工业互联网各应用系统数据接入，对接 WMS（仓库管理系统）、TMS（运输管理系统）、YMS（园区管理系统）、OMS（订单管理系统）、IoT（物联网）中台、视频监控系统等，可实时显示出入库流程、仓储设备状态、动作等关键信息，对作业任务、设备等进行实时监控。

3. 货物管理

数字孪生仓库管理系统可以进行货物状态、货物位置、货物信息、货架信息等可视化管理，点击模型、点位或标签即可查看详细信息并进行信息追踪管理。能够实时查看、统计与查询库存情况，如总货位数、空货位数、库存量、入库信息等，有效协助仓库管理员即时掌握库存情况。

4. 设备管理

数字孪生仓库管理系统能够通过对接设备名称、设备参数信息、实时运行情况等设备数据，实现设备的统一管理。包括：设备信息管理，通过设备的管理模块对设备状态、故障统计、网络状态等进行查询；设备监控与管理，能够在可视化模型中以醒目的颜色展示设备的异常报警，并快速定位，点击可查询故障原因；设备远程管理，可以实现云管理，切换手动、复位、动作控制等均可异地远程控制和管理。

5. 环境管理

数字孪生仓库管理系统可实时监测库房内的温度、湿度、烟雾等环境指标数据，不同物资对环境的要求不同，可设置特殊物资对环境指标的阈值，超值时系统自动提示。

6. 数据决策

数字孪生仓库管理系统能够集成仓库作业数据，并将采集到的各类数据及实时监控等由屏幕进行展示，仓储数据实时化、透明化展示，能够通过平台直接获取最新数据，为仓库管理员提供数据决策辅助；此外，数字孪生模型可以揭示各类要素之间的复杂关系，甚至预测“物理资产”可能的未来状态，为辅助“物理资产”管理者的决策提供有力的数据支撑。

（三）技术应用

1. 昆船智能数字仓储系统

昆船智能响应智慧物流及智能制造发展趋势，融合 5G 通信技术、物联网技术、VR/AR 技术、仿真技术、3D 技术等先进技术，成功研发了基于数字孪生的数字仓储系统，能够实现工厂级仓储的集中三维可视化监控，如图 4-41 所示。该数字仓储系统可以实现物理空间与虚拟空间的虚实映射、虚实交互以及虚拟仿真，实现业务全流程的全局监控、物流装备的集中监控和调度；可通过 VR 设备接入，实现系统级维修培训、操作培训、虚拟参观；通过 AR 设备接入，实现远程协助、维修指引、操作指导等辅助性操作指引。

2. 京东物控 3D SCADA 智能仓储数字孪生平台

京东物流构建了以全景监控、3D 可视化、多元数据集成统计与分析为核心的数字化孪生应用——京东物控 3D SCADA（Supervisory Control And Data Acquisition，数据采集与监视控制系统），如图 4-42 所示，能够为企业提供单仓本地+多仓云端监控等仓储数字孪生服务。平台具有以下特点。

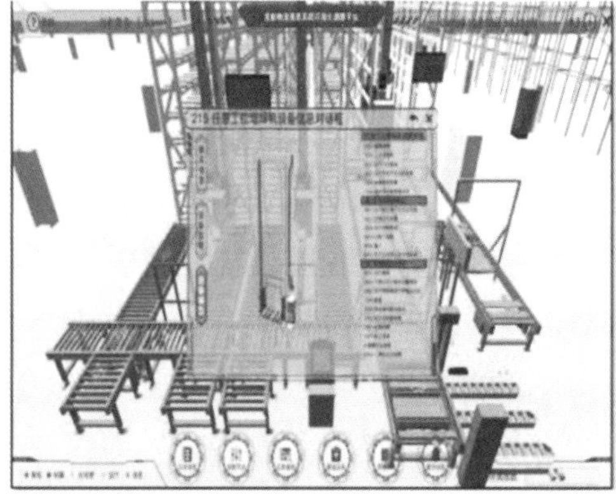

图 4-41　基于数字孪生技术的数字仓储系统典型界面

资料来源：https：//www. sohu. com/a/554218639_649545。

图 4-42　京东物控 3D SCADA 界面

资料来源：https：//www. jdl. com/news/2618/content00925？type=0。

（1）集成处理多源异构数据。

京东物控 3D SCADA 利用过程控制的对象连接与嵌入技术，支持原始数据和预处理的信息从现场生产到应用系统层级的传输，通过平台标准物模型和数据加工引擎技术，自动化处理多源异构数据，实现可独立于制造商的数据通信，保证了数据应用更加安全可靠。

（2）孪生场景快速发布运行。

京东物控 3D SCADA 内置丰富的智能仓模型，用户能够通过编辑器拖、拉、拽在线创建三维可视化场景，快速实现数字孪生场景的搭建，强大的实时渲染引擎将针对物理实体对象进行建模重现，通过数据驱动数字孪生仓库集合模型，将物理世界到数字平行世界的延迟控制在 1 秒以内。

（3）快速异常处理。

京东物控 3D SCADA 可快速实现三维数字模型和现场模型实时映射，设备异常实时报警，并提供对应的设备报警信息、设备异常处理建议，支持一屏从“异常发现”到“异常定位”再到“异常处理”的全闭环异常处理解决方案，大幅提升现场运营效率。

（4）测试全程自动化。

京东物控 3D SCADA 突破性地使测试场景摆脱了低效、繁杂的现场人工模式；采用动画模拟碰撞检测，解放大量人力投入的同时，也缩短了测试时间。全程自动化、即时监控、全景可视，让用户的测试环节更精准高效。

三、典型案例——青岛自贸片区数字仓库

青岛港是全球第四大外贸口岸，也是全国最大的橡胶、棉花、纸浆进口口岸。一直以来，青岛自贸片区就是全国最重要的大宗商品交易与集散地。近年来为夯实贸易竞争新优势，青岛自贸片区不断围绕大宗商品加快数字化、智能化转型。2022 年 4 月，青岛自贸片区数字仓库平台上线，数字仓库平台以物联智能感知和货物信息数字化为核心，创新实现了全数字化业务运营、高度智慧化调度感知、数字存货标准构建、穿透式业务监管、远程实时盘点看货、智能安防预警等功能，在国际大宗贸易及仓储流通领域属首创。

青岛自贸片区数字仓库平台主要聚焦贸易、交易环节的基础——仓储物流的安全和效率，以物联智能感知和货物信息数字化为核心，构建园区管理、仓储调度、货物安全的物联网监控监管解决方案。平台结合仓库实际应用场景，对多种技术进行融合应用，全方位保障货物安全、提高管理效率。例如，在看货过程中，布设高清监控摄像机抓取货物轮廓信息，实现更快更精准的 AI 看货；在守货过程中，AI 通过电子围栏分类设置存储区域、禁入区域、危险区域，在货物轮廓发生变化、受限车辆与人员闯入时均会发出警告，并通过摄像机与边缘计算的结合实现了流媒体的本地智能化处理，使 AI 守货实时在线，做到第一时间发现货物的异常并触发告警，规避货物灭失的风险；针对某些对温湿度要求严格的货物，设置高灵敏温湿度传感器实现智能环境监测，避免货物因环境变化导致损毁；除全流程监管，还通过数字孪生技术对某些场景进行还原，从而实现高效管理。以山东中储国际物流有限公司宝泰仓为例，通过数字孪生还原仓库，管理员可通过一台电脑或一个 App，全方位、快速地掌握整个仓库的信息，做到整合库存、货物保管、货物分类、过户交易和作业统计等信息的全部可视。另外，结合视频监控的功能，可以对仓库内部及仓库周边进行 24 小时、全方位的安防动态监测。

数字仓库平台的落地，实现了“货物、货位、标识、电子账目、数字权证”实时相符的五相符存货管理模式，有效助力青岛自贸片区实现大宗商品贸易链条中商流、

物流、资金流和信息流的四流匹配，使数字仓单质押融资操作更高效便捷，解决贸易企业在业务开展起步阶段数字化程度低、资金短缺等痛点，从而大幅降低贸易的交付成本和安全风险。4 月 20 日，一笔采购自越南的 200 吨橡胶类大宗商品，在完成提单签收、换单、通关、查验入库等流程后，存放于青岛自贸片区的中储青岛分公司数字仓库。通过数字仓库平台的“AI 看货”功能，仓储方、贸易商以及银行方均能便捷、明晰地实时看到货物、货主、保管仓库等信息，随后货主以提单转仓单质押的模式顺利完成贷款融资。这意味着：伴随着数字仓库的投入使用，全国首笔基于政府数字基建——数字仓库的提单转仓单质押融资业务在青岛自贸片区顺利落地。

第五章　包装及单元化技术

中央财经委员会第八次会议指出“流通体系在国民经济中发挥着基础性作用，构建新发展格局，必须把建设现代流通体系作为一项重要战略任务来抓”，强调要统筹推进现代流通体系建设，为构建新发展格局提供有力支撑。而物流包装作为流通环节的重要领域，沟通生产与流通，未来发展内置驱动力十足。本章从绿色包装、循环包装、智能包装以及集装单元化四个方面开展讨论。

第一节　绿色包装技术

新发展格局下，物流包装技术也展现出全新的发展趋势。绿色包装是包装技术的新模式，也是绿色物流的重要组成部分。其中，绿色包装是指在包装产品全生命周期中，在满足包装功能要求的前提下，对人体健康和生态环境危害小、资源消耗少的包装。随着国内与国际经济的发展，绿色包装逐步成为国内外贸易发展的内在要求。按照绿色包装内涵，绿色物流包装应按照减量化（Reduce）、重复利用（Reuse）、易于回收再生（Recycle）、可降解腐化（Degradable）等综合发展。

一、绿色包装需求导向

（一）包装绿色发展政策促进

2020 年 12 月，《国务院办公厅转发国家发展改革委等部门关于加快推进快递包装绿色转型意见的通知》中提出，到 2022 年，全面建立统一规范、约束有力的快递绿色包装标准体系，电商快件不再二次包装比例达到 85%，可循环快递包装应用规模达 700 万个，快递包装标准化、绿色化、循环化水平明显提升。到 2025 年，快递包装基本实现绿色转型。

在有关部门重视下，通过推广电子运单、禁止快递过度包装、实施快递包装回收计划等措施，快递包装的减量化、绿色化已取得一定成效，相关政策汇总如表 5-1 所示。

表 5-1　　近些年绿色包装政策汇总

时间	政策文件	具体内容
2020 年 12 月	《国务院办公厅转发国家发展改革委等部门关于加快推进快递包装绿色转型意见的通知》	到 2022 年，快递包装领域法律法规体系进一步健全，基本形成快递包装治理的激励约束机制；制定实施快递包装材料无害化强制性国家标准，全面建立统一规范、约束有力的快递绿色包装标准体系；电商和快递规范管理普遍推行，电商快件不再二次包装比例达到 85%，可循环快递包装应用规模达 700 万个，快递包装标准化、绿色化、循环化水平明显提升。 到 2025 年，快递包装领域全面建立与绿色理念相适应的法律、标准和政策体系，形成贯穿快递包装生产、使用、回收、处置全链条的治理长效机制；电商快件基本实现不再二次包装，可循环快递包装应用规模达 1000 万个
2021 年 1 月	《商务部办公厅关于推动电子商务企业绿色发展工作的通知》	鼓励电商企业通过产地直采、原装直发、聚单直发等模式，减少快递包装用量。引导电商企业与商品生产企业合作，设计应用满足快递物流配送需求的商品包装，减少商品在快递环节的二次包装
2021 年 2 月	《国务院关于加快建立健全绿色低碳循环发展经济体系的指导意见》	鼓励企业开展绿色设计、选择绿色材料、实施绿色采购、打造绿色制造工艺、推行绿色包装、开展绿色运输、做好废弃产品回收处理，实现产品全周期的绿色环保
2021 年 7 月	《国家发展改革委关于印发“十四五”循环经济发展规划的通知》	在建立快递包装回收机制方面，鼓励电商、快递企业与商业机构、便利店、物业服务企业等合作设立可循环快递包装协议回收点，投放可循环快递包装的专业化回收设施

（二）物流包装绿色现实推动

物流包装虽然有力地促进了经济繁荣发展，但其废弃物给自然环境带来的破坏被忽视，且难以对废弃物的管理、回收采取相应措施，导致给环境及经济发展带来阻力。以快递包装为例，瓦楞纸箱和塑料袋占总量的近八成。从包装组成来看，目前我国快递包装以瓦楞纸箱和塑料袋为主。《中国快递包装废弃物产生特征与管理现状研究报告》显示，快递包装物主要包括瓦楞纸箱（44.03%）、塑料袋（33.5%）、套袋纸箱（9.47%）、文件袋（5.05%）等。

从目前主要的包装方式来看，一个瓦楞纸箱平均重约 329 克，其中瓦楞纸占 92.4%，其他间接包装材料如填充塑料薄膜占 5.5%、快递运单占 1.3%、塑料胶袋占

0.8%。2018年，我国瓦楞纸消耗量达823.3万吨，若不加以控制，资源环境将面临巨大压力。2018年，我国塑料包装材料消耗约85.18万吨，73%的塑料包装是由废料直接再生，呈现灰色或黑色；25.6%的塑料包装由废料和少量原生料混合生产，一般呈黄绿色；而完全由原生料（PP或PE等）生产的纯白色快递包装塑料袋仅占1.5%。废料大多来历不明，在生产过程中也会产生环境污染。2020年国家出台相关规定，"限塑令"升级为"禁塑令"，一方面，降低了塑料包装的使用量，另一方面，刺激了快递业对瓦楞纸的需求。预计到2025年，纸质快递包装的潜在需求还将增加165.9亿件，我国资源环境面临的挑战和压力不容小觑。

快递包装废弃后，包装箱可部分回收，但回收率不足50%；而快递包装中的填充物、胶带等塑料成分回收率几乎为零，使快递包装的总体回收率低于20%。

以2018年为例，我国快递行业共消耗纸类包装材料837.33万吨，仅有约34.08万吨瓦楞纸箱被重复使用，约688.89万吨快递包装废纸被流动回收者回收。也就是说，仅有4%的纸箱实现了直接二次再利用，其余82.3%需降级为废料再生产，还有约15%由于污染破损等被混入生活垃圾清运系统。

由于回收难度大、再生利用成本高、再生料利润不足等原因，塑料泡沫箱回收率仅为70%~80%。使用占比约95%的快递塑料包装袋因为回收价低、粘贴了塑料胶带和运单、现有回收渠道无法处理的原因，最终会和生活垃圾一起被焚烧或填埋。一些辅助包装材料也面临使用量大、回收率低的窘境。出于营销考虑，或为了避免运输过程中商品受损，商家倾向于使用大纸箱进行包装，并在包裹中大量加入气泡袋、气泡柱等塑料填充材料，且过度使用胶带缠绕包装。这些辅助填充材料绝大多数进入了生活垃圾中，给环卫系统带来极大压力。

如今综合考虑物流包装材料资源消耗严重、回收难度大等现实因素，加快推动"十四五"规划下发展绿色包装产业变得意义重大。一方面，发展绿色包装产业有利于提升国内能源资源的利用效率，促进资源节约和环境友好，打造可持续发展的经济增长模式，在全社会形成节约能源资源的良好社会风气；另一方面，发展绿色包装产业也有利于推动宏观节能减排，践行绿色发展观念，履行国际责任。

二、典型绿色包装技术

（一）物流包装绿色材料

要广泛采用绿色包装，发展绿色包装，就需要人们正确选择包装材料。因此，绿色包装实质上就是包装材料的绿色化。所谓绿色包装材料是指在生产、使用、报废及回收处理再利用过程中，能节约资源和能源，废弃后能够迅速自然降解或再利用，不会破坏生态平衡，而且来源广泛、耗能低、易回收且再生循环利用率高的材料或材料制品。

1. 可降解包装材料

可降解包装材料指的是在材料制作中加入生物降解剂、光敏剂、改性淀粉、纤维素等原料来降低包装材料的稳定性，促使包装材料可以在自然环境中得以降解。按照降解原理的不同，可降解包装材料可以分为复合降解材料、生物降解材料、光降解材料。

其中，生物降解材料是利用微生物的生物降解作用实现材料的分解，分解得到的物质对环境没有污染。比如，在微生物的降解作用下，聚乳酸微生物降解材料可以分解为可溶性乳酸等对环境没有危害的物质。光降解材料是利用在材料的分子链中加入光敏基团或在材料中加入光敏剂，促使材料通过自然紫外光的照射得以分解。由于光降解材料的自然降解时间受环境的影响比较大，所以这种类型的可降解材料逐渐被其他类型的可降解材料取代。

以中国邮政为例，截至 2019 年 7 月，中国邮政在 30 个省区市完成了配发绿色包装箱，如图 5-1 所示。中国邮政在北京和河南试用可降解包装袋；菜鸟、顺丰也在研发使用生物基材料包装袋、无胶带纸箱等；京东则在生鲜业务中全面推广可生物降解包装袋；百世在江苏、浙江、安徽试用环保袋，占其塑料袋用量的 30%；中通与第三方合作，生产氧化和微生物双降解的绿色包装袋；申通准备将可循环使用 50~60 次的环保文件封套投入使用，并与清华大学化学工程系合作研发可降解塑料袋。

图 5-1　中国邮政绿色包装箱

资料来源：http://www.chinapost.com.cn/html1/report/2103/762-1.htm。

芬兰品牌 Valio 推出了 100%植物基乳品包装盒，如图 5-2 所示。基于纤维素的包装是植物基包装创新的最前沿技术，如 PulPac 的 3D 干燥成型技术，可以为咖啡杯盖、咖啡包、餐盘等提供可再生且经济的塑料替代品。

图 5-2　植物基乳品包装盒

资料来源：https：//zhuanlan. zhihu. com/p/70439876。

2. 纸质包装材料

纸质包装材料主要有瓦楞纸板、蜂窝纸板、纸浆模塑制品等。其中，瓦楞纸板是近些年研发的一种具有缓冲效用的包装结构，它对环境没有污染，制造成本也较低，具有良好的性能，具有广泛的应用范围，如图 5-3 所示。蜂窝纸板是对瓦楞纸板的改进，它包括三层，中间层是由排列分布均匀的六边形蜂窝构成，在使用中只要对其孔径进行变化，便可以满足不同强度的需求。蜂窝纸板具有弹性良好、强度较高、质量轻盈的特点，同时其制造成本也较低，便于回收利用，是缓冲包装的第一选择。蜂窝纸板在陶瓷包装、电子产品包装中得到了较为普遍的应用。除蜂窝纸板外，纸浆模塑制品在世界范围内是公认的绿色包装材料，其质地轻盈、物美价廉，具有良好的透气性、缓冲性及防静电性，在生鲜食品包装中得到了较为广泛的应用。

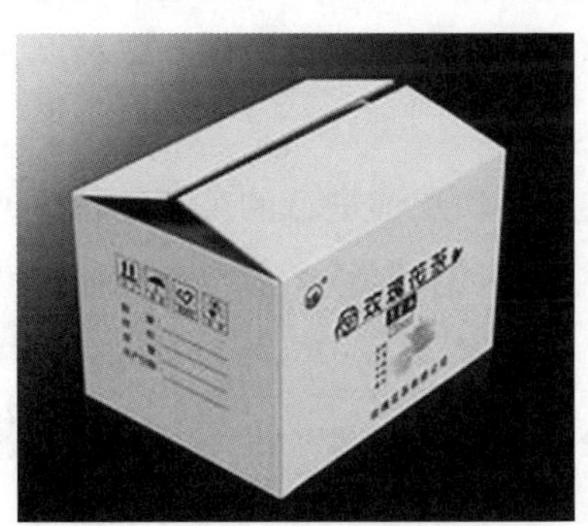

图 5-3　纸质包装材料示意

资料来源：https：//www. jiaheu. com/topic/836836. html。

3. 纳米包装材料

当前，应用较为广泛的新型纳米包装材料主要有保鲜纳米包装材料、抗菌性纳米包装材料及高阻隔性纳米包装材料，如图 5-4 所示。纳米包装材料在化学性能、机械性能、生态性能、物理性能等各方面都具有独特的优势。其中，保鲜纳米包装材料可以对乙烯进行严格控制，延长果蔬的保鲜时间。其原理是正常的果蔬代谢中会产生乙烯，当乙烯的数量到达一定值后便会造成果蔬的腐烂，应用保鲜纳米包装材料有效延长了果蔬保鲜时间。抗菌性纳米包装材料由于其抗菌能力较强，而且具有较长的时效，因此在食品包装、医疗器械等领域得到了广泛应用。高阻隔性纳米包装材料对于长时间保持食品的品质、风味、营养成分等具有重要作用，可以有效阻隔微生物的入侵，以防食品变质。

图 5-4　纳米包装材料

资料来源：http：//www. zhongyibiz. com/Web/Articles/6914. html。

（二）物流包装减量工艺

包装与人类生活息息相关，然而市场中过度包装比比皆是。过度包装不仅增加了原材料消耗及加工制造、装卸和运输成本，也增加了包装废弃后的回收再利用和处理成本，给环境造成很大压力。

减量化是对传统包装在投入使用前进行的重新定位，通过对其部分功能的改变实现外包装量的减少，避免不必要的材料重复与浪费。从源头上节约材料的使用，也从源头上减少废弃物的数量。在生产实践中，可以通过不同技术途径实现包装减量化。具体有包装薄壁化技术、包装轻量化技术、包装方式减量化技术、包装结构减量化技术、包装形态减量化技术和包装风格减量化技术。

1. 包装薄壁化技术

包装薄壁化技术是指在保证实现包装功能所需的各项机械力学性能的前提下，通过减少壁厚来减轻包装材料的用量。目前，纸板、瓦楞纸板、塑料薄膜、金属板材均在研发采用这类技术，可以节约大量包装原材料，加快推进塑料瓶、塑料桶、塑料罐、塑料包装袋等塑料包装容器的“薄壁化”。

随着塑料包装行业的不断发展，塑料助剂的研发与市场化进程将持续推进，塑料共混等技术与生产工艺将不断进步，进而在保证塑料包装容器可靠性、化学稳定性、耐用性的前提下，降低材料用量，为实现“薄壁化”提供可能。

以雀巢听装咖啡为例，通过技术改进，罐身的厚度由 0.19 毫米降低至 0.17 毫米，每年减少铁的使用量将近 840 吨。此外还有对矿泉水瓶的设计改进，减少了重量而强度并没有显著下降，仍然有足够的支撑强度。经过几轮优化设计，矿泉水瓶的重量减轻程度达到 30%~45%，如果按吨数来算，减少的量则是千吨级以上。

2. 包装轻量化技术

包装轻量化技术是指在保证实现包装功能所需的各项机械力学性能的前提下，减轻包装材料的重量。从包装材料上看，选用低密度轻量化材料，可有效提高运输能源的利用效率。在轻量化的同时也要保证强度，所以在同等用料前提下提高材料的抗压强度，不仅有助于实现包装容器的轻量化，节省材料，还有助于降低货品运输过程中的破损率，利于增加货品的堆放层数，提高仓储空间的利用率。

瓶装水行业是典型的包装轻量化。如今瓶装水的包装材料越来越倾向于向轻质化方向发展，以减少浪费。康师傅公司从 2004 年开始通过创新技术的使用，率先将瓶装水塑料瓶重量从 18 克降至 12 克，如今又将瓶盖由 3025 瓶盖精进为 2925 瓶盖，瓶盖平均克重每只降低 0.3 克。相比娃哈哈和农夫山泉，康师傅公司生产的瓶重是最小的。

3. 包装方式减量化技术

减量包装方式是在不破坏原有包装结构、作用的基础上，打破固有观念，改变局部设计，在旧元素中添加新功能，以最低程度地改变来提高材料的利用率。例如，手机包装中，包装盒将装载功能与说明作用二者结合在一起，减少盒体、手机说明书的二次制造，不仅使盒体生命周期延长，而且又具备了另一意义，重复使用率高，且不会被随意丢弃。

4. 包装结构减量化技术

包装结构减量化设计，通过尽量减少包装材料的用量，减少包装废弃物的体积量和数量，以减轻环境的负载。因此，为了更好地保护产品，包装容器往往需要具有一定的强度，增加包装容器的厚度会使强度提高，却会带来资源浪费，如此一来，科学地改变材料结构，既能保证强度，又能减少材料的使用量，是一项两全其美的方案。DEC 公司的研究表明，增加其产品的内部结构强度，可以减少 54%的包装材料，降低 62%的包装费用。目前关于包装结构减量化的学术研究正在深入推进。柯莎从包装的合理性、功能性、展示性等方面提出“一纸成型”提携式包装结构减量化设计的基本要求。

5. 包装形态减量化技术

包装形态的减量化是指增强包装的包裹、集装功能，实现其简化目的。它不仅能够很好地解决包装盒资源浪费的问题，也能解决目前过度包装的问题。

6. 包装风格减量化技术

在资源短缺、生态环境恶化的形势下，应力求在包装风格上做到减量化设计，回归经典的简洁风格。因此，在避免包装过度装饰，提倡简约的包装中，设计师要以最简单的包装结构、最清新凝练的造型、最精练的色彩、最简洁的图形文字、最少的包装材料等核心元素，设计出打动消费者的包装作品。每一个设计师应将坚持经济环保的包装设计理念、维护自然生态的平衡当作需要承担的责任与义务。

（三）包装集成利用

包装集成服务（Package Integration Services，PIS），即从产品包装一体化解决方案开始，将包括包装设计、包装机器设备的投资与租赁、包装生产线装置的试车开车技术指导与服务、包装机械设备设施的维修与保运、包装生产线的操作与产品现场包装服务、包装材料的生产与供应、包装产品的储运与第三方物流服务、包装材料的回收与利用等全周期、全方位、全过程的一体化集成服务委托给专业的包装企业完成，这是当今世界包装的发展趋势之一。

结合轨道交通主机企业生产方式特点，南京中车物流公司以产品循环共享包装为切入点，设计可实现直接上流水线工位的包装模式，消除从产品下线到上组装工位之间不必要的物流环节，以智慧物流服务平台为载体，整合优质的第三方物流服务，将制造企业中的物流管理、运输管理从制造业中分离，通过储运一体化实现包装的可循环使用。对同一种产品的循环包装，实现在不同主机厂、不同供应商之间共享使用，减少闲置，提高物流效率（见图 5-5）。

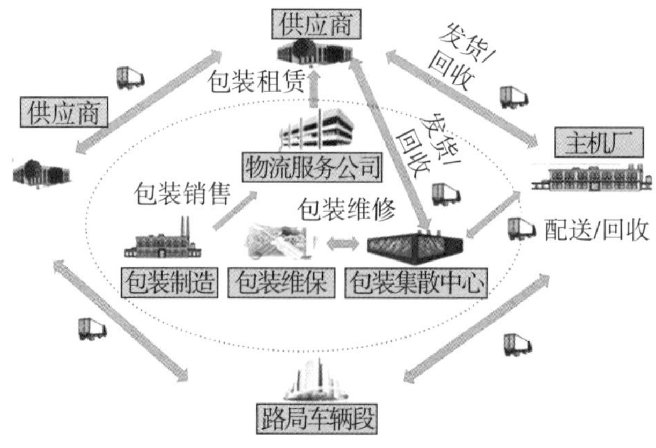

图 5-5　包装运营模式

三、典型案例——京东绿色包装

2021 年，“碳达峰”“碳中和”被首次写入政府工作报告，也进一步成为网络热词，走入公众视野。作为世界上最大的能源生产国和消费国，中国明确提出力争 2030 年前实现“碳达峰”、2060 年前实现“碳中和”的目标。

为积极响应国家号召，符合国家提出的绿色包装产业转型发展方向，京东宣布成立京东物流绿色基金，先期投入 10 亿元推进供应链链条低碳环保、节能降耗的探索和应用，加速物流行业绿色升级。同时，京东物流联合 DHL、法国邮政、雅玛多、顺丰、普洛斯、绿色消费与绿色供应链联盟、雀巢、达能、达达等共同发起了青流计划——全球供应链绿色环保行动。青流计划将主要从“新模式创造”“新设备引入”“新标准建设”三方面入手，不断优化供应链作业流程，初步形成科技化、专业化和规模化的效应。

京东物流从“环境（Planet）”“人文社会（People）”和“经济（Profits）”三个方面着力推行战略级项目“青流计划”，协同行业和社会力量共同关注人类的可持续发展。京东物流是国内首家完成设立科学碳目标倡议（SBTi）的物流企业，同时引入使用更多清洁能源，推广和使用更多可再生能源和环保材料，践行绿色环保措施。

2017 年 12 月，京东物流首发试点循环快递箱“青流箱”。青流箱由可复用材料制成，箱体正常情况下可以循环使用 50 次以上，破损后还可以回收再生。青流箱无须胶带封包，在循环使用的同时可做到不产生任何一次性包装垃圾，并且配合自行研发的循环包装管理系统，借助唯一码和 RFID 管理技术，可以实现循环包装全流程监控。目前，青流箱在全国 30 余个城市进行常态化使用，已累积使用 1600 余万次。

至 2021 年 6 月，常温青流箱、循环生鲜保温箱等累计循环使用约 2 亿次。通过联动品牌商直发包装及纸箱循环利用，节省约 100 亿个快递纸箱，超过 30 万商家、亿万消费者参与其中。

除此以外，京东还提出了胶带瘦身计划。在 2015 年年初，京东就已经对胶带进行优化，将包装胶带的宽度由 53 毫米缩至 45 毫米。仅此项优化将每年减少胶带使用量超过 500 万平方米，随着京东订单量的高速增长，胶带瘦身计划所创造的环保价值也将更加明显。同时，新研发的可降解胶带将更大限度地降低对环境的污染。

此外，还有纸箱回收计划，自 2015 年 3 月起，京东通过给参与用户发放京豆的方式鼓励用户积极参加纸箱回收计划，用户可将自己闲置的纸箱交给配送员，送回京东仓库重新使用。

京东同时也在进行包装的相关研究，2016 年 4 月，京东与东港股份联合打造了京东包装实验室，致力于绿色物流包装产品的研发和使用，是国内首家基于电商物流包装领域的实验的研发机构。京东包装实验室的研发方向有两个，一是通过压缩包装耗材的尺寸和面积减少材料成本，二是用更加环保的新材料替代旧材料，使包装物能够循环利用，进而实现节能环保。研发投入使用的包括拥有专利权的防撕袋、在生鲜配送环节使用的全降解包装袋等产品。

作为一家兼具实体企业基因和属性、数字技术和能力的新型实体企业，京东以扎实的供应链基础设施与数智技术，依然保持着全国范围内的高品质服务，全额保、预约揽派、验证揽派等优质寄递服务，全方位守护消费者的实在体验。同时，依托一体化供应链物流服务解决方案，京东助力多个重点细分行业、产地产业带商家实现增长，保障快消品等行业商家高于平日数倍的订单，产地产业带的单量同比增长 80%，进一步折射出新型实体企业“以实助实”的核心价值。

第二节　循环包装技术

循环包装业作为服务型制造业，是国民经济与社会发展的重要组成部分。在商业流通中，可循环包装为产品提供安全美观的包装和容器，以达到方便仓储、运输、销售以及宣传展示的作用，几乎覆盖所有的商品流通环节。随着我国制造业规模的不断扩大，产品类型日新月异，循环包装对扩大包装市场规模和产品个性化发挥了重大推动作用。

一、循环包装概述

（一）循环包装定义

一般能通过回收然后投入二次使用的物流包装容器，可以被认为是循环包装。循环包装往往由耐用材料如波纹塑料、木材或金属等制成，在效益、可持续性、安全等方面有明显的优势，被认为是各行业物流环节实施可持续性计划的重要组成部分。

循环包装中循环的概念，可称为“机会性重用”（Opportunistic Reuse），例如，较轻结构的一次性托盘或容器有时在某些环境下有机会被再次使用，或用于初衷以外的用途；集装袋行业也常会出现用户企业将一次性包装袋进行修补，然后重新投入使用的情况。但是，随着使用次数的增加，这些原本被设计为一次性使用的产品在特性方面会显著下降，大幅增加用户的使用风险，使用的场景和环境因素都可成为安全隐患的重要诱因。因此，尽管以上案例的应用行为在有限范围内确实享有降低每次的使用成本、避免产生废弃物等循环包装的某些好处，但技术上并不能把这类包装称为循环包装。

（二）循环包装使用要求

循环包装更多是指可多次使用（Reuse）的包装，在物流周转时使用的运输包装多为一次性包装。使用循环包装时，还需要考虑包括空间距离、周期性、货品特性等具体要求。

1. 空间距离

在运输货物的时候，空间距离适中的情况下可以考虑使用循环包装。以塑料折叠卡板箱为例，只有在中长运输距离的情况下，适合用卡板箱。如果距离过近，则不需要把货物再次包装，采取原包装搬运即可。因为距离短，途中出现碰撞、磕碰的概率较低。相对地，如果距离太远，使用塑料折叠卡板箱也不现实，比如从国内运输出国，如果使用卡板箱，卡板箱的回收就会很困难，来回的运费是一般企业难以承受的。所以外贸商品的包装一般还是以单次包装为主。

2. 周期性

循环包装除了在空间距离上具有局限性外，在时间上的局限性也影响着可循环包装的使用。以卡板箱为例，如果厂家出货的频率很低，而且货物运达之后，回收的时间间隔很长，卡板箱的使用频率较低。反之，厂家的运输需求多为大额度的货品，或者每天都有货品出售周转，则卡板箱的重复使用率较高，其成本的转化也会加快，有利于企业降低成本。循环箱示意如图 5-6 所示。

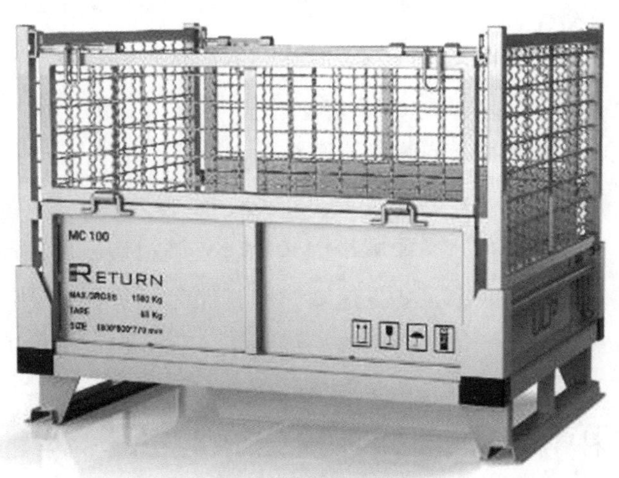

图 5-6　循环箱示意

资料来源：https：//www. sohu. com/a/545520872_121307307。

3. 货品特性

在日常物流环节中，循环包装适用于大多数的运输产品，但是部分产品本身的特性决定其并不适用循环包装，如石料、外机箱、沙制品、小颗粒等。其中石料等产品是本身就不需要包装，运输的时候裸露在外即可。而部分货品因为本身的形态，还是适合塑料袋包装运输。相对地，如果是产品本身比较贵重，而且产品受到冲击时容易损坏，则同样难以使用一次性包装。这是因为一次性包装本身的防冲击性较弱，如纸箱等。而使用塑料卡板箱、塑料围板箱等循环包装可以很好地保护包装内的产品。

（三）循环包装发展影响因素分析

1. 有利因素

各包装公司推行循环包装，是为了获取整个包装供应链的经济、社会与环境价值。可循环包装行业发展的有利因素具体表现在以下几个方面。

（1）改善工效和保障工人的安全。

客户采用循环包装可提升整个供应链上产品的储存、搬运和流通效率，增加流通渠道的货物流通量。标准化尺寸与质量的包装箱有利于采用展示货架、储存货架、流通货架和提升/倾斜设备，因而能大大提高工效。同时，由于无须包装箱切割，没有带钉与破损的托盘，因而能减少工伤事故；采用工效学原理设计的把手和便于装箱的通道门，提高了工人的操作安全系数；共用系统木托盘整齐堆放，场内没有散乱包装材料等碎片，保障了操作工人的安全。

（2）减少库存和适时发送。

标准化的运输包装部件与订货数量，改善了企业的订货能力与盘点能力，不但能减少发送误差，而且有助于做到及时发送。货物的小批量频繁发送更能接近其使用时间，从而减少了货物的库存天数。将供应商与客户间的交付按“循环提货”模式（少量、每日卡车路线）运作，可节省货物流通费用。

（3）改善产品运输质量。

首先，循环运输包装的使用，能减少因运输包装破损造成的产品破损；其次，可提高货运与码头装卸的操作效率，减少运输时间，保障了货物的质量；最后，通风良好的包装箱可减少易腐烂货物的冷却时间，增加了货物的保鲜度，因而可延长货物的货架寿命。

（4）减少包装材料成本。

循环运输包装的使用寿命长，因而循环运输包装成本可以按多年进行摊销，这使得每次周转的包装材料成本降低。

（5）减少废物处理时的人工成本。

循环运输包装的重复使用，减少了资源消耗，降低了再生、城市堆肥、掩埋和焚烧等费用，同时减少了废物处理与搬运费用。再生或处理时，废物的管理工作较少，所需的劳力也就相对较少，从而减少了再生或处理成本。

（6）环境效益。

采用循环运输包装系统将给环境带来积极的影响，一方面，减少了建造实施回收处理或掩埋场地的需要；另一方面，减少了温室气体的排放和能耗。循环运输包装制品在使用寿命终止、废弃时，多数塑料与金属可以再生，木材可以被粉碎并填埋在树根周围或作为牲畜的铺垫。当前的经济形势迫切要求企业尽可能降低成本，同时要有全球意识，在运营中真正减少地球资源的消耗。这两股驱动力，使许多企业以循环包装作为降低成本和推动供应链可持续发展的有效解决方案。

2. 不利因素

尽管应用循环包装的好处显而易见，但是我们仍可明显感受到在大多数场景下，一次性包装仍处于主流地位。可循环包装行业发展的不利因素具体表现在以下方面。

（1）循环包装企业需要投入更多的经营资源。

一次性包装的生产企业，与客户只是单纯的销售关系，在将产品交付之后即完成合同约定。而对于循环包装来说，往往涉及投入后的使用管理，这就要求循环包装企业从单纯的包装生产型企业向“生产+服务”模式进行转变。具备服务性质的企业，其一大特点就是人力成本在企业总成本中的占比将提高，在兼顾生产的同时，还需要以人力资本为主要资源服务客户需求。因此，循环包装企业必须投入额外的人力、财力资源与客户的业务流程进行对接，对经营资源的投入管理提出更高要求。

（2）难以实现规模经济。

在满足同样包装需求的前提下，一次性包装的投入量无疑要远大于循环包装。对于一次性包装生产企业来说，一个区域内的企业需求就可支持其规模化发展，从而获得规模生产所带来的经济性；而对于循环包装企业，则面临着服务本地企业难以达到较为经济的生产规模的局面，因此需要不断扩大服务范围和客户种类，提高企业管理的复杂性。

（3）资产管理的难度更大。

管理大量的、处于动态中的包装容器对企业提出了额外挑战。假如管理不善，企业则面临着资产损失、较差的客户体验等直接降低收益水平的经营风险。而一套完善的信息化管理系统，则带来软硬件方面的研发、投入成本，企业需要仔细测算系统投入成本和潜在收益，对企业的技术人员提出了更高要求。

（4）面临更大的全国性风险。

与一次性包装生产企业不同，成功的循环包装企业必须具备全国性的服务网络，才足以满足各类规模和不同行业的客户需求，从而具备竞争优势。而包装企业由区域性向全国性进行转变，需要不停地加大人员、资产投入，在这一过程中将面临更多的经营风险。

（5）要经历较长的发展周期。

循环包装企业相比一次性包装生产企业需要经历更长的发展周期，以获取规模经济、发展出全国性网络、理解不同类型的行业客户需求，因此在短期内可能面临收益低于行业平均水平的状况。世界领先的循环包装企业，如集保（CHEP）、耐帆（Nefab）等都是经过了多年的发展，才取得了目前的领先优势。因此，循环包装企业需要始终坚定从事这项事业的愿景、使命及价值观，以避免发展计划被短期的收益水平扰乱。

二、循环包装典型分类

近年来，我国包装需求发展迅猛。以快递包装为例，截至 2021 年年底，日均快递业务量已突破 3 亿件大关。大量一次性快递包装产生的垃圾不仅给个人处理带来苦恼，更给生态环境造成巨大压力。现在不同企业各自推出的循环包装，其实还是单个企业内部的小循环，如果能够使循环包装在各个企业间实现共享，把“小循环”变成“大循环”，逆向物流成本就能够进一步降低。在此背景下，循环包装发展日益繁荣，已经产生围板箱、卡板箱等多类型包装。

（一）围板箱

围板箱（Sleeve Containers）是由托盘、箱体、箱盖通过叠装方式并由一段以上的围板组成的木箱或者塑料箱。围板箱最大的特点是可以将底托、盖板和围板拆分折叠，折叠后一般只有原来体积的 1/4 或者 1/5，在回程物流中大大节省了运输空间，节约了运输成本，另外，围板箱的底、盖和围板可以共享使用，任何一件发生破损遗失，不影响其他两件跟另外的组件组合使用，如此就节省了公司的投资成本，木制围板箱示意如图 5-7 所示。

木制围板箱的优势主要是载重强度大，一般可以静载 3~5 吨，动载 2 吨以上，由于强度很大，堆垛层数可以到三层，空间使用效率高，并且由于木制围板有较好的灵活性，所以高度可以调整，体积更加灵活。

另外，坚固的木板可以为产品提供更好的保护，很重要的一点是，木材相对来说是可再生资源，虽然国内森林面积有限，但是作为可循环使用材料，欧洲或者北美的供应还是比较充足，而且成本质量都有竞争力。

木制围板箱相对于塑料围板箱，其缺点主要是自重较重，相同容量的木制箱（40~50 千克）一般是塑料箱（20~30 千克）的两倍左右，对于有“洁癖”的零件，潜在的木屑可能是个隐患；另外，木制围板箱操作相对时间长，组装或者拆装一个箱

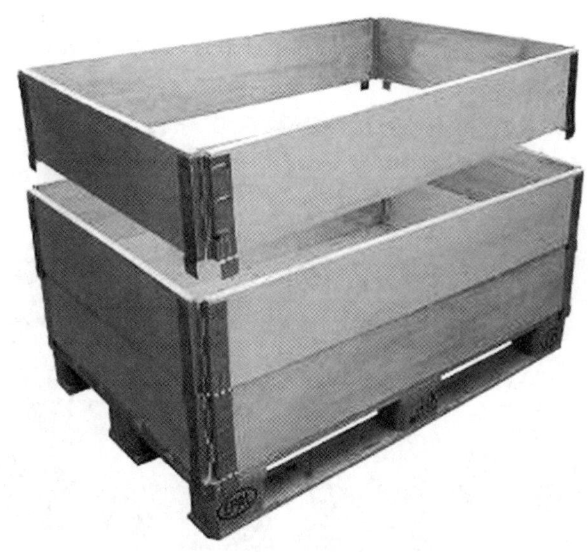

图 5-7　木制围板箱示意

资料来源：http：//www. bokaibz. com/index. php？ c=product&a=type&tid=4。

子大约需要 2 分钟，当产量特别大时，产品效率可能是个问题，所以木制围板箱主要应用场景是价值较高且重量较重的工业零件，譬如轴承、高铁零件、发动机配件、车轴等。

代表性企业有全球领先的来自拉脱维亚的 KRONUS、荷兰的 MPPAK，国内比较领先的有来自上海外高桥的展国包装。

塑料围板箱是目前最流行的可循环包装方案，通常由注塑或者吹塑的底托和拉板形成的围板组成，优点是自重轻，一般 20 千克左右，回程运输成本有优势；操作简单，熟练工人 20 秒钟即可组装或者拆卸一个塑料围板箱；另外成本比较有优势，适合大规模批量生产；零件互换性很强，底托、盖子、围板相互可以通用，组合灵活，双层塑料围板箱如图 5-8 所示。

塑料围板箱主要缺点是载重强度不够，一般塑料围板箱设计载重为 250 千克，实际应用载重可达 350 千克，堆垛两层，对于较重的零件就不会很合适，最合适的产品类型是产量较大、自重不大，并且需要频繁运输的零件组件和部件，主要适用行业是汽车零配件、电子、零售等。

典型企业有来自澳大利亚的国际领先企业 CHEP、来自欧洲的 KTP 包装方案公司和大型制造商服务商 Schoeller Allibert。

（二）卡板箱

卡板箱是指在塑料托盘的基础上制作成的大型装载周转箱，适用工厂周转、产品

图 5-8　双层塑料围板箱

资料来源：https：//www. ameisx. com/cp3/。

储存，并且可折叠和堆码，有降低产品损耗、提高效率、节省空间、方便回收、节约包装费用的作用。卡板箱示意如图 5-9 所示。

图 5-9　卡板箱示意

资料来源：https：//detail. 1688. com/offer/535363730285. html。

卡板箱和围板箱的区别主要是围板箱的底盖和围板可以拆分，分别组合，而卡板箱一般是一体化使用，不作拆分。围板箱是可折叠的循环包装，而卡板箱是可伸缩的循环包装容器，一般卡板箱都是注塑制成，强度较大。相对于塑料围板箱，卡板箱的优势是载重量较大，一般设计动态载重 800 千克左右，实际操作最大静载可达 3 吨，动载可达 1.5 吨，另外由于是一体操作，比较容易配置跟踪系统进行跟踪和溯源。其劣势在于自重较大，一般在 50 千克左右，回程运输成本较高，模具投入成本较大，整套模具百万元以上，导致箱子成本高，一般比围板箱高出 3~4 倍，主要应用于化工领域的液体储存和运输（以液袋为辅助），比如果汁饮料，还用于储存和运输较重的粒子粉末，以及较重的汽车机械零部件等，是替代传统塑料桶、铁桶的理想方案。

典型企业有来自澳大利亚的国际领先企业 CHEP、来自欧洲的 Schoeller Allibert 和来自美国的 BUCKHORN INC。

（三）好运箱

来自新加坡的好运箱（Goodpack），这个包装方案主要为橡胶行业设计，后来在果汁饮料和化工液体粒子粉末也有应用（使用内袋），其优势在于载重强度较大，设计载重达到 1.5 吨；铁质围墙的设计，适合于橡胶等特别商品；具有较好的可堆垛性。好运箱示意如图 5-10 所示。

图 5-10　好运箱示意

资料来源：https：//www.confidex.com.cn/success-stories/intermediate-bulk-containers-are-being-identified-with-rfid-at-goodpack/。

此类包装的缺点是自重较重，超过了 100 千克；箱型不太符合人体工程学；回程运输成本较高；另外，铁质容器在维护维修、清洁整理方面的难度较塑料制品要更大。

（四）KLT 小型箱

KLT（Small load carriers）是一种可以人工搬运的小型箱，一个标准托盘一层可以放 4 个或者 4 个以上塑料箱的箱子都属于 KLT。很多汽车零配件工厂及电子行业工厂，由于大批量生产，厂内或者外部物流都需要使用大量小型箱，于是就出现了这种用于周转的小型箱，由于汽车行业用量最大，德国大众公司设立了自己的尺寸标准。

这类小型周转箱，在机械、汽车、家电、电子等行业应用很广，具有耐酸耐碱耐油污、无毒无味、清洁方便、零件周转便捷、堆放整齐、便于管理、设计合理的优良品质，适用于工厂物流中的运输、配送、储存、流通加工等环节。周转箱可与多种物流容器和工位器具配合，用于各类仓库、生产现场等多种场合，周转箱的使用有助于完成物流容器的通用化、一体化管理，是生产及流通企业进行现代化物流管理的优良工具。

KLT 市场企业众多，纷繁复杂，很难说一家或者几家是典型企业，因为标准化程度较高，厂家应该不难找到适合自己的方案。

（五）可循环快递包装

可循环快递包装大多是由聚丙烯塑料（PP）制成的蜂窝板材拼接而成，具有轻便、耐用、易折叠等优势。根据相关资料，正常情况下该材质的循环箱使用寿命可达 3 年，并且在达到使用寿命后，其聚丙烯材质的特性可实现 90%以上的回收率。不仅如此，目前的大多数可循环快递箱均采用魔术贴、卡扣、拉链等方式进行封装，能够实现零胶带使用，这也使此前饱受诟病的胶带过度使用问题一并得到了解决。其主要以顺丰、京东等典型快递企业为主。

此前，顺丰在自主研发的第一代快递循环箱“丰-box”的基础上推出的升级版 π-box，已经率先在杭州、上海等地试点应用。π-box 可循环使用 70 次以上，整箱材料 96%可回收，据了解，相较于第一代循环箱，π-box 采用的是更易回收的单一材料 PP 蜂窝板材，易清理，抗戳穿性能提升 100%，保护了寄件安全。通过采用简单易操作的自锁底折叠结构和全箱体魔术粘贴合模式，免去使用胶带纸、拉链等易耗材料，对环境污染更小，π-box 示意如图 5-11 所示。

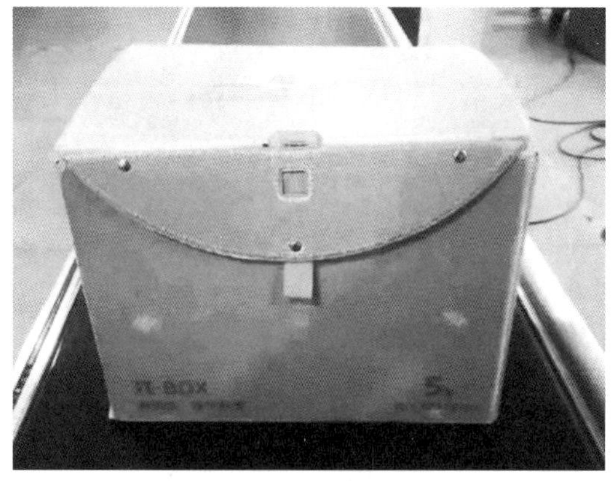

图 5-11　π-box 示意

资料来源：https：//www. dsb. cn/196483. html。

近期京东与永康市知路科技有限公司（以下简称“知路科技”）战略性合作，为京东提供循环快递箱“青流箱”，如图 5-12 所示。知路科技生产的循环快递箱采用可回收的再生 PP 食品级材料，折叠结构，无须使用任何胶带，利用电子面单防盗技术，锁体封箱，面单移除才能开箱，可循环使用达 50 次以上。按京东年投放 50 万个循环快递箱计算：每个快递箱使用一次就意味着减少使用一个纸箱，月循环 5 次，一年就减少 3000 万个纸箱以及 1.2 亿米胶带的使用。

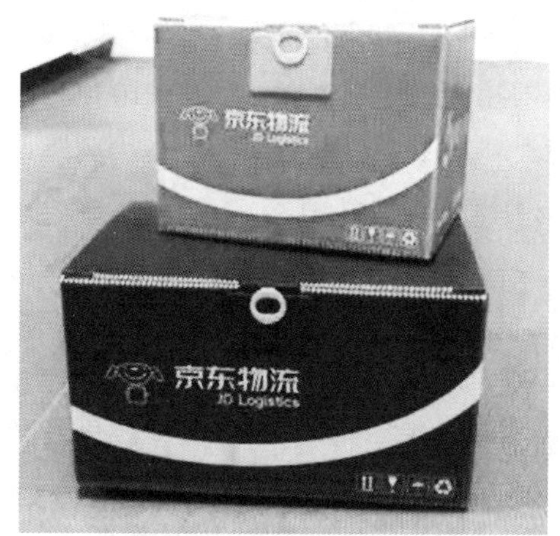

图 5-12　青流箱示意

资料来源：https：//net. yesky. com/236/448445236. shtml。

三、典型案例——箱箱共用循环包装服务平台

根据相关部门统计数据，包装作为物流的七大要素之一，2020 年市场规模再次回到万亿赛道。据中国物流与采购联合会会长助理、中物联物流装备专业委员会主任马增荣所说，当前物流包装行业面临三个巨大的机遇。第一是市场机遇。在包装行业新的发展起点中，循环包装对社会的绿色发展有积极的作用。第二是高质量增长。通过新冠肺炎疫情能够看出，在“双循环”战略背景下，中国制造从原来“迎进来”到现在处于“走出去”的过程，以及我国 14 亿人的高质量消费也势必带动包装行业的高质量发展。第三是供应链变革。在互联网经济快速发展的前提下，中国包装迎来“弯道超车”的机会。

其中，循环包装作为国家八大战略性新兴产业中的“节能环保”分支领域，需要依靠新技术来实现新的增长点，而不只是商业模式的转变。循环包装制造属于轻工业，在过去，整个产业太看重包装本身，而传统模式和技术解决不了当前的问题，不具备推动包装循环和共用的能力。应用什么样的新技术来应对当前的新需求，是这个领域

面临的一大挑战。

在此背景下，箱箱共用是鸿研物流旗下的可循环包装物的智能租赁平台。具体来说，箱箱共用对自研的包装箱安装了物联网定位芯片，来获取箱体的数据，并通过“数智+”物联网平台，在租赁服务的基础上，为客户提供协同循环、箱货共管等数字化智能增值服务。

凭借深厚的行业认知、扎实的技术储备、快速的制造及交付能力，鸿润（HOREN）的技术和产品已全面输出到了欧洲、北美、东南亚及大洋洲市场，并服务于全球最大的物流器具租赁商 CHEP、欧洲知名物流器具租赁商 EuroPool、全球知名第三方物流服务提供商住商国际物流有限公司（SGL 中国）和全球排名前四的柔性包装制造商：英国 Flexsol、意大利 Goglio、美国 Bemis、澳大利亚 Sealed Air。在国际上，鸿润已成长为 RTP 领域影响力巨大的品牌。

经过近十年的积累，鸿润塑造了独树一帜的 RTP 设计理念，例如：一次倒箱（One-Touch）、零残留（Zero Residual）、免人工（Hand Free）、零浪费（Zero Waste）、零损耗（Zero Loss）等；围绕这些理念，在全球累计申请注册了超过 350 项原创发明专利和技术，包括双光面强化、无序折叠、气辅薄壁、轮刹分离、全通径、零残留、防窃启等；不仅可以结合各行各业的供应链特性，帮助其消除物流过程中的空间浪费、人工浪费、货损浪费，还在非危散装液体、生鲜果蔬、快消品、商超及电商、汽车制造、电池制造等领域为用户量身定制个性化可循环物流包装解决方案。

鸿研物流通过物联网技术、大数据分析技术搭建了箱箱共用云管理平台（以下简称“箱箱共用”），如图 5-13 所示。使安装了物联网定位芯片的包装产品可实时同步位置和箱体状态，便于企业进行追踪和管理，提高包装箱的利用率。据鸿研物流所说，传统包装产品的丢失率在 15%~20%，箱体联网后则可有效解决这一问题。

未来箱箱共用正在朝两个方向提供增值服务——协同循环和箱货共管。对租赁客户而言，租赁期内使用次数越多资产利用率越高，而箱箱共用提供的协同循环正是通过数据分析，找出客户租赁后闲置和低利用率的产品，循环至其他短缺箱体的节点，并给出对高峰期、低谷期进行预测性调节的建议。

而箱货共管，则能够让货主实时掌握运输途中的货物数据——物流行业为运输投保的难点之一就在于只有车辆的行驶数据和车主信息，缺少车内货物的实际数据，箱货共管能将箱和货进行数据化、透明化处理，但需要租赁客户配合录入产品数据。目前两项增值服务免费提供给客户，处在市场培育阶段。

鸿研物流借用物联网技术获得数据仅仅是开始，箱箱共用真正的价值在于数据深度分析的能力。目前，鸿润已经实现了资产透明化、生命周期追溯、动态监控、云交割、异常报警、轨迹回放、路径分析、淡旺季分析、订单及计费结算系统等，下一步

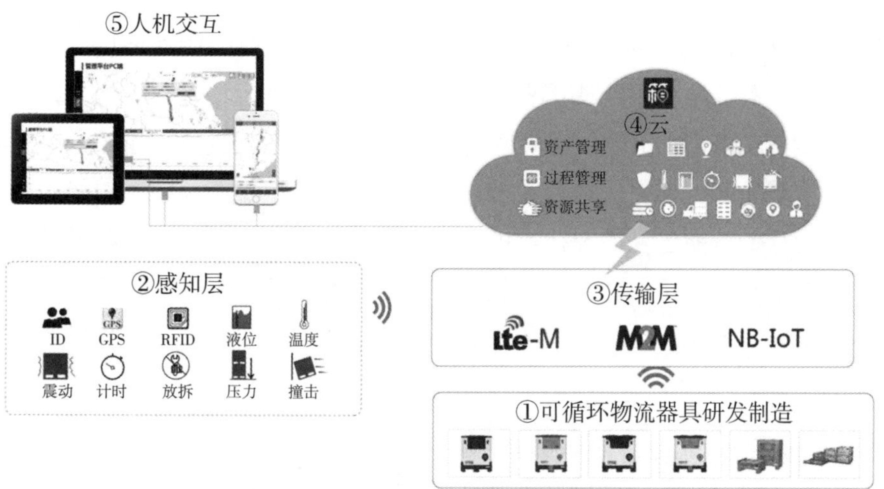

图 5-13　箱箱共用云管理平台

将沿着从数据运用到事件响应，再转变为认知和预测的方向进行不断迭代。匹配用户行业特性、用箱时间、数量、路径等规律，提示上下游用户形成最佳的路径拼接，合理利用物流运力资源网络，实现包装跨供应链过程的单向传递。这些都是鸿润未来努力的方向，也是物流包装社会化共享共用的技术基础。

第三节　智能包装技术

随着科学技术的不断发展与进步，人们生活水平不断提升，消费者对消费质量的要求越来越高，传统包装已逐渐无法满足消费者对包装的功能需求，智能包装成为提高国民生活品质的工具之一。2016 年 12 月，《工信部 商务部关于加快我国包装产业转型发展的指导意见》中明确提出，要提升包装智能化水平，以互联网和物联网技术为核心推动生产方式向柔性、智能、精细转变，构造智能包装生态链，以推动两化融合，提升智能制造水平。文件还提出要加强技术创新，增强核心竞争能力，突破关键技术，注重包装设计与信息技术的结合，推进生产过程智能化。由此可见，智能包装被赋予了重大的意义和使命，已成为我国现代包装行业和智能制造领域的重要发展方向，而智能包装技术的创新与应用正是智能包装快速发展的关键所在。

1992 年在伦敦召开“智能包装”会议，将智能包装定义为：在一个包装、一个产品或产品—包装组合中，有一集成化元件或一项固有特性，通过此类元件或特性把符合特定要求的职能成分赋予产品包装的功能，或体现在产品本身的使用中。

换言之，智能包装是在传统包装的基础上，采用先进的材料、新型结构或在包装中运用信息、电子、控制、传感、生物等新技术，使其在具有通用的包装功能的同时，还具备某些特殊的性能，如能感知、监控、记录以及调整商品所处环境的状态，可将有关信息便捷、高效地传递给使用者，且使用者可与之进行信息交流沟通，并易于触发隐含或预制等功能需求，以此完成对包装系统的优化，实现包装智能化需求。

常见的智能包装可分为信息型智能包装、功能材料型智能包装、功能结构型智能包装，与其对应的智能包装关键技术可概括为信息智能型包装技术、材料智能型包装技术、结构智能型包装技术，即传统包装经以上三种关键技术赋能，可实现功能的多元化，发展优化为智能包装，以满足日益复杂的流通系统的要求和用户对商品功能的需求。

一、信息智能型包装技术

包装的信息智能型技术即包装的数字化技术。包装的数字化是以包装为载体，利用二维码、特征图像、RFID、近场无线通信（Near Field Communication，NFC）、时间—温度传感器（Time-Temperature Indicator，TTI）、智能传感器等感知元件，对商品的原材料、生产、仓储、物流、销售、消费等全生命周期进行数据采集和信息传递，给智慧物联大数据平台提供数据源，从而使包装成为实现万物互联的入口。即在包装商品外观上印制信息码，如条码、二维码、点阵码、图像特征码等，或者在包装中嵌入RFID/NFC电子标签或其他传感器，使该包装商品具备数据采集和信息交互功能，就是包装通过数字化方式优化成为智能包装的方法。

以下为智能包装采用的常见数字化技术。

（一）图形码技术

图形码技术是对根据编码规则得到的一组包含特定信息的图形标识符进行表达和识别的技术。目前，主要的图形码有一维条码和二维图形码（以下简称“二维码”）。二维码是智能包装上应用最广泛的数据入口。在物流包装中，通过在每个商品包装上印制具有唯一性的二维码，再与托盘码关联，商品出入库时扫描托盘码就可以将数据关联到每一个商品上。

（二）图像特征识别技术

在商品包装外观上印制特殊处理的图形图像，通过扫描或拍照等方式，提取和识别包装外观图像中嵌入的相关信息，也可以实现包装流通的数字化跟踪、追溯、防伪、多媒体互动等功能。图像特征识别技术往往和图形码技术相结合使用。

（三）RFID、NFC、EPC 技术

RFID 是一种非接触式的自动识别技术，利用射频信号识别商品包装上的电子标签以获得相关数据。在商品包装上植入 RFID 标签，通过信息感应就能实现数据传输，以实现商品的生产、仓储、物流、销售环节的信息完整录入，同时还可以构建自动纠错的智能系统、查询系统、防伪系统、防窜货系统和促销系统。

NFC 是当 NFC 感应设备（如手机）彼此靠近时实现数据交换的技术，在单一芯片上集成感应式卡片、感应式读卡器和点对点通信功能，利用移动终端设备实现移动支付、门禁人脸识别、移动身份识别、电子票务、防伪等应用。目前市场上的大部分手机都支持 NFC，这为 NFC 嵌入商品包装提供了可能。

EPC（Electronic Product Code，产品电子码技术），其载体是 RFID 电子标签，并借助互联网来实现信息的传递。EPC 旨在为每一件单品建立全球的、开放的标识标准，实现全球范围内对单件产品的跟踪与追溯，从而有效提高供应链管理水平、降低物流成本。

（四）印刷电子及印刷传感器技术

印刷电子技术是指利用具有导电功能的油墨印制电路。它能在柔性包装材料（薄膜、薄片、纸、复合包装材料）上印制电子元件（RFID 标签、传感器、显示器、电池等）。印刷传感器技术是以导电材料、智能感知材料等为油墨，以先进的印刷技术为手段，将敏感元件印制于柔性包装材料上。这类柔性印刷传感器的制作成本低，且与包装材料和包装结构的融合很好，可大大改变智能包装的开发和生产，如石墨烯材料制成的电子标签，只需在普通白纸上直接印刷，制成的标签不仅性能更优，寿命也更长，接收信号的距离更长，而且节能环保、质地柔软，如图 5-14 所示。

图 5-14　石墨烯电子标签

资料来源：http://www.cim2025.net/plus/view.php?aid=4232。

（五）其他智能传感识别技术

有些商品对温度非常敏感，因此在物流链中必须严格控制其环境温度，这时可选择使用 TTI。TTI 是一种可以感知和记录环境变化和产品质量变化的装置，按照工作机理分为扩散型、聚合物型、酶型、UV 触发型、微生物型以及纳米型等。其可以对商品整个货架期中的一些关键参数进行监控和记录，通过时间温度积累效应指示冷链食品药品的温度变化历程。

为了保证重要物资或商品的运输监控，可在包装上安装 GPS/北斗卫星定位芯片，利用该技术可记录商品运输的移动轨迹，也可实时查到商品所处的地理位置。对湿度有严格要求的商品，则可在包装中加入湿度传感器，以记录和监控包装流通过程中的湿度变化；在食品包装中使用 CO_2 传感器可监测内装食品的新鲜状态；对承压和震动敏感的商品，则可在包装中安装压力和震动传感器，以记录商品在包装流通过程中所受的压力或震动及跌落的强度和频次情况。

（六）多传感器集成的组合型感知技术

在一个包装上集成多种传感器和信息识别技术，可实现全方位多元数据的采集和信息记录。如一些包装上分别采用有条码、二维码及图像特征码等多种信息码，以适应不同的扫码设备和满足不同的 AR 扫描识别需求；将 RFID 与 TTI、CO_2 传感器等组合使用，则可同时记录和传输食品的新鲜度、温度等数据。

（七）增强现实技术（AR）

AR 技术是利用图像特征识别进行跟踪注册并链接到云平台的典型应用，AR 技术在智能包装的应用革命性地颠覆了包装创意设计，突破平面印刷包装框架，可连接云端数据库，提供多元化的、实时更新的、生动有趣的海量资讯信息，甚至可替代纸质说明书，消费者通过扫描产品不同位置，可在虚拟荧屏上看到相应的 3D 虚拟物件、文字介绍、语音介绍、相关介绍的链接以及词汇定义等，甚至可以在线解答疑问，最终实现代替纸质说明书的目的，如图 5-15 所示。

二、材料智能型包装技术

随着现代科学技术的进步，新材料不断涌现，大量的传统包装材料逐渐被新材料所替代。包装的材料智能型技术即在包装设计时使用新型智能材料为包装赋能的技术手段，这些新型智能材料在包装上的应用，增强了包装设计的功能性，拓展了包装的使用范围，同时使传统包装优化成为智能包装。

图 5-15　AR 交互式全息 3D 说明书

资料来源：http：//news. rfidworld. com. cn/2019_01/7a2c8a80f5a5e638. html。

与传统材料相比，新型的智能包装材料有三个特点。

（1）感应性：智能包装材料对周围环境的变化十分敏感。

（2）识别性：智能包装材料对不同影响因素能够加以识别并做下一步动作。

（3）调控性：智能包装材料能够根据环境变化调整自身条件以适应环境变化带来的影响。

智能包装材料根据其在包装系统中表现出来的特征可以归纳为变色包装材料、发光包装材料、活性包装材料和其他包装材料等。

（一）变色包装材料

变色包装材料可使包装在受到光、电、温度、压力、溶剂以及化学环境等特定外界激发源作用时，通过颜色的变化来作出反馈，可以实现包装的图案显示、信息记录、警示提醒、美化装饰、防伪安全、互动娱乐等功能。现有一款可指示易变质包装产品实时质量的“智能变色标签”，一般情况下，标签呈红色代表产品新鲜度达100%，呈黄色代表新鲜度已降为50%，而绿色则代表产品已变质，这一过程能够反映由于食品超过保质期或因温度改变等造成的变质，并通过颜色直观地表现出来。俄罗斯设计师设计出一款“Naked”系列变色包装，主要用于化妆品，如图 5-16 所示。这款包装在表面涂覆温敏材料，人手触碰会变红，离开后即刻恢复，可增加消费者对包装的好感。

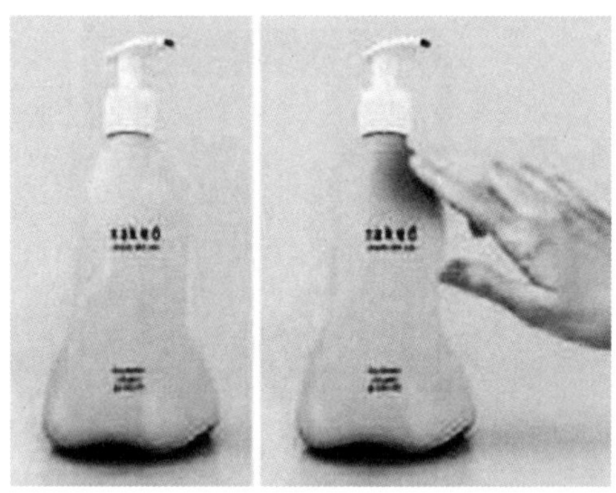

图 5-16 “Naked”系列化妆品变色包装

资料来源：http：//news. rfidworld. com. cn/2019_01/7a2c8a80f5a5e638. html。

（二）发光包装材料

发光包装材料是指在受到外界影响，能以某种形式吸收能量，并以光的形式表现出来的材料，通过包装本体颜色以及与环境光的颜色进行叠加后的第三方色彩去实现包装视觉的传达。在工业上常以油墨涂料、陶瓷玻璃或者有机材料为载体。具有警示提醒、防伪及互动等功能。如图 5-17 所示的发光酒包装就是利用发光油墨制成，包装被拿起后图案依次变亮，每 18s 循环一次，既能做到防伪又能提高内装物档次。

图 5-17 发光酒包装

资料来源：高康，黄倩．智能包装应用现状研究［J］．绿色包装，2019（3）：52-55.

（三）活性包装材料

活性包装材料是指包装材料具有特定物质吸收剂或释放剂，改变包装内部氧气和二氧化碳浓度、温湿度、pH 值及微生物含量，创造适宜内装物储藏的气体环境，延长内装物储藏期，目前已有活性包装应用于生鲜食品、果蔬、医药及日用品等领域，具有延长食品保质保鲜日期、为生鲜活物跨地运输提供保障，以及减少对人体带来的潜在生物危害等功能。

（四）其他包装材料

除了以上所介绍的变色包装材料、发光包装材料、活性包装材料外，还有其他如水凝胶包装材料、变形记忆材料、自修复智能材料等新型智能材料，在包装领域均有较好的应用前景。

智能水凝胶是一类由智能高分子通过物理或者化学交联方式形成三维网络结构的聚合物，其对温度、pH 值、葡萄糖浓度、光、电等环境信息的微小变化具有响应功能，因其在受到外部特定因素刺激时会发生突跃式的变化，可用于灵敏传感的装置，在包装领域有很大的应用前景。

形状记忆聚氨酯（Shape Memory Polyurethanes，SMPU）是一种原料丰富、价格便宜的智能高分子材料，具有良好的记忆温度可调节性（可在-30～90℃的范围内调节）、热膨胀性、透气透湿性，以 SMPU 材料制备的热收缩膜，可应用于电子设备、医药卫生、食品保鲜等领域，在智能包装领域的应用前景广阔。可降解聚氨酯儿茶素复合透明薄膜使用 SMPU 材料制成并添加抗氧化剂儿茶素，提高了薄膜透明度、耐水性和抗氧化活性，减少紫外光透射率，且应变恢复率恒定保持在 100%。

三、结构智能型包装技术

结构智能型技术是指在包装设计时，通过对包装结构进行改进，在普通的包装结构中加入智能化的结构元素的技术手段，使包装结构具备智能转换的条件，从而全面提升包装使用的安全性、可靠性与自动性，使包装体验更加便捷、安全，以满足产品的包装安全、可靠的物流运输等某些特定的需求。

（一）自动加热结构技术

自动加热技术主要结构原理是利用卷封或者压铸成型的方式制成多层级互相隔离几种物质，通过一定手段可以使这几种物质相互混合发生化学反应并释放热量。智能加热鸡蛋包装结构（见图 5-18），其外包装容器采用了纸浆模塑技术，容器内部结构分为 3 个隔层，利用分割片将加热材料与催化材料分开，使用时只需要将分割片抽出，容器内部反应产生的温度刚好可以蒸熟一个鸡蛋，这种类型的结构具有无缝、多层等特点。

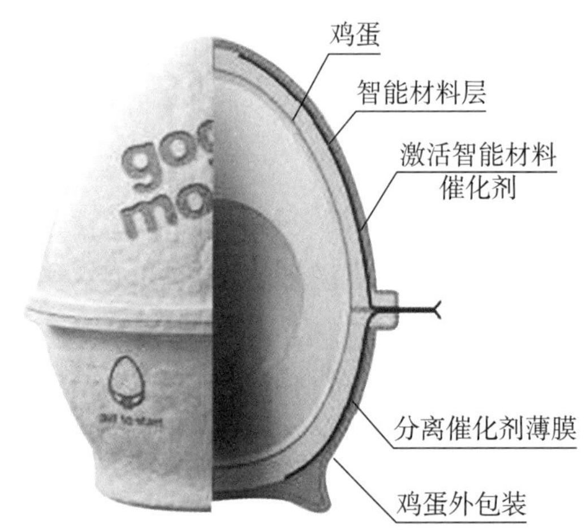

图 5-18 智能加热鸡蛋包装结构

资料来源：胡志才．“新零售”背景下智能包装设计的发展与应用研究［J］．包装工程，2022，43（14）：221-228，253.

（二）显窃启结构技术

显窃启型结构也叫作障碍式智能结构，其技术原理是通过改变包装整体或局部的结构、适当增加障碍元素来限制或调控包装，从而实现保护内容物及特定对象安全，主要分为智力结构类、力量结构类、技巧结构类 3 种类型，常应用于药品、食品等包装领域，可有效防止儿童开启包装，避免误食。

（三）自动报警型结构技术

自动报警技术主要结构原理是将压强感应组件置于包装底部，通过感应压强的变化引发报警。如包装内部食物变质出现胀袋后压强的变化会传达到感应器，达到一定数值后，感应器会触发报警，告知内装食品变质，提醒消费者注意。

四、智能包装技术应用

（一）智能包装技术在食品行业的应用

近年来，国内消费者越来越重视食品的安全性，期望利用活性包装与智能包装延长食品的货架期，并提高商品的可追溯性。智能包装既能对商品的外部环境进行识别、判断和控制，也能对商品包装微空间的温度、湿度、压力以及密封状态等参数进行识别、判断和控制，因而其能在保障食品的安全、提升食品的质量、最大限度地保留食品的营养价值等方面发挥重要作用。

1. “Novas”食品新鲜度包装

智能活性包装指示卡的种类丰富，应用于零售包装中的智能活性包装指示卡主要有食品新鲜度指示型、食品成熟度指示型、气体敏感度包装指示型、时间—温度指示型等类型。英国科技公司 Insignia Technologies 就在零售超市推出了一款叫“Novas”的智能变色标签，可应用于肉类和奶制品包装领域。该款标签采用了环状的颜色对比形式，中间圆形部分为颜色变化区域，标签的初始颜色为土黄色，当标签的颜色变为橘红色时，包装内的食物品质较低，提醒消费者尽快食用；当标签变为紫色时，包装内的食物变质严重，提醒消费者不可食用。

2. 智能包装生物传感器的应用

智能包装生物传感器主要由活性识别敏感元件和信号感应器组成，在包装的智能应用上，有一种新型包装薄膜传感器（见图 5-19），该包装薄膜传感器可与透明包装材料融合应用，用来感知食品新鲜度。包装薄膜传感器可测量包装内流体的 pH 值，无须打开包装就可以检测食物的新鲜度。在食物储存过程中，包装薄膜传感器可反映金鲳鱼片在 5℃储藏时的新鲜度变化，其检测的 pH 值与鱼类样品的细菌学分析相关，鱼汁 pH 值在储藏 10 天后升高，则可以反映出包装内的细菌性腐败情况。

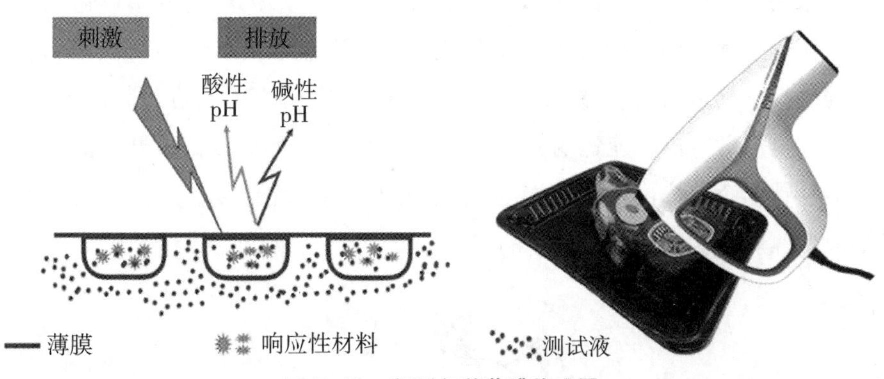

图 5-19　新型包装薄膜传感器

资料来源：胡志才．“新零售”背景下智能包装设计的发展与应用研究［J］．包装工程，2022，43（14）：221-228，253.

3. 信息型智能酒品包装

茅台在“白金百年”系列酒品中的包装利用了智能技术，消费者只能通过手机扫码验证，才能打开包装喝到白酒。消费者通过手机扫描 LED 上的动态二维码溯源验证可以辨别白酒的真伪，开启包装的每一次扫码的信息都会传到后台服务器并经整合发送给企业，保证了 100%的数据获取，这样便形成真正的沉淀数据。通过真实精准的数据分析，掌握了客户的购买信息、使用时间等，从而进行更直接有效的营销。

另外，茅台“白金百年”酒品智能包装还是一个带自媒体显示屏的包装容器，这个显示屏可以播放多方内容，可以播放生产厂家的宣传视频，也可以播放消费者想要展示的视频内容。交付包装押金即可带走含酒包装，回收包装时退回押金；或不交押金，扫码后打开包装只带走白酒，并及时根据包装的情况维修保养后再投入使用。由于该智能包装可以循环使用，所以每一次的使用都在平衡前期的投入，因而逐步缩减成本，最后会比传统包装的成本更低。

（二）智能包装技术在医药领域的应用

随着人们生活水平的提高，健康意识的不断增强，以及我国对医疗卫生事业投入的不断加大，医药包装市场正在迅速崛起，其对智能化的包装要求也越来越高。智能包装在帮助病人遵守用药规定、满足监管要求、增加品牌寿命及吸引力等方面都十分关键，且有利于消除假冒药品的威胁。

1. VVM 疫苗包装

2019 年一类疫苗招标公告中增加了一项疫苗温度标签（Vaccine Vial Monitor，VVM）的招标信息，VVM 又被称为疫苗热标签或疫苗瓶指示剂，是一种粘贴于疫苗外包装上、含有热感应物质的指示器类产品。在设计上，VVM 最大限度地保留了简约的设计风格，采用了圆形与方形的颜色对比形式，通过方形内颜色的不可逆变化来反映疫苗的有效使用期，当标签内方形的颜色比圆形的颜色浅时，疫苗可以使用；当方形内的颜色与圆形一样或者比圆形深时，疫苗不能使用，VVM 疫苗包装设计如图 5-20 所示。同时在疫苗的冷链物流运输过程中，VVM 作为一种可以记录并检测温度和时间的工具，能够帮助企业找出疫苗在流通过程中的问题，优化疫苗的存货周转系统，减少疫苗的浪费，有效保障疫苗接种者的权益。

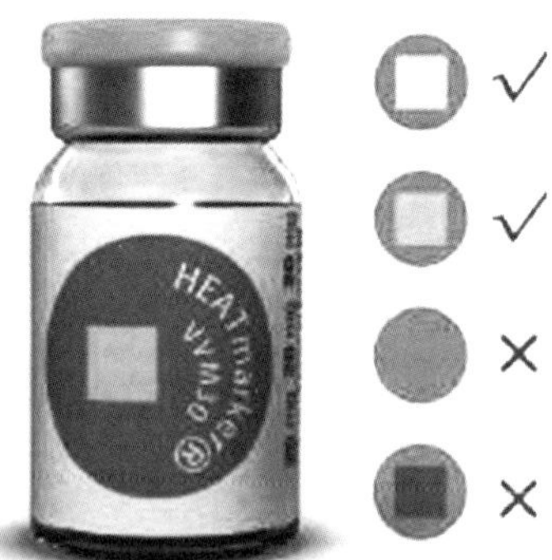

图 5-20　VVM 疫苗包装设计

资料来源：王瑶瑶，徐文，黄昀，等. 疫苗温度控制标签在疫苗冷链储运中的应用［J］. 生物产业技术，2018（4）：90-93.

2. 智能泡罩包装

药品是有目的地调节人的生理机理，使其恢复正常状态的一种物质。它能有效预防、治疗疾病。然而，如果不按照用法用量来服用，就会导致生命安全事故，这类安全事故在老人和儿童中时有发生。在此背景下，智能包装在药品领域的应用显得尤为重要。目前，智能泡罩包装及智能包装瓶盖已经在药品包装领域得到了推广。智能泡罩包装利用印刷电子技术，在智能泡罩底板上印刷电子电路，实现对药品是否开启使用的实时监控。当底板电路被破坏时，智能泡罩中的处理器会将底板破裂的时间及状况等信息，通过 RFID 通信技术向外界传输，以达到监督患者用药摄入的目的，智能泡罩包装原理如图 5-21 所示。

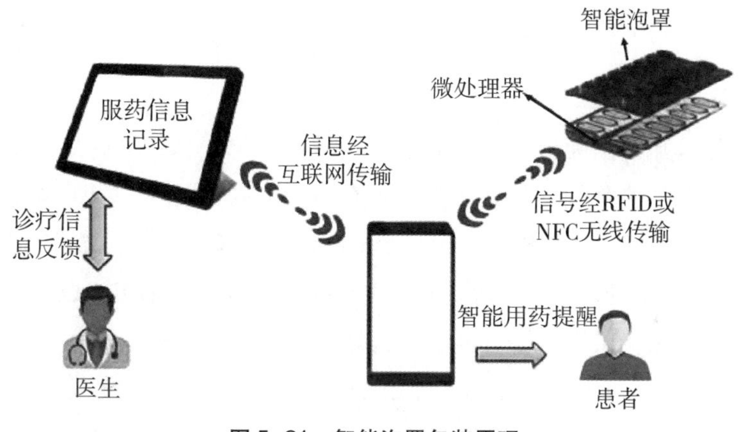

图 5-21　智能泡罩包装原理

资料来源：陈芳锐，蒋志辉，王访平，等．智能包装的发展应用及其前景［J］．中国包装，2022，42（5）：10-16.

3. 智能标签应用

琼斯医疗集团推出过一款基于 NFC 的包装解决方案，将用户根据需求选择的 NFC 标签（如防窃启 NFC 标签、多功能交互式 NFC 标签等）置入医疗包装中，消费者可利用手机等智能设备实现交互功能，如检验药品的真伪、查看药品使用指南、发起个人健康咨询等。

4. 血液时间温度指示剂

在医疗领域，血液应在 2～6℃ 环境下储存，冷链物流中的血液所经受的环境温度都不得超过 10℃，且不得在规定的限制范围外停留 30 分钟以上。血液时间温度指示剂能够记录血袋在冷链运输过程中累积时间和温度信息，当血液累积时间和温度达到上述阈值后，指示剂会发生不可逆转的颜色变化，患者借以判定血液是否合格。Timestrip®公司开发的一次性使用的时间温度指示剂能够有效监测储运过程中血液的温度、时间状态。当血液温度超过阈值温度后，指示剂标签右侧的白条会变成蓝条。血液时间温度指示剂如图 5-22 所示。

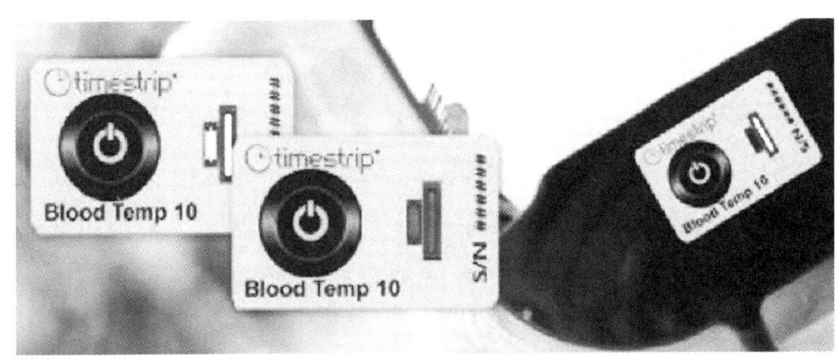

图 5-22 血液时间温度指示剂

资料来源：周云令．智能包装技术在医药包装中的应用［J］．包装学报，2021，13（1）：78-85.

（三）智能包装技术在新零售领域的应用

新零售是指以互联网为依托，运用数字化、智能化技术，将商品的生产、流通与销售进行升级改造，进而重塑业态结构与生态圈，是线上服务、线下体验和现代物流深度融合的零售新模式。新零售的浪潮，给传统包装向智能转型升级带来空前的机遇。基于 RFID 电子标签的智能包装商品，可以为新零售的大数据采集，以及人工智能的实现提供技术支撑；能够在整个供应链中轻松地实现商品的跟踪与追溯，确保端到端的完整透明度；经过后端大数据平台整合，最终还可形成供应链大数据及防伪溯源大数据。另外，智能包装还给包装供应商赋予了新的重大使命，即为品牌商提供更多的运营支持。

1．“五粮液”NFC 防伪包装

在“新零售”时代，数字元件取代传统包装的图形防伪识别码将成为一种趋势，如“五粮液”白酒包装在 2017 年就开始使用镶嵌式“RFID+NFC”一芯双频的可追溯防伪技术。通过 RFID 技术可远距离读取包装在仓储和物流过程中的数据，使用具有 NFC 功能的手机读取“五粮液”的商品信息，可以鉴定包装真伪。

2．裕同智能包装平台

裕同科技自 2015 年就开始开展智能包装技术研发和平台搭建。以裕同研究院为首的研发团队，基于供应链视角，以包装为载体，通过二维码、AR、RFID、NFC、隐形水印、TTI 标签、智能传感、北斗全球定位等智能化和数字化技术手段，对商品的原材料、生产、仓储、物流、销售、消费等全生命周期的信息进行采集，已经构建了裕同智慧物联大数据平台，使包装变成真正的自媒体和万物互联的载体，实现包装的可视化，增强了包装在防伪溯源、智能定位、信息决策、消费者体验、移动营销、品牌宣传、文化传播等方面发挥的价值，从而助力行业用户实现供应链管理的可视化和高效化，如图 5-23 所示为裕同智能包装平台架构。

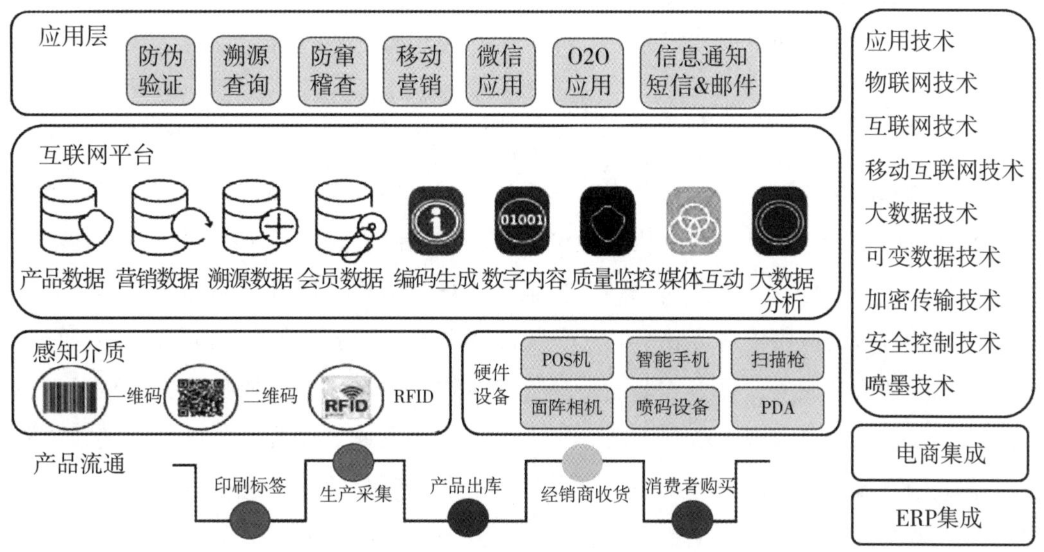

图 5-23　裕同智能包装平台架构

资料来源：陈广学，陈琳轶，俞朝晖．智能包装技术的探索与应用［J］．今日印刷，2018（5）：25-27.

裕同从客户及其所在的行业特点出发，为用户提供包括品牌保护和宣传、消费者互动、跨媒体营销、大数据分析等在内的一体化智能包装解决方案。目前裕同智能包装解决方案已得到健康、烟酒、化妆品等领域高端客户的广泛认可与一致好评，成功应用于无限极、东阿阿胶、喜之郎等客户的包装产品上。

五、典型案例——中包物联货安达物流循环包装智能化解决方案

（一）案例背景

自 2020 年新冠肺炎疫情暴发以来，推动全球经济社会发展的动能正在发生根本性的变化，正在由原来传统制造业和服务业两大经济支柱拉动，向基础设施建设和科技创新转变。物流行业是技术集中度相对较低的行业，企业多数以传统运输、装卸、翻包等为主营业务，普遍面临利润低、人工需求大、资金紧张、信息化弱等问题，数字化转型是物流行业降本增效，提升企业核心竞争力的重要机遇；同时国内外由于物流运行不畅、断链等供应链阻塞问题不仅间接导致企业生产成本上扬，也给全球经济造成不可估量的损失。以绿色低碳为基础，以数字化为元素，打造基于绿色低碳的产业链供应链势在必行。

货安达物流循环包装智能化解决方案为企业数字化转型提出全新视角，并通过物联网与 AI 等先进数字化转型技术推动企业转型，构建前瞻性业务模式，赋能供应链上

下游企业构建数字化、低碳化、智能化转型，帮助全行业提升面向不确定性风险的能力，为构建更加长效、灵活且富有弹性的数字化供应链体系提供强而有力的保障。其产生的社会价值、商业价值和行业价值将促进经济向更高质量发展。

（二）解决方案技术要点

中包物联应用物联网及人工智能技术成功研发应用于物流循环包装的货安达智能模组，通过内置传感器自主对包装地理位置、环境温湿度、空箱或使用状态、在途在库、发送回运等信息的采集和移动通信传输，实现全流程实时在线可视化管理，有效解决循环物流包装应用中周转效率、资产盘点等问题，充分释放循环包装的有效价值，直接降低企业管理成本。更为重要的是，货安达物流循环包装智能化解决方案通过赋能物流包装信息化，实现从产品下线开始一直到用户入库全过程完整的数据链条，以数字化重塑物流与供应链价值，是行业内为数不多的已落地且已规模应用的循环物流智能化的典范案例。

中包物联以物联网及人工智能为核心技术，通过包括感知层及应用层的软硬件一体化 M2M 技术与移动通信网络构建物联网物流生态，实现“货安达工业品物流循环包装智能化解决方案”的价值。

在感知层，中包物联自主研发的货安达系列智能终端，以非接触状态识别及超低功耗通信技术为核心，通过集成在物流循环包装上的感知硬件，自主采集包含包装及产品的有效信息，保证物流包装全生命周期内不更换电池条件下的小时级数据实时上传。

在应用层，中包物联通过货安达可视化供应链云平台和货安达包装管理生态平台将整个供应链产生的闭环大数据用于供应链智能化升级，打通了原材料物流、厂内物流、成品物流、售后物流的全链路数据，将散落在供应链中的孤岛数据变为可视、可管、可分析的高价值数据资产，为供应链上下游企业提供了真正可用、可靠的闭环物流大数据，实现精准供需匹配需求，促进供应链生态用户协同发展。货安达解决方案 4 大核心技术如图 5-24 所示。

4G/Cat1移动物联网通信解决方案保证数据传输无死角、无断点

独有超低功耗技术保证物流资产全生命周期持续供电

非接触传感器黑科技动态识别资产使用状态监测产品装箱拆箱

华安达可视化供应链云平台实时监测资产/货品的入库、出库、发运、交付

图 5-24　货安达解决方案 4 大核心技术

（三）方案实施效果

中包物联于2019年年末开始物流循环包装智能化解决方案的规模应用，以智能终端销售及运包一体化智能服务两种模式相结合在汽车行业及大家电制造业领域创先投入应用。

通过三年的市场批量投放应用，货安达系列智能终端累计投放量超过80000个，平均电量仍在80%以上，货安达物流循环包装智能化解决方案从个体实物管理到全流程优化，实现全过程可视化精准管理，仅包装成本就实现了平均20%的降幅，周转率提升15%以上。实现了为用户提升周转效率，降低物流成本，辅助拉动精益生产等价值，在物流成本、管理成本与运营效率方面为客户实现了显著的收益，在产品与技术的前瞻性、实用性、可靠性及服务方面得到了充分的验证。

在汽车供应链领域，中包物联最早于2019年向全球500强企业某汽车座椅和电子电气技术供应商提供批量智能周转箱用于国内主要零配件供应与运输，直接降低15%以上成本；在大家电制造领域，经过全球半导体显示产品龙头企业用户一年的严苛测试，中包物联于2019年、2020年分批批量导入智能循环金属托盘，应用于该用户大尺寸液晶屏的国内运输，直接实现包装降本20%，同时完成运包直接上产线、物流风险监测、用户库存透视驱动等多项附加功能与价值。

在“双碳”大背景下，物流行业是节能降碳的重点行业，对实现供应链整体碳达峰碳中和目标具有重要意义。中包物联货安达工业品物流循环包装解决方案切实解决了循环包装推广行业的痛点，推动循环包装的规模化应用，实现循环包装碳足迹追踪，进一步形成了上下游联动密切、互利共赢的低碳物流供应链体系。

第四节　集装单元化技术

在国家标准《物流术语》（GB/T 18354—2021）中，集装化被定义为：用集装器具或采用捆扎方法，把物品组成标准规格的货物单元，以便进行装卸、搬运、储存、运输等物流活动的作业方式。集装化既是一种包装形式也是一种运输或储存形式，它贯穿了物流的全过程并发挥作用。为了实现现代物流发展制度环境更加完善的主要目标，《国务院办公厅关于印发“十四五”现代物流发展规划的通知》明确提到物流标准规范体系进一步健全，标准化、集装化、单元化物流装载器具和包装基础模数广泛应用。加快推广标准化、集装化、单元化物流载器具和广泛应用包装基础模数，是推动供应链各环节高效衔接、降低物流成本、提高流通效率的有效途径，也是现代物流体系的重要标志，因此集装单元化技术的发展也将为提高全社会物流运行效率、构建现代物流体系贡献力量。

一、周转包装单元技术

周转箱是用于存放物品，可重复、循环使用的小型集装器具。周转包装单元技术便是指利用周转箱作为集装化基础单元，使得装卸、搬运、储存和运输等物流活动能够顺利进行的技术。本小节从周转包装单元技术的结构性功能创新、新型材料创新和周转包装单元技术在具体行业的应用三个角度分别选取相关案例对周转包装单元技术进行介绍。

（一）快速拆装魔拼快递周转箱

吉林市瑞能建材科技有限公司研发设计了一种模数化积木拼装式收纳整理周转包装箱——魔拼快递周转箱，主要为了配合物流企业包装需求，取代纸箱或解决现有拼装或组合箱体上、下盖连接难度大、组合时费时费力的技术问题；同时减少纸箱材料成本，节能降耗，该包装箱由于采用拼装形式，具有可周转、可变形、可回收、可降解等优点（见图 5-25）。

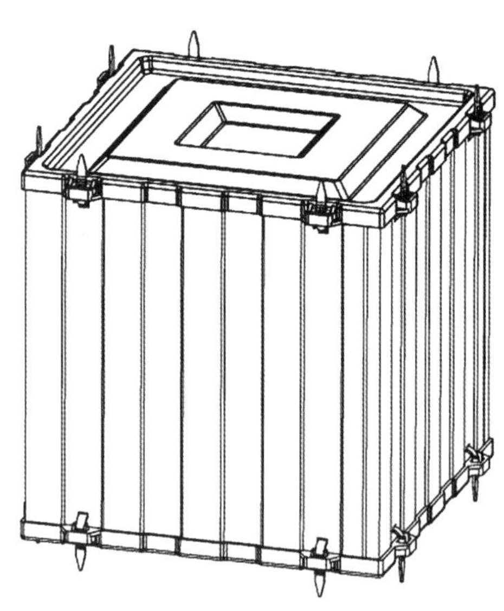

图 5-25　魔拼快递周转箱设计

资料来源：2021 年中物联物流包装优秀案例——瑞能建材《快速拆装魔拼快递周装箱》。

快速拆装魔拼快递周转箱包括：箱体、上盖、下盖；通过扎带实现上、下盖与箱体的连接，连接锁紧方式简单，可快速完成上、下盖的固定，特别适用于组合式或拼装式箱体使用，有效解决现有箱体与上、下盖连接困难，拼装时间长的技术问题。

由于通过扎带连接固定上、下盖，连接时上下盖被禁锢在箱体上，当需要打开箱体时，只要将扎带剪断，有钉子头一端的扎带自动掉落，将锁紧头一端的扎带向上或向下拔出即可完成拆箱过程，操作简单，省时省力更可以将快递运单贴在扎带上充当封条使用，只有当周转箱到达客户手里后，快递运单才可以被撕下来或破坏，这样可以有效避免运输途中包装箱被打开。再者，还可以在所述箱体的两侧加装提手，这样方便运输时提拉箱体；包装箱体虽为方形结构，但在实际使用过程中箱体的结构、形状等均不受限制，可拆装，在所述箱体四角连接处设置软连接结构，方便使用后拆装、折叠箱体，便于箱体使用前的运输和储备，以及快递员回收。

该周转箱可重复利用，节能环保，每周转 2~3 次，基本就可以抵消原有纸箱包装的投资成本，有明显的经济效益；包装箱大小规划可按包装品的尺寸魔术化拼装，材料可以根据季节不同调整，确保强度，且防摔、抗压、防震、防水功能明显优于纸箱；魔拼快递周转箱箱体、上下盖在使用后均可重复利用，破损后还可回收再加工使用，而且整个过程无须用到胶带、塑料袋等降解困难的物质，不仅节省资源，同时对我国生态环境保护起到积极作用。

（二）EPP 一体成型镜面抗菌周转箱

EPP（Expanded Polypropylene，发泡聚丙烯）是一种性能极佳的高结晶型聚合物/气体复合材料，其比重轻、弹性好、抗震抗压、变形恢复率高、吸收性能好、耐油、耐酸、耐碱、耐各种化学溶剂、不吸水、绝缘、耐热（-40~130℃），无毒无味，可100%循环使用且性能几乎毫不降低，是真正的环境友好型泡沫塑料，因此目前在包装行业广泛应用。但若作为物流周转箱的材料，普通 EPP 材料自身存在一定缺陷，如周转箱自身不抗菌，一旦箱体被液体等杂质污染，不但会生出异味，沾染箱内的黏性货物清洗起来难度也很高；另外，硬度不足的材质在运输时容易发生破损，从而可能会损伤周转箱内部货物。

苏州富顺新型包装材料股份有限公司研发了一款新型 EPP 聚丙烯泡沫塑料周转箱——EPP 一体成型镜面抗菌周转箱（见图 5-26）。不同于传统复合式 EPP 周转箱的工艺，这款新品在加工时，EPP 原料由空气填充到模腔内，由蒸汽加热成型，由于原始原料颗粒在模控加热后一次性成型，所以 EPP 的“毛细孔”是完全封闭的，颗粒间的缝隙由蒸汽在模具内成型，使表面融化，从而形成一片光滑的“镜面”。这样一来，“一体成型”的工序不但节省了成本，经过“一体成型”的工序处理后，新型周转箱的硬度达到了中等塑料的 95HC，因此内部不容易损伤。另外，成型后的“镜面”完全不渗水，也保证了周转箱内部的清洁。

图 5-26　EPP 一体成型镜面抗菌周转箱

资料来源：https：//mp. weixin. qq. com/s/lmlmoLCG7sDto8hepsSS2A。

该新型 EPP 一体成型镜面抗菌周转箱在箱体外部还配有一块液晶屏。该液晶屏是周转箱智能化可溯源技术的一部分：通过内部的温度材料传感，液晶屏会实时显示箱内的温度。它的显示可以同步到智能通信设备上，如手机 App 等，从而可以即时传递给周转箱的用户。用户足不出户、随时随地都可以掌握周转箱内部产品所处环境的参数。

（三）鲜切花折叠周转框

传统的鲜花包装方式采用纸箱压缩打包，但纸箱价格单价高、花材损耗大、纸箱利用率低，装卸效率低，受以上痛点影响，北京宜花花卉科技有限公司与浙江正基塑业共同研发设计并投入使用了鲜切花折叠周转框产品（见图 5-27），该鲜切花折叠周转框规格为 1000 毫米×400 毫米×340 毫米，折叠后的高度仅 75 毫米，折叠后可以节省 75%左右的使用空间，可承重 150 千克。周转框采用提拉式折叠设计，无须用力拍打边板，一拉就可以轻松打开、关闭；可配置卡夹、贴标签等，对翻盖可以有效保护内部的鲜切花；采用鲁班工艺燕尾榫结构，防止折叠框受力拉伸而变形，该周转框生产采用中石化王牌塑料，EPC30R 为基料，辅以耐寒、耐晒、耐老化、高抗冲的工程母粒，产品正常使用年限长达 3~5 年。

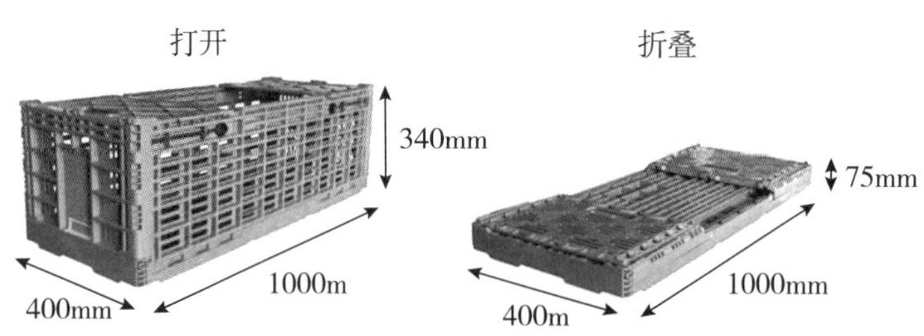

图 5-27　鲜切花折叠周转框

资料来源：2019 年中物联物流包装优秀案例——宜花科技《鲜切花折叠周转框在鲜花物流中的应用》。

这款新研发的可折叠的鲜切花周转框，可以搭配托盘、叉车等实现机械化搬运，从而有助于鲜花物流“保证时效”。另外，其材质可耐低温，且对鲜花保护效果好，有助于“降低损耗”。

可折叠周转框自2018年分三批生产，制作了一万多个并陆续投入全国使用，综合比较下来，使用该鲜切花周转框可节省原纸箱采购费用近500万元/年，花材经物流途径的损耗也接近零，每年可节省纸包装箱、各种装箱打包耗材、人工费用近2000万元。另外，采用鲜切花周转框还可以实现短途接驳和长途干线带托盘运输，进一步提高装卸车效率，同时该周转框可以发给种植基地和花农在产地直接装框，减少倒框的人工支出，可节约仓库使用面积，避免了挤压，从而有效延长赏花期限。

二、托盘技术

托盘是现代化物流体系中的基本作业单元，也是物流系统合理化的基础。在货物包装方面，托盘的存在促进了物品包装的单元化、规范化和标准化，保护物品，方便物流和商流，而托盘作业是迅速提高搬运效率和使材料流动过程有序化的有效手段，在降低生产成本和提高生产效率方面起着巨大的作用，可以说托盘给现代物流业带来的效益是巨大的，同时对于保护我国生态环境，节约自然资源也有着重大的意义。本小节将从新型材料托盘、托盘制造技术和自动化托盘包装技术三个角度分别选取相关案例进行介绍。

（一）新型木塑模压托盘

托盘是现代工业生产与贸易中包装、运输及储存的一种重要工具，芜湖亚太通用托盘包装有限公司在2019年和2021年先后将多年研发的成果转化，成功推出新型环保木塑托盘。

新型环保木塑托盘由废木屑、废塑料、废旧农膜等使用物理原理加工制成，价格是木托盘的40%，是塑料托盘的20%，是传统模压托盘的60%，做到了真正的质优价廉。按年产500万只托盘来算，年节约木材2万立方米，相当于少伐80万棵树，可以有效保护1.5万亩的森林资源，可在最大程度上节约资源、保护自然环境。

新型木塑模压托盘的优点是防潮、防霉、防蛀、无钉、无刺、易清洗、出口卫生可免检、含水率低于10%，不受天气影响，经久耐用、可回收再生利用，环保，防水性能好，可长期浸泡水中，无胶合成（低甲醛），一次成型（无钉机构，不会因为钉子露出把包装物搞坏），200℃高温融合，800吨的高压合成（出口免熏蒸），外形可塑性强（含有塑料成分），使用过程中不会掉粉，产品具有木头的柔性和塑料的韧性（见图5-28）。

图 5-28　新型木塑模压托盘

资料来源：http：//cn-wapp. com/info. asp？ base_id=3&second_id=3008。

该产品均已通过环保、SGS、ROHS、REACH、甲醛、抗压动静载、欧盟指令等检测，木塑托盘节能环保、质量好、价格低，能有效帮助客户降低包装成本，是顺应市场需求，响应国家号召，助力实现碳达峰、碳中和的产品。

（二）微发泡托盘制造技术

托盘作为仓储和运输中最基础的集装单元，它贯穿现代物流系统各个环节的连接点，起到资源横向共通的作用，托盘的材质、性能会直接影响到托盘循环共用的成效，特别是由于质量问题导致的一次性木质托盘垃圾居高不下更是让托盘循环共用率难以提升，在更高的减配效率、储存效率和运输效率的要求下，塑料托盘相比木质托盘更适合智能化物流供应链的发展要求，更易搬运，更符合循环经济的重复使用要求，更具高抗压性，塑料托盘制造技术的创新也将对物流托盘的降本增效起到重要作用。

泰瑞机器股份有限公司使用微发泡注塑成型技术生产的托盘，可以大幅降低成型过程需要的锁模力，使用较低的锁模力可成型较大的制品，产品的用料比例降低，节约原材料，而且降低模具的制造成本。微泡成型的产品，冲击强度高出 6~7 倍，刚性高出 3~5 倍，并具有较高的热稳定。托盘无须插钢管，回收方便。与常规塑料托盘相比，微发泡托盘的平均成本可降低 15%~20%，微发泡注塑循环周期可缩短 30%。

微发泡技术的实质是在高压和玻璃化温度以下将惰性气体充入饱和聚合物，然后再利用升高温度、减小压力的措施，产生均匀分布的泡孔，以形成泡核。随着泡核增长，成型出内部呈均匀孔状结构的托盘产品，可以达到减轻产品重量、消除收缩痕、保证产品尺寸稳定、缩短成型周期的目的。成型后的产品具备轻量化、高耐用性、表面光滑等特点（见图 5-29）。

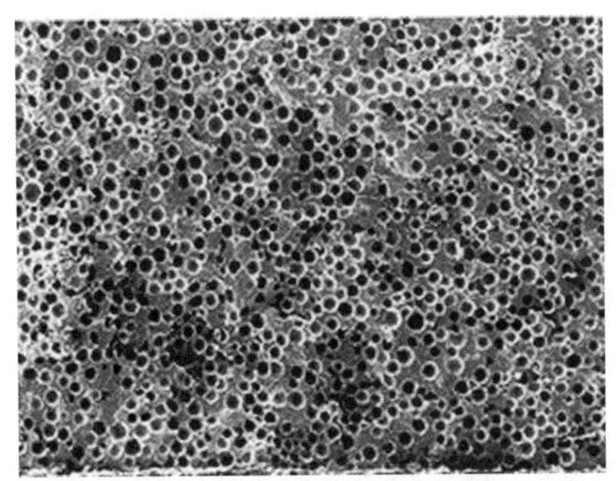

图 5-29　微发泡技术托盘内部呈均匀孔状结构

资料来源：https：//mp. weixin. qq. com/s/OSF4oNuM_sJGnFIpEENT4w。

（三）拉伸套管膜托盘包装技术

拉伸套管（Stretch Hood）包装技术从 20 世纪 90 年代起就应用于欧美的各类托盘包装，与传统的包装形式相比，拉伸套管包装技术具有包装速度快、包裹性好、防护性好、展示性好、环保等明显优势，而拉伸套管膜包装技术在我国托盘用膜上迟迟没有得到普及，主要归结于拉伸套管设备依赖于进口、现有拉伸套管膜价格居高不下、对比现有热缩膜和缠绕膜没有明显成本优势等原因。

冷拉伸套管膜包装是利用顶端热封的管形弹性塑料薄膜，在常温下通过水平横向拉伸，从包装件的上方垂直罩套并在托盘底端释放弹性套膜，使之紧密包裹产品的一种包装方法，又称为冷收缩膜包装。广东众聚包装冷拉伸套管设备如图 5-30 所示。

图 5-30　广东众聚包装冷拉伸套管设备

资料来源：2019 年中物联物流包装优秀案例——众聚包装《冷拉伸套管膜和套膜机一体化托盘包装解决方案》。

广东众聚包装科技有限公司在该专业区域内实现了三个国产化目标，即拉伸套管设备国产化、拉伸套管膜吹塑设备国产化、拉伸套管膜吹塑原材料配方国产化，打破了依赖进口、使用成本居高不下的局面。众聚包装科技有限公司生产的包装设备价格、套管膜吹塑设备均为进口设备价格的 1/3，且薄膜各项测试指标优越，采用国内先进新型材料，薄膜生产制造成本相比采用进口原材料生产成本降低 20%，同时性能得到提升。与传统物流包装薄膜相比，冷拉伸套管膜性能对比如表 5-2 所示。

表 5-2　冷拉伸套管膜性能对比

性能	描述	冷拉伸套管膜	拉伸缠绕膜	热收缩膜	纸箱	备注
物流和保护	装载稳定性	优	较优	较优	较优	突出的装载稳定性
	货物保护	优	较差	优	较优	防水防尘，冷拉伸套管膜和热收缩胶可通过热封底膜实现六面保护
	包装完整性	优	较优	较优	优	出色的薄胶韧性
包装操作	操作安全	优	较优	较差	较优	全自动，无明火和易燃气体；不会与一级包装发生黏结
	包装灵活性	较优	优	较优	较差	适应不同货物尺寸或形状变化
可视化	光学性能	优	较优	优	较差	清晰的残损识别并易于读码
	包装美观度	优	较差	较优	优	外观平整无皱纹
成本效率	单位包装成本	较优	优	较优	较差	相比于热收缩膜，使用更少材料、能耗和人工实现同样的装载稳定性
	包装速度	优	较优	优	较优	快速安全的包装适用于连续流水线生产
其他	可持续发展	优	优	优	较优	提高资源使用效率

资料来源：2019 年中物联物流包装优秀案例申报项目。

三、集装箱技术

铁路特种集装箱包含于集装箱体系中，同时也是铁路运输体系的重要组成部分，同普通集装箱相比，特种集装箱具有专货专箱、专箱专用、适合产品专业化运输等突出特点，它可以根据不同的客户需求、不同的货源特点，为客户提供差异化且高效专业的运输与物流服务，最大限度地满足客户的个性化需要，适应了现代物流发展的新要求。

近年来，我国铁路特种集装箱获得了一定的发展，国有铁路特种集装箱运输产品不断创新，箱型类别不断增加，目前已包含干散货类集装箱、冷藏集装箱、液体罐式集装箱等多种箱型，针对专业化物流运输需求，各种新型特种集装箱仍在不断设计研发并被投入运营。

（一）台架式卷钢箱

卷钢，又称钢卷，钢材热压、冷压成型为卷状，一般主要是为了方便储存和运输，卷钢运输在铁路货物运输中一直占有很大的比重，随着我国国民经济的发展，车辆制造、运输装备、电子等行业对卷钢的需求大幅增加，铁路卷钢的运量也随之增加。提高铁路的卷钢运输能力，对增加铁路经济效益有着积极的作用，同时也可极大降低卷钢运输成本，为钢厂创造更大效益。

传统集装箱运输卷钢需在集装箱内大量使用木托、绑扎带等铺垫材料，装箱环节复杂，稍有不慎或铺垫不佳，容易损坏集装箱箱壁或地板；且需大量使用加固带、木架、木方支柱等，最简单的加固也需要先铺底两根集装箱底部支木架，加固过程烦琐，辅料成本高。

中铁铁龙集装箱物流股份有限公司和中车齐齐哈尔车辆有限公司共同研发的 20 英尺 35 吨台架式卷钢箱如图 5-31 所示。设有多个专门凹槽，箱体自带防震橡胶带，配合使用含有捆扎带、收紧器的篷布专业保护，大大减少加固材料使用，加固成本降低；且可由车队直接进钢厂装箱，使用工厂吊车 U 形夹即可装箱作业，方便快捷。框架箱凹槽居中位置有减震垫块，并随箱配备篷布，货物安全有保障。可以实现门到门的运输方式，避免运输中二次倒装造成的卷钢损伤，提高了运输便捷性和产品安全性。能够满足叉车、自动化专用吊具等机械装备装卸作业，实现绝大部分卷钢的快捷装卸货要求，效率高，减少人工作业，降低劳动强度。

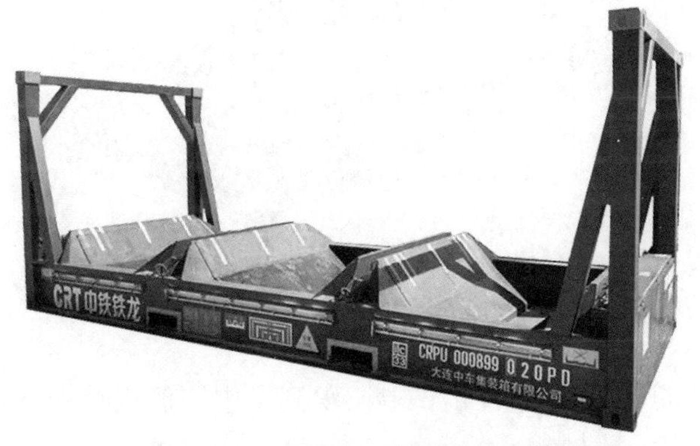

图 5-31　中铁铁龙台架式卷钢箱

资料来源：https：//mp. weixin. qq. com/s/vJ2GNFcipLLmjn4ZIyfTsA。

台架式卷钢集装箱突破了铁路卷钢集装箱红线的瓶颈，大大降低物流货损及物料成本，缩短物流时间，有利于支撑卷钢集装化运输新模式创新，推动钢铁物流高质量发展，提升我国钢铁物流整体水平和国际竞争力。

（二）液碱罐式集装箱

液碱是重要的化工基础原料，用途极广，在化学、冶炼、仪器、胶黏剂、搪瓷、医药、化妆品、制革、涂料、农药、玻璃等工业中都有广泛应用。液碱是最强的碱类之一，有极强的腐蚀性，对环境及人体都有很大的危害，液碱通常采用槽车装运，然而由于各种交通事故导致液碱泄漏的情况比较多，且造成的危害较大。

由中铁铁龙研发的液碱罐式集装箱（见图5-33）满足48%液碱的腐蚀要求，采用CIMC铁路加强型框架，内部蒸汽管路采用310S的不锈钢材质，可防止液碱在加热时局部对加热管的腐蚀；采用150毫米厚压缩岩棉保温，溢流盒盖采用双保温层结构，有效提高了保温性能；采用下沉式步道结构，避免罐箱在装吊过程中损伤步道；采用非金属格栅步道，可有效防止操作过程中液碱的滴落，对步道造成的腐蚀；采用防风通气孔结构，既可排除溢流盒内可能存在的危险气体，又可防止运输过程中窜风带走溢流盒内的热量；外包采用碳钢镀铝锌板，与常规GRP外包相比，这种外包板更耐冲击，不易损坏；同时在罐箱上安装了GPS系统、盒盖、温度监测系统，大大提高了罐箱的智能化水平。

图5-32　中铁铁龙研发的液碱罐式集装箱

资料来源：https：//mp. weixin. qq. com/s/0R6gE8b-XzCJn74ElVR3Qw。

该集装箱通过了严苛的铁路冲击试验，得到了中国船级社的认可，符合中国铁路危险品运输的要求；合理的加热系统配置，保护罐体不受应力腐蚀影响，适用于在极寒的环境下运输和操作；可用于铁路、公路和水上运输，或其相互间的多式联运。

四、集装单元化助力应急物流

应急物流是指为应对严重自然灾害、突发性公共卫生事件、公共安全事件及军事冲突等突发事件而对物资、人员、资金的需求进行紧急保障的一种特殊物流活动。应急物流通过集装单元化的技术手段，能更方便地利用机械化、自动化物流设备，在提高应急物资的装卸作业效率、周转效率的同时，还能降低货差货损率、减少物资运输配送过程中的搬运分拣环节，有利于实行多式联运，对提升现代应急物流效率有着积极的意义。

《国务院关于印发“十四五”国家应急体系规划的通知》中提到，推广运用智能机器人、无人机等高技术配送装备，推动应急物资储运设备集装单元化发展，提升应急运输调度效率。可见集装单元化是现代应急物流实现快速响应、减低保障成本、提高供应效能的举措之一，是贯通应急物资供应链条、整合军民两地应急物流资源、统一物流保障标准、实现高效应急物资保障的重要手段之一。

（一）应急物流集装单元化发展措施

1. 建立集装单元化器具的管理机制

应急物流管理的机理体制是高效保障的核心，只有建立相应的机制才能有效地进行应急保障。应急集装单元化物资储备运配过程中的管理机制，在整个应急物流管理中处于重要地位。除了对应急物资的物流管理外，还应对集装单元化物流器具进行有效管理，使之能获得相应的维修、维护、轮替、更新，并且各个环节都需要做出必要的规范，重要的部分需要以法律法规的形式进行确定。

此外，为了充分发挥集装单元化物流的优势，还需全面掌控集装单元化运输的全过程，实现对器具型号、箱号、物资种类、目的地及运行动态的实时跟踪。

2. 建立集装单元化标准规范

应急物流实施集装化是复杂的工程，只有统一标准、统一规范，进行系统的研究，才能确保整体协调有序。应急物资所用的集装箱、托盘等集装器具，应有相应的尺寸模数、重量材料等标准；应急物资的集装单元化，首先应该严格遵守国军标相关标准，没有国军标的要统一设立行业标准；在应急采购阶段，应急采购部门和物资质检机构，要把厂端的应急物资单元化纳入质检范围之一，严格遵守单元化包装要求；同时要统一应急物流集装单元化的组配原则，建立基数标准。我国环境复杂、自然灾害多、各项应急任务重，要根据这些应急保障任务经验，认真分析、合理确定各种应急物资使用规律，确立应急物资集装单元化的基数标准。

3. 集约化手段避免浪费

应急物资实施集装单元化，在确保保障效率的前提下，要注意集约，实现效率效益的共同最大化。集装方式的选择在应急物资集装单元化中占有十分重要的地位，应合理选用集装单元化方式，避免过度包装，在满足对应急物资有效保护功能的前提下，尽力减少使用的包装材料，以保证包装成本的经济性；应积极运用多种集装单元化组配方式，在应急物资集装过程中，对内集装器具需要满足单元集装物资的堆叠、排列最佳化，使相对空间得以充分地利用，对外集装器具要满足各种运输工具的联运方式，这就需要应急物资集装单元化器具有组合模块功能，多个小箱可以拼成标准尺寸集装箱，每个小箱又可以单独运输装卸。

（二）集装单元化对应急物流的意义

1. 提高应急物资运储效率

在物流保障上，传统的物流运输与配送方式装卸搬运慢、分拣配送费时费力，已经不能满足应急保障时需要，而采用集装单元化物流模式则能快速、精准地将大量的应急物资运达需求地域，满足物资需要。将一定数量的产品或材料与集装器具整齐地组合在一起，形成一个便于装卸运配操作的单元，这就是集装单元化最大的特点。集装单元化有利于应急物流设施设备的机械化，应急物流流程的自动化，并有效缩短装卸的搬运时间，减轻应急保障人员的体力劳动强度和工程作业难度，节约运输和搬运保障作业人员，是我国适应应急物资各方面需求发展的需要，是完成现代应急物流快速响应的有效措施。

2. 提高物资分发配送效能

集装单元化将同一品种、不同规格或不同品种但用途一致的多个物品集装在一起，实现应急物资集装数量质量、尺寸等标准化，物资的受领、清点和发放以标准集装单元的件数为计算单位，这种基于对象需求的集装化正好能满足现代应急物资分发保障对单元化所提出的要求。

3. 有效保护内部物资

集装单元化物资一般都适当采取了防冲击、防倒塌、防虫、防盗等措施，能对应急物资野外储藏起到一定的防护作用，尤其像集装箱一类的器具通常是密闭的，具有防雨、防晒、防风沙的特点，可以临时露天存放，有的集装箱还具有防火、防毒和防污染的功能，能对物资产生比较好的防护作用。

4. 节省包装材料

进行集装单元化物流活动的应急物资可以通过简化单个商品的包装料，从应急生产端直接将应急物资集装单元化，并直接送达指定区域，以“点对点”形式运输，这种物流方式可以节约大量的无效多次的包装材料、减少各个物流要素的装卸、中转次数以及各交接环节的清点工作量，也可以避免过多使用化工集装材料对环境造成污染。

第六章　物流信息与数字化技术

随着信息与数字化技术的快速发展，数字经济已经渗透到实体经济领域的方方面面。从宏观层面来看，数字经济与实体经济的融合发展，能够有效提升全要素生产率，对我国信息与数字化经济发展有直接贡献；从中观层面来看，信息与数字化技术融入传统产业，通过数字产业化和产业数字化两条路径对传统产业全链条进行了全方位改造；从微观层面来看，信息与数字化技术融入实体经济，其改变和重塑了传统生产过程和生产模式，降低生产成本，优化资源配置，提升生产效率。本章继承过去几年信息与数字化技术章节的原有成果，结合现在技术发展特性与成果针对性地对大数据技术、物联网技术、云计算技术、区块链技术、数字孪生技术、人工智能技术的重点内容展开介绍。

第一节　大数据技术

“大数据”被认为是“未来的新石油”，也被比喻为21世纪的“钻石矿”，在社会生产、流通、分配、消费活动以及经济运行机制等方面发挥着重要的作用。2014年大数据首次被写入政府工作报告，2015年9月，《国务院关于印发促进大数据发展行动纲要的通知》发布，大数据正式上升为国家发展战略。截至2018年年底，国内建成的大数据产业园超过100个。习近平总书记在十九届中共中央政治局第二次集体学习时的重要讲话中指出：“大数据是信息化发展的新阶段”，并做出了推动大数据技术产业创新发展、构建以数据为关键要素的数字经济、运用大数据提升国家治理现代化水平、运用大数据促进保障和改善民生、切实保障国家数据安全的战略部署，为我国构筑大数据时代国家综合竞争新优势指明了方向。

一、大数据技术工具分类

大数据的价值本质上体现为：提供了一种人类认识复杂系统的新思维和新手段。就理论上而言，在足够小的时间和空间尺度上，对现实世界数字化，可以构造一个现实世界的数字虚拟映像，这个映像承载了现实世界的运行规律。在拥有充足的计算能力和高效的数据分析方法的前提下，对这个数字虚拟映像的深度分析，将有可能理解和发现现实复杂系统的运行行为、状态和规律。大数据为人类提供了全新的思维方式和探知客观规律、改造自然和社会的新手段，这也是大数据引发经济社会变革最根本性的原因。大数据在许多决策和预测领域发挥了关键作用，如推荐系统、商业分析、医疗保健、网络展示广告、临床医生、交通、欺诈检测和旅游营销。Hadoop、Storm、Spark、Flink、Kafka 和 Pig 等各种大数据工具的研究和工业界的快速发展，使大数据得以分发、交流和处理。大数据应用程序使用大数据分析技术来高效地分析大数据。然而，由于大数据在处理和应用方面的挑战，开发人员选择合适的大数据工具来开发大数据系统非常困难，因此下文根据不同的数据处理方式对大数据工具进行了分类。

大数据计算主要有三种工具，即批处理工具、流处理工具和混合处理工具。大多数批处理数据分析框架都基于 Apache Hadoop。流处理数据分析框架主要是实时应用中使用的 Storm、S4 和 Flink。混合处理工具利用批处理工具和流处理工具的优点来计算大数据。

（一）批处理工具

批处理建模并将数据湖的文件转换为批处理视图，为分析用例做好准备。它负责安排和执行批量迭代算法，如 PageRank、贝叶斯分类或遗传算法等。批处理主要由 MapReduce 编程模型表示。

Apache Hadoop 是一个众所周知的批处理框架，它支持在集群上分布式存储和处理大数据。它是一个基于 Java 的开源框架，被 Facebook（现已更名为 Meta）、Yahoo 和 Twitter 用于存储和处理大数据。Hadoop 主要由两个组件组成：①Hadoop 分布式文件系统（Hadoop Distributed System，HDFS），其中集群节点之间的数据存储是分布式的；②Hadoop MapReduce 引擎，它将数据处理分配给集群的节点（见图 6-1）。

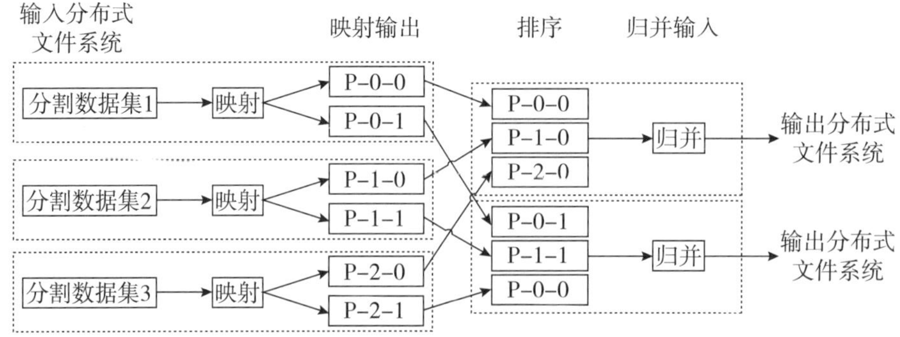

图 6-1 Hadoop MapReduce 引擎

资料来源：https：//www. 51cto. com/article/706550. html。

Apache Pig 是 Hadoop 生态系统的一个不可或缺的组件，它通过在 Hadoop 上并行执行数据流来减少数据分析时间。Pig 是一种结构化查询语言（Structured Query Language，SQL），被 LinkedIn、Twitter、Yahoo 等大型组织使用。该平台的脚本语言称为 Pig Latin，它将 MapReduce 中的编程复杂性从其他语言（如 Java）抽象为高级语言。Pig 是一个完整的平台，因为它可以通过直接调用用户定义函数（UDF）来调用 JavaScript、Java、Jython 和 JRuby 等多种语言的代码。因此，开发人员可以使用 Pig 在 Hadoop 中完成所有必需的数据操作。Pig 可以作为一个具有相当多并行性的组件，用于构建复杂而繁重的应用程序。

Flume 被用作向 Hadoop 提供数据的工具，与处理框架一起，需要一个消息传递层来访问和转发流数据。Apache Flume 是提供这一功能的较为成熟的选项之一。Flume 一直是数据馈送的著名应用程序。它很好地嵌入整个 Hadoop 生态系统，并获得了所有商业 Hadoop 发行版的支持。这使 Flume 成为开发者的主要选择。

（二）流处理工具

Hadoop 是为批处理而设计的。Hadoop 是一个多用途引擎，但由于其响应延迟，不是一个实时和高性能的引擎。在一些流数据应用中，如日志文件处理、工业传感器和远程通信，需要实时响应和处理流式大数据。因此，有必要对流处理进行实时分析，而因为大数据具有高速、大容量和复杂的数据类型，流式大数据的实时分析对于 Hadoop MapReduce 框架将是一个挑战。因此，Storm、S4、Splunk 和 Apache Kafka 等流处理的实时大数据平台已被开发为第二代数据流处理平台，用于实时分析数据。实时意味着连续数据处理需要极低的响应延迟。

Storm 是实时分析中颇受认可的数据流处理程序之一，专注于可靠的消息处理。Storm 是一个免费、开源的分布式流媒体处理环境，用于开发和运行分布式程序，处理源源不断的数据流。因此，可以说 Storm 是一个开源、通用、分布式、可扩展和部分容错的平台，可以可靠地处理无限的数据流。Storm 是一个复杂的事件处理器和分布式计算框架，它的一个优点是，开发人员可以专注于使用稳定的分布式进程，同时将分布式/并行处理的复杂性和技术挑战（如构建复杂的恢复机制）委托给框架。Storm 是一个分布式/并行框架，由 Nimbus、Supervisor 和 Zookeeper 组成。Storm 拓扑的示例如图 6-2 所示。Storm 集群主要由主节点和工作节点组成，由 Zookeeper 进行协调。

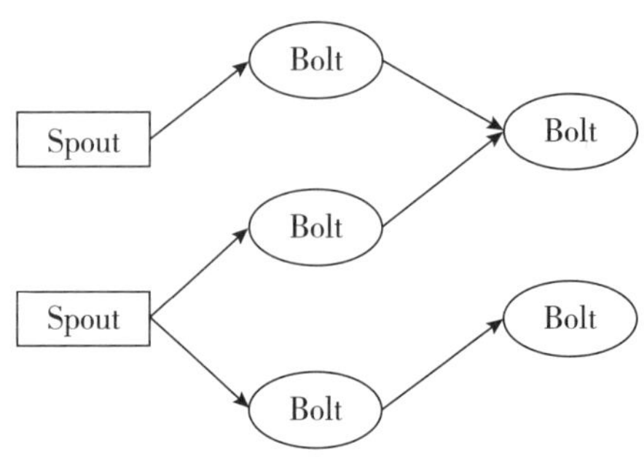

图 6-2　Storm 拓扑的示例

（三）混合处理工具

混合处理使大数据平台进入第三代成为可能，因为它是大数据应用中许多领域所必需的。Lambda 架构（见图 6-3）是一种数据处理体系结构，旨在通过利用批处理和流处理方法来处理大数据。该范例综合了基于 Lambda 架构的批处理和流处理范例。这个范例的高级架构包含三层。批处理层管理已存储在分布式系统中且不可更改的主数据，服务层加载并在数据存储中公开批处理层的视图以供查询，而速度层只处理低延迟的新数据。最后，通过批处理和实时视图的组合，将完整的结果合并。

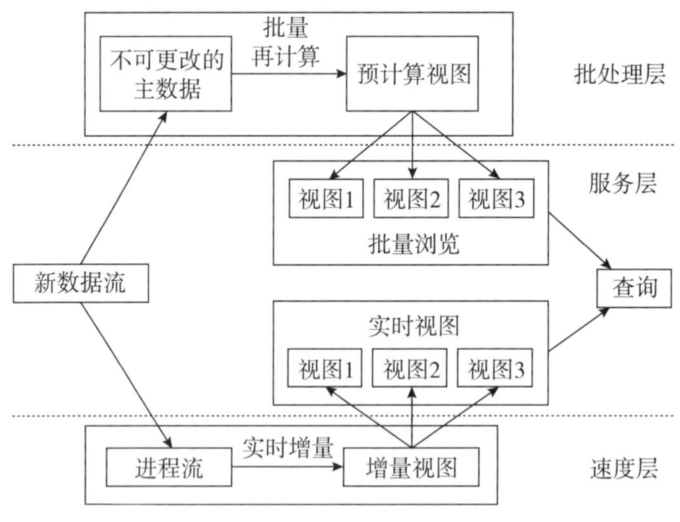

图 6-3　Lambda 架构

资料来源：http：//mt. sohu. com/20161207/n475156967. shtml。

二、我国大数据发展的态势

回顾过去几年，我国大数据发展可总结为：进步长足，基础渐厚；喧嚣已逝，理性回归；成果丰硕，短板仍在；势头强劲，前景光明。作为人口大国和制造大国，我国数据产生能力巨大，大数据资源极为丰富。随着数字中国建设的推进，各行业的数据资源采集、应用能力不断提升，将导致更快更多的数据积累。

我国互联网大数据领域发展态势良好，市场化程度较高。一些物流公司建成了具有国际领先水平的大数据存储与处理平台，并在移动支付、网络征信、电子商务等应用领域取得国际先进甚至领先的重要进展。随着政务信息化的不断发展，国务院又陆续印发了系列文件，推进政务信息资源共享管理、政务信息系统整合共享、互联网+政务服务试点、政务服务一网一门一次改革等。目前，我国政务领域的数据开放共享已取得了重要进展和明显效果。例如，浙江省推出的“最多跑一次”改革，是推进供给侧结构性改革、落实“放管服”改革、优化营商环境的重要举措。然而，当前我国在大数据方面仍存在一系列亟待补上的短板。

（一）大数据治理体系尚待构建

当前，我国的政务数据共享开放进程，相对于《国务院关于印发促进大数据发展行动纲要的通知》明确的时间节点已明显落后，且数据质量堪忧。不少地方的政务数据开放平台，仍然存在标准不统一、数据不完整、不好用甚至不可用等问题。政务数据共享开放意义重大，仍需坚持不懈地持续推进。此外，在数据共享与开放的实施过程中，各地还存在片面强调数据物理集中的“一刀切”现象，对已有信息化建设投资保护不足，造成新的浪费，同时安全隐患增多。

近年来，数据安全和隐私数据泄露事件频发，凸显大数据发展面临的严峻挑战。在大数据环境下，数据在采集、存储、跨境跨系统流转、利用、交易和销毁等环节的全生命周期过程中，所有权与管理权分离，真假难辨，多系统、多环节的信息隐性留存，导致数据跨境跨系统流转追踪难、控制难，数据确权和可信销毁也更加困难。

（二）核心技术薄弱

基础理论与核心技术的落后导致我国信息技术长期存在“空心化”和“低端化”问题。近年来，我国在大数据应用领域取得较大进展，但是在基础理论、核心器件和算法、软件等层面，较之美国等技术发达国家仍明显落后。在大数据管理、处理系统与工具方面，我国主要依赖国外开源社区的开源软件，然而，由于我国对国际开源社区的影响力较弱，导致对大数据技术生态缺乏自主可控能力，这成为制约我国大数据产业发展和国际化运营的重大隐患。

（三）融合应用有待深化

我国大数据与实体经济融合不够深入，主要问题表现在：基础设施配置不到位，数据采集难度大；缺乏有效引导与支撑，实体经济数字化转型缓慢；缺乏自主可控的数据互联共享平台等。当前，工业互联网成为互联网发展的新领域，然而仍存在不少问题：政府热、企业冷，政府时有“项目式”“运动式”推进，而企业由于没看到直接、快捷的好处，接受程度低。国外厂商的设备在我国具有垄断地位，这些企业纷纷推出相应的工业互联网平台，抢占工业领域的大数据基础服务市场。

三、欧美物流领域大数据应用案例

（一）DHL 全程可视化的监控

敦豪航空货运公司（DHL）是全球较大的速递货运公司之一。DHL 的快运卡车装有摩托罗拉的阅读器，每当运输车辆装载和卸载货物时，车载计算机会将货物上 RFID 传感器的信息上传至服务器，服务器会在更新数据之后动态运算出最新最优的配送序列和路径。在运送途中，远程信息处理数据库会根据即时交通状况和 GPS 数据实时更新配送路径，做到更精确的取货和交货，对随时接收的订单做出更灵活的反应以及向客户提供有关取货时间的精确信息。DHL 通过对末端运营大数据的采集，实现全程可视化的监控、最优路径的调度，同时精确到每一个运营节点。此外，拥有 Crowd-based 手机应用程序的顾客可以实时更新他们的位置或者即将到达的目的地，DHL 的包裹配送人员能够实时收到顾客的位置信息甚至按需更新配送目的地，防止配送失败。

（二）UPS 配送末端最优路径规划

美国联合包裹运送服务公司（UPS）通过大数据实现配送末端最优路径规划，同时提出尽量右转的配送策略，实现每年节省 5000 万美元成本，并增加 35 万个包裹配送。UPS 特有的基于大数据分析的 ORION 系统通过联网配货机动车的远程信息服务系统，实时分析车辆、包裹信息、用户喜好和送货路线数据，实时计算最优路线，并且全程通过 GPS 跟踪信息。UPS 最著名的大数据分析案例就是送货卡车不能左转。根据 ORION 系统分析：左转会导致货车在左转道上长时间等待，不但增加油耗，而且发生事故比例也会上升，所以 UPS 基于城市车流大数据绘制了“连续右转环形行驶”的送货路线图，实现高效配送。在旗下的每一位司机都参与该项目之后，只需让每位司机每日送货路程都因此而缩减 1 英里（1 英里≈1.61 千米），每年就可节省 5000 万美元成本。ORION 系统未来也将预测恶劣天气、交通状况，并评估会造成司机送货路线上的行程放缓的其他因素，增加配送效率。

（三）FleetBoard 远程信息化车队管理

FleetBoard 致力于通过大数据处理为物流行业客户提供远程信息化车队管理解决方

案。通过大数据解决方案实现数据采集和全程监控，包括驾驶司机的驾驶动作、车辆温度、车门打开等细节。车辆上的终端通过移动通信系统与 FleetBoard 的服务器建立联系，互换数据。物流公司或车队管理者可直接访问 GPS 以及其他若干实时数据，如车辆行驶方向、停车/行驶时间和装/卸货等信息。此外，通过计算驾驶员急加速、急刹车的次数、经济转速区行驶时间和怠速长短等信息，FleetBoard 直接帮助驾驶员发现驾驶命令中的问题并改进。对于冷链运输的用户，FleetBoard 有专门的数据管理系统实时监测冷藏车的温度、车门是否打开等情况，自动向手机或电子邮箱发送警示信息。

（四）Con-way Freight 快速得出数据报告

Con-way Freight 是全球货物运输和物流中的龙头企业，提供零担运输、第三方物流和大宗货物运输等服务，范围覆盖了 18 个国家。但是营运过程中产生的海量非结构化数据十分考验公司对于数据的提取速度、分析的效率和精确度。而大数据解决方案使 Con-way Freight 的后台高管们能够在开会时，不管谁提出什么问题，总能使系统集成实时增量数据，根据询问和处理非结构化数据快速得出准确的数据报告，做出恰当及时的运营决策。Ad-Hoc 使公司可以定义需要监控的配送流程，预测商业活动内部和外部因素的影响以及为 CRM 和营销计划提供消费者划分。甚至可以定位到任何一位客户，实时分析送达率和具体的货运损失等信息。而 Scorecarding 能够将原定目标和实时表现进行对比，使 Con-way Freight 能够随时根据对比结果全面调整和提高运营表现。

四、典型案例

（一）吉利汽车的物流数智化

作为中国自主汽车品牌领军者，吉利汽车制定了明确的智能制造战略规划与总体思路，在物流数智化转型升级方面走在了众多自主品牌前列。当前吉利汽车已发展为集汽车整车、动力总成和关键零部件设计、研发、生产、销售和服务于一体的全球创新型科技企业集团。2021 年，吉利汽车更是以 132.8 万辆的年度总销量跻身车企乘用车年度销量榜单前三强。卓越成绩的背后离不开吉利以“提高质量、提升效率、降低成本”为目标实施的系列物流数智化转型探索，西安“黑灯工厂”、长兴 5G+数字化工厂、春晓 KD 智慧车间等多座依靠大数据技术的数字化工厂、智慧车间落地运营；自主研发的 OTWB 一体化物流信息平台上线应用，吉利汽车正在以中国速度实现物流数智化转型。

1. 发展背景

依靠大数据技术，吉利汽车建立了国际级专业型工业互联网平台“Geega”，平台通过构建集资源能效、安全可信、大数据智能、智能物联于一体的数字化基座，为企业数字化转型提供自主研发、安全可控、系统可行的全链路解决方案。用户可以直接参与设计，通过平台下单，实现零距离交互。Geega 还打破了传统工厂相互孤立、隔绝的局面，借助数据共享实现工厂全要素互联互通，使制造过程数字化、生产过程可视化、管控信息化，缩短产品制造周期，为企业稳定盈利提供了强有力的支撑和保障。目前，Geega 已服务数十家集团企业，在吉利汽车 15 个业务应用场景中落地验证。平台实施投产后生产效率将提高 22%，真正实现了“源于制造，反哺制造”的生态循环。

2. 多样化的大数据智慧物流场景

吉利汽车在全国有 18 个整车工厂、8 个动力基地，还有一些座椅工厂，电池、电控、电机三电工厂，以及其他零部件工厂，分布在长三角、京津冀、川渝以及华南等地，同时在全国还拥有近 30 个仓储/物流中心。近年来，吉利汽车在先试点再推广的探索路径下构建了很多先进适用的大数据智慧物流场景，这些项目多数已经在吉利汽车工厂、仓储、物流中心落地运营。

（1）“货到人”。

“货到人”大数据智慧物流项目已经在吉利汽车部分工厂正式落地。在汽车工厂超市区，拣料人员多，走动距离产生大量非增值动作，吉利汽车以料箱二维码承载和传递物料信息，在服务器进行大数据高速运算逻辑下，大幅提升物料入库、出库效率，上线后实现整体效率水平提升 20%以上，“货到人”区域出入库准确率达到 100%。超市区的物料种类繁多，通过系统软件融合，吉利汽车实现了大数据互通，做到实时反馈，智能运维，让生产运营管理水平进一步提升。库区设置为动态库存，减少大量重复性规划工作，通过大数据智能系统实现动态库存，让物料储存更柔性、敏捷化。“货到人”智慧物流场景如图 6-4 所示。

（2）线边无人配送。

吉利汽车焊装车间应用 AGV 实现了线边无人配送，且可实现无灯作业，大大提升了线边配送效率与质量，同时还降低了能耗。AGV 自动化配送实现系统软件大数据联通，打通上下游业务信息流，线边物料信息直接回传到拣货叉车司机终端，由 AGV 将空器具返回至代发点，并将拣配完成的满托零配件送至线边。系统复杂的调度算法可通过大数据计算为机器人选择最优配送路线，降低停线风险，通过系统校验功能，可避免错漏配情况发生，降低作业强度，同时让配送质量大幅度提升。

（3）智能装载。

在吉利汽车零部件包装与装车作业环节，应用智能装载系统进行大数据分析自动生成装载方案。零部件装载率直接关系到物流成本，传统模式下都是人工根据“大不压小、重不压轻”等原则来核算料箱内零部件的摆放，以及制订最终装车方案，大量

图 6-4　“货到人”智慧物流场景

资料来源：https：//new. qq. com/rain/a/20220411A08KU300。

的人工经过核算也未必能达到装载率最优、效率最高，而智能装载系统能够进行大数据分析自动生成装载方案，装载率、应用效率和可视化均得到大幅提升。

3. OTWB 一体化物流信息平台

在多工厂、多仓储/物流中心、多零部件供应商，以及多 4S 店的布局下，整合工厂端、运输端，以及整个售后备件上千家 4S 店的订单需求并非一件容易的事，而将所有物流订单进行整合并统筹仓配作业，还要在此基础上实时掌握所有零部件在产前、仓储、生产、运输以及售后的全链条信息无疑让难度再次升级。

为了解决以上难题，2021 年吉利汽车自主研发的 OTWB 一体化物流信息平台落地应用，这一平台在覆盖吉利汽车所有整车及零部件工厂、售后备件厂，以及上千家 4S 店的订单需求，并且细化到物流运输、仓储、分拣、包装、配送等环节基础上，通过大数据技术将物流订单整合并统筹下发到对应的运输、仓储、配送等系统，最后与结算系统联通，形成了闭环，让吉利汽车集团下所有零部件和整车的信息流与实物流合一，实现事前预测、事中操作和事后追踪。

据了解，相似的物流信息一体化平台在京东、顺丰等电商或快递企业已经有相对比较成熟的应用，但是在中国汽车行业，吉利汽车是首家创新应用这一系统的企业。未来吉利汽车还将会对 OTWB 一体化物流信息平台持续优化，连接大数据平台，加入智能算法、配套装载软件，最终在智能分析的基础上实现智能决策。

4. 春晓 KD 智慧车间

在数字化工厂与智慧车间内的智慧物流体系建设与应用方面，春晓 KD 智慧车间的智慧物流场景更为丰富。吉利汽车有散装零部件出口海外业务（KD 业务），这些零部件需要在国内进行翻包作业，考虑到产量提升、降低车间工作强度等迫切需求，2019年吉利汽车综合财力、人力、物力，引进智能设备，自主开发系统，开启了对春晓 KD 智慧车间的智能化、数字化改造。数字化应用不仅可实现各环节大数据分析，还能实现各部门之间的信息协同。

（1）自主开发的 KDMS 执行系统。

原来的作业环节中，从任务下发到进度的管控，再到缺件和补货记录，都是手工完成的。对此，吉利汽车自主开发 KDMS 执行系统，实现了春晓 KD 智慧车间所有执行环节的智能记录和自动管控。

（2）物流运作监控系统。

通过 RCS 监控客户端，对无人仓内 AGV 运作状态进行实时监控，从而形成实时动态仿真，系统具备无人仓内效率统计等数据中台信息，可实现智能监控和优化、信息业务智能联动、数据化。

（3）物流运营系统。

物流运营系统可提供自动化指标检测和告警、批量集中部署配置、软件版本管理、高效日志分析等功能，帮助用户及时发现和解决问题，提升交付和运维效率，为业务平台提供有力的后台保障。系统共包含 7 大模块：首页、告警处理、状态监控、系统维护、日志分析、知识库和系统管理。它们分别承担着不同的功能，帮助用户更高效快捷地监测软件和处理问题。

（4）运行效果。

KDMS 执行系统的落地与运营完全打破了春晓 KD 智慧车间以往的“人力作坊”形式。春晓 KD 智慧车间产能由最初的 120 台套/天提高至 180 台套/天，有效提高现场作业效率，简化现场管理难度，实现降本增效的最终目的。待全部环节改造完成后，预计车间产能可达到 240 台套/天。

5. “数智化”迎未来

在数智化转型未来，吉利汽车将继续做好数据采集工作，全面采集基础数据。当前阶段软件开发属于无代码开发，但基本是通过 IT（信息技术）人员进行开发，未来吉利汽车希望业务人员也能够在软件应用系统中进行快速开发，推进软件的敏捷化开发。在大数据分析层，吉利汽车当前大部分还处于辅助分析决策阶段，今后将朝着 AI 自主分析、自主决策、自主调整的方向努力，实现运营最优。

（二）顺丰快递的数据灯塔

数据灯塔是顺丰面向商家制作的一款大数据分析工具，主要应用于物流优化、行业分析、市场开发等方面。通过合理披露供应链、市场、品牌、产品、用户和快递服务等信息，为电商客户提供市场开发、供应链解决方案等方面的决策支持，使客户了解所处行业状况，明确自身行业定位，从而及时响应市场，调整市场策略，发现潜在商机，优化仓储物流。

1. 数据灯塔产生的背景

近年来，多种来源的数据、不同的数据分析模型及快速发展的分布式计算使海量大数据处理成为可能。随着互联网的不断普及与物联网技术的不断发展，未来大数据的应用场景将不断丰富，应用价值将不断提高，在数据服务中的比重也将越来越大。尤其进入 DT（数据技术）时代，大数据应用和智能化已成为企业掘金的新方向，基于解决企业客户日益增长的智能多维分析需求，顺丰推出的产品——数据灯塔应运而生。早在 2015 年，数据灯塔手机行业正式上线，功能涵盖行业、用户、产品、品牌、快递、仓储六大分析模块。2016 年 4 月，数据灯塔已覆盖手机、女装、男装、鞋靴、美妆、母婴等 12 个行业。2018 年数据灯塔一期项目还荣获“2018 年度邮政行业科学技术奖”一等奖。

2. 数据灯塔产品亮点

数据灯塔是以智慧物流和智慧商业为主旨，融合海量顺丰内外部数据，运用大数据计算与分析技术，聚焦快件、消费者、商品，帮助企业搭建集物流和仓储分析、决策、优化于一体的智能物流运营分析平台，赋能客户构建智能商业。

数据灯塔有三大优势。第一是拥有海量优质数据。数据规模与质量是智能化能否实现的基础。数据灯塔掌握着顺丰持续积累 20 多年的自有数据，具有跨平台、跨行业、维度广、数据精准等特征，是业务应用的第一手优质数据。此外，这些海量数据经数据灯塔有效清洗、整合、洞察、分析之后，更具商业价值。第二是聚焦优势行业。顺丰的优势行业涵盖生鲜、食品、3C、服装等诸多领域。数据灯塔则充分利用顺丰在上述领域的精准数据优势，为商户提供分行业、分场景的一站式咨询、分析、营销、运营服务。第三是算法模型领先。数据灯塔拥有一流的算法团队，在自然语言处理、物流路径规划、智能推荐引擎等领域掌握核心算法技术。

基于上述优势，数据灯塔一方面为客户打造“智慧物流”，另一方面为客户构建“智能商业”。其中，前者可提供包括帮助客户跟踪每小时快件情况，异常预警，预测快件量，提前分仓布局，实现“单未下、货先行”等诸多服务；后者则包括替客户提前做好风险防控，挽回高价值用户等服务，基于个性化数据方案，助力客户优化物流和拓展生意。

（1）智慧物流。

①实时快递监控：提供快递揽收、在途、派送、签收全流程状态，帮助快递实时跟踪、监控，及时发现问题快件并处理。

②个性化预警：支持不同地域自定义设置快递服务质量、件量下滑预警，针对用户关注的问题，系统提前预警，方便客户基于自身情况定制。

③智能工具：智慧云仓。

一是件量预测：结合内外部影响因素，利用数据挖掘方法，批量化精准预测商品SKU的未来订单走势，助力商家提前备货。二是分仓模拟：模拟分仓运作场景，提供基于时效和成本的最优解决方案，指导商家合理分仓，提升时效、降低成本，实现“单未下，货先行”。三是库存健康：帮助商家即时了解当前库存状况，对缺货、呆滞SKU各个击破，进行有效的库存管理，节约成本。

（2）智能商业。

①洞察同行：第一时间掌握市场行情，关注同行动态，轻松应对件量高峰和低谷；了解哪些属性商品畅销，关注竞争对手品牌销售动态及用户口碑情况，助力商家优化产品运营，调整营销策略。

②洞察消费者：融合顺丰精准全面的运单数据和外部地址信息，通过挖掘顺丰海量的“最后一公里”地址数据，利用大数据技术基于地理位置的商业环境进行分析，结合小区的属性特征，让商家更清楚地掌握消费者的购买偏好及人群画像信息，提供完整的商业落地方案，协助商家更好地进行O2O运营、精准营销，定位目标客户。

③洞察供应链：供应链分析立足于揭开行业“黑匣子”，揭露行业内部交流密度，洞悉供应链上游（分销商、代理商、生产企业、原材料供应商）活跃程度与下游市场动态（流行趋势、购物偏好、商品热点），帮助商家在生产、采购、销售活动中及时把握市场潮流，及早调整，有效应对，规避供应链风险。

3. 发展成效

数据灯塔在门户上已实现PC+微信端两端联动；在数据内容上，拥有顺丰基础快递、仓储类数据，用户收寄件行为数据，用户属性数据，外部公共数据等；在产品形态上，以数据分析为主，为客户提供优化物流、拓展生意的数据服务，已经完成了智能供应链的相关布局。如今，数据灯塔的企业用户可以直接登录数据灯塔门户，轻松获取相关的大数据分析在线服务，也可方便了解其数据灯塔功能架构：首页，基于物流实时数据，提供物流看板及常见功能的聚合入口；我的分析，对用户自身的物流情况进行实时和汇总分析；我与行业，通过对同行、消费者、供应链等维度的分析，帮助用户优化物流、拓展生意；定制工具，包括自助取数、智慧云仓、作战大屏等定制化数据应用及展现工具；帮助中心，产品的功能引导、数据答疑解惑等内容。由于能够为企业提供强有力的数据服务，实现智慧物流、智能商业，数据灯塔如今在行业中具有广泛的影响力。

第二节　物联网技术

物联网即“物物相联”的互联网，是通过各类传感装置、红外感应、全球定位系统、激光扫描仪等信息传感设备，按约定的协议，根据需要实现物品互联互通的网络连接，进行信息交换和通信，以实现智能化识别、定位、跟踪、监控和管理的智能网络系统。作为新一代产业革命的标志性技术，物联网技术深度聚焦社会运行层面，通过“万物互联”，将原本各自运转的企业、设施乃至家庭、个人等社会单元，紧密绑定于社会这一有机整体，为改进社会资源配置中的传统弊端，提供了技术端的终极思路。有赖于多年的高速发展和互联网技术的飞速普及，我国的市场经济体系建设，天然具备鲜明的数据化特质。在没有传统行业束缚的优势下，物联网相关技术在我国工业、农业、金融及社会管理层面均得到了广泛运用。

一、物联网技术架构

在探讨“物联网”概念之前，首先需要明确认识到这样一点：世界各国现有以及正在高速建设中的物联网系统，并非某种崭新的技术，而是互联网技术与现代管理体系有机整合后的结果。也可以说，物联网技术，是 21 世纪以来种种网络技术不断成熟的衍生结果，是各行各业数据化、智能化不断提升而引发的技术升华。从架构的角度看，现有物联网体系，从下往上由感知层、网络层、平台层、应用层 4 个层面共同构成。电力物联网结构如图 6-5 所示。

（一）感知层

感知层是物联网发展和应用的基础。感知层相当于物联网的皮肤和五官，完成识别物体、采集信息的任务。感知层包括二维码标签和识读器、RFID 标签和读写器、摄像头、GPS、传感器、终端等数据采集设备，也包括数据接入网关之前的传感器网络。RFID 技术、传感和控制技术、短距离无线通信技术是感知层涉及的主要技术。

1. 基于 RFID 的物联网感知方式

对于目前关注和应用较多的 RFID 网络来说，安装在设备上的 RFID 标签和用来识别 RFID 信息的扫描仪、感应器属于物联网的感知层。在基于 RFID 的物联网中被检测的信息是 RFID 标签内容，高速公路不停车收费系统（ETC）、超市仓储管理系统等都是基于这一类结构的物联网。

2. 自组网多跳式物联网感知方式

感知层由智能传感节点和数据采集节点组成。智能传感节点感知各种信息，例如，

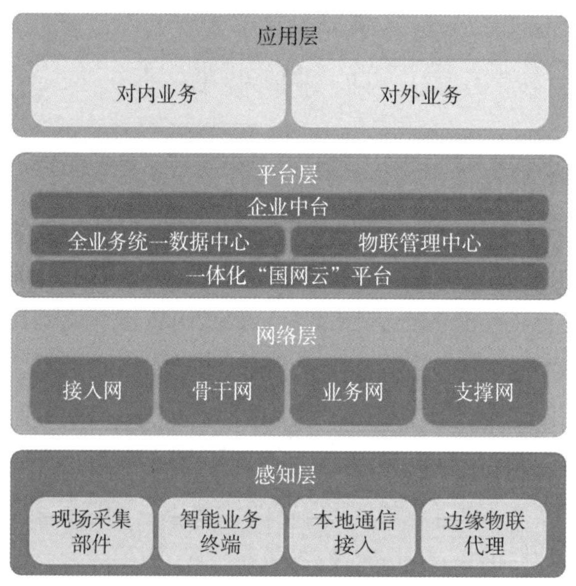

图 6-5　电力物联网结构

资料来源：https：//zhuanlan. zhihu. com/p/61095403。

智能微尘可以感知温度、湿度、图形等信息。这些智能传感节点可以组成网络，并自行组网将数据传递到上层网关接入点，由网关将收集到的感应信息通过网络层提交到后台处理。环境监控、污染监控等应用便是基于这一类结构的物联网。

（二）网络层

网络层相当于物联网的神经中枢和大脑，实现信息传递和处理。网络层包括通信与互联网的融合网络、网络管理中心、信息中心和智能处理中心等，网络层将感知层获取的信息进行传递和处理。

网络层也包括信息存储查询、网络管理等功能。网络层中的感知数据管理与处理技术是实现以数据为中心的物联网的核心技术。感知数据管理与处理技术包括传感器网络数据的存储、查询、分析、挖掘、理解以及基于感知数据决策和行为的理论和技术。云计算平台作为海量感知数据的存储、分析平台，将是物联网网络层的重要组成部分，也是应用层众多应用的基础。网络层包括各种通信网络与物联网形成的承载网络，承载网络包括现行的通信网络（如 2G 网络、3G 网络、4G 网络）、计算机互联网、企业网等，完成物联网感知层与应用层之间的信息通信。

（三）平台层

平台层负责处理数据，在物联网体系中起承上启下作用，主要将来自感知层的数据进行汇总、处理和分析，主要包括 PaaS（平台即服务）平台、AI 平台等。

平台层的参与者是各式的平台服务提供商，所提供的产品与服务可以分为物联网云平台和操作系统，完成对数据、信息的存储和分析。

（四）应用层

应用层相当于物联网的“社会分工”，即与行业需求结合，实现广泛智能化。应用层是物联网与行业专业技术的深度融合，与行业需求结合，实现行业智能化，这类似于人的社会分工，最终构成人类社会。

应用层由各种应用服务器组成（包括数据库服务器），主要功能包括对采集数据的汇聚、转换、分析，以及用户呈现的适配和事件触发等。从末梢节点获取的大量原始数据，经过网络层的传输、转换、分析处理后变成具有实际价值的数据；保存了这些数据的应用服务器将根据用户的呈现设备不同完成信息呈现的适配，并根据用户的设置触发相关的通告信息。同时，当需要对末梢节点控制时，应用层还能完成控制指令生成和指令下发控制。应用层要为用户提供物联网应用的用户接口（UI 接口），包括用户设备（如 PC、手机）、客户端等。除此之外，应用层还包括云计算功能。基于云计算，网络管理中心、信息中心等部门可以对海量信息进行智能处理。

二、物联网相关技术

（一）关键技术

1. 传感器技术

传感器技术是物联网的基础技术之一，处于物联网构造的感知层，也是计算机应用中的关键技术。绝大部分计算机处理的都是数字信号。自计算机出现以来，需要传感器把模拟信号转换成数字信号，计算机才能处理。

2. 嵌入式系统技术

嵌入式系统技术是综合了计算机软硬件、传感器技术、集成电路技术、电子应用技术于一体的复杂技术。经过几十年的演变，以嵌入式系统为特征的智能终端产品随处可见；小到人们身边的 MP3，大到航天航空的卫星系统。嵌入式系统正在改变着人们的生活，推动着工业生产以及国防工业的发展。如果把物联网用人体做一个简单的比喻，传感器相当于人的眼睛、鼻子、皮肤等感官，网络就是神经系统用来传递信息，嵌入式系统则是人的大脑，在接收到信息后要对信息进行分类处理。

3. 纳米技术

纳米技术是研究结构尺寸在 0.1~100nm 范围内材料的性质和应用，主要包括纳米物理学、纳米化学、纳米材料学、纳米生物学、纳米电子学、纳米加工学、纳米力学。

这 7 个相对独立又相互渗透的学科和纳米材料、纳米器件、纳米尺度的检测与表征这 3 个研究领域之间的关系如下：纳米材料的制备和研究是整个纳米科技的基础，其中，纳米物理学和纳米化学是纳米技术的理论基础，而纳米电子学是纳米技术最重要的内容。

（二）配套技术

1. 信息处理技术

信息处理技术，是感知层发挥基本功能的核心支撑，也是应用层正常运转的必要保障。感知层的数据处理，涵盖数据收集、预处理和优化聚合等多个方面。和传统互联网数据沟通相比，物联网的数据来源更加多样化，在物联网数据处理方面，往往存在目标混杂及多源异构等问题。基于此，感知层的信息处理技术，包括数据特征提取、模式识别和自主化信息融合等技术；应用层的信息处理技术，则包括信息分布认知、数据扩散挖掘与智能搜索等技术。

2. 大数据运算技术

无论是数据识别和数据存储，还是数据挖掘和云计算，都必须以强大的数据算力为支撑。特别是数据挖掘，要从模糊的、性质各异且分布随机的信息中，挖掘与主题相关的信息，往往需要对天文级数据量进行高速运算。据统计，在物联网社会初步构建的今天，相关服务数据量对算力的要求已经提升到了浮点运算速度上百万亿次/秒的级别。

3. 多端互联技术

“万物互联，云上作业”，正是物联网发展的初衷。而要对接多领域、多形式的物质实体，离不开以下两个方面技术的支持：一是高度成熟的通信技术体系，包括窄带通信、扩频通信和多载波通信等；二是通信技术，解决的是“联得上”的问题，在此基础上，还要面对不同性质的物质实体“怎样联”的问题，在这方面，还需要用到异构网络融合技术。图 6-6 形象展现了万物互联的场景。当前局面下，如何解决异构网络的相容问题，实现多种网络接入方式的融合，是物联网体系拓展面临的首要问题。

三、物联网技术在物流领域的应用

物流是物联网技术重要的应用领域之一，物联网技术是实现智慧物流的基础。物流业作为国民经济发展的支柱性产业，要实现进一步增长，满足越来越高的物流需求，实现智慧物流，必须依赖物联网技术的全面应用。2015 年 7 月，商务部办公厅印发《关于智慧物流配送体系建设的实施意见》，明确指出智慧物流配送体系是一种以互联

图 6-6 多端互联技术助力万物互联

资料来源：https：//www. infosws. cn/20190219/18270. html。

网、物联网、云计算、大数据等先进信息技术为支撑，在物流的仓储、配送、流通加工、信息服务等各个环节实现系统感知、全面分析、及时处理和自我调整等功能的现代综合性物流系统，具有自动化、智能化、可视化、网络化、柔性化等特点。也就是说，要以物联网技术为基础，以信息化、智能化设备为载体，全面推动物流业与制造业、商贸业的融合，物流与商流、信息流、资金流的融合，互联网、移动互联网、物联网与车联网的融合，从而提高效率、降低成本，提升物流业综合服务能力和整体发展水平。

（一）物联网在物流领域的主要应用范围

目前物联网在物流行业相对成熟的应用主要集中在四个方面。

一是产品追溯系统。在医药、农产品、食品、烟草等行业领域，产品追溯系统发挥着货物追踪、识别、查询、信息采集与管理等方面的巨大作用，基于物联网技术的可追溯系统为保障产品的质量与安全提供了保障。

二是物流过程的可视化智能管理网络系统。基于 GPS、RFID、传感器等多种技术，在物流过程中实时实现对车辆定位、运输物品监控、在线调度、配送可视化管理的系统。目前，物流作业的透明化、可视化管理已经初步实现，全网络化与智能化的可视管理网络还有待发展。

三是智能化的企业物流配送中心。基于传感器、RFID 等技术建立物流作业的智能控制、自动化操作的网络，实现物流配送中心的全自动化，实现物流与生产联动，并与商流、信息流、资金流全面协同。

四是企业的智慧供应链。基于物联网技术升级智慧物流和智慧供应链的后勤保障网络系统，满足电商快速发展及智能制造等环境下产生的大量个性化需求与订单，帮助企业准确预测客户需求，实现整个供应链的智慧化。

（二）物联网在物流领域的最新应用

1. 电商+物联网

电商的蓬勃发展推动了物流管理运作水平的提高，进入物流智能化新阶段，而物流系统自动化、信息化能力的提升又反过来促进了电商的进一步发展。如今，电商企业正在积极寻求与物联网企业的多维度合作，力求借助物联网技术实现物流持续升级，强化自身竞争力。2017 年，京东、斑马技术和神州数码联合宣布成立“物联网+电商物流联合实验室”，聚焦三大场景的改善：提升现有拣选和复核打包的效率、托盘和笼车资产可视化智能管理、寻找视觉和数据分析在物流中的应用。基于电商物流的大规模、高要求以及复杂度，电商物流中心的自动化、智能化水平几乎代表了物流行业的最高水平，因为，电商企业正在加快布局无人仓。在无人仓的各种技术中，最基础的便是数据感知。可以想象，未来物联网技术在电商领域的应用需求将是巨大的。除此之外，电商带来的 O2O 与新零售也为物联网带来了新的应用场景。

2. 车联网+物联网

当前车联网借助物联网技术，已经初步实现了运输过程的透明化、可视化管理，以及货运资源的优化与整合配置，从而提升运输、装载效率，实现货物的实时跟踪与追溯管理。物联网技术实现了货运资源、车辆资源、卡车司机和卡车后市场消费信息的全方位融合，可以说，车联网已经成为物流运输发展最基本的配置。

例如，研华推出的智慧车队管理解决方案，不仅仅是采集相关数据回传给管理后台，在云端对车辆、人、货品的信息进行稳定点的运算与统计处理，还可以直接进行边缘运算处理，通过在车辆上安装的车用电脑对采集到的数据进行复杂的边缘计算，即时防止、修正司机的危险驾驶行为，实现主动式安全保障。

3. 智能制造+物联网

随着智能制造、工业 4.0 的推进，制造业对物流信息化、自动化、智能化的需求越来越高，纷纷在物流系统中采用物联网技术，尤其是传感器和智能控制技术的应用较多。智能制造除了要求物流系统的智能化，还需要与生产线相匹配，进行无缝对接，实现信息系统的互联互通。

四、典型案例——基于物联网技术的危化品运输人车货协同管控系统

（一）案例背景

由于园区管理的实际需求，南京江北新材料科技园构建了危险货物运输管控一体化平台，该平台以“物联网+数据监测+人车货协同”的思路进行研发，将先进的物联

网技术和科学合理的人车货协同监管平台相结合，实现了对涉危企业、物流企业、从业人员和货物等多方相关运输资质的审核。同时，该平台利用监控系统和 GPS，完成了对企业地标的划定和运输车辆的实时位置捕捉。平台通过视频监控与车牌号抓拍设施，再结合车载 GPS+OBD 终端，对运输货品的装卸、运输过程、车辆行驶路线、车辆速度以及运输过程中的紧急情况等进行全方位检测并积极响应，实现了对车辆全程安全行驶的管理。该危险货物运输管控一体化平台于 2020 年 4 月正式完成，并于当月上线试运行。2021 年 1 月该平台正式投入运行，实现了对园区危化品运输的全方位、全流程、全要素管理。

（二）系统作用

1. 危化品车辆运输资质全方位审查

系统注册报备分为 5 级审核，先由园区涉危企业（托运方）注册，要求上传企业有关资质证件，包括营业执照、危化品生产经营许可证、安评报告、环评报告等。在园区企业通过审核后，危化品物流企业（承运方）即可在系统内报备注册，通过上传营业执照、道路运输经营许可证和业务合同，与园区企业形成运输链条。随后危化品车辆进入报备环节，审查内容包括危险品车辆通行证、道路运输证等。再者是从业人员报备，主要审查从业资格证、劳动合同和社保缴费证明。最后是运输的货物报备，在运输前由物流企业提交运单信息，经对应的园区企业确认后方可正常入园。

2. 危化品车辆位置信息全时段捕捉

园区企业在注册通过审核后须在系统内框定企业占地范围，确定企业地标信息。园区通过卡口封闭管理区域的划定，再结合企业地标群的分布，在系统内框划电子围栏，以此作为园区信息化监管区域。为所在业务管理区域建立电子地图，可实现监控点在地图上的定位、实时画面显示、多监控点画面同时查看、历史图像回放等功能，通过地图鹰眼功能可实现对监控点位的快速查找，同时支持框选等方式快速调用多个点位的实时图像信息。危化品车辆在注册时须对接 GPS 运营商，园区就可以了解其实时位置信息。

3. 危化品车辆信息的监控

在道路的关键位置安装视频监控与车牌号抓拍设施，并结合车载 GPS+OBD 终端实现对车辆全程安全行驶的管理。对运输的危化品从港口与仓库装车、运输过程、卸车的全过程进行监测，监测内容包括运输的资质、危化品种类、数量、装卸地址、运输路线、车辆行驶状态信息、车载箱体和箱内危化品状态信息。建立监控标准数据库，如路径规划、通行时间、速度要求等。建立预警和应急响应机制，建立化学品信息库、专家资料库，对异常情况进行预警管理。一旦发生紧急事件，驾驶员或相关人员可一键报警，通知对应专家/部门进行综合解决。

（三）系统成效

1. 违规挂靠现象基本清理

南京江北新材料科技园危险货物运输管控一体化平台通过对驾驶员（押运员）劳动合同和社保缴费情况进行排查，从源头上进行审查，有效杜绝了驾驶员（押运员）未依法与经营者签订劳动合同的情况，并且通过比对社保缴费证明，规避了违法签订假合同的情形，真正让挂靠行为无处遁形。

2. 各环节主体责任充分落实

危化品运输行业主体责任往往是事故调查的老大难问题，托运方、承运方、从业人员三者相互推诿，难以从根本上真正落实责任、抓实管理。通过对园区企业（托运方）、物流企业（承运方）、危化品车辆和从业人员的资料审查，形成运输关系上的基础链条，再通过园区企业确认运单信息的环节，建立运单信息再确认机制，促使全员参与，使整个运输流程闭环运转，进一步厘清各方角色，真正做实业务关系，充分落实危化品运输各环节管理中企业与从业人员责任。强化企业业务和安全管理力度，增进人员安全作业规范意识，对无资质运输、超限超载、超范围运输、超路线行驶、违规停车、装载不符、闯禁行区域、闯禁行时间、驾车闯卡、驾车堵路等问题实现有效约束。

3. 全过程实时监管可追溯

通过信息化展板，实现对危化品运输环节中托运方、承运方、贸易方、从业人员、危化品车辆、危化品的全流程、全要素、全方位实时动态监控，针对突发状况可及时掌握运载货物性质、驾驶员（押运员）联系方式、事发位置以及周边危险源等情况，提高车辆突发事件处理能力，方便第一时间科学组织救援工作，甚至可对危化品货车领域反恐提供有力支撑。

大数据分析能清晰展现进出园区的危化品种类和数量，掌握园区各企业对危化品的使用情况，通过数据的深度加工，分析企业生产经营情况，便于上下游资源调配，方便园区精准引进新企业，补强和完善园区产业链，更可判断出企业是否超范围经营、有无超负荷生产等违规情况。最终给予企业行为画像、直观评分，为管理规定的制定及执行提供有力的数据支撑。

第三节　云计算技术

随着互联网技术的不断成熟，信息量和数据量也日益增多，原始的计算模式、数据存储和处理技术已经不能满足用户的需求。云计算技术的出现，恰巧解决了这一问题，其主要是通过将收集到的待处理数据传递到超级计算机集群中，由计算机集群进行数据处理，然后将处理好的数据信息快速、高效地传递给各用户，能够给用户带来便捷、实时的服务体验。但随着云计算的发展，2025 年云计算的数据总流量将达到数十 ZB（泽字节），对当前广泛使用的云计算模型提出了巨大的挑战。为了弥补集中式云计算的不足，边缘计算也应运而生。边缘计算和云计算互相协同，彼此优化互相补充，共同推动各行业数字化转型。

一、云计算的关键技术

一是虚拟化技术。虚拟化技术在整个云计算中发挥了重要作用。虚拟化技术是针对计算元件的运行基础而言，区别于原始计算模式，云计算主要以虚拟基础作为运行基础而不是真实硬件基础，这样，能够更好地了解用户需求，更快地整合资源信息，效率高，同时也提高了资源利用率。另外，由于是在虚拟的基础上运行，真实硬件的缺点与运行效率无关，大大提高了运行系统的可靠性和自愈性。目前，虚拟化技术基本成为事实标准的有 CitrixXen、VMwareESXServer 和 MicrosoftHype-V 等。

二是数据存储技术。云计算在数据存储方面进行了改善，采用分布式存储的方式。分布式存储是较为灵活的存储方式，主要是冗余存储，将同一份数据存储为多个副本，具有安全性和可靠性特点。另外，其将计算任务分布在多个模块，分别计算处理后再进行整合，具有高效性，能够满足人们对数据存储的需要。在未来的发展过程中，数据存储技术还有很大的提升空间，进行超大规模数据存储、保证数据安全和提高 I/O 效率等方面是数据存储技术的主要发展方向（见图 6-7）。

图 6-7　云计算数据存储技术

资料来源：https：//zhuanlan. zhihu. com/p/83168339。

三是数据管理技术。云计算的数据存储技术是将信息资源进行整合存储，而要想用户能够体会到高效、快捷的服务体验，关键的步骤是对存储信息进行科学管理，目的是使用户能够在大量数据库中快速找到自己想要了解的信息。目前的数据管理技术以谷歌的 BT 技术和 Hadoop 的 HBase 为主，但是由于开发理念不同，两种技术的数据管理形式也不相同，导致传统的 SQL 接口在移植方面存在困难，无法与云管理系统顺利对接，进而影响用户的使用体验。目前，在对数据管理技术进行分析研究时，主要致力于为云管理提供 RDBMS 和 SQL 接口，保证数据管理方面更加完善，能够更好地为用户服务。云计算数据管理整合如图 6-8 所示。

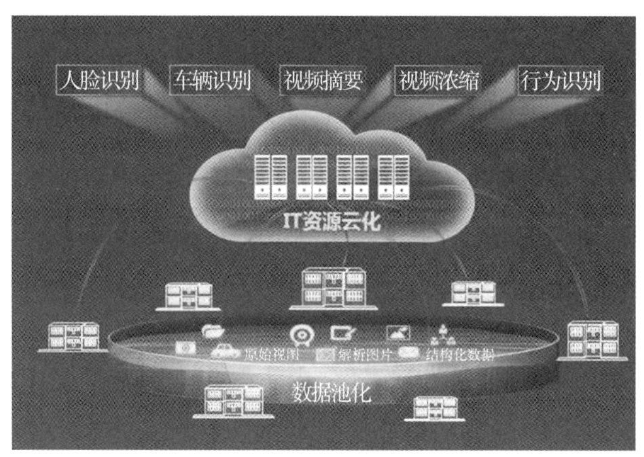

图 6-8　云计算数据管理整合

资料来源：http：//news. 21csp. com. cn/C15/201802/11366722. html。

四是编程模型技术。编程是计算机中常用的方式，通过编程可以编写简单的程序，进而可以通过对简单程序的操作，更好地达到目的、满足需求。云计算中的编程模型不需要太复杂，复杂模型反而不利于后台任务的并行执行。简单、易操作是云计算中编程模型的主要特点。要保证复杂的数据计算任务能够高效完成，这样才能给用户带来良好的使用体验。以当前的发展状况来看，谷歌开发的编程工具 Map/Reduce 是云计算中的主要编程工具，能够很好地进行数据集的并行处理，同时也能够很好地进行复杂并行任务的调度处理。

五是云安全。云计算是以互联网技术为发展基础的计算模式，会受到互联网安全的影响，漏洞、病毒、信息泄露等互联网安全问题也是云计算中不可避免的问题。经过一系列分析研究，云安全已经发展到了第三代，进入了可信云阶段，其能够自动在网络使用过程中进行安全检测，能够做到提前防御，降低风险，提高云计算安全性和高效性。

二、云计算服务模式

任何一个在互联网上提供服务的公司，都可称为云计算公司。而云计算提供的服务可以将其分成以下三个层次：基础设施即服务（IaaS）、平台即服务（PaaS）、软件即服务（SaaS）。云计算服务模式如图 6-9 所示。

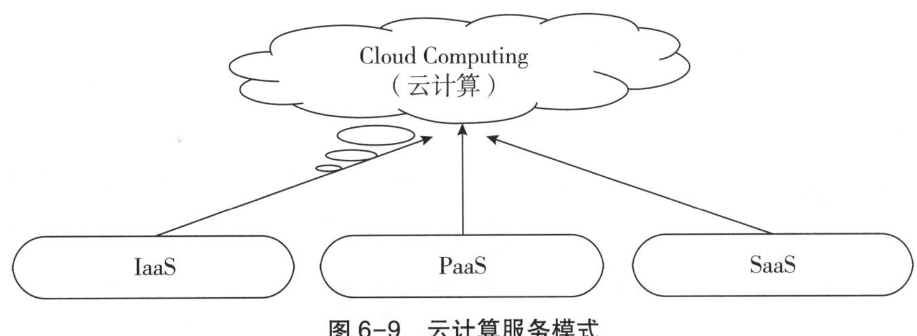

图 6-9　云计算服务模式

资料来源：https：//www. yisu. com/news/id_420. html。

（一）基础设施即服务（IaaS）

最基础的一层叫 IaaS，有时也叫 Hardware-as-a-Service。在云计算之前，如果用户想运营自己的网站或者是应用程序，必须购买服务器等高昂的硬件来运行网站或程序。但是现在云计算有了 IaaS，用户就可以直接租用 IaaS 提供的场外服务器、存储和网络硬件等设施，节省了维护成本和办公场地，用户可以在任何时候利用这些硬件来运行其应用。一些大的 IaaS 公司包括 Amazon、Microsoft、VMWare、Rackspace 和 Red Hat。

（二）平台即服务（PaaS）

中间一层就是所谓的 PaaS，是指将软件研发的平台作为一种服务，提供给用户。客户公司所有的开发都可以在这一层进行，节省了时间和资源。PaaS 公司在网上提供各种开发和分发应用的解决方案，如虚拟服务器和操作系统、网页应用管理、应用设计、应用虚拟主机、存储、安全以及应用开发协作工具等。这节省了在硬件上的费用，也让分散的工作室之间的合作变得更加容易。一些大的 PaaS 提供者有 Google App Engine、Microsoft Azure、Force. com、Heroku 和 Engine Yard。最近兴起的有 AppFog、Mendix、Standing Cloud。

（三）软件即服务（SaaS）

最上一层就是 SaaS。它是一种通过网络提供软件的模式，用户无须购买软件，而是向提供商租用基于网络的软件，来管理企业经营活动。这一层是和用户日常接触的一层，大多是通过网页浏览器来接入。任何一个远程服务器上的应用都可以通过网络来运行。一些用作商务的 SaaS 应用包括 Citrix 的 GoToMeeting、Cisco 的 WebEx、Salesforce 的 CRM、ADP、Workday 和 SuccessFactors。

三、云计算发展热点及应用

云计算技术的出现，让网络环境中的多项资源实现了共享，是对资源的有效利用，也能够在一定程度上便于实现集中管理，对于提升安全性和优化投资等方面都有积极价值。鉴于云计算技术如此重要的发展地位，有必要对其展开分析，把握云计算技术当前的发展现状，分析其未来的发展方向。而在未来，云计算技术发展的热点，则会聚集在虚拟化、边缘计算及云安全等方面。其中，虚拟化的发展重点在于确定更为科学高效的计算方法，实现对云环境下诸多网络资源的优化控制，在保证需求响应的基础之上，有效降低成本。

（一）发展热点

1. 虚拟化

虚拟化未来的一个重点是实时性，这是保证云环境中相关资源得到有效配置的一个重要基础。实时性能够及时对资源的状态变化进行统计并且加以分配，实时性的实现，不仅仅是服务质量提升的依据，更关系到资源利用的效率。当前在云服务中，服务器虚拟化和桌面虚拟化是虚拟化技术应用颇为成熟的两个方面，未来在该领域中，容器技术会扩展其价值实现，包括诸如 Unikernel 等相关的新型技术也会逐步参与虚拟化领域。但是对于技术本身而言，还需要经过商业化这一重要环节，接受市场的检验，才能有效实现其价值。

2. 边缘计算

边缘计算同样不容忽视，其会与云计算实现协同发展，形成综合性更强的边缘计算。云计算是一个统筹者，负责长周期数据的大数据分析，能够在周期性维护、业务决策等领域运行。而边缘计算着眼于实时、短周期数据的分析，更好地支撑本地业务及时处理执行。边缘计算靠近设备端，也为云端数据采集作出贡献，支撑云端应用的大数据分析。边缘计算基本网络架构如图 6-10 所示。

在应用方面，边缘计算应用则更多会呈现硬核物联网的方向，就目前而言，边缘计算的发展主要体现在网络层面、存储层面以及安全层面，在计算领域同样有比较突出的表现。从应用的角度看，各种智能化是下一个阶段边缘计算发展的重点，毕竟与物联网相关的领域，首要就是各种设备的智能化，这是现实与数字环境的接口所在。边缘计算的发展，其重点还在于实现与云环境的融合与协作，将众多物联设备映射到云环境中，但是其最大优势却不在于共享物联设备本身，而是共享为数众多的数据，从而实现敏捷连接，推进云协同作用发挥更高价值。进一步落实到应用层面，其趋势则表现在两个层面。

其一是推动更多平台和应用案例的涌现，智能家居和自动驾驶等都只是一个开端，

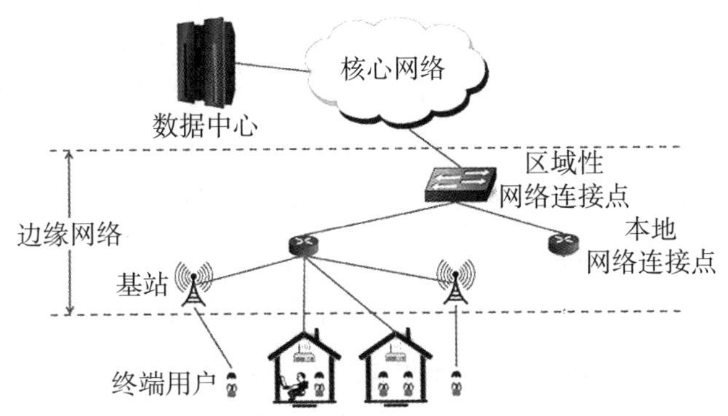

图 6-10　边缘计算基本网络架构

资料来源：https：//zhuanlan. zhihu. com/p/59899560？utm_id=0。

未来必然会出现更多的智能物联设备出现在人们的生活与工作环境中。其二是会出现更多集成式的云计算中心，这些计算中心会帮助更多的物联设备实现云端融合，提升物联网数据价值，也便于发现存在于该领域的安全隐患。

3. 云安全

相对而言，云安全在发展的过程中备受关注，应用普及水平也比较高。诸如数据安全、系统漏洞以及共享安全等，都包括在内，除此以外，对于身份的认证以及人员操作赋权，同样也是云安全的作用重点。就目前的发展而言，我国的云安全主要从两个角度实现，一方面是云计算厂商直接输出自身安全能力产品，另一个方面则是由安全服务厂商来提供对应的综合解决方案。这两个方案分别从源头和市场两个节点展开安全服务，在云技术仍处于初级阶段的今天，技术发展基本符合市场化水平，但是在未来仍然需要更为综合的安全体系参与。未来的发展趋势，首先，表现在云服务商的责任加强方面，即随着技术的发展，云服务内容也会呈现更复杂的多样化特征，单纯的 IaaS、PaaS 或 SaaS 模式已经无法满足云服务的需要，因此对应的安全问题，也必然呈现综合性特征。其次，技术和行业都会在发展中表现出一些新特征，其中也包括发展过程中不可规避的诸多规则规范的形成。最后，云安全同样也会向与人工智能相融合的方向发展，智能化和定制化将成为未来趋势。

（二）云计算技术相关应用

目前我国智慧物流在物流信息平台建设、智能管理、智慧供应链以及智能配送等方面取得积极成效。鉴于现代物流所具有的诸多特征，物流企业积极寻求新型技术来构建现代化的物流信息平台，提高服务效率，提高企业的盈利水平，而新一代信息技术实施应用的可能性为物流企业提供了新的机遇。因此，如何通过信息化的技术，将诸多服务环节集中于一体化的系统管理信息平台中，避免因人为失误造成资源浪费，提高工作效率，节省运营资本，是每一个物流企业长期发展中必须解决的重要问题。

通过有孚云的支持，物流企业不必自行购买服务器并建立各大数据处理中心、信息安全管理中心等，很大程度上降低了物流企业因信息建设、管理、维护所花费的成本；有孚网络灵活动态的服务，可部署并按一定的方案分配服务资源，实时监控资源的使用状况，避免了重复建设以及高成本的维护，物流企业只需要支付较低的服务费用，就能够满足这一服务，提高了信息处理的效率。此外，有孚网络布局于北上广深的各大云计算数据中心的计算集群能够提供强大的在线计算和数据处理能力，并根据需求存储计算结果，速度快、稳定性高，与物流企业原有的服务信息一体化系统相比，在信息的计算处理、数据的安全维护和成本的消耗等方面，具有显著优势。

1. 有孚云为物流行业有效整合信息资源

多数物流企业缺乏规范的物流流程和信息化标准，资源不匹配严重限制了物流活动向专业化、信息化方向发展。究其原因在于没有形成优势互补、强强联合、共同发展的局面，分散单一的功能也不能满足一体化的物流需要。

有孚云架构具有灵活的扩展性，随着整个系统资源和需求的部署而动态进行，把单个物理资源整合起来划分给更多的用户使用，对信息资源进行统一整合，提高了物流企业对整个系统信息资源的有效管理，同时也大大提高了对业务进行支撑的可用性，为物流企业带来的成本优势显著。

2. 有孚云为物流行业提供云平台

物流行业涉及面广，天然具有全球化的特点，以服务为核心业务的网络遍布全球，平均信息化水平已经高于其他行业，但是公司与公司之间，同个公司不同的分公司之间，信息不能互联互通，尚未能通过互联网来实现全程的服务。有孚云平台采用云计算核心集成技术“单点登录、统一认证、数据同步、资源集成”，与物联网技术融合，可实现物流企业交易全程电子化，包括在线询价、在线委托、在线交易、在线对账和在线支付等服务。

3. 有孚云为物流行业提供云存储

有孚云各类存储可为物流企业提供空间租赁服务。随着物流企业数据量的增长，意味着更多的硬件设备、机房环境设备投入，更多的运行维护成本和人力成本投入。而高性能、大容量的有孚云存储系统，可以满足物流企业不断增加的业务数据的存储和管理服务，同时，大量专业技术人员的 7×24 小时管理和维护可以有效地保障存储系统运行安全。智慧物流行业通过云存储、物联网等技术建立的视频监控平台，可将大量视频数据集中托管在有孚网络各大云计算数据中心，用户可在远程服务器上运行应用程序，并通过服务器层级将数据处理的计算能力和存储端的海量数据承载能力整合到单一的监控中心或多个分级监控中心。客户通过网络登录管理网页，即可及时、全面、准确地掌握物品的可视化数据和信息。

有孚网络致力于通过对基础设施运营层的梳理和整合，对物流行业的业务开发、部署、管理上的流程优化，设备资源使用的高效化，把快递企业分布在全国范围内的服务器、存储、网络重新划分区域、机架、网段，利用虚拟化技术进行资源的池化，实现基本可管理的资源池，最后梳理快递企业的各种业务应用，分配不同的虚拟化资源，进行部署和配置。有孚网络大力促进物流与物联网的结合，实现资源共享、促进智慧物流产业链和价值链的升级与跃进，帮助快递业实现灵活的业务驱动，以求实现高度自动化的 IT 资源供给服务，真正实现云计算技术赋能行业价值。

四、典型案例——“大掌柜”SaaS 工具提供商

（一）企业背景

大掌柜是中国国际物流 SaaS 软件提供商和产业互联网服务商，致力于为国际物流行业及其上下游企业提供基于云计算、大数据和移动互联网技术的智能化 SaaS 软件和线上物流资源交易综合服务，帮助企业建立自己的商务平台，实现业务的在线化、数字化、标准化、自动化和智能化。自 2016 年发展至今，大掌柜在产业链中的角色已包含行业 SaaS 技术服务商+产业资源链接者的双重身份，帮助国际物流企业提效降本，通过提供 SaaS 工具，帮助货代将全业务链中所有可标准化的环节线上化。

（二）主要服务

1. 为国际物流行业提供 SaaS 工具

大掌柜先通过 SaaS 软件服务行业上下游的物流企业，再通过物流资源管理平台——掌柜互联平台，为大掌柜用户提供海运运价资源互联服务，用户可从平台实时获取各口岸、各航线、各船东一代（庄家）的运价资源。

构建资源体系——“掌柜优选”：在原有 20 家船东资源对接的基础上，启动与各船东、航空公司平台的整合战略，丰富航运资源网络，同时进一步拓展各口岸的报关、拖车、仓储、金融等配套资源。同时，大掌柜会通过系统算法，帮用户精选出最优运价和综合配套服务（报关、拖车、仓储、海外网络和金融等）。借助“掌柜优选”，大掌柜将加强与“外贸企业”“外贸软件”“外贸平台”实现系统对接合作，智能匹配导流给大掌柜软件用户，提升获客效率。

推动“掌柜协同”：通过大掌柜 SaaS 软件及 API 接口、OCR、NLP 等新技术手段，连接货主、船东、航司、码头、海关、车队、仓库、报关等业务协同相关方，数据信息从源头上产生后，可实现全流程的线上采集、加工和传递，从“人工交互”进入“数据交互”和“智能交付”，从而提高操作人员的工作效率，降低人工成本，提升客户体验。

2. 从 SaaS 技术服务商到产业资源链接者

货代流程一般有 30 个以上的处理环节，其中 90%以上的环节是由人工完成的。国际物流的业务闭环涉及海关、船东、港区、仓库、拖车、报关行等多个关联方，交易周期长，支付结算体系受到限制。具体功能上，例如，一个工厂要出货，首先要报价，对于一日三变的价格，大掌柜提供自动化的报价工具，取代人工报价。又如下单工具，目前 80%以上的订单，工厂将委托书以 QQ（即时通信）或邮件的形式发给货代，而工厂通过大掌柜的订单系统可在线上直接下单。此外，大掌柜提供的工具还涉及订舱、对单、派车、业务流转、货物跟踪等方面。“帮货代将线下业务线上化，是第一步。线下业务线上化后，就能实现标准化；标准化之后，就能实现智能化。”

比如在宁波，一个 50 人左右的同行货代公司，原来一个月可以做 4000～5000 TEU（20 英尺标准集装箱）；使用大掌柜 SaaS 工具后可节省 1/3 的人力，同时做到更高的业务量，以相对少的人力拥有大公司的服务能力。和 2016 年相比，大掌柜货代的角色已经发生了变化——无法再依靠信息不对称赚差价，对服务能力要求更高。货代流程的诸多环节需要连接，连接需要工具，工具实现信息的实时反馈，信息的畅达带来效率提升。

（三）取得成效

当前大掌柜有上千家业务管理系统客户，有 4 万多个活跃用户通过大掌柜 SaaS 工具查价、报价，每天有 1 万多个用户用大掌柜 SaaS 工具处理订单。未来大掌柜的投入重点有三个：其一，内部 SOP 作业流程的标准化；其二，和全业务链上的各个环节（码头、报关行、仓储、船东、拖车等）的对接；其三，升级原有的 PaaS 平台，支持中大型企业进行自主开发，满足各区域的业务个性化。

第四节　区块链技术

区块链是分布式存储、点对点运输、共识机制、加密算法等计算机技术在互联网时代的创新应用模式。如今区块链技术已经在数字货币、工业制造、交通运输、医疗教育、信息安全等多个领域大放异彩，越发成为人们的关注焦点。

一、区块链技术概述

（一）区块链的内涵与本质

1. 区块链的内涵

从狭义层面来看，区块链就是多个按先后顺序串连起来的独立账本；而从广义层面上来看，区块链不仅局限于记账功能，而且是可以记录任何信息的块链式数据结构，这种以块链式数据结构存储的数据区块，前一个区块与后一个区块之间以包含 256 位随机数的哈希值作为连接方式，任何数据的输入和输出都需要相应的密码验证，而且采用非对称加密的方式，数据存储和访问都将牵涉公钥与私钥。当数据区块累积到一定长度后，想要对其进行篡改和窃取，就几乎不可能实现了，因此区块链系统具有极高的安全性和可靠性。

2. 区块链的本质

区块链技术最开始是以比特币的底层技术身份展现于世人面前的，这就表明区块链不是一种凭空诞生的全新技术，而是有着非常显著的人工特色，其本质就是一种集成式技术，一种真正意义上值得信任的分布式、点对点的操作系统。而为人们所津津乐道的区块链的“去中心化”等属性也就是其本质的体现，只有真正理解区块链的本质，才能将其与其他技术区别开来，并将其最大的优势和价值发挥出来，增强人与人之间的信任关系，将陌生人之间的“弱关系”转换为基于区块链技术的人与人之间无须信任的“强关系”，从而间接地促进人类社会的和谐发展。这样一来，与“信用”挂钩的行业和领域都可能迎来一轮非凡的“革命”，甚至实现新的突破。

（二）区块链的特征

1. 去中心化

“去中心化”是相对于“中心化”来讲的。“中心化”就是各个节点必须依赖中心来运行，如果离开了中心，那么其他节点将无法生存。“去中心化”就表示在该系统网络内，每一个参与节点都是平等的，可以自由地加入或退出。并且每个节点都可以经过全部节点的“推选”后成为一个名义上的“中心”，但对任何节点都不具有强制性，而且此“中心”也不是永久的，而是阶段性的。因此“去中心化”的系统是灵活而可靠的。区块链也与此同理，作为一个分布式的数据库，区块链中的每一个节点都是一个独立自主的数据库，每个节点的参与者都拥有与其他网络节点相同的权限。这个特点是最为人所熟知的区块链特点，颠覆了传统的那种权限集中于总服务器的中心化网络系统。

2. 去信任（第三方信任）

交易行为是基于“信任”的。如今的系统普遍庞大而复杂，互不相识的交易双方难以建立起信任关系，因此需要通过双方都信任的第三方信任背书的方式来建立起有限的信任，从而推动交易的进行。因此，“信任”是促使交易达成必不可少的纽带。而区块链技术作为“创造信任的机器”，可以使交易各方节省建立信任要花费的时间和精力，这是由于区块链技术基于自身去中心化的数据结构，通过技术手段和机制设计，在其点对点的数据传输网络上嵌入了相应的智能合约技术，并且成熟的以太坊技术可以保证区块链的可信任属性，从而实现了业务交往中点对点信任关系的建立。总体上看，区块链系统自带一整套自动执行的算法合约，能够将交易中的各种承诺进行技术化兑现，从而使系统的各方参与者可以放心大胆地进行业务来往，也就是表现出来的“去信任”的特征。

3. 不可篡改

区块链的一个非常独有的特征就是不可篡改性。这个特性源于它是一个密码学意义上的相互嵌套的链式数据结构，即一旦信息经过验证并添加至区块链，就会永久地存储起来。如果想要修改已经上链的数据，则需要把该数据区块之后的全部数据区块都修改一次，或者根据“少数服从多数”的原则，至少掌控全网51%的网络节点的话语权，但这个难度会随着网络节点的增加变得越来越困难。因此这种机制理论上可以避免主观意愿层面上对已存的数据增加、删除和修改。如果后期出现相反的情形，则可以增加新的区块对之前的错误进行修正和说明。

总的来看，区块链通过非对称密码，实现了每个个体在区块链系统中的身份认证；通过在每一个区块上打上时间戳并使用哈希函数，保证了区块链链上数据的不可篡改和不可伪造；通过其他节点对区块中数据真实性、有效性的认可，保证了记录在区块链上的数据的真实性；通过链上数据的全网一致性分发和冗余存储，基于安全多方计算协议，从管理方法和策略上保证了链上数据难以被少数人篡改和伪造。

然而区块链的不可篡改性既是优点也是缺点，个人对区块链的数据变动几乎无能为力，比如当转账地址填错或丢失密钥时，会直接造成财产的永久损失，并且没有撤销操作的机会。

4. 可追溯

区块链的可追溯性是从自身数据存储结构的溯源机制中体现出来的，由于所有上链数据都会被完整保存下来并进行全网备份，即使某个节点数据丢失，也可以从其他节点重新下载并保存。与此同时，没有中心化的权威机构可以控制区块链的内容，其他网络节点也无法修改已经上链的数据，所以每个数据区块可以随时随地被访问、浏览，人们可以循着区块链的块链式结构追溯所有输入数据的来源。

5. 匿名性

由于节点间的交换遵循固定的算法，无须互相信任（区块链中的程序规则会自行判断活动是否有效），因此节点间无须公开身份，系统中每个参与的节点都可以匿名。参与交易的双方通过地址传递信息，所以即便获取了全部的区块信息，也无法知道参与交易的双方到底是谁。这种参与交易的匿名性也是区块链技术的一个显著特点。

（三）区块链的类型

1. 公有链

公有链，即公有区块链（Public Blockchain），是指所有人均可读取的，任何人都能参与交易的区块链，并且所有交易都能获得有效确认，所有人都能参与其中的共识过程，其特点包括访问门槛低、用户进出自由且不受开发者影响、数据默认公开等。它是世界上最早诞生的区块链，也被认为是“完全去中心化”的，任何组织或个体都可以随时参与能够被确认的交易并记账，所有参与者的地位平等。公有链主要利用密码学和某些激励方式，在保证系统安全的前提下，在完全陌生的环境中引导用户自主建立起一套基于智能合约的算法信用体系，从而能够保持公有链运行的活力，又可以调动各方参与者的积极主动性。公有链典型的例子就是比特币。

2. 私有链

私有链，即私有区块链（Private Blockchain），是对独立的某个组织或个体实施开放的区块链系统，其记账权归属于该独立组织或个人，其他组织无法参与其中。由于链上的改写权限和参与记账权限等均按照私有组织的规则进行，所以私有链中每个参与的网络节点都是可管可控的，不同节点之间就存在着天然的信任。当产生交易时，私有链不需要重新构建信用体系，交易过程可以在验证信用方面节省大量时间。因此私有链具有交易速度更快、交易成本更低、交易数据更安全和交易隐私保护得更好等特点。正是由于上述的原因，私有链可以视作一个私人数据库，外围的网络节点难以产生干预，因此私有链受到了政府、企业等组织的广泛欢迎，其有限的节点数量和数据规模也便于管理，所以目前以企业和政府为主要应用主体的私有链数量开始迅速增加。

3. 联盟链

联盟链（Consortium Blockchain），是指由某个行业的若干机构或群体构建的区块链，其主要群体包括银行、保险、证券和集团企业等。这些企业已经普遍信息化和互联网化，诞生于移动互联网时代的区块链可以给它们的工作提供很好的帮助。但公有链的设计理念和私有链的部分特点难以满足这类群体的需求，因此联盟链的概念便应运而生。联盟链的不同节点就是各个机构或企业组织，不同节点数据的管理权不一定落到每个参与者手中，而是以内部预选的方式指定相应的记账人，每个区块的生成由所有预选节点共同决定，其他节点可以参与交易但是不过问记账的过程。因此联盟链具有部分去中心化、可控性较强、交易速度较快和数据不会默认公开等特点。联盟链的典型代表包括：区块链联盟 R3 和超级账本（Hyperleder）、中国分布式总账基础协议联盟（China Ledger）、中国区块链研究联盟等。

（四）区块链技术发展面临的问题

每一种技术设计思路都具有两面性，区块链构思精巧的分布式自治设计在带来多种优势的同时，也由于其去中心化的思路和极高可靠性的要求造成了很多缺点，因此区块链技术的发展之路仍存在多种问题。

1. “不可能三角”问题

区块链的“不可能三角”（blockchain trilemma）是由以太坊创始人维塔利克·布特林（Vitalik Buterin）提出，即区块链技术不能同时实现去中心化、安全性和高效性。去中心化导致了系统内有大量区块生产和验证的节点；安全性即为获得网络控制权，节点越多，所要花费的成本就越高；效率性就是每秒处理交易的笔数，因为区块链的中心思想是保证每笔交易都要在所有节点上达成一致，这通常会造成区块链项目的效率低下。而如果想要同时实现去中心化和高效率，安全性就会大大降低。

目前主流的公有区块链比特币、以太坊和EOS（Enterprise Operation System，商用分布式设计区块链操作系统，又称柚子币）都在不可能三角的某个特性上进行了妥协。比特币牺牲了高效性，满足了去中心化特性和安全性；以太坊作为区块链2.0时代的代表性技术，虽实现了更复杂的场景应用，但性能也同样十分低下；EOS技术使用21个超级节点负责记账和出块，提高了效率，但因为节点少，经常被外界指责有中心化的嫌疑。

2. 立法与监管问题

区块链的快速发展让世界各地的监管机构措手不及，它们需要在极短的时间内应对快速发展和变化的行业。区块链技术如今已经从数字货币领域延伸到政务、司法、经济等诸多领域，其独特的匿名性、去中心化、去信任等特性可能被用于规避特定的国家法律，甚至实施某些非法活动。另外，区块链正处于一种野蛮生长的状态，大有陷入“万物皆可区块链”的混乱状态的趋势。其根本原因还是因为立法欠缺和监管不足，尽管越来越多的国家监管机构正在采取各种措施来应对这种情况，但在区块链领域的监管方面仍然缺乏统一的方法。世界各地的不同司法管辖区，有时甚至单个地区的不同监管机构都为该行业制定了自己的法规和规定，这导致了区块链的监管错综复杂。因此在立法层面应该考虑区块链的本质是什么、需要推动发展的区块链又是什么，唯有如此才能准确界定监管对象，推动区块链向好发展，遏制其损害社会福祉。

3. 与现有系统的对接问题

现有企业内使用的信息系统或其他系统的底层技术绝大多数是经过数十年的发展与锤炼而形成的，同时企业往往会定期投入大量的资金来维护升级这些系统。而区块链作为一种新概念的底层技术，与其他技术有着明显的不同，如果让这些企业推倒已经使用多年的旧系统，再以区块链为底层技术开发新系统，显然是不可能的。因此，怎么在区块链的应用中找到落地点，并且与传统的系统加以融合进一步开发，非常值得探索。爱尔兰银行曾与德勤会计师事务所合作，在原有系统基础上开展了区块链实验，就是一个值得去研究和探索的实例。

4. 去中心化挑战现有价值观

当今社会中，中心化仍然是主流，我们已经完全习惯了诸如银行、法院以及各类监管机构等中心化的社会存在，而区块链所强调的“去中心化”与之格格不入。当我们要推广区块链技术时，那些中心化的结构组织、运行模式等应该何去何从？是完全被清除抹去，还是自身要做出巨大的改变？无论是哪种情形，都会对人们的生活产生一定的冲击，所以在这个方面区块链带来的变化和我们现有的运行模式、管理模式还有一段磨合的过程，而且这个过程很难快速被人们接受，需要站在更长的时间维度上去考察。

（五）区块链技术的政策环境

区块链作为一项极具潜力的新兴技术，国内外对其都表现出了极高热情和重视程度。近几年我国从政策的出台，到各地方的具体支持举措，都在积极地引导和促进区块链相关产业的崛起，表 6-1 中统计了近期国家各个部门出台的区块链相关部分政策。

表 6-1 区块链相关政策汇总

时间	政策名称	重点内容
2021 年 1 月	《商务部办公厅关于加快数字商务建设 服务构建新发展格局的通知》	着力推进商业科技发展，鼓励企业积极开展 5G、大数据、人工智能、物联网、区块链等先进信息技术在商务领域应用创新，拓展电子发票、电子合同、电子档案应用范围，提升无接触服务、云展会等新兴商业模式和场景应用水平，全面提升企业核心竞争力
2021 年 3 月	《中华人民共和国国民经济和社会发展第十四个五年规划和 2035 年远景目标纲要》	“十四五”规划纲要正式对外公布。文件指出，进一步明确发展云计算、大数据、物联网、工业互联网、区块链、人工智能、虚拟现实和增强现实等七大数字经济重点产业，以及智能交通、智慧能源、智能制造等十大数字化应用场景。深入推进服务业数字化转型，培育众包设计、智慧物流、新零售等新增长点
2021 年 3 月	《商务部等 8 单位关于开展全国供应链创新与应用示范创建工作的通知》	文件提到，要强化供应链创新引领。加快物联网、大数据、边缘计算、区块链、5G、人工智能、增强现实/虚拟现实等供应链新技术集成应用，推进数字化供应链加速发展

续 表

时间	政策名称	重点内容
2021 年 5 月	《商务部 发展改革委 工业和信息化部 农业农村部 海关总署 市场监管总局 中国贸促会关于印发〈商品市场优化升级专项行动计划（2021—2025）〉的通知》	商务部、国家发展改革委等部门表示：推动数字化转型。引导商品市场应用互联网、物联网、大数据、区块链和人工智能等现代信息技术，加快传统交易场景数字化重构。鼓励商品市场依托行业大数据平台，衔接匹配上游供应与下游需求，打通产业链各环节，打造适应数字经济发展的新型商品集散中心
2021 年 6 月	《工业和信息化部 中央网络安全和信息化委员会办公室关于加快推动区块链技术应用和产业发展的指导意见》	文件提出，到 2025 年，区块链产业综合实力达到世界先进水平，产业初具规模。区块链应用渗透到经济社会多个领域，在产品溯源、数据流通、供应链管理等领域培育一批知名产品，形成场景化示范应用
2021 年 7 月	《国务院办公厅关于加快发展外贸新业态新模式的意见》	文件提到，支持外贸细分服务平台发展壮大，探索区块链技术在贸易细分领域中的应用；加大金融支持力度，加快贸易金融区块链平台建设
2021 年 11 月	《工业和信息化部关于印发“十四五”信息通信行业发展规划的通知》	建设区块链基础设施，通过加强区块链基础设施建设增强区块链的服务和赋能能力，更好地发挥区块链作为基础设施的作用和功能，为技术和产业变革提供创新动力
2022 年 4 月	《中共中央 国务院关于加快建设全国统一大市场的意见》	强化标准验证、实施、监督，健全现代流通、大数据、人工智能、区块链、第五代移动通信（5G）、物联网、储能等领域标准体系
2022 年 5 月	《国务院关于印发扎实稳住经济一揽子政策措施的通知》	鼓励平台企业加快人工智能、云计算、区块链、操作系统、处理器等领域技术研发突破

二、区块链技术赋能物流高速发展

（一）区块链技术在物流领域内的应用实例

近年来，物流业发展迅速。其背后涉及许多资金、信息的流动和多个主体的参与。在传统物流模式下，各主体存储自己的物流、供应链信息，彼此间信息不对称，导致企业间交互成本高、流程协同低效。而区块链被认为是有助于改善物流和供应链的技术之一。其在物流领域内的应用可以体现在以下几个实例中。

1. 物流流程优化：可信运单签收平台

在物流供应链中，企业与企业之间，个人与企业之间的信用签收凭证大部分还处在纸质单据与手写签名的阶段，这些纸质单据不仅作为运营凭证使用，还作为结算凭证使用。由于传统内审、外审的要求，造成纸质委托书的存在，势必在材料成本和管理成本方面造成浪费。而区块链和电子签名技术的结合可以解决传统纸质单据签收不及时、易丢失、易篡改以及管理成本高的问题，实现单据流与信息流合一。以物流快运配送的场景为例，司机与承运商，承运方与货主之间的结算凭证是通过区块链上真实可靠的电子运输委托凭证，而不是传统的纸质委托书。

实现基于区块链电子运输委托凭证的流程如图 6-11 所示。首先，权威的证书授权中心（CA 机构）为结算双方颁发组织证书，即为双方各自组织下的信用主体背书，确保签收过程真实有效。其次，为每个终端设备关联到一个数字身份。通过生物特征的采集，确保使用该设备进行签收的主体是唯一的并且是自愿的。最后，将签收结果写入区块链存证。整个过程可以确保签收主体的真实可信，签收过程真实可靠，签收结果不可篡改、可验证。

通过区块链构建可信单据查验平台，可以为利益相关方提供单据查验和下载统一视图，从而基于标准跨链协议完成与权威机构的证据链对接。物流单据一方面通过哈希值来完成链上存证，另一方面通过电子单据的形式进行线下存储，完成区块链和单证的结合，完成从生产商到消费者物流全链路的单据覆盖（见图 6-12）。

2. 物流征信：物流征信信息平台

物流上下游环节中离不开一线从业人员，这里包括承运司机、大件安装工程师、安维工程师等一线服务人员，有些服务人员需要经过培训，并在考核通过后才能上岗。目前物流领域中并没有一套统一评级标准，工程师的评级规则和评级结果仅在各自的企业内部使用，存在背书内容不全、信用主体使用范围受限、雇用关系不稳定导致已有信用主体及征信数据不准确等问题。而通过区块链技术可以构建信用主体，围绕主体累积可信交易数据，联合物流生态企业共同建立物流征信平台，如图 6-13 所示，从而构建物流从业者的信用评级标准，真正形成以数据信用为主来构建整个物流信用生态。

同时，利用区块链技术可以为每个参与主体构建一个数字身份，将这个数字身份关联到权威证书授权中心，这样数字身份在参与社会活动时具备法律效应，利用信用钱包将数字身份关联的属性进行定义，并运用权威机构进行背书。

数据信用建立的前提是有一套行业征信评级标准，而区块链技术恰好能够促进物流行业建立征信评级标准。信用评级标准需要行业内的企业共同参与，通过智能合约编写评级算法，并发布到联盟链中，区块链可以使系统在无须人为干预的情况下自动执行评级程序，采用基于联盟节点之间协调一致的规范和协议，使整个系统中的所有

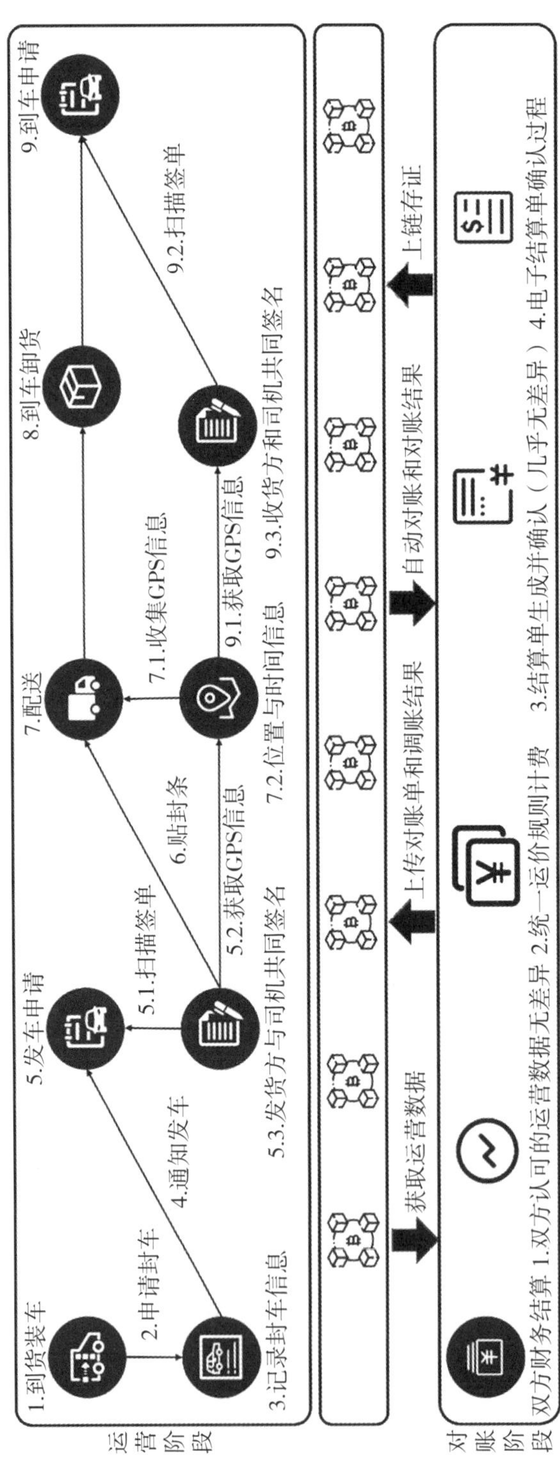

图 6-11　实现基于区块链电子运输委托凭证的流程

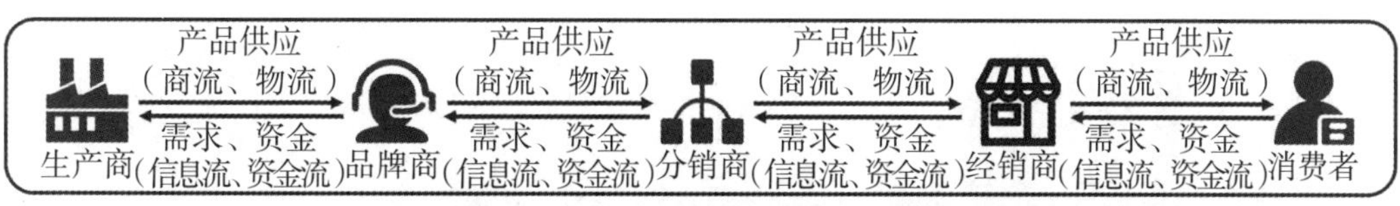

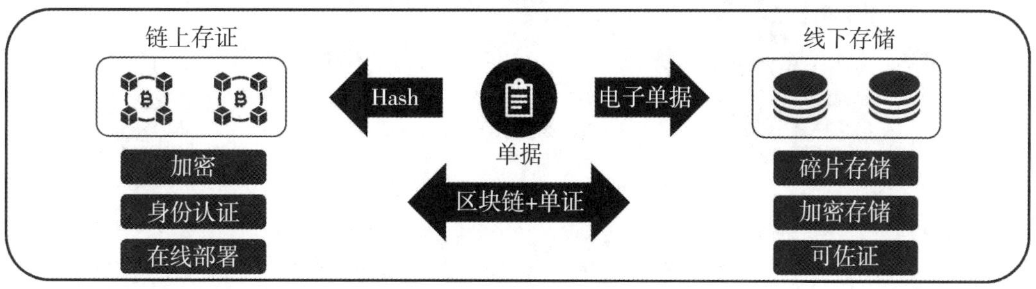

图 6-12　基于区块链实现单据流与信息流合一

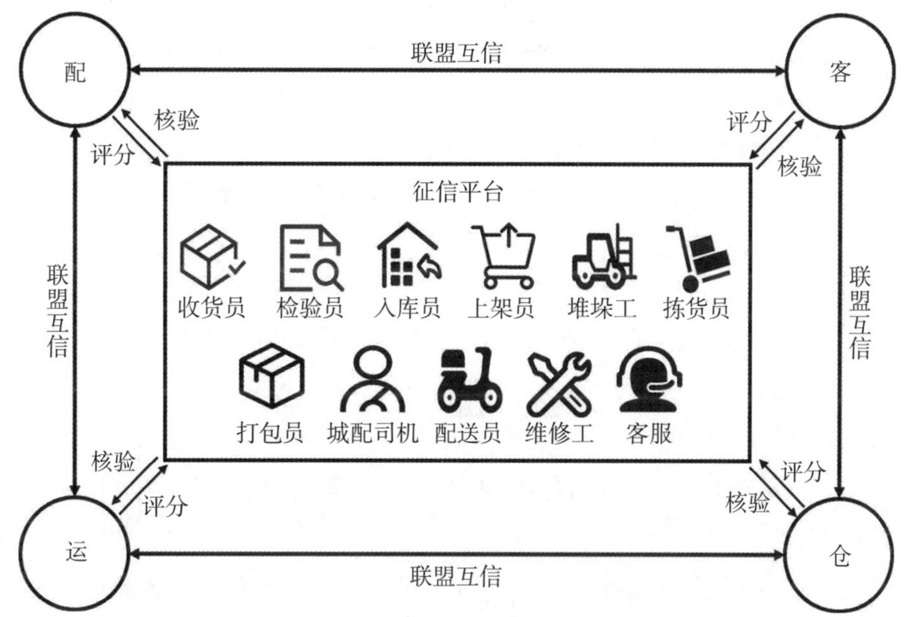

图 6-13　基于区块链的物流征信平台

节点都能在信任的环境下自由安全地交换数据，并利用账本上真实的交易数据计算评级结果。最终一线人员均可通过图 6-14 所示的流程来完成标准化的征信评级。

3. 物流追踪：商品溯源区块链平台

物流的追踪与溯源近年来越来越受到重视。溯源系统需要实现品牌商、渠道商、零售商、消费者、监管部门以及第三方检测机构之间的信息在信任的前提下进行共享，全面提升品牌、效率、体验、监管和供应链整体收益。而通过将商品原材料过程、生产过程、流通过程、营销过程的信息写入区块链，可以实现精细到一物一码的全流程

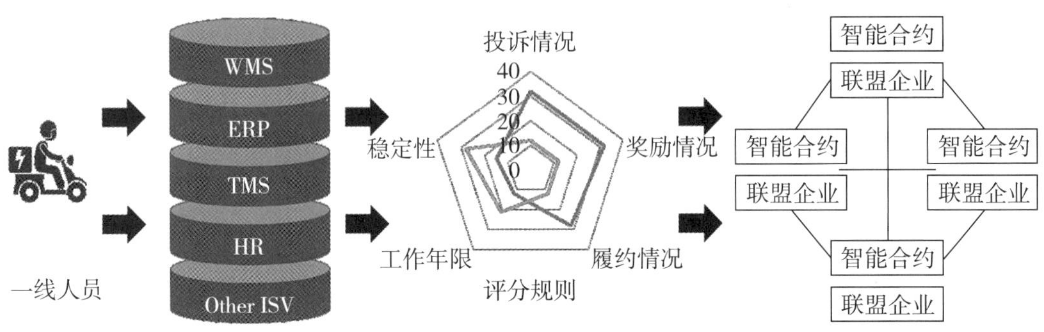

图 6-14　征信评级标准化

追溯，每一条信息都拥有自己特有的区块链 ID，且每条信息都附有各主体的数字签名和时间戳可供查验。区块链的数字签名和加密技术还让全链路信息实现了防篡改、标准统一和高效率交换。图 6-15 展示了基于区块链的商品溯源流程的一个例子。

基于区块链技术能够实现信息流的一物一码。通过为小包装商品分配线下唯一防伪码，实现线下的一物一码。同时结合物联网技术，使商品在生产、仓储、物流、交易等环节所产生的关键数据的收集过程真实可信，通过区块链技术保障数据存放的真实可靠，最后将商品全生命周期数据提供给监管部门或消费者溯源验真使用。

4. 物流金融：数字仓单质押融资平台

物流金融中传统的仓单质押业务，通常以物流企业为中心建设仓单业务系统，存在银行对仓单信息获取不及时的问题，可能出现内部人员在仓单上伪造银行解押信息，给资金方造成损失的风险。而基于区块链打造数字仓单质押融资平台则可以很好地解决这个问题，构建此平台所需要的 5 方主体是银行、核心企业、3PL 服务提供商、供应商和经销商。

基于区块链构建的数字仓单可以使物流企业、经销商和银行对仓单的权属等状态达成共识，形成不可篡改的共享账本信息，区块链为不互信的各方创造了信任，同时结合物联网技术对接到质押监管系统可以有效避免人为造假行为。在仓库管理中，物联网技术能够准确感知货物的重量、位置、轮廓、运动状态、管理权限等精确物流信息，是保障动产的有力手段，可以促进动产质押业务从现有的自发自主描述化的模式向系统确认的模式转变，实现监管公示力向公信力的延伸。图 6-16 展示了基于区块链和物联网技术实现仓单融资过程的一些细节。

（二）区块链与物流的未来

物流是国民经济的支柱性产业，线上经济的爆发、线上消费模式的推陈出新，更

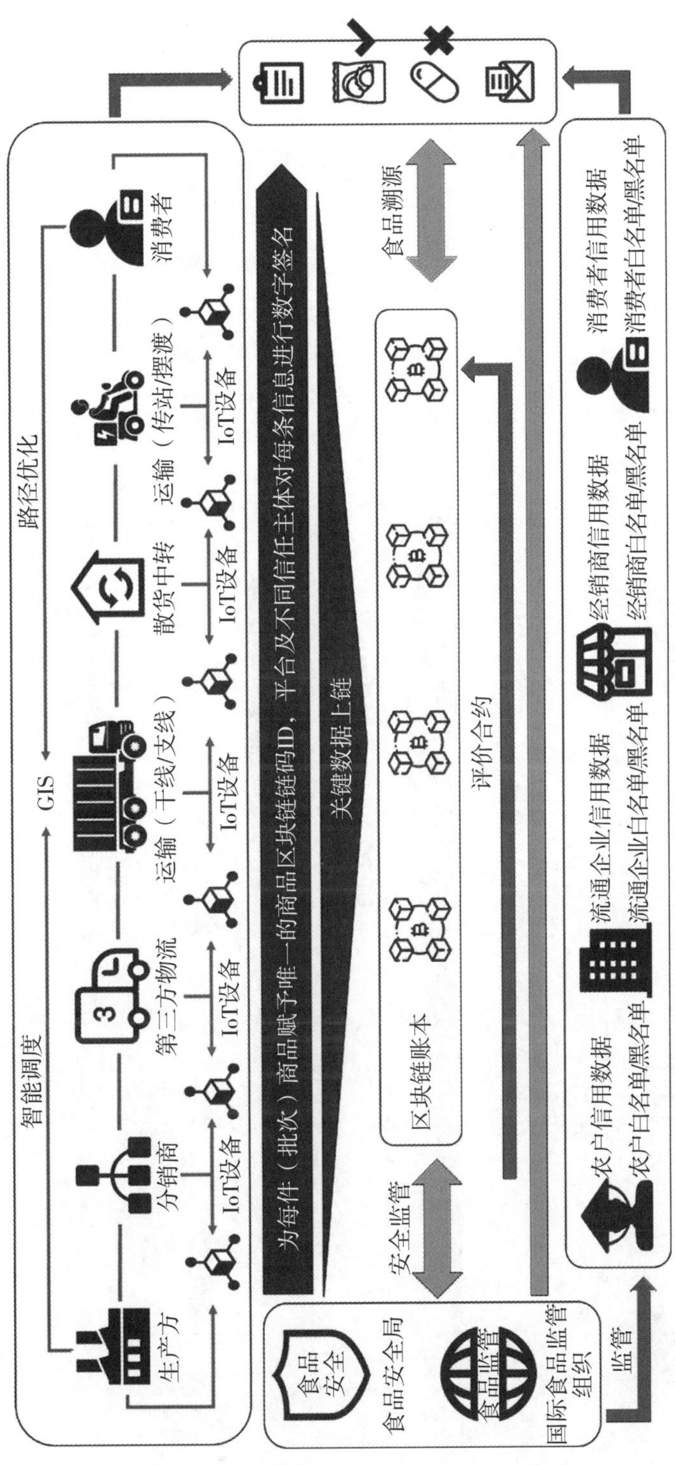

图 6-15　基于区块链的商品溯源流程

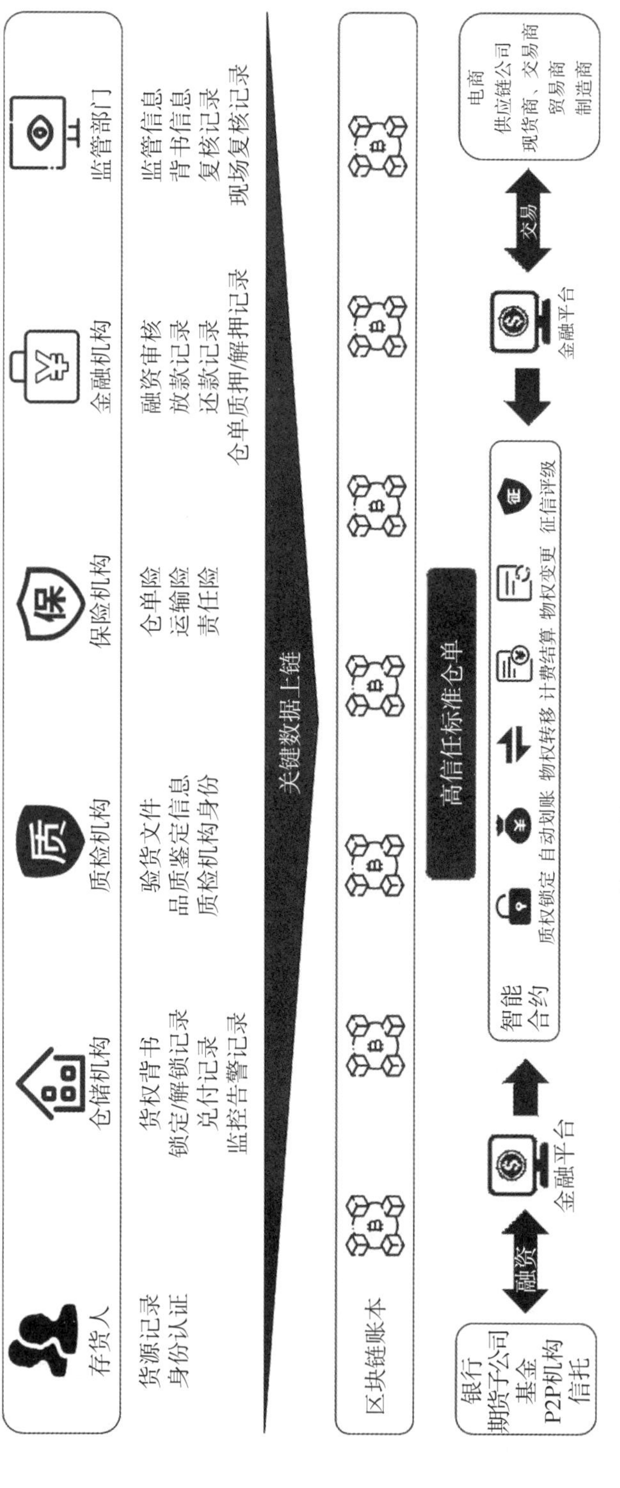

图6-16 基于区块链和物联网技术实现仓单融资过程

是极大推动了我国物流行业的发展。其中，移动互联网最大的贡献就在于激活了需求端，但在数字经济时代，可能也成了物流行业高质量发展的症结。因为完整的物流闭环不但需要完善的物流设施网络基础保障，更需要在物流场景切换的过程中保证前后一致性。在物流要素数字化的趋势下，这种一致性表现为数据的可信和一致性。

而变革的着眼点在于，运用区块链的技术特性接入整个物流长链条上买卖、运输、仓储、装卸搬运、流通加工、金融和监管等参与方，通过解决原有的分散、不统一、缺乏互信、信息难以对称等问题，从而进行各个物流场景下的业务重构和优化，以增强一致性和协同性。无论是在物流全过程中的哪个环节，对所有物品的实时监控都是智慧物流的基础。而区块链技术能够保证物联网采集的数据即时上传到链上，真实完整且不可篡改，实现了从源头开始的物流全程可追溯。基于上链数据的可信基础，可以进一步地利用数据，实现安全预警、设备维护预测、运输路线优化等功能。同时，在去中心化的思想和联盟链的技术路线下，联盟链各节点间的账本共识打破了单一的数据孤岛，自动审批也可加速每个环节的决策流程，从而提高了整个供应链物流的效率。这里，区块链不是为了替代现有的企业系统，它能够允许企业仍然在现有的系统中工作，而通过链的能力“链接”企业，为数据交互和价值交互提供信任环境。

可以畅想一下，当区块链技术发展得越发成熟，实体货物流动过程中，可信的实时数据能够在去信任的环境下高速传递，物流效率会极大提高；同时人们所需求的数字产品也越来越多，基于区块链的商品交易全过程都可以线上完成，物流速度只取决于出块时间，届时物流行业很可能发生翻天覆地的变化。

三、典型案例——金融壹账通

（一）公司简介

金融壹账通是面向金融机构的商业科技服务提供商（Technology-as-a-Service Provider），为国家高新技术企业。作为中国平安集团的联营公司，金融壹账通依托平安集团30多年金融行业的丰富经验及自主科研能力，向客户提供“横向一体化、纵向全覆盖”的整合产品——包括数字化银行、数字化保险和提供金融科技数字基础设施的加马平台。金融壹账通以“技术+业务”为独特竞争力，帮助客户提升效率、提升服务水平、降低成本、降低风险，实现数字化转型。

（二）区块链战略部署

平安集团在区块链这个领域部署了五大生态场景：金融、医疗、汽车、智慧城市和房地产。其中，金融壹账通主要是聚焦在金融场景的应用，负责底层架构的设计和维护等。作为平安集团成员企业致力于打造全球领先的全产业链金融科技服务的云平台，金融壹账通已在区块链领域崭露头角，金融壹账通 2021 年度业绩报告显示，全年营收 41.3 亿元，同比增长 25%，全年毛利润 14.4 亿元，同比增长 16%，优质客户数由 594 家增长至 796 家。此外，根据福布斯发布的 2022 年“区块链 50 强”榜单，金融壹账通连续两年入选该榜单。金融壹账通的区块链团队参与撰写了多项行业技术标准，并在五大生态圈多个应用场景中完成了区块链应用的生产落地，足以证明其在区块链领域的强劲实力。

结合实际落地中的经验，金融壹账通区块链团队针对区块链发展中面临的隐私保护、交易性能、交互操作等方面的挑战，创新研发了 FiMAX S3C 全加密区块链框架，这一框架能够使链上所有数据都由数据上传方自行加密后上传，参与方对自身数据拥有完整控制权，此外还有 3D 零知识认证、智能区块、跨链互通等解决方案。同时，FiMAX 区块链拥有多项自主研发的技术，不仅可以为业务方提供定制化区块链解决方案，还可以提供可大规模推广的 BNaaS 区块链网络生态。

（三）天津海关项目

1. 项目概述

天津口岸跨境贸易区块链项目主要内容是基于区块链及大数据技术建立可信任的贸易区块链网络，帮助天津海关整合天津自贸区企业的订单流、物流、资金流等信息，建设“四层赋能”的可信绿色贸易服务方案。

此次项目是国家部委首次将区块链技术应用于实际的项目，是一项重大创举。金融壹账通积极参与，首次将区块链技术与跨境贸易各业务环节应用系统有机结合，构建可信的业务链条，组建跨境贸易区块链联盟，打造拥有贸易方、金融方、物流方、监管方及其他服务方的区块链平台，发挥区块链技术优势，营造信任、便利、高效、可追溯的贸易环境，逐步形成贸易便利化的新生态。

2. 项目背景

长期以来，在跨境贸易领域，监管方与贸易方、贸易方与服务方的信息不对称，一直是阻碍企业通关效率提高、影响企业金融服务质量的核心问题；贸易企业自证贸易背景真实性和申报数据准确性产生的合规成本高昂且效率难保障；传统中心化系统始终无法实现跨境贸易场景下多个参与方之间数据的互信互认，核心企业的信用价值无法传递共享。因此，平衡企业高效通关与海关风险把控是当前跨境贸易场景下亟待解决的重大议题。

3. 项目业务特色

金融壹账通过独创的全加密框架、字段级定向授权加解密技术保护数据安全可控不泄露。区块链信息均为密文上链，只有经过参与方的主动授权，被授权方才能看到数据的明文信息；企业未经授权不会看到其他参与方数据的明文信息，只能看到自己上链的数据信息，保证了数据的安全；同时，金融壹账通为天津海关打造了专门的口岸区块链，并且首批通过了网信办区块链信息服务备案。企业上链采用邀请注册，实名登记。分布式账本由多个节点共同维护，各节点互为备份，每个节点部署至少两台服务器，做到双重备份，且日志留存 6 个月以上，做到事件可查，保证了网络的安全。其整体的网络体系和流程示意分别如图 6-17 和图 6-18 所示。

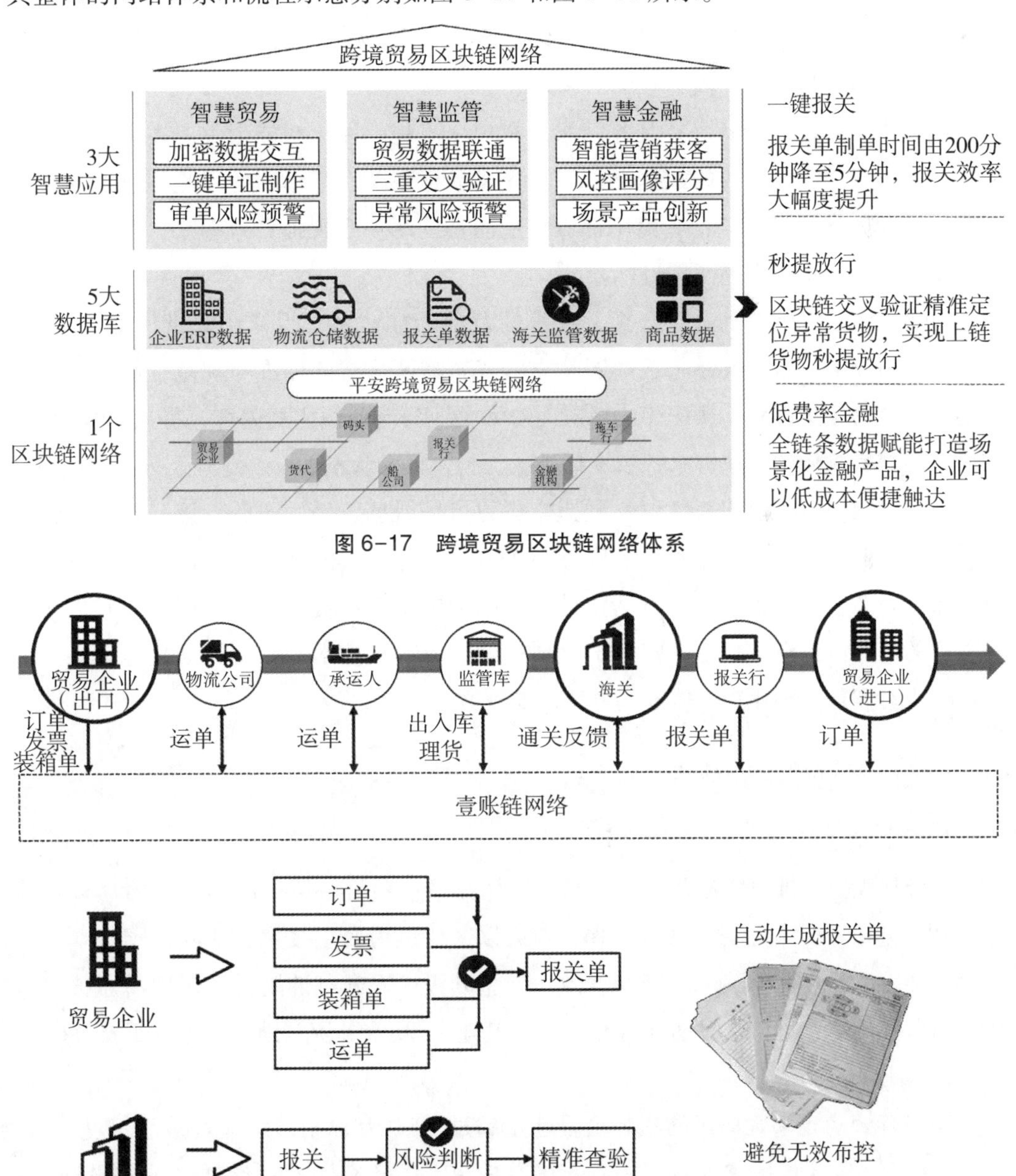

图 6-17　跨境贸易区块链网络体系

图 6-18　项目流程示意

资料来源：2022 年全球物流技术大会演讲《区块链支持从“物流”到“物通”的路径和思考》。

4. 项目落地效果

该项目实现了企业一键报关，制单时间降至 5 分钟；海关秒提放行，同时异常查获率提升 20%；总体上实现了降本增效的目标，海关布控查验减少 90%，大大提升了通关效率。目前，天津跨境贸易区块链服务网络已经累计实现报关单验证上百万笔，帮助众多贸易企业在提升通关效率的同时，降低合规性成本，为实现贸易便利化和优化口岸营商环境发挥了积极作用。

此外，该项目不仅是推出一个产品，更是构建了一个可信绿色的跨境贸易生态圈，在区块链跨境贸易领域开创了三个第一。

国内首个区块链跨境贸易服务网络，实现全流程一体化智能通关。在区块链技术的加持下，实现了审单前的数据上链以及交叉验证环节，审单中的风险识别，并在审单后继续开展事后稽查与企业信用评分，从而帮助海关实现提升效率、提升效益、控制风险、控制成本的两提两控目标。

首个涵盖跨境贸易、法律合规、技术规范的标准体系，为行业提供标准化范本。发布三本白皮书，由多方参与，共同建立跨境贸易区块链的标准与规范，确保区块链功能满足贸易场景诉求；从法律法规层面对海关业务流程优化的内容，提出合规建议；明确跨境贸易领域的区块链系统技术标准，为行业提供参考。

首个以区块链搭建的跨境贸易联盟，构建可信绿色贸易生态圈。该联盟是整合金融圈、物流圈、商务圈、监管圈、服务圈等多方资源构成的联盟，可覆盖通关贸易的所有核心环节，借助整个可信绿色贸易生态圈为中小企业提供服务。再加上和天津口岸共建的区块链创新实验室，整个试点项目就形成了从技术平台到标准规范体系，再到联盟生态和创新孵化为一体的全方位赋能方案。

（四）招商组合港项目

1. 项目概述

粤港澳大湾区港口物流及贸易便利化区块链平台项目由招商局港口集团（以下简称“招商港口”）与金融壹账通合作，双方以区块链为底层技术，共同推动智慧港口建设，助力港口及上下游企业降本增效，转型升级，提升粤港澳大湾区贸易通关整体效率与营商环境，是特殊时期开启外贸“新基建”，稳定外贸、助力复苏的重要举措。

2. 项目背景

2020 年，粤港澳大湾区的集装箱吞吐量超过 7000 万标箱，跨境贸易额超过 15 万亿元，在全球 4 个湾区中排名第一。在中共中央、国务院印发《交通强国建设纲要》和深圳市政府倾力打造交通强国试点城市的综合背景下，同时也是全球贸易趋势不停变动的背景下，粤港澳大湾区希望能够通过技术创新推动智慧港口建设，帮助港口以及上下游企业实现降本增效，助力进一步提升口岸的国际竞争力，争取为优化跨境贸易营商环境作出贡献，并拥有持续的竞争力。

3. 项目创新点

此次项目的最大特点是利用区块链技术破解了诸多行业难点，具体有五大方面的创新。

一是构建港口物流区块链网络，覆盖港口、货代、船公司等相关参与方，并通过跨链机制连接海关、企业及金融机构。

二是打造 3 大功能板块。①智慧贸易：通过贸易信息上链，实现高效便捷通关，运输降本增效。②智慧港口：通过港区联动、信息统筹，实现堆场、船舶及箱货高效统筹管理。③智慧监管：通过海关协同、全程监管，实现精准高效的风险防控。

三是创新建设组合港：打破关区壁垒，创新实现“组合港”通关运作模式；集约化统筹利用码头、堆场等物流设施，推进湾区物流一体化建设。

四是建设 5 大数据库：基于贸易与物流区块链的数据连接，构建贸易物流 5 大数据库，即企业库、商品库、物流库、合约库、单证库，提升管理基础能力。

五是构建企业画像：基于海量贸易数据，通过 6 个维度、80 多个模型、10000 多个因子构建宏观、中观、微观三个层面的企业画像，支撑各项上层应用。

4. 项目落地成果

港口物流区块链平台以传统驳船中转场景切入、利用粤港澳大湾区地理优势成功实现“大湾区组合港模式”的创新，目前已经与粤港澳大湾区内 23 个港口完成区块链对接并形成稳定的业务箱量，服务了进出口企业超过 4000 家，吞吐量超过 20 万标箱，使跨境贸易运输效率大幅提高 70%以上，物流成本降低约 30%，全面提升了服务进出口企业的质效。

此项目已建成粤港澳大湾区首个贯通港口、海关、物流、企业等贸易全流程的区块链网络平台，成为推动贸易便利化的“新基建”，并综合实现两提两控。即提效率：区域内转关时间节省 50%。提效益：三年转口贸易增长 50%。控成本：陆转水每 TEU 碳排放降低 80%。控风险：货物查验精准度提高至 90%。

基于区块链技术，招商港口可搭建连接海关、港口、货代、金融机构等相关各方的智慧港口物流平台，实现组合港贸易物流各参与方间数据连通信息联动。组合港贸易物流参与各方的联动如图 6-19 所示。并形成港口统筹物流管理、企业高效跨境运输、海关协同精准监管、政府便捷城市治理的四方受益局面。

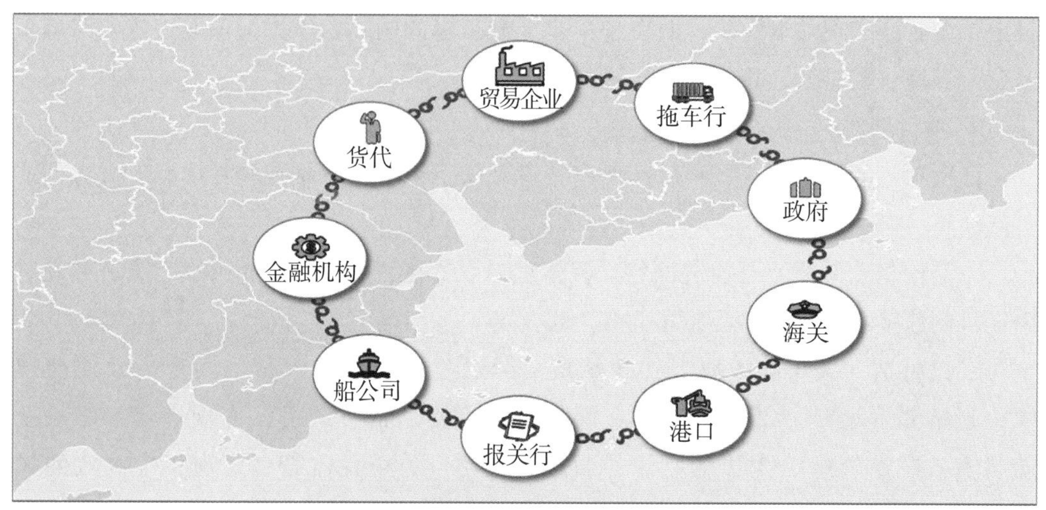

图 6-19　组合港贸易物流参与各方的联动

资料来源：2022 年全球物流技术大会演讲《区块链支持从“物流”到“物通”的路径和思考》。

第五节　数字孪生技术

“数字孪生”（Digital Twin）的思想最早是由美国国防部提出，并将该技术用于航空航天飞行器的健康维护与保障。经过多年的演进后，数字孪生已经发展为普遍适用的理论技术体系，可以在众多领域应用，在产品设计、产品制造、医学分析、工程建设等领域内应用较多。数字孪生技术让人们实现了令现实中的物理系统向赛博空间反馈数字化模型的操作，这是一次人类逆向思维的壮举。如今，数字孪生技术仍然有着光明的发展前景，其适用范围正在不断扩大。

一、数字孪生技术概述

（一）数字孪生的定义

1. 国外机构对数字孪生的阐述

高德纳公司是全球颇具权威性的信息技术研究与顾问咨询公司，该公司曾连续三年（2017—2019 年）将数字孪生技术列为十大新型技术，其对数字孪生的定义为：数字孪生是物理实体或系统的动态软件模型（2017）；数字孪生是以数字化手段呈现真实世界的实体或系统（2018）；数字孪生是现实生活中物体、流程或系统的数字镜像（2019）。美国国家航空航天局（NASA）给出的观点是：数字孪生是充分利用物理模型、传感器更新、运行历史等数据，集成多学科、多尺度、多物理量、多概率的仿真过程，从而在虚拟空间反映相对应的飞行实体的全生命周期过程。通用电气数字集团（GE Digital）则认为，数字孪生是资产和流程的软件表示，用于理解、预测和优化绩效以改善业务成果。数字孪生由三部分组成：数据模型、一组分析工具或算法以及知识。德国西门子股份公司（SIEMENS）给出的解释是：数字孪生是物理产品或流程的虚拟表示，用于理解和预测物理对象或产品的性能特征。数字孪生用于在产品的整个生命周期，在物理原型和资产投资之前模拟、预测和优化产品和生产系统。德国思爱普公司（SAP）认为：数字孪生是物理对象或系统的虚拟表示，但其远远不仅是一个高科技的外观。数字孪生使用数据、机器学习和物联网来帮助企业优化、创新和提供新服务。

2. 国内专家对数字孪生的解读

中国工程院院士李培根指出，数字孪生是“物理生命体”的数字化描述。物理生命体是指“孕、育”过程（实体的设计开发过程）和服役过程（运行、使用）中的物理实体（产品装备等），数字孪生体是“物理生命体”在其“孕、育”和服役过程中的数字化模型。数字孪生不能只说物理实体的镜像，而是与物理实体共生。数字孪生支撑从产品创新概念开始，到得到真正产品的整个过程。北京航空航天大学陶飞教授认为，数字孪生是以数字化的方式创建物理实体的虚拟模型，借助数据模拟物理实体在现实环境中的行为，通过虚实交互反馈、数据融合分析、决策迭代优化等手段，为物理实体增加或扩展新的能力。作为一种充分利用模型、数据、智能并集成多学科的技术，数字孪生面向产品全生命周期过程，发挥连接物理世界和信息世界的桥梁和纽带作用，提供更加实时、高效、智能的服务。北京理工大学庄存波教授则认为，数字孪生是指利用数字技术对物理实体对象的特征、行为、形成过程和性能等进行描述和建模的过程和方法，也称为数字孪生技术。同济大学陆剑峰副教授提出：数字孪生是以模型和数据为基础，通过多学科耦合仿真等方法，完成现实世界中的物理实体到虚拟世界中的镜像数字化模型的精准映射，并充分利用两者的双向交互反馈、迭代运行，以达到物理实体状态在数字空间中的同步呈现，通过镜像化数字化模型的诊断、分析和预测，进而优化实体对象在其全生命周期中的决策、控制行为，最终实现实体与数字模型的共享智慧与协同发展。

综上，我们可以对数字孪生的概念有一个大体的认知，虽然表述方式不同，但都包含了物理实体、虚拟模型、连接、数据等核心要素。

（二）数字孪生技术的功能

1. 仿真与映射

仿真与映射可看作数字孪生的基本功能，也是数字孪生的最低层次。通过建立产品或系统的模型，对其实物运行过程进行仿真，得到虚拟产品或系统的运行性能评价，从而验证设计方案是否满足要求。和传统的仿真不同，数字孪生先于物理实体而存在，且会利用相似产品或系统的实际运行数据来对仿真模型进行修正，同时构建一个虚拟环境进行更加拟实的仿真，让仿真结果更可信。

2. 监控与展示

数字孪生可实现监控与展示功能，具体方式是在数字孪生系统中，把实体物理对象或实际存在的系统和虚拟模型连接，利用模型来反映物理实体的实际变化，从而通过利用虚拟空间中的虚拟模型达到实时监控的目的，将物理实体的隐藏信息以可视化的方式实时展示给用户，实时观察到实体外在表象下的各种内部状态。用户在了解到这些信息后可以准确地做出进一步操作。

3. 诊断与分析

当实体设备或系统发生异常时，可以利用数字孪生技术对其进行诊断和分析，一般是寻找潜在故障或影响性能发挥的缺陷，以便进行维护调整。利用数字孪生体包含的各种模型，结合实时数据，可以进行异常分析与推断，从而得出诊断结果。此功能与"监控与展示"功能的区别就是，"诊断与分析"可以由系统自主得出问题诊断结果，并由用户进行参考和借鉴，而"监控与展示"功能只能将客观信息展示给用户，不允许改变系统自身的设计。

4. 预测与优化

这个功能是数字孪生技术的最高层级，也是体现数字孪生价值所在。通过建立的数字孪生体，在虚拟空间中进行产品或系统的预测仿真，如预测可能的故障情形或潜在风险，从而合理规划产品或系统的维护，提前做好维护保养的准备。另外，利用数字模型对决策变量进行预运行，根据仿真结果来选择最优的决策变量，在物理系统中实施，可以避免实际操作过程的失误。

（三）外国企业对数字孪生发展的推动

1. 德国西门子股份公司（SIEMENS）

西门子的核心价值主张和技术路线就是通过数字化技术打造三阶段的"数字孪生"，即：在企业研发环节，建立企业所要生产、制造的产品的数字孪生；企业在规划的产品被研发出来，准备制造时，建立起包括工艺、制造路线、生产线等内容的生产数字孪生；当产品和生产线投入使用后，建立反映实际工作性能的性能数字孪生。

建立三个数字孪生后，还应该考虑背后的数据互联互通，产品加工和交付的过程中产生的大量运行数据可用于与设计数据比较，数据的一致与否以及如何保持设计和实际数据的一致性是生产力和创新力的重要驱动，并以此促进下一代产品的迭代更新。而保持互联互通的关键要素就是成熟的工业软件及底层支撑技术。西门子在产品研发与制造过程以及工厂管理的完整价值链上提供三个数字孪生创建和互联互通的一体化解决方案。从产品研发阶段的 NX 三维设计及仿真软件、Teamcenter 产品生命周期管理软件，到 COMOS 工厂工程设计软件、TIA 博途全集成自动化平台、Simatic IT 生成管理软件，再到 PSE 工艺过程模拟软件、Mendix 低代码平台、MindSphere 云平台等，西门子以近乎完美的产品组合来打造现实与虚拟的融合，将数字孪生技术应用到贯穿产品研发和车间生产的工业场景和流程中。

2. 美国 ANSYS 公司（ANSYS）

ANSYS 因有限元分析而出名，其以仿真为基础，从仿真的角度出发认识数字孪生。它们认为，要充分实现数字孪生所蕴藏的巨大价值，仿真是重要途径。ANSYS 将数字孪生的技术架构概括为 5 个方面，分别是系统级支持、控制系统、完整技术平台、基于物理场的仿真和集成数字孪生生态系统。所构建的数字孪生系统在完成物理资产数字化的前提下，广泛引用多工况仿真技术，实现了设计、运行、服务的产品全生命周期应用。ANSYS 拥有一整套仿真解决方案，包括平台、物理知识和系统功能，集成多款仿真建模软件。ANSYS Twin Builder 平台作为数字孪生分析的最终载体，支持组件、子装配体、系统等不同层级的数字孪生体构建，并准确反映各部件间错综复杂的作用关系，完成系统的全方位描述。ANSYS 提出的基于仿真的数字孪生解决方法的数据依赖性低、模型成长性好，能有效降低设计、生产、维护、工程变更成本，具有高洞察力，可预见潜在故障，用于未来产品改进与重新设计。

以奥地利最大的电力供应商 Verbund 为例，其每台涡轮机的任何计划外停机成本高达每小时 6 万美元，所以 Verbund 希望预测其涡轮机在不同负载条件下的磨损情况，以优化涡轮机的输出。通过应用数字孪生优化涡轮机的运行，Verbund 每年可为每台涡轮机节省约 10 万美元。

3. 美国通用电气公司（GE）

GE 近年来格外重视数字孪生技术的应用与探索，收集了大量资产设备（如航空发动机）的数据，通过数据挖掘分析，能够预测可能发生的故障和时间，确定故障发生的具体原因。GE 具有基础平台软件研发和推广能力，借助 Cloud Foundry 开源框架构建通用 PaaS 平台，技术实力强，对各领域有较透彻的理解，具有较强的竞争力，占有较大的市场份额。公司已投资建立工业资产的高保真数字孪生模型，到目前已建立了如齿轮和发动机的数字孪生模型，并宣称有数十万生产中的数字孪生实例。

4. 美国参数技术公司（PTC）

PTC 擅长将数字孪生技术与增强现实技术结合，让数字孪生体变得更加形象化、场景化、更富真实感，强调数字世界与物理世界的紧密相连，以此探索企业数字化转型的本质。借助增强现实技术和已构建完成的数字孪生体，系统可根据用户、场景等不同需求，将不同的虚拟信息准确无误地叠加到现实的物体之上，广泛应用于产品设计与动态信息展示、员工实操培训、施工现场设备维护、专家远程协同作业、可视化装配指导、客户定制化生产等多个工业应用场景中，能有效提高效率并降低成本，克服工程、制造、服务、销售和营销等多方面的困难。

（四）数字孪生技术发展面临的问题

数字孪生技术的应用现在还面临着很大的挑战，目前我国尚处于初期的探索阶段，其存在的问题主要有：一是数据采集门槛高，多个部门协调比较困难，信息基础设施建设不均衡等基础问题，导致应用的层次和深度不够；二是数字孪生技术涉及5G、物联网技术、海量数据加载技术、云边计算协同技术、模拟仿真技术、网络与信息安全技术等，但目前技术组合成熟度不高，平台模型标准化滞后；三是国内技术水平较低。目前优质的数字孪生设计软件大部分由国外企业主导，模型三维渲染的时候都要用到的GPU、FPGA芯片、技术、操作系统基本上也是国外的。而国内的相关硬件产品、软件框架等市场占比都比较低。此外，国内的传感器从技术到成本，尚不能满足全域感知部署需求。

现今的数字孪生技术还存在着落地难、盈利难、规模化难的问题。要想针对一个具体的场景搭建其对应的数字孪生，需要行业专家点对点提供个性化的解决方案，而这方面的人才又十分稀缺，对项目的落地产生了一定的负面作用；而数据的采集、模型的搭建和运营需要相当高的人力成本、时间成本和设备成本，其效益在短时间内根本无法体现出来，导致了其盈利难的问题；同时数字孪生的搭建需要针对特定的场景，当涉及其他场景的问题时，可能需要再一次建立全新的数字孪生，从而导致了规模化难的问题。

正是由于数字孪生还存在着上述问题，导致我国很多数字孪生的相关企业避重就轻，将工作重心放到了建模效果和可视化上，虽然展示出来的效果华丽、高端甚至于梦幻，但深究起来并不能解决实际问题。数字孪生重要的目的是对数据的分析、决策和优化预测，这与可视化的关系并不大。国外企业之所以大肆渲染数字孪生的迷人前景和应用价值，正是因为它们掌握着核心技术，能够推出解决实际问题的产品。反观我国在核心技术上与别国差距甚远，如芯片制造、仿真软件、机器学习平台和架构等。虽然数字孪生技术经过概念炒作阶段后，会逐渐走向务实阶段，但我国的数字孪生现在需要摆脱一些互联网思维的弊端、恢复其本质的工业属性，研发并掌握关键的核心技术才是走上可持续发展道路的正确方向。

（五）数字孪生技术的政策环境

2021年3月，国家“十四五”规划纲要明确提出要“探索建设数字孪生城市”，为数字孪生城市建设提供了国家战略指引。此后，国家陆续印发了不同领域的“十四五”规划，为各领域如何利用数字孪生技术促进经济社会高质量发展作出了战略部署。部分政策如表6-2所示。

表 6-2　　数字孪生相关政策汇总

时间	政策名称	重点内容
2021 年 3 月	《中华人民共和国国民经济和社会发展第十四个五年规划和 2035 年远景目标纲要》	完善城市信息模型平台和运行管理服务平台，构建城市数据资源体系，推进城市数据大脑建设。探索建设数字孪生城市
2021 年 12 月	《“十四五”国家信息化规划》	稳步推进城市数据资源体系和数据大脑建设，打造互联、开放、赋能的智慧中枢，完善城市信息模型平台和运行管理服务平台，探索建设数字孪生城市
2022 年 1 月	《“十四五”数字经济发展规划》	深化新型智慧城市建设，推动城市数据整合共享和业务协同，提升城市综合管理服务能力，完善城市信息模型平台和运行管理服务平台，因地制宜构建数字孪生城市
2021 年 12 月	《“十四五”信息化和工业化深度融合发展规划》	建立健全两化深度融合标准体系，依托全国两化融合管理标委会（TC573）、科研院所、联盟团体等各类专业技术组织，开展两化融合度、两化融合管理体系、数字化转型、工业互联网、信息物理系统（CPS）、数字孪生、数字化供应链、设备上云、数据字典、制造业数字化仿真、工业信息安全等重点领域国家标准、行业标准和团体标准制修订工作
2021 年 12 月	《“十四五”智能制造发展规划》	推动数字孪生、人工智能、5G、大数据、区块链、虚拟现实（VR）/增强现实（AR）/混合现实（MR）等新技术在制造环节的深度应用，探索形成一批“数字孪生+”“人工智能+”“虚拟/增强/混合现实（XR）+”等智能场景
2021 年 12 月	《“十四五”铁路科技创新规划》	围绕全生命周期与全业务融合目标，持续加强智能铁路顶层规划研究，构建智能铁路技术体系架构 2.0 版本。深化智能建造、智能装备、智能运营技术创新，开展智能建造数字孪生平台研发应用
2022 年 1 月	《公路“十四五”发展规划》	建设智慧公路。推动建筑信息模型、路网感知网络与公路基础设施同步规划建设，加快公路基础设施数字化改造，推进公路基础设施全要素、全周期数字化转型发展，加强重点基础设施关键信息的主动安全预警

续　表

时间	政策名称	重点内容
2021 年 12 月	《“十四五”现代综合交通运输体系发展规划》	完善设施数字化感知系统。推动既有设施数字化改造升级，加强新建设施与感知网络同步规划建设。构建设施运行状态感知系统，加强重要通道和枢纽数字化感知监测覆盖，增强关键路段和重要节点全天候、全周期运行状态监测和主动预警能力

二、数字孪生技术指引物流发展新方向

（一）数字孪生技术在物流领域内的应用实例

1. 物流网络规划

数字孪生技术可在物流网络规划中发挥作用，其重点是对物资流转的节点选址、后续的流量流向规划、具体运输方式安排等内容进行仿真模拟和运筹优化。依赖于实际物流网络数据，以及一定的规划假设，基于数字孪生建立的模型可以对物流网络进行迭代式仿真，包括路线上的运输环节、节点中的储存、装卸搬运、包装、流通加工等多环节，从而真实地呈现不同规划下的物流网络整体运营情况，帮助物流网络的开发者和运营者们在多种方案中做出合适选择。

2. 物流基础设施管理

应用数字孪生技术可以为某条具体的公路、铁路路线或某个具体的港口、机场、流通中心等建立孪生模型，从而使管理者进行实时监控并可以分析其运作情况，以此为依据预测未来一段时间内某设施内的货运量、库存量、吞吐量、需求量甚至于班次准点率等物流相关的信息和数据。利用数字孪生技术的好处就是不用大兴土木作实体建造，而是通过孪生模型来运行物流设施的外部表现和内部机理，甚至能分析并展现出未来 5~10 年物流设施的进展情况，进而协助管理者确定最优的升级或改建方案。

3. 仓库设施设备管理

数字孪生可以在传感器和大数据技术的支持下，构建仓库内的全设施设备孪生模型，并有海量的实时数据作支撑，可以让管理者对仓库各个库区的应用情况了如指掌，并且能够随时在线上对仓库进行 3D 模型的进一步扩建和补充，并对外形和功能进行描绘。哪怕坐在家中，管理者也能掌握每一个货架、托盘等设备的实时情况。同时，企业还可以为仓库员工配备虚拟现实眼镜，把数字孪生仓库栩栩如生地展现在员工眼前，可用于技能培训、应急情况处理等场景。

4. 库存管理与控制

传统库存通过对库存报表、生产报表进行加工，实现对生产全程的数据统计和分析。但这种库存管理方式重点依托人员经验，投入成本较高且数据实时性差。利用数字孪生技术可将库存进行数字化，转变为线上可视化、可操作的数字库存。一方面，可以从仓储管理系统获取实时生产数据，实时、直观展示库存水位、拣货热力、上架热力等仓内各类生产实况，从而提升仓储管理者的监控、分析和决策效率；另一方面，基于在线库存的建模仿真技术，数字库存能够针对具体业务场景，上承宏观层面的物流网络仿真和需求预测，下接物流运营层面的仿真优化，在"需要一个什么样的网络"与"将来的业务将怎样发展"之间很好地完成中和，从而解决应当如何布局货物、布局什么货物、布局多少货物、在哪里布局货物等问题，也就是解决库存管理与控制的优化问题。

（二）数字孪生与物流的未来

数字孪生技术将为智慧物流带来重大颠覆性创新，如全程无人化智慧物流框架体系中，将智能货架、搬运机器人、智能拣选模块、无人装车系统、无人卸车系统、无人卡车、无人机、配送机器人等的实体与数字孪生体进行物联，甚至将物流中心、物流园区等整体作为孪生对象，构建出虚拟的数字物流场站进行分析，进而能够建设智慧物流系统控制平台，操作数字孪生体就能实时控制全程无人化智慧物流系统，还能实时了解它们的工作状态、零部件的运作情况和物流场站的运营情况等，方便今后的维修、使用、管理和升级。

除了上述功能，意义更深远的是，数字孪生模型能持续积累智能物流设备、产品设计和制造的相关知识，不断实现重管理与调用，实现持续性改进设计与创新。

三、典型案例

（一）智库智能——数字孪生+AIoT低碳智能示范仓库

1. 公司简介

江苏智库智能科技有限公司（以下简称"智库智能"）总部位于南京，是领先的托盘仓储解决方案提供商，致力于为客户提供高效率、高密度、高柔性、快交付、低成本的智能仓储解决方案。截至目前，公司服务客户300余家，落地项目400余项，业务覆盖北京、上海、广东、江苏、浙江、四川、山东、新疆、西藏等20余个省区市，核心产品已布局海外市场，在电力、新能源、冷链、食品、第三方物流、医药、精密制造等行业均有成熟行业解决方案和案例。

智库智能专注于飞梭托盘高效存储系统研发设计、生产交付和运维服务，拥有机器人本体、核心算法、操作系统、业务系统等全价值链研发能力。公司在南京设有研发生产基地，已推出多款托盘仓储机器人及智能仓储软件系统，机器人产品包含智能四向穿梭车、高速提升机、柔性输送线等，软件系统包括 WMS、WES、WCS、RCS 等。智库智能开发的飞梭托盘高效存储系统解决方案如图 6-20 所示，可以适用于多类场景。

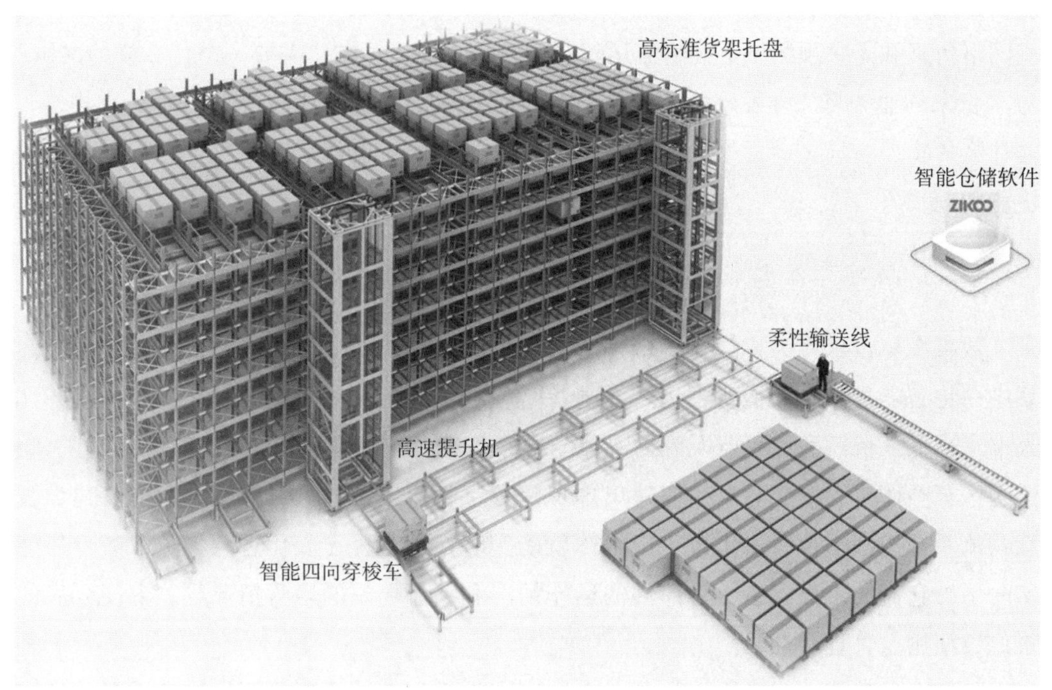

图 6-20　智库智能开发的飞梭托盘高效存储系统解决方案

资料来源：https：//www.zikoo-int.com/lists/3#1。

2. 项目介绍

随着电网改造升级，带来电力物资需求量急剧增长、电力企业仓库的储存周期变短、周转率加快、出入库频率增加等问题，传统仓库已不能适配发展建设需求。特别是在面对电力突发事件时，灾备应急、电力物资的高效出入库能力是保障电力恢复的关键所在，亟待进行智慧供应链改革。

常州某电力公司正是由于此原因，存在以下痛点：一是作业量集中，波峰波谷差异大，且要求快速出入库，运行起来费时费力；二是物资的体积、重量等参数差异大，储存方式要求多样，包括料箱、托盘、地堆、集装袋等，难以集中管理；三是应急出库时效要求极高，当抢修、抢险业务发生时，仓库难以在短时间内定位物资位置；四是系统集成度亟待提升，WMS、TMS、安防、定位等系统均独立运行，未能有效集成。

智库智能基于在电力行业积累的项目经验，以及多年的行业深度研究，为常州某电力公司提供领先的行业解决方案和一站式服务：根据电力仓库不同级别，智库智能提供完整的无人仓、无人值守仓、无人货柜终端等无人化解决方案；采用四向穿梭车、机械手等智能化设备，实现智能化、自动化密集储存；应用AI视觉技术、数字孪生技术等打磨出一套数字孪生系统，该系统不仅可以实现仓储物流园区整体的可视化管理，还可实现库存、作业状况、设备运转等环节的健康监控预警，相当于为管理者打开“上帝视角”，站在一个全知全能者的角度去更好地管控仓储物流运行，实现物资自主装卸、无序拣选、无人领用等功能；同时自主研发的飞梭托盘高效存储系统提供广泛接口，连接起上游业务系统和下游物联网设备。

3. 方案效果

该项目实现了常州某电力公司仓库从装卸、搬运、储存、拣选到盘点的全流程、全场景无人化；柔性化、智能化技术实现了90%电力物资的无人化管理；同时数字孪生平台实现了仓库数字化管理和运营，配备的远程监控和运维体系，保证了仓库24小时高效运转。总体来看，智库智能为常州某电力公司打造了一整套具有数字化、网络化和智能化特征的现代智慧供应链体系，在低碳环保、智慧仓储、智慧运营、智慧园区等多方面开展创新，应用数字孪生等前沿技术，部署智库智能自研软硬件设备，全面助力常州某电力公司物资仓储管理由自动化向智能化转型升级。

2022年7月，由中国物流与采购联合会主办的2022年全球物流技术大会在海口召开，其中智库智能为常州某电力公司打造的“数字孪生+AIoT低碳智能示范仓库”项目，荣获“2022物流技术创新案例奖”。

（二）安歌科技——数字孪生与自动化立体仓库的结合

1. 公司情况

安歌科技（集团）股份有限公司（以下简称“安歌科技”）是一家以创新驱动的全链路工业智能物流解决方案提供商，公司成立于2008年，全球总部位于上海，在国内拥有3处研发中心及生产基地，在美国设有子公司，业务遍及全球20多个国家及地区。安歌科技是国内率先开发出智能物流数字孪生系统的企业之一。秉承“以创新，致未来”的理念，安歌科技凭借卓越的创新力、服务力、交付力为桐昆股份、中国巨石、中国重汽、国轩高科、比亚迪等全球范围内的企业提供服务，已经帮助客户落地的智能物流项目超过100个，项目覆盖化纤、新能源、新材料、汽车零配件、造纸、电子电器、食品饮料等众多行业。

安歌科技能够为客户提供涵盖“设备+软件+系统+平台服务”的全链路工业智能物流解决方案，核心业务包括智能储存系统、智能拣选系统、智能搬运系统以及智能分拣系统。作为物流科技创新的先行者，安歌科技致力于通过探索科技创新帮助工业、制造业突破发展瓶颈，释放增长动力。

2. 技术发展及项目介绍

2018 年，在浙江鼎美智装股份有限公司的智能物流项目中，安歌科技的设备监控创新采用 3D 模式，为客户实现了库区设备监控，助力企业随时查看设备信息，了解库区工作情况，监控设备运行状况，及时发现设备故障。随着 5G、虚拟仿真等软硬件技术的进一步发展，安歌科技的 3D 监控系统也在多个项目的实施应用后逐渐迭代升级为安歌科技数字孪生系统。2020 年，安歌科技为玻纤行业某客户部署了其第一个数字孪生系统，实现三维直观地展现库区设备、货位，实时、准确地反映其工作状态，提供精准报表，为管理者提供决策依据。2021 年 10 月 8 日，某玻纤行业客户在埃及年产 12 万吨的玻纤池窑拉丝生产线正式奠基，安歌科技将为其建设自动化立体仓库以及智能产线，并将经过迭代升级的数字孪生系统应用其中，在项目中发挥着重要作用。安歌科技的新版数字孪生系统界面示意如图 6-21 所示。

图 6-21　安歌科技的新版数字孪生系统界面示意

资料来源：https：//www. enotek. com/about/news/data_23. html。

从 3D 监控到数字孪生，安歌科技数字孪生系统实现了更新换代，更好地体现了使用数字孪生技术的优势：安歌科技数字孪生系统可视化程度更高，颗粒度更细，孪生程度更高，从而使设备状态及货位信息清晰可见；安歌科技数字孪生系统实现了多场景、多区域展示，多区域流畅转换，人机交互性能更好；安歌科技数字孪生系统与 WMS/WCS 系统及 AGV 调度系统实现数据打通，能够实时查看 AGV 设备运行报表；安歌科技数字孪生系统接入了更多智能设备及传感设备，可实现如温湿度等更多数据展示，完成了更为全面的系统孪生。在使用体验方面，安歌科技数字孪生系统可以配置更多样化的定制报表、功能模块，从而实现快速部署；安歌科技数字孪生系统的展示界面也全面更新，操作更加友好。

第六节　人工智能技术

近年来，中国物流业在互联网经济的催动下发展较快，在成本不断攀升、效率提升缓慢的背景下，物流业最迫切的需求即“降本增效”。人工智能技术及相关软硬件产品的加入能够在各个物流环节有效降低成本，提高人员及设备的工作效率，是缓解物流业顽疾的一味良药。以智能机器人、智能拣选车、无人机、自动驾驶汽车为代表的智能硬件，极大地改变了现有的仓储、运输、配送等物流作业的模式，并将带来更多的革新；以机器视觉、自然语言处理、大数据挖掘、深度学习为基础的智能软件，为物流行业所涉及的信息识别、存储、管理、利用开辟了更加高效的途径，让“数据驱动物流”成为现实。未来物流行业的发展将时刻跟随着人工智能技术的发展，而未来物流行业的竞争将是人工智能技术的竞争。

一、人工智能技术发展概述

（一）人工智能技术发展现状

近些年来，随着互联网、大数据和云计算等新一代信息技术的发展，人工智能已逐步成为当下全球科技的焦点和战略性技术。我们通常所认知到的人工智能技术，包括机器视觉、机器学习、自然语言处理、语音识别等技术已经有了长足的发展，相关研究论文的数量每年都在不断增长，实物成果也逐渐进入了人们的生活，提供巨大便利的同时也在改变我们的思维方式。

目前，人工智能技术发展的主要进步集中于专用人工智能领域上，并大多取得了重要的突破，由于面向某类特定场景或特定任务的人工智能需求明确、功能单一、应用边界清晰、领域内知识丰富而全面，导致建模相对简单，单目标的任务执行起来也更为直接，不会受其他因素干扰，从而形成了单点突破，在该子领域内人工智能可以远远超越人类智能。例如，我们最熟知的阿尔法狗（AlphaGo）在围棋领域已经战胜了所有的人类围棋冠军；在人脸识别领域，人工智能的识别能力已经远超人类；人工智能还可以通过大量的数据自主“学习”（也就是机器学习），来完成诸如股票预测、天气预测、销量预测等预测功能，其准确度也比绝大多数人类更高。

但人脑作为自然界精密的产物之一，能够同时执行视觉、听觉、学习、思考、判断、推理、设计等多种功能，是一个真正意义上的通用智能系统。而人工智能在这方面尚处于起步阶段，尽管在信息感知等“浅层智能”方面进步显著，但在抽象概念理解、推理决策等“深度智能”方面的能力还很薄弱。总体来看，目前的人工智能处于拥有“智能”而缺乏“智慧”、拥有“智商”但是缺乏“情商”的局面，其发展和进步仍有巨大的空间。

（二）人工智能热点技术

史湘宁、房超等人从基础机器智能、先进机器人及自主系统、人机融合三方面给出了人工智能的关键技术体系、重点方向及关键主题词，具体信息如表 6-3 所示。

表 6-3　　关键技术体系重点方向及关键主题词表

序号	关键技术体系	重点方向	关键主题词
1	基础机器智能	核心基础产品	深度学习，特征抽取，机器学习，模式识别，半监督学习，粒计算，图像处理，大数据，数据挖掘，知识图谱，情感计算，图像识别，机器视觉，稀疏表示子空间聚类，支持向量机，知识表示与推理，粗糙集，情感计算，情感识别，推荐系统，描述逻辑，概率图模型，知识图谱，社交网络挖掘等
		智能理解系统	
		训练资源服务平台	
2	先进机器人及自主系统	智能控制系统	群体智能，神经网络，三维重建，多目标优化，学习算法，演化计算，粒子群优化，群体智能，联想记忆，聚类分析等
		产业智能化升级	
		安全保障体系	
3	人机融合	医疗康复产业	脑机交互，脑机接口，脑电图，模式分类
		人机交互系统	

1. 支持向量机（SVM）算法

支持向量机是人工智能中有监督技术的一种，其能够为用户提供性能极为强大的人工智能技术，构建出海量的样本，然后展开非线性数据挖掘。其能够适用于高维度数据模式，同时该算法还能实现分类与回归分析。目前，支持向量机已在地图信息分析以及空间数据建模等多个领域获得了广泛运用，体现出优秀的建模信息处理功能，可以充分保障人工智能应用的高效性与可靠性。

2. BP 神经网络算法

BP 神经网络是将神经学、心理学、生物学以及统计学作为基础的一种人工智能技术，其能够对人类的大脑神经系统进行模仿，构建一个规律性较强的运算模式，并且可以将多个神经网络节点汇聚起来，构成一个完善的系统，实现对人脑功能的模拟，这也是生物系统运用于计算机信息处理的表现。BP 神经网络的本质是一种按误差反向传播训练的多层前馈网络。BP 神经网络算法的基本思想是梯度下降法，利用梯度搜索技术使网络的实际输出值和期望输出值的误差均方差为最小。目前，BP 神经网络已经历了多年的研究，并在语音识别、图像处理和视频追踪等方面取得了一定的成就。

3. 脑机接口技术

脑机接口就是以脑为主的神经系统与人造的体外人工智能系统之间的电子信息接口，脑机接口技术就是指在人或动物大脑与外部设备之间创建的直接连接，从而实现脑与设备的信息交换。其核心思想是：包括大脑在内的神经系统，其实就是像电脑一样的信息系统，神经系统的各部分之间既接收和传递信息，又接受电信号的控制而执行相关命令，所以，脑系统才能与机系统彼此连接。脑机接口原理是在人或动物脑与计算机或其他电子设备之间建立的不依赖于常规大脑信息输出通路的一种全新通信和控制技术，该技术可以靠提取大脑思考时产生的神经信号来控制外部设备，在人与机器之间架起桥梁，也就是实现用意念控制机器。这意味着人与机器的交互方式还可以是直接通过大脑向机器发指令。反过来看，脑机接口技术还可以通过人工智能来帮助盲人复明、帮助瘫痪的患者重新站起、帮助阿尔兹海默病患者找回曾经的记忆等。由此可见，脑机接口的未来展现了无限的可能。

二、人工智能给予物流智慧源泉

（一）人工智能技术在物流领域的应用实例

人工智能（AI）技术在物流行业已经有了丰富的应用（见图 6-22），人工智能为物流行业带来了更多的效率提升和更好的经济效益，物流行业也为人工智能提供了真实的应用场景，可以促进人工智能技术更好发展。

1. 供应商管理

（1）智慧采购系统：结合图像识别技术、大数据分析与深度学习技术，分析历史的采购信息并挖掘其中的深层逻辑，形成科学的采购决策，做到适量采购、适时采购，减少过多库存对资金成本的占用，避免过少库存面临的机会损失。

（2）智能质检系统：图像识别技术的应用，可以迅速清点货物的种类和数量，专家系统的使用可以高效地判断货物质量。人工智能技术的应用可以减少质检人员的数量，降低成本，而且可以采用对货物质量的全面检查。

（3）智慧财务系统：图像识别与深度学习的结合，可以显著提升报表的处理效率，减少出错率；大数据分析与风险评估的结合，可避免一些潜在的财务风险。

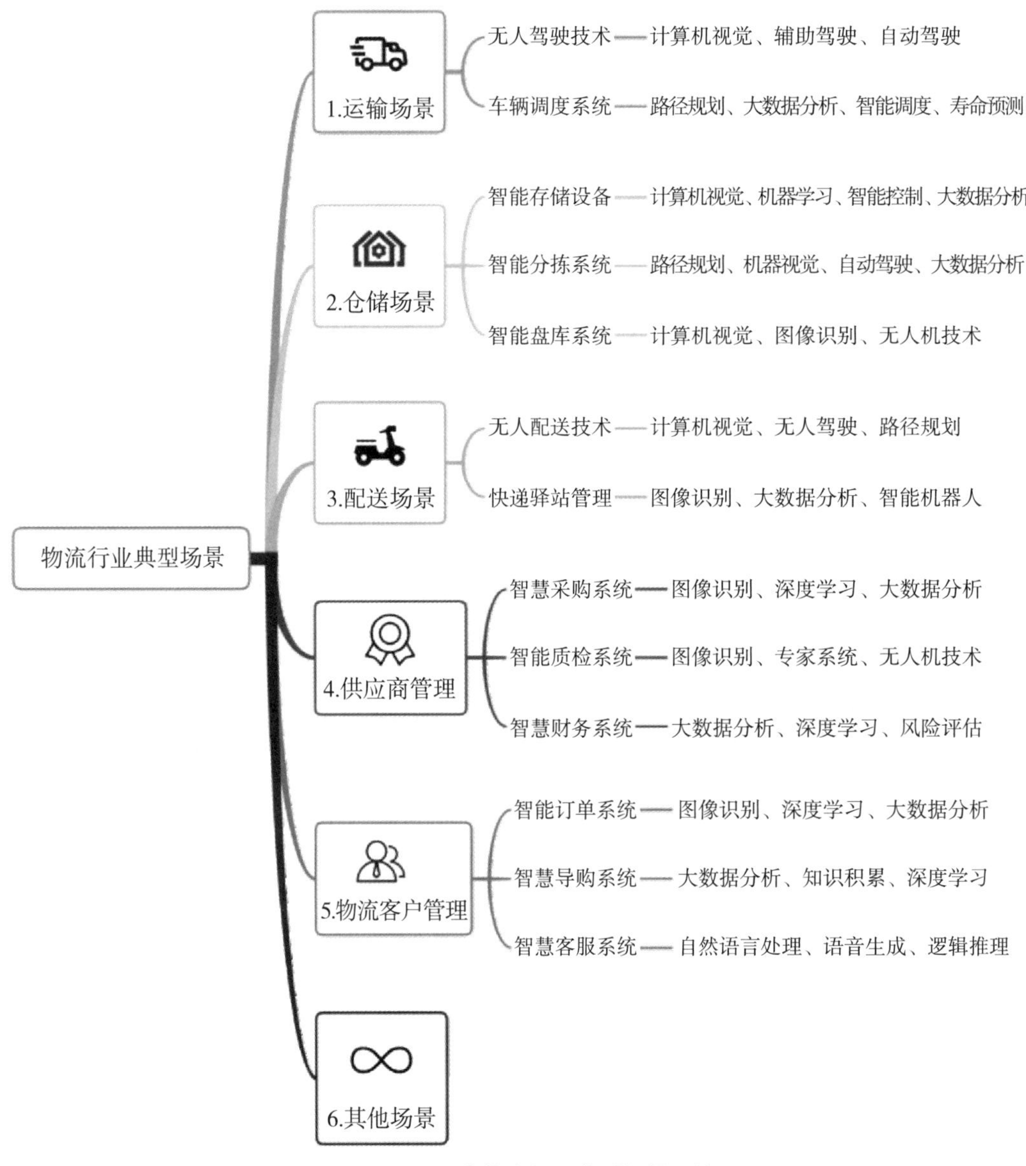

图 6-22　AI 在物流行业典型场景总结

2. 物流客户管理

（1）智能订单系统：立足于图像识别技术和大数据分析，能够更加高效地处理客户的订单从下单至完成的全部流程，信息更加实时准确。

（2）智慧导购系统：基于大数据分析、知识积累和深度学习，将为客户提供更精确的信息，提升客户的购物体验和购物质量。

（3）智慧客服系统：基于自然语言处理、逻辑推理、语音生成的新技术，为客户提供售前咨询、售中管理、售后维护等服务，能够做到 24 小时不间断为客户提供个性化咨询方案，并减少企业客服人员数量，提高客服服务的质量。

3. 机器人流程自动化

机器人流程自动化（Robotic Process Automation，RPA）是以软件机器人及人工智能为基础的业务过程自动化科技，它是一套智能的软件，来模拟员工在电脑上的一系列操作，从而实现自动化的数据获取，数据录入以及依据规则的一些相应的流程执行。在物流业，保持最新和完整的客户联系信息对于成功交付货物至关重要。通常，物流企业需要配置一个数据管理团队，负责监督重复输入、淘汰、删除旧合同和数据格式标准化等任务，但这些重复性工作也可以交给 RPA 来辅助完成，以节省工作人员的时间和精力。RPA 在物流领域中的典型应用场景包括：自动发运、物流状态更新、物流投标和订舱机器人等。

和信融慧是国内最早从事企业级 RPA 产品研发的科技创新型企业，公司自成立之初就专注于为企业级用户提供 RPA 平台与解决方案。将 RPA 与 AI 技术相结合，企业可以洞察用户的痛点需求，提高效率、满意度、合规与安全能力，降低成本与差错率，激发活力与创造力。和信融慧企业级 RPA 综合规划如图 6-23 所示，其实现方式就是：前端通过协同机器人的网络页面提交任务，后端通过协同机器人模块实时处理任务请求，并返回业务结果，同时部署前台机器人，支持业务用户直接通过前台机器人提交并处理任务。该方案可快速搭建用户企业级 RPA 平台，可支持集团总部及分/子公司共同使用 RPA 业务，同时满足系统稳定、实时性、易维护性的要求。

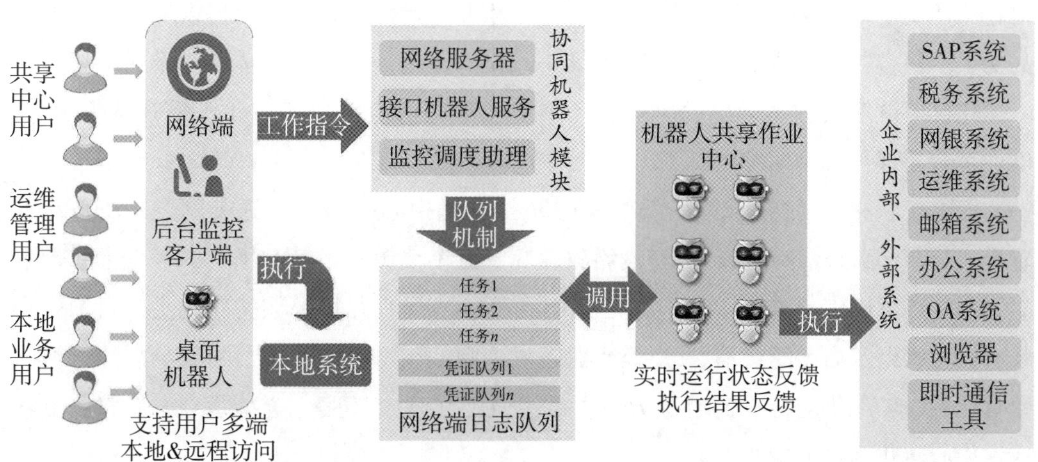

图 6-23　和信融慧企业级 RPA 综合规划

资料来源：2022 年全球物流技术大会演讲《和信融慧 RPA 物流行业智能自动化/数字化转型加速器》。

（二）人工智能与物流的未来

科学技术的进步和人类社会的发展，让身处时代洪流的每一个人，都对未来的变化充满期待。其中，物流行业将更广泛地受到人工智能等新技术的淬炼，将这个涉及人类生产生活方方面面的“大服务业”推向新的层面，从而走向“智慧物流”的新高度。随着人工智能等新技术的不断成熟和大规模的工业应用，物流行业也将从一个劳动力密集型的产业转变为一个知识密集型的产业，企业将更加注重专业人才、技术、专利等的积累。研发人员将为企业的智能化提供源源不断的动力，高级工程师将成为仓储、运输、配送等环节的保障力量，大量工人忙碌的场景将不复存在，少量专业人员就可以维护庞大的物流链条。

同时，人工智能技术作为一项基础的底层技术，拥有超乎人们想象的包容性，有关人工智能的相关研究和成果源源不断涌出，当今我们所能见到的各类信息技术都与人工智能有着千丝万缕的联系，譬如人工智能物联网、人工智能区块链等，将各种技术与 AI 融合起来使用，很可能会爆发惊人的力量。

三、典型案例

（一）安得智联——AI 与云技术的结合应用

1. 公司简介

安得智联是一家脱胎于美的集团的，致力于为客户提供端到端数智化供应链解决方案的物流科技企业。基于美的“T+3”产销模式及渠道一盘货变革的经营实践，安得智联建立了端到端全链路数智化的物流运营迭代能力，可为客户提供从原材料至成品的生产精益物流，线上线下一盘货，To B/C 一体化，仓干配一体化，及送装服务的一体化供应链解决方案，协助企业推动渠道变革与供应链效率优化，提升竞争优势，助力客户实现可持续性发展。

安得智联在全国拥有 29 家分公司，136 个配送中心，3000 个送装网点，1500 个前置仓；近 20 万条成熟路线，配送网络覆盖 3.9 万个乡镇，覆盖全国 99.1%的乡镇。针对不同场景下的客户需求，打造标准化产品服务、行业方案及数智化能力，目前安得智联已为家电家居、泛快消、3C 等行业超过 3000 家企业客户，提供定制化、集约化、数智化的一体化供应链物流解决方案，助力企业实现全链路、全渠道经营，将物流由成本中心转化为价值中心。

2. “AI+云”技术在安防检测中的应用

中国物流与采购联合会统计数据显示，2021 年全国社会物流总额 335.2 万亿元，同比增长 9.2%，增速稳定且已恢复至正常年份的平均水平。与此同时，为推动物流行业降本增效，提高整个社会的货物流通运转效率，借助数字技术应用、提高物流系统分析决策和智能执行能力的智慧物流已经成为行业发展的主要趋势。

面对这一趋势，安得智联在智慧物流应用过程中，以机器人和无人机的应用为主，大量用到了机器视觉、安防监测、无线传感、智能分析等技术。其中，安防监测经过模数时代、网络时代，现在已全面进入智能时代，推动“云+AI”结合已经成为必然趋势。其中，AI 驱动物流行业多场景应用创新，云则让智能无处不在，实现按需使用。

为进一步提升仓储管理的经济效益、加强对作业区域的联合监管、联动保障广大客户财物安全、实现公司监测网络智能云管理，2021 年，安得智联选择与华为好望机器视觉分销商武汉聚雅科技有限公司合作，借助华为最新的安防监测技术和产品对全国的众多仓库进行了全面升级。

借助华为好望云平台，安得智联总部有关职能部门、省分公司及仓储管理方和货物业主方，均可通过电脑、手机等设备随时查看任一仓库作业过程，如设备管理、服务管理、算法管理、目标管理、用量统计等；并实现了实时调阅、事后回溯、统一管理等，从而推动物流管理的数字化、智能化发展，这在智慧物流建设中发挥着重要作用。

安得智联视频监测“云+AI”解决方案，不仅是华为好望云服务落地的最佳实践，也是华为机器视觉“1+3+N”战略的典型应用。“1”即软件定义摄像机；“3”即轻边缘、微边缘、好望云服务；“N”即智能算法、智能应用等软硬件生态。截至 2022 年 4 月，安得智联已经对全国 6 个大区、33 家分公司、52 个地市和 65 个仓库增补改造了 1522 台 AI 摄像机。

3. 应用效果与未来展望

面对庞大的智慧物流市场，融合了“云+AI”的机器视觉正在迎来新的发展机遇。机器视觉不仅具有高精度、速度快、稳定性与安全性高等特性，其图像传感器和 3D 测量传感器也可以更好地满足物流分拣系统需求，促进分拣系统向智能化、自动化发展。

对于安得智联这样致力于智慧物流建设的企业，机器视觉的价值和意义尤为突出。如今，安得智联已经构建了“数字化、智能化、一体化”的全链路解决方案体系。以前置仓为牵引，安得智联将送装一体化落到实处，进而不断提升线上线下一盘货、To B/C 一体化的能力，助力行业客户的全场景服务和全渠道发展。在此过程中，机器视觉在安得智联的落地应用，让整个过程更加透明、易管理，既能进一步优化工作流程，提升管理效率，也能实现降本增效，提升公司效益。不仅如此，安得智联在机器视觉上的创新实践，也可以给更多的物流企业提供参考借鉴。

（二）中储京科——“货兑宝”平台

1. 公司简介

中储京科供应链管理有限公司（以下简称“中储京科”）于 2019 年 10 月 17 日在青岛自贸区正式成立。中储京科的定位是以科技能力，业务模式创新为基础，做最专业的大宗商品供应链服务公司。中储京科最终要实现的目标是降低大宗商品行业的成本，提升全行业的效率，最终做到整个市场的模式升级。而中储京科要打造的核心能力是数字科技在大宗行业的应用能力、生态资源整合能力、一体化解决方案设计和线上运营能力。

其中，“货兑宝”平台由中储京科投资研发构建，平台集成中储股份在供应链管理上的丰富经验与京东科技在金融科技上的领先技术能力，以大宗商品的交易、交付安全为切入点，独创“天网+地网”的产品模式，集成人工智能、区块链、云计算、大数据、物联网等高科技手段，打造大宗领域仓储智能管理体系，提供大宗商品的物流仓储、交易、交付、金融、信息等综合服务，构建供应链协同服务平台。平台不参与交易，以服务集聚为主要功能，以科技与金融创新促进贸易、物流、金融的融合发展，平台搭建数字化供应链的基础设施，推动精益化、智能化大宗商品供应链与产业企业供应链的融合，提升产业供应链水平和效率，发挥整合带动作用，促进产业升级，助力新旧动能转换，探索产业互联网的新路径。

2. “货兑宝”产品体系介绍

“货兑宝”平台于2020年3月21日上线。平台分为客户端、仓储端、银行端、运营端，可以通过电脑或者手机实现在线仓储服务、看货服务、过户服务、交易交付服务、区块链电子仓单质押融资等服务。“货兑宝”平台的数字化服务体系架构如图6-24所示。

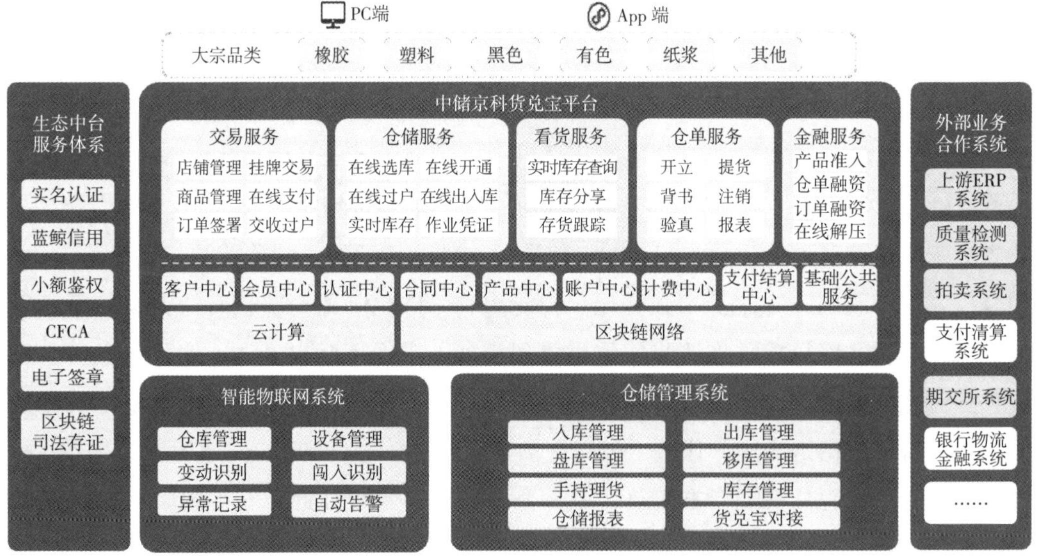

图6-24 “货兑宝”平台的数字化服务体系架构

资料来源：2022年全球物流技术大会演讲《数字经济引领现代流通体系建设》。

该平台的核心产品“五朵云”服务体系应用现状如下。

（1）智库云产品的数字化仓储服务。

“货兑宝”平台对仓储作业单据进行标准化，对关键的单据都以电子的形式作为交互载体加盖 CFCA（China Financial Certification Authority，中国金融认证中心）电子章确认责任主体的法律效力，并通过区块链存证到北京和广州互联网法院。通过平台把仓储客户和仓库打通，实现了仓储客户在线办理出、入库，在线查询库存，在线查看仓储物资库存状态，在线仓储物资过户等，完全实现仓储业务的线上化办理，把单据通过区块链进行存证，实现仓库的信息化改造和升级，有效地提高了仓储服务水平和服务效率。

（2）仓单云产品的电子仓单质押融资服务。

"货兑宝"平台基于区块链 BaaS 平台，搭建大宗现货电子仓单系统，实现电子仓单的全生命周期管理。通过区块链技术，平台将用户的关键操作和关键单据上链，直连广州互联网法院和北京互联网法院天平链，可保障电子仓单的安全性、唯一性、开放性、防篡改、可追溯，确保电子仓单的唯一性和权威性。平台只出具电子仓单，并作为唯一的质押、提货凭证，结合智慧物联网技术，可以实现实时对货物的管控，进而与银行系统对接，实现区块链电子仓单质押融资。

（3）交货云产品的在线交易交付服务。

"货兑宝"平台在数字化仓库的基础上，为客户提供现货的线上"挂牌交易"和"保兑货过户"服务。平台基于仓库的现货物资，满足客户的在线交易交付，实现了在线看货、在线合同签署、在线货款结算、在线货物交付的全过程，并把交易的单据通过区块链进行存证。平台的挂牌交易功能，实现了多种交易场景，满足不同交易模式，平台推出的"保兑货"功能，可以实现"一手钱一手货"交易，有效解决了交易中的不信任问题，有效地保障了整个交易的真实性、安全性和可追溯性。

（4）融资云产品的协助企业融资服务。

"货兑宝"平台通过自身的仓储优势，为企业提供供应链金融服务，并辅助资金方进行贷后检测。平台通过 IoT 设备+作业平台+外部数据引用等多方信息整合，构建金融产品数据流闭环，通过 PC 端或 App 端操控设备读取货物唯一标识，标识引入货物留存在"货兑宝"上所有关联数据信息，实现真正的数据化透明。此外，平台开放对接银行产品资源，为企业提供"金融产品超市"，实现多金融机构产品"一键查询"，清晰掌握不同金融结构的产品模式。

（5）协同云产品的自助服务。

"货兑宝"平台接口直联仓储平台，依托超宽带技术（UWB）、智能视频监控、3D 增量建模、巡检机器人等 IoT 技术全面有效地对仓库的收发存各环节进行监控，做到货物账实相符，减少人为误差，杜绝监守自盗风险。构建统一的网络型仓储物流服务平台，实现仓储过程管理的可视化、可控化、透明化，从而打造出安全的、智能的、可靠的仓储"地网"系统。此外，平台采用"天网"信息化模式直联仓库原有的"地网”作业模式，“天网+地网”结合将仓储人员、贸易主体、生产企业、资金方、其他第三方服务结构链接起来，多方协同搭建仓储网络，从而构建“货兑宝”平台的在大宗领域数字化、智能化的生态。

3. 具体案例

（1）AI 与多种技术的结合：数字化仓储案例。

中国庞大的产业基础决定了市场上有大量可流转的底层现货资产，却一直没有管理好。大宗商品现货资产缺乏真实性、安全性和流动性保障，底层资产大多以场外不标准、不透明的形式存在，在流转环节无法实现对底层资产的风险控制的要求。

针对此行业痛点，中储京科“货兑宝”平台在中储股份青岛分公司仓库成功上线后，陆续在青州中储、临沂中储、国储东部物流等 13 家仓库实现系统对接上线，430 余家橡胶、塑化行业企业认证到“货兑宝”平台，通过 PC 端、App 端线上化办理入库、出库、过户以及存货信息和业务流程信息的“看、管、查”，通过 WMS、AIoT 和“货兑宝”平台三套系统交叉比对，实现“五相符”工作法：存货电子账目、电子存货凭证、存货实物状态、存货货位、存货标识实时相符，用以印证货物确实处于安全状态，其示意如图 6-25 所示。

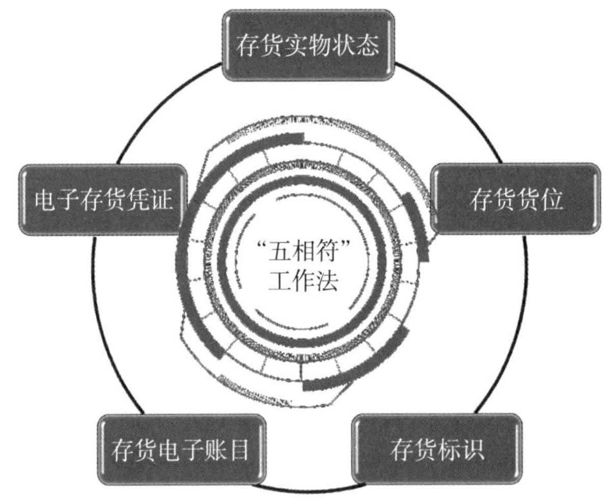

图 6-25　“五相符”工作法示意

此项目完成了以下几个目标。

①电子单据的安全传递，且实时精准。解决了客户传真单据不全、伪造、印鉴不清晰、信息不清楚的问题。节省了客户、受理员、司机因为传真问题产生的沟通时间。

②提升业务办理效率。电子单据实时传递和在线管理，提升司机办理业务效率 50%，每个仓库可以减少仓库受理员 1~5 人。

③提升客户资金周转率。在提货和过户业务中，司机装车完毕或仓库办理完过户

后，客户可以实时在“货兑宝”平台查看，及时与下游办理资金结算。

④单据和流程标准化。统一的标准和流程使平台所有电子单据标准化，业务办理流程化，为底层仓储业务的数字化奠定基础，为行业提供参考价值。

目前货兑宝平台的用户注册数 1169 家，注册仓库 16 家，数字化覆盖仓储面积 168 万平方米，分布在 10 个省区市，在线累计吞吐量 190 万吨。其中，青州中储的业务上线率超过 95%，基本实现了完全线上化作业。

（2）AI+区块链：电子仓单全线上跨链流转案例。

中国大宗商品仓储行业存在单据不规范、漏洞较大、违规成本低、难以管控、风险较高等问题，使如何打造“大宗放心仓单”成为难点。针对此行业痛点，2021 年 8 月 16 日，基于区块链联盟链构建的共识机制，中储京科“货兑宝”平台与中国建设银行“区块链物流金融平台”实现了首笔电子仓单全线上跨链流转，经办行中国建设银行青岛市城阳支行成功为融资客户“青岛德赛克贸易有限公司”发放区块链电子仓单质押贷款。

此笔业务中，中储股份青岛分公司通过“货兑宝”平台智库云产品为客户提供在线仓储服务，实时在线办理入库、在线库存查询，为客户线上生成区块链电子仓单；中储京科“货兑宝”平台提供区块链电子仓单的开立、验证、质押、提货、背书转让、部分提货等全生命周期服务，实现电子仓单各个业务节点的控制，并将关键的数据、单证以及指令运用区块链技术同步至广州和北京互联网法院存证；中国建设银行青岛市城阳支行按照联盟链各方约定的共识机制，对提交的电子仓单进行验真、核价、质押、放款，并通过物联网技术并运用 AI 算法对仓单项下货物进行贷后管理。电子仓单的实现流程如图 6-26 所示。

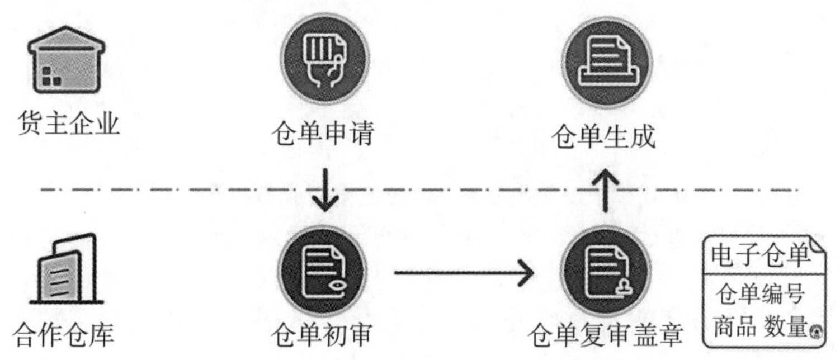

图 6-26　电子仓单的实现流程

资料来源：2022 年全球物流技术大会演讲《数字经济引领现代流通体系建设》。

该笔业务的落地，标志着双方构建的区块链联盟链已达到业务应用层级，做到了从融资客户贸易数据到数字化仓库数据的穿透。生成的数字化区块链电子仓单具备唯一性、可追溯性、不可篡改性，将供应链各参与方有序高效协调，有效地解决了大宗商品供应链金融业务中存在的信任和安全问题。

4. 项目成效及未来展望

“货兑宝”平台依托中储股份在仓储物流领域的优势地位和京东科技的技术能力，将大宗商品的仓储与流通和数字科技相结合，为大宗商品智能供应链服务树立了新标准。平台将携手推进大宗商品行业新基建，完善供应链解决方案，以数字化仓库为基础，为大宗物流注入科技的力量，夯实“货兑宝”的内涵，加快落地速度，迈快步、迈大步发展，逐渐形成核心竞争力和行业门槛，占领行业制高点，形成行业标准。

同时，平台还将多种技术进行组合集成，同时连接仓库、清算所、银行、检验机构、保险公司、拍卖公司等生态责任主体，形成综合性服务输出，赋能大宗商品产业上、中、下游的骨干企业和中小参与者，从而进一步实现物资流通社会化，推动大宗商品全国统一大市场建立。具体的做法有，通过新型的技术管控手段和连接方式，探索新模式和新业态；通过技术集约的方式降低全社会整体物资流通的组织和管理成本；通过数字技术构建有领导有组织的公共治理结构。“货兑宝”供应链协同服务平台示意如图 6-27 所示。

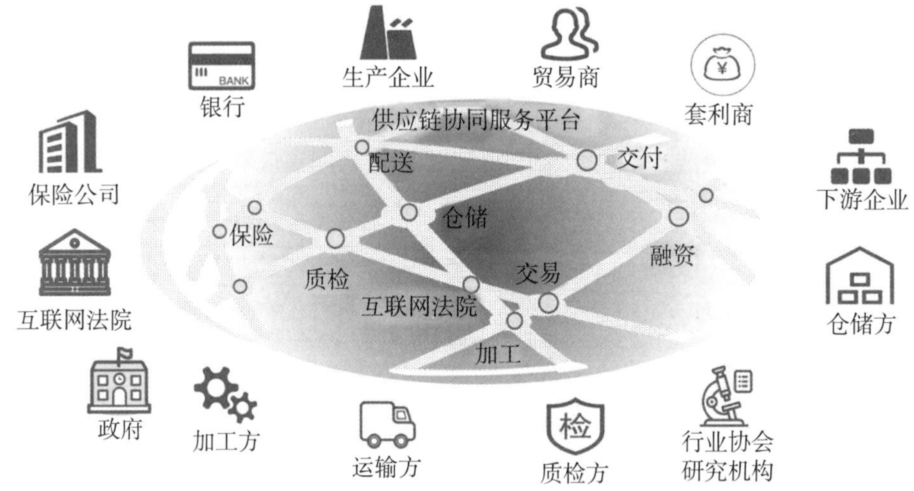

图 6-27 “货兑宝”供应链协同服务平台示意

资料来源：2022 年全球物流技术大会演讲《数字经济引领现代流通体系建设》。

未来，社会和经济会朝着互联互通、多元化、敏捷化、智能化、精益化的方向快速发展，实现工业互联的工业互联网与产业互联的产业互联网。数字经济的基础产品将帮助金融更加扁平，更加贴近真实的需求，而电子仓单、电子运单等将成为数字化金融的基础产品。“货兑宝”平台将依托其五朵云的服务理念，构建纵横结合的大宗商品+产业互联网发展战略，为数字化时代的构建贡献自身的方案和价值。

第七章 物流运筹与算法

近年来，随着大数据、人工智能、仿真等相关技术日益成熟，物流数字化场景越来越丰富，数据量大幅攀升，运筹作为数据化智能决策的关键杠杆，逐渐成为热点技术并广泛应用于物流行业，推动了物流运筹技术的快速发展与不断创新。本章基于对物流运筹技术的相关成果和近年热点等方面的综述分析，将章节划分为物流运筹技术概述、路径规划与优化、订单处理优化、资源配置、供应链优化、物流领域常用的优化算法及应用六节。第一节对物流运筹问题的特征、研究难点、研究方法、现实热点问题等进行介绍，第二节至第五节针对具体的物流运筹领域，对现实背景、问题描述、优化目标及约束、求解方法等进行介绍，第六节对物流领域常用的优化算法及应用进行介绍。

第一节 物流运筹技术概述

物流运筹技术主要研究物流活动中能用数量来表达的有关运用、筹划与管理等方面的问题，根据问题的要求，通过数学的分析与运算，做出合理安排，以便经济、有效地使用人力、物力、财力等资源。多年以来，物流运筹技术在研究与解决复杂的实际问题中不断发展创新，新难点、新方法、新热点不断涌现。本节沿着物流问题的特点、研究难点、创新方法、现实热点四个方面展开对物流运筹技术的概要介绍。

一、物流中的序贯决策问题

在物流应用场景中，大多数决策问题的影响因素具有随机性、动态性和不可预测性等特点，物流决策是随着时间状态不断做出的，由此，环境信息也在不断发生变化，从而影响后续的决策。也就是说，物流决策问题普遍为多目标的、动态的优化问题，对决策的实时响应具有较高要求。因此，运筹学中的序贯决策问题的建模与分析方法已经成为当前物流决策中的一种有效手段。

（一）序贯决策问题概述

序贯决策又称为顺序决策、序列决策、动态决策，是指按时间顺序进行的一系列决策，是一种动态的决策方式。序贯决策可用于随机性或不确定性动态系统最优化的决策，其主要的研究对象是运行系统的状态和状态的转移，即根据变量的现实状态及其发展变化趋势，预测它在未来可能出现的状态，以做出正确决策。

序贯决策问题可以从系统、决策和下一步状态三方面的要素进行描述。一是所研究的系统是动态的，即系统所处的状态与时间有关，可周期性或连续性地对其进行观察；二是决策是序贯进行的，即每个时刻根据所观察到的状态和以前状态的记录，从可行决策中选择最优决策，使取决于状态的某个目标函数取最优值；三是系统下一步可能出现的状态是随机或不确定的。

1. 序贯决策的特点

一是无后效性，即前一阶段决策方案的选择直接影响到后一阶段决策方案的选择，后一阶段决策方案的选择取决于前一阶段决策方案的结果。二是多阶段性，即具有在时间上有先后之别的多阶段决策，决策者关心的是多阶段决策的总结果，而不是各阶段的当即结果。三是预测性，即决策的实施是对各种可行方案的前景加以预测，根据预测的结果从中选择最优可行方案。四是条件性，即决策涉及的过程都要满足一定的条件。五是连续性，即需要对每一个阶段进行决策，后一个阶段决策是在前一个阶段决策的基础上再进行决策，依次连续进行。

2. 序贯决策的过程

从初始状态开始，每个时刻做出最优决策后，接着观察下一步实际出现的状态，即收集新的信息，然后再做出新的最优决策，反复进行直至结束。序贯决策的过程示意如图 7-1 所示。

序贯决策过程中，系统在每次做出决策后，下一步可能出现的状态是不能确切预知的，通常存在两种情况。一是系统下一步可能出现的状态的概率分布是已知的，可用客观概率的条件分布来描述，相应的序贯决策模型研究较多的为马尔可夫决策过程模型，它是将马尔可夫过程理论与决定性动态规划相结合的产物。二是系统下一步可能出现的状态的概率分布是未知的，只能用主观概率的条件分布来描述。

（二）物流中典型的序贯决策问题

序贯决策是一种简单而又实用的决策方法。对于给定的动态系统而言，初始状态已知，系统经过运行后，通过序贯决策方法所选择的方案，是平均收益最大的方案，同时可大大减少计算量。在物流场景中，序贯决策广泛应用于路径优化、拣货调度、

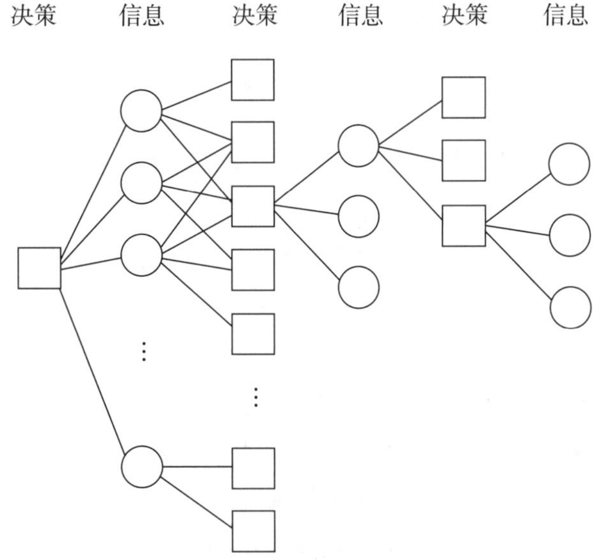

图 7-1　序贯决策的过程示意

资料来源：2022 年全球物流技术大会演讲《运筹学在物流管理中的应用：面对不确定性》。

装箱配载以及库存控制等问题。

1. 路径优化

路径优化问题主要包括旅行商问题和车辆路径问题，是典型的多阶段序贯决策问题。在传统的确定环境下，例如只有固定节点的路径规划过程中，固定顺序的一系列操作一定会得到相同的结果，传统的运筹优化方法可以很有效地解决此类问题。而近年来，随着智慧物流技术与装备的不断进步，智能机器人在物流仓库中的应用越来越有前景，机器人路径规划成为重要的研究课题，图 7-2 为多机器人作业场景示意。路径规划应用的场景正在从确定的环境到复杂、不确定的环境，从简单动作到复杂动作进行

图 7-2　多机器人作业场景示意

资料来源：2022 年全球物流技术大会演讲《开放式柔性物流系统中的优化问题》。

不断的创新和改进，以满足实际应用需要。

在随机环境下，路径优化问题具有不确定性，难以运用传统的运筹优化方法进行求解。因为随机环境相对于确定环境而言，每一步操作的结果都是随机的，即使相同的操作序列也会得到不同的结果。该类不确定性路径优化问题符合序贯决策的特点，其中，“不确定性”主要体现在信息演变和信息质量变化这两个方面。信息演变是指决策者掌握的某些信息有可能会在实际中随时间发生变化；而信息质量变化是指某些信息存在不确定性。

2. 拣货调度

在物流场景中，拣货调度问题也是典型的序贯决策问题。拣货作业大部分是劳动密集型作业，是物流系统中工作量最大、最烦琐、最易出错的一个环节。拣货作业连接进货和出货，其作业效率及正确性大大影响着物流配送的服务质量，图 7-3 为根据出库订单进行拣货调度场景示意。拣货调度优化研究既具有学术前沿性又具有重要的实际意义，如何有效地提升作业效率和降低拣货人员错误率是拣货作业的核心问题。

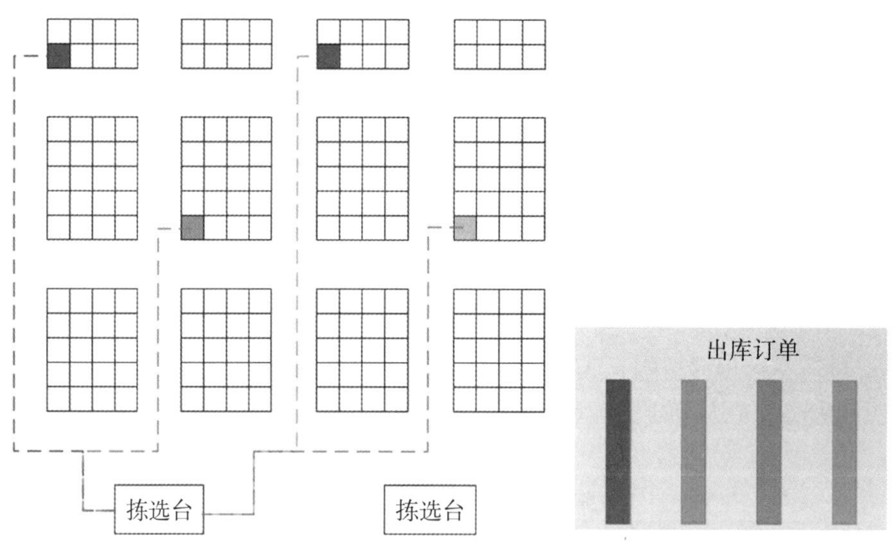

图 7-3　根据出库订单进行拣货调度场景示意

拣货作业不确定性的影响因素多样，包括因货品的季节性、易腐性等特性而造成的供给不确定；因季节变化、促销活动和节假日等因素而造成的需求不确定；因拣货人员作业熟练度和疲劳度以及设备老化程度等因素而造成的拣货时间不确定等。这些因素使拣货调度具有高度的不确定性。因此，拣货调度具有多阶段、多层面、多周期等难点，需要在保证拣货时效性的同时，随着不同时期的拣货作业任务量进行动态调整。

基于序贯决策的思想，拣货调度分为拣货订单成组和订单排序问题。一个订单通常包含很多种商品种类，且不同的商品种类都是分开进行储存的。为了提高拣货作业效率，通常基于订单成组方法对订单进行成组，之后对一组订单同时进行拣货。学术界常用的订单成组方法有基于拣货位置相似性成组和基于时间窗成组。基于拣货位置相似性成组主要是将拣选位置最相似的一组订单进行成组拣货，需要做出决策的是如何度量订单之间的相似性。基于时间窗成组是指同一时间窗到达的订单一起成组为一批次，这些订单在接下来的阶段同时处理。订单排序问题多以总的拣货时间最短或总的订单等待时间最短为目标。订单成组以及订单排序中，各决策阶段环环相扣，密不可分，具有连贯性和统一性，需协同作业。

3. 装箱配载

装箱配载是随着装箱作业过程进行的动态决策过程，该决策过程呈现无后效性特征。因此，装箱配载也可视为序贯决策问题。

集装箱码头装船作业组织即装箱配载的一类典型问题，本节以该类问题为例详细说明其序贯性的特点。装船作业组织受到由配载计划决定的集装箱在船上的目的位置以及由堆存计划决定的集装箱在场堆存位置的双重限制，需要协同堆场内的取箱作业减少作业冲突，并且需要减少作业过程中反复移动、翻箱等问题，保证装船的作业效率。

装船作业组织具有全局性、动态性以及高效性等作业要求。全局性方面，应在尽量减少当前作业造成全岸线不同船之间作业冲突的同时，通过合理安排装船顺序避免因当前作业造成的后续作业冲突，保证在连续作业过程中的决策全局优化。动态性方面，应依据系统在持续作业过程中由于多种影响作业进程的不确定因素而产生的变化，能够进行动态决策，不断调整当前作业指令，保证决策的动态性和及时性。高效性方面，能够协同集装箱码头全域设备资源，保证在分配当前作业指令时对应作业区域有可执行的作业设备执行对应指令，保证作业连续性，进而保证全岸线作业过程高效进行。

4. 库存控制

库存控制的核心内容包括订货时间、订货数量以及库存水平等，其目的是在降低库存的同时保证较高的客户服务水平，也是一个典型的多阶段序贯决策问题。好的库存控制决策能使供应链高效、低成本并以高服务水平运营，是供应链网络优化的研究中必不可少的研究内容。

在进行库存控制优化决策时，考虑可能存在的不确定因素对于制定灵活的库存控制策略至关重要，如实际情形下客户需求或订货提前期的动态变化因素。相较于其他不确定因素，需求不确定性在现实中最为常见。为模拟实际情况下的需求不确定性，学者们通常采用概率分布方法和情景构建方法两种研究途径。概率分布方法是将需求量设定为服从某概率分布的随机变量，如设定需求服从正态分布。情景构建方法是通过设置需求量参数的一系列情景实现和情景实现概率来表征需求量在未来的不确定性变化，再通过情景建模将所有可能的情景实现和情景实现概率纳入优化模型。特别地，在多阶段供应链库存决策中，由于供应链不协调容易造成“牛鞭”效应，即指供应链上的一种需求变异放大现象，使信息流从最终客户端向原始供应商端传递时，无法有效地实现信息共享，使信息扭曲而逐级放大，导致了需求信息出现越来越大的波动的现象，增大了供应商的生产、供应、库存管理和市场营销的不稳定性。传统的运筹优化方法难以优化这类动态随机型库存控制问题，需要运用序贯决策的思想来求解。

二、物流运筹技术研究的主要挑战

由于物流实际作业场景的系统性、复杂性、动态性等特性，应用运筹学解决物流优化问题面临众多挑战，包括对环境不确定性的准确估计、搭建满足现实场景的模型、大规模模型的快速求解、全局最优解的获取等。

（一）对环境不确定性的准确估计

物流环境存在众多不确定性，准确估计这些不确定性是将物流实际问题抽象为数学问题的前提，也是物流运筹技术研究的主要挑战之一。以电商快递为例，需求的时空分布非常复杂且不平衡，考虑到节假日、特殊购物节等的影响，难以对全国乃至全球未来的需求作出准确估计，因而难以提前对物流资源作出准确规划。

同时，更具挑战的是当前环境处于高度不确定的状态，物流行业正在发生根本性变革。物流的关注点从速度、成本和质量的传统三要素转向迅捷、灵活、协作的新三要素。其一，物流关注迅捷，是指当外部环境存在重大不确定性时，需要迅速敏捷地帮助上游和客户缓解不确定性带来的冲击。例如，新冠肺炎疫情在上海暴发之后，许多企业的中心仓被封，物流供应链断裂，对客户的产业造成了巨大影响，这要求物流企业打破传统的中心仓模式，迅速采取措施，运用数字化的中心仓，或者云中心仓，从而有效应对不确定性带来的影响。其二，物流关注灵活，是指不仅能够在仓储、配送等环节灵活应对客户需求，而且能够灵活帮助上下游企业或合作伙伴及时配置资源。其三，物流关注协作，要求企业探索一体化供应链物流。新形势下，物流关注点的变化印证了物流环境的不确定性正在与日俱增。在这种背景下，准确估计环境的不确定性愈发困难，这对物流运筹技术的创新进步提出了挑战。

（二）搭建满足现实场景的模型

数学模型的构建与运用在物流规划中非常重要。物流规划以运筹为核心，现实问题需要转换为模型中的参数或变量，通过模型的运行选择最优决策。符合现实场景的模型，会使物流规划科学、高效并可持续。而对模型的构建与运用是综合性的，需要考虑到现实场景中的众多因素，如果生硬地构建模型会导致其过于理论化。

基于现实场景的复杂性，搭建满足现实场景的模型非常困难，这是物流运筹技术研究的另一主要挑战。原因主要在于决策目标和约束的多元性。首先，现实问题所需达成的目标是多元的，甚至是冲突的。例如，在对电商快递路由作规划的时候，要考虑到最小化仓储、运输、人力等成本，同时最大化满足时效要求等多个目标。其中，高时效必然与低成本产生冲突，决策者需要在诸如此类冲突的目标之间作出权衡。其次，现实问题中需要满足的约束也多种多样。例如，在购物节前，不同城市卡车司机的数量以及司机对路线的熟悉程度等因素是随机的情况下，决策者需要提前调度多少数量的卡车和司机在各大城市待命，才能在满足时效需求的前提下，尽可能减少空闲资源的浪费。这个问题就包含了时效约束、卡车的装载能力约束等。

（三）大规模模型的快速求解

在搭建好一个能准确描述现实场景的模型后，需要有能在相对较短时间内准确地求解模型的算法，即需考虑求解效率问题。一些经典的模型往往得益于其简洁性，能快速得到精确解；但是由于其过度简化了问题特征，导致与现实场景相距甚远，无法直接应用，如库存管理中的报童模型。因此，往往在为具体问题设计了针对性模型之后，还需要设计出针对性的求解算法，实现对模型的快速求解，才能将解决方案真正落地。

近年来，随着现代信息技术的快速发展，物流领域经常面临高维数据的统计分析问题。由于这些问题的现实场景复杂、数据规模庞大，同时需要考虑多变的市场经济环境和巨大的运营压力，既要保证系统的安全稳定运行，又要平衡供需以实现成本、效率和效益的最优，涉及千万级乃至亿万级的求解问题，对算法求解效率提出较大挑战。例如，工业领域的生产排程、产销协同及能耗控制是很多企业面临的棘手问题，由于供应链复杂，客户需求变化快，企业必须快速响应市场变化，统筹需求、采购、生产、运输等各方面的海量数据做出最优决策，这是很复杂的数学优化问题。此外，在零售消费领域，产品种类越来越多、物流配送越来越快，即使是在节假日、“双十一”这样的特殊时期，线上线下不打烊也已经是常态。在这背后，企业需要对供应链进行合理调配和安排，包括营销策略、选品、定价、补货、分货、选址等，要综合考虑工厂产能、上游库存、仓储能力、运输能力、产品特性、区域特性等多种约束，一个环节出问题就可能影响整个消费链条。这对于拥有数百或数千个产品品类的企业来说，计算难度更是呈指数级上升。

（四）全局最优解的获取

模型的搭建也需要考虑到能否获得全局最优解等问题。对于一定条件下的一个问题，如果某个决策与解决该问题的所有决策相比是最优的，那么该决策就可以称为全局最优。与全局最优相对的概念为局部最优，是指解决问题的方案在一定范围或区域内是最优的，或者说解决问题或实现目标的手段在一定范围或限度内是最优的。也就是说，如果一个决策与部分解决问题的决策相比是最好的，那么它就是局部最优解。可见，局部最优不一定是全局最优，但全局最优一定是局部最优。

在物流算法中，有一类算法是对比所有可行方案，从而找到全局最优解，这类算法称为精确算法，例如，割平面法、分支定界法、动态规划法等。在实际应用中，精确算法的计算量会随着问题规模的增大呈指数级增长，导致这类算法在现有计算设备中无法用于复杂的组合优化问题的求解。以顺丰为例，其拥有超过 2.1 万个自营网点，400 多个中转分拨中心、站点，超过 9.5 万辆自营及外包车辆、13 万条干支线。如此庞大的数字放在模型当中带来的是上百万个决策变量、过千万条模型约束等。即使是一个最简单的线性规划模型也需要相当长的时间求解。模型的复杂性以及数据规模的庞大导致无法用精确算法获得全局最优解。因此，在这类问题的研究中，常采用启发式算法来寻找近似最优解，即在解决问题的过程中不断地选择调优，从而找到问题近似的最优解，这类算法主要有模拟退火算法、遗传算法、蚁群算法等。

三、强化学习方法在物流中的应用

目前，强化学习已经成为人工智能领域一个新的研究热点，并已成功应用于各领域。强化学习将运筹优化领域的很多问题视为序贯决策问题，建模为马尔可夫决策过程并进行求解，在求解复杂、动态、随机运筹优化问题中具有较大的优势，能够克服物流运筹技术研究中的众多挑战，在物流领域有良好的应用前景。

（一）强化学习方法概述

强化学习，又称为增强学习，在运筹与控制理论领域称为近似动态规划，是统计学、心理学、运筹学、信息论以及计算机科学等多学科交叉综合的一门学科。强化学习是机器学习的一个重要分支，它是基于智能体与环境进行交互，从环境中获得信息奖励并映射到动作的一种学习方式，其主要思想是智能体与环境不断进行交互和试错，接收反馈信号来进行优化决策。状态、动作、策略、奖励是强化学习方法的四要素。强化学习方法相关名词解释如表 7-1 所示。

表 7-1　　　　强化学习方法相关名词解释

名词	解释
智能体	学习器与决策者的角色
环境	智能体之外、与之交互的一切
动作	智能体的行为表征
状态	智能体从环境获取的信息
奖励	环境对智能体动作的反馈
策略	智能体根据状态进行下一步动作的函数

强化学习的基本结构可以描述为：在每个时间步长内，智能体感知环境状态，并根据既定的策略采取动作，得到执行动作所获得的即时奖励，同时使环境由当前状态转换为下一状态。强化学习的目的是让智能体学到一种策略，实现状态到动作的映射，智能体在该策略的指导下进行动作，获得最大的奖励，其基本结构示意如图 7-4 所示。

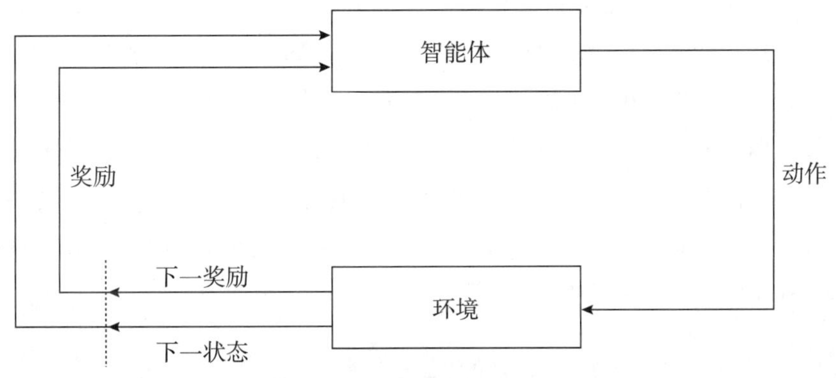

图 7-4　强化学习基本结构示意

强化学习方法能较好地克服传统运筹学研究方法的缺点。传统运筹学的研究方法通常分为两步。首先建立研究问题的数学模型，包括目标函数和约束条件等；其次设计算法求解该模型。对于大规模复杂系统来说，传统运筹学研究方法存在三方面的问题。一是难以建立精确有效的数学模型，或者即使建立了数学模型，也是对实际问题的理想化处理。二是无法解决较大规模的问题，因为随着问题规模的增大，会出现“组合爆炸”现象，计算的时间和空间复杂度呈指数级增长。三是只能求解静态的确定性问题，难以考虑动态及随机因素。强化学习方法相较于传统运筹学研究方法，主要表现为三方面的优势。一是在建模难、建模不准确的问题方面，强化学习可以通过研究主体与环境的不断交互，学习到最优策略。二是在传统方法难以解决高维度的问题方面，强化学习提供了包括值函数近似以及直接策略搜索等近似算法。三是在难以求解动态与随机型问题方面，强化学习可在研究主体与环境之间的交互以及状态转移过程中加入随机因素。强化学习的这些优点使其适合求解运筹学领域的大规模动态、随机决策问题，如路径优化、作业调度、装箱配载以及库存控制等问题，为物流运筹优化的研究提供了一个新视角。

（二）马尔可夫决策过程建模

最简单的强化学习的数学模型是马尔可夫决策过程。对马尔可夫决策过程的各项限制不断放松，研究相应的算法，是强化学习的目标。马尔可夫决策过程的策略完全取决于当前状态，而与历史状态无关，这也是其马尔可夫性质的体现。

马尔可夫决策过程包含五大要素：状态空间、动作空间、奖励函数、策略、状态转移概率矩阵。状态空间是指所有状态的集合，其中状态是对环境的描述，在智能体做出动作后，状态会发生变化，且演变具有马尔可夫性质；动作空间是指所有可能动作的集合，其中动作是对智能体行为的描述，是智能体决策的结果；奖励函数是智能体给出动作后环境对智能体的反馈，是当前时刻状态、动作和下个时刻状态的标量函数；策略是给定状态时，关于动作的条件概率分布，一个策略完整地定义了智能体的行为方式，即策略定义了智能体在各种状态下可能采取的动作，以及在各种状态下采取各种动作的概率；状态转移概率矩阵是定义智能体做出动作后进入下一状态的概率的矩阵。

强化学习方法的难点在于如何把一个复杂的优化问题建模为马尔科夫决策过程，包括对环境的建模，对动作、状态、奖励函数的定义。其核心问题是需要解决模型的泛化性能，通常需要大量的数据进行训练。

（三）强化学习方法在物流中的应用趋势

强化学习在求解随机动态型多阶段序贯决策问题方面具有一定的优势，但是相对于日益复杂的生产、物流及管理系统来说，基于强化学习的研究仍处于起步阶段。为推进强化学习在物流运筹优化领域的应用研究，主要有以下几点值得深入探讨的研究方向。

一是逐步提升基于马尔可夫决策过程模型的精准度，使模型更加符合日趋复杂的物流优化动态系统的需要。首先，由于强化学习是基于交互和奖励的学习方式，奖励函数的定义至关重要，为避免人为主观规定的不确定性，需要研究如何以更加科学的方式来定义奖励，如增加稀疏奖励来评估中间的成就；其次，在随机动态模型下，综合考虑多重而非单一随机性因素对系统的影响，即考虑多种随机性因素的协同优化。

二是研究强化学习算法与其他各类算法的结合，从而使强化学习在处理物流领域具体问题时更具准确性与稳健性。强化学习算法的优势在于通过交互获取环境的动态信息，解决大规模复杂系统性的问题，但其存在收敛效率不高、速度过慢、不稳定等问题。因此，可以用其他启发式优化算法指导强化学习进行更有效率的学习，如遗传算法等，也可在强化学习中加入物流专业领域的知识、经验和高质量数据等，以此来提高强化学习的学习效率并降低学习难度。

三是加强深度强化学习算法在物流运筹优化中的应用。深度强化学习的优势在于利用深度神经网络对状态的特征进行自动提取，在很大程度上避免了人工定义特征的不准确性，并且能够提取系统关键特征，使智能体可以在更加原始的状态上进行学习，能够求解更为复杂的运筹优化问题，提高物流运筹优化问题的求解质量。

四是扩大强化学习在物流领域的应用范围。很多物流运筹优化问题都可以视为序贯决策问题，如物流选址、自动仓库的货物拣选、客户需求量预测以及物流网络布局等问题，这类问题也是典型的随机型动态决策问题，可以利用强化学习的方法进行优化求解。同时，可进一步将元学习、迁移学习、多任务学习以及终身学习等方法引入强化学习并应用于物流运筹优化领域，使其能在面对新问题时快速发现问题的本质，并能迁移以往的学习经验来加速强化学习的学习进程。

四、物流运筹技术研究的现实热点问题

在新的时代背景下，物流各细分领域涌现出许多具有新特点、新要求的热点问题，例如，随着无人机技术进步产生的无人机应用于城市物流配送的问题；外卖作为即时配送不断普及带来的外卖订单派送优化问题；应急物资调度优化问题以及供应链韧性评价问题等。针对这些热点问题，物流运筹技术不断发展创新。

（一）城市物流中的无人机配送问题

现实物流场景中，城市物流中的无人机配送属于新兴领域（见图 7-5）。在物资运输压力剧增、无接触配送需求爆发的背景下，无人机展现出的便捷、安全、高效等配送价值令人瞩目。中国邮政速递物流水陆两栖无人机试飞成功；京东发布物流货运大型无人机；美团无人机在深圳实现常态化运营，为 7 个区域、8000 多户居民提供即时配送服务……这些尝试均推动了无人机在配送服务领域的发展。

无人机配送在物流订单时效要求高、人力有限、配送距离远、地面交通复杂的场景中具备一定优势，但同时其系统优化也面临新的挑战，出现了很多新的研究热点。城市物流中的无人机配送问题的研究方向包括无人机配送中心站点的选址问题、无人机航线路径规划问题、卡车和无人机的联合调度问题以及无人机配送的安全性问题等方面。

图 7-5　无人机配送

资料来源：http：//www. banyuetan. org/jj/detail/20220323/1000200033136091648003195196724524_1. html。

（二）外卖订单智能派送优化问题

近年来，随着互联网的不断渗透，外卖行业逐渐发展成熟，主流外卖平台逐渐开始推行智能派单模式。智能派单解决的就是外卖订单智能派送优化问题，是指利用数据驱动、智能算法等先进技术进行订单分配和路径优化，使骑手配送效率达到整体最优。

2016 年 11 月，美团外卖推出了“O2O 实时配送智能调度系统”；2017 年 11 月，饿了么外卖也发布了其自主研发的“方舟智能调度系统”。然而，外卖平台智能派单实践中仍然存在诸多问题，引起了社会的广泛关注。2018 年 5 月至 6 月，在重庆、上海、烟台、临沂等十几个城市发生了多起骑手集体抗议活动，反映智能派单中存在指派的订单距离远、没有考虑骑手电动车续航能力、拒单的惩罚过于严格等相关问题；2020 年 9 月 8 日，一篇《外卖骑手，困在系统里》的文章认为，智能派单是导致外卖骑手交通违法的主要原因。此后，外卖平台的智能派单中涉及的社会问题和伦理道德问题引起更多关注，包括大数据杀熟、骑手被困在系统中、订单分配的公平性、配送费用的定价不合理等问题。外卖平台的智能派单背后的运筹优化算法的改进研究也成了一项重要的研究热点。

（三）应急物资调度优化问题

应急物资保障是应对严重自然灾害、突发公共卫生事件、公共安全事件等突发事件，统筹经济发展和保障民生的重要基础。在抗击疫情的阻击战中，物流行业已经成为抗疫保供的中坚力量。与此同时，应急物资调度优化以实现应急物资的合理分配、及时送达的相关研究正在广泛开展。

应急物资调度优化的研究包括运输车辆调度、运输路线优化、应急物资配送效率优化、物资分配公平性等。其中，在运输车辆调度方面，有学者考虑了多种车型、多式联运、多个供货点的运输调度问题；在运输路线优化方面，有学者结合突发事件发生时可能造成道路不通、路况不确定的情况，考虑了道路受损对可靠度的影响及通行时间的影响，研究路径优化问题；在应急物资配送效率优化方面，有学者考虑需求的紧迫性以及尽量减少缺货情况等约束；在物资分配的公平性方面，有学者考虑了受灾人群的心理因素，使物资配送更加公平、合理。在这些问题的研究中，大多学者采用人工智能算法对相关问题进行建模求解，并在原有算法基础上进行了改进，使算法更加适用于应急场景下的现实模型。

（四）供应链韧性评价问题

供应链韧性是指供应链受到干扰后能够恢复到原状态或者更加理想状态的能力，是应对突发性风险的一种重要工具。当前时代下，疫情给全球供应链带来了极大的压力，供应链的安全稳定尤为重要。2021 年 3 月，《中华人民共和国国民经济和社会发展第十四个五年规划和 2035 年远景目标纲要》发布，其中提出要形成具有更强创新力、更高附加值、更安全可靠的产业链供应链；2021 年 12 月，中央经济工作会议中把“增强产业链供应链自主可控能力”作为主要工作任务之一；2022 年 4 月，工业和信息化部在 2022 年也明确要“不断增强产业链供应链韧性”；中共二十大报告中也提出要“着力提升产业链供应链韧性和安全水平”。在这样的背景下，供应链韧性的研究也逐渐增加。

供应链韧性评价是供应链韧性研究中的重要方向之一。目前已有的供应链韧性评价的方法主要可分为四类。一是用核心要素测度韧性。将供应链韧性分解成几个核心要素，并用调查表的方式对这些核心要素进行打分。常见的核心要素包括灵活性、冗余性、敏捷性等。二是用直接的定量指标测度韧性。这类方法所用的定量指标包括供应链受到扰动后恢复到原有状态或更加理想状态所需要的时间、恢复的程度以及恢复期内供应链绩效的损失程度等。三是用具体的供应链绩效评价的定量指标测度韧性。学者们用一个或者多个供应链绩效评价指标，如客户服务水平、订单满足率等，并通过模拟等方法对韧性进行评价。四是用拓扑指标测度韧性。这类指标主要是从复杂网络的视角来对韧性进行测度，常用的指标包括密度、复杂度、节点关键性、平均路径长度等。目前的研究通常针对的是一般供应链，未来，通过考虑某一特定情境的独特性特征进行供应链韧性的研究也是研究趋势之一。

第二节　路径规划与优化

路径规划问题研究经过物流网络中各节点的顺序、时间，寻找一条从起始点到目标点的最优或近似最优的路径，在满足运输时间和车辆载重能力等约束条件下，实现运输路径最短、使用时间最短、消耗的能量最少或者总成本最小等目标，是物流运筹优化问题中的一项重要环节。随着物流行业的发展，路径规划问题可以引入新的情景。

一、车辆路径规划问题

根据已有研究，经典的车辆路径规划（VRP）问题可以定义为：已知一个发货点和若干个收货点的地理位置和需求，在满足各种约束的条件下，组织合适的行车路线，使 N 辆相同的车有序地通过各收货点，最后返回发货点，实现路程最短、费用最小、时间最少或车辆最少等目标。随着社会经济发展与科学技术水平等外界环境条件的不断变化，车辆路径规划问题也在原有的基础之上衍生了很多变种。其中，两级车辆路径规划问题和一致性车辆路径规划问题是较为新颖的研究热点。

（一）两级车辆路径规划问题

两级车辆路径规划问题（Two-Echelon Vehicle Routing Problem，2E-VRP），相较于传统的车辆路径规划问题多了一个中间顶点集，通常称为中转站。近些年来很多学者都对其进行了研究。

1. 两级车辆路径规划问题来源

城市物流是两级车辆路径规划问题来源的现实场景。城市物资供应少不了物流活动中货物运输的支持，但同时，货物运输也为城市带来了很多相关的负面环境影响，如空气污染和噪声问题等。为了防止城市环境恶化，限制容易产生空气污染或者噪声的大型货物运输车辆在市区通行，并在远离城市中心的地区建设中转站，由外部运输公司将货物从仓库运输到中转站，由小型环保的运输车辆从中转站向城市中心配送货物。因此，城市物流涉及两个配送梯队，也就是两级网络。在此背景下，2E-VRP 应运而生。

2. 两级车辆路径规划问题描述

两级车辆路径规划问题的研究场景为：平面上存在一个由三个不相交的顶点集组成的二级网络，这些顶点集分别对应仓库的位置、中转站的位置和客户的位置。仓库的位置即为路径的起点，客户的位置即为路径的终点。仓库的位置、中转站的位置、客户的位置和需求都是确定的。

两级车辆路径网络可划分为两个梯队。第一梯队包括仓库与中转站之间的连接，以及中转站之间的连接。第二梯队包括中转站和客户的连接，也包括客户之间的连接。每个客户都有一个货物需求，可以由一个或多个仓库提供货物，但是货物必须通过中转站运送给客户。沿着配送网络，货物运输由两个不同的车队执行，每个梯队对应一个车队。属于第一梯队的车辆称为一级车队，属于第二梯队的车辆称为二级车队。

2E-VRP 的目标是在满足所有客户需求的同时，使系统总成本最小的情况下，得到一组一级车队和二级车队的配送路径。图 7-6 为一个 2E-VRP 网络示意。

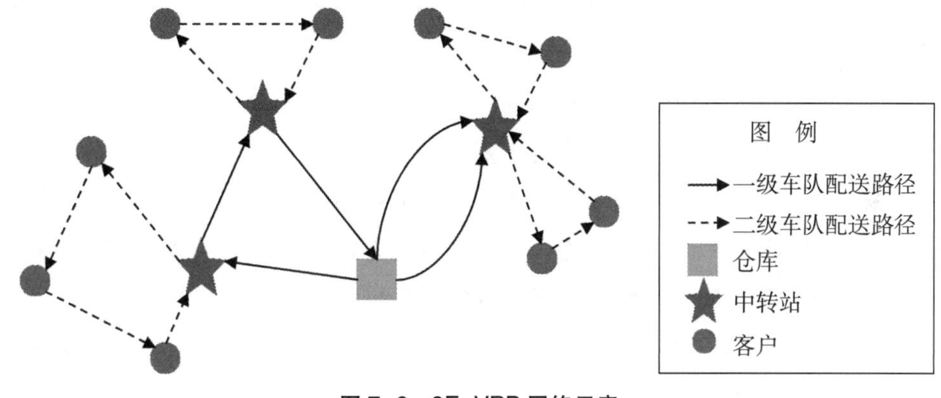

图 7-6　2E-VRP 网络示意

3. 两级车辆路径规划问题决策模型及算法

2E-VRP 的基本决策模型为有容量约束的两级车辆路径规划问题（Capacitated 2E-VRP，2E-CVRP）。2E-CVRP 要求一定数量的一级车队的车辆以仓库为初始位置，一定数量的二级车队的车辆以中转站为初始位置。中转站有容量限制，该容量定义为每个中转站可以接收的二级车队的车辆数量或可处理的最大货运量的上限。2E-CVRP 模型中决策变量为最优路线，优化目标为总路径最短，考虑的相关约束包括：①每条运输路径中为访问的所有中转站提供的总负载不得超过车辆的容量限制；②保证进入每个中转站的总负载必须等于离开该中转站的总负载，即保证每个中转站的流量平衡；③确保只有一辆二级车队的车辆运输货物到达每个客户；④要求每个梯队使用的路线数量不超过可用车辆的数量；⑤限制每个中转站接收的二级车队的车辆数量。

2E-VRP 模型十分复杂，对应的精确算法设计也相对复杂，因此相关的精确算法较少，大部分算法为启发式算法。其中，使用比较多的包括自适应大邻域搜索算法和变邻域搜索算法。

4. 两级车辆路径规划问题变式

结合实际需求，2E-VRP 衍生了很多相关的变式，比较常见的包括：两级选址—路径问题、带分组约束的两级车辆路径问题、带时间窗的两级车辆路径问题等。

（1）两级选址—路径问题。

在两级选址—路径问题中，定义一个仓库的可选址集合和中转站的可选址集合，每个仓库和中转站都有开设成本，以及定义车队和客户集合。分别选择开放仓库的可选址集合和中转站的可选址集合中的子集，并为每一个客户指定提供服务的仓库、中转站以及相应的车辆路径规划，使总成本最小。总成本包括开设仓库的费用、开设中转站的费用、车辆的固定费用、运费等。简单来说，两级选址—路径问题即为在候选站点之间选择大量的仓库和中转站，并在两个梯队上确定一组交付路线，从而使系统总成本最小化。

（2）带分组约束的两级车辆路径问题。

带分组约束的两级车辆路径问题是在2E-VRP的基础上新增分组约束，即预先将客户分成几个不相关联的组，来自同一组的客户必须由来自同一中转站的车辆服务。分组约束基于的场景是：企业按照地区行政区划组织配送网络，一个中转站服务多个行政区域，从而节约设施建设成本、获得规模化运输优势。因此，分布在同一行政区域的客户需要由来自同一个中转站的车辆提供配送服务，相当于将同一行政区域的客户定义为一组，并且分配到同一个中转站。

（3）带时间窗的两级车辆路径问题。

带时间窗的两级车辆路径问题是在2E-VRP的基础上，考虑客户对车辆到达的时间窗的限制。客户的时间窗限制可以分为两种，一种是硬时间窗，要求车辆必须在时间窗内到达，早到必须等待，迟到则拒收；另一种是软时间窗，车辆不一定要在时间窗内到达，但是在时间窗之外到达必须接受惩罚，以惩罚替代等待与拒收是软时间窗与硬时间窗最大的不同。带时间窗的两级车辆路径问题优化的目标除了运输成本，还包括车辆的等待时间或者时间惩罚成本。

（二）一致性车辆路径规划问题

为应对激烈的市场竞争，越来越多的物流企业开始关注如何在降低成本的同时保证服务效率和服务质量。实践表明，提高车辆路径方案的一致性不仅可以提高服务效率，还能显著提高客户满意度。因此，一致性车辆路径规划问题（Consistent Vehicle Routing Problem，ConVRP）应运而生，研究通过提供在配送时间、配送路线等方面具有一致性的配送服务来建立与客户之间的稳固关系。作为相对较新的车辆路径规划问题变种，其相关成果具有重要的实践和学术价值。

1. 一致性车辆路径规划问题来源

ConVRP源于快递公司和小件物流公司对客户服务水平的关注。2000年以来，国际快递物流公司逐渐将重点从以车队为中心转移到以客户为中心，通过提升客户满意度以增加每个客户的终身价值。在周期性车辆路径规划问题中，客户满意度是持续服务的结果，要求一定周期内服务水平的一致性。一些小件物流公司的实践表明，提供一致性的服务比节省 1%～3%的运输成本更为重要。UPS（United Parcel Service，美国联合包裹运送服务公司）早在 2007 年就已正式提供一致性服务，使司机可以维护良好的客户关系，在配送的同时能收集客户周围的业务信息或销售线索，为公司带来了巨大的经济效益。从此，一致性车辆路径规划问题引起研究者们的关注。

2. 一致性车辆路径规划实际应用场景

ConVRP 在物流及相关行业中有很多实际应用场景，其中，快递配送、同城配送、供应商管理库存为主要的三个类别。

（1）快递配送中的一致性。

近年来随着电商行业的迅速发展，包裹量激增，快递行业也迎来了快速发展时期。服务一致性是快递公司在市场竞争中成功的关键因素之一。经常需要快递服务的客户通常希望每天能在大致相同的时间签收快递，因此送达时间一致性高的快递配送服务可以提高客户满意度、改善客户关系；同时，考虑车辆路线的一致性可以提高配送司机对驾驶路线和工作区域的熟悉程度，从而提高快递配送服务的效率和可靠性。

（2）同城配送中的一致性。

同城配送作为物流行业“最后一公里”的解决方案，在整个物流系统中具有十分重要的作用。从物流企业的运营决策层面出发，主要可以通过两个方面对其同城配送业务进行一致性优化：一是合理计划和指派配送任务，尽可能保证司机每天驾驶相似的配送路线，以提高熟悉程度；二是为客户提供规律化的配送服务，提升客户满意度。在服务于企业的同城配送服务中，服务一致性的重要性更为凸显。原因在于，收货方企业包括工业终端、零售门店、连锁餐饮以及超市等，具有货物需求量较大、需求较稳定、合作周期长等特征，结合自身生产经营特点，对配送方案的规律性要求也较高。

（3）供应商管理库存中的一致性。

供应商管理库存是一种以供需双方都获得最低成本为目的，在一个共同的协议下由供应商进行库存管理，并不断监督协议执行情况和修正协议内容，使库存管理得到持续改进的合作性策略。其核心思想是供应商通过共享用户企业的当前库存和实际耗用数据，进行补货订单的时间和数量决策。对供应商而言，面对激烈的市场竞争，仅关注成本已经不足以满足客户需求，需要加入一致性要求，平衡成本和服务质量要求。

3. 一致性车辆路径规划问题的研究场景及常见分类

ConVRP 的研究场景基本相似，即一组司机在多个时间段内访问同一组客户，目标通常是一致性约束下的运输成本最小化。该过程还受到车辆容积、有限的时间窗、有限工作人员等条件的约束。

ConVRP 的一致性约束一般分为三类：时间一致性、人员一致性和路线一致性。时间一致性和人员一致性约束较为常见，路线一致性约束则相对更为新颖。

时间一致性表示在服务周期内，同一个客户在每个服务日的同一时间段内被服务，通常可表示为不同日期的服务到达时间之差的最大值，主要应用在快递配送、牛奶配送等场景中，人员一致性表示在服务周期内，同一个客户每次都由相同的服务人员服务，通常可表示为每个客户在服务周期内最多被多少个不同的人员服务，主要应用于快递配送、家政服务等问题中，路线一致性表示在服务周期内，企业给每个司机安排的路线尽量保持一致，主要通过考虑服务人员对路线或区域的熟悉程度来安排调度。路线一致性在已有的研究中相对较少，目前主要有两种处理方法：一是在模型中考虑服务人员对工作区域的熟悉程度；二是限制同一服务人员在周期内不同行驶路段的数量或通过不同行驶路段占总行驶路段的比例进行衡量。时间一致性和人员一致性约束都是从客户角度出发进行研究，目的是提高客户满意度；路线一致性约束主要聚焦于企业，目的是提高管理效率，降低成本。

二、仓储场景下 AGV 路径规划问题

AGV 已经普遍应用于物流仓库中，以提高物流效率、降低物流成本。AGV 的广泛应用使其路径规划问题成为当前的研究热点。

（一）AGV 路径规划问题概述

AGV 路径规划问题是指在躲避周围障碍物的前提下，搜寻在既定环境中到达目标点的最佳路线。AGV 路径规划的优劣取决于搜寻路径是否能安全避障并到达目的地以及该路径长度是否最短。AGV 路径规划的约束条件一般包括 AGV 电量、障碍物、位姿约束、等待时间等，各约束条件往往是相互协调、相互竞争的，不同的任务需求下产生不同的约束条件。根据 AGV 所在区域的环境特点，路径规划可以分为静态规划和动态规划。两者的区别是静态规划是在环境确定的情况下搜寻路线，而动态规划的环境存在不确定性，需要在动态避障的条件下搜寻路线。

目前，AGV 路径规划算法方面已经有了丰富成果。一是在 AGV 静态规划算法方面，其中具有代表性的有 Dijkstra 算法、A^* 算法等。Dijkstra 算法能够搜寻较优路径，但是会产生多余计算，影响算法的存储容量。A^* 算法中引入了启发式方法，可以有效克服搜索的盲目性，迅速收敛，获得最优解。但 A^* 算法也存在局限性，其路径搜索效率会随着空间的增加而不断下降，并且更适合应用于单台 AGV 的路径规划。二是在 AGV 动态规划算法方面，其中具有代表性的有人工势场法、动态窗口算法、弹性带算法等。人工势场法可搜寻安全、平滑的路径，但由于规划路径取决于势场的建立，当

引力、排斥力相等的位置较多时，容易陷入局部最优，如果障碍物临近目标点，也可能无法找到可行路径。动态窗口算法在躲避障碍物方面具有良好性能，但是在求解过程中容易陷入局部最优，导致无法沿最优路径抵达目的地。弹性带算法可以实现动态避障，但计算复杂。近年来，越来越多的智能算法与仿生算法应用于路径规划问题中，其中，使用广泛的包括遗传算法、蚁群算法等。

（二）AGV 路径规划环境建模方法

环境建模就是把外界的实际环境通过假设等方式加入数学模型中。AGV 路径规划中环境建模主要是障碍物、起始点和目标点的表示。环境建模的方法决定了路径规划方法和搜索算法的选取，常用的环境建模方法有栅格法、几何法、拓扑图法。

1. 栅格法

栅格法将 AGV 运行的实际环境用大小相等的网格进行分割，网格分为阻碍网格和自由网格。有障碍区域被视为阻碍网格，可行区域被视为自由网格，如果障碍物处于自由网格与阻碍网格之间，则根据障碍物占据两种网格的比例对网格性质进行划分。栅格法示意如图 7-7 所示，其中，阻碍网格填充为黑色，自由网格填充为白色。

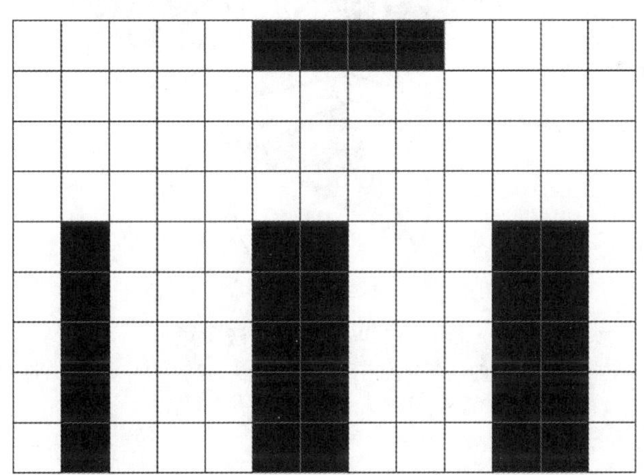

图 7-7 栅格法示意

2. 几何法

几何法是通过提取 AGV 运行的实际环境的几何特征，并根据它们的组合特点，将周围的环境空间映射为权重图，从而使绕过障碍的路径规划问题变成了一种简单的图检索。几何法主要包括可视图法和冯洛诺伊图法。可视图法通过直线连接起点、终点以及障碍物的顶点，路线避开障碍物则属于可行路径，利用适合的搜索算法规划最优路线，可视图法示意如图 7-8 所示。冯洛诺伊图法首先确定障碍物边界，并利用与边界距离相等的点构成直线来划分障碍区域与可行区域，冯洛诺伊图法示意如图 7-9 所示。

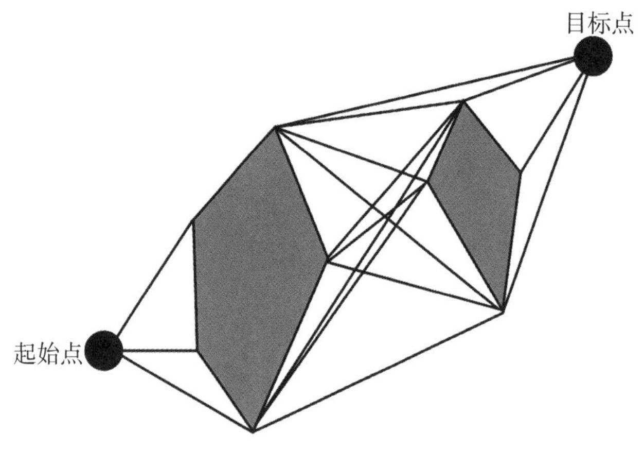

图 7-8　可视图法示意

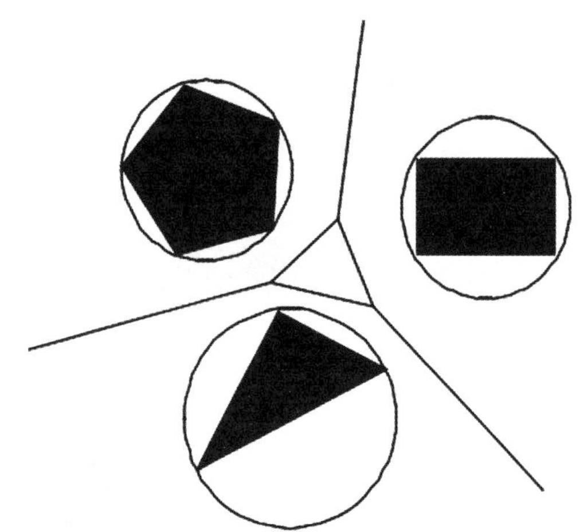

图 7-9　冯洛诺伊图法示意

资料来源：刘烨．智能仓储 AGV 的任务分配与路径规划算法研究［D］．北京：北京印刷学院，2022.

3. 拓扑图法

拓扑图法是由 Kuipers 基于图论知识基础提出的一种建模方法，采用简洁的方法描述环境空间拓扑结构，用节点代表环境空间中的特殊位置。拓扑图法示意如图 7-10 所示。拓扑图法大大简化了作业环境中障碍物的表示，使用点表示货架、打包台等障碍物，使用连线表示 AGV 能够走行的路径，并根据外界环境的变化赋予连线一定的权重以表示路径信息。拓扑图法适用于结构简单、规整的仓库作业环境，占用存储空间较少，搜索和计算的效率较高，但是在非结构性的仓库作业环境下，建模情况就会变得很复杂，路径搜索的难度也将大大增加。

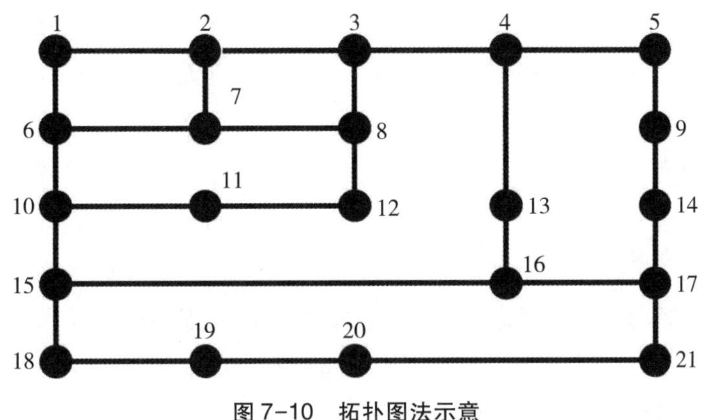

图 7-10 拓扑图法示意

(三) 多 AGV 协同路径规划问题

智能仓储系统中，多 AGV 协同路径规划十分关键，是 AGV 系统能够有效运行的基础。其核心问题不再仅是对于单台 AGV 快速求解最优路径，而在于多 AGV 的冲突避免或解决，以达到整体协调最优。对于多 AGV 的协同路径规划问题，由于 AGV 间抢占系统资源的相互影响和制约，地图中障碍物信息动态变化，很难获得系统全局信息。多 AGV 的协同作业会出现锁死、碰撞冲突等问题，静态路径规划算法无法满足实时动态作业的系统需求。

通常采用两种思路解决多 AGV 的协同路径规划问题：一种方案是对静态路径规划算法进行改进，并引入动态机制和冲突解决策略以满足作业需求；另一种方案提出一种具备多步前瞻性的主动避障算法，优化路径并提前避开 AGV 运行拥堵路段，减少冲突可能性和重新寻路代价。相关研究表明两种方案都可有效解决冲突，且第二种方案可持续扩展 AGV 数量，具有更高的扩展性和灵活性。

三、配送场景下无人机路径规划问题

随着无人机技术的发展进步，无人机应用于配送场景的潜力逐步显现。无人机由于具有灵活度高、机动性强、安全风险系数小、成本低等特点，应用于配送过程中呈现便捷、安全、高效等优势，可有效避免路面交通拥堵的影响，在提高配送效率的同时降低配送成本。为更好地支持这一新兴领域，无人机路径规划问题的研究具有重要意义。

(一) 无人机路径规划问题概述

城市物流服务提供商一直在寻找更快、更经济的“最后一公里”配送方式，无人机是一个新的机会。目前已有研究中，配送场景下无人机路径规划大致分为两类，一类是无人机独立运行模式下的路径规划问题，另一类是无人机与车辆组合配送的路径规划问题。第一类问题中，通常考虑的场景为：无人机必须从仓库出发并最终返回仓库，每个客户的货物只能被一个无人机送达且只能送达一次。在该场景中，考虑无人机本身的载重和电量限制，无人机排班时间、充电时间和充电设施等条件，以及送货时间超过客户规定最晚时间导致客户的满意度下降所带来的损失等因素，求解路径最短或配送时长最短的最优路径方案。第二类问题中，考虑到由于无人机大多是电池供电，装载能力和飞行距离有限，无法自行承担所有可能的运送任务，因此使用车辆和无人机组合配送以最大限度地利用它们的优势。近年来，无人机和车辆的组合配送在医疗物资运输方面的应用愈发广泛，这使无人机与车辆组合配送的路径规划问题逐渐成为一个备受关注的研究热点。

无人机路径规划是近几年的研究热点，已经形成了大量的研究成果，但仍有很多问题需要进一步研究，主要表现在四个方面。一是对能耗目标的优化。目前，尽管部分研究考虑到了无人机的能量消耗约束，但还没有从能耗最低的角度对无人机配送进行优化的相关研究。仅以距离最短为目标，不能反映出无人机的配送成本，而应以能耗最低为目标，同时考虑货物重量和运输距离。二是对多无人机协同的优化。当前，多无人机执行任务时仍需一定程度的人为规划，自主协同的程度不够深入。未来的多无人机系统将趋向于大规模、层次化、网络化，实现更加复杂的任务，为了提高多无人机的协同性，分布式网络结构和自主学习类算法应成为未来研究中的主流。三是对可扩展性的增强。针对不同的任务、规模、环境等研究背景，不同的无人机路径规划模型和算法相继涌现，但多数研究只适用于当下的研究背景，不能或很难实现其他环境下的扩展。未来研究应对适用度高的规划模块进行集成化处理，从而实现灵活性高、可扩展性强的规划系统。四是对动态适应性的提升。现有的大部分优化算法难以在动态环境下对无人机进行高效的路径规划。未来研究中，应更多考虑动态干扰和突发情况，注重无人机航迹的快速生成，例如，用合理的空间表示方法降低环境复杂度、提高算法的收敛速度等。

（二）无人机路径规划环境模型及协同关系

1. 环境模型

根据空间维度、环境不确定性这两个不同的角度，可以将无人机路径规划问题相关研究中的环境模型进行不同的分类。

一是从空间维度的角度进行分类，可以将无人机路径规划环境模型分为二维平面环境模型和三维环境模型。任务简单、环境复杂度低的无人机路径规划研究常采用二维平面环境模型，假设无人机仅在其起降区域进行爬升和下降操作，其余飞行阶段均保持一定的飞行高度不变，就可以在路径规划时仅考虑无人机在某个二维平面的飞行。三维环境模型更多地考虑了真实环境中存在的结构约束和不确定性，更适用于飞行任务复杂的情形，如城市区域中，在规划无人机飞行路径时应严格避开地形障碍物禁飞区、政策性禁飞区以及事故危害性过高禁飞区，同时应尽量避免飞跃人流密集区及交通主干路等地面活动较多的危险运行区。

二是从环境不确定性的角度进行分类，可以将无人机路径规划环境模型分为确定性环境模型和不确定性环境模型。确定性环境模型是指在进行无人机路径规划之前，障碍物大小、形状和位置精确已知，且障碍物及其他环境因素不再发生未知的动态改变；不确定性环境模型是指在规划系统中，障碍物及其他环境因素未知或部分未知、障碍物突然出现或移动、环境中存在动态扰动等情况。

2. 协同关系

多无人机协同执行任务时，需要各无人机相互配合。针对不同的研究问题和任务复杂度，无人机相互配合方式和协同程度不一。根据目前无人机路径规划研究成果，无人机之间的协同关系在模型层面和算法层面均有体现。

在模型层面，无人机路径规划需要考虑无人机的任务分配、无人机间复杂的约束条件、共同的优化目标三方面的协同关系。一是在任务分配方面，为了提高任务执行效率，在路径规划之前，总任务被分为若干个子任务分配给相应的无人机，无人机通过执行各自的任务实现总任务目标，一定程度上体现了多无人机之间的协同关系。二是在约束条件方面，无人机路径规划的约束通常包括飞行速度、飞行高度等自身的飞行性能约束以及地形、气象等环境因素约束。此外，无人机路径规划需要考虑多无人机之间的避碰约束、任务耦合约束、通信距离约束等。需要通过增加无人机之间协同要求的约束条件来提高协同路径规划的可行性。三是在优化目标方面，无人机路径规划对不同的优化目标具有不同的任务需求。在大多数研究中，无人机路径规划的优化目标也体现一定的协同性，如最小总飞行时间、最短总飞行距离、最小能耗、协同最优覆盖等。

在算法层面，一些协同算法被应用于无人机路径规划问题，如协同进化遗传算法、分布式协同粒子群算法等，这类算法将多无人机路径规划问题分解为若干组单无人机路径规划问题，进行分组优化，且考虑各组之间的协同合作，共同求解整个优化问题。此外，一些研究为了实现或提高无人机的协同性，对现有的路径规划算法进行了改进，如在遗传算法中加入抗体元素，通过在各无人机之间交换抗体信息排除无人机相互碰撞的路径；将免疫算法的相似性度量引入蚁群算法，以减少无人机的航迹重复率等。

四、应用案例：壹悟机器人集群调度解决方案

随着智能仓储的迅速普及，移动机器人现已成为自动化作业中稳定可靠的智能工具。不同种类的机器人功能各不相同，将它们各自擅长的领域有机结合在一起，能为仓库作业带来崭新活力。但是，若要实现不同品牌的机器人优中选优的组合，势必会遇到巨大的技术壁垒。调度机器人的种类增加后，存在庞大且复杂的计算量。并且对于异构机器人集群调度系统而言，还需要融合各种不同的技术路线，包括机器人的作业和导航方式等。因此，完善的智能仓储系统需要开放的调度系统来融合多种类型的机器人设备，实现将不同供应商的机器人集成为系统化的解决方案。

杭州壹悟科技有限公司作为新型柔性物流自动化解决方案提供商，其开发的机器人集群调度系统能够提供机器人集群调度解决方案，基于人工智能算法，能集群调度多种不同品牌、不同设备、不同型号、不同导航方式的机器人。壹悟机器人集群调度系统打破了机器人种类与品牌的边界，将原本独立运行的功能区域融合互通，主要具备三项优势：一是能够把不同制式的多张地图合并为一张地图，实现了不同机器人的信息互通与调度管理；二是能够完美实现全链路业务动态高度可视化管理，全局资源监控、异常报警、故障运维；三是提供仿真系统，支持用户导入项目现场运行地图、自定义移动机器人的参数和数量、高度还原业务实际场景的作业流程和节拍，并可以提供多维视角与完善数据的统计分析功能。图 7-11 为壹悟机器人集群调度作业场景示意。

图 7-11　壹悟机器人集群调度作业场景示意

第三节 订单处理优化

随着当前社会经济向信息化、多元化方向发展的步伐越来越快，消费者需求多样化特征日益明显，物流订单也以小批量、多品种、高频次为特点。物流需求的不确定性增大、物流的柔性化要求增强。如何结合实际物流场景将物流订单与相关的资源进行匹配，如何合理考虑物流订单的分批优化等订单优化问题成为研究热点，这些策略影响着物流作业效率和作业成本，对于物流企业的发展具有重要意义。

一、即时配送的订单分配问题

配送时效、准时率作为履约环节的重要指标，是即时配送成功的关键要素。其中，高效的订单分配方法能够综合考虑消费者订单需求，充分利用骑手资源要素，使配送平台能够在提升客户满意度和降低平台配送成本之间取得最佳的平衡，具有重要的研究意义。

（一）问题概述

1. 问题描述

即时配送的订单分配问题通常的研究场景为：在某个时间段内，新的配送订单连续动态到达，形成待分配的订单集合，并且已知各订单的取货位置、送货位置、订单接收时间、预计货物生成时间、预计订单交付时间；有一定数量的骑手，骑手行驶速度与单程的运输量都有限制。该问题需要解决将订单分配给骑手，骑手以一定速度在各分配的订单的取货位置取货，取货时间需要在预计货物生成时间之后，否则需要增加等待时间；并且将货物送到指定的送货位置，完成货物交付，送达时间需要在预计订单交付时间之前，否则需要增加延时惩罚成本。该分配过程在满足骑手速度、载重以及订单时间等约束的基础上，使用户体验、骑手的配送效率等目标最优。

即时配送的订单分配问题的难点包括：一是数据计算量十分庞大，订单的取送位置可能涉及城市中的任意位置，因此需要任意位置之间的导航距离和行驶时间；二是该问题需要进行动态的周期性优化，并非仅仅对于某个时刻的一批订单进行最优分配就能满足需求，还需要考虑整个时间窗维度，每一次订单分配，都影响了每个骑手后续时间段的位置分布和行驶方向。如果骑手的分布和方向不适合未来的订单结构，则会对后续订单分配的最优性产生影响。

2. 模式演进

随着即时配送模式的不断发展，其订单分配模式经历了抢单模式、人工派单模式、智能派单模式的演进过程。

抢单模式是指骑手自主接单、订单先抢先得。该模式的优点是简单易行，骑手自由度较高，可以根据自己的需要抢单。但同时缺点也很明显，骑手信息有限，只能考虑自己的场景需求做出接单决定，无法实现全局过程的优化，因此配送的整体效率很低。并且在有些情况下，骑手无法准确预测自己的配送服务能力，导致服务质量无法保证，用户体验较差。

人工派单模式是指有经验的调度员根据订单的属性、骑手的能力、骑手的订单状态、环境因素等，将订单分配给合适的骑手交付。从订单分配的结果来看，该模式普遍优于抢单模式，但是仅适用于订单和骑手数量相对较少的情况，当订单和骑手数量庞大时，该模式存在众多局限。一方面，人工派单通常至少需要半分钟才能完成，随着订单规模的不断扩大，人工派单无法及时做出合理的调度决策；另一方面，由于即时配送过程的复杂性，调度员需要对骑手能力、商家出餐、交付难度、天气、地理路况、未来单量等因素有深入了解，这具有很高的难度，特别是在配送区域较大时，几乎无法实现。

智能派单模式是指利用数据驱动、智能算法等先进技术进行订单分配和路径优化，使骑手配送效率达到整体最优的系统调度模式。智能派单模式可以在全局层面掌握骑手、商家、用户、订单等各类信息，在此基础上做出全局较优的方案，从而提升配送效率和配送体验，减少配送成本，显示出巨大的效益优势。该模式通常由机器学习模块和运筹优化模块提供支持，其中，机器学习模块负责从数据中寻求规律和知识，比如准确预测商家备货时间、用户所在大楼上下楼时间、未来订单、骑行速度等因素；运筹优化模块利用统计及预测数据，采用优化理论、强化学习等策略进行计算，实现订单与骑手之间的高效动态优化匹配。随着数据采集的不断完善和人工智能技术的不断成熟，智能派单模式已成为各配送平台研究的热点之一。2016 年 11 月，美团外卖推出了“O2O 实时配送智能调度系统”；2017 年 11 月，饿了么外卖也发布了其自主研发的“方舟智能调度系统”。目前，结合实际运用中的新场景、新难题，智能派单模式正在不断地创新优化。

3. 解决步骤

即时配送的订单分配问题的解决步骤主要包括：一是通过优化设定的配送价格以及预计送达时间来调整订单结构；二是接收订单之后，考虑骑手、订单、商家、天气等因素，在正确的时间将订单分配给最合适的骑手，并在骑手执行过程中随时预判订单超时情况并动态触发改派操作，实现订单和骑手的动态最优匹配；三是系统派单后，为骑手提示商家的预计出货时间以及合理的配送路线，并通过语音方式和骑手实现高效交互；四是在骑手完成订单配送后，系统根据订单需求预测和运力分布情况，为骑手分配新的配送订单，实现闲时的运力调度。

（二）问题分析与建模

准确的建模是即时配送的订单分配决策优化的第一步，也是最关键的一步。准确的建模涉及两个问题：一是正确理解即时配送实际业务场景的订单分配优化问题，并通过数学语言准确描述；二是建立的模型所涉及的各种参数和数据都可以准确得到。因此，对于即时配送的订单分配问题的分析与建模，需要了解业务场景中的数据和获取方法，确定合理的优化目标和相关约束。

即时配送的订单分配场景中的数据包括两类：一类是直接通过业务系统收集的可用数据，如订单数据、骑手负荷数据、骑手状态数据等，一般可以从骑手端的业务系统直接获取；另一类是无法直接收集、只能通过预测或统计获得的数据，如商家出货时间、骑手到达送货地点后将订单配送给用户的等待时间等，该类数据的获取是实时订单分配的关键难点之一，通常需要对海量的订单配送日志和历史行车轨迹数据进行分析和挖掘，从而得到每个用户、商家、骑手、地理区域的个性化信息，并进行预测分析的获得。

即时配送的订单分配问题的目标设置应考虑配送平台、骑手、商家和用户等多方的利益协调。常见的优化目标包括总的订单履行时间最短、延时订单最少、总的订单利润最多、骑手数量最少、骑手等待时间最少、骑手空驶距离最短、订单服务水平最高等。对于即时配送的订单分配场景，设定使用哪些指标作为目标函数是一个比较复杂的问题，原因主要在于两个方面。一方面是不同优化目标在不同时间段、不同环境中考虑的优先程度有所不同。例如，在订单繁忙的时期，延时订单最少的目标需要优先考虑，骑手数量的目标相对次要；而在订单不繁忙时期，骑手数量最少的目标则需要优先考虑，以尽量节省骑手的人工成本。另一方面在于缺乏数据实现优化目标的准确量化，并且未来的订单信息是不确定的，因此，需要结合数据的可获得性确定目标函数。

即时配送的订单分配问题的常见约束包括：①一个订单的送货需要在取货之后进行；②一个订单的取货需要在备货完成以及骑手到达取货位置两个条件均满足的情况下才能进行；③同一个骑手所分配的多项任务的先后顺序限制；④一个订单的取货和送货需要由同一名骑手完成。此外，有些实际场景下，还需要考虑订单预计交付时间、骑手使用的运输工具的容量限制、订单的单独配送需求等其他约束条件。

（三）问题挑战与创新优化

即时配送的订单分配问题的解决面临三方面的主要挑战。一是求解性能要求极高，需要做到上万个订单分配给上万个骑手的秒级求解；二是动态性强，需要考虑动态优化场景，这涉及大量的预测，如预测骑手当前订单的执行情况、预测未来订单需求等，这些动态的不确定性因素使决策空间变得很大；三是配送业务的随机因素多，如商家备货速度异常慢、无法联系到用户、骑手配送工具损坏、临时交通管制等，这些随机因素使部分订单分配的结果变得不合理，需要重新分配。

鉴于即时配送的订单分配问题面临的挑战，目前配送平台主要采取了两项创新优化策略：一是延迟调度策略，即在某些场景下，可能由于异常天气、骑手配送异常等因素导致无法按照预计交付时间完成订单配送，可以采取延迟决策，在动态和不确定的环境中寻找订单分配的最佳时机，重新分配订单并计算预计交付时间，以提高订单分配决策的可执行性；二是系统的自动重新分配策略，即通过后台的智能算法实时评估每个骑手的位置和订单情况，帮助骑手分析并确定是否存在加班风险，并评估是否有更合适的骑手来完成订单运送，如果有则自动重新分配订单。通过这两种策略，即时配送的订单分配流程更加立体和全面，覆盖订单履行过程全生命周期的主要优化环节，可以实现订单与骑手的动态优化匹配，并有效提升用户和骑手的满意度。此外，通过即时配送场景的仿真系统辅助订单分配也是一种较为新颖的决策方式，仿真系统可以模拟真实的配送过程和在线调度逻辑，可以更好地应对即时配送过程中的动态不确定性因素。

二、拣选作业的订单分批问题

物流配送中心的拣选作业，是仓储作业中一个非常重要的环节，其工作量占整个仓储作业的40%以上，因此也是最受关注的作业环节。订单分批是拣选作业中主要考虑的策略之一，是指按照一定的分批规则，将多个订单集合在一批集中进行处理的方法，需要基于具体作业场景、具体数据进行决策，在满足需求的情况下实现拣选路径最短、拣选时间最短、拣选效率最高等优化目标。

（一）订单分批问题概述及分批策略

1. 订单分批问题概述

传统方式中，大多数配送中心的拣选作业采取的是先到先服务方式，这种方式简单易行，在实际应用中也比较广泛。但是随着客户对订单处理时效的要求越来越高，配送中心对订单响应速度的要求也越来越严格，以及订单量的快速增加，配送中心的作业效率面临较大挑战。传统的先到先服务方式已经明显不能满足配送中心的需求。订单分批的方式由此产生。简单来说，订单分批就是将多个订单集合起来，再将其划分为多个批次进行拣选作业，每个批次包含一定数量的订单，同一批次的订单同时进行拣选。

订单分批的根本目标是缩短拣选作业过程中的总行走距离和总拣选时间。通过订单分批，将含有相同货物的订单划分到同一批次后集中进行拣选作业，可以避免重复走相同的路线和减少寻找相同货物所浪费的时间，有效提高配送中心的拣选作业效率。因此，如何将多个订单合理地分配到一个批次中，显得尤为重要。订单分批问题也成为行业和学术界的研究热点。

2. 订单分批策略

订单分批策略是影响拣选作业效率的主要因素，包括总合计量分批、按固定订单量分批、按时间窗口分批、智能型分批等类型。

总合计量分批策略是指将所有客户需求的货物数量统计汇总，由仓库中取出各项货物需求总量，再进行分类作业，适用于固定点之间的周期性配送订单的拣选。这种分批策略的优点在于作业较为简单，能够一次拣出商品总量，可使平均拣选路径最短，并且使储存区域的储存单位易于管理；但缺点也较为明显，需要功能强大的分类系统完成分类作业，并且在订单数过多的情况下应用效果较差。

按固定订单量分批策略是指采取先到先处理的基本原则，按订单到达的先后顺序做出批次安排，当累计订单数到达设定的固定量时，开始进行拣选作业。该分批策略的优点在于能够维持稳定的拣选效率，使自动化的拣货、分类设备得以发挥最大功效；缺点在于仅适用于订单的商品总量变化较小的情形，否则会造成拣选作业的不经济。

按时间窗口分批策略是指采取先到先处理的基本原则，根据订单到达的先后顺序并且按照时间窗做出批次安排，进行拣选作业。该方式的重点在于时间窗的确定，做出决策的主要依据是客户的预期等候时间及单批订单的预期处理时间。为了适应客户的紧急需求，时间窗的大小不应过长，且每批订单处理的时间在分拣系统的设计中也应尽可能缩短。此分批策略较适合密集频繁的订单，且能较好地应对紧急接收新的分拣订单的要求。

智能型分批策略是技巧性较高的一种分批方式，适合仓储面积较大、储存货物项目多的拣选作业。订单通常在前一天汇集之后，经过系统处理，将订货项目相近或拣选路径一致的货物分为同批，求得最佳的订单分批方案，以缩短拣选寻找的时间及移动的距离。该策略的优点在于通过考虑订单的类似性及拣选路径的顺序，可以使拣选作业效率更进一步提高；缺点是所需技术层次较高，且信息处理的前置时间较长，若发生紧急接收新分拣订单的情况，应对较为困难。

（二）订单分批问题的数学模型

目前，相关研究中建立的订单分批问题的数学模型主要有以下两种。

1. 最大化订单相似度的订单分批模型

该模型中，以订单相似度作为订单分批模型的优化目标。订单相似度是指订单信息之间的相似程度的数量值，一般通过订单中货物品项、数量、分布的货架位置等因素进行综合计算。按照订单相似度规则划分多个分拣批次，将订单相似度最大的订单组合在同一个批次内实现订单分批，在拣选时相同的货物品项、分布在同一个货架位置的货物可以一起拣选，能够有效减少为拣选相同货物而重复走行的距离，提高拣选作业效率。

2. 最小化货架搬运次数的订单分批模型

该模型的研究场景是“货到人”的自动化拣选作业场景，通过AGV或机器人等设备搬运移动货架到拣选台，拣货人员在拣选台依据订单信息对移动货架中的商品进行拣选，以提高订单拣选作业的效率和准确度，降低人工成本。该场景下，移动货架搬运前需要根据订单信息对订单进行合理分批。为提高订单拣选效率，建立最小化货架搬运次数的订单分批模型，将多个订单进行分批处理，AGV或机器人依据订单分批处理结果，将移动货架搬运到拣选台完成订单拣选作业，减少货架搬运次数。

（三）订单分批问题的启发式算法

由于配送中心订单量较大，计算分批问题的过程往往非常烦琐和复杂，利用启发式算法来对订单进行分批研究逐渐成为热点研究方向。常用于订单分批策略的启发式算法主要包括种子算法、节约算法、数据挖掘方法和元启发式算法。

1. 种子算法

种子算法求解订单分批问题的实现步骤是根据客户订单的相关特点，选择几个订单作为种子订单，然后依据到达的订单数量、订单中待拣选货物的货位分布情况、订单的拣选距离等因素制定相关的分批策略，之后，将剩余订单也按照该分批策略添加到每个种子订单的批次中，直到所有的订单都完成。种子算法求解订单分批问题的特点是订单的批次是依次生成的，适用于配送中心接收的订单数量比较庞大的情形，且效果较好。

2. 节约算法

节约算法的主要目标是节约作业流程中的各种时间和路程，与拣选作业优化的效果一致。节约算法是通过优化局部的效果而达到整体优化的效果，即缩短每个订单批次拣选路径或者每个订单批次内拣选的时间，最终实现订单整体优化的结果。订单的相关特征，如订单内货品的数量、订单所在货位位置以及订单的时间间隔长短等因素，都会对节约算法的分批切入点产生不同程度的影响，所带来的分批的结果也会有所不同。相关研究中节约算法往往和时间窗分批策略共同使用，可以得到较好的分批结果。

3. 数据挖掘方法

如何合理地确定各个订单之间的关联性和相似性，一直以来都是订单分批问题研究的难点和重点，数据挖掘是求解该问题的一种较新颖、适用的方法。首先，依据数据挖掘的方法分析所有订单之间的信息，然后依据分析结果制定订单之间的关联规则，接着利用所制定的关联规则确定客户订单之间的相似度。其次，根据相似度确定一个用来作参考标准的订单，然后计算剩余订单与该参考标准订单相互之间的关联程度，从最大化关联度角度出发将剩余订单逐个分配到参考订单中，直到所有的订单完成分批处理。

4. 元启发式算法

元启发式算法是在传统的启发式算法基础上改进而来的，包括遗传算法、蚁群算法、模拟退火算法和变邻域搜索算法等群体智能算法。利用这些智能算法进行订单分批问题求解，灵活性较高，并且相较于传统的启发式算法，元启发式算法可以处理大批量订单、紧急接收新的分拣订单的情况。订单品项较为复杂的情况下，应用元启发式算法优化订单分批问题也一直是目前订单分批问题的研究重点和热点。

三、应用案例：极智嘉数据驱动的智能派单方案

北京极智嘉科技股份有限公司（以下简称“极智嘉”）成立于2015年，在超过30个国家和地区拥有全球化销售、运营和服务能力。通过积累大量的业务运营数据和经验，极智嘉构建和打磨了业界领先的运筹优化算法体系，在订单优化问题上不断探索与创新，提出了数据驱动的智能派单方案，以系统历史运行数据作为驱动，实现了在线与离线相结合的机器人动态订单匹配算法，在相同条件下提升机器人利用率15%以上。

（一）历史数据驱动的智能派单模型

智能派单是极智嘉无人仓运行的基础，解决的是仓库中出货订单、货架搬运任务与机器人之间的分配问题，旨在建立多订单与多机器人的映射关系。这是一个非常经典的运筹优化问题，传统算法中，每个时刻的订单分派只能考虑到当前时刻的状况，一段时间后可能产生的影响很难考虑在内。

极智嘉通过丰富的场景落地和不断探索创新，提出了历史数据驱动的智能派单模型。首先收集不同仓库，不同时刻，不同场景的大量历史数据，并对其当时的情形进行回顾性挖掘分析，生成预期价值函数；其次在实时运行过程中，实时计算即时价值并综合考虑通过预期价值函数生成的预期价值；最后得出使系统奖励值最大的智能派单方案。该模型综合考虑了当前的状态与预期的影响，有助于更好地感知不同时刻任

务状态与时序预期状态。

（二）自适应价值函数驱动的智能派单算法

在历史数据驱动的智能派单模型的基础上，为使预期价值函数感知订单和机器人密度等环境信息，并随着系统运行自适应改变，极智嘉提出了自适应价值函数驱动的智能派单算法。该算法在订单分配过程中考虑路径规划的影响，使用强化学习方法挖掘订单需求特点，并自适应调整订单分配策略，实现对全局效率瓶颈的精准感知，使优化过程更具有针对性、实时性，从而提高了多机器人系统的运行效率。

整个算法流程分为四个步骤：信息收集、模型训练、任务选择、路径规划。首先，算法收集拣货员、机器人和货架的时空信息，如拣货员的拣货时间、订单预计完成时间、机器人的位置信息等。收集完成后，自适应规划模块基于马尔可夫决策过程模型对时空信息建模，综合考虑了货架和拣货员的工作状态，并使用强化学习方法训练价值函数。之后，该算法基于价值函数选择合适的任务分配给机器人，最后基于选择方案为机器人规划路径。该算法有助于更好地感知从搬运到拣货全流程中的效率瓶颈，并且进一步提高了算法的自适应性。

第四节　资源配置

物流系统的总目标是实现宏观和微观的经济效益，但各系统要素间往往存在着效益背反现象。为实现物流系统的最大效益，需要将各类物流资源进行合理分配。随着现代物流的规模化发展，物流各环节需要的资源种类、数量越来越多，传统的人工主观资源分配时效性差且方案难以达到最优，运筹优化技术在解决储存、运输等方面的资源分配问题时有着广泛应用。

一、资源配置问题概述

（一）问题描述

在一定的时间及空间范围内，实施或组织物流活动的主体所拥有的物流资源总是有限的。物流资源的充分利用与否，直接影响着物流活动的效率和成本。因此，物流领域常常面临的问题是：如何将数量一定的一种或若干种物流资源，恰当地分配给若干个使用者，以达到某个目标最优。

此类问题往往采用以下解决步骤。

（1）必须明确问题中涉及的活动和资源，具体表现为：每种资源的可提供量；每种活动需要耗费的各种资源的数量；每种活动对总的绩效测度的单位贡献。

（2）明确决策变量，即资源分配结果的表现形式。

（3）根据问题的实际情况，选择合理的绩效测度，即确定目标函数。

（4）对于每种资源，建立起“使用的资源数量≤可用的资源数量”的线性规划约束。

（5）选择恰当的求解方法进行计算。

（二）应用场景

从运输、包装到配送等基本活动，物流的各个作业环节都涉及物流资源的分配，因此，优化物流资源配置是对物流系统进行优化的重要渠道，资源分配在物流领域得到了广泛应用。常见的物流资源有设施设备资源及人力资源两大类，在对这两类资源进行分配的过程中，形成了许多经典的运筹问题。

二、储存资源配置问题

（一）储存资源配置问题简述

对物品进行储存，必须消耗一定的储存资源，如储存空间、分拣设备等。由于储存是为了消除物品生产与消费在时间上的差异，因此在进行储存资源配置时不仅要考虑资源的有限性、货物与储存资源的适配性，还要注重与储存前后的物流环节的衔接。为了更好地节省物流成本、响应客户需求，到达仓库的货物与从仓库发出的货物的种类、数量往往是动态变化的，这大大增加了储存资源配置的复杂性。

传统仓库采用的是劳动密集型的作业模式，一般是依靠作业过程中的经验对仓库资源进行分配，不仅需要耗费大量的人力资源，而且工作效率低、容易出错。智慧仓储出现后，通过运用智能算法和决策优化等技术，对大量的订单信息、货物信息、储存信息、设备信息等进行智能处理和智能决策，提升了储存资源配置的效率及合理性，对于储存系统的优化具有重要意义。本部分对储存资源配置中的典型问题——货位分配问题中的运筹技术进行介绍。

（二）货位分配问题

1. 问题描述

货位分配是指考虑货物的特征、需求、各作业环节之间的协调等因素，采取某些方法为仓库中的每一个货物安排一个货位，使每种货物都能储存在最合适的位置，进而保证仓库中货位分配维持在一个较合理的状态，以达到降低仓库运作成本的目的。

货位分配问题可以这样描述：假设有 n 个货物即将入库，仓库内现共有 m 个货位（$m \geqslant n$）。在过去一段时间内已有 q 个订单从仓库中拣选出库，每个订单包含若干个货物，每个订单拣选一次，问如何从 m 个货位中选出 n 个分别分配给每一个货物，才能使未来一段时间内仓库的订单拣选得到优化。

目前用于解决货位分配问题的方法可分为三类。

（1）基于货物间的相关性的货位分配：通过对各货物进行相关性分析，将相关性高的货物邻近摆放，并综合考虑货物周转率，提高拣选效率。

（2）基于不同的货位优化原则建立目标函数，将实际问题转化为数学问题，再运用算法求解。

（3）将以上两种方法进行结合，先进行货物相关性分析，综合考虑出入库频率等，之后构建特定目标的优化模型，运用算法进行求解，部分研究还会采用仿真软件进行验证。

根据拣货方式的不同，货位分配可分为两种类型。

2. “人到货”拣选方式下的货位分配

“人到货”拣选是指在仓库中将货物按照各种规则分区、分类进行存放，由人工根据订单前往储存区拣货。

在这种拣选方式下，货位分配常常是通过货位分配储存策略、货物关联关系分析、货物周转特点分析实现的。

常用的货位分配储存策略有以下几种。

（1）固定分配储存策略：在货物入库前就根据货物周转率或其他因素给每种货物分配好货位，且货位固定不变，实现方式简单但易导致仓库空间利用率低。

（2）随机分配储存策略：每种货物的位置都不固定，一般按照仓库管理员的习惯随机分配，空间利用率高但拣选效率低。

（3）分类分配储存策略：将货物按照某一属性进行分配，为每一类货物指定固定的存放区域，同一种类的不同货物再按一定规则分配货位。

（4）分类随机分配储存策略：将分类分配储存策略与随机分配储存策略结合，为每一类货物指定固定的存放区域，但同一种类的不同货物的货位分配是随机的。

（5）共享分配储存策略：不同种类的货物可以共享同一个货位，但必须知道货物的具体出入库时间，空间利用率高但实现比较困难。

货物关联关系分析一般是对历史订单进行数据挖掘，以获取货物之间的关联规则，将关联度高的货物邻近摆放。

货物周转特点分析是指通过 EIQ-ABC（Entry Item Quantity-Activity Based Classification）分类法（基于订货件数、品项、数量结果进行考量的分类法）等方法，将货物按出入库频率或周转率高低进行分类分区规划。

3. “货到人”拣选方式下的货位分配

“货到人”（Goods to Person or Goods to Man，G2P or G2M）拣选，即在物流拣选过程中，拣选人不移动，货物被自动输送到拣选人面前，供人拣选。

“货到人”拣选方式在提高效率、降低劳动强度方面独具优势，因此在各行业得到了广泛应用。安吉智能物联技术有限公司为一站式汽车服务平台实施了一套汽车零部件的“货到人”拣选系统。该系统由公司自主研发的 iValon 智能云平台系统进行管理。iValon 系统对接用户订单系统后，能通过大量复杂的优化算法，实现合理高效的货位分配。

“货到人”拣选方式下的货位分配一般需要解决两个方面的问题。一是货架的指派。首先，需要根据货物性质、订单特点等选择储存方式：一品一位（一种商品存放在一个货架）或一品多位（一种商品存放在多个货架），一般来说，一品多位更适合机器人移动货架系统，在一个货架上可拣选多种货物，能提升拣选效率。其次，对货物进行关联分析，尽可能将频繁出现在同一订单上的商品放置在同一个货架上，以减少货架的搬运次数。二是货架位置的安排。通过对货物的出入库频率或周转率进行分析，将需要搬运次数多的货架放置在距离拣选区较近的位置，以缩短货架搬运的距离。

三、运力配置问题

（一）运力配置问题简述

运力资源主要包括企业所拥有的载运工具、相关设备以及相关的操作、服务、管理人员等，这些资源往往是有限的且需要花费一定的成本。运力配置就是在资源数量限制、作业能力限制等条件下，将资源合理分配到待运货物的运输活动中去，以确保按时按质按量完成运输任务，同时减少运力资源的浪费。

（二）AGV 资源分配问题

随着网上购物迅猛发展，拆零拣选作业量越来越大，“货到人”拣选方式开始兴起，这种拣选方式大多是通过 AGV 搬运货架实现的。

AGV 资源分配问题可定义为针对当前待执行的某项任务（搬运任务或泊车任务），为其分配可用的 AGV 资源，即仓库内不同场景下的任务需求与可用 AGV 资源的匹配，也就是将仓库内各任务指派给 AGV 的问题。

AGV 资源分配问题的约束条件可分为三类。

一是业务约束。由于仓库内有许多种类的业务在同时进行，有不同的要求，所以对业务进行分层、细致的梳理，是仓内搬运任务指派的重点。例如，有的任务等待成本较高，因此需要为其时刻预留一定份额的运力，保证当该类任务下发时，可以立即配置运力进行搬运。

二是任务约束。①任务优先级，可通过任务下发/截止时间、任务类型等单一指标进行表征，也可以建立优先级评分机制。②任务先后顺序，例如，当拣货区的移动货架数量达到上限时，必须至少先移走一个货架，才能执行下一个货架搬运至拣货区的任务。③运力配比，虽然出库任务优先级更高，但如果出库任务较多，可能导致所有 AGV 全部执行出库搬运任务，造成入库托盘在接驳点积压，因此需预留一定配比的 AGV 运力只为或优先为入库任务服务。④容量限制，由于仓库内各区域存在物理容量限制，需要对同一时间到达相应地点的 AGV 或搬运容器实施容量限制。

三是 AGV 资源约束。AGV 资源存在数量限制，在进行任务指派时，需要考虑是否有足够数量的空闲 AGV，同时也应考虑 AGV 的搬运能力限制及行走路径最短限制。

在匹配算法方面，根据单轮指派问题中的两方（AGV 和搬运任务）数量的多少，可以分为一对多和多对多模式。

一对多模式主要分为以下两种情况：在新任务生成时，从多个可选 AGV 中选择最为合适的一个执行任务；当一个 AGV 空闲后，从多个等待任务中选择一个给该 AGV 执行。第一种情况可依据考虑最近原则（AGV 距离执行任务地点最近）、最长闲置原则（优先分配给闲置时间最长的 AGV）等建立匹配模型。第二种情况也可以依据最少空驶时间、距离等原则建立模型。

在多对多模式下，AGV 资源分配问题可以视为最小费用最大流问题，也可以通过整数规划建立数学模型进行解决。

2022 年，京东物流长沙“亚洲一号”智能物流园区内，百余台应用 5G 技术的“地狼”AGV 正式投用（见图 7-12）。“地狼”AGV 的大规模并发作业，离不开京东物流自主研发的能操控全局的智能控制系统——“智能大脑”。从仓储到拣货、打包，再到分拣、出仓，所有环节的无人化操作都由“智能大脑”自主决策与指挥，通过人工智能、大数据、运筹学等相关技术和算法，每个 AGV 的送料任务调度系统会根据所有的 AGV 当前是否空闲、电量是否充足、行驶的里程长短等条件来计算出合适的方案，合理地调配多台 AGV 来完成所有的送料任务，最大化设备的运行效率，实现算法指导生产。

图 7-12　京东“地狼”AGV

资料来源：https：//www. jdl. com/intelligentStorage? utm_source=sogou-pinzhuan-pc。

第五节　供应链优化

随着经济全球化发展以及市场竞争的日趋激烈，众多企业供应链上的节点越来越多，覆盖的地域范围越来越大，形成了日益复杂的网状结构，供应链中的决策等问题日趋复杂化、动态化。供应、生产、运输、储存等具体环节中都有着运筹学理论的深度应用，推动着供应链向智能化发展。同时，由于流行病、贸易冲突、地区冲突等影响供应链韧性的因素不断出现，供应链的稳定性承受着严峻的考验，通过运用运筹技术建立风险监测机制等已成为企业的重点研究方向。

一、供应商选择

（一）问题描述

供应商选择即根据企业采购物品的特点、规模、时间、可选择供应商等条件，选择最能满足企业需求的供应商。供应商选择是企业采购进程中重要的一环，选择最优的供应商有利于保障企业生产的顺利进行，也有利于企业稳定发展。

（二）优化方法

供应商选择方法大致可分为定性法、定量法、定性与定量结合法三种。定性法有头脑风暴法、德尔菲法、招标法等，主要是根据供应商选择的原则，利用有关专业人员积累的经验，对备选的供应商进行定性评价，选择认可度最高的供应商。定量法主要有成本比较法、ABC 成本分析法，对各供应商的某一量化指标（如采购成本）进行比较。定性与定量结合法在实际中应用较多，如层次分析法、数据包络分析法、模糊综合评价法等，综合考虑定性指标（如企业发展前景）与定量指标对供应商进行评价。

对于供应商选择方法的进一步优化一般从两个方面进行，一方面是优化对供应商进行评价和选择的方法和数学模型；另一方面是优化对供应商进行评价和选择时所采用的指标体系，包括评价指标的选择、指标权重的判定等。评价指标往往具有时代特征与企业特点。大数据时代，由于有丰富的数据支撑，企业在进行供应商选择时，可选择的评价指标更加广泛，供应商的生产能力、产品交货期、营销情况、产品价格及企业的影响力等都可以根据实际情况纳入指标体系。

二、生产排程

（一）问题简述

生产排程，是指将生产任务与生产资源匹配的过程，即制订生产计划的过程。在生产能力一定的情况下，优化各生产任务的顺序、生产设备的选择等，提高生产效率，减少生产时间的浪费。

生产排程按照时间长短可以分为长期生产排程、中期生产排程、短期生产排程。长期生产排程，是指企业总体生产任务的规划，以年为单位；中期生产排程，又称总生产排程，时间为半年到一年半，以月或者季度为单位；短期生产排程，时间为一天到半年，以周为单位。其中，总生产排程包括主生产计划和物料需求计划，主要是将车间生产能力、员工工作能力、市场需求、库存管理四部分统一调配，确定最优的生产组合形式。

生产排程问题具有多目标、约束多样复杂、动态多变三个特点。

一是多目标。在实际生产中，最优目标并不是唯一的，甚至存在许多矛盾，如快速响应客户需求与库存成本最小之间的矛盾，充分利用生产设备与延长设备使用寿命之间的矛盾。在排程过程中，往往要综合考虑以上目标，以得到相对最优的方案。

二是约束多样复杂。生产排程涉及的人力、物力资源种类繁多，因此受到许多约束，如生产设备以及人员数量有限，不同种类的产品需要的生产设备不同，各种原材料的紧缺程度不同等。

三是动态多变。在执行预先制订的生产计划时，常常会遇到突发因素，如客户需求改变、设备故障、原材料供应中断等，此时生产计划就需要动态调整，以在新条件下达到最优。

（二）优化方法

对生产排程问题的优化主要体现在利用建模过程进行优化及对求解过程进行优化。由于该问题约束条件多样复杂，目标函数不唯一，因此属于多目标优化问题。目前大多数研究均采用精确算法或近似算法来求解生产排程模型，精确算法又分为分支定界法及数学规划法，近似算法又分为启发式算法、元启发式算法及深度学习算法。

（三）应用案例

杉树科技旗下的数弈产品是智慧决策系统，在有限能力的前提下，能结合不同优化目标，提供产能、库存等多重约束。该系统支持多层级多版本计划对比，可高效完成生产决策，同时允许自定义计划逻辑参数，客户可根据自身场景配置排产策略，灵活调整排产逻辑，获得目标优化的排产结果。

在与某 ICT 巨头的合作中，杉树科技利用高效排产算法为其全球业务扩张奠定了良好基础。该 ICT 巨头拥有复杂的供应链。每日的生产排产涉及数百个工厂与数十万编码。该 ICT 巨头与杉树科技重新梳理业务需求，并针对需求进行合理建模，考虑全套复杂约束一次性排产，核心决策某天某工厂针对某单品的生产量、物料需求、转运量。

三、供应链韧性

供应链韧性是指供应链受到干扰后能够恢复到原状态或者更加理想状态的能力。2020 年以来，供应链韧性的重要性更是显现出来。2022 年 12 月，《国务院办公厅关于印发“十四五”现代物流发展规划的通知》中也着重提出了要强化现代供应链安全韧性。

（一）度量方法

目前度量供应链韧性的方法主要可分为四类。①用评价供应链的定性指标度量韧性，如供应链的敏捷性、适应性等。②用供应链韧性定义中的相关定量指标度量韧性。这类方法所用的指标有：供应链受到干扰后恢复到原有状态或更加理想状态所需要的时间、恢复期内供应链绩效的损失程度等。③用供应链绩效评价指标度量韧性。如完美订单交货率、客户服务水平等。④用拓扑指标度量韧性。主要是从供应链网络的视角来对韧性进行度量，例如，供应链韧性可以表示为未导致供应链网络中断的节点或边的数量除以所有可中断的节点或边的数量。

（二）研究方向

目前对于供应链韧性的研究方向可以分为两类。一类是定性分析。其中既有对供应链韧性的概念、实际案例等进行分析，也有专业人士依据经验提出增强供应链韧性的策略。例如，全球领先的信息技术研究和咨询公司高德纳提出了6大策略：建立库存和产能缓冲区、制造网络多元化策略、多重寻源、近岸外包、平台与产品或工厂的一致性、生态系统伙伴关系。另一类是定量分析，主要通过构建评价体系、建立数学模型、仿真模拟等，评价供应链的韧性水平，优化供应链结构，以提升供应链韧性。

（三）应用案例

联想集团是一家成立于中国、业务遍及180个市场的全球化科技公司。作为全球智能设备的领导厂商，联想每年为全球用户提供数以亿计的智能终端设备，包括电脑、智能手机等。联想在全球管理30多家制造基地，其中，自有与合资工厂13家，合作工厂20余家。近年来，多重因素的影响下，全球的供应链都受到了扰动，联想凭借其打造的韧性供应链有效缓解了冲击，逆势而上。

联想采用混合制造模式，即自有工厂、OEM（Original Equipment Manufacturer，指“代工生产”）和ODM（Original Design Manufacturer，指采购方只负责销售的生产方式）的混合制造模式，这种模式让联想的产品质量、交付能力、成本极具竞争力，保证了供应链的高效运转，提升了资源调配的弹性。

四、典型案例——华为供应链数字化转型

截至2021年，华为已累计发展了超过300家产业链上下游合作伙伴，仅核心供应商就有92家。为通过数字化转型实现快速发展，华为于2015年启动了供应链数字化转型的ISC+（ISC，Integrated Supply Chain，集成供应链）变革。

华为供应链数字化转型的总体思路（见图7-13）是通过数据和算法驱动，构建供应链数智核心。通过感知把物理世界的整个供应网络信息映射到数字世界，在数字世界通过智能算法对各流程进行优化、控制、改造，驱动业务模式的转型。

（一）供应链数字化发展

华为的供应链数字化发展分为两个阶段：数字化和智能化。数字化包括通过业务数字化打造数据底座、通过流程及IT服务化打造服务化系统。华为从三个方面推动业务数字化：一是业务对象数字化，即将业务对象映射到数字世界中，如将合同、产品

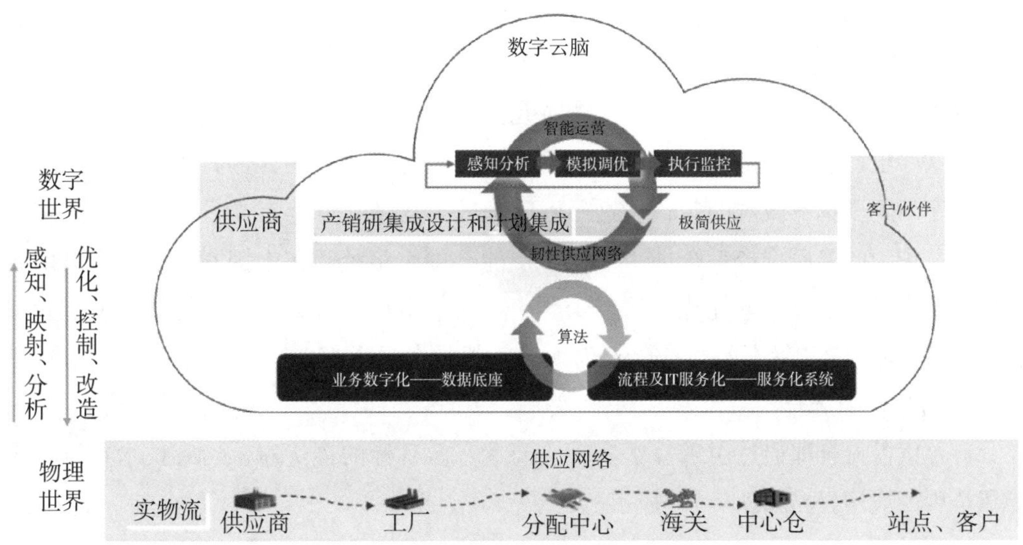

图 7-13　华为供应链数字化转型总体思路

资料来源：2022 年全球物流技术大会演讲《数字化供应链——运筹优化的应用》。

等实体进行数字化转换；二是业务规则数字化，即使用数字化的手段管理复杂场景下的规则，实现业务规则与应用解耦，使规则可配置，如存货成本核算规则、订单拆分规则等；三是业务过程数字化，即实现业务流程上线、作业过程的自记录，如对货物运输过程进行自记录。随着业务增长、需求变化加快，传统的供应链 IT 系统会出现用户体验差、重复建设、响应周期长等问题，不能适应业务发展的需要。华为通过对复杂的单体大系统进行重构，让服务化子系统融合业务要素、应用要素和数据要素，实现流程及 IT 服务化。

（二）供应链智能化发展

智能化则主要针对业务决策、业务管理和业务运作，通过构建供应链智慧大脑，提升资源效率和运营质量。

在算法与技术方面，供应链智能化分为四个类型。①数学规划类，如线性规划、最优化、网络流、混合整数等，在问题约束与目标下，分析最优参数组合。②数据科学类，如大数据、可视数据挖掘统计，可应用在许多通用问题中。③启发式算法，如贪婪算法、遗传算法、蚁群算法，执行层应用需以小时、分钟或秒为单位，更加注重可行方案的应用。④其他，如图论、排队论、模拟仿真。其中，图论可以用来解决最短路径、距离计算、物流网络规划问题；排队论可以对小范围仓储、流通加工进行分析；模拟仿真可以对仓储、流通加工设施布局进行分析。

不同的算法与技术有各自的优劣势和适用场景。在制造业里经典的应用场景有多工厂排产、订单供需撮合、自动化物流中心等。

1. 多工厂排产

华为有数百个工厂，这些工厂可能有几万组的编码数，一层一层展开有数千万个结构，这些工厂未来的生产计划来源于需求预测及客户已经确认的订单。同时还有加工的工序问题及物料版本的替代。这导致问题较为复杂，可能有几千万元甚至上亿元的变量。华为的工厂排产系统能考虑工厂产能、供应路径等多个因素，将排产精确到工厂或是产线，通过运筹优化算法在 1.5 小时内给出排产方案，最终能节省上亿元资金，并且将库存齐套率提高 37%，任务令自动执行率提高 52%。

2. 订单供需撮合

订单供需撮合即通过引擎算法实现多要素、多目标的最优解。运筹技术在订单供需撮合中的应用思路如图 7-14 所示。

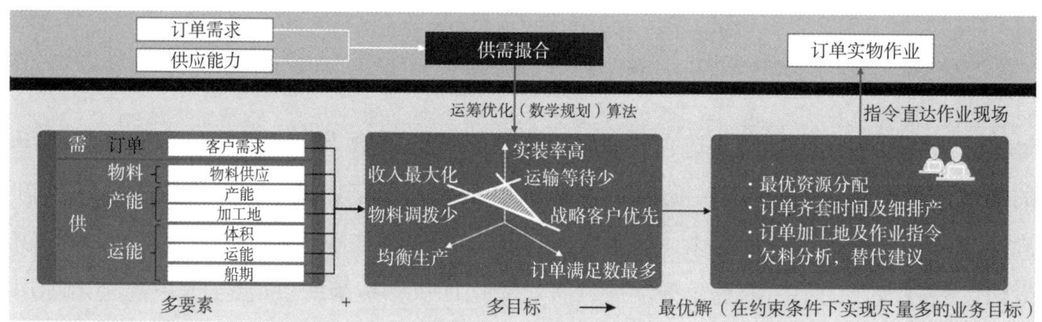

图 7-14　运筹技术在订单供需撮合中的应用思路

资料来源：2022 年全球物流技术大会演讲《数字化供应链——运筹优化的应用》。

3. 自动化物流中心

在自动化物流中心，需要通过物流准备和订单履行两个环节的优化来尽可能地提升交付能力。在物流准备方面，通过相应的预测、补货模型进行优化。在订单履行方面，当客户的订单到达之后，通过模拟确定最佳的交单日期，再根据多场景分析，得到一个订单确定的交单日期。

第六节　物流领域常用的优化算法及应用

物流是供应链管理中至关重要的一环，决定了整体链条的协同效率。运筹优化算法在物流领域扮演着不可或缺的角色，是实现供应链数字化、智能化转型升级的核心，能够为物流降本增效带来巨大价值。近年来，物联网、5G、人工智能、数字孪生等技术的发展带来了算力和算法的巨大进步，算法类型也不断丰富，适应不同场景的算法体系逐渐完善。优化算法在物流领域的应用也向着更贴合问题实际、更深入问题场景的方向不断发展创新。

一、物流领域常用的优化算法类型与特征

目前物流领域常用的优化算法有精确算法、近似方法、机器学习算法三类（见图 7-15）。由于各算法在求解步骤、效率等方面的不同，在实际应用中往往有各自的优势领域。例如，对于动态车辆调度问题，需要在较短的时间内重新制订或调整车辆调度计划，经常采用高效的启发式算法。随着供应链网络的复杂化，物流领域的问题由于涉及的主体、环节等增多也趋于复杂，对于难度较大的问题，也会结合多种方法进行求解。

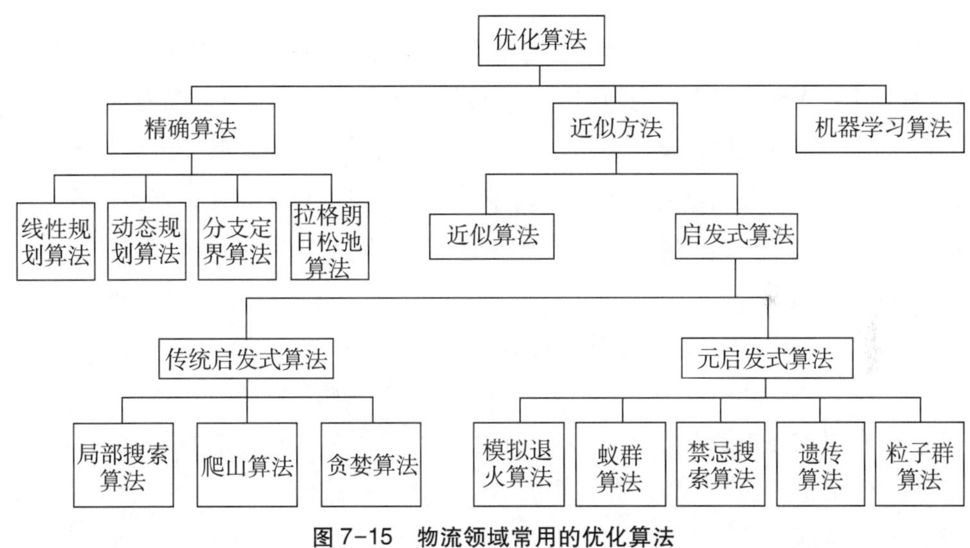

图 7-15　物流领域常用的优化算法

（一）精确算法

精确算法是指能够求出问题最优解的算法。对于小规模问题，精确算法能够在可接受的时间内找到最优解；但对于大规模问题，精确算法一般只能提供问题的可行解，也可以为启发式方法提供初始解。在物流领域应用的精确算法主要有线性规划算法、动态规划算法、分支定界算法、拉格朗日松弛算法等。

1. 线性规划算法

线性规划是运筹学的一个重要分支，发展较为成熟。线性规划问题的目标函数是线性函数，约束条件也是一组线性不等式。线性规划中常见算法有：单纯形法、割平面法、列生成算法等。

（1）单纯形法。

单纯形法是线性规划算法中的基础算法。单纯形法的基本思路是：先找出一个基可行解，按一定规则判断其是否最优；如果不是，就转换到与之相邻的另一个基可行解，并使目标函数值不断得到优化；反复迭代，直到找到最优解为止。

（2）割平面法。

割平面法是单纯形法的一种改进算法，是解决整数规划问题的经典方法。割平面法的基本思路是先将整数规划问题作为普通线性规划问题进行求解，在得到最优解之后，若该最优解恰好是整数解，则此解即为整数规划问题的最优解；若不是，则通过添加约束条件来使可行域变小，直到求得最优整数解。

（3）列生成算法。

列生成算法是一种用于求解变量较多的大规模线性优化问题的高效算法。对于大规模线性优化问题，单纯形法虽然能求得最优解，但由于其需要对众多变量进行变换，迭代次数较多，求解过程会较为烦琐。列生成算法不是直接同时处理所有的候选方案，而是基于当前生成的列的子集，通过限制主问题进行优化求解；其余的候选方案可以改善限制主问题当前最优解时，才会进入该子集。与单纯形法相比，列生成算法的进基变量是通过求解子问题生成的，而单纯形法的进基变量是模型存在的变量。

2. 动态规划算法

动态规划是解决多阶段决策过程最优化的一种数学方法，其适用的问题需要具有无后效性：某阶段状态一旦确定，此阶段以后的决策与此前各种状态及决策无关。动态规划算法的基本思想是将待求解的问题分解成若干个子问题，先对子问题进行求解，再从这些子问题的解中得到原问题的解。

3. 分支定界算法

分支定界算法是一种重要的求解全局优化问题的确定性算法。该算法既可以用来求解简单问题，得出具体结果，也可以用来简化问题，将大规模求解问题分解成若干个子集，再分别通过其他算法求解，并分出解的范围中的最优解。该算法包括两个步骤：一是分支，即将一个大问题分解为多个子问题；二是定界，即对每个子问题的下界进行计算，排除不会产生最优解的子集。

4. 拉格朗日松弛算法

拉格朗日松弛算法是一种常用的求解大规模整数规划与混合整数规划的有效方法。这种方法主要用于松弛复杂的约束，以达到简化算法的目的。

（二）近似方法

对于物流领域的部分问题，由于其复杂性，难以判断是否存在最优解，或难以在有限的时间内通过精确算法求出最优解，因此产生了近似方法。近似方法为通过某种方式求解模型一定范围内的最优解（接近最优解的近似解）的方法，主要分为近似算法与启发式算法。

1. 近似算法

近似算法是指用近似方法来解决优化问题的算法，通常与非确定性多项式（NP-hard）问题相关。与启发式算法不同，通常只能找到合理的解决方案。

2. 启发式算法

启发式算法按照开发时间与基本原理可以分为传统启发式算法与元启发式算法。传统启发式算法的基本思想是从当前解出发，在其邻域中寻找较优解作为当前解，并继续寻找，直到没有更优解。但传统启发式算法依赖于算法的组织结构信息，通用性不强，且容易陷入局部最优解。元启发式算法性能比传统启发式算法更优，与传统启发式算法的不同之处在于它加入了非优化解甚至不可行解，其基本思想是从初始解开始，通过对当前解进行反复局部扰动以寻找较好解。

（1）传统启发式算法。

贪婪算法。该算法不追求最优解，通常是基于当前情况作出最优选择，而不考虑各种可能的整体情况。由于省去了寻找最优解的过程，因此该算法较为简单高效，但不进行回溯处理也导致该算法很少得到最优解，常作为其他算法的辅助算法使用。

爬山算法。爬山算法是一种简单的贪婪搜索算法，该算法每次从当前解的临近解空间中选择一个最优解作为当前解，直到达到一个局部最优解。爬山算法实现简单，其主要缺点是往往会陷入局部最优解，而不一定能搜索到全局最优解。

局部搜索算法。局部搜索算法是解决最优化问题的一种启发式算法。该算法每次从当前解的邻域中选择一个最优解，将当前函数值与邻域内最优解的函数值比较，如果当前函数值更优，则停止搜索，输出当前解作为局部最优解；否则，将该邻域内最优解设为当前解，重复进行邻域搜索，直到找出当前最优解。它占用内存少，在连续且状态空间很大的问题中，通常都可以找到足够好的解，但可能会陷入局部最优解，且结果取决于起始点的选择以及步长的选择，存在一定的随机性。

（2）元启发式算法。

模拟退火算法。模拟退火算法是基于金属退火原理迭代求解策略的一种随机寻优算法。该算法属于局部搜索算法的一种改进算法，与传统随机搜索方法的区别在于，它同时引入了随机因素和固体退火过程的自然机理。模拟退火算法采用基于概率的双方向随机搜索技术，找到最优解的概率比较大，但收敛速度比较慢，求解时间较长，因此导致算法在车辆调度问题中的应用没有遗传算法、蚁群算法以及粒子群算法广泛。

蚁群算法。蚁群算法是一种模拟进化概率型算法。其原理来源于蚁群在寻找路径的过程中体现的智能行为，蚂蚁会在其经过的路径上释放信息素，信息素浓度越高的路径越容易被后来的蚂蚁选择，从而形成一种正反馈机制。蚁群算法提出至今，在很多复杂的组合优化问题的求解中显示了极强的求解能力，通过不断发展和改进，在车辆调度问题上也发挥着巨大的作用。

遗传算法。遗传算法是一种随机全局搜索优化方法，该算法的提出建立在生物进化理论的基础上，模拟了生物自然选择和遗传中发生的复制、交叉和变异等现象。遗传算法思想简单，算法易于实现，并行搜索的效率较高，但仍然无法避免过早收敛无法得到最优解的问题。因此，在求解一些约束条件较复杂、规模较大的问题时，仍需要对算法做出一定的改进。

禁忌搜索算法。禁忌搜索算法的基本思想是通过引入一个灵活的存储结构标记已搜索过的局部最优解，在下一轮搜索中，尽量避开这些信息但不是绝对禁止，从而确保对不同的有效搜索途径的搜索，以达到跳出局部最优解的目的。该算法的优点是比较容易结合其他的亚启发式算法，从而跳出局部最优解，得到全局最优解。但其初始可行解的选择很重要，若选择不当会造成很长的计算时间。

粒子群算法。该算法是通过模拟鸟群觅食行为而发展起来的一种基于群体协作的随机搜索算法。粒子群算法是群体智能算法中的一个较新分支，算法概念简单、参数较少，容易实现，算法收敛速度较快，求解效率较高，并且该算法在求解车辆调度问题中也有显著的效果。

（三）机器学习算法

机器学习算法是计算机通过大量数据按照一定的模式进行自主学习、自动生成相应模型并进行计算的一类方法。这类方法主要应用于人工智能领域。在物流领域，机器学习算法能解决数据预测、交通网络规划等问题。其优点在于能根据不同的问题进行针对性求解，使模型更贴近实际情况，缺点在于该算法需要大量的数据进行训练，不适用于数据样本较少的情况，且无法得知具体的模型，导致无法对模型进行人工修改。

强化学习是机器学习的一个分支。强化学习算法可分为基于模型的强化学习算法和无模型的强化学习算法。二者的最大区别在于是否有对环境建模。

基于模型的强化学习算法的核心思想是动态规划，其实质是从过去的经验中学习并建立环境模型，再依据模型计算出值函数。根据值函数的迭代方式不同，又可将基于模型的强化学习算法分为值迭代算法以及策略迭代算法。二者的基本思想是一致的，其最大的区别在于，策略迭代算法在进行策略改善时，使用的每个状态的值函数是稳定的，其在进行策略评估时，计算得到了当前策略的稳定值函数；而值迭代算法交替进行策略评估和策略改善的过程，并非等到值函数稳定时再进行策略改善，其过程更为动态。

无模型的强化学习算法不会对环境进行建模，直接根据与环境交互过程中产生的数据迭代算法，在反复交互和试错过程中达到学习的目的。无模型的强化学习算法主要分为基于值函数的强化学习和基于直接策略搜索的强化学习两大类。

基于模型的强化学习算法对环境有提前的认知，可以提前考虑规划，但其缺点是如果模型跟真实世界不一致，那么在实际使用场景下会表现得不好。无模型的强化学习算法放弃了模型学习，在效率上不如前者，但是这种方式更加容易实现，也容易在实际使用场景下调整到很好的状态。所以无模型的强化学习算法更受欢迎，得到了广泛开发和测试。

二、优化算法在配送场景下无人机路径规划问题中的应用及改进策略

近年来，基于无人机的物流配送获得了广泛关注。无人机在节约配送成本和缩短配送时间方面有着极大潜能，自亚马逊宣布 Prime Air Drone Deliveries（优质航空无人机交付）服务起，敦豪、谷歌以及京东等各大公司也纷纷开始研发和测试各自的无人机模型。由于物流配送的目的地往往较分散，末端配送需要耗费大量的物流资源，亟须探索低空空域的潜力，改善“最后一公里”的货物运输问题。此外，无人机的运行特点与无接触配送的物流需求十分契合，顺应了当前物流配送行业的发展趋势。因此，研究无人机物流具有重要示范意义。无人机独有的特征（如有限的载重和电池容量）使无人机的路径规划问题不同于传统的车辆路径规划问题，优化算法应用特点也存在差异。下面以物流配送过程中的无人机路径规划问题为例，简要介绍部分优化算法应用于该问题中的过程以及改进策略。

（一）传统路径规划算法的应用及改进策略

传统路径规划算法相对成熟，已经被广泛应用于单无人机的寻路问题。传统路径规划算法主要分为基于图搜索法、采样法和人工势场法。基于图搜索法对整个环境进行建模，再进行路径搜索，比较直观，易求出最短路径，适用于全局和连续区域内的路径规划，包括 Dijkstra 算法、A^* 算法等。采样法通过采点构图来表示环境，再进行路径搜索，典型代表有快速扩展随机树算法。人工势场法原理简单，易于实现，实时性好，局部寻路能力强。但是，传统路径规划算法存在计算效率低、容易陷入局部最优、不适用于大规模求解等问题，其改进方式通常为结合其他智能优化算法进行。例如，人工势场法被广泛应用于智能优化算法和深度强化学习算法中，以解决收敛速度慢的问题。

（二）启发式算法的应用及改进策略

启发式算法由于其本身的随机性，不再试图搜索全局空间，而是在计算时间和最优性能之间达到某些妥协，能够获得同时兼顾计算效率和性能的一个次优解，在无人机路径规划问题中应用较为广泛。

1. 遗传算法的应用及改进策略

遗传算法的优势在于不受问题领域限制，具备快速启发式搜索的能力。其劣势在于易陷入局部最优解。为了提高遗传算法在无人机路径规划中的应用性能，研究者对算法进行了改进，根据算法的特点可以将改进方式分为三种类型。第一类是在遗传算法各进化阶段上的改进，包括在染色体编码阶段，以目标、基地、无人机序号、等位基因改进传统的遗传算法；在计算适应度及选择阶段，设计混合适应度函数以寻找最优解；在交叉和变异阶段，将基于近似梯度的局部搜索策略集成到遗传算法中，设计交叉算子以产生后代等方式。第二类是协同共进化遗传算法的应用及改进，如针对任务执行时无人机数量增加或减少的需求，提出物种数量进化的思想，对协同共进化遗传算法进行改进。第三类是遗传算法与其他算法结合，如在遗传算法中引入启发式免疫算子，使其能够产生并保存优秀的个体，获得无人机的协同飞行搜索路径，提高无人机在不确定环境下的搜索效率。

2. 蚁群算法的应用及改进策略

在无人机路径规划中，根据蚁群算法的特点可以将改进方式分为四种类型。第一类是信息素改进，如在多无人机初始路径规划阶段，采用混合信息素更新方法，限制第一代最短路径信息素的更新，从而降低陷入局部最优解的概率，加快收敛速度。第二类是分布式蚁群算法研究与改进，如设计高效的并行多蚁群算法，通过并行计算解决多无人机路径规划问题。第三类是不确定性环境下的应用与改进，如针对不确定性的动态环境，采用基于信息素反馈机制的多无人机改进蚁群算法，对无人机之间的信息进行整合，解决多无人机协同搜索问题。第四类是蚁群算法与其他算法结合，如将蚁群算法结合匈牙利算法对无人机编队进行多条件多参数下的协同任务分配等。

3. 粒子群算法的应用及改进策略

在无人机路径规划中，根据粒子群算法的特点可以将改进方式分为三种类型。第一类是粒子群算法计算阶段的改进，包括改进粒子初始分布、根据评估自适应调整参数、采用期望粒子代替不期望粒子的变异策略等方式，对粒子群算法进行综合改进，提高收敛速度和解的最优性。第二类是分布式粒子群算法研究与改进，如运用具有协同机制的分布式协同粒子群优化算法，求解多无人机路径生成问题，提高搜索成功率。第三类是粒子群算法与其他算法结合，如将遗传算法的交叉算子引入粒子群算法，用混合粒子群优化算法对无人机路径规划优化模型进行求解，从而增加种群的多样性，提高算法的搜索效率。

（三）强化学习算法的应用及改进策略

强化学习算法应用于无人机路径规划问题的优势在于可以协同处理无人机集群路径规划及任务分配问题。传统方法中，较为普遍的方式是分开处理无人机集群路径规划及任务分配问题，忽视了两者之间的耦合关系。强化学习算法更多的是以任务为导向，以奖励函数为指引，在满足各种约束条件的前提下，完成任务分配、路径规划以及壁障。在无人机路径规划中，强化学习算法的改进主要在奖励函数的定义以及模型训练两方面。一是在奖励函数的定义方面，针对稀疏奖励，通过在奖励函数中设置人工势场分量，保证在未到达目标点时，也有一定的引导性奖励。二是模型训练方面，强化学习的试错、学习机制可能导致训练初期盲目性问题，可以通过引入迁移学习的相关知识来帮助强化学习适应更复杂的任务场景。迁移学习主要包括基于实例的迁移、基于特征的迁移和基于共享参数的迁移。其中，基于共享参数的迁移最为常用，可以将二维环境训练出来的模型参数映射到三维环境的模型中作为初始参数，也可以将静态环境训练出来的模型参数作为动态环境下模型的初始参数。

第八章　特色物流技术

第一节　汽车物流技术

汽车产业是典型的全球供应链体系高效协同运作的产业。汽车供应链节点多、层级多、庞大而复杂，任何一个微小零部件的短缺都会影响汽车的正常生产和销售。过去几年中，在全球贸易保护政策持续加强、国内新能源汽车迅猛发展、汽车制造业向智能制造转型升级、碳达峰与碳中和加速推进、新销售模式与新消费形式发生变化等诸多因素的叠加影响下，越来越多的汽车物流企业探索建立高效协同、柔性、敏捷、绿色的供应链物流体系，持续提升供应链物流的运作能力。

一、整车物流技术

（一）数字化技术创新应用

随着整车物流行业与互联网的快速融合，新技术、新模式、新业态不断涌现，大数据、云计算、人工智能等新技术加快推广应用，整车物流企业纷纷转型升级，在实现整车物流高效、智能、数字化服务方面不断探索，实现了数字化、智能化技术在整车物流领域的创新应用。下面以长安福特为代表介绍整车物流的数字化转型升级。

长安福特致力于为客户提供线上与线下电商物流化服务，通过实现商品车自动感知识别、智能调度、智能配载、物流服务可追溯、物流规划智能化决策、整车物流信息客户端数字化展示与推送等功能，提高整车物流服务品质。

首先，长安福特整车物流致力于加强与客户的联系，不断尝试突破传统汽车行业整车物流的界限。通过应用 RFID 技术，实现从车辆下线至交付客户全环节关键节点位置信息自动采集；通过应用装载龙门架结合地感线圈验证设备，实现 100%准确装载验证。此外，整车物流以内部“整车物流服务” App 为桥梁，整合 GIS 等外部基础操作系统数据，利用数据传输接口、区块链加密技术，彻底将客户从被动变为主动。客户可以通过手机端“整车物流服务” App，实现加急运输申请、地图可视化在途信息查询、在线收车、运损处理、在线客服沟通及服务评价等一系列服务。

通过不断推进数字化物流，长安福特整车物流已初步搭建数字化管理平台。通过业务在线、运营监控、客户服务、品保安防等服务内容，在向客户提供信息数字化服务的同时实现整车物流全过程数字化管理。通过这些模块的有效运用，可充分管理数字资产，为后续推进大数据分析、人工智能、数字孪生等应用，以及进一步提升客户对整车物流数字化服务感受奠定坚实基础。

其次，在创建高效合作伙伴关系方面，长安福特整车物流以信息化为基础，推进信息与车辆实体的一体化、智能化、无人化操作，在提升物流作业水平和效率的同时，大幅度降低作业失误率。

针对整车物流停车场，长安福特引入智能派单算法，对停车场内商品车移车司机操作进行智能测算，该算法可实时分析移车司机位置、工作量、移动距离、时效等数据信息，向移车司机自动推送移车操作任务，有效提升移车司机操作效率。通过搭建的计算机配载测算模型，发运系统会充分考虑轿运车有效载量、运输路线、商品车发运需求、紧急程度等需求，快速计算配载最优方案，以达到实现轿运车智能配载、提升配载效率和轿运车满载率的目的。

长安福特整车物流也不断探索智能化、无人化设备在操作中的应用，实现停车场内无人机巡库、盘点操作；运输路线规划智能算法，决策最优网络；红外测高仪器自动测量货车高度，严控装载超高；利用区块链平台实现自动双盲对账物流费用；利用 PDA 终端设备，帮助停车场移车司机集成任务接收、品保安防、质损记录等复合作业。

最后，在整车物流全生态系统方面，长安福特通过地理信息系统、仓储管理系统及大数据平台，将商品车销售分配、物流计划、实车发出、实车位置、实车交付、实车质量状态、实车质损等信息交互串联，形成信息主线。在此基础上，长安福特还将销售需求、物流安排、实车位置/状态等信息，实时共享给销售团队、物流管理团队、司机以及客户，实现信息快捷交互。

（二）运输方式不断丰富完善

汽车物流行业作为汽车产业的重要支撑，受汽车市场的影响，行业企业面临业务结构调整、服务转型升级的新需求。我国整车物流的运输结构已进入新一轮的优化调整期，铁路、水路充分发挥了其低成本、大批量的运输优势，承担更多中长距离的批量干线运输业务，公路运输重点转向中短途运输和两端短驳，逐渐形成分工合理、节能高效的汽车整车综合运输网络，汽车物流运输方式不断得到完善。

因海运渠道运力紧张，吉利汽车为解决出口难题，与长沙海关沟通实现了利用中铁特货笼式专用运输列车出口。2022 年 7 月，装载着 100 辆吉利汽车的中欧班列从长沙国际铁路港始发。较传统的中欧班列集装箱运输不同，该班列采用中铁特货笼式专用运输列车，平均每个集装箱运载的汽车由 4 辆提升至 10 辆，且运输成本降低超过 30%。

这种运输模式不仅为国产汽车整车出口开辟了新通道，也进一步发挥了中欧班列的作用，不仅为公司解了燃眉之急，还节省了大量的成本，帮助我国汽车公司更好地开拓国际市场。黑龙江、天津等地也均开辟了笼式列车运输新方式，哈尔滨国际集装箱中心站的汽车驶入笼车如图 8-1 所示。

图 8-1　哈尔滨国际集装箱中心站的汽车驶入笼车

资料来源：http：//h5. hljnews. cn/h5/detail/normal/4806595688072192。

无独有偶，在新能源汽车出口方面，铁路运输的优势也正在不断凸显。依据中国汽车工业协会提供的数据，2022 年前三季度，中国新能源汽车出口量为 38. 9 万辆，同比增长超过 100%。海关总署最新的统计数据也显示，2022 年 1—9 月，中国汽车出口 2598. 4 亿元，同比增长 67. 1%。

国铁集团顺应趋势放开新能源汽车的铁路运输，中国车企依靠中欧班列加速出海。成都、西安、郑州、重庆、武汉等地均开行了承运新能源汽车的中欧班列，助力中国汽车出口不断升温（见图 8-2）。与传统海运相比，经由中欧班列运输新能源汽车更稳定、更安全，在满足新能源汽车等高附加值、强时效性的货物进出口方面更有优势。选择使用中欧班列出口新能源汽车，综合考虑物流费用、在途时间等因素，出口每台汽车可以节约 8%~20%的综合成本。

图 8-2 中欧班列（武汉）新能源整车专列首发

资料来源：https：//www. chinanews. com. cn/cj/2022/11-25/9902429. shtml。

在重卡运输方面，由于重卡公路运输面临着驾驶司机老龄化与运力资源紧缺等问题，铁路运输已成为不可或缺的运输方式。采用铁路运输不但能有效缓解公路运输的压力，更是响应了国家“双碳”目标，有利于企业可持续发展战略的实施。2022 年 5 月，在中铁特货、北京普田物流与北京诚通物流合作下，3 台重卡在大红门站顺利完成第一批次试装工作，实现了重卡商品车铁路运输新的突破（见图 8-3）。未来，铁路运输低碳绿色优势将进一步突出，将成为推动商品车运输方式和汽车物流运营结构绿色智慧变化的新动能。

图 8-3 重卡铁路运输项目首发

资料来源：http：//qcwlfh. chinawuliu. com. cn/gzdt/202205/23/578395. shtml。

二、汽车零部件物流技术

（一）物流供应链组织方式创新

东风日产从入厂物流、厂内物流和备件物流等方面不断强化汽车零部件供应链物流体系建设。通过技术和模式创新，实现上下游高效协同、物流智能化升级，为保障供应链安全和企业整体发展提供强大助力。

1. 入厂物流体系

长期以来，东风日产的零部件入厂物流主要采用送货制模式。该模式下供应商的产品价格中包含了制造成本和物流成本，并且包含潜在的风险成本。对供需双方来说，送货制的管理难度都比较大，并由此产生了巨大库存。为彻底解决上述问题，东风日产引入了调达物流运作模式。调达物流的运作思路是：在主机厂的主导下，根据生产计划编制出小批量、多频次的零部件采购计划，由一家或几家第三方物流公司根据预先设计的取货路线，按顺序、约定好的时间窗口到各家供应商上门取货，然后运输到东风日产的零部件集配中心，最后按照工厂交货纳入计划，从集配中心运输到整车生产工厂。

目前，东风日产入厂物流采用的“取货制”模式，是从供应商发货点到工厂指定交货地点，对零部件进行统一管理且布局最合理的运输网络。这种模式更便于发现改善机会，最终实现成本最低。东风日产入厂取货物流主要包括循环取货和供应商同步供货两种物流模式。循环取货制目前覆盖95%的国产零部件。根据零部件体积、生产线布局和上线方式，选取部分近地化供应商实施同步供货模式，即零部件在供应商处按照东风日产的生产顺序集配后放入专用容器，经短途运输进厂，直接配送到生产线旁。供应商同步供货的运输工具主要是牵引车和专用卡车。牵引车有专用的车头，加挂带轮的专用容器，通过专用通道，装卸快捷，不需叉车作业；专用卡车主要用于公路短途运输，将专用容器置于车厢内。

2. 厂内物流体系

东风日产厂内物流业务涵盖国产外制件、在库管理、分拣、集配/排序作业、线边管理、容器返空等工厂物流的全过程。厂内物流体系遵循近接化、集中化的物流布局原则。同时，大量采用JIS（Just in Sequence，准时化顺序供应）顺序上线供给、电子看板供给等多种供给方式，确保多款车型混线柔性生产，有效地降低人工附随作业时间。

早在2005年，东风日产率先在广州花都工厂大规模使用AGV地磁导航小车供给上线，目前东风日产全部整车工厂总装车间零部件无人化上线比率均超过80%（见图8-4）。随着技术的发展，厂内也在不断推进新技术应用，比如大连工厂车间部件搬运导入室外大型无人牵引式设备，新能源电池车间件搬运环节导入AMR智能搬运机器人，武汉工厂通过迷你叉车与AMR设备协同实现自动投料和容器返空等。无人驾驶牵引车用于内制件厂内转运如图8-5所示。

图 8-4　东风日产全部整车工厂总装车间零部件无人化作业

资料来源：https：//mp. weixin. qq. com/s/R-y2QDUQRuZVEv5sCZSWgw。

图 8-5　无人驾驶牵引车用于内制件厂内转运

资料来源：https：//mp. weixin. qq. com/s/R-y2QDUQRuZVEv5sCZSWgw。

3. 备件物流体系

目前，东风日产主要服务对象为经销商，即 1000 家左右的 4S 经销商网点。东风日产售后备件运营由售后和备件物流科两个部门共同完成。其中，售后部门主要负责备件技术规划；备件物流科负责备件需求预测、供应计划、到货管理、在库管理、物流运输、备件品质及包装设定等工作。

围绕客户服务，东风日产通过设定完善的备件物流 KPI 管理体系，支撑 12 万种备件品类服务需求。东风日产备件服务 KPI 指标主要有四个方面：一是客户备件需求满足率；二是备件交货期，即从收到经销商订单直到备件配送到店所需的时间；三是备件在库金额，即用多少库存实现既定的客户满足率，包括库存量与周转率；四是货损值，即备件到达专营店后由于货损等原因导致的经销商索赔。以上指标涵盖客户满意、物流时效、运营成本、服务质量四个管理维度，这也是东风日产备件物流体系持续优化的重点。

关于核心运作模式，东风日产围绕备件采购计划控制与备件物流配送供应两个维度开展工作。

关于备件采购计划控制，东风日产有一套智能的预测系统，该系统可根据备件历史需求、零部件属性，评估未来一段时间的市场需求，结合供应商的订货提前期和安全库存，自动完成订单的计算，然后经过业务员的审核向供应商传递正式订单。在供应商能力管理方面，东风日产设计了一套完整的备件供应商分级管理制度，主要分为战略供应商、瓶颈供应商、杠杆供应商及一般供应商，对不同层级的供应按不同的策略进行管理。

关于备件物流配送供应，东风日产构建了由战略库（中心库）、区域库、集配站组成的三级物流网络。这种网络布局主要是由整车生产工厂及供应商集中聚集地的分布以及备件市场的需求情况来设定的。仓库设定后，各经销商专营店会根据客户需求每日下单，备件仓库按每日订单快速配送与紧急直发模式，可迅速满足客户需求。

（二）绿色智能供应链转型升级

随着新能源汽车市场快速发展，以“三电”为核心的零部件对于供应链物流的作业模式、工艺要求、质量管控以及作业人员素质等各方面都有了新要求。此外，很多国家已经对汽车巨头企业制定了强制减排要求，这种要求最终也会延伸到物流服务端，物流服务企业也要加快绿色技术应用，稳步实施碳排查、碳资产管理、碳足迹等举措；而受芯片短缺、疫情反复等影响，应急物流的常态化也成为无可避免的问题。面对新要求与挑战，汽车零部件供应链物流服务体系与运作需要更智能、更柔性、更个性。

长安民生物流在向绿色智能供应链物流科技公司转型升级的战略目标指引下，以打造智能前台、数据中台和决策后台为目标实施了一系列转型升级举措，围绕“技术创新、产品与服务创新、模式创新、绿色创新”四大方面来提升供应链物流服务水平，并在“运、包、仓、配、园”五大业务场景方面形成了核心优势。

在打造智能前台方面，着眼于省力化、少人化、无人化，基于装卸、搬运、储存、拣选、配载、包装、调度和监控打造与之适配的智能化项目。以长安民生物流的渝北无人仓为例，作为汽车物流行业大型无人仓项目，该仓库通过实现库内搬运无人化，使作业效率提升 30%，分拣错误率降低 90%；定位精度可以达到±5 毫米，支持零部件种类超过 1500 种；每年可为企业降低成本约 200 万元。长安民生物流无人仓内作业场景如图 8-6 所示。渝北室外 L4 园区无人配送项目首次引入了无人驾驶技术，为后续推广积累了经验，实现无人配送后继续探索推进甩挂运输模式，作业效率可提升 50% 左右。

图 8-6　长安民生物流无人仓内作业场景

资料来源：https：//mp. weixin. qq. com/s/kA_pt15sb8c3HUJaX-Cy0A。

在打造数据中台方面，长安民生物流着眼打造数字化工程，围绕产业数字化和数字产业化两个主线，打通各业务场景信息化断点与堵点，持续迭代自主开发平台，构建多云管理平台，搭建业务结算系统、财务共享中心、数据中台等。长安民生物流数字化监控大屏如图 8-7 所示。

图 8-7　长安民生物流数字化监控大屏

资料来源：https：//mp. weixin. qq. com/s/kA_pt15sb8c3HUJaX-Cy0A。

在打造决策后台方面，长安民生物流注重客户体验和支持公司智能决策，逐步打造指标在线、数据在线和决策在线三大场景相关的数字工程项目。

除以上重大战略，长安民生物流围绕“技术创新、产品与服务创新、模式创新、绿色创新”四大方面，来持续提升供应链物流服务水平。

在技术创新方面，重点打造了智能装卸、智能搬运、智能盘点、智能拣选、智能配载、智能调度、智能监控和智能包装 8 大核心智能化产品。依托实验室打造公司的技术研发平台，逐步打造智能化项目的研发、试点、应用推广三级科研转化基地，支持公司的数智化转型升级。其“货到人”系统、室外无人驾驶配送和以托盘为储存单元的立体仓库等自动化、智能化场景，已在长安民生物流试点应用并复制推广。

在产品与服务创新方面，围绕垂直产业链和横向产业链进行全面创新。垂直产业链方面，依托汽车“运、包、仓、配、园”五大业务场景，建立了覆盖汽车供应链物流全链条、全环节的物流业务，并向上延伸到零部件供应商、二级供应商，向下延伸到经销商，以及逆向物流领域，比如新能源电池回收整体技术解决方案。横向产业链方面，依托物流主业延伸到流通加工、零部件分装、SKD（Semi-Knocked Down，半散件组装）、CKD（Complete Knocked Down，全散件组装）、出口包装、商品车定制化的加改装等汽车生态圈业务，夯实汽车物流业战略伙伴。

模式创新方面包括三大举措：一是以车货匹配平台为基础，在主机厂、零部件供应商等资源供给端，以及自营及非自营运力端，搭建起了社会化网络货运平台；二是以重庆汽车产业为基础，整合社会资源，打造了“五定”（定点、定线、定时、定价、定车）沿江班列，依托多式联运为枯水期的零部件供应链物流运作时效性提供保障，同时，“五定”沿江班列与渝新欧、陆海贸易大通道等联通，实现高效低成本运输；三是应用区块链技术，实现运单信息、信息账单等场景数据的闭环，大幅缩短业务结算周期。

在绿色创新方面，从技术节能、结构节能和管理节能三方面三管齐下，构建世界一流的绿色化智能化物流体系。技术节能方面包括：通过推动新能源（纯电、插电和氢燃料电池）配送车辆应用替换传统燃油车、无人驾驶配送、叉车的油改电、使用绿色建筑材料、绿色循环系统实现节约资源。零部件仓储物流无人驾驶场景如图 8-8 所示。结构节能方面包括：运输上通过公转铁、公转水等干线运输模式优化；包装上尽量采用循环包装、轻量化包装；逆向物流方面梯次利用新能源电池实现资源的可回收再利用；仓储上通过采用高效 LED 灯及自然光照明，替换传统的节能灯、金卤灯等热光源灯具；优化配送网络，减少配送距离和次数、提升共同配送占比等方面来降低碳排放。管理节能方面包括：优化运营管控模式；通过信息化、智能化、数字化手段提升分析决策能力等。

图 8-8　零部件仓储物流无人驾驶场景

资料来源：https：//mp. weixin. qq. com/s/kA_pt15sb8c3HUJaX-Cy0A。

三、典型案例——博泽：供应链数智化升级

随着智能制造的深入推进，数智化成为制造业转型升级的重要方向。博泽作为全球汽车零部件领域的重要企业，其推出的系列供应链数智化转型举措，在进一步增强自身优势的同时，也为汽车行业的供应链数智化升级提供了参考借鉴。

1. 运输环节提升可视化能力

在国际运输环节，博泽设立了国际集货仓库，实际过程存在欧洲供应商的出厂发货和实际集货后的集装箱发货在信息上不一致的问题。博泽通过进口流程体系数字化项目，将国际集货仓库也纳入整个供应链的信息流，并通过 EDI（Electronic Data Interchange，电子数据交换）协议和博泽的 SAP（System Applications and Products，企业管理解决方案软件）系统进行数据交互，提高了信息透明度和准确性。

在国内运输环节，跟踪国内供应商的订单状态是工厂物料计划中常见难题。调度员可以在 SAP 中看到供应商创建了发货通知，但零部件是否由货代公司提取，或者零部件是否已离开货代仓库等详细信息只能通过手动填写的跟踪表进行跟踪。对此，博泽自主开发了运输追踪系统，该系统可以实时更新数据状态，调度员可以通过系统提醒直接发现异常，并进行快速响应。该系统目前已经应用于博泽北京工厂。

而在运输过程的两端，博泽还面临卡车进出时间不均的问题。2021 年 9 月，博泽太仓工厂采用了软件即服务解决方案，实现了月台管理的数字化升级，提高了仓库工作的整体效率。

2. 仓储环节提升自动化、智能化水平

近年来，博泽在各工厂的不同场景下开展自动物流运输机器人项目，不仅用于仓库和生产线之间的物料搬运，也用于生产线的物料流转。2021 年，博泽上海工厂引入

采用 SLAM（Simultaneous Localization and Mapping，同步定位与建图）技术的物流运输机器人，目前所有的成品下线均完成了自动化。

在博泽的电机工厂，为了满足无尘车间、全天候操作和高效率作业等需求，还投资了“Skybridge”项目用于仓库大楼和生产大楼之间的货物转运。在仓库内，将准备好的物料放入送料辊道即可自动配送到车间。未来还考虑将 AGV 和 Skybridge 相结合，实现从仓库到线边全程的自动化、无人化。

此外，博泽通过将货架的底层全部设置为拣货区域的方式提高仓库的利用率。然而随着零部件种类的不断增加，无论是拣货效率还是拣货区域的位置都无法满足需求。目前博泽和设备供应商正在共同探讨仓库自动化项目，实现“货到人”拣选模式。

第二节　冷链物流技术

2021 年 12 月，《国务院办公厅关于印发“十四五”冷链物流发展规划的通知》发布，紧密围绕冷链物流体系、产地冷链物流、冷链运输、销地冷链物流、冷链物流服务、冷链物流创新、冷链物流支撑及冷链物流监管体系等方面，对冷链物流的全流程、全环节、全场景提出了新的发展要求。伴随着相关政策落地实施，互联网、大数据、区块链等技术在冷链物流专业领域逐渐渗透融合，冷链物流全链条进一步实现技术赋能，逐步构建智能化的冷链物流体系。

一、冷链物流发展概况

（一）冷链物流政策环境分析

据中国物流与采购联合会冷链物流专业委员会（以下简称“中物联冷链委”）研究中心不完全统计，2021 年是“十四五”开局之年，国家层面出台的冷链相关政策、规划超过 69 项，其中，国务院出台的超过 9 项，从多维度指导部署推动冷链物流行业健康发展。从发文时间来看，上半年达到了 41 项，下半年为 28 项。

2021 年 6 月，《国家发展改革委关于印发〈城乡冷链和国家物流枢纽建设中央预算内投资专项管理办法〉的通知》中明确将冷链物流设施项目纳入中央预算内投资专项，重点支持服务于肉类屠宰加工及流通的冷链物流设施项目（不含屠宰加工线等生产设施），公共冷库新建、改扩建、智能化改造及相关配套设施项目。单个项目支持标准原则上不超过该项目符合专项支持方向的核定投资的 30%，最高不超过 5000 万元。

2021 年 8 月，《国务院办公厅关于加快农村寄递物流体系建设的意见》鼓励邮政快递企业、供销合作社和其他社会资本在农产品田头市场合作建设预冷保鲜、低温分拣、冷藏仓储等设施，引导支持邮政快递企业逐步建立覆盖生产流通各环节的冷链寄递物流体系，支持行业协会制定推广电商快递冷链服务标准规范。邮政快递企业参与冷链物流基地建设，可按规定享受相关支持政策。

2021 年 12 月，《国务院办公厅关于印发“十四五”冷链物流发展规划的通知》发布，该规划是我国冷链物流领域第一份五年规划，首次从构建新发展格局的战略层面，对建设现代冷链物流体系作出全方位、系统性部署，提出一系列务实、可操作、可落地的具体举措，具有重要的战略指导意义。规划聚焦“6+1”重点品类，围绕制约冷链物流发展的突出瓶颈和痛点难点，对“十四五”时期冷链物流发展作出全面部署。

2021 年 12 月，国家发展改革委印发《国家骨干冷链物流基地建设实施方案》，落实“十四五”冷链物流发展规划，围绕支撑构建“四横四纵”的国家冷链物流骨干通道网络，依托国家骨干冷链物流基地承载城市开展基地建设。方案明确了国家骨干冷链物流基地建设的七大重点任务。

对国家层面关于冷链物流政策的分析可知，依托《国务院办公厅关于印发“十四五”冷链物流发展规划的通知》，未来冷链物流相关政策的制修订将更加系统化、体系化，优先关注行业发展的顶层设计，建立自上而下的行业规划及管理逻辑，逐步打造现代化高效冷链物流体系。在逐步完善的体系文件下，未来行业政策将更加注重细节和落地性。针对行业发展的细分场景和重点领域进行具体说明，保证关键要素发展质量，同时补齐行业短板，提升冷链物流领域的整体发展水平。同时伴随着政府关注度的逐步深入，冷链物流未来发展势必将进入强监管阶段。未来相关政策的制定，将进一步强化监管、监察等环节，同时对于参与主体和参与行为，深化管控维度，强化监察力度。近年来，伴随着冷链物流行业发展逐步走向成熟，全社会对于冷链物流也提出了更高的要求。在此背景下，需要更加科学、更加专业的行业指引，研判行业发展方向，助力冷链物流升维再造，实现科技赋能。

（二）冷链物流标准体系分析

中共十八大以来，我国冷链物流标准化建设工作蓬勃开展。《冷链物流分类与基本要求》等国家标准、《餐饮冷链物流服务规范》等行业标准、《冷链运营管理规范》等团体标准纷纷落地。我国首个冷链物流领域强制性国家标准《食品安全国家标准 食品冷链物流卫生规范》（GB 31605—2020）的出台，不仅弥补了我国冷链物流领域内强制性标准的空白，也标志着冷链物流的标准化监管实施进入了全新阶段。据中物联冷链委不完全统计，2021 年发布的冷链物流标准超过 26 项，其中，国家标准 6 项，行业标准 4 项，地方标准 9 项，团体标准 7 项，涉及果蔬冷链、进出口冷链、冷链消杀、冷库节能环保等多维度。

其中，2021 年 7 月，冷链物流行业第一个关于电子商务的标准《电子商务冷链物流配送服务管理规范》开始施行，以标准形式规定了电子商务冷链物流配送的基本要求、管理要求、作业流程及要求、评审及改进；还规定了末端的“最后一公里”配送要求，规定了配送服务的保障要求，包括配送中的设施设备要求、配送人员要求、信息管理要求，以及配送物品的包装要求和温控所用的材料要求等。

国内标准体系不断完善的同时，我国在国际冷链标准制定方面也逐渐发挥了重要作用，于 2021 年 1 月，正式成立的国际标准化组织冷链物流技术委员会（ISO/TC 315），负责冷链物流国际标准化工作。中国物流与采购联合会已于 5 月成为其国内技术对口单位，并推动中国主导制定的首个国际标准《无接触式冷链物流服务要求》成功立项。从参与国际标准化组织《间接温控冷藏配送服务：具有中间转移的冷藏包裹陆上运输》国际标准的制定，到 ISO/TC 315 的建立，我国在冷链物流领域发挥着重要作用，在国际上展现中国在冷链物流领域的技术能力和标准化水平。

（三）冷链物流行业发展分析

伴随着社会经济的快速发展以及居民生活水平的持续提升，我国生鲜食品市场规模持续稳步增长。2021 年我国冷链物流市场规模约为 4184 亿元，我国冷链物流市场需求总量为 2.75 亿吨，预测未来多项指标均将继续快速增长。伴随着国家支持冷链物流发展的相关政策出台，各类冷链物流相关资源配置将进一步得到完善。2021 年全国冷藏车市场保有量达到 34.14 万辆，冷库市场容量达到 1.96 亿立方米。

与此同时，冷链物流企业加速成长，网络化发展趋势明显，行业发展生态不断完善。市场集中度日益提高，冷链仓储、运输、配送、装备制造等领域形成一批龙头企业，不断延伸采购、分销、信息等供应链服务功能，资源整合能力和市场竞争力显著提升。到 2022 年，国内冷链物流企业不断壮大，冷链物流市场主体超过 3.6 万个，星级物流企业达 114 家。2021 年，冷链百家重点调研企业总体业务营收突破 1000 亿元，同比增长 57.43%，入门门槛年营收额提升到 9880 万元，企业规模及管理能力均呈现显著提升。

2020 年 9 月，在第七十五届联合国大会一般性辩论上，我国首次提出“二氧化碳排放力争于 2030 年前达到峰值，努力争取 2060 年前实现碳中和”的目标与承诺，并在随后的多次重大工作会议和对外问答过程中提到碳达峰和碳中和目标。2021 年 10 月，第二届联合国全球可持续交通大会在北京召开。会上习近平总书记强调，要大力发展智慧交通和智慧物流，推动大数据、互联网、人工智能、区块链等新技术与交通行业深度融合，使人享其行、物畅其流。

绿色冷链是绿色物流的一部分，是未来冷链技术的新趋势。绿色冷链对企业来讲，最关键的一点是采用先进的技术和设备，提高核心竞争力。绿色冷链不仅是经济与社会发展的客观要求，也是物流发展的必然选择。未来，更多的冷链物流企业将绿色环保作为自身发展的核心战略之一，并在此领域进一步探索和深耕。

（四）冷链物流技术发展趋势

智能化、自动化技术。冷链物流的快速发展离不开基础设施的完善，中共十八大以来，伴随着冷链物流的蓬勃发展，冷链物流基础设施及创新技术的布局也逐渐深入。冷链数智化发展，首先应是数据体系与业务体系的高度融合。从业务场景中采集数据、提炼信息、转化为决策变量，从而为智能决策提供辅助。这一过程也正是数据孪生技术的实质性体现。伴随着“双碳”政策的深化落实，“绿色冷链”时代正式开启，绿色化正在成为未来冷链物流技术蝶变升维的核心要素。“降本增效”“提质保量”“绿色环保”的背景下，冷链物流发展有了更高层次的需求，而这些需求，很大程度上需要依靠冷链物流智能化、自动化技术得以实现。

管理+云平台技术。通过结合硬件、软件与算法，利用智能可穿戴硬件、模块化业务组件和决策优化算法，形成综合供应链领域智慧大脑，全面赋能供应链企业实现降本增效。目前，冷链物流已从“棉被”时代步入“数智化”时代，传统基础设施已被新基建逐步取代，冷链物流技术体系也在一次次磨砺中转型升级。所谓新基建，是以新发展理念为引领，以技术创新为驱动，以信息网络为基础，面向高质量发展需要，提供数字转型、智能升级、融合创新等服务的基础设施体系。单纯依靠基础设施建设是无法持续推动冷链物流阔步向前的。

辅料保温技术。通过各种先进的保温技术和包装技术，解决运输、仓储乃至配送领域中温度控制与维持的难题。常见的保温技术有气调冷藏集装箱（温度监控）、自动预冷冷藏车厢、高科技分子保温铝箔袋、冷媒配置周转筐等；包装技术有细菌侦测技术、绿色食品包装技术、无菌包装、气调包装、可食性包装、纳米包装等。通过辅料保温技术，有效降低包裹破损率，能让消费者享受到方便、安全、高品质的服务体验。

杀菌技术。冷链运输工况复杂，场景多样，加之冷链运输货物易腐、易坏的特殊性，不仅要求冷链运输装备针对不同工况进行定制化打造，更要求运输装备在高效性、可靠性和安全性等方面有突出表现，从而保证运输货物的及时、高效和安全送达。

二、冷链物流技术

（一）冷链仓储技术

1. 制冷技术持续革新

2021 年 9 月，旨在加速淘汰全球非环保制冷剂的《〈关于消耗臭氧层物质的蒙特利尔议定书〉基加利修正案》对我国正式生效（暂不适用于中国香港特别行政区）。全国碳排放权交易于 2021 年 7 月 16 日开市。

环境责任是每个行业的重中之重，在“环境保护成本化”的背景下，作为温室气体排放重要源头的制冷行业面临制冷剂替换和设备能效提高的双重挑战。冷冻冷藏行业常用的制冷剂中，氟利昂制冷剂的 GWP（Global Warming Potential，全球变暖潜能值）非常高，对环境不友好，可预见未来将被限制使用及淘汰。其他一些过渡制冷剂如 R449A 中的添加物在大气中很容易形成三氟乙酸，对环境的长期影响仍未可知。而氨则因为其有毒可燃的性质本身具有一定的危险性。

因此，为了使冷藏设施符合法规并绿色运营，使用低 GWP 和节能的制冷剂成为未来的发展主流，而二氧化碳正符合这一条件。与氟利昂和氨制冷相比，二氧化碳具有值为 1 的超低 GWP，使用节能跨临界二氧化碳系统的设施有很大的节能潜力。二氧化碳作为冷库的可持续制冷剂的五个理由如下。

（1）二氧化碳是一种天然制冷剂。二氧化碳是存在于大气中的一种天然成分，其易获取性使二氧化碳作为制冷剂具有天然的成本优势。

（2）二氧化碳节能效果突出。在大型冷藏设施中，节能跨临界二氧化碳系统使用并联压缩机系统，在一个公共机架上配备多个压缩机。它们可以设计用于一个系统内的多个温区。这些二氧化碳系统具有强大的能源回收潜力，因此使用二氧化碳的冷藏设施具有获得能效回扣的巨大潜力。此外，二氧化碳是良好的热源，回收的热量可用于加热地板或辅助加热流程工艺所需的水，不再需要消耗额外的能源。

（3）二氧化碳不易燃。对于某些制冷剂，可燃性随着 GWP 的降低而升高，但二氧化碳的 GWP 为 1 且不易燃，具有很高的安全性。

（4）二氧化碳无毒。制冷剂毒性是冷藏仓库需要考虑的重要安全问题之一。如果有毒制冷剂泄漏，则周边人员将处于很大的危险之中。但二氧化碳制冷剂泄漏，由于其气体本身对接触者没有毒性，则不用担心毒性的问题。

（5）二氧化碳符合未来发展趋势。随着相关法规的不断完善，一些制冷剂在未来存在禁用的不确定风险。使用未来可能被淘汰的制冷剂的冷库需要持续更新其制冷剂，甚至其设备。而二氧化碳制冷剂不存在未来的监管问题。使用二氧化碳进行制冷可以保持合规性并避免未来昂贵的改造费用。

二氧化碳作为一种面向未来的制冷剂，目前较多的应用为氨/二氧化碳复叠制冷系统。

氨/二氧化碳复叠制冷系统使用的氨和二氧化碳均为自然工质，不受环保政策的限制。在该制冷系统中，氨作为高温级制冷剂仅在机房系统内运行，充注量小，并利用了其在高温工况下换热性能好的优点；而二氧化碳作为安全无毒不燃的低温级制冷剂或载冷剂进入冷库蒸发器换热，通过其在低温工况下换热性能仍然良好的优点，可避免其在高温工况下压力较高的缺点。两种制冷剂扬长避短，在安全、环保、节能方面的突出优势，使氨/二氧化碳复叠制冷系统得到了越来越广泛的应用。

2. 低温及跨温层自动化设备技术突破

生鲜产品在冷链物流中，从产地预冷、冷冻贮藏、冷藏运输到终端配送的各个环节都需要处于适宜的温度控制环境下，并且流通过程中的每一环节都要紧密相连，保持冷链不断。因此，物流中转环节的时效性成了关键。由于冷库区别于普通仓库的特殊作业环境，对冷库内作业的设备提出了更高的温度要求，如何应对不同温度环境的“挑战”，在低温环境甚至跨温层环境中，提高设备时效性成了关键。林德叉车架到人拣选机器人提供了解决方案，在低温及跨温层自动化设备技术方面取得了突破。

传统的冷库作业模式中，叉车需频繁进出冷库储存区及装卸缓冲区内进行生鲜产品等货物的装卸、搬运及堆垛作业，而装卸缓冲区的温度一般为常温或0℃上下，在温度、湿度变化较大的情况下，出冷库时叉车表面极易形成冷凝水，进入冷库后则又容易形成冰碴，造成电器元件失效，车体潮湿锈蚀等一系列问题。除了以上这些问题，温度过低的环境也会使叉车的润滑油、液压油凝结失去原有作用，且货物在低温状态下变得坚硬易滑，稍有不慎容易造成人员被砸伤的安全隐患。

随着居民消费能力的提高，金枪鱼、剑鱼、旗鱼等高端水产品市场需求也在不断提升，而这些产品需要储存在低至-60℃的超低温冷库才可以长时间保持肉质的新鲜，避免因为中心的温度没有办法达到标准而出现变质的现象。因此，这些需求也推高了市场对电动叉车在超低温环境应用的需求。

相较于其他温度冷库，超低温冷库中的搬运无论是对人员还是设备都是极大的考验。以某金枪鱼加工销售企业为例，金枪鱼到货后需要迅速装笼，并放入超低温冷库中储存，因此要求叉车需要频繁在常温和-60℃的温度环境中进出。由于一半的工作时间都在冷库内，面对温度过低的环境如果保护措施不足，人员容易被冻伤，车体裸露的塑料件也容易由于低温脆化，超低温冷库叉车必须做出专业而全面的改装才能保障安全使用。

面对冷库的特殊作业环境和不同温度环境的挑战，林德通过对叉车防寒、防水、续航等方面的改装与保护，满足电动叉车在-60～-55℃工况下连续作业的需要。通过加装高密闭性驾驶室、配备内循环暖气和特种除霜玻璃，起到保暖、除霜的作用，针对低温环境下的电池使用问题，林德叉车通过使用保温电池，保障电池不受低温工况的干扰，有效发挥电池性能，与此同时，还采用了专用的超低温液压油，防止液压凝结，并加装了控制器防水保护、防砸落保护装置，保障叉车和工作人员的安全。

3. 系统功能逐步完善

疫情伊始，冷链疫情防控就受到社会各界的广泛关注。面对疫情的压制与城市居民消费升级的迫切需求，各种信息技术如物联网、人工智能、5G 等技术相继融入冷链物流领域，进一步推动了冷链行业迈向信息化、数智化的进程。随着冷链物流信息化、数智化的升级，从基础管理功能到业务管理功能再到增值配套功能，冷链物流系统功能逐步拓展完善。

以冷链仓储为例，出租冷库是传统冷库经营企业赚取利润的主要方式之一，产权方将库房承包给私人，缺乏统一管理。因此，当疫情来袭时，很多冷库冻库都遭受了疫情的严重冲击。管理的缺失并不只存在于某一个环节，而是贯穿了整个运输过程和“最开始一公里”“最后一公里”之中，成为解决断链问题的阻碍。

随着冷链物流环节的不断丰富，冷链物流对全环节的真实性、准确性、完整性要求极高，只有通过物联网、RFID、GPS 等技术搭建信息化网络，才能让冷链整个流程实现监管的透明化与产品的溯源追责。

盐田港集团建设的盐田港智慧冷链产业园是深圳东部首个集冷链仓储、总部办公、商业展示、智能分拨、供应链服务平台等功能于一体的智慧冷链综合体，将于 2022 年年初正式投入运营，总建筑面积 9.5 万平方米。其中，包括自动化高架冷库 0.82 万吨，土建冷库 2.56 万吨，配套商贸、办公中心 1 万平方米。

该智慧冷链产业园采用了前海粤十的冷链供应链管理一体化平台，通过系统的智慧冷链信息化解决方案构成了园区内冷库、商户、金融机构、第三方服务商之间的互联互通，充分发挥现代智能化信息系统的作用。通过信息化、科技化、流程化布局，全面掌控冷链物流中心经营管理流程、规范运营秩序、实行数字化信息体系建设和数字化支付，提高商户对接效率。通过对物流数据、交易数据、商户数据、活动数据的整体把握，以达到食品安全追溯和商户交易体验的目的。同时，配套的检疫检测中心将对各类产品样品进行检测，通过溯源体系对货物进行“云”端信息反馈，实现食品“从产地到餐桌”的可追溯供应链管理。

（二）冷链运输技术

1. 车体及能源技术继续深化

随着人民生活水平的日益提升、生鲜电商快速崛起、消费结构持续升级以及国家相关利好政策的相继出台，我国的冷链物流进入快速发展期。据中物联冷链委统计，未来 5 年冷链市场年复合增长率将在 20%左右。

作为冷链物流运输的核心装备，冷链物流车需求量也随之不断攀升，而在城市配送新能源化快速发展的当下，新能源冷链车这一细分需求逐渐显现。未来，更加经济、绿色、高效的冷链物流车将得到更大程度的应用。

以福田智蓝为例，2021 年 10 月，福田智蓝发布了 100 度电的纯电动轻卡冷藏车，以低自重、长续航的首发优势快速赢得冷链行业青睐（见图 8-9）。作为运输专用车，相较于普通物流车而言，冷藏车需要同时满足整车动力及冷机作业的需求，对动力要求更加严苛。对于纯电动轻卡冷藏车而言，为了更好地满足整车作业要求，需要搭载更大的动力电池。另外，用于城市配送的轻卡对于车辆的自重有着明确的要求。更长的续航与更轻的自重，二者相互矛盾却又缺一不可。

图 8-9 福田智蓝 100 度电的纯电动轻卡冷藏车

资料来源：https：//www. chinatruck. org/news/202111/11_100559. html。

福田智蓝纯电动轻卡冷藏车采用了宁德时代特别供应的磷酸铁锂电池，电池容量 100. 27 kW · h，能量密度高达 151. 96 W · h/kg。加之先进的制动能量回收策略，可以有效提升能量回收率，通过搭载 ECO（Ecology、Conservation 和 Optimization，生态、节能和优化）驾驶模式设计，在完美控制整车自重的同时，实现整车续航的全面提升，满足城市配送的绝大部分需求。

2. 特殊场景下无人机配送尝试应用

近年来，无人机配送作为新兴科技服务手段已经在医疗急救用血、核酸检测样本等方面有所应用。由于生物样本相较于其他物品整体重量偏轻，而无人机配送通常针对小件运载，且运输过程中无须人工接触，所以两者结合恰恰能够满足生物样本的配送需求，可提高服务临床的效率。

在第三方医学检验服务中，医疗冷链物流十分关键，可以直接影响检测样本的质量与检测结果。2021 年，金域医学与国内首家获得无人机运营（试点）许可证的企业——顺丰集团旗下无人机公司丰翼科技共同开拓了医检无人机航线，并在青岛实现无人机首飞配送（见图 8-10）。实验结果表明，无人机配送仅需 6 分钟，且运输过程无人工接触，就可以实现多院区间样本集中监测和资源共享。通过无人机进行配送不仅大幅缩短检验出报告、临床诊断时间，也为病人降低了就医成本。

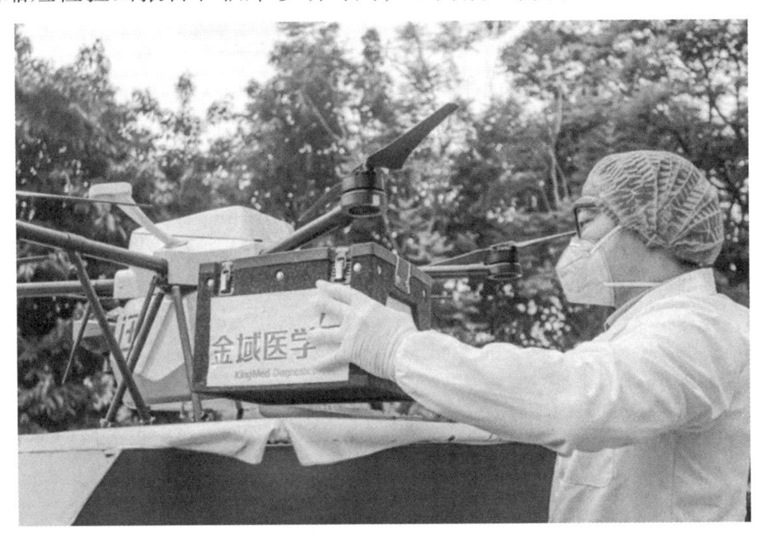

图 8-10　无人机冷链物流配送

资料来源：https：//www. sohu. com/na/544245403_121232403。

3. 预制菜冷链运输快速发展

预制菜最初出现在连锁餐饮行业，大约从 2000 年开始，为了保证多个门店的主打菜品口味一致，保持菜品标准化生产，连锁餐饮企业会在中央厨房内对主打菜品进行统一烹制，并进行急冻保存，再经冷链体系配送到各个门店，在各门店后厨经过复热还原菜品口味。2014 年前后，伴随外卖平台兴起，料理包市场得到快速发展，越来越多的餐饮企业应用预制菜来保证快速供应。中国连锁经营协会数据显示，目前有超过 91. 6%的餐饮企业在销售预制菜。

2020 年开始，在“快节奏”“懒人经济”等驱动下，预制菜开始出现在消费者家庭餐桌，新冠肺炎疫情更是加速了预制菜在 C（客户）端的发展。如今，预制菜消费正在持续升温，无论是线下商超、零售门店，还是直播、电商等线上渠道，预制菜随处可见。稳步发展的冷链物流及仓储体系也为中国预制菜行业迈向标准化、产业化打下了坚实基础。

而冷链物流作为保证预制菜品质的重要环节，其保障能力成了抢占预制菜产业机遇的关键点。对于预制菜厂商而言，如何在全国范围内实现较完善的冷链仓储、运输等全流程能力成了重要问题。

当前，国内各大冷链物流企业纷纷布局预制菜市场，使预制菜冷链运输快速发展。以京东为例，京东物流推出“预制菜专属解决方案”，即依托冷链物流体系，发挥干线、仓储、配送、包装、科技等能力，为预制菜企业提供从商品生产储存到打包配送，从线上业务到线下场景的全程冷链解决方案。

预制菜多是冷冻冷藏商品，必须保证特定温度的运输环境，对运输储存要求较高。在产品包装上，京东冷链针对不同环境温度沉淀了一套从-22℃到15℃的商品分温层包装方案，通过差异化的冷媒投放方案，在实现成本最优的同时避免商品化冻问题。预制菜冷链包装方案如图8-11所示。而在物流运输中，京东冷链通过全程可视化的温度监控平台和对冷藏车的在途管理系统，全力保障商品品质。

图8-11　预制菜冷链包装方案

资料来源：http：//www.zhileng.com/news/hy/2022/0804/69770.html。

第三节　医药物流技术

2021年，百年变局和世纪疫情交织叠加，全球医药供应链体系发生了深刻变化。我国医药制造业营收大幅增长，保持了高于GDP的增速态势，是重要拉动型产业之一。在此背景下，我国医药产业链供应链仍须在诸多方面进行改善和提升，医药物流行业挑战与机遇并存。在国家药品集中带量采购与医保谈判走向常态化制度化、国家药品审评审批改革日趋完善、医药产业加速创新转型、资本对医药产业链供应链持续升温、药品消费需求更加多样化等因素的叠加影响下，医药供应链将发生深远变化。立足"十四五"阶段新格局，如何构建创新引领、科技赋能、协同发展、安全便捷的现代医药供应链体系需要全行业共同探索。

一、医药物流发展概况

（一）医药物流发展基本情况

近年来医药行业政策频繁出台对医药供应链带来深刻影响，互联网医疗加速发展，医药分开、医院处方外流明显提速，处方药院外市场持续扩容。这些变化在改变现有医药物流市场格局的同时，也为医药物流行业带来新的市场机会。

2022 年 9 月，商务部发布《2021 年药品流通行业运行统计分析报告》，对我国药品流通行业运行特点进行了分析，对发展趋势进行了预测。其中指出，据不完全统计，2021 年全国医药物流直报企业（412 家）配送货值（无税销售额）18393 亿元（具有独立法人资质的物流企业配送货值占 69.6%），共拥有 1253 个物流中心，仓库面积约 1261 万平方米（其中，常温库占 38.4%，阴凉库占 59.8%），冷库容积为 93.9 万立方米；拥有专业运输车辆 16454 辆（其中，冷藏车占 17.8%，特殊药品专用车占 1.1%）。自运配送范围在省级及以下的企业数量占 81.4%；配送范围覆盖全国的企业数量占 3.1%。委托配送范围在各级行政区域较为均衡，承担全国、跨区域、跨省、省内、市内及乡镇范围配送的企业数占比在 12%~21%。在物流自动化及信息化技术方面，84.3%的企业具有仓库管理系统，79.4%的企业具有电子标签拣选系统，64.6%的企业具有射频识别设备。随着医药卫生体制改革不断深化，药品流通行业加快转型升级步伐，加强医药供应链协同发展，创新药品零售与服务模式，行业销售总额稳中有升，集约化程度继续提高，显现出长期向好的态势。报告预测，在新发展格局下，药品批发企业优化网络结构将进一步加快，零售药店健康服务功能将得到积极拓展，现代智慧医药供应链新体系将持续完善，药品流通行业向高质量发展转变态势更加明显。

（二）新需求带来增量市场

受新冠疫情影响，互联网医疗健康市场加速发展。2020 年 2 月，《国家卫生健康委办公厅关于在疫情防控中做好互联网诊疗咨询服务工作的通知》（国卫办医函〔2020〕112 号）强调，把疫情防控工作作为当前最重要的工作来抓，要充分发挥互联网医疗服务优势，大力开展互联网诊疗服务，特别是对发热患者的互联网诊疗咨询服务，进一步完善“互联网+医疗健康”服务功能，包括但不限于线上健康评估、健康指导、健康宣教、就诊指导、慢病复诊、心理疏导等，推动互联网诊疗咨询服务在疫情防控中发挥更为重要的作用。

受其影响，医药零售行业的市场格局也在悄然改变。业内人士指出，目前医药零售行业出现了一些明显变化，具体包括医药工业企业进入医药商业流通领域、医药商业企业打造医院“云药房”，深度链接 C 端，特别是长慢病，加大处方药销售比重，开拓送药入户领域。而其中的一个共同点就是“2C”业务的增加。随之而来的，将是更敏捷的供应链和响应速度更快的物流服务需求，仓配一体化、店仓一体化等模式将全面推广。

除了传统药品批发业务的仓储、运输、配送服务，互联网医疗快速发展带动的 C 端医药物流（特别是医药冷链物流）配送需求，为具备强大末端冷链配送能力的社会化物流企业带来了新的机遇。

目前国内互联网医院的就诊流程是患者到“在线诊室”中运用文字、图片等方式向专科医生问诊，医生在线调研患者既往病史，给出诊断意见，书写网络门诊电子病历并开出电子处方。通过电子审方后，患者可凭相应的就诊卡或电子健康卡直接到医院门诊指定窗口取药，或选择药品快递到家的服务，并实现医药实时结算。针对这类需求，顺丰为天津微医互联网医院、海南省人民医院、中南大学湘雅医学院附属海口医院、海南医学院第一附属医院、深圳市慢病防治中心、深圳市宝安人民医院（集团）等提供互联网医院“着陆”方案：通过设立服务点、搭建线上平台、派驻服务团队等手段，帮助互联网医院打通药品（含中药）、器械线下物流配送。

（三）数智化赋能医药供应链体系降本增效、协同发展

医药互联网业务的快速发展，分销和零售的整合规划、C 端配送服务增加，对传统的医药物流配送模式提出新挑战。

在应对这些挑战的过程中，医药物流企业需要对业务流程进行重新梳理并对信息系统进行全面打通。对于医药物流企业的信息化需求，首先，降本增效是物流永恒的主题。如何通过数字化转型来提高效率、节约成本是物流运营中要考虑的重要问题。其次，透明可视。《药品经营质量管理规范》《药品生产质量管理规范》认证的取消，预示着未来动态飞行检查将取代静态监管，系统化、信息化、可视化的系统更能适应动态飞行检查要求，数字化供应链平台可支撑企业构建端到端透明可视的物流全流程，解决信息无法实时共享的问题。如仓库、储运部、承运商之间缺乏信息共享和协同，不便于实时沟通管理；第三方物流运输企业提供产品运输服务，物流干线至末端环节的运输监控力度薄弱等问题。这些都需要一个数字化平台使企业来共享实时数据，提前发现问题，避免风险隐患。再次，灵活可扩展。医药物流中心往往需要支持企业批发、零售、电商等多种不同业务模式的多样化需求，以及未来政府监管新政策带来的挑战，因此需要有一个比传统软件更灵活、可方便扩展、按需付费及使用的云服务来满足医药行业业务多样化及不确定性可能带来的挑战。最后，更智慧的决策支持平台，医药企业从运营到决策都需要利用大数据、AI 等先进技术让整个供应链网络更高效。如随着政策变化，医药企业的供应链变得更短，商业集中度更高，并开始尝试链接 C 端用户，导致配送复杂度提高。如何利用 AI 智能调度及规划路线，用更低的成本高效完成订单配送，是不少药企开始思考的问题。在决策层面，通过商业智能（Business Intelligence，BI）、数据大屏，如何让复杂的数据更有价值，为企业在物流网络布局、供应链协同可视、业务趋势数据等方面决策时更有据可依，也成为企业管理层的刚需。同时，订单碎片化、订单配送末端化等特征势必对医药物流企业原有的仓储系统提出新的要求，包括提升拆零作业效率，降低一线员工作业强度，快速上线，灵活应对作

业高峰等。

医药供应链将持续提升物流全程信息化管控能力和医药供应链智能化、透明化、网络化、专业化运营水平，完善医药供应链物流标准，加强医药物流一体化和医药供应链精细化管理，推动仓、配体系的优化变革。同时，与供应链上下游探索以技术、模式驱动融合的数字化供应链新模式，通过商流、物流、信息流及发票流等数据的共享，提高协同效率。

二、药品物流技术

过去十几年来，国内医药体系兴建了大量 AS/RS 自动化物流中心。医药新零售趋势下，医药流通行业需要更短、更柔性、更敏捷的供应链，满足碎片化、即时性的用药需求增加，医药物流中心需要进行智能化升级，建立以 AI 技术为核心的 3A（AI+ASRS+AMR）医药智能物流仓库，实现从自动化向智能化转型升级，促进医药流通行业的高质量发展。

例如，国药控股广州有限公司（以下简称“国控广州”）为了应对业务量持续增加及业态变化对出货要求不断提高的挑战，2021 年 3 月携手旷视科技在原有自动化医药物流中心的基础上进行智能化升级改造。通过规划调整物流动线，引入 AI 技术和柔性智能物流系统，减轻了人工作业强度，节省了人力投入，提高了出库能力和作业效率，满足了客户对订单时效的要求，同时降低了总体运营成本。

（一）基于 AI 视觉识别+智能控制技术的立体仓库机械臂整箱拣选

改造前，自动化立体仓库一层北侧配有 1 台 RGV 和输送线系统，用于立体仓库空托盘回收。考虑到当前立体仓库存在二楼箱拣任务量大且人工搬箱作业繁重等问题，在立体仓库一层北侧安装了带 AI 视觉识别技术的 3 台机械臂以及 3 套自动贴标系统，代替原来的整箱拣选人工作业，实现了立体仓库 2000 多个 SKU 的箱拣自动化；同时，拆除了原有的 RGV 和输送线系统，新增 1 套 U 形在线拣选托盘输送机系统，新增与机械臂配套的箱式输送线及螺旋输送机。

改造后，立体仓库整箱拣选流程为：仓储控制系统下发在线拣选出库任务至设备层，设备层接收任务并生成设备的本地拣选出库任务，调度堆垛机、输送机输送托盘至机械臂拣选位。机械臂接收任务后，通过视觉相机对当前待拣货物进行识别抓取，放至自动贴标机的等待位（见图 8-12）。货物触发输送线上感应光电，被运输至自动贴标机张贴出库标签。完成出库标签张贴的货物，通过输送线、螺旋输送机被运送至分拣口，等待分拣、集货。

图 8-12　基于 AI 视觉识别+智能控制技术的机械臂进行整箱拣选

资料来源：https：//mp. weixin. qq. com/s/I_HKjYF-ORsKoawSeeppNQ。

据了解，立体仓库自动拣选的关键技术在于具有 AI 视觉识别+智能控制技术的机械臂。立体仓库储存的 2000 多个 SKU 的货物尺寸、垛型不同，且货物包装箱颜色、顶部封箱胶条式样、包装扎带式样种类繁多，针对如此复杂的作业场景，机械臂通过 AI 视觉判定货物边界，实现精准抓取，并可实现毫秒级的识别速度，单台拣选速度高达 600 箱/小时。机械臂具备学习功能，相机识别过一次的箱型，无须二次识别，下次机械臂可实现自动抓取。此外，针对立体仓库储存货物重量在 10~30 千克的情况，机械臂通过设置阶梯式运行速度模式，针对不同重量的货物可自动选择安全的运行速度。

（二）柯木塱仓 AMR 机器人自主搬运的智能化作业

国控广州引入“货到人”系统，包括 AMR 机器人、拣货工作站（含操作台、播种墙、指环扫描枪等）、充电桩、单层托盘支架、多层货架以及仓储控制系统等，帮助提升补货入库、拣选入库和盘点理货环节的效率。通过 AMR 机器人背着货架排队上架和出库等操作，实现了搬运过程的自动化和智能化作业，如图 8-13 和图 8-14 所示。

在上架入库环节，由人工先将需补货的商品进行配盘，AMR 搬运托盘支架抵达补货缓存位，再由作业人员扫描商品码和货位码进行绑定。

在拣选出库环节，系统调度 AMR 机器人搬运目标货架抵达工作站，作业人员根据显示屏和电子标签的提示完成拣选与分拨，系统扣减库存，自动打印相应标签并直接复核，再调度 AMR 机器人搬运货架回货架储存区。

在盘点环节，系统调度 AMR 机器人将货架运送至工作站，作业人员扫描商品码进行盘点，若系统显示盘点结果与库存信息一致，则结束盘点任务；若结果与库存信息不一致，由作业人员进一步处理。盘点完成后，AMR 机器人将货架运送至货架储存区缓存。

在理货环节，系统调度 AMR 机器人将货架运送至工作站，由作业人员进行理货，释放库存资源。作业人员处理完成确认后，AMR 机器人将货架运送至货架储存区缓存。

图 8-13　AMR 机器人仓

资料来源：https：//mp. weixin. qq. com/s/I_HKjYF-ORsKoawSeeppNQ。

图 8-14　AMR 机器人仓的机械臂进行整箱拣选

资料来源：https：//mp. weixin. qq. com/s/I_HKjYF-ORsKoawSeeppNQ。

（三）AI 五面视觉扫描系统

药品电子监管码（以下简称“药监码”）信息采集，是实现药品追溯和流通管理的有效途径，是国家药品监督管理的难点。

国控广州物流中心原来整箱拣选出库时，需要人工逐箱扫描药监码，耗费较多作业时间。针对这个行业普遍存在的操作难题，本次改造在高速分拣机前端部署了 AI 五面视觉扫描系统，可对高速运行中的药品原箱进行自动扫描识别，读取前、后、左、右、顶 5 个面的所有条码，并经过有效的信息过滤，将药监码和物流码进行绑定，回传给仓库管理系统，同时将纸箱进行快速分拣（见图 8-15）。

图 8-15　AI 五面视觉扫描

资料来源：https：//mp. weixin. qq. com/s/I_HKjYF-ORsKoawSeeppNQ。

（四）软件系统升级

一是对仓库管理系统进行升级，实现仓库管理系统对机械臂、AMR 机器人、自动扫码设备等智能设备的管理，首次实现了同一物流中心根据不同智能设备特性，同时存在黑盒和白盒（所谓白盒，是指库存数据对物流设备来说都是看得到的；所谓黑盒，是指系统只给设备作业指令）等多种设备管理模式。完成新版仓库管理的辅助平台的开发，在保证系统满足《药品经营质量管理规范》质量管理要求的基础上，优化现场操作流程，提高作业效率。

二是新增仓储控制系统。国控广州物流中心采用了基于 AI 的智慧物流操作系统，对 AMR 机器人、机械臂、自动扫码设备、堆垛机、输送线等物流设备进行统一管理，并打通仓储控制系统、仓库管理系统、融合通信等多层设备控制系统。

三、医疗器械物流技术

（一）医疗器械物流特点

医疗器械是指直接或者间接用于人体的仪器、设备、器具、体外诊断试剂（IVD）

及校准物、材料以及其他类似或者相关的物品，包括所需要的计算机软件；其效用主要通过物理等方式获得，不是通过药理学、免疫学或者代谢的方式获得，或者虽然有这些方式参与但是只是起辅助作用。

从医疗器械“物”的特性来看，医疗器械品种十分繁杂。首先，从医疗器械的分类目录来看：按安全等级来分为一类、二类、三类；按结构特性来分，又分有源医疗器械和无源医疗器械；按照是否接触人体，又分为接触和非接触。其次，医疗器械包含医学成像、体外诊断、高值耗材、低值耗材、病人监护、医疗信息化六大细分领域，每个细分领域里面也有相关分类，例如，IVD 也分一类、二类、三类。

医疗器械的物流运作具有许多特殊之处。常规货物的自动化程度越来越高，如机械臂、输送分拣、贴标扫码等先进设备的应用日益广泛。相比之下，医疗器械的品规多，差异化大，很难利用自动化物流系统进行处理。如有些大型 CT 设备可高达 2 米，长宽也都是大尺寸，难以通过立体仓库进行搬运储存等操作；骨科产品中的骨钉需要嵌入人体内，体积特别小，同样无法在立体仓库中进行抓取、拣选。

除品规、大小的差异，库存准确性、供应及时性、逆向物流是物流系统管理的关键点。高值耗材产品对库存的准确性要求更高，要规避库存积压占用资金的风险；产品与手术相关性大，对供应及时性要求高，响应时间短；逆向物流较为复杂，药品送到医院或给到分销商后，很少出现退货情况。但医疗器械不一样。有些跟台服务，一台骨科手术需要备货的产品可能达 200 多件，但实际在手术台上用掉的仅仅几个，剩下的需要退回库房。此外，组合发货是 IVD 和高值耗材物流管理中不可忽视的特性。高值耗材产品多是以手术为单位进行发货供应；IVD 往往需要“A+B+C”多个试剂应用才能够完成检测诊断。这两类产品必须组合发货，漏了任何一个配件都不能给终端应用产生任何价值。

从企业类型来看，医疗器械企业类型不同，对物流系统的需求侧重也有所不同，例如，生产企业往往更看重从零部件、半成品再到成品的整个物料管理过程，以及流入市场之后的全程追溯需求。

而批发企业更看重物流管理系统的兼容性，因为批发企业的货源会来自不同厂家，目前各个厂家之间并有没有统一的管理规范，所以批发企业的物流管理系统需要兼容来自不同厂家的产品物流管理，如实现基于不同生产厂家对产品追溯需求的数据对接。

第三方医疗器械物流企业的物流中心具有品类多、规格多、同品类不同厂家不同批次的外包装十分相似、物流作业与管理难度非常大等特点。例如，常规医药行业物流中心的 SKU 在 1 万~2 万个，医疗器械物流中心的 SKU 高达十几万个；大小各异，规格众多，其中也包含高值耗材产品。高储存密度、高库存量、高拣选效率和准确性是物流系统的需求重点。

医疗器械产品在院内交互过程是拆除包装的，拆除包装之后如何进行精准识别及管理也是其中一大难点。传统的医疗器械物流基本在医院之外，主要连接上游厂家或连接经销商与医院即可。如今，医疗器械物流不但要做好“院外物流”，还要拓展“院内物流”，连接下游的医院，如将医疗器械送到院内库或者部分科室，对于物流管理的精细化程度要求也更高了，必要时物流人员也需在院内驻场。在医改的大背景下，医院对于高质量管理都非常重视，大部分医院会倾向于将服务外包给专业配送商。

（二）医疗器械物流中的信息技术

1. SPD 系统

SPD 是英文单词 Supply（供应）、Processing（管理）、Distribution（配送）三个英文单词首字母的缩写，它是现代医疗机构较为推崇的一种供应链管理模式，是一种以医院医用物资管理部门为主导、以物流信息技术手段为工具，通过合理使用社会资源，对全院的医用物资在院内的供应、加工、推送等院内物流的一种集中管理方法。它将物流信息技术与医院相对复杂的现场运营有机地结合在一起，将院内医疗物资的物流管理分成三大部分。

医用耗材管理模式是在供应链一体化思想指导下产生的一种典型的精益化管理模式，它是以保证院内医用耗材质量安全、满足临床需求为宗旨，以物流信息技术为支撑，以环节专业化管理为手段，强化全程监管，协调外部与内部需求为主导，对全院医用耗材在院内的供应、加工、配送等物流的集中管理模式。在医用耗材管理中，SPD 系统通过联动医用耗材内外供应链上的核心成员，对医用耗材进行统筹管理，实现管理效能的提高。SPD 系统综合考虑了医用耗材在医院中各管理环节的运作规律、特点以及环节间的相互联系，在供应链管理理论和信息技术的支撑下，对传统的医用耗材管理方式进行优化和改善，是适用于当前社会和医疗背景的耗材管理模式。

目前国内 SPD 系统已实现集成软硬件、与其他系统的对接，在全国各地多家医院广泛落地使用。在医疗器械唯一标识（Unique Device Identification，UDI）相关政策背景下，医疗器械公司重点对医疗器械的 UDI 管理进行统一调整，将生产制造、流通、使用全流程贯穿。在功能上实现了数据对接、信息共享，医院可以在线实时管控，将繁杂的耗材管理工作化繁为简，实现了医护人员的“零”负担。

2. 医疗器械唯一标识

医疗器械唯一标识是对医疗器械在其整个生命周期赋予的身份标识，是其在产品供应链中的唯一“身份证”。全球采用统一的、标准的 UDI 有利于提高供应链透明度和运作效率；有利于实现信息共享与交换；有利于不良事件的监控和问题产品召回，提高医疗服务质量，保障患者安全。

2011年，随着国际医疗器械监管机构论坛提出《医疗器械UDI系统》指导文件，UDI不再是美国独有的医疗器械唯一识别码，而成为世界范围的医疗器械规范的识别码。2013年，美国发布医疗器械唯一标识系统法规，决定按照风险等级，在医疗器械中逐步实施UDI。美国食品药品监督管理局已经针对法规发布多个指南文件，目前第三类、第二类医疗器械已经实施UDI。同年，欧盟发布了医疗器械唯一标识系统通用框架的建议，并在2018年5月发布的医疗器械法规和体外诊断试剂法规中增加了UDI专章，于2021年5月起，按照医疗器械产品类别和风险逐步实施。

2019年7月，《国家药监局综合司 国家卫生健康委办公厅关于印发医疗器械唯一标识系统试点工作方案的通知》（药监综械注〔2019〕56号）拉开了国内采用UDI的序幕。2019年8月，为贯彻落实《国务院办公厅关于印发治理高值医用耗材改革方案的通知》（国办发〔2019〕37号），规范医疗器械唯一标识系统建设，加强医疗器械全生命周期管理，依据《医疗器械监督管理条例》，国家药监局制定了《医疗器械唯一标识系统规则》（2019年第66号），国内UDI的规则被正式建立。2019年10月，《国家药监局关于做好第一批实施医疗器械唯一标识工作有关事项的通告》（2019年第72号）发布，明确了第一批实施产品及其时间点。2019年12月，UDI数据库正式上线。2020年9月，国家药监局、国家卫生健康委、国家医保局发布《国家药监局 国家卫生健康委 国家医保局关于深入推进试点做好第一批实施医疗器械唯一标识工作的公告》（2020年第106号）将第一批实施产品时间点推迟到2021年1月1日。2022年1月，国家药监局综合司发布《国家药监局综合司关于进一步做好医疗器械唯一标识示范推广工作的通知》（药监综械注函〔2022〕54号），要求各省区市药监局要强化示范引领，积极推进辖区唯一标识示范工程建设，制订年度工作方案，充分利用唯一标识实施示范单位，以点带面、以面扩域，扎实推进唯一标识制度有效实施。

UDI由器械标识（DI）和生产标识（PI）组成（见图8-16）。

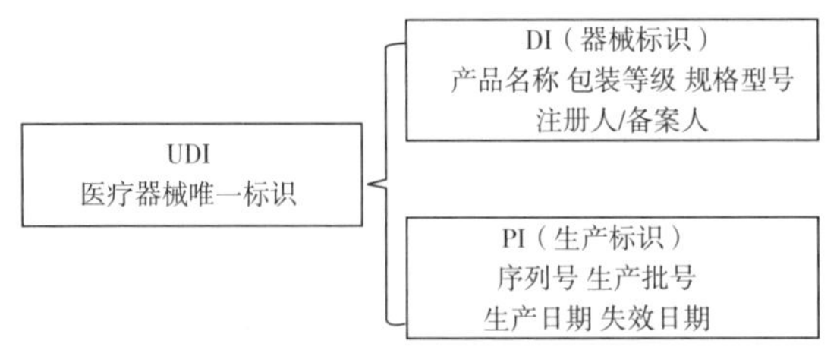

MA.156.MX.XXXXXX.NXXXXXXY.SXXXXXXXX.MYYMMDD.LXXXXXXXX.DXXXXXXXX.EYYMMDD.VYYMMDD.CZ

MA.156.MX.XXXXXX	N	XXXXXX	Y	SXXXXXXXX	MYYMMDD	LXXXXXXXX	DXXXXXXXX	EYYMMDD	VYYMMDD	CZ
企业编码	包装编码	品类编码	校验位	序列号	生产日期	生产批号	灭菌批号	失效日期	有效期	校验位

图8-16 UDI编码构成说明

资料来源：https：//udi. idcode. org. cn/。

器械标识 DI 属于静态信息，它是医疗器械产品在供应链中的身份标识，可作为进入数据库查询该产品追溯基本信息的“关键字”。DI 是 UDI 的固定部分，由企业识别码和产品规格码两部分组成。企业识别码由注册人或备案人申请，由符合我国医疗器械编码规则和编码标准的发码机构依申请受理，并分配全球唯一的企业识别码；产品规格码是注册人或备案人根据其生产的产品型号、规格及包装等特征编制的代码。由企业标识码和产品规格码组成的 DI 是全球唯一的。

生产标识 PI 属于动态信息，它包括医疗器械产品的序列号、生产批号、生产日期和失效日期等，是医疗器械产品的动态附加信息。PI 是医疗器械唯一标识的可变部分，与 DI 联合使用，才能指向特定的医疗器械产品。PI 的数据不需要上传编码数据库，所有单位可采用通用扫描设备在本地解析相关生产信息。

UDI 应当符合唯一性、稳定性和可扩展性原则。唯一性是 UDI 的首要原则，确保产品的唯一标识不重复是精确识别的基础，也是唯一标识发挥功能的核心原则；稳定性原则要求 UDI 应当与产品基本特征相关，若产品的基本特征未变化，产品标识应当保持不变；可扩展性原则要求 UDI 应当适应监管要求和实际应用的不断发展。

UDI 数据载体，是指存储或者传输医疗器械唯一标识的数据媒介，其应当满足自动识别和数据采集技术以及人工识读的要求，通俗来说就要包括两部分：一部分是机器可读，其形式可以为一维码、二维码或者射频标签；另一部分是人工可读，即应为数字和（或）字母的形式。

UDI 数据库，是指存储医疗器械唯一标识的产品标识与关联信息的数据库。与美国的全球唯一器械标识数据库（Global Unique Device Identification Database，GUDID）系统和欧盟的 UDI 数据库类似，该数据库对公众开放，供公众查询。药监局负责建立及维护该数据库；注册人/备案人应在产品上市销售前，将 DI 及相关数据上传至该数据库，并维护更新相关数据。

目前国内各大医药器械企业通过提升医疗机构数据标准化程度，加速推进 UDI 实施及应用，提高医疗机构供应链管理效能，助力医疗器械上市流通的全生命周期可追溯的实现。UDI 与医保码协同应用将相互促进，进一步加强医疗器械精细化管理。监管部门将通过读取全链条数据实现智慧监管，患者也可随时查询医疗器械来源。医疗器械唯一标识是信息时代数字化管理发展的必然趋势，是全球医疗器械监管手段创新和效能提升的发展方向。

第四节　服装物流技术

近年来，服装行业由传统制造向数智化升级的趋势愈加明显。在转型过程中，先进的物流系统建设成为帮助服装企业实现自动化、信息化的重要组成部分。利用自动化的储存、分拣等物流设备，可使服装制造企业的整个生产过程更加高效与智能，从而构筑起高效、个性化定制等不同的制造体系，满足自身发展的需要。

现阶段，我国服装行业已从大规模、批量化，转向小批量、多品类和快时尚发展。加上受疫情影响，不少服装品牌企业开始加大力度探索线上销售模式，通过社群营销、线上营销等方式，扩大品牌知名度，提升企业销售额。同时，众多企业还利用互联网平台打通生产、销售、发货等各个环节，以降低线下营销停滞带来的负面影响。这些变化对服装制造企业的生产效率、产品更新换代速度、产品质量、价格、交货期等都提出了更高的要求，这就意味着需要使用更先进的技术手段来支撑。

一、服装行业仓储技术

（一）服装智能吊挂技术

服装智能吊挂系统是在数控机械、机器人、自动化仓库、自动输送等自动化设备和计算机技术项目之上发展起来的生产单元或系统，其应用改变了服装行业传统的捆扎式生产方式，可以做到裁片不落地，使工人固定在生产工序上，实现减人增效的目标；同时，通过把控效率，调整简化工序，确保每个环节高效运转，并减少服装褶皱的可能性，缩短后整理的时间；此外，可进一步实现物流智能搬运、信息智能采集、现场生产智能监控、平衡智能调节和数据库智能建立等功能。

如今阿里巴巴的“犀牛智造工厂”的生产车间就应用这种智能吊挂系统。它采用单件流水生产模式，可显著提高企业的生产效率、产品质量及生产管理水平，降低企业人工成本及管理成本，提升企业盈利能力。衣拿智能吊挂系统如图 8-17 所示。

图 8-17　衣拿智能吊挂系统

资料来源：https：//www. ina-ina. com/products/hanging. html。

如今随着技术的发展，智能吊挂系统已经可以依靠自主研发的系统实现多点投放、快速分组等功能，减少站位安排的时间浪费；云端数据互联更精准，实时刷新订单及生产所需材料、工艺等信息；各部门随时掌控相关生产数据，实现全场贯通，帮助企业提升管理品质。

（二）服装仓储 RFID 技术

随着技术发展与服装场景应用的不断成熟，RFID 在服装仓储领域得到广泛应用，成了推动服装行业数字化转型的重要技术。其中，大众熟知的迪卡侬、耐克、阿迪达斯、优衣库、地素、海澜之家等服装品牌早在前几年就已经导入 RFID 技术，将其应用在设计生产、物流供应、零售服务等环节。

在快时尚趋势下，时尚能不能真正“快”起来，物流仓储运作效率非常关键。尤其是连锁公司，一旦物流系统效率下降，整个公司的运营将遭受风险冲击。服装企业借助 RFID 技术，可以运用在库存盘点方面，还可以运用在新零售物流、营销等领域，在提升现代零售企业竞争力方面扮演着重要的角色。

RFID 在服装管理上同样有着巨大的作用。在生产过程中，RFID 会为每一个商品附加一个带有固定编码的超高频 RFID 服装标签，这个标签将代表这个商品的唯一性，可以自动地无限传递信息。在库存管理方面，应用 RFID 技术可以节约人力成本，并且更为精准地获得关于交易量、型号、颜色、尺寸等商品的具体信息，做到库存系统的实时更新。在门店内，RFID 手持设备将可以帮助店员高效可靠地完成货物盘点。

（三）服装挂件移动柜+三向拣选叉车储存技术

在服装储存上架过程中，采用定制的挂架载具（见图 8-18）和专门的拣选叉车可以有效提高效率。三向拣选叉车目前使用电磁力导向技术，采用集成手柄，使手臂放

图 8-18　定制挂架载具

资料来源：2022 年第五届全国服装物流与供应链行业年会——《窄巷道 VNA 重构仓储新空间》。

置舒适，降低作业人员劳动强度，在巷道内外均能同时作业，大幅提升效率。

（四）服装仓储云管理技术——云仓

随着服装物流的变革，服装电商蓬勃发展，让人们足不出户就能买到自己想要的商品，网购订单数量也日益增长，让电商商家们逐渐意识到服装仓储环节的重要性，大部分商家都放弃自建仓库而是选择与云仓进行合作。

云仓通过其相关的专业设备，应用先进的互联网技术，在如今智能数据时代的环境背景下，为服装电商商家解决商品的实时管理问题。云仓系统可以对接线上各销售平台，云仓客服全天 24 小时在线，时刻回复消费者的问题，根据服装电商商家政策促进订单成交，同时在售后方面，可以实时帮助消费者查询订单配送状态。

二、服装行业拣选技术

（一）服装行业拣选策略

服装行业的主要拣选订单分为经销商订单、门店订单和电商订单三种类型，这三种订单中的拆零拣选是仓内作业中人数最多、效率影响最大的环节。此外，这三种订单的订单结构不同、时效要求不同，因此其在物流中心内对应的拣选策略也各有不同。

目前，针对拆零拣选的订单，拣选操作主要有两大策略：一是针对流量较大、面积较大的物流中心，多采用分区储存+提总拣选的策略，拣选完成后再使用分拣机或机器人进行分拣（门店订单和电商多品订单）；二是对于流量相对较小的物流中心，多会采用分区按单拣选的方式，在集货区按订单进行集货。

1. 门店订单业务模式下的拣选策略

门店订单有同款同箱的要求，在人工仓库内多是通过人工按序拣选实现；在自动化仓库里多是将门店订单根据商品体积拆成订单箱，再进行拣选。机器人仓库若要严格实现同款同箱，需要对机器人搬运货架的顺序作出要求，因此会限制算法的优化深度，牺牲一定的拣选效率。在当前阶段，机器人仓库多通过订单箱任务拆分的方式来满足同款同箱的业务需求，前提是需要准确的 SKU 体积信息。

按订单拣选指的是在组波时，执行按订单拣选策略，即可实现一订单一波次。按订单拣选，往往搭配边拣边分的模式，一个人既进行拣选摘果，又完成播种，输出的是一个个订单，后续无须增加额外的二次分拣环节。流程简单，运营难度低，适用于绝大部分仓库场景。

提总拣选指的是在组波时，执行一定的波次策略，即可实现多订单一波次的提总拣选。机器人仓库的拣选工作站空间有限，每个工作站仅容纳一人操作，因此有效率上限，加人也不能显著提升效率；对于一些规模较大的企业，或者在业务峰值，大量订单涌入的情况下，需要更高的效率输出时，可采用波次分区提总拣选+二次分播的策略。

提总拣选策略下，拣选工作站操作人员仅负责拣选和粗分，通过将多个订单组合在一起，订单重合度和算法优化深度都会大大加强，反映在实际操作中即命中率大幅提升，同样的货架搬运次数可以拣出更多的货物，从而大幅提高拣选环节的输出效率。与此同时，需要在后续环节增加二次分拣环节，将混在一起的多个订单再分成一个个订单。

提总拣选模式将“拣”和“分”分开，从而提高拣选效率，同时在后续环节通过分拣机或机器人方案双管齐下，可大幅实现仓库拣选效率的提升，也可大幅减少人员的投入，但由于需要增加一个分拣流程，因此需要增加分拣区域的规划，对仓库的面积有一定的需求。

经销商订单中的拆零拣选订单结构与门店订单相似，拣选策略也与门店订单相同，故不单独另作分析。

2. 电商订单业务模式下的拣选策略

电商订单主要有两种，多品订单和单品订单。针对两种订单结构，在仓库内多会采用不同的方式来进行拣选。另外，由于电商业务经常开展促销活动，仓库在促销期间也会采用不用的方式来提升拣选效率。

多品订单指的是一订单一波次，每一个订单独占播种墙上的一个格口。订单上墙时，可以考虑承运商、订单类型、包装形式、路线等业务约束，将订单指定到某些工作站上，使后续打包、二次分拣更加容易。

例如，可以将同一个路线的不同订单分配至同一个工作站，完成拣选的订单自动对应到同一条发运路线，减少后续操作环节。还可以将不同包装形式的订单分工作站拣选，同一个工作站拣出的订单适用一种包装形式，可以直接将该工作站拣出的订单与指定包装台绑定，减少后续进行二次分拣的难度。另外，还会考虑订单之间的重合度、关联关系等因素，将相似或者相关的订单派至同一个工作站，以增加算法优化深度，增大命中率，减少货架搬运次数。

在单品订单组波上墙后，既可以在每个格口的任务全部完成后再打包，也可边拣选边打包，后一种方式极大地提升了订单完成的即时性。

（二）智能拣选工作站

智能拣选工作站采用全新交互方式，通过投影功能助力拣选操作，在复杂的仓储环境中可以自动完成拣货单中货物的定位、识别和拣取，并运送到指定地点。智能拣选工作站能够替代繁重的人工劳动，完成货物的智能识别与抓取，提高拣选准确率。基于订单预测和智能理货算法，智能拣选工作站利用夜间、闲时进行自动理货，真正做到快速定位、即见即拿。

在现实应用中，极智嘉发布过相关设备，其整体工作效率较常规工作站进一步提升 30%，较传统人工仓效率提升 4 倍。极智嘉升级版智能拣选工作站搭载的短焦投影仪可助力拣选人员快速定位挑选格口，将需拣选商品及数量直接投影至实体货架挡板上，拣选人员不需要分屏确认，就可以快速定位拣选。

极智嘉升级版智能拣选工作站所采用的这一全新的交互形式不仅极大提高了拣选人员的舒适度，还大幅度降低了现场作业的安全隐患，同时，也简化了作业步骤，可减少 1/3 的作业人数。同时，极智嘉升级版智能拣选工作站还采用了穿戴式扫描设备，消除了传统手持 RF 设备所带来的频繁取放 RF 设备问题，解放了拣选人员的双手，增加了拣选人员使用其他设备的可拓展性，也提升了作业安全。智能拣选工作站示意如图 8-19 所示。

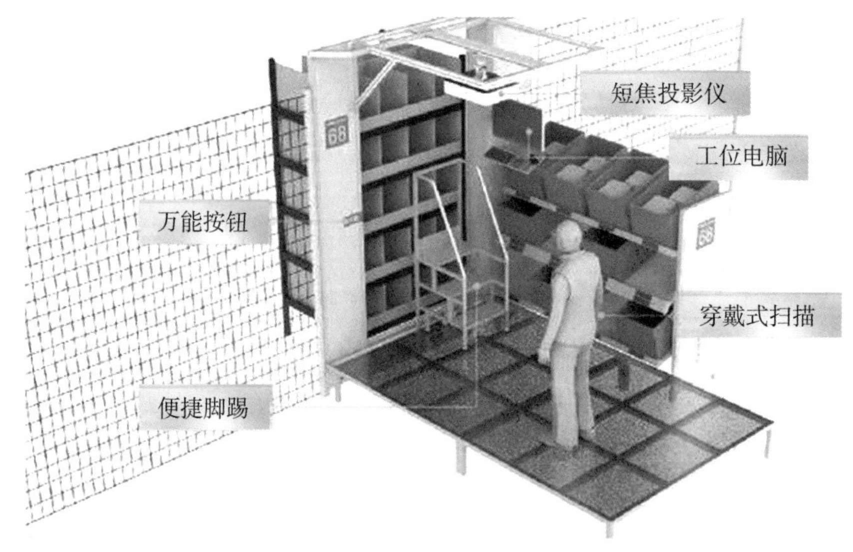

图 8-19　智能拣选工作站示意

资料来源：https：//baijiahao. baidu. com/s？ id=1729994716216497341。

（三）服装拣选设备与技术

1. AMR 货架搬运到人的拣选技术

AMR 货架搬运到人的拣选技术采用非固定在地面的货架储存，通过 AMR 将货架直接搬运至工作站进行拣选，拣选人员从货架上拣选完成后，投到播种位上，每个播种位在执行任务前已与订单或订单组进行绑定，当一个播种位的一个任务完成后，系统将自动推荐与该播种墙任务关联度最高的新任务，即绑定新的订单或订单组，拣选人员继续进行拣选。此种方式可以保证拣选人员不间断进行拣选工作，且无须走动，根据电脑提示进行拣选和投递，大大提升拣选效率和拣选准确度。

这一方式适合鞋服全品类（叠装、挂装、鞋），对拣选效率要求高，且对库容有一定要求，业务波动较大，并对投资回报周期要求较严格的企业。

2. AMR 单料箱搬运到人的立体拣选技术

采用固定储存方式，储存容器为料箱。通过 AMR 夹取料箱的方式，将料箱送到拣选人员面前进行拣选或放置在拣选架上进行拣选，拣选人员从料箱里拣选完成后，投到播种位上，每个播种位在执行任务前已与订单或订单组进行绑定。

这一方式适合服装的叠装，但对库容要求较高，业务波动较大。

3. AMR 多料箱搬运到人技术

一次可搬运多个箱子到达工作站，一次搬运的距离相对较远。越在单量少时，AMR 搬运的距离越远，与单料箱相比，其搬运效率和一次性搬运的箱子数量并不成对应的比例关系，而是与订单命中的分散程度相关。

这一方式不适合阁楼或钢平台，更适合库内拣选区域较大，搬运距离较远的商品。

三、服装供应链管理技术

在快速变化的时尚趋势和无限多样化的服装产品之间，服装行业通常拥有比其他行业更复杂的供应链。

（一）智能化、数字化供应链

在新经济、新零售的背景下，服装潮流的热点起伏变化快，从前端商品的规划生产，到仓库的布局，再到各个环节的协同，都要求物流与供应链的服务更具柔性、数字化、一体化，才能支撑全方位诉求，助力服装企业降本增效，提升其市场占有率。

百世供应链为知名服装企业汇美集团量身定制了全链路仓储配送服务，并在电商仓配一体化服务的基础上不断深耕延展，提供了包括仓储、仓间调拨、门店配送和退货、门店调拨、末端配送、线上下单门店发货及 B2C 退货等模式在内的完善的一站式供应链运营服务，同时包括三层架构（见图 8-20）。

近年来，全链路可视化已成为企业对供应链配送服务的基本要求。在门店配送业务上，百世供应链通过自主研发的一整套运输管理系统紧密结合业务流程，实现门店配送全链路可视化，订单全过程实现了实时查看与管理。以四川某客户的区域配送为例，百世供应链在成都设立了 HUB，并在四川省内重点的地级市铺设供应链站点。配送到四川省内的货物，经过成都 HUB 后到达各级站点，再由站点配送到门店的过程

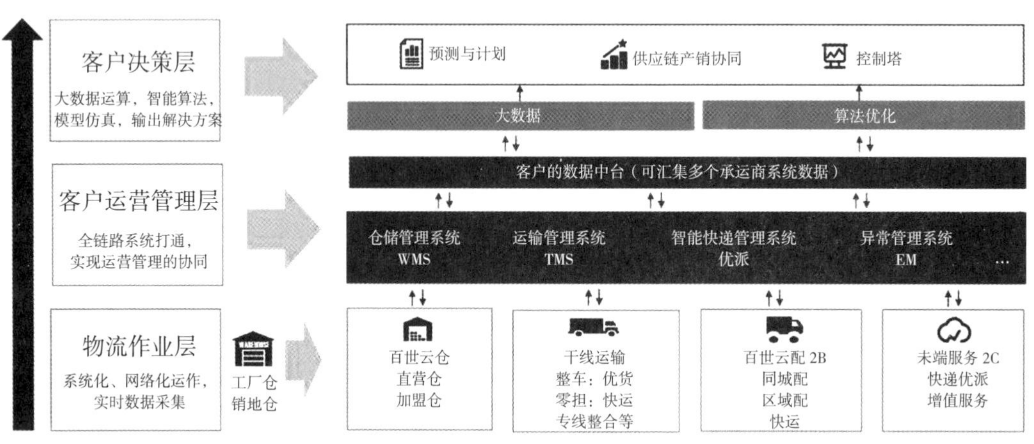

图 8-20 百世供应链架构

中，百世供应链可以采集到全链路的运输数据。客户通过手机移动端 App 或微信小程序，结合业务流程，可实时在线管理订单运输全过程。

不同于传统供应链，赢家时尚以顾客价值为中心，在研发设计过程中考虑服装的款式、版型、场合搭配的特点；在采购供应的过程中考虑材料特性和性价比；在生产制造过程中考虑品质和交期（即交货期）；在物流/服务过程中考虑搭配和定制量体；在销售分销过程中考虑便利快捷和交互体验。赢家时尚数字化供应链如图 8-21 所示。

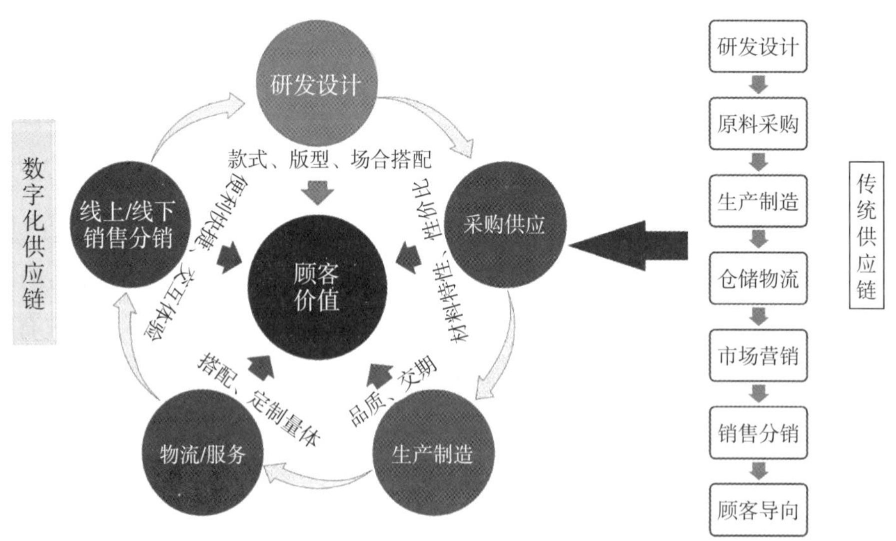

图 8-21 赢家时尚数字化供应链

（二）逆向物流管理技术

当下，就服装电商而言，线上渠道日益增多，由原来的天猫、京东、唯品会、拼多多等渠道逐渐发展到更多的渠道，随着平台的不断迭代更新，抖音、快手等平台异军突起。尤其是抖音，通过直播带货这种方式，渠道流量和订单增加很多，货量提升得非常快。不过，随着线上销售渠道的增多，退货率也居高不下。据相关数据统计，有些平台的退款和退货率已高达60%。

首先，销售环境出现疲态，于是各大平台竞争加剧。这无疑对消费者是利好的，尤其是售后行为更加大度宽容，因此造成了消费者退货率升高。其次，直播等渠道的订单大幅提升，直播销售的消费特点与搜索电商不同，渠道特性就是退货率高，直播渠道订单大幅增加就会拉高整体退货率。最后，疫情防控期间，各地物流不畅导致订单在运输派送过程中时间拉长，消费者迟迟收不到货自然造成退货率提高。因此，当商家收到退货后，需要立即进行翻修整理、熨烫、重新包装、重新挂吊牌等工作，有的还要干洗处理。整个过程下来需要大量时间，这本身就会影响货品流转，造成现金流的积压。而且这些工作都需要专业人员处理，不是普通员工就能做的，也没办法大范围采用机器设备完成，于是人工成本大幅提升，并且再次上架能否顺利销售也是未知的。在这样的服装逆向物流发展情况中，如何高效地完成退货拣货就显得更为重要。

例如，Syrius 炬星在洞察了行业难题后，研发了 Goods Keeper 小程序，Goods Keeper 是 Syrius 炬星基于机器人小程序引擎研发的新款小程序。它主要服务于电商履约场景中的货物上架，以及逆向物流的需求，可以按照上架计划或者退货单等信息，高效便捷地将货物放置至储存位置，并与仓库作业员配合完成上架。在此过程中，Goods Keeper 还可以帮助系统更新数据。通过机器人附带的平板电脑，Goods Keeper 提供了直观的交互界面（见图 8-22）。在交互界面的引导下，仓库作业员可以快速完成上架作业。

图 8-22　Goods Keeper 小程序交互界面

该款小程序可以配合 Syrius 炬星的 FlexGalaxy. AI 云服务平台，与 Speed Picker 拣货下架小程序同步使用，实现同时双向作业（Double Transaction）。通过此方法，Syrius 炬星解决了服装重新上架、更新库存、重新展示和销售的问题，采用机器人与信息系统结合的形式，不但可以节省人力、提高效率，并且还能降低出错率。

第五节　快递物流技术

2021 年以来，尽管受疫情和内外部环境的影响，我国快递业仍保持着逆势增长的态势。来自国家邮政局的统计数据显示，2021 年全国快递业务量完成 1083 亿件，首次突破千亿件，同比增长 29.9%；业务增量再创历史新高，达 249.4 亿件，日均快件处理量近 3 亿件。并且，全国快递业务收入完成 10332.3 亿元，首次突破万亿元，同比增长 17.5%。快递市场规模持续扩大，发展动力依然强劲。但邮政快递业发展不平衡、不充分的问题日益突出，行业规模大但质量不高，发展速度快但优势不足。为此，各大快递企业通过各种手段提质增效、强化基础。其中，利用科技手段提升服务能力和技术水平，正成为快递企业聚焦的新热点。

一、快递分拣技术

随着电子商务的蓬勃发展带来的快递业务量的快速增长，人工分拣已经不能满足快递企业对生产效率、时效和成本的要求。在此背景下，快递分拣技术快速发展。

（一）快递分拣现状

目前，我国快递分拣环节呈现自动化程度较低的现状。在劳动密集型的转运中心，与分拣直接相关的人力约占一半，分拣时间占整个转运中心作业时间的 30%～40%，分拣成本约占整个转运中心成本的 40%。分拣有着如此重要的作用，也使自动分拣设备市场和自动分拣技术快速发展。

1. 快递分拣效率对比

快递、快运业务量和操作复杂程度的提升，使手工分拣和半自动分拣在成本、效率、准确率等方面均出现不足，而智能分拣能有效应对人工分拣所面临的挑战，成为快递快运企业提升竞争力的刚性需求，因此快递快运企业在综合考量后选择了自动化设备。

仅从有效处理能力进行对比，目前半自动化分拣机（以交叉带分拣机为例）的效率是人工分拣的 3 倍以上，自动化分拣机的效率是人工分拣的 6 倍以上；自动分拣设备与数据信息采集系统的结合运用，可充分减少人工识别、拉包操作等人工作业，同时分拣准确率也远高于人工分拣，并且极大地降低了货物损失。

2. 快递分拣核心产品

自动分拣设备主要由供件装置、输送装置、控制系统、分类装置和分拣道口等部分组成，是对物品进行自动分类、整理的关键设备之一。按照分类装置的结构进行划分，常见的自动分拣设备主要包括偏转轮分拣机、交叉带分拣机等类型。本部分着重从各类分拣产品适合的分拣种类、分拣效率、重量范围、应用领域和优缺点进行介绍，具体如表 8-1 所示。

3. 快递分拣未来展望

（1）行业龙头逐渐产生。

随着《中国制造 2025》政策的深入推进，以及物联网、机器人、人工智能（AI）、大数据等技术的创新与应用，自动输送分拣行业发展正逐步成熟，行业竞争格局将重塑，行业集中度发展趋势明显，行业龙头逐渐产生。

装备制造是产业基础，系统集成以全局思维模式对各环节采用的自动化设备进行调用，执行全局优化的复杂操作，附加值最高。基于微笑曲线原则，头部企业立足自身资源优势，在重点建设研发技术能力、大型枢纽综合规划能力、项目执行能力等核心能力基础上，积极拓展业务范围，向着利润率更高的软件开发、售后服务、规划集成设计等领域发展，凸显快递企业综合能力。

（2）制造业市场潜力巨大。

在人力成本上升、土地资源有限、经济转型升级的大背景下，许多制造企业开始以物流端为切入点，对企业运作进行自动化转型升级。过去，制造企业长期专注于生产制造成本，对于物流成本的要求并未像电商、快递企业那样苛刻，如今为提升其物流效率，制造企业在自动化物流系统建设方面的需求会更加旺盛，为包括分拣设备系统在内的物流装备企业提供更多市场机会和利润空间。

（二）快递机器供包系统

目前我国快递行业中，电商件占比达到了 90%，而电商件的包裹类型以中小包裹为主，所以接下来介绍针对小包裹的一种新型快递机器供包系统。

目前市场上环形交叉带分拣效率高，是目前国内快递公司针对小件包裹的主流分拣方式。环形交叉带分拣一般设置 12~14 个人工供包台，但是人工供包劳动密集，且难以保持 12 小时的高效工件节奏，如果发生错分漏分现象，易招致客户投诉，所以这一直是各家快递公司希望能尽快落实自动化的环节。

对此，海康机器人推出了快递机器供包系统，该系统采用内置深度学习的 RGB-D 智能立体相机搭配高速机器人，通过深度学习智能算法，完成几何轮廓特征识别+2D 图+3D 点云的深度学习智能算法，优化包裹局部遮挡、包裹粘连造成的误分割现象（见图 8-23）。

这套系统是深度学习算法和 3D 图像处理算法的有机结合，引导机器人进行全时的高效抓取，具有场景适应性高、系统稳定性高的特点，无惧软包、硬包及信封等各种复杂应用场景。该系统通过自主研发的路径规划算法，优选包裹抓取顺序及运动轨迹，

表 8-1 市场快递分拣核心产品对比

产品种类	分拣种类	分拣效率	重量范围	优点	缺点	应用领域
交叉带分拣机	信封、包裹、纸箱、服装、图书	20000~60000 件/小时	0.01~30kg	噪声低、分拣精准高效、布局灵活、运行平稳、柔性分拣	尺寸大、重心不稳的货物无法使用	电商、鞋服、快递、医药等
摆臂分拣机	大包裹、大邮袋	5000 件/小时	0.01~50kg	高效能、高精度	扁平件、易碎物品不适用	快递、物流中心
双层直线分拣机	信函、服装、软体包裹、不规格物品	8000 件/小时	0.01~30kg	占地面积小、操作简单、维护成本低、便捷灵活	尺寸较大货物无法使用	快递、鞋服、电商
偏转轮分拣机	信封、硬纸箱、大包裹、塑料箱等平底面物品	7500 件/小时	0.01~60kg	双侧分拣、快速精准、分拣出口多、运行故障低	易碎品不适用	快递、电商、医药
分拣机器人 AGV	纸箱、周转箱	根据配置确定	0.01~8kg	自动化程度高、安全性高、灵活性高、无人化作业	成本高	快递、电商
落袋式分拣机	小件、软包装、不规则物品	5000~8000 件/小时	0.2~25kg	重心不稳的也可分拣，地面空间占用少	分拣能力较低	书籍、快递、医药

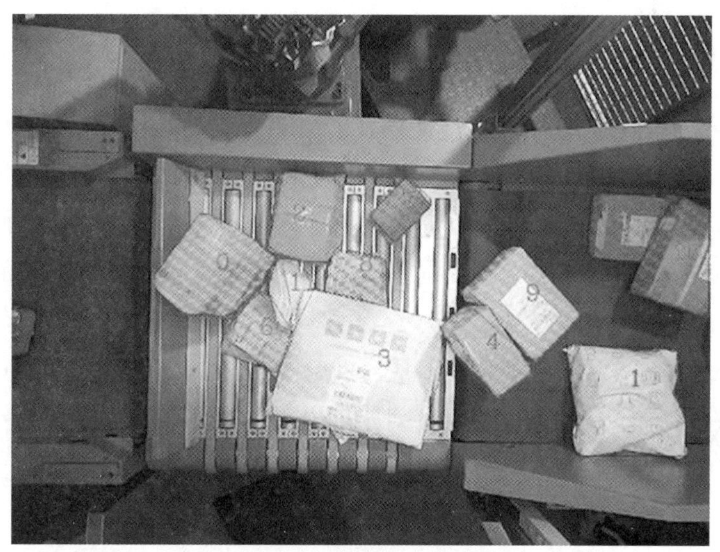

图 8-23 供包系统识别示意

资料来源：https：//www. sohu. com/a/543957040_120477571。

确保供件轨迹的流畅平滑、无碰撞、不甩包，并且可以有效识别并剔除球体、柱体、超长超宽件等各类异形件，防止包裹错分丢失。操作此供包系统的用户无须学习机器人编程语言，通过可视化界面就能轻松完成整个方案的部署；通过按钮盒可实现一键启动、复位、停止等操作，实现操作运行“零”门槛；通过自研算法平台调取定位基本算子，一键自动高效完成手眼标定，以及标定参数的导入。目前，此供包系统可达到每小时 1500 票以上的分拣效率，满足环形交叉带满额分拣的效率要求。供包系统组成如图 8-24 所示。

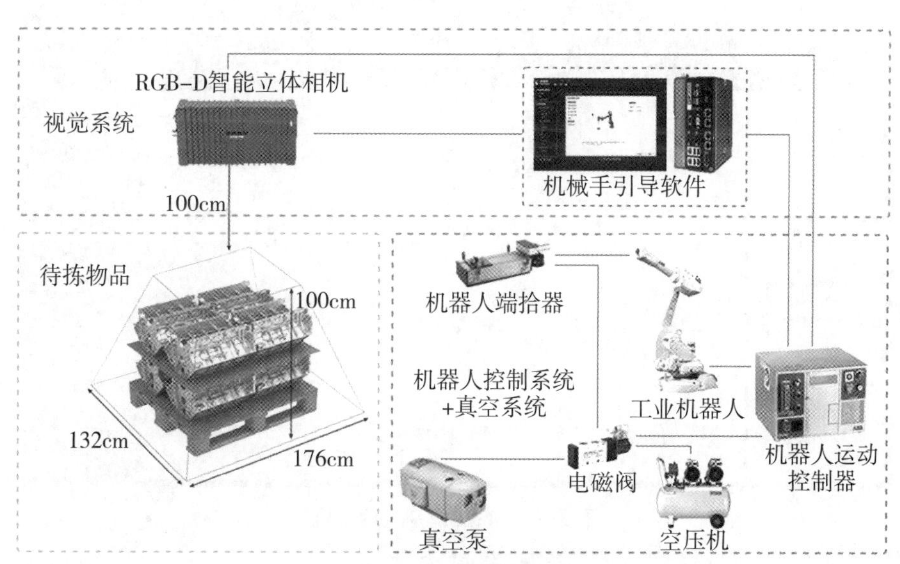

图 8-24 供包系统组成

资料来源：https：//www. sohu. com/a/543957040_120477571。

（三）AI 错分报警系统

虽然上述所说的自动分拣设备极大提升了快件分拣效率，也降低了分拣成本，成了各大快递企业和末端网点眼中的“香饽饽”。但伴随着电商快递行业渠道下沉，末端网点分拣需求日趋明显，快递自动化分拣市场正进入加速增长期。如果自动分拣设备不能保证百分百的准确率，那么就一定会存在错分，当错分件达到一定的量级，随之而来的罚款，对于网点来说就成了损失。

对于错分的快件，快递企业往往都是“事后补救”，确定错分后通过重新分拣回归正确流向。这样一来不仅浪费了资源，对于网点来说也降低了效率，对各快递总部来说，还增加了顾客投诉量，同时对品牌造成了负面影响。

为了解决上述痛点，如今产生了一款专为网点降低错分、提高分拣效率的产品——AI 错分报警系统，为硬件设备提供可靠有力的技术支持，完善物流体系网络重要节点的智慧赋能。

该系统可以通过 AI 算法，将实时分拣数据进行分析对比，实现对分拣设备产生的错分包裹进行实时报警处理。该系统有效拦截 90%的错分件，从源头解决错分难题，能够极大地帮助网点降低因错分产生的罚款，成为推动网点降低成本、提升效率的利器。系统识别流程示意如图 8-25 所示。

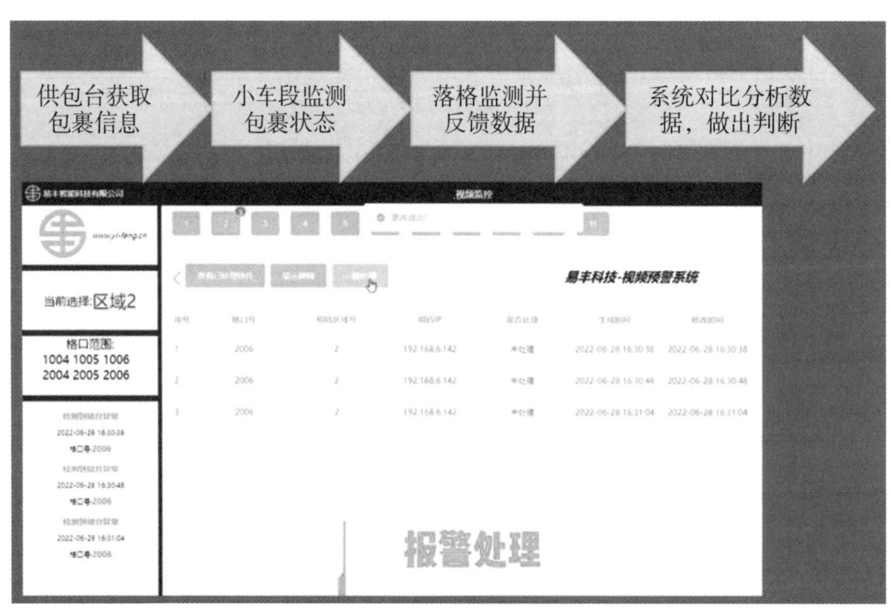

图 8-25　系统识别流程示意

资料来源：https：//www.sohu.com/a/593486376_121123887。

AI 错分报警系统还兼具以下优势。

可追溯：AI 错分报警系统具备视频追溯能力，只需输入单号即可定位快件错分点，查询包裹的落格视频等信息，还可将落格图片等各项数据信息上传总部（为各快递总部仲裁提供有效的举证材料），对每个包裹进行跟踪监测，有效提高管理效能，便于分析错分原因。

智能化：AI 错分报警系统可对现场的供包操作规范化、小车落格准确率、格口飘格率等设备问题进行智能分析，优化现场管理。

及时性：AI 错分报警系统进行数据分析比对，发现错分信息后，可实时推送到员工手持终端设备，现场操作人员可及时处理错分包裹，同时可针对现场操作人员进行绩效考核。

低成本：AI 错分报警系统可让网点省去昂贵的设备开支，在不影响现有自动化分拣作业的情况下，只需安装 AI 摄像头和报警指示灯等少量设备，便能在短时间内降低错分率，减少不必要的罚款，大大降低了网点的成本。

二、快递包装技术

目前，在我国快递行业，不少快递商品仍有过度包装现象。据估算，我国快递业每年消耗的纸类废弃物超过 900 万吨，给环境造成的压力不言而喻。基于环境保护、“双碳” 目标的发展立场考虑，必须通过采用相关包装技术，加快推进快递包装循环利用，采取从源头治理的策略，实现快递废弃物的有效减量，节约社会资源，促进绿色环保循环经济发展。

（一）快递包装现状

1. 快递包装政策环境

快递过度包装治理是社会各界普遍关注的问题。从国家整体规划层面，早在 2009 年就开展过快递包装专项治理，2020 年 12 月，《国务院办公厅转发国家发展改革委等部门关于加快推进快递包装绿色转型意见的通知》中提出，推进快递包装“绿色革命”，明确 2022 年和 2025 年可循环快递包装应用的量化目标。2021 年 4 月，国家邮政局办公室印发《邮件快件过度包装和随意包装专项治理方案》，明确集中利用 1 年时间，组织全行业开展快递包装绿色专项治理。2021 年 7 月，《国家发展改革委关于印发“十四五” 循环经济发展规划的通知》再次明确，到 2025 年可循环快递包装应用规模达到 1000 万个。此外，对于对绿色包装生产、绿色快递物流和配送体系建设、专业化智能化回收设施建设等项目，国家相关部门也将在资金、信贷、债券等方面给予支持，促进包装减量和绿色循环的新模式、新业态发展。

2. 我国快递包装现状及发展趋势

快递包装包括塑料袋、纸箱、泡沫箱等，种类繁多，且消耗量巨大。随着电商网购的快速普及，快递包装业近年来高速增长。资料显示，超过70%的包装物来自电商卖家或平台。按照2020年产生的快递业务量来估算，约使用塑料袋337亿个，纸箱425亿个，胶带746亿米，气泡袋128亿个。

在快递包装中，纸箱的回收利用率很高，污染和浪费主要在塑料袋包装上。塑料袋、塑料胶带、快递内部塑料缓冲物，并称为快递业的“三大污染”。

虽然我国快递包装治理在回收再利用、减量化和绿色化方面具备了一定基础，但针对快递包装回收再利用治理的政策法规比较笼统。快递企业采取技术手段，对周转用的包装箱、包装袋等容器循环使用，或回收再利用，可有效地减少包装容器或包装物的消耗。未来的发展趋势如下。一是快递包装监管法制化。随着近年来快递行业的飞速发展，如今监管体系已不能完全适应现实的需求。随着相关法律文件的实施，在国家绿色发展理念的指引下，快递包装的规范治理和监管也有望踏上法治化轨道。二是快递包装生产集约化。集约化管理和规模化生产也成为快递包装生产企业的共同追求。三是快递包装应用一体化。由于仓配一体中的包装环节是由快递公司操作，所以快递公司可对快件进行合理包装，避免过度包装。四是快递包装研发现代化，主要包括设计减量化、用材绿色化和生产个性化三个方面。

（二）免塑包装技术

在国家发展改革委、生态环境部政策的指导下，免塑包装成为一种新型解决技术，如今市场上有一款采用新型技术设计的不含塑料、不用胶带的电商环保卡扣纸箱——PFP®AT免塑包，其设计示意如图8-26所示，是一款采用新型技术生产的不含塑料、不用胶带的瓦楞纸箱。这是专为电商物流打造的全新绿色包装，并且期望以此推动电商物流包装行业的可持续发展，开创电商包装0塑0胶的新时代。PFP®AT免塑包与传统平口箱，以及近年来风靡电商圈的拉链纸箱相比，都具有极强的优势：不使用任何塑料制品，更快地装箱打包，不断迭代、不断减碳的专利结构设计，为环保而生，为消费者包装美好可持续生活。

2021年，我国的快递总共1083亿件，平均每件快递使用胶带0.8米，全年快递胶带用量超过800亿米，通过应用PFP®AT免塑包，可直接整体回收，更有多种可循环使用箱型，倡导可持续绿色快递运输。

（三）绿色循环包装技术

国家大力支持相关企业加快包装绿色转型升级，作为快递包装绿色治理中的重要

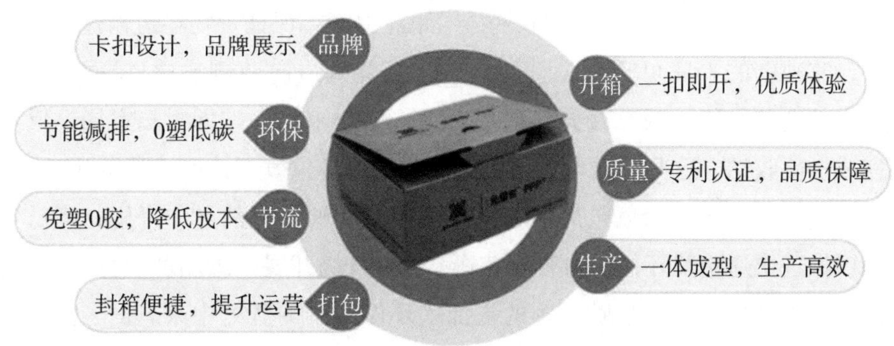

图 8-26 PFP ® AT 免塑包设计示意

资料来源：http：//www. at-pkg. com/index/index/news/id/28. html。

一环，快递包装的循环应用是必然选择，也将是未来大势所趋，本部分对其中几种典型技术展开介绍。

快递循环箱的应用与推广，主要是要解决回收意愿和回收成本的问题。综合比较，快递循环箱主要解决回收的问题，多循环一次，成本就下降一次，对企业和社会而言可行性更大。目前，有企业在尝试设立专门的循环箱（循环包装箱）回收装置。循环箱回收与智能快件柜、智能信包箱等智能终端设施的建设联系起来，具体使用流程如图 8-27 所示，在这些智能终端中增加循环箱的回收功能。同时，保障循环箱在设计上也要可折叠、方便操作，当用户收取快件后，可将循环箱折叠后放入智能终端进行回收，企业可以给予用户一定的积分奖励。快递员在智能终端投放快件时，可同时实现循环箱的回收，大大节约回收成本。

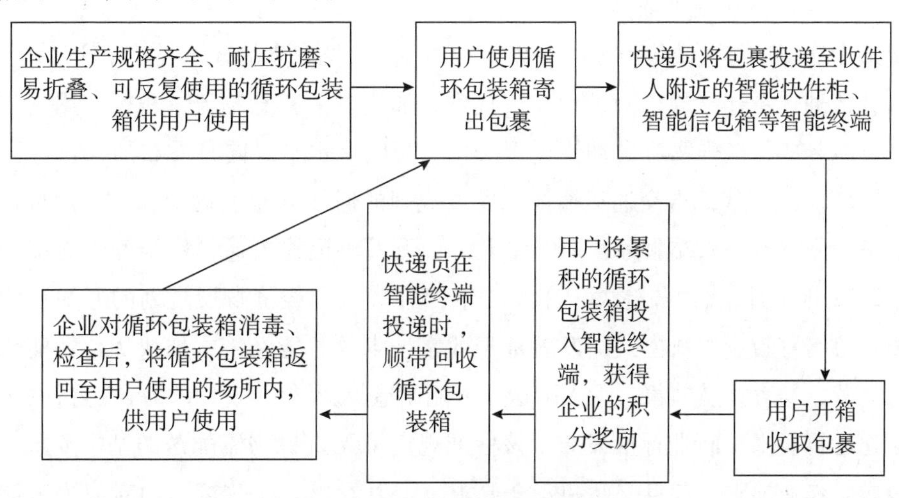

图 8-27 循环包装箱使用流程

小象回家公司自主研发生产的智能环保循环包装箱，采用新材料制成，耐磨耐压，防水防潮。该循环箱可使用 3 年以上；在打包过程中，免胶带、打包带、编织袋；箱体可加装 RFID 芯片，采用新一代物联网技术跟踪追溯，保证货物在运输过程中的安全性。此外，它独创的平底可折叠设计，只需将折叠侧边向两侧一拉，箱子即可成型，无须进行底部盒盖组装（或粘接）固定或封口，安全卡扣一按即封箱完毕，反之即可数秒内完成折叠收纳。这些创新设计可极大提升物流打包效率，也符合易拆解的需求。

菜鸟裹裹此前曾推出绿色包裹活动，这些包裹能够在自然界中降解，降低环境污染，是一项推进快递包装环保化的有效措施；后又升级开展“纸箱回收行动”，通过回收快递纸箱实现循环利用，鼓励更多的人加入环保网购的队列中来。据了解，在电商大促期间，有超百万的纸箱在线下实现循环使用。

目前，可循环包装多用于政府采购、电商平台供货等客户，到 C 端客户的相对较少，主要原因是物流终端“最后一公里”的回收存在困难，导致推而不广，市场认可度较低。未来还需要良好的包装回收设备进行辅助。

三、快递末端配送技术

快递末端配送作为快递配送中的最后一个环节，其在配送效率以及客户满意度方面影响着整个快递配送服务。各种电商平台的兴起，使快递行业蓬勃发展。尤其最近几年，快递单量快速增加。现如今最急迫的问题是解决上亿包裹的配送效率和提高客户满意度，末端配送技术就显得尤为重要。

（一）快递末端配送现状

1. 快递末端配送政策环境

快递末端配送有关政策方面，在 2022 年 1 月，《国家发展改革委关于印发〈“十四五”现代流通体系建设规划〉的通知》提到，加快发展智慧物流，积极应用现代信息技术和智能装备，提升物流自动化、无人化、智能化水平。同月发布的《国务院关于印发“十四五”现代综合交通运输体系发展规划的通知》也明确提出，发展现代邮政快递业务，完善寄递末端服务，推广无人机、无人车运输投递，稳步发展无接触递送服务。2022 年 1 月，《国务院关于印发“十四五”数字经济发展规划的通知》明确指出，要加快培育新业态新模式，发展基于数字技术的智能经济，加快优化智能化产品和服务运营，培育智慧销售、无人配送、智能制造等新增长点。2022 年 9 月，《无人机物流配送运行要求》行业标准发布。该标准规定了无人机物流配送的基本要求、场地设施要求、作业要求、信息交互和安全要求，可以看出，在政策层面对快递末端配送的无人化提出了要求。

2. 快递末端配送模式

近年来，由于电子商务行业认识到电商物流“最后一公里”配送的问题，配送模式也不断有新的尝试。目前常见的配送模式有以下三种。

（1）与便民门店的合作。

与便民门店的合作就是把便民门店（如超市便利店、小区物业或药店）等作为快递的代收地点纳入末端配送环节，从而实现快件的集中接收，消费者可以在方便的时间到就近的便民门店收取快件。亚马逊、天猫、1 号店主要采用这一方式提供自提服务。

（2）送货上门。

送货上门是目前主流的运作模式。快递员按照消费者要求的时间与地点，将快件送达消费者手中。消费者足不出户就能成功收取到快递。这一服务模式要求快递企业必须考虑每个快递网点能够覆盖的所有配送区域，不仅包括快递员与收件人当面完成快递交接服务，还包括电商快递的“落地配”服务，如电商快递强调的开箱验货、代收付款、退货换货等个性化服务。送货上门直接与消费者面对面，能够当面接收客户的反馈信息，一定程度上可以增加客户满意度，有利于企业自身业务的发展和改进。

（3）建立自提柜。

建立自提柜可以看作解决与便民门店合作存在的问题的另一种方案，是快递企业或电商在人群密集的社区、学校建立专门的自提柜，消费者凭取件码就可以到专门的提货点取货。与便民门店合作相比，这一模式在一定程度上增加了客户满意度，提高了配送的灵活性。

（二）快递末端配送无人技术

近年来，全球物流行业需求快速增长，行业发展趋向于自动化管理和降本增效。因适应多场景运输、安全配送、绿色环保等有利优势，无人配送成为行业焦点。无人配送的出现能够在一定程度上缓解末端配送压力，优化消费者体验。

1. 无人配送车技术

无人配送车的优势在于通过人机协同，实现末端配送的降本增效，依靠人工智能、机器人、新能源三重优势，在快递配送市场展现出潜力。调研显示，2021 年国内无人配送车的市场投用数量增长迅速，商用落地超过 2000 台。无人配送车通过载运工具的无人化和配送环节的智能化，在降低劳动力成本、提升“最后一公里”物流配送效率方面有望发挥积极作用。

小蛮驴自 2020 年诞生以来，已经连续三年参加天猫“双十一”，主要应用在校园场景中的“预约送货到楼”服务，承包了多所高校超过 1/3 的配送任务。据统计，截至 2022 年 11 月 11 日，小蛮驴在天猫“双十一”前半程共配送包裹近 200 万件，较

2021 年同期翻番，整个“双十一”周期的配送总量也达到了 2021 年的两倍。

2. 无人机配送技术

与人力配送相比，无人机配送具有智能化、信息化、无人化的特点，有望以更低的成本实现更高的配送时效水平。在疫情期间，“无接触式配送”的特点也让无人机配送的发展更契合社会需求，而且，无人机配送具有灵活性，能够有效提升对地面交通欠发达地区的覆盖能力，增强极端条件下的配送可达性。

（三）即时配送相关技术

即时配送是基于移动互联网渠道打通供需双方，供货方通过配送平台满足需求方同城 1~5 公里地域范围、0.5~3 小时配送时间的订单需求，不经过仓储和中转，在短时间内响应，直接从门到门的送达服务。

即时配送的应用场景主要分为餐饮、同城物件和快递末端三大类。餐饮涉及正餐、下午茶、夜宵、小吃零食、果蔬生鲜、酒水香烟等；同城物件包含医药品、日用品、鲜花、个人物品、商务文件、家电家具、礼物玩具等；快递末端主要是指“最后一百米”的快递代收代发业务。近些年来，即时配送从同城物件、餐饮领域切入，逐步拓展到生鲜、商超配送领域，未来将扩展到更为广泛的快递末端领域。

在国内即时配送领域，除了美团外卖、饿了么（蜂鸟配送）、滴滴外卖等典型代表外，还有闪送、UU 跑腿、达达、点我达等，以及顺丰、京东、菜鸟等巨头公司。

在 2022 年 9 月，美团通过无人机配送，刷新了零售配送的纪录。数据显示，深圳的首笔 iPhone14 订单配送仅耗时 5 分 56 秒。美团相关负责人称，未来，深圳部分苹果授权专营店将会常态化接入无人机配送。届时，用户购买苹果产品即可体验到“3 公里 15 分钟达”的标准服务。这组数据标志着中国物流体系正式进入分钟级时代。

1. 即时配送仓储模式

（1）以顺丰、圆通等为代表的传统物流公司的仓储模式。这种模式的特点是以“收件网点—分拣中心—送件网点”三级流程进行配送。京东推出的“准时达”服务也是在自建仓储物流的基础之上，保证配送速度，准时到达客户手中。

（2）以盒马鲜生、每日优鲜为代表的前置仓模式，该模式主要是将仓库分布在城市中，以此保证将生鲜产品快速送达目的地。前置仓模式将传统由“电商平台—快递企业—消费者”的配送格局转变为“电商平台—前置仓—即时物流平台—消费者”。目前，这种新型的仓储模式正被广泛关注和学习。

（3）基于众包模式的点对点配送方案。这种模式是利用社会的物流资源进行配送，商家用人但不用养人，模式较为轻便。简单来说，就是搭建一个平台让闲散的劳动力自由支配时间，兼职从事快递工作取得报酬，平台从其中获得抽成。目前，达达、闪送等第三方运力平台多数采用这种模式。

2. 即时配送相关技术

对于即时配送平台来说，如何获取订单量和流量是关键，这离不开大数据、人工智能等技术的支撑。技术已成为即时配送企业竞争的关键。

（1）智能调度系统。

由中国物流与采购联合会和美团点评联合编纂的《2018 中国即时配送行业发展报告》认为，智能调度系统是各家运力平台的技术核心，依托海量历史订单数据、配送员定位数据、商户数据等，针对配送员实时情景（任务量、配送距离、并单情况、评级），对订单进行智能匹配，实现自动化调度及资源全局最优配置，最大限度提升用户体验。

（2）人工智能。

即时配送线下环节非常多且复杂，这就要求人工智能技术面对复杂的真实物理世界，必须能深度感知、正确理解与准确预测，并瞬间完成复杂决策。根据美团技术团队的消息，美团的“超脑”配送系统包含了大数据、深度感知、人工智能等技术的应用。

其中，大数据平台实现对骑手轨迹数据、配送业务数据、特征数据、指标数据的全面管理和监控，并通过模型平台、特征平台支持相关算法策略的快速迭代和优化，形成精准的画像；机器学习平台是一个一站式线下到线上的模型训练和算法应用平台，主要负责从海量的数据中寻求规律并进行准确预估。

（3）ETA（Estimated Time of Arrival，时间送达预估）分析。

ETA 是配送系统中非常重要的参数，与用户体验、配送成本有直接关系，而且会直接影响调度系统和定价系统的最终决策。为了给用户提供更好的感知体验，需要通过机器学习技术进行精准预估预测。从骑手接单到最终送达，涉及接单、到店、取货、送达等每个关键环节的预估时间，这中间需要考虑商户准备餐食的时间，以及用户最终收货时间等，每一个节点都需要精准预测。

（4）运筹优化技术。

运筹优化主要是在大数据平台以及机器学习的预测数据基础上，采用最优化理论、强化学习等优化策略，对整个路径规划、系统派单、自动改派、仿真系统等进行计算，作出全局最优化的分配决策，并和骑手高效互动，处理执行过程中的问题，实现动态最优化。运筹优化中涉及了各类基础性的算法，应用到具体场景中就是对于骑手路径的优化算法和订单分配优化算法。

第六节　航空物流技术

航空物流业是采用航空运输等方式，实现物品“门到门”实体流动以及延伸服务的战略性产业体系，集成融合运输、仓储、配送、信息等多种服务功能。航空物流是现代物流体系的重要组成部分，其发展程度是衡量各国流通体系现代化水平的重要标志。航空物流高质量发展，可以更好地服务高技术、高附加机制、高时效的现代产业体系发展，对促进形成强大的国内市场、深度参与国际分工与合作、保障国际供应链稳定、服务国家重大战略实施和实现国家经济高质量发展具有重要意义。

一、旅客行李系统自动化技术

（一）旅客行李系统自动化技术

旅客行李系统是民航运输机场（以下简称“机场”）常见的设备。从机场出发的旅客所携带的超过规定尺寸的行李，无法随身带上飞机，需要办理托运，旅客行李系统为旅客需要托运的行李提供称重、挂牌、安检、层间运输、分拣等服务，最终在旅客行李装卸区由地勤人员装载至指定的航班。旅客行李系统按照功能划分可分为到港行李系统和离港行李系统。到港行李系统主要是指飞机到达目的地机场后，行李从飞机上卸下，再由装卸员将行李放置于到港转盘上交付给旅客的一套系统。离港行李系统则相对复杂，是由托运、称重、安检、分拣、装载等一系列功能组成的自动化控制系统。

旅客行李系统按类型主要分为人工分拣的皮带机传送系统、自动分拣的托盘分拣机和高速小车系统。

皮带机传送系统主要是由滚筒电机驱动的长短不同的皮带组成，并配搭机械臂、分流器等，可实现如可疑行李进开包间等简单的分流功能。一般为“点到点”的传输模式，终端一般为转盘，行李到达转盘后再由装卸员进行人工分拣装车。

托盘分拣机的核心是托盘自动分拣机，通过红外线读码站对每件行李进行识别标注，并通过托盘侧翻方式将其送入对应的航班出口，终端有转盘和滑槽两种模式，行李装卸员直接将行李装车即可，无须再次分拣。高速小车系统是以托盘小车作为载体运输行李，最高速度可达 10 米/秒，适合远距离传输，应用 RFID 技术对行李与托盘小车进行绑定、跟踪和分拣，行李处理速度快、效率高。

托盘分拣机与高速小车系统可实现自动分拣与行李跟踪等功能，然而在建设投入和后期的运维方面均需要大量的成本，因此托盘分拣机和高速小车系统主要适用于行李处理量大、需要机器辅助分拣的大型机场，如北京大兴、成都天府、上海浦东、广州白云机场等，国内大部分中小型机场一般采用的是皮带机传送系统。

以深圳宝安国际机场卫星厅为例，该卫星厅为2200万人次旅客提供候机和中转服务，这也意味着，大量的行李需要在规定时间内完成输送及处理，对行李系统的效能提出了严峻挑战。范德兰德公司为深圳宝安国际机场卫星厅设计了行李处理系统。该行李处理系统的主要功能包括改造现有T3行李处理系统，增加新的分拣出口，使离港行李能够被送往卫星厅；连接卫星厅和T3的隧道内的高速小车系统；卫星厅内基于高速小车系统的全自动分拣系统；改造T3现有的到港行李系统。据介绍，范德兰德公司本次在卫星厅中使用ICS高速分拣环路实现的主要功能包括高速传输、最终分拣、行李装运、到港卸载以及中转再值机处理，单线处理量可达2700件/小时。

（二）行李智能分拣机器人

具备行李自动识别、行李自动抓取、行李智能搬运与装车的本领，可在准确完成行李自动识别后，15秒内完成行李智能搬运与装车，这样的行李智能分拣机器人在厦门机场T4航站楼分拣区顺利完成试点应用（见图8-28）。

图8-28　作业中的机器人

资料来源：https：//www. sohu. com/a/441083953_479415。

皮带机传送系统中的搬运工人是靠阅读行李上贴着的标签文字来进行分拣的，劳动强度非常大。而新引进的这一台机器人具有人性化的“托盘”辅助机械手臂设计。机器人先通过扫描设备读取行李上的条码数据，来判断其是否为当次航班的行李，之后机械手臂再进行抓取。抓取完成后，设备还会再次进行复核，确保行李没有抓错。之后，机器人完成搬运、装车动作。整个过程大概 15 秒。在拖车上的行李码放整齐之后，再由搬运工人运送到相应的停机坪上。

“托盘”与行李箱大小相仿，机器人在作业时，可以将其轻松托起。机器人抓取时的力度进行过反复实验，不会使行李箱受到损坏。除了形状不太规则的背包，一般行李箱、包装符合要求的纸箱都可以进行抓取。

二、自动驾驶技术

随着航空物流业的不断发展，机场改扩建项目不断增多，机场物流不仅需要处理更大的业务量，对于不同航站楼之间的点到点长距离运输解决方案的需求也进一步扩大。依赖人工驾驶的传统机场物流作业方式正面临着诸多挑战：短缺的劳动力资源，用工成本高；机场物流综合效益遭遇瓶颈；长距离运输下调度复杂；人工驾驶安全风险大，员工同时面临高温、雨天等恶劣且不安全的工作环境。以人工智能为典型代表的新技术正推动和引领着全新的科技革命和产业革命，传统的航空物流也在此背景下逐渐转型升级。

新冠肺炎疫情的出现，进一步加速了机场物流对运输作业无人化的需求。与城市公开道路上的无人车相比，在航空领域应用自动驾驶技术，更容易结合不同的落地应用打造可复制、可循环的商业模式，在降低开发成本的同时提升产品价值。从市场需求看，也有着更加明确的目标和商业场景。因此，自动驾驶技术在航空货运等领域可以率先实现商业化落地。

从其应用价值来看，自动驾驶技术解决方案有效减少了人与人之间的接触，极大地降低了物流行业的运营成本和人工劳动强度，从而提高物流行业的服务效率，并提升服务质量。因此，自动驾驶技术在航空货运等领域可以率先实现商业化落地。在机场中率先应用的自动驾驶技术包括无人接驳车、无人巡检车、无人物流车、无人清扫车等。

自动驾驶系统大体上分为感知、决策和执行三大架构。感知为车辆自身及车辆周围的环境情况感知；决策指通过一定规划算法、决策逻辑，结合当前驾驶状态及外部情况，得出包括车速、路径规划等信息；执行即执行指令，这三个架构决定了自动驾驶系统需要包括环境感知技术、高精度定位技术、决策与规划技术、控制与执行技术等的支撑。

（一）自动驾驶物流车

在机场物流运行场景中，无人物流车（自动驾驶物流车）可通过云端自动接收行李运输任务，并按照指定的区域和路线进行全天候、全流程的无人化行李运输。其行驶路线覆盖地上地下、室内、隧道等各类复杂环境，可在行驶过程中实现自主规划、自主避障等功能，极大地提升机场物流运营效率，优化人员结构，降低成本费用，大幅提高机场运营的安全系数。目前，无人物流车已经在实际的行李运输过程中，完美地融入了机场物流体系。

香港国际机场自 2019 年 12 月 30 日起开始在机场飞行区实际操作环境下试验运行自动驾驶物流车运输航空货物和旅客行李（见图 8-29）。香港国际机场采用的无人物流车以电动拖车作为应用车型，其可同时牵引 6 个拖斗，最大牵引质量达 25 吨，空载运行速度 20 千米/小时，拥有在寒冷及高温环境下持续作业的卓越性能，非常适合应用于复杂的工业运输装卸场景。经过一年多的运作，该机场证实了自动驾驶物流车的运作可靠，也比人工驾驶拖车更为安全及顺畅。自动驾驶物流车的驾驶舱内没有司机，也没有乘客或安全员。车辆搭载多种传感器，能按设定的路线安全行驶，并准确检测障碍物，可靠性高，确保安全及稳定性。2020 年，自动驾驶物流车由于技术上实现了完全无人的操作，在防疫期间仍能够常态化展开运作。香港国际机场将规模化采用自动驾驶物流车，提升运营效率及推动机场运作安全智能化。

图 8-29　自动驾驶物流车在香港国际机场进行行李运输

资料来源：https：//www. 163. com/dy/article/G8N4GEP20530UFIR. html。

新加坡樟宜机场建造了一个完整的航站楼来帮助测试未来的机场机器人。新加坡机场航站服务公司正在测试一种远程控制的交通工具，这种交通工具可以在 10 分钟内将行李从飞机上卸下，并转移到行李处理区域。该公司还在测试使用一辆自动驾驶电动汽车，用它来运送空运单据。

（二）“云场车”一体化

在鄂州机场少人机坪的建设过程中，“变化”“迭代”“升级”是贯穿始终的关键词。进入 2021 年，鄂州机场的建设者们又发现了一个新的优化点。“当你深入了解车路协同技术以及自动驾驶技术并决定进行应用时，就会发现车路协同技术在公开道路上的应用并没有把技术优势发挥到最大”。

作为新基建，“云”已经被广泛应用在各行业的生产中，扮演调度者的角色。然而，机场特殊的生产环境对“云”提出了更高要求。鄂州机场在几经探索之后，终于树立了属于自己的“云场车”一体化建设理念。

在鄂州机场“云场车”设计理念中，“云”是排在第一位的。“‘云’既需要与现有的民航生产业务系统对接，成为其庞大业务的支撑，又可以为车路协同系统和自动驾驶系统发展预留空间。云端是重要且庞大的调度系统；场端是安全冗余，是用来支撑整个自动驾驶和交通指挥的关键系统；车辆则是执行任务、坚守安全底线的终端”。全场统一调度是云端重要且被放在首位的关键原因。通过通信技术和云技术实现整体云控，不仅能够解决单车引导和单车规则的控制问题，而且可以解决目前站坪上多种类特种车在实现单车智能过程中的整体协同问题。通过云控平台，各类设施设备不同的标准可以得到统一。在此基础上，原来违规驾驶、疲劳驾驶等人为原因导致的不安全事件就会大大减少。

事实上，大多数不安全事件都是没有计划、没有规划的事件相互碰撞引发的。以公开道路为例，目前评判自动驾驶车辆安全与否的关键场景是能否处理“鬼探头”情况，即当行人从遮挡物中突然冲出时，车辆传感器能不能及时识别，系统能不能及时刹车。目前鄂州机场“云场车”系统把通知频率、信息交互频率提升到 0.1 秒一次。在场所有单元每 0.1 秒就会交流一次，相互通知位置。也就是说，在全场统一调度的支持下，不管是拖头车、油料车要通过，还是引导车后面有飞机要通过，所有信息都在统一的系统里进行交流。在技术发展到一定阶段后，车辆本身可以是个“盲人”，云端调度系统可以告诉它怎么走、往哪儿走，前面有没有飞机、有没有车、有没有人，它通过指令规避风险，完成自己的任务。

截至 2022 年 4 月底，鄂州机场已完成“云场车”建设的一系列技术条件预留。同时，为了对新产品的功能、性能进行测试，鄂州机场基于已建成的基础设施设置了真实场景环境测试区域，并完成了对 5 种车型的基本能力测试以及联合演练。

三、无人机技术

（一）概况

配送需求剧增、人力成本飙升、服务场景复杂等多因素驱动，加之相关软硬件技术的进步，使无人机达到了实用性的基本要求，并共同促成了一个物流创新的“变局”——无人机物流。无人机被认为是解决配送“最后一公里”难题的有效手段。未来，无人机定将成为现代物流业不可或缺的基础设施，助力物流业实现跨越式发展。

无人机物流是指主要使用无人机的技术方案，为实现实体物品从供应地向接收地的流通而进行的规划、实施和控制的过程，通俗地说，就是以无人机为主要的工具开展物流活动，或者是物流活动中借助无人机实现关键性的任务。

（二）主要构成

飞控系统、导航系统、动力系统、通信链路系统均是无人机的核心技术，也是现阶段无人机厂商获取核心竞争力的重要因素。

1. 飞控系统：无人机的“大脑”，更精确、更清晰

飞控系统是无人机完成起飞、空中飞行、执行任务等整个飞行过程的核心系统，相当于飞行器的“大脑”。飞控系统一般包括传感器、机载计算机和伺服作动设备三大部分，主要实现无人机姿态稳定和控制、无人机任务设备管理和应急控制三大功能。

2. 导航系统：无人机的“眼睛”，未来多技术融合是发展方向

导航系统为无人机提供参考坐标系的位置、速度、飞行姿态等信息，引导无人机按照指定航线飞行，相当于无人机的“眼睛”。无人机机载导航系统主要分为 GPS 和惯性制导两种。未来无人机的发展要求障碍回避、物资投放、自动进场着陆等功能，需要高精度、高可靠性、高抗干扰性，因此多种导航技术结合的“惯性+多传感器+GPS+光电导航系统”将是未来发展的方向。

3. 动力系统：涡轮有望逐步取代活塞，新能源发动机提升续航能力

动力系统通常有电动机和内燃机（活塞发动机、涡轴发动机、涡喷发动机）两种类型。小型无人机以电动机为主，中、大型无人机以内燃机为主。不同用途的无人机对动力装置的要求不同，但都希望发动机体积小、成本低、工作可靠。

无人机目前广泛采用的动力装置为活塞发动机，但活塞发动机只适用于低速低空小型无人机。低空无人直升机一般使用涡轴发动机。微型无人机（多旋翼）一般使用电池驱动的电动机，一般起飞质量小于 10 千克、续航时间小于 1 小时。

随着涡轮发动机推重比、寿命提高、油耗降低，涡轮将取代活塞成为无人机的主要动力装置，太阳能、氢能等新能源发动机也有望为小型无人机提供更持久的生存力。

4. 通信链路系统："放风筝的线"，向高速率、高带宽发展

通信链路系统是无人机的重要技术之一，负责完成对无人机遥控，遥测、跟踪定位和传感器传输，上行数据链实现对无人机的遥控、下行数据链执行遥测、数据传输功能。普通无人机大多采用定制视距数据链，而中高空、长航时，无人机则会采用视距和超视距卫通数据链。

现代数据链技术的发展推动着无人机数据链向着高速率、高带宽、保密、抗干扰的方向发展，无人机实用化能力将越来越强。随着机载传感器、定位的精准程度和执行任务的复杂程度不断上升，无人机对数据链的带宽提出了更强的要求。

（三）应用

1. 支线无人机运输

支线无人机运输的直线距离一般在100~1000千米，续航时间达数小时。这方面的应用主要有：跨地区的货运（采取固定航线、固定班次，标准化运营管理）、边防哨所、海岛等物资运输以及物流中心之间的货运分拨等。

大型无人机具有适合货运的大运载和大货舱，商载在1000千克以上，有优异的短距和简易跑道起降能力，适用于各种中小型机场与简易跑道，较短的起降距离也使其可以接入现有通航体系，盘活现有通航机场，提升整体资源利用率，实现全天候航空运输，在支线运输方面的应用越来越广泛。

比如顺丰的FH-98大型无人机，最大起飞重量达到5.25吨，最大载重为1.5吨，飞行高度4500米，航程1200千米，能够满足在边远城市、山区、海岛的物流配送运输需求。2020年，首次载货从宁夏起飞，近一个小时后成功抵达内蒙古目的地机场。中通快递和四川天域航通合作运营的鸿雁（HY100）无人机最大起飞重量5.25吨、最大商载1.9吨、最大航程1560千米、最短滑跑距离110米，非常适合在快递企业的分拨中心现有场地上整理一条跑道进行无人机运营作业。2021年12月，鸿雁（HY100）在新疆完成载货飞行。此次飞行从新疆铁门关市起飞在阿拉尔市降落，飞行2小时，航程近500千米。这是中通快递大型支线物流无人机首次载货飞行，也是中通快递在国内开通的首条常态化无人机支线物流运营航线。

2018年，京鸿（JDY-800）无人机宣告总装下线，当年11月，在陕西蒲城首飞成功。

以中科院为主导，西工大、航空工业618所等多家著名的机构和企业一起进行研

发，共同研制出了大型货运无人机 AT200，能够一次运送 1.5 吨重的货物，时速达到了 313 公里，最长续航 8 小时，2018 年完成了飞越秦岭的异地起降飞行试验。

国外方面，亚马逊、谷歌等科技巨头也继续向大型无人机运输方向发展。

2. 末端无人机配送

末端无人机配送的空中直线距离一般在 10 千米以内（对应地面路程可能达到 20~30 千米，受具体地形地貌的影响），载重在 5~20kg，单程飞行时间在 15~20 分钟（受天气等因素影响）。

相对于人工配送，无人机具有不受地形限制、直线距离短、调度灵活、速度快、效率高等特点。

截至 2022 年 8 月，美团无人机配送已在深圳 4 个商圈落地，航线覆盖 10 余个社区和写字楼，可为近 2 万户居民服务，并且已经完成超过 7.5 万单面向真实用户的订单。

3. 无人机仓储管理

无人机仓储管理主要通过库存管理、检查、监视、室内物流四种方式，应用场景有大型高架仓库、高架储区的检视，货物盘点，集装箱堆场、散货堆场（如煤堆场、矿石堆场和垃圾堆场）等货栈堆场的物资盘点或检查巡视等（见图 8-30）。

图 8-30　仓库中的无人机

资料来源：https：//www. woiwrj. com/uncategorized/41675/。

库存管理方面无人机技术往往和 RFID、视觉识别等技术配合使用。与其让人绕着仓库清点物品和扫描条码，无人机可以自动完成这项工作，为跟踪库存提供了更快、更有效的方法。

第七节　应急物流技术

一、应急物流发展概况

应急物流是物流行业的重要一部分，并且在人们的生活中发挥着重要的作用，在介绍应急物流领域相关技术发展前，本部分首先从政策环境、特点和热点问题的角度对其基本情况进行介绍。

（一）应急物流政策环境

2007 年开始实施的《中华人民共和国突发事件应对法》将应急物资的监管、生产、储备、调拨和紧急配送等应急物流相关工作纳入其中。2009 年 3 月发布的《国务院关于印发物流业调整和振兴规划的通知》和 2014 年 9 月发布的《国务院关于印发物流业发展中长期规划（2014—2020 年）的通知》均明确将“应急物流”纳入国家战略规划。2017 年 7 月发布的《国务院办公厅关于印发国家突发事件应急体系建设“十三五”规划的通知》中，将建立健全应急物流体系列为主要任务，并将建设包括应急物流资源的国家应急资源保障信息服务系统列为重点建设项目。2018 年 12 月，《国家发展改革委 交通运输部关于印发〈国家物流枢纽布局和建设规划〉的通知》当中提出了要构建应对突发情况能力强、保障效率和可靠性高的应急物流服务网络。优化存量应急物资储备设施布局，完善枢纽综合信息平台应急功能，提升统一调度、信息共享和运行协调能力。研究制定枢纽应急物流预案，建立制度化的响应机制和协同机制，确保应急物流运行迅速、精准、顺畅。2022 年 2 月发布的《“十四五”国家应急体系规划》也对应急物资保障体系、应急物资储备模式、应急运输网络提出要求。

（二）应急物流概述及特点

应急物流是指为应对严重自然灾害、突发性公共卫生事件、公共安全事件及军事冲突等突发事件而对物资、人员、资金的需求进行紧急保障的一种特殊物流活动。应急物流具有以下几方面特点。

1. 时效性

突发公共卫生事件发生后，医疗物资、食品等应急物资和救助人员必须以最快速度到达灾难现场，所以时效性是应急物流最突出的特点。

2. 不确定性

突发公共事件发生的突发性、破坏性、社会性等特性，导致事件强弱程度、影响范围、持续时间等因素都难以确定，使得应急物流在物资需求总量、物资需求点位置、物流资源需求等方面也具有不确定性。

3. 弱经济性

应急物流的最大的特点就体现在“急”上，如果运用许多平时的物流理念，按部就班地进行各项物流活动就无法满足紧急事件对物流的需求。在一些重大险情或事故中，平时物流的经济效益将不再作为一个物流活动的核心目标加以考虑。从供应手段上讲，为了确保快速反应，往往采用成本较高但速度较快的运输工具，或者牺牲其他物品的运送能力来保障特殊物品的需求，从而增加了运输费用和机会成本。

4. 非常规性

本着特事特办的原则，应急物流省去了许多中间环节，整个物流系统看上去十分紧凑，具有很明显的非常规性。

5. 政府与市场共同参与性

突发公共卫生事件具有传播的广泛性、危害的复杂性特点，武汉新冠肺炎疫情扩散极快，要求要有周密的、灵敏的应急物流反应系统，这就需要政府管理部门主导，广大社会力量参与，实行统一管理、统一调配。

6. 高度专业性

突发事件会导致短时间内产生巨大的业务量，所以在短时间内合理、有序地调拨应急物资是一项高度复杂的专业性工作，需要专业型队伍、人才配合方能高效完成应急物流各项活动。

（三）应急物流关注热点问题

疫情等突发公共卫生事件的发生，将应急物流暴露在大众视野，同时相关问题受到大家关注，武汉疫情遇到的突出问题就是交通物流货运问题，这并不是物流本身的问题，而是疫情防控的“点管控”与物流“网运行”之间矛盾冲突的集中体现。要寻求两者之间的平衡，兼顾各自严密性和顺畅性，寻求突破“孤岛式”管控和“网络化”运行难题，提升应急物流的治理能力和水平。除此以外还有其他几方面的问题。

首先是应急物流体系的建设问题，应将应急物流体系建设纳入国家整体安全发展战略体系，从体制、机制、规划、标准、指挥、科技、责任分担和法律法规建设等方面，树立系统观念和底线思维，加快构建和完善现代化应急物流体系。

其次是管理协同问题，在协调机制上，由于应急物流涉及的部门和领域较为复杂，需要明确领导组织、牵头部门和参与部门的协调合作，但由于平时不注重统一协调机制建设，导致每次应对突发公共事件都是临时成立牵头组织，而且各部门之间的配合程度不高。在运输保障机制上，相对于客运而言，我国铁路货运的能力总体偏软、公路连通性相对较弱、民航货运通航能力较差等是普遍存在的问题，加之我国面积较大、地形复杂等特征，应急物资的保障机制建设有待加强。为此需要深入推进跨区域、跨部门、跨行业、跨企业多方协同，破除各种非必要的“堵点”“卡点”，真正树立全国“一盘棋”意识，助力统一大市场、大循环。特别要加强中央和地方政府协同联动，形成合力。

再次是应急物流基础设施问题，应急物流基础设施等同于供水供电设施，一刻也不能停。需要综合运用并完善国家物流枢纽、物流园区、港口群、车站、机场、高速公路服务区等基础设施应急物流功能，建设应急物资储备节点和末端物流网点。依托综合立体交通运输体系，特别要注重发挥铁路系统在应急物流中的核心作用。

最后是应急物流数字化智能化问题，武汉疫情防控工作在应急物流统一指挥调度方面缺乏一个能够整合物流物资信息、运输信息、供需信息以及通行环境信息等的综合性信息共享平台。同时，在调配供需关系的过程中还时常出现对企业的供应能力掌握不及时、不准确的问题。应加大推广应用数字化技术设备，建立统一的应急物流指挥调度平台和城市物流大脑，消除“中梗阻”。

二、应急物流末端配送模式及案例

（一）社区团购+集中取货模式

社区团购+集中取货模式原来是指消费者在 App 或者小程序等平台上购买，然后到线下实体店取货。实体店一般设在某居民区，可以辐射周边数个小区，取货方便。与一般的生鲜农产品电商相比，线下店承担了仓储等功能，可减少配送成本。生鲜企业通过销售前端系统和新零售一体化处理中心处理订单信息，消费者通过门店完成取货及退换货。疫情下，大部分实体商店暂停营业或暂停对个人开放，转向社区团购，即对社区需求提供集中采购服务。生活物资需求的采购将全部由社区工作人员、物业和志愿者完成。在疫情防控期间各种限制条件下的社区团购+集中取货模式应运而生。

社区团购+集中取货模式（见图 8-31）是将疫情下用户需求多样性和配送的各种限制等多种影响因素考虑在内进行分析研究，在社区因疫情而封闭管理的背景下，社区通过在社区聊天群、在线服务平台等方式发起团购，消费者以家庭为单位根据需要选择团购产品，由社区工作人员及志愿者团购农产品、医疗物资、其他生活用品等物资，并完成物资分配工作的模式。

在现实中，这种社区团购模式也有所应用，如在 2022 年 4 月 1 日，祥和星宇社区与众多地处浦西的居民区一样，进入封控模式，城市按下了“暂停键”，社区团购模式随即成了居民日常采购物资的一种主要方式。为了确保物资安全可靠、减少感染，祥

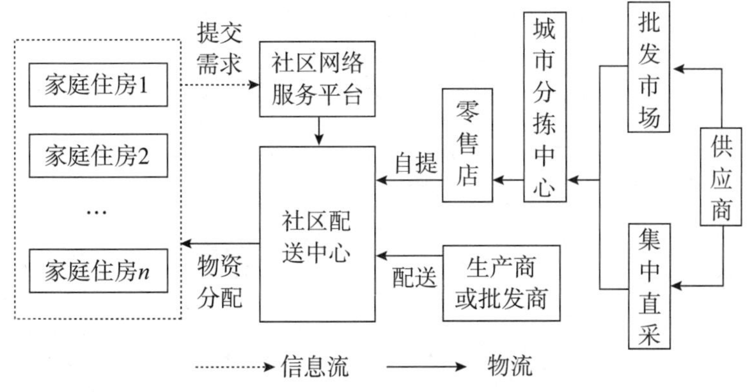

图 8-31　社区团购+集中取货模式

和星宇社区实行团购“团长责任制”。由团长通过“开团”的方式汇总居民团购需求，在团购物资到达小区后进行统一消杀，并由团长穿着隔离服统一派送负责到底。

（二）O2O 平台抱团+共享配送员配送模式

疫情防控期间大部分餐饮企业受到直接影响，部分门店线下不对个人开放，但借助 O2O 平台开通了外卖服务功能，用户可以线上下订单满足购物需求。在原有外卖配送模式中，外卖配送员通常只能为一家 O2O 第三方电商平台提供配送服务，不能为多家 O2O 第三方电商平台提供。但疫情特殊期间，大部分人员受隔离管控无法外出，外卖配送员及快递员均用工不足。针对这些问题，O2O 平台抱团+共享配送员模式应运而生。这种模式下，各电商外卖平台抱团组成共享配送联盟，对于各平台外卖配送员不足的情况，各平台及各零售店共享配送员，以及通过将餐馆服务员、厨师、零售店企业员工、快递小哥等吸纳作为共享配送员，综合消费者需求，依次在各门店取货后，将外卖直接配送到各消费者小区门口，或者放置在共享快递柜。这种模式解决了疫情防控期间用工不足的问题。据悉，盒马鲜生、沃尔玛、阿里本地生活、苏宁物流等众多企业均已采用这种模式。门店共享+加油站自提模式如图 8-32 所示。

（三）前置仓+非接触式智能机器配送模式

疫情防控期间由于面临配送员难以进出小区的问题，自提点通常设在小区门口，用户收到取件信息后要在规定时间如 30 分钟内立马穿戴好，做好防疫措施后出门，并且在小区门口众多人排队的情况下取快递，所以风险性高，因此，物流企业构建了互联网化、数字化、智慧化的信息平台，智慧仓储的开发和应用，采用具有前置仓+非接触式智能机器配送模式。这种模式中，自营物流企业建立物流前置仓，电商平台获得订单需求后，通过无人机、无人配送车、共享快递柜等智能运输工具将物资送达小区

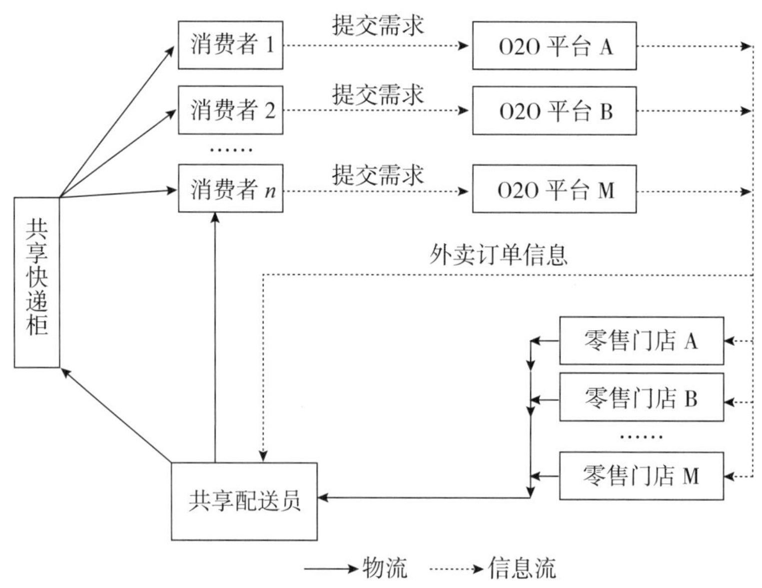

图 8-32　门店共享+加油站自提模式

内部，消费者通过扫描二维码或者人脸识别等无接触式智能识别技术进行取货，或者直接在自动售卖机上购买口罩、水果、防护服等应急物资，取货完后，无人机、无人车自动返程。目前京东、菜鸟物流等在部分地区已采用无人配送车配送。从中长期来看，随着技术的发展，“非接触式服务”场景需求会大幅增加，无人智慧餐厅、智能快递柜、机器人配送等新业态也会迎来新的发展机会。前置仓+非接触式智能机器配送模式如图 8-33 所示。

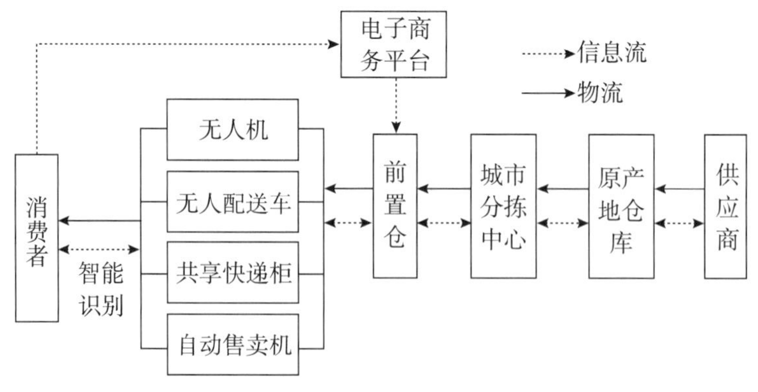

图 8-33　前置仓+非接触式智能机器配送模式

非接触式配送模式是疫情下比较流行的配送模式，也有着政策的支持，如北京市商务局于 2022 年 5 月发布了新版《新冠疫情流行期间外卖配送人员防控指引》。外卖配送人员可通过将餐品放至小区内智能取餐柜、单元楼内存放点或居民家门口等方式，实行无接触配送。服务封控区、管控区、防范区、临时管控区的外卖配送人员必须采取无接触配送。在这样的背景下，许多高校均设置了自提外卖柜，在满足师生外卖需求的同时，运用无接触的方式降低了疫情传染风险。图 8-34 为北京某高校设置的自提外卖柜，外卖柜采用了双面取餐设计，骑手从校园外将外卖存入柜中，师生可以在校园内取得外卖。

图 8-34 北京某高校设置的自提外卖柜

资料来源：https：//www. sohu. com/a/586621711_121123795。

三、应急物流信息技术

在应对新冠肺炎疫情时，一些骨干的物流企业和创新型的企业积极运用物联网、大数据、区块链、RFID 等新一代信息技术与智能化设施设备和物流活动深度融合，提高了物流效率，本部分着重介绍 RFID 和区块链技术在应急物流领域的应用。

（一）应急仓储 RFID 技术

传统库房处理方面存在诸多问题，如仓管工人工作量大、强度高、速度慢、功率低；传统记账易出错、账实易不符、功率低、查询难；缺乏精确的实时数据，采购计划处理精确性预见性不强等，为此需要应用信息技术来进行解决。

考虑应急物流的相关特点，如今 RFID 技术逐渐被企业所应用，采用 RFID 技术能进行信息主动感应收集，让仓储处理各个环节变得更加方便、精确。RFID 技术运用物联网传感理念，选用 B/S+C/S 架构，可以完成对应急物资库的主动化、信息化、数字化办理，还可以运用 RFID 主动查找标签和 RFID 配套设备，如声光报警标签、仓储数据获取定位基站来完成仓储办理系统的基本功能。渠道包含“日常办理、货品办理、查询统计、统计分析、安全办理和系统办理”等功能。

对于库内的人工作业，通过运用条码或 RFID 标签，手持扫描端和 RFID 货架或托盘，对库房到货查验、入库、出库、库存盘点等环节的数据进行主动化的数据采集，保证数据输入快速性、及时性和精确性。运用智能叉车系统，在叉车上安装 RFID 扫描装置，获取转移货品方位变化信息。在进出库装置上放置 RFID 读写器，完成物品进出记录、查验、报警和出库单生成。手持终端管理如图 8-35 所示。

图 8-35　手持终端管理

通过应用 RFID 技术可以以区域地理信息、场景建筑设施信息、实时监控信息及办理业务为数据支撑，集成物资、人员、传感器等全要素，完成可视化安全监测和风险化学品的办理。通过树立“应急物资库 GIS 地图、内部空间三维建模、货架定位散布和物资定位寄存三维呈现”，完成货品在系统物资办理的功能：包含物品分类编码；RFID 和手持扫描端快速收支库办理；RFID 货架和托盘定位主动识别物品的方位状况并完成主动盘点；储藏定额办理、库存主动预警、库存动态办理、库存结构合理性分析和保质期办理、物资分配周转办理、有效期提示设定办理。

同时 RFID 应急仓库通过“定位信息、摄像头、广播、声光报警器”四大智能联动，在某时、某地由某人触发报警后，定位地图高亮显现此人方位信息，摄像头主动切换显现实时画面，声光报警器主动触发，高音喇叭语音喊话。其中，涉及的视频交互功能包含软件主动盯梢切换摄像头、多目标多画面一起盯梢指定人员、LED 大屏分屏展现、多视频盯梢和实时存储等功能。同时还有设备状况监测功能，包含电量报警、损坏报警、失联报警、信息报警和主动呼叫等。巡检办理功能包含巡检方案、道路轨迹、人员时间等信息的主动记录和比照审查。统计分析功能包含物品分类、有效期、安全库存、供货商、成本费用、报警信息和事情办理等全方位智能统计分析。

（二）区块链技术在应急物流领域的应用

区块链技术在物品追溯、企业融资、物流及供应链管理、跨境物流监管等方面有着广阔的应用前景。因此，本部分主要介绍区块链技术在应急物流领域的应用。

1. 区块链在物资追溯领域应用

在传统的应急物流体系中，由于各主体都在进行数据的管理，因此在处理过程中，存在由于私自操作造成的数据变更、删除等问题，导致后期的数据维护、追责将耗费大量人力物力，同时也会造成损失。而区块链能够带来严明的问责机制和极高的透明度，它引入了高安全性的非信任交易模型，以确保链上记录的信息都是真实可靠且无法被篡改的，极大地降低了交易的安全隐患，提升了区块链各主体的信用水平。依托区块链技术，可以将应急物资的生产、流通等信息进行实时录入，对生产、运输、交货等各个环节进行跟踪，通过网络认证，形成无法更改的数据。由于应急物流对时效性和物资质量要求较高，物资溯源、信息追踪及防伪查证就显得尤为重要。基于区块链技术可以实现对物资流转的动态跟踪，提高应急物流的透明度、可追责性和可信度，防止因信息传播的失真而造成信任危机，将信任成本和交易费用降到最低。

2. 区块链在多主体应急管理领域应用

一体化应急指挥平台如政府、军队和社区的中心化管理通常会与去中心化的应急管理产生冲突。去中心化的区块链技术、无中心化的突发危机情况与中心化的政府、军队和社区的正常和应急情况管理相结合，形成了中心化和去中心化的应急情况管理和指挥系统，利用区块链技术，建立“政府+军队+人民”一体化应急指挥信息平台。借助该平台，军队、地方政府部门、物流企业、社会团体等多方面协同配合，提高应急物流指挥的效能。另外，应急指挥平台还可以支持分散式的社区治理，将社区的服务资源和群众的需求分别进行区块链化，再利用区块链技术的共识机制来提升数据收集和分配的效率，从而极大地提升社区的应急反应能力。通过这种方式，可以有效地将 3 个不同的应急保障体系进行有效的集成和共享，缩短指挥和响应的时间，降低指挥和协调的难度，提高应急管理的工作效率。

3. 区块链在智能化应急物流信息平台领域应用

将区块链技术与其他数字化技术相结合，构建一个智能的应急物流信息化体系，可以提高应急物流的智能管理水平，为应急物流各环节的智能发展带来新的契机。通过应用区块链技术，实现应急物资多中心、多区域、多层次的标准化管理，有效地控制应急物资的库存、调拨、配送，并提高应急物资信息系统的完备性和可视度；在此基础上，结合物联网中的智慧装置来规划应急物流节点，使各节点能够根据特定的行为和规则进行互动，从而实现对突发事件的快速反应和准确的物资调配，节省了响应费用并解决了资源的不合理调度和配送等问题；利用大数据技术，将供应链中的数据进行集成，实现数据的深度挖掘，能够对突发事件的全过程、全部门的数据进行分析，从而实现对突发事件的全面把控，更好地解决突发事件的“碎片化”问题；通过应用人工智能技术，可以实时处理突发事件中的大量信息，提高应急物流的智能化程度。因此，将区块链技术和其他数字化技术相结合，构建一个智能的应急物流信息平台，可以更好地促进应急物流的智能化发展。

四、应急物流无人技术

无人技术在这场疫情中发挥了重要作用，无人车无人机负责远距离配送，智能配送机器人负责将物资送到每家每户的门口，全程没有人际接触，实现无接触运输。本部分主要介绍相关的无人技术。

（一）应急物流中的无人车技术

智能驾驶技术的发展正驱动出行以及运输行业的全面革新，物流行业也正因此面临重要战略转型机遇期。无人车应用了高精度地图、大数据和智能路径规划等核心技术。其中在无人驾驶体系中的高精度地图，是完全面向机器人的地图信息，在数据内容、关键信息表达方式上与传统地图都有较大差异，并且由于在精度方面的更高要求，采集方式上主要依赖激光点云数据的采集以及其他高精度感应装置获取的数据加工而来。同时由于无人车运行本身也是数据的感知行为，借助车身的各种传感器，无人车能够对于实际道路情况有实时的感知，并且目前数据感知的范围能够覆盖更多的区域和场景，从而实现数据的实时感知更新。最后无人车的核心任务还是将货物配送到用户手中，因此无人配送车的导航路径规划需要综合考虑用户的订单，这里涉及地址解析功能，以及多途径点的配送规划。

在无人车领域，自动驾驶卡车如今正在快速发展，已经研发出自动驾驶卡车的软硬件集成系统。该系统方案面向干线物流业务需求设计，对软件算法、传感器方案、造型设计、车辆线控底盘等方面进行了更新，重点提升了自动驾驶车重卡产品在复杂工况下的稳定性与兼容性，目前已应用于自动驾驶重卡产品。并且为了实现自动驾驶超远距感知、360°全景无盲区、长尾场景处理，自动驾驶卡车系统的传感器方案沿用了多传感器深度融合技术，传感器整体数量达到 20 个。

对于高速行驶和高载重等场景特征，通过 1 个超长距摄像头、2 个长距摄像头、1 个量产车规级长距激光雷达、1 个远距毫米波雷达构成强大的超远距感知模组，可覆盖前向 200 米至 1000 米障碍物探测。以卡车 90 公里/小时的行驶速度计算，该感知模组可让自动驾驶卡车提前 30 秒识别出前方故障车辆。在卡车近身盲区识别方面，包含一个 360°全景感知模组，由 2 个 360°激光雷达、3 个补盲激光雷达、3 个摄像头、2 个毫米波雷达组成，分布在车辆前后及两侧，可以对车身周围 200 米内障碍物进行识别，尤其是倒地的锥桶、路面坑洞或抛洒物等。

除了大型无人货车角度的无人车技术，还有发展时间更长的小型无人配送车技术。考虑到在应急物流中，针对应急物资需要着重考虑安全性，应急物流对无人车调度与监控提出了要求。对无人车的车辆调度，需要由调度系统统一调配，该系统能够实现对所有车辆的行动调配。而监控系统能够对所有运行中的车辆进行状态查询，对于无人车辆在行进中遇到的情况，监控系统能够实时感知到紧急情况的上报，并且提示监控人员对紧急情况进行处理。对于各种紧急情况，监控系统将允许监控人员以人工接管的方式来对无人车辆进行远程遥控，包括远程喊话功能、遥控驾驶功能、路径修改等。

小型无人车配送在疫情的催化下如今有着丰富的应用场景，自 2022 年 3 月以来，美团、京东、阿里菜鸟、行深、白犀牛等共 10 余家企业的无人配送车辆奔赴上海，投入方舱医院、封闭社区、办公园区、商超等应用场景中，通过无接触配送方式保障物资供应，以缓解疫情之下的“最后一公里”和“最后一百米”的配送难题（见图 8-36）。此外，各类无人消杀车、无人清扫车也被大量应用于疫情防控中的物资配送、环卫清洁等工作。

图 8-36　无人配送车为上海居民配送保供物资

资料来源：https：//www. sohu. com/a/537648826_120244154。

（二）应急物流中的无人机技术

随着疫情的发展，无人车技术在面临复杂场景的时候会有局限性，也就使得无人机得到了更好的应用。无人机对疫情的快速发现、快速处置发挥重要作用。相比传统的地面运输方式，空中无人机运输具有显著优势：一是速度快；二是成本低，可节约20%运输成本支出；三是安全。

根据顺丰对外公布的数据，2022 年 5—11 月，通过顺丰无人机转运核酸标本 40 余万管，累计飞行 5500 个架次，单次配送时间较地面运输可缩短四成以上，单次运输可达 800 管，提升送检效率，大幅缩短相关检验项目结果的等待时间。不光送核酸标本，如今随着技术发展，无人机的应用已经从早先摄影摄像、农药喷洒等向更多领域蔓延，随着自身配置的不同，作用也随意切换，如送药、送饭、送信号。

2021 年 7 月，河南省巩义市米河镇因强降雨被淹没，与外界失去联系，物资难以补给。应急管理部门紧急调派在贵州的“翼龙”无人机前往。从起飞到降落，全程航行约 16 小时，往返上千公里，在米河镇滞空 5 小时，为当地救灾争取到了宝贵的时间。“翼龙”无人机空中通信平台可定向恢复 50 平方千米的移动公网通信，建立覆盖 15000 平方千米的音视频通信网络。

（三）应急物流中的智能配送机器人技术

疫情防控期间，隔离社区和隔离酒店的物资配送工作量巨大，从小区单元、酒店大堂到各住户的物资配送需求亟待解决。面对该场景，智能配送机器人发挥了重要作用，其具有智能地图导航及避障、自主搭乘电梯、跑腿送货等多重功能，并且设置有多个物品存放格口，可以满足一次性高效服务多个住户的需求。为了最大限度利用配送机器人，使其应用场景变得更广，配送机器人一般都拥有自主上下电梯、多楼层工作的能力。通过利用电梯管理、多楼层地图编辑等插件，解决机器人单一楼层工作的痛点，让机器人的工作空间由“平面”到“立体”。帮助服务员从重复性高的工作中解放出来，提升服务质量，提升客户体验。智能配送机器人将物资送达指定住户门口后，会自主呼叫住户提醒取物。隔离居民只需在房间门口取货，可实现全程无接触式获得配送物资，降低感染风险，减轻配送人员的服务压力。

在疫情防控期间，某公司研发的名为“蚕豆”的智能配送机器人即具备该功能，应用于广州番禺、花都等多家定点隔离酒店，担负 24 小时配送任务，为隔离住户提供从酒店大堂到房间门口“最后一百米”的配送服务。智能配送机器人为隔离酒店住户配送物资如图 8-37 所示。

图 8-37　智能配送机器人为隔离酒店住户配送物资

资料来源：https：//baijiahao. baidu. com/s？ id = 1711951503039103303&wfr = spider&for = pc&searchword =%E8%9A%95%E8%B1%86%E6%99%BA%E8%83%BD%E9%85%8D%E9%80%81%E6%9C%BA%E5%99%A8%E4%BA%BA。

第八节　供应链金融技术

近年来，供应链金融在解决中小微企业融资、扶持实体经济发展等方面逐渐发挥越来越重要的作用，已经逐步得到国家的重视。供应链金融的布局上至中央下至地方政府，发展趋势明显势不可当。目前国内的供应链金融尚处于早期阶段，相较于国外，我国供应链金融发展起步较晚。在改革开放四十多年以来，制造业的快速发展带动了供应链金融的涌现和活跃，使中国逐渐成为“世界制造中心”之一，大量跨国企业供应链汇集而来，吸引了大量的国际产业的各类分工，并针对中国本土企业进行了诸多创新。如今，供应链金融正站在时代的风口，成为解决中小企业融资难问题的强大动力，在国家政策支持和产业互联网浪潮的推动下，包括商业银行、核心企业、物流企业、供应链协作企业、电商平台等在内的各方参与主体都在利用自身的优势在供应链金融领域展开充分的合作和竞争。

一、供应链金融发展概况

（一）供应链金融政策发展环境

供应链金融近年来受到国家层面多项政策鼓励，是我国融资结构改革、资金服务实体经济、服务中小企业的重要抓手。与此同时，我国陆续出台了多项相关政策来鼓励并推动中小微企业、供应链金融健康发展。

2020 年 4 月，《商务部等 8 部门关于进一步做好供应链创新与应用试点工作的通知》（商建函〔2020〕111 号）中指出，要鼓励有条件的银行业金融机构应用金融科技，加强与供应链核心企业、政府部门相关系统对接，推动供应链上的资金、信息、物流等数字化和可控化，为链条上的客户提供方便快捷的供应链融资服务。

2021 年 4 月，《中国银保监会办公厅关于 2021 年进一步推动小微企业金融服务高质量发展的通知》（银保监办发〔2021〕49 号）明确，加强产业链供应链金融创新，助力与资金链有效对接。鼓励银行业金融机构围绕产业链供应链核心企业，“一企一策”制定覆盖上下游小微企业的综合金融服务方案。在依法合规、风险可控的基础上，充分运用大数据、区块链、人工智能等金融科技，在农业、制造业、批发零售业、物流业等重点领域搭建供应链产业链金融平台，提供方便快捷的线上融资服务。整合发挥银行在数据信息、IT 系统、客户资源等方面的优势，帮助核心企业打通产业链上下游环节，培育小微企业客户集群。优化对核心企业上下游小微企业的融资和结算服务，依托产业链供应链的交易数据、资金流和物流信息，有序发展面向上下游小微企业的信用融资和应收账款、预付款、存货、仓单等动产质押融资业务。

2021 年 4 月，中国银行发布《关于创新供应链金融服务模式 全力支持产业链供应链现代化水平提升的十五条措施》。中国银行将充分发挥全球化、综合化、专业化优势，积极推动供应链金融数字化、场景化、智能化发展，全力打造开放型绿色供应链金融生态，为畅通国内国际双循环、提升产业链供应链现代化水平、助力实体经济发展贡献金融力量。

2021 年 5 月，国家发展改革委、工业和信息化部、财政部、人民银行四部门联合印发了《关于做好 2021 年降成本重点工作的通知》。文件提到，要持续合理降低税费负担，继续执行制度性减税政策，延长小规模纳税人增值税优惠等部分阶段性政策执行期限，实施新的结构性减税举措。同时强调要优化企业金融服务，创新供应链金融服务模式。

2021 年政府工作报告首次单独提及“创新供应链金融服务模式”，这意味着供应链金融已上升为国家战略，其在解决中小微企业融资问题等方面的作用得到了国家层面的认可和扶持。国家强调在服务模式上，要在依托贸易真实性的基础上发挥核心企业的信用传导作用；在技术应用上，鼓励发挥区块链、大数据、物联网等技术的作用，对产业链条上的物权、债权等信息流进行监控，以解决业务信用风险的管控难题。由此可以看出，供应链金融在国家发展战略上是十分重要的，未来我国的供应链金融发展空间也会越来越大。

（二）供应链金融模式与特征

1. 供应链金融模式

供应链金融的三种传统模式为应收账款融资模式、存货融资模式以及预付款融资模式。目前国内实践中，商业银行或供应链企业为供应链金融业务的主要参与者。

（1）应收账款融资模式。

应收账款融资模式主要指上游企业为获得资金，在其与下游企业签订的真实合同产生的应收账款的基础上，向供应链金融企业申请以应收账款为还款来源的融资，其模式示意如图 8-38 所示。

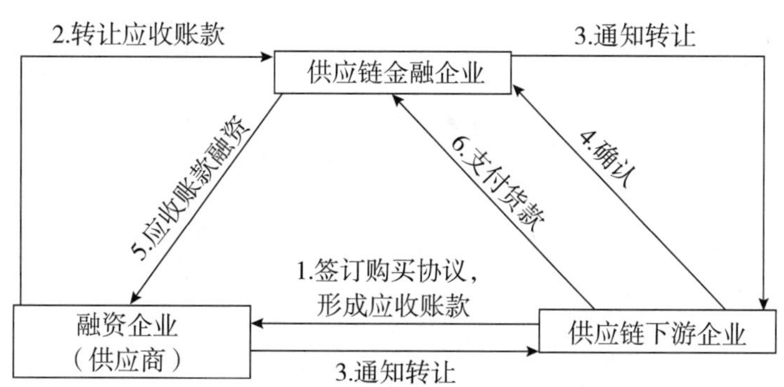

图 8-38 应收账款融资模式示意

资料来源：https：//mp. weixin. qq. com/s/-EjxsXeuqgNvNWQ_37WdyA。

应收账款融资的一般流程为：在上下游企业签订买卖合同形成应收账款后，供应商将应收账款单据转让至供应链金融企业，同时下游企业对供应链企业作出付款承诺，随后供应链金融企业给供应商提供信用贷款以缓解阶段性资金压力，当应收账款收回时，融资方（即上游企业）偿还借款给供应链金融企业。

（2）存货融资模式。

存货融资是指以存储在仓库（一般由供应链金融企业指定）中的货物作担保，依靠供应链下游企业的付款作为还款来源，与应收账款融资模式的区别在于，供应商融资时货物还没有运出，但是还款方式与应收账款融资模式一样是货物销售后收回资金。

普通仓单质押授信是指客户提供有仓库或其他第三方物流公司提供的非期货交割用仓单作为质押物，并对仓单作出质押背书，供应链金融企业提供融资。鉴于仓单的有价值证券性质，出具仓单的仓库或第三方物流公司需要具有很高的资质。普通仓单质押授信模式示意如图 8-39 所示。

（3）预付款融资模式。

预付款融资模式是在存货融资的基础上发展的，该模式是指买方在缴纳一定保证金的前提下，供应链企业代为向卖方议付全额货款，卖方根据购销合同发货后，货物到达指定仓库后设定质押为代垫款的保证，其模式示意如图 8-40 所示。该模式的具体过程为，中小企业、上游企业、第三方物流企业以及供应链企业共同签订协议，一般供应链企业通过代付采购款方式对融资企业融资，购买方直接将货款支付给供应链企

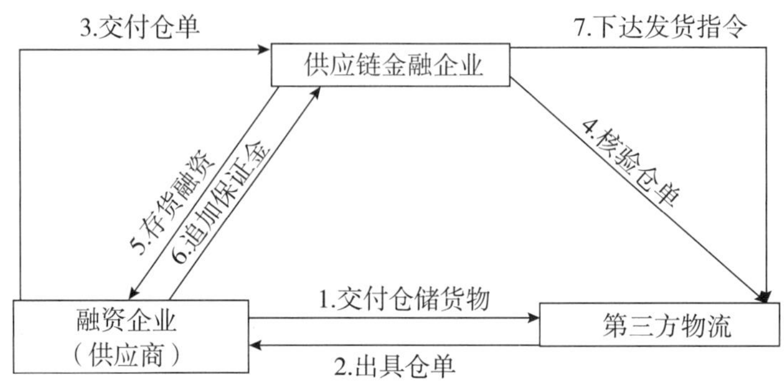

图 8-39　普通仓单质押授信模式示意

资料来源：https：//mp. weixin. qq. com/s/-EjxsXeuqgNvNWQ_37WdyA。

业。预付款融资方式多用于采购阶段，其担保基础为购买方对供应商的提货权。目前国内供应链贸易企业中常用的方式为先票/款后货贷款。

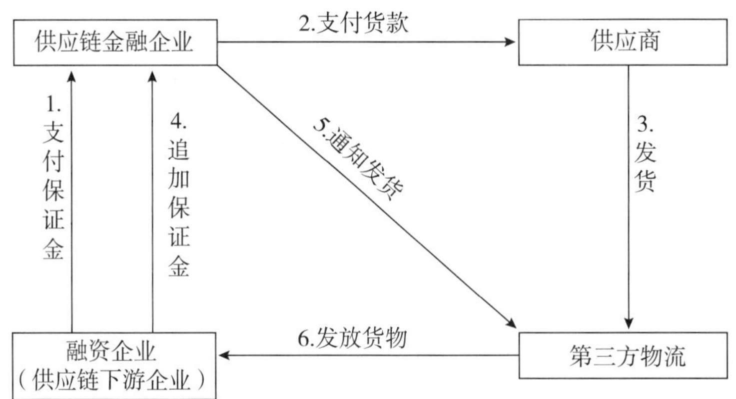

图 8-40　预付款融资模式示意

资料来源：https：//mp. weixin. qq. com/s/-EjxsXeuqgNvNWQ_37WdyA。

2. 供应链金融特征

不同于传统贸易融资方式，供应链金融通过运用丰富的金融产品以实现交易过程中的融资目的，其是一种科学性更强、个性化更高的金融服务过程。对供应链运作环节中流动性差的资产以及资产所产生的确定的未来现金流作为还款来源，借助中介企业的渠道优势提供全面的金融服务，并可以有效提升供应链的协调性，降低其运作成本，供应链金融的主要特点有以下几点。

（1）不单纯依赖客户企业的基本面资信状况来判断是否提供金融服务，而是依据供应链整体运作情况，以真实贸易背景为出发点。

（2）闭合式的资金运作，即将注入的融通资金运用限制在可控范围之内，按照具体业务逐笔审核放款，资金链、物流运作等均需按照合同预定的模式进行流转。

（3）供应链金融可获得渠道及供应链系统内多个主体信息，可提供个性化的解决方案，尤其利好成长型的中小企业，企业不仅可以优化资金流，还可以提高经营管理能力。

（4）供应链金融服务针对流动性较差的资产提供服务，在众多资金沉淀环节来提高资金效率，但前提为该部分资产具有良好的自偿性。

（三）供应链金融技术发展趋势

科技赋能进一步强化，金融机构服务金融供应链的能力进一步提升。一方面，金融机构将进一步加大金融科技的人力和资金投入，将物联网、大数据、区块链等技术嵌入交易环节，将传统线下业务逐步向线上迁移；另一方面，互联网科技企业的数据和科技优势将得到充分利用，在精准获客、风险管理、贷后运营、客户服务等方面，借鉴互联网科技企业的优秀经验，不断提高自身利用金融科技优化金融供应链的能力和水平。

产业协同进一步加强，产业链和金融供应链的双链联动进一步强化。供应链金融发展的本质和归宿是产业和金融的融合。因此，一方面，利用金融科技对产业链进行数字化、网络化、智能化的改造，将产业链流转的数据物化为金融机构授信的依据，帮助金融机构更好地发现信用、传递信用、监控信用，并利用数据和科技为信用定价；另一方面，要针对下沉风险管理，金融机构需将风险管理的端口前移至产业链和企业的经营管理上，使其与产业场景更加接近，及时发现产业运转中的资金需求，为优化产业生态注入金融活力。

数据共享进一步聚焦，信用风险管理水平进一步提升。供应链金融科技发展的关键是要强化数据信任，利用数据深化金融交易和资源配置的效率。一方面，公共政务数据的开放共享范围将进一步扩大，在纳税、社会保险费和住房公积金缴纳、水电煤气、仓储物流、不动产、知识产权等信息的纳入范围进一步提升，夯实信用信息在促进中小微企业融资中的“基础桩”作用；另一方面，数据的安全性将进一步得到强化，在数据使用分析过程中加强商业秘密、个人隐私的保护力度，防止个人和企业信息被非法利用。

二、信息技术在供应链金融中的应用

（一）中移（上海）产业研究院“和链”平台

2021 年 4 月，《中国银保监会办公厅关于 2021 年进一步推动小微企业金融服务高质量发展的通知》（银保监办发〔2021〕49 号）中指出，要明确各类机构差异化定位，形成各有侧重的信贷供给格局，综合运用金融科技手段和信用信息资源，增强“愿贷敢贷能贷会贷”服务能力；2021 年 8 月，工业和信息化部在《关于政协第十三届全国委员会第四次会议第 1526 号（工交邮电类 238 号）提案答复的函》中明确，要加强产业链供应链金融创新，推动发展供应链金融等金融产品，抓好产业链供应链数字化升级。

在此背景下，人工智能、大数据、云计算、区块链以及物联网等数字技术蓬勃发展，持续赋能企业供应链和运营管理，为实现企业内部降本增效和“信任链”及“共赢链”形成提供基础。此外，中小微企业加速数字化转型，逐渐实现中小微企业与银行之间信息共享、互联互通。在银行获得中小微企业全方位数据基础之上，协助银行提升风控，从而打破“银企鸿沟”，解决中小微企业融资难、融资贵的问题。政策鼓励、技术发展、客户需求以及疫情倒逼等各种因素驱动中小微企业实现数字化转型，从而缓解融资难题。由此，“和链”平台应运而生。

中移（上海）产业研究院打造的“和链”平台是基于区块链技术打造的供应链金融整合平台，可基于区块链服务网络建设区块链联盟链，智能合约开发，实现区块链存证应用，如放款信息上链、可信对账存证，以及合规数据的共享应用，如贷款供应商后续订单信息上链共享等。

“和链”平台定位于服务金融机构、核心企业及其上下游，遵循产业是根本、金融是服务、科技是手段的基本理念，助力核心企业上下游供应链共生共赢稳定，搭建新型产业生态。其架构如图 8-41 所示。一方面与产业端进行对接，为核心企业及其供应商提供高效便捷低成本的无抵押担保，融合企业内部分散在各个系统的数据，对数据进行沉淀，赋能供应链金融；另一方面对接资金端，向银行、非银机构等资金端企业提供多样化的资金端+场景金融产品服务，充分利用区块链、大数据等技术支撑业务创新，通过创新业务模式和金融产品满足个性化的金融需求。

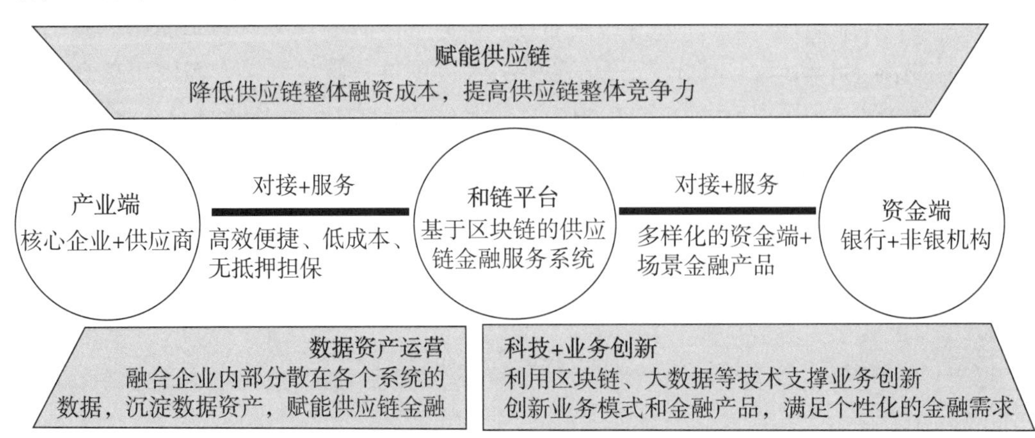

图 8-41　“和链”平台架构

资料来源：2021 年全球物流技术大会演讲《基于区块链的供应链金融平台——和链》。

在服务能力方面，“和链”平台具有全线上、一站式、灵活配置以及安全可靠的特点。通过与核心企业 ERP 系统、金融机构信贷系统实现数据对接，实现借款企业申请与资料提交和核心企业业务真实性确认，金融机构准入、风险评估、授信额度审批、贷款申请及放款等业务环节也可实现全流程线上化。“和链”平台汇集核心企业、金融机构，针对性地提供多种融资模式，可满足核心企业供应商的一站式融资需求。其灵活配置的特点使得借款企业可自行设置经办与复核岗，确保业务申请操作管理的便捷。在安全性方面，通过与核心企业 ERP 实现对接，历史交易数据、当前业务交易真实性均可经由“和证”模式进行线上确认；采用 CFCA 安全认证服务，保障业务流程的合规及在线签订相关业务合同的安全性和有效性，同时依托国家信息中心、中国移动集团、中国银联共同发起的区块链服务网络，开发引入区块链智能合约实现可信的智能对账信息存证。

在其业务形态上，“和链”平台业务将现实业务场景通过技术手段建立链属关系，打造透明供应链、智能资产管理、新一代共享服务体系，建立风险评级模式并开展不同阶段的供应链金融业务，主要业务形态有仓单融资、仓储监管、预付账款、票据融资、信用融资等。

在仓单融资方面，通过金融监管仓改造等数字化技术手段，监控仓单关联的存货是否实际存在，保持货单的持续一致性，电子仓单不被篡改等方法，实现对“物理仓单”的智能化监管和风险控制，以及“电子仓单”数字化、标准化交易管理，实现供应链金融创新。综合运用物联网、区块链、大数据和人工智能四大技术，构建金融监管仓，形成物理感知能力，将物理和电子仓单数据上链，进行存证和交易流转，通过大数据实现仓单自定义，仓单画像和评价，最后通过人工智能制定风控策略和风控模型，进行实时风控督导（见图 8-42）。

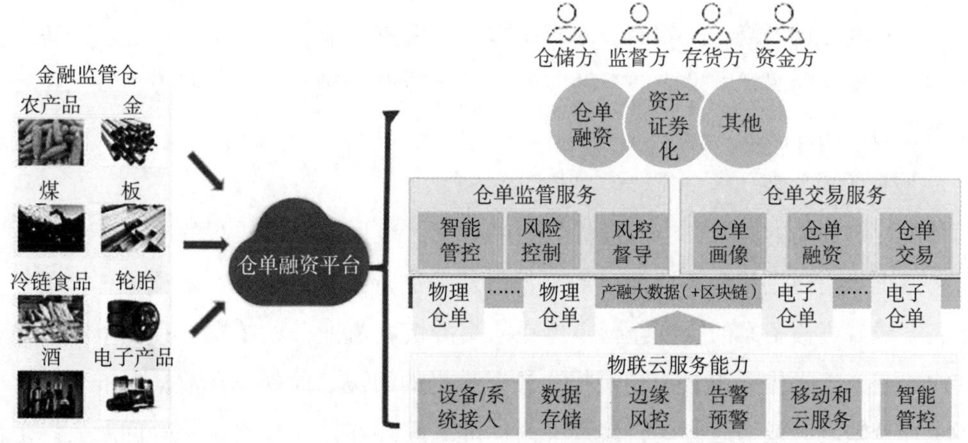

图 8-42 “和链”平台仓单融资示意

资料来源：2021 年全球物流技术大会演讲《基于区块链的供应链金融平台——和链》。

在信用融资方面，“和链”平台打造了“和信”，即在“和链”平台上流转的企业信用。该模式由大型企业集团通过“和链”平台，将其优质企业信用转化为可流转、可融资、可灵活配置的一种创新型金融信息服务。“和信”有期限，产业链上中小企业在和信期限内通过“和链”平台，可将其和信进行转让、融资或持有。“和信”为产业链上广大企业提供了全新的债务清理工具，既大大提高债务清理效率，也为中小企业提供了一个便捷、低成本融资的新通道。“和链”平台信用融资示意如图 8-43 所示。

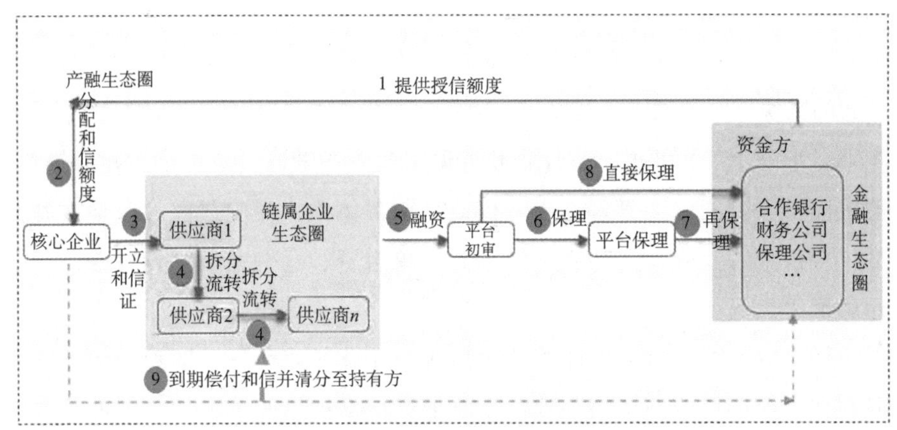

图 8-43 “和链”平台信用融资示意

资料来源：2021 年全球物流技术大会演讲《基于区块链的供应链金融平台——和链》。

（二）蚂蚁集团供应链金融服务

供应链金融服务可以通过交叉利用区块链、物联网、数据分析和智能风控等技术，为产业互联网提供可信、高效的技术解决方案，促进产业协作和价值创造。以蚂蚁集团为例，其提供的蚂蚁链供应链金融服务已经在冷链运输、农村电商等领域发挥着越来越重要的作用。

1. 服务冷链运输

传统冷链运输的监管在当前形势下面临着诸多难题。原来执行的冷链企业备案条例下，由进货商通过后台系统向市场监督管理局进行报备。但在实际操作中，仍然存在未备案或者虚假备案的冷链经营主体在从事冷链物流业务的情况。且在报备的过程中，由于是人工操作，也会出现漏报，甚至瞒报的情况。此外，在数据标准化上，由于各个环节缺乏有效沟通协调，导致不同标准之间存在重合及不统一等问题。各地出台的标准多带有地方特色，质量差异颇大。另外，由于冷链流转链条上各方自身利益相关，还存在机构为保护自身而篡改追溯数据的可能性。疫情防控期间，包括湖北在内的多个省份先后报告进口冷链食品外包装等核酸检测阳性的消息，更是引发了公众对进口冷链食品安全的强烈关注。

2020 年 12 月，依托蚂蚁链技术研发的冷链食品追溯系统——“鄂冷链”上线，凭借“一平台、三个端”来精准实现“首站赋码、一码到底、来源可查、去向可追”。

“一平台”是指湖北省进口冷链食品信息化系统平台。通过接口与冷链溯源业务系统打通，保证全流程溯源信息不可篡改并可追溯。这个平台上，汇集了冷链全过程的追溯数据：每一份来到湖北的进口冷链食品都拥有一个区块链身份证，它从哪里来、途经什么地方、和哪些人接触过，都会被记录到这个平台上。

“三个端”是指监管端、企业端、公众端。监管端面向市场监管、卫健、交通、海关等不同监管部门人员，提供主体管理、追溯倒查、综合分析、移动应用、可视化分析展示等应用功能，可以对进口冷链食品涉及主体、车辆、冷库、商品、相关人员快速定位、问题预警。

企业端面向经营主体用户，包括移动端和企业后台应用，提供赋码、出入库管理、批量出入库、商品包装拆分管理、溯源码管理等应用功能，实现进口冷链食品经营主体自主管理追溯。企业在生产、运输、仓储等各个环节都能通过电脑端或小程序，便捷进行冷链食品的赋码、扫码出入库、溯源码管理。

公众端面向广大消费者。通过扫追溯码，可以看到进口冷链食品进入湖北后全链条信息，确保来源可靠、检疫合格、食用放心。除此之外，消费者还能在扫码后进行登记申诉。一旦发现产品出现质量问题，只要在扫码页面上进行信息填报，内容就会直接回传到市场监督管理部门。

“鄂冷链”还和湖北健康码实现了对接，一旦出现异常可以迅速定位接触过问题食品的人员，实现人物同防。目前，在湖北的每一款进口冷链食品，包装上都有一个独一无二的二维码，真正实现了“一物一码”。后疫情时代里，一块进口猪肉冷冻了多长时间，具体的冷冻过程，消费者都能看得清清楚楚，真正确保了市民餐桌上的进口餐品安全可靠。

2. 服务农村电商

安徽省砀山县盛产砀山梨，素有“世界梨都”之称。砀山县农户通过政府牵线的电商平台将农产品卖出乡镇、走向全国，这一思路帮助砀山县打开销路，逐渐形成了以水果加工为纽带的产业群。然而打开市场之后，各式各样的假冒砀山梨层出不穷。农产品无法溯源，消费者难辨真伪，砀山县的农户们难以找到对策。同时，传统电商企业采购农产品时由于缺少信任，常常需要采用现款现货的方式，导致电商企业和其供应链企业的流动资金需求非常大。

从 2020 年 9 月起，安徽省砀山县人民政府、砀山县商务局、中国农业银行安徽省分行与蚂蚁链展开合作，引入蚂蚁链溯源技术为砀山梨搭建正宗原产地数字化“品质+食品”安全保障体系。基于蚂蚁链的商品溯源应用，每个砀山梨都有了自己的电子身份证——溯源二维码，持“证”出村。消费者仅需通过支付宝扫一扫，便可以查询了解每一箱砀山梨和梨膏从生产到销售的全链路，包括产地、生产日期、物流、检验等相关信息。

引入蚂蚁链技术除了让砀山梨有了溯源依据，也将酥梨销售、物流等可信数据搬上平台，撬开了银行等金融机构基于可信数据资产开展农村金融的口子。通过蚂蚁链，砀山县实现了农业全产业链“商流、物流、资金流、信息流”的四流合一，解决了商户与银行之间的信任问题。当地农户的每一单交易、物流数据都会在链上留存记录，成为不可篡改的信用凭证，银行等金融机构可以直接基于链上的流转信息来精准助贷，降低农村金融的服务成本，提高金融服务效率，打通服务实体经济及乡村振兴的“最后一公里”。

第九章　国外物流技术

国外成熟的物流技术是物流生产力强大的重要因素，为其发展现代物流，改善物流状况，促进现代化大生产、大流通，强化物流系统能力，起到了十分重要的作用。当前，美国、日本、欧洲等国外工业发达地区的物流企业技术装备已达到相当高的水平，已经形成以系统技术为核心，以信息技术、运输技术、配送技术、装卸搬运技术、自动化仓储技术、包装技术等专业技术为支撑的现代化物流装备技术格局。

第一节　美国物流技术情况

美国物流企业的物流设备大部分都实现了高度的机械化和计算机化，正在向信息化、自动化、智能化、集成化方向发展。先进的物流技术促进了美国物流企业的规模化、网络化发展。

一、美国物流发展状况

（一）美国物流行业发展现状

美国物流业拥有高度集成的供应链物流网络，通过多种运输方式将生产者和消费者联系起来。

1. 公路运输

在美国，公路运输也称卡车运输。2018 年，美国有超过 665 万公里的公共道路网络，卡车运输业全年运输总量超过百亿吨，承担了全美国 61%的货物运输。在卡车运输行业收入方面，自 2008 年金融危机后至新冠肺炎疫情暴发前，全行业维持逐年递增的增长模式，2019 年实现营业收入近 4300 亿美元。

2. 铁路运输

截至 2021 年，美国铁路网的运营线路长度超过 25 万公里，是目前全球最大、最安全、最具成本效益的铁路货运网络，铁路货运网络主要由 7 条 I 类铁路（营业收入达 4. 9 亿美元或以上的铁路）、22 条地区性铁路和 584 条短途铁路组成。

铁路私有化是美国铁路运输行业的重要特征。美国交通部预计到2040年铁路总货运需求将增长30%，铁路行业每年将新增投资数十亿美元。与公路不同，美国货运铁路由私人组织所有，这些私人组织负责自己的维护和改善项目。与其他主要运输方式相比，铁路所有者每年用于维护和增加系统容量的费用占比最高，近20%的收入用于该项目。

美国铁路运输的商品主要包括原材料、消费品等，其中，煤所占的比例最大，为45%；而通过多式联运运输的集装箱数量增加最快，特别是从加利福尼亚州到伊利诺伊州沿线增加更快，这表明美国从亚洲进口了大量的商品。美国货运铁路运输每加仑吨英里数是卡车运输的4倍，还比卡车运输减少了75%的温室气体排放。

此外，美国铁路运输采用了大量的新技术来保证安全性，如安装复杂的探测器，检测轨道上运行车辆的缺陷，使用探地雷达识别地下存在的湿度过重问题，使用专用轨道车检测轨道缺陷等。

3. 航空货运

根据NPIAS的统计，截至2020年，美国共有3304个公共使用机场，其中，包括520个商业机场。覆盖全国的商业机场使航空公司能够构造覆盖全国的货运航线网络，至2020年，美国航空货运行业实现货运运输量2853万吨，同比增长4.5%，成为疫情下为数不多实现正增长的运输子行业。

随着全球电子商务市场的升温，在线购物已经成为重要的消费方式之一，线上购买商品的类别和数量呈现井喷式增长，邮政快递类航空货运需求急速增长。2018年，全美实现航空货运2780万吨，其中，邮政快递类1624万吨，占比为58%，对比2012年，全美邮政快递航空货运1155吨，占比为51%，6年内邮政快递类业务增长超过40%，而非邮政快递类仅增长6%。

得益于美国经济的全球影响力，美国航空货运行业一直是全球的领跑者，特别是航空快递领域，诞生了影响全球的两大巨头，FedEx（联邦快递）和UPS，其中，FedEx拥有680架飞机，货运网络辐射超过220个国家和地区，是全球第一大航空货运公司，UPS拥有570架飞机、货运网络覆盖超过220个国家，每年交付55亿个包裹。

（二）美国物流技术现状

美国物流技术的应用还体现为效率性、安全性、绿色性。例如，在储存和制冷货车运输业，经营者投资使用电子稳定控制系统来防止倾翻，有效控制制动系统和发动机转速。使用电子跟踪装置、车辆监控系统、计算机系统快速定位司机的位置来提高周转率，监控车辆速度、加速度、刹车、易腐货物的温度和湿度。使用预警技术，即当车辆快速接近时，软件系统利用雷达技术提前通知驾驶员，并且发动机电脑根据发动机性能趋势预测部件的故障，这些信息可让司机采取有效的驾驶措施和方法来提高燃油的使用效率。

美国企业在仓储业货物处理活动中，积极推广使用语音识别技术、射频识别（RFID）技术等前沿技术来降低成本。RFID 技术也得到了美国国防部、沃尔玛公司、食品和药品管理局等组织的大力支持和推广。全球 RFID 技术市场规模在 2019 年达 116 亿美元，在 2022 年持续上升。RFID 是无线电波，用于读取和捕获存储在附加到对象的标签上的信息。这些标签用于电子存储产品信息，还可以从远处分析对象。

此外，在美国，现代物流公司一般使用条码、电子数据交换（EDI）、仓库管理系统等管理技术。而在配送环节，主要采用了配送控制系统、ISLE 货舱管理软件、Crisplant 斜槽分类技术、无线导引拣货系统等管理技术，使企业内部实现高度自动化管理。

二、美国物流热点技术

（一）Zips 无人机技术

Zipline 是一家成立于 2014 年的美国无人机物流公司，总部位于美国旧金山。该公司设计、制造无人机和运营配送中心，主要业务为向世界各地的医护人员按需交付血液、疫苗、药物等医疗用品。

Zips 是 Zipline 完全自主研发的固定翼无人机，可携带 1.75 千克货物，以时速 110 公里在离地面 80~120 米高度处巡航，全天候往返航程可达 160 公里，能够承受沙尘暴和闪电等极端天气条件。飞行过程中，操作人员与无人机保持蜂窝和卫星连接，但仅用于遥测和高级命令。Zips 自主飞行时，如遇紧急情况可自主打开降落伞着陆。

Zips 是模块化的（见图 9-1）。收到订单后，技术人员将三个主要部件组装在一起：轻质泡沫底盘①、机翼②和电池单元③。扫描尾部的二维码④启动无人机系统的自动飞行前测试。为了在发生轻微机械故障时让无人机保持飞行，它在机翼上配备两个电机⑤和冗余副翼⑥，有助于保持飞行控制。无人机的货舱⑦装有血包。塔之间串起的电线通过在无人机尾部钩住一个 3 厘米的金属钩⑧来捕获返回的无人机。

除了设计无人机外，Zipline 不断完善 Zips 的配套基础设施，包括开发完全由当地专业人员服务的配送中心，该配送中心含有仓库，并用作无人机机场。每个 Zipline 配送中心每天能够进行 500 次交付，可配送至 2 万平方公里的区域，通常为 200 万~800 万人提供服务。Zipline 开发了一个专门的手机应用程序和服务系统。医务人员在应用程序中向系统发送所需药物及血液的消息，通过应用程序，医务人员可实时观测无人机的飞行情况，当到达指定位置时，系统将通知医务人员进行交付。

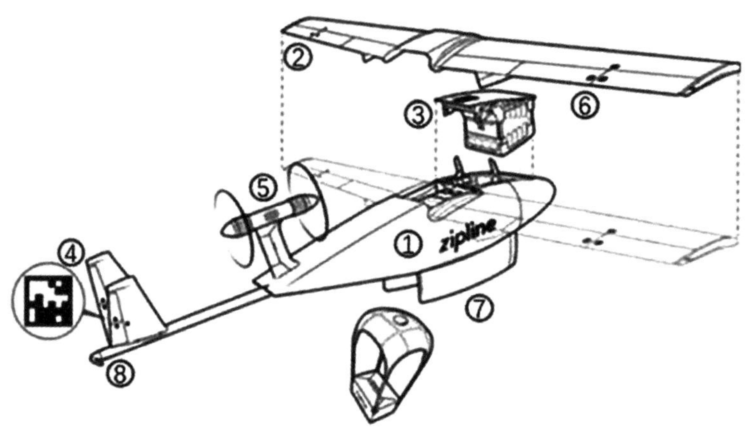

图 9-1　Zips 无人机图解

资料来源：https：//mp. weixin. qq. com/s/ke8-iavcThr87GdJwx9ofA。

（二）Vericool 冷链保温箱

Vericool 是美国的一家生产冷链保温箱的公司，成立于 2015 年，总部位于美国旧金山湾区，由 Darrell Jobe 创立，旨在提高生鲜食品和医疗行业等冷链运输的服务质量。

生鲜食品和生物制药等产品的运输需要在一定的冷藏温度下完成。传统的方式会选择泡沫保温箱来完成运输，这种泡沫箱的材料是由可发性聚苯乙烯（EPS）原料，通过模具经热加工而成。每年都会有大量的泡沫成为海洋废弃物，因为其难以降解，对环境的污染很大。

Vericool 研发的冷链保温箱（见图 9-2）主要是由可堆肥隔热材料制作的，包括再生纸纤维和其他植物基材料，可以实现回收和堆肥。被丢弃的 Vericool 冷链保温箱可以被回收，并且在 180 天或者更短的时间内就可以被降解。

图 9-2　Vericool 冷链保温箱

资料来源：https：//mp. weixin. qq. com/s/wuJRMe7qO8SL0Xg0z8ew2A。

Vericool 冷链保温箱的可堆肥隔热材料符合生物降解材料标准，通过了美国 ASTMD6400 和欧洲 EN13432 的认证，与传统的泡沫保温箱相比，Vericool 冷链保温箱能保温的时间更长，成本也更低。

（三）Max-AI 分拣机器人

Max-AI 分拣机器人是美国光学分类设备生产商 National Recycling Technologies 研发的人工智能分拣机器人，如图 9-3 所示。通过深度学习技术，Max-AI 分拣机器人能够同时运用多层神经网络和视觉系统对物品进行鉴别，其识别准确率可与人工分类相当。

图 9-3　Max-AI 分拣机器人

资料来源：https：//mp. weixin. qq. com/s/u-XqIaV2DFZc2joOju5wMQ。

Max-AI 分拣机器人由视觉系统、人工智能及分拣机器人组成：视觉系统用于获取物品的视觉信息；人工智能可以通过思考来鉴别物品，根据物品的大小、价值和位置来确定分拣的优先级；之后，分拣机器人便可进行分拣。该系统能够同时自动做出多种分拣决定，比如将 PET 瓶中混杂的热塑托盘、铝、纤维分离出来，并同时去除杂质。目前 Max-AI 分拣机器人每分钟能够进行大约 65 次分拣，相当于人工分拣的两倍，但占用空间小于人工分拣。

（四）Locus 自主移动机器人解决方案

Locus Robotics 是智能自主移动机器人的领先供应商，它的自主移动机器人解决方案与工人协作，可以提高仓库和制造设施内的生产力和吞吐量。该解决方案可帮助零售商、3PL、专业仓库和制造商满足并超越日益复杂和苛刻的要求，在不中断工作流程的情况下集成到现有基础设施中，并在 6~8 个月内实现客户的全面投资回报。

该解决方案由一个集成执行平台组成，该平台使用专有优化算法和实时操作性能数据来协调劳动力和自主移动机器人，以提供 2~3 倍的生产力和吞吐量。此外，Locus Robotics 提供各种自主移动机器人解决方案外形尺寸，以便在正确的时间将正确的机器人应用于正确的工作。Locus 自主移动机器人解决方案如图 9-4 所示。

图 9-4 Locus 自主移动机器人解决方案

资料来源：https：//mp. weixin. qq. com/s/ye_CcxD3QvL_Q89Bcsg__g。

Locus 自主移动机器人解决方案的优势在于执行平台的成熟度和可选性，该平台可以实时优化要在四壁内完成的所有任务，并在仓储和制造环境中跨越多个级别。该软件充当车队经理，管理支持各种用例和集群工作的复杂工作流程，以构建最佳机器人任务。

独特的 Locus 自主移动机器人解决方案将工人与订单和任务分离，最大限度地减少非生产性的员工时间，并分配正确的机器人外形，以便在正确的时间与正确的人会面，以协作执行下一个最有效的任务。经过大规模验证，该系统可以在几分钟内无缝添加自主移动机器人解决方案，从而增加可操作的容量。

Locus 自主移动机器人解决方案还提高了整体场所的工作质量并符合人体工程学。工人不再需要推着沉重的手推车来回步行，以满足不断增长的订单履行需求。这显著降低了工人的疲劳度，并提高了工作场所的安全性，从而提高了生产力。

（五）BNSF 的智能化铁路货运技术

美国伯灵顿北方圣太菲铁路运输公司（BNSF）作为北美领先的货运公司之一，铁路网横跨美国 28 州和加拿大 3 省。BNSF 的货运吨英里数占美国所有城际铁路的 15%，2020 年在新冠肺炎疫情的影响下仍然运输了 950 万车的货物。为了安全有效地处理货物，BNSF 不断寻求利用和探索新技术。

大数据与人工智能方面。BNSF 利用大数据和人工智能技术寻找可能导致列车事故的轨道和货运车辆部件缺陷。人工智能能够更好地预测设备元件的问题，并追踪这些设备元件，以便在它们失效之前采取纠正措施。利用人工智能技术不仅提升了安全性，同时也提高了资产利用率、服务和运营效率，使 BNSF 成为更安全的铁路公司。

物联网和传感器方面。BNSF 长期使用热传感器、声传感器、视觉传感器和力定位轨旁传感器来检测货车车轮缺陷。例如，热/红外扫描仪可以检测各种部件的最小温度变化。如果部件发热和故障，则会发出警报，以便使列车停车并进行相关车辆的检查。此外，BNSF 还将人工智能技术应用到车轮缺陷检测方面，能够对 4000 个轨旁传感器每天提供的超过 3500 万个读数进行整理，以确定潜在问题。利用这些轨旁传感器数据，可以确定设备维修的紧迫性，并推断出维修时间。

机器视觉系统和图像分析方面。BNSF 使用了机器视觉系统和图像分析等新技术，以识别车轮的裂纹和断裂。每天有超过 75 万张车轮图像被捕获，经过训练的人工智能模型会分析这些图像，以识别边缘的各种车轮缺陷，并通知监控台迅速采取行动。借助人工智能技术，BNSF 开发新的图像分析模型，分析和识别速度达到了较高水平。

（六）Boxed. com 手推车式自动导向车

Boxed. com 手推车式自动导向车是美国电商 Boxed. com 自主开发的一款自动导向车。该自动导向车主要负责在物流中心拣货并输送至集货区，可将原本的人工作业效率提升至 80%，而被自动化工具取代的拣货员则转至包装区，以提高物流中心的整体效率。

外观上 Boxed. com 手推车式自动导向车和传统的手推车差别并不大，但它却承载了自动导向车的功能。相比于传统的手推车，Boxed. com 手推车式自动导向车进行了改造，在手推车上方装载了一个 iPad，在底部加上了一个自主移动的底盘，如图 9-5 所示。

图 9-5　Boxed. com 手推车式自动导向车

资料来源：https：//mp. weixin. qq. com/s/e0-OdDuiDeFKHJHIFKa7fw。

在技术配置上，Boxed. com 手推车式自动导向车配备有一个视觉摄像头和一个检测灯，可以有效地检测到障碍物，以防撞倒人类。与常见的自动导向车不同，Boxed. com手推车式自动导向车不需要额外定制货架，如传统手推车结构一样，顶部和下面有一个大空间用来装货，该产品设计主要用于处理 Boxed. com 的库存交易和批量订单消费品。

Boxed. com 手推车式自动导向车主要为电子商务而设计，它不需要对现有仓库设施进行过多改造，只需要与仓库管理软件对接，也不需要专门设置自动导向车车道。在 Boxed. com 现有仓库中，拣货员都是手动拣货，穿梭在拣选区域。而有了 Boxed. com 手推车式自动导向车，由它将物品带到拣选区域，拣货员不需要来回走动，以此提升效率。

（七）Honeywell Intelligrated 全自动高速卸货机器人

美国劳工统计局的资料显示，对于仓库的工作人员来说，卸货是一项劳动密集型、体力要求高且容易受伤的工种，从事该工种人员的离职率高达 36%，工伤比例比总体平均水平高出 50%以上，这也是各家企业探索装卸平台卸货自动化的一大因素。而每个包裹的尺寸、形状、重量和材料不同则是这一技术的一大难点。

为解决这一痛点，霍尼韦尔旗下的公司推出了用于从货车车厢或集装箱中灵活地卸下各种包裹的 Honeywell Intelligrated 全自动高速卸货机器人，如图 9-6 所示。Honeywell Intelligrated 全自动高速卸货机器人利用机器视觉对各种包装的形状、尺寸等进行识别，从而选择最佳的卸货方法。Honeywell Intelligrated 全自动高速卸货机器人上方装有带一排吸盘的机械臂，吸盘会根据包装、形状调整至相符形态，再将包裹从车厢中抽出。机械臂下方的传送带可以对位于货厢底部的包裹进行卸载，传送带末端可以与仓库中的传送带连接，将包裹从车厢中移出。

图 9-6 Honeywell Intelligrated 全自动高速卸货机器人

资料来源：https：//mp. weixin. qq. com/s/Ic9Uyg507FKkF4LdSmtKgg。

Honeywell Intelligrated 全自动高速卸货机器人的优点主要体现在以下三个方面。一是提高作业效率。卸货机器人采用先进的机器视觉、基于机器学习的决策和人工智能，并结合集成控制，从而实现货物卸货过程的自动化。机器学习能力可以让 Honeywell Intelligrated 全自动高速卸货机器人随着工作次数的增加逐渐提高性能。Honeywell Intelligrated 全自动高速卸货机器人的卸货速度高达 1500 箱/小时，显著提高作业效率。二是灵活处理各类货物。Honeywell Intelligrated 全自动高速卸货机器人可以灵活地处理各种形状和尺寸的货物，小至一盒纸巾、大至一台洗衣机都能轻松处理。据了解，该机器人可处理最大单件 75 磅（约 34 千克）的货物，可同时处理 350 磅（约 159 千克）的多件货物。三是快速集成。Honeywell Intelligrated 全自动高速卸货机器人无须对被卸载容器（车厢、货斗或集装箱等）进行改造，可以与仓库中的传送带、输送机集成。

三、典型案例——沃尔玛物流的自动化之路

数字化智能化已经成为零售企业当下布局的重点，通过技术赋能，优化企业的运营效率、消费者触达、组织架构、成本结构等是当前众多零售企业都在探索的方向，尤其是供应链与物流数智化能力的提升更是零售企业未来布局的重中之重。作为全球零售巨头，沃尔玛积极应用仓储机器人、无人配送车、无人机等先进的物流技术来提高物流运作的效率。

（一）仓储机器人

2018 年 8 月，沃尔玛就在美国新罕布什尔州的 Salem 门店建立自动化取货系统“Alphabot”，如图 9-7 所示。自动化取货系统“Alphabot”由零售自动化解决方案公司 Alert Innovation 开发，自动化取货系统“Alphabot”包含了自动存储与检索系统、自动拣货系统以及主控系统，自动化取货系统“Alphabot”的机器人将通过主控系统在各仓储中作移动；但农产品以及肉类等鲜食订单仍会由人工进行拣选及包装。自动化取货系统“Alphabot”技术的核心是移动机器人。在单个主控系统（MCS）的控制下，这些移动机器人在既定的系统内运行。

经过测试，沃尔玛在 2019 年 1 月实施了该系统。目前系统在一个 2 万平方英尺的仓库空间内运行。该系统的自动购物车收集客户在线订购的某些物品，包括冷藏和冷冻货物，并将它们送到工作站，由沃尔玛员工检查、包装和交付。自动化取货系统“Alphabot”的集成将有助于简化沃尔玛的在线订购过程，降低分发时间，提高准确性。机器人每小时可以拣选 800 多种产品。2021 年沃尔玛的线上订单增加了 170%，沃尔玛扩大了其自动化市场履行中心（LFC），并积极应用自动化取货系统“Alphabot”来提

图 9-7　自动化取货系统“Alphabot”

资料来源：https：//mp. weixin. qq. com/s/suF9iTu8sNmOBUuHtYoneg。

高商店取货和送货能力。

（二）无人配送车

2019 年，沃尔玛宣布了一个新的试点项目，即从 2020 年开始在休斯敦市场测试自动杂货配送服务。沃尔玛将与硅谷自动驾驶汽车创业公司 Nuro 合作，利用后者的自动驾驶汽车为部分休斯敦客户配送其在沃尔玛线上杂货商店订购的商品。在这个项目中，沃尔玛将使用 Nuro 的定制送货车 R2，如图 9-8 所示。

图 9-8　无人配送车 Nuro R2

资料来源：https：//mp. weixin. qq. com/s/suF9iTu8sNmOBUuHtYoneg。

在定位导航方面，Nuro R2 拥有完备的车辆传感系统，包括激光雷达和摄像头等，使车辆在行驶过程中能够 360 度观察周围环境。Nuro R2 依赖传感器结合精密算法控制车辆行驶，不设置踏板、方向盘和任何座椅，因此相对于其他配送车辆提供了更大的储物空间。在安全防护方面，Nuro R2 配备外部安全气囊、多种行人和道路检测装置、盲点检测装置，以保证行驶安全性，最大限度保护行人的安全；此外，还设计了快速减速装置，当感知到碰撞即将发生，并且确定制动系统不足以避免碰撞时，启动快速减速机构，让车辆快速停下来。

货柜设计也是 Nuro R2 的亮点之一，不仅设计了灵活可调的隔间，货柜内还搭载温湿度控制器，为不同货物提供适宜温度；为方便货物取放还设计了自动装卸货机构；此外，货柜中还搭载了微波炉、咖啡机、烤箱等加工设备，可以在运送途中制备订单食品，保证了食品的新鲜度。Nuro R2 在软件设计方面尽量做到人性化，提供了便利的远程操控系统和交易平台，个人还可以与车辆进行超宽带（UWB）交互，降低了接触感染概率。

（三）无人机

沃尔玛自 2015 年开始于内部进行无人机快递实验，2018 年 12 月，沃尔玛申请了一项专利，以开发无人机的“交付链”。在交付链中，每架无人机都可以与一个集中节点通信，来接收交付信息并识别该商品应传递给哪一个无人机。2020 年，沃尔玛宣布与无人机送货公司 Flytrex 合作，在费耶特维尔地区推出无人机送货试点项目。Flytrex 的无人机实现了沃尔玛门店部分食品杂货和生活必需品的配送，而使用智能、便捷的控制面板在云端即可对无人机进行操控。Flytrex 制造的自动无人机可携带重达 3 千克的包裹，往返能飞行约 10 千米（见图 9-9）。

图 9-9　Flytrex 自动无人机

资料来源：https：//mp. weixin. qq. com/s/suF9iTu8sNmOBUuHtYoneg。

随后，沃尔玛相继与 ipline 和 DroneUp 等运营商达成协议，开始试点项目，向客户提供杂货、家庭必需品和家用新冠检测试剂盒。2022 年 5 月，沃尔玛宣布计划增加提供无人机送货的门店数量：未来将在 6 个州 34 个地点空运货物，包括亚利桑那州、阿肯色州、佛罗里达州、得克萨斯州、犹他州和弗吉尼亚州部分地区的约 400 万户家庭。

第二节　日本物流技术情况

为了更好地适应市场经济的发展需要，进一步提高物流的作业效率和整体运动水平，如今在日本物流领域，新技术应用得非常普遍，新技术推广的速度也相当快。目前，普遍采用的先进技术主要有：自动搬运技术、条码技术、人工智能系统和由计算机控制的自动分拣技术等。此外，在冷链物流方面，日本冷链物流企业也开始广泛使用新型的绝热性能和保护性能高的包装材料。

一、日本物流发展状况

（一）日本物流技术发展历程

从20世纪50年代物流业发展起步至今，日本物流技术发展大致经历了机械化水平提升、人机协调水平提升、自动化水平提升、智慧化水平提升四个阶段。

1. 机械化水平提升阶段

20世纪60—70年代，随着日本国民收入的不断提升和就业机会的增长，日本国民从事体力劳动的意愿下降，生产一线和物流现场出现人力资源不足现象，市场的大量消费需求和企业用工压力增长之间的矛盾亟须解决。为解决这一问题，日本物流行业开始推广物流机械装备。例如，丰田在生产工厂中引进美国Webb公司的输送机系统，完成了生产线自动化，大大缓解了用工压力。随着电子信息技术的发展，计算机和IT开始进入工厂和物流企业。物流技术装备依托电子信息技术的发展，产品种类得到极大丰富，自动化仓库、无人搬送小车等开始出现，物流技术装备的无人化程度大大提升。但由于计算机功能仍然存在不足，无人化物流技术装备的推广受到阻碍。

2. 人机协调水平提升阶段

20世纪80年代，由于无人化物流技术装备难以广泛应用，生产和物流现场采用人、机器和计算机协调配合的方式进行作业。物流技术装备的开发与应用也围绕人机协调发展的方向进行，通过应用条码和网络技术，开发数字拣选系统、拣选小车系统等装备。在降低了工作人员劳动强度的同时，提升了物流作业的效率。

3. 自动化水平提升阶段

20世纪90年代，日本经济不景气，企业开始努力降低成本，同时受物流和供应链管理等思想的影响，企业都在努力研究消减库存的方法。提高库存周转量和出入库频率是消减库存的重要途径，因此提高物流作业能力的物流技术装备得到广泛研发和推广。在此背景下，日本开发了高作业能力的自动化立体仓库和自动分拣机。随着自动化水平的不断提升，作业效率有效提高，人工成本和仓储成本得以降低，大大促进了日本物流的效率化发展。

4. 智慧化水平提升阶段

21 世纪，随着互联网技术的飞速发展以及物联网技术在物流领域的广泛应用，物流技术装备的智慧化水平不断提高。通过应用 RFID 技术，除了实现产品信息的读写，还可以实现产品位置的自动认知和自动验货、自动盘点等功能，如自动分拣机器人等。同时，随着大数据等技术在物流领域的应用不断加强，物流技术设备的自动分析和处理能力不断加强，甚至具备自我改进和优化的学习能力。近年来日本物流技术有关政策中对加强新技术应用的重视不断增强，智慧化物流技术装备将为日本物流行业提升竞争力和服务能力，提升物流安全绿色发展水平产生重要意义。

（二）日本物流技术发展现状

在日本少子化、老龄化人口问题不断加深，且国内物流需求日趋复杂、国际物流市场竞争日趋激烈的环境下，日本物流行业正不断提升物流设备自动化、信息化、智能化水平，以克服劳动力不足的问题，同时通过持续推进物流标准化和共同配送的发展，提高日本物流服务能力。

1. 自动化、信息化、智能化设备应用广泛

随着消费需求的多样化以及生产制造能力的不断提升，物流需求随之变得更为复杂多样，物流服务也从标准化、大批量向个性化服务转变。为适应新变化，物流服务体系也需要进行升级改造，自动化、信息化、智能化设备的推广应用促进物流服务向高效、个性化方向发展。目前，语音识别技术在日本正加快推广应用，高端物流中心已开始使用该技术。该技术融合蓝牙传输、无线传输和条码、射频识别技术，有望实现将有机发光屏（OEL）贴在物流中心作业人员手臂，便于作业人员同步浏览物流信息，大大提高工作人员作业效率。日本物流领域已实现高度计算机化和自动化，物流企业普遍应用计算机管理系统，自动分拣机、自动堆垛机、自动化立体仓库等自动化物流技术设备得到广泛研发与应用，如大库机械有限公司研发的码垛机器人可搬运重达 300 千克的重物。日本物流企业在国际物流领域中，广泛使用电子数据交换（EDI）系统，提高了信息在国际间传输的速度和准确性，使企业降低了单据处理成本、人工成本、库存成本和差错成本，改善了企业和顾客的关系，提高了企业的国际竞争力。

2017 年 3 月 2 日，日本政府公布了人工智能（AI）产业化的进度表。计划到 2030 年，物流领域利用自动驾驶汽车和无人机“实现完全无人化”的目标。该构想最重要的一环是实现“完全无人运输和配送服务”，主要是在商品运输环节实现铁路和汽车的无人化，与无人机和物流设施等衔接，在最恰当的时间进行配送。

2. 物流标准化建设不断推进

日本非常重视物流标准化建设，日本工业技术院委托日本物流管理协会花费4年时间对物流机械、设备标准化进行调查研究。由此确定了物流模式体系、集装基本尺寸、物流用语、物流设施的设备基准、卡车车厢内壁尺寸等标准。其中单元货载化是标准化的一项基础性内容。单元货载化就是把所有的货物整合规范化，使它更便于运输，把货物规整化。托盘化是单元货载化的典型代表。日本标准托盘尺寸为1200mm×1000mm，实际操作应用当中也存在较少的1200mm×800mm，1100mm×1100mm等尺寸的托盘。

标准化有利于机械化物流作业的开展，以标准化的单元货载工具为基础，开展大规模机械化物流作业能够大大提高物流运作效率。

二、日本物流热点技术

（一）CAS冷链物流技术

为实现鲜香菇、哈密瓜、菠菜等生鲜蔬果在冷链配送到家后保持新鲜美味，日本千叶县流山市的冷冻技术企业ABI公司发明了冷链保鲜技术“CAS”。

“CAS”是细胞存活系统的简称，能够实现在食物细胞存活的状态下冷冻食材，能长期保持食材本来的鲜味和香味等。过去，世界上普遍采用-50～-40℃的冷风直吹冷冻法实现速冻保鲜，此时水分子聚集而成的冰结晶表面膨胀，破坏了食材的细胞组织，解冻时会发生“渗液现象”，导致具有鲜味和香味的食材的品质下降。CAS结合速冻机使用，通过独有装置在速冻机内形成磁场，利用微弱电流使食材中的水分子发生振动，抑制表面形成冰层，使食材和水分子的冻结点同步，能在不破坏细胞的情况下进行冷冻，所以能随时再现食材的新鲜。

（二）自动运输机器人STR-100

日本松下电器研发了用于台车移动的自动运输机器人STR-100。该自动运输机器人具有以下两大特点。

一是低底盘与高输出的平衡。其低矮的平板形状，方便潜入台车底部，从下举起台车，使之移动。外形尺寸宽度500毫米、长度1470毫米、高度132毫米，最大可以搬运800千克的台车（见图9-10）。STR-100的开发从应对人手不足和防止劳动灾害等角度出发，面向拥有省人化、自动化需求的物流现场。潜入后，机器人的顶板上升，便可抬起台车，在此过程中，台车不需要自行抬高底盘。

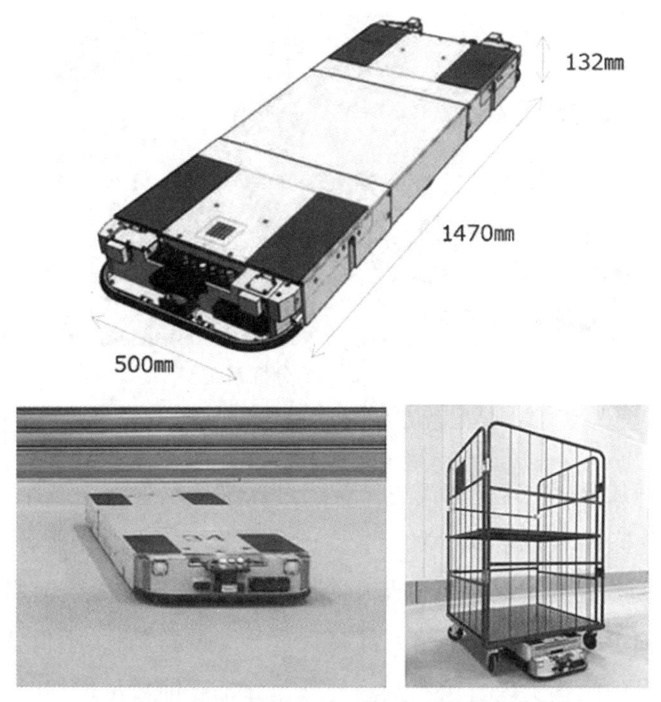

图 9-10　自动运输机器人 STR-100

资料来源：https：//mp. weixin. qq. com/s/EcjhInh1Nx4BnZHQtMzcUg。

二是高精度自动运输和自动握持功能。行驶时，可以利用两轮的速度差来回旋。此外，STR-100 可以自主识别台车的位置，自动进入台车的底部。即使台车前后左右有所偏差、倾斜，也能自动进入。车轮位置不同，或者有高低差都可以混在一起使用。进入台车底部后，通过自动化，让不需要人力的搬送业务成为可能。STR-100 基于电子地图，定位自己在地图中的位置，然后自动行走，地面上不需要铺设轨道或贴上磁带，前进时的移动速度最大可以达到 60 米/分钟，后退时则可以达到 12 米/分钟。使用专用群控制系统软件（品号 NM-BTS100），可同时控制多个分支点，可同时运行多达 100 台的 STR-100，且不会发生碰撞。以 1 厘米为单位指定行驶路线，还设定暂停、减速位置，能避免在十字路口的撞击，防止双向路径上的碰撞。

（三）EASY 分拣系统

EASY 是一种箱柜式按店铺分类辅助系统（见图 9-11）。它最大的特点是只需要 1 人即可零失误将极小的商品以及精细包装的商品分拣到各个店铺。并且，该系统操作非常简单，是一款“傻瓜式”分拣系统，新手能够立马上手，对作业人员要求较低。

EASY 分拣系统设计特点主要有以下三个方面。一是准确率高，作业人员输入商品数据后，分拣目标的箱柜（可动式柜板）将自动弹出。将商品装入该箱柜，并把箱柜

图 9-11　EASY 分拣系统

资料来源：https：//mp. weixin. qq. com/s/FoP2ZPkowIvFZvs_ADvYSw。

切实推入后，即完成分拣。这样的简单结构，可以避免发生人为失误。二是生产效率高，1 个站点（分拣数 24 家店铺）的设置空间只需 3 平方米，作业者的活动区就在其中心位置，因此无须到处走动，可以集中作业。三是该系统便于运用，具有体积小、便于移动、增设简单的特点。各个单元都装有轮子（带刹车），不仅移动、增设简单，还可根据作业人员的位置实现自由布局。另外，分拣店铺数量增加时，还可通过增设站点应对（最大可扩展到 8 个站点，即 192 家店铺货量）。这样 1 个站点（分拣数 24 家店铺）的设置空间极为紧凑。

（四）Shuttle Rack-L 穿梭式货架系统

为提高仓储空间利用率和货物取送速度，日本大福公司研发了 Shuttle Rack-L 穿梭式货架系统，如图 9-12 所示。该系统主要由穿梭式货架、穿梭车、叉车、控制系统等构成。当进行存货时，由叉车将货物放在货架巷道导轨的最前端；通过遥控操作穿梭车，承载托盘货物在导轨上运行；当进行取货时，穿梭车将货架深处的托盘移动至货架最前端，用叉车将托盘货物从货架上取下。

Shuttle Rack-L 穿梭式货架系统的特点有：一是可大幅增加空间有效利用率；二是企业可根据吞吐量自配置小车数量，降低成本、节省能源；三是提高工作效率，缩短出入库时间；四是不损坏货物，防止货型错位；五是实现品种品目管理的合理化；六是小车可重复充电，易于安装；七是控制模式简易化、模块化；八是适应多种进出模式。

（五）“TRTS” 装卸系统

为提高飞翼卡车的装卸效率和实现飞翼卡车的一键装卸作业，日本物流技术企业新推出了“TRTS”装卸系统，如图 9-13 所示。“TRTS”装卸系统是一套为飞翼式卡车提供自动化装卸的系统，主要在日本汽车工厂的零部件物流中使用。卡车司机打开

图 9-12　Shuttle Rack-L 穿梭式货架系统

资料来源：https：//mp. weixin. qq. com/s/ehzwCkzjnwyXwc3Tc_rW6w。

侧翼后，按下操作按钮，“TRTS”装卸系统就通过物联网传感器，自动检测卡车的位置和货柜的高度，转运车的滑轨会自动伸入，直接将整托盘托起，通过滑轨将货物滑到转运车上，最后，交给进货传送带，完成卸货。如果要装货，可以按照这个相反的流程，在 10 分钟内完成装车。

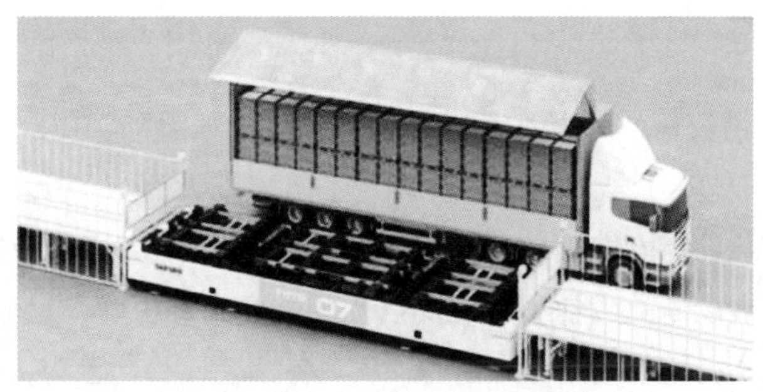

图 9-13　“TRTS”装卸系统

资料来源：https：//mp. weixin. qq. com/s/e-IA6_uuJ4Rdv6JUDxTPhw。

（六）TSP 胶轮无轨运输系统

在横滨湘南道路隧道工程中，管片台车需要在工作井内转弯，从上行线掉头至下行线，但工作井内的转弯半径小，在日本尚无相应的运输台车可以应对这样的急曲线。日本西松建设与法国 Metalliance 公司共同对横滨湘南道路隧道工程的现场进行了调查和设计，并通过伊藤忠 TC 建机株式会社引进了以搬运管片为主要目的的 TSP 胶轮无轨运输系统，如图 9-14 所示。

图 9-14　TSP 胶轮无轨运输系统

资料来源：https：//mp. weixin. qq. com/s/8UdWHJbl7fwYI9oqZajgaQ。

TSP 胶轮无轨运输系统是由 3 辆台车为 1 个编组，每辆车可运载 2 块管片（20 吨）。装载 6 块管片（60 吨）时，最高时速可达 18 千米。每辆车装载 6 个激光传感器（TSP 上共 18 个激光传感器），用于测量车辆与两侧墙体的距离，通过计算机对车辆行驶轨迹进行设计，并控制车辆的行车轨迹和方向。

TSP 胶轮无轨运输系统具有以下特点：一是外轮的最小转弯半径可达 12. 5 米；二是针对狭窄区域可远程无线操控；三是在自动转向系统的基础上，通过设置引导板可以使车辆与引导板保持一定间距行驶；四是该车型的驾驶座可折叠。

经设计引进后的 TSP 胶轮无轨运输系统可实现远程遥控完成升降机下方的操作，无线操控管片的装卸，在保障操作人员安全的同时，达到了更高的施工效率。

三、典型案例

2016 年 1 月，由大福公司协助建成的伊藤忠食品“相模原 IDC”综合性统配中心，是日本食品批发行业规模最大的综合性统配中心，以强大的 IT 功能、高度自动化的物流系统、高度精准化的物流作业，实现了商品配送高效化，并降低了运营成本。

伊藤忠食品开展以酒类、食品的批发以及相关的商品保管、运输及各种商品的信息提供、商品流通相关销售规划等为主的各项业务活动，目前已与大约 4000 家制造商有交易往来，并服务于 1000 余家零售企业等客户。日本食品行业市场规模巨大，年销售额约为 80 兆日元。伊藤忠食品作为连接零售商与制造商的大型批发企业，进行着 50 万种商品的流通，拥有遍布日本各地的 200 多个物流中心，构建起实现供应链管理运作最优化的组织架构。

为了不断满足客户企业和消费者的需求，实现商品的稳定供给和流通作业高效化，伊藤忠食品积极顺应时代发展，在信息化与仓储自动化领域一直走在同行业前列。

（一）项目概况

相模原加工食品共配中心（原物流中心）最早建成于 1999 年，面向日本伊藤洋华堂集团提供第三方物流服务。

2013 年，伊藤洋华堂为了提高在东京都内的物流效率，计划将物流据点集中，丰富商品种类，建立不仅可以处理加工食品，还可以处理日用品、服装及医药品等多种商品的大型物流中心。

该计划的实施，将使处理货物总额从 300 亿日元上升到 1000 亿日元，物流业务量也将较原来增加 3 倍。为此，伊藤忠食品为了满足伊藤洋华堂的要求，向伊藤洋华堂提出了扩大原有物流中心规模的方案，增加原有物流中心的储存量，并提高其处理能力。考虑到日本劳动力短缺现象日趋严重，难以招聘到大量员工，而且人工成本较高，于是伊藤忠食品决定大幅提高相模原加工食品共配中心的自动化程度，在提升储存、分拣等作业效率的同时，节省人力，降低运营成本。由大福公司协助完成扩建的综合性统配中心长 260 米，宽 70 米，面积扩大了一倍，并改名为“相模原 IDC”。“相模原 IDC”综合性统配中心如图 9-15 所示。

图 9-15　“相模原 IDC”综合性统配中心

资料来源：https：//mp. weixin. qq. com/s/YcMs63N_Cvxnp-1YrNSIVg。

在原有的托盘式自动仓库、输送机、分拣机之外，大福公司针对该统配中心的业务特点与实际要求，提供了大量先进适用的自动化物流系统。新建成的“相模原 IDC”综合性统配中心不仅储存能力大幅提高，而且作业效率极大提升，托盘货位从原来的 1792 个增加到 16570 个，堆垛机数量从 2 台增加到 23 台，此外新增加了 54240 个箱式货位，输送系统长度从 1400 米增加到 5500 米，高速分拣系统处理速度达到 1 万箱/小时，充分满足了伊藤洋华堂的业务发展需要。

（二）作业特点与主要流程

“相模原 IDC”综合性统配中心储存的商品主要包括加工食品、小吃零食、饮料、酒类、日用品等类型，此外还完成药品分拣配送（药品属于通过型商品，不入库存放，到货后立即拣选发货），总计有 26000 个品规，库存型（DC）商品和通过型（TC）商品大约各有 13000 种。

目前，“相模原 IDC”综合性统配中心除了为伊藤洋华堂位于东京都商圈的约 100 家门店提供配送服务，还向 10 个通过型物流中心提供分拨服务，即订单商品在“相模原 IDC”综合性统配中心进行拣选、包装后，运到通过型物流中心后不再储存，而是由后者向其服务的门店进行接力配送。此举既满足了门店对商品种类日益丰富的需求，又通过物流作业集约化，降低了成本，并省去了从不同的物流中心向门店多次送货的烦琐工序，为门店提供了便利服务。

“相模原 IDC”综合性统配中心 7×24 小时全天候运转，按照伊藤洋华堂门店的订单要求进行商品拣选与配送。由于不同种类商品的订单到达统配中心的时间以及发货的时间要求不尽相同，“相模原 IDC”综合性统配中心根据不同的商品种类安排作业流程，具体如下。

加工食品方面，包括饮料、罐头食品、调味料、方便面、半成品如咖喱料等在常温下保存时间比较长的食品。“相模原 IDC”综合性统配中心为两个波次进行作业：第一波次是 13 点前接收的订单，17 点即可完成拣货开始配送；第二波次的订单 17 点停止接收，在当天晚上进行分拣，于次日早晨发货并在中午前送达各个门店。

日用品方面，如洗发液、香皂等。8 点订单到达“相模原 IDC”综合性统配中心后，立即开始分拣，在中午 12 点前后完成分拣作业，再按店铺规定的时间分批发货，于次日中午全部送达各个门店。

药品方面，日本对药品流通有非常严格的规定，“相模原 IDC”综合性统配中心不储存药品，采用通过型作业模式。

服装和母婴产品方面，由于这类产品也属于通过型商品，没有库存，到达“相模原 IDC”综合性统配中心后直接分拣、发货。

伊藤洋华堂网上销售的产品。“相模原 IDC”综合性统配中心每天凌晨 1 点前接受的订单，连夜进行商品拣选、包装后，在次日 6 点前送到指定地点。

（三）整体布局

“相模原 IDC”综合性统配中心大体布局分为以下四层：一层为收货区、分拣发货区、加工食品超高频出入库区（采用叉车搬运、拣货）、冷藏区域、药品分拣区域、服装等通过型商品用悬挂式输送线分拣作业区；二层为夹层，是业务办公所在地；三层为加工食品托盘式立体库的入出库区与整箱拣选作业区、加工食品捆式商品拣选立体库的入出库区；四层为加工食品箱（盒）式自动仓库、加工食品穿梭车式仓库、日用品自动仓库的出入库作业区。

“相模原 IDC”综合性统配中心整体布局要同时处理门店与电商的订单，为了满足快速准确完成大量订单处理的需求，所有作业都依托先进强大的信息管理系统，并采用高度自动化物流系统来提高运作效率。如商品抵达之后，采用手持终端读取货物条码，进行收货检验，并据此决定商品的储存区域。需要进入托盘式立体仓库的货物，经垂直输送机从一楼送到三楼（见图 9-16），再由 15 台有轨高速分拣车（STV）将其送到入库口，由堆垛机将托盘货物放入仓库。

图 9-16　托盘货物经垂直输送机送到三楼

资料来源：https：//mp. weixin. qq. com/s/YcMs63N_Cvxnp-1YrNSIVg。

（四）实施效果

“相模原 IDC”综合性统配中心实现了多类商品的高速自动处理，成为日本食品批发行业规模最大、信息化与自动化程度最高的综合性统配中心，大幅提高了仓储容量与作业效率，可以完美应对业务高峰期，并节省了人力，减少了对大量临时员工的依赖性，降低了整体运营成本。目前，该统配中心共有 500 人（含临时员工），每天工作的员工有 250~350 人。

“相模原 IDC”综合性统配中心之所以取得成功，与大福公司在该项目开始之初就参与了设计规划工作，并与伊藤忠食品依托各自丰富的专业经验强强合作密不可分。例如，在项目的规划设计阶段，双方人员对分拣系统的速度、精度等技术细节经过几个月的测试与优化，直至满意后才正式投入设备安装，从而实现了系统能力最大化。特别是在“相模原 IDC”综合性统配中心投入运营后，日发货量较原来增加了 3 倍，包括业务流程、人力安排、库存调整等方面都面临很大的改善难题，因此，伊藤忠食品一直致力于物流系统与运营的持续优化，在满足作业时效性的同时，将发货差错率控制在十万分之一以下，精准度远超行业平均水平，能够更好地服务于客户。

第三节　欧洲物流技术情况

目前欧洲物流占工业总成本的 11%左右，零售业占 20%以上。这使物流也成为影响经济竞争力的关键因素，在国际竞争力方面发挥着重要作用。而物流技术的创新发展是物流提高运作效率和竞争力的重要途径。近年来，胜斐迩、德马泰克等欧洲物流装备制造商，根据不同物流场景，不断创新物流技术，制造自动化、智能化的新型物流装备，实现欧洲制造业、零售业等产业在物流方面降本增效。

一、欧洲物流技术现状

受欧洲人力成本不断上升、实现碳中和等方面因素的影响，近年来，欧洲物流技术主要有以下三个特点。

一是智能化。德国宝马工厂已经实现用 AGV 为汽车物流提供小部件传输。因为客户要的部件越来越少，小型周转箱和 AGV 的应用开始增多，并逐渐取代叉车。新技术可以实现从货架自动取货，放在 AGV 上，送到相应工位。在食品行业，德国物流研究院开发的 inBin 智能箱作为一个很好的应用技术，集成了 RFID 标签和摄像头。inBin 智能箱配有智能单元，可以实现自主管控。通过互联网通信，系统给 inBin 智能箱发布指令，完成任务后，inBin 智能箱会把信息自动上传到网络，告知任务完成情况。

二是绿色化。Cargo Sous Terrain（CST）是瑞士为符合可持续发展要求，实现零排放，减少噪声污染，减轻公路和铁路网络的负担而专门创建用于货物运输的地下物流系统，其具备存储功能，在地下 50 米的隧道中运输托盘和集装箱、单个物品和散装货物，满足市场主体即生产者、零售商和物流商的需求。地下物流系统在城市地下，采用自动化控制系统，货物运输安全准时，高效智能，可实现全天候无中断运输，具有能耗低、成本低、经济和社会经济效益较高等不同层次的优势。

三是安全性。为计算出员工从事不同工作的体力消耗和体能状况，保证员工工作安全，德国研发了员工体能体力计算器。该体力计算器可以为每一种搬运动作都设计有一个体能上限，当员工达到上限值就要停止工作，防止员工因工作超出体能出现意外。除此之外，在计算出员工每天应做多少工作最佳后，将其动作信息采集下来，由系统自动计算得出结论，并指导员工进行最合适的工作。目前，这一技术也用于拣货人员工作强度改善方面。

二、欧洲物流热点技术

（一）胜斐迩码垛机器人

德国胜斐迩公司为实现全自动化的理念，设计了模块化、可扩展、适用于自动化发货拣选的胜斐迩码垛机器人，如图 9-17 所示。胜斐迩码垛机器人是一套连贯的全自动解决方案，针对不同拣选点的需求进行拣选。胜斐迩码垛机器人主要具有如下四个方面的特点。

图 9-17　胜斐迩码垛机器人

资料来源：https：//mp. weixin. qq. com/s/GGTBzOCN8InFy-oS-82Y3w。

一是通过机器视觉技术实现智能的产品采集。胜斐迩的软件模块“机器视觉”让胜斐迩码垛机器人更智能，适用于内部物流作业。该模块可让胜斐迩码垛机器人更精确地识别货物，实现精准地货物访问。结合集成的3D图像处理技术，该软件可持续地进行监测，且可选择在屏幕上显示识别过程。系统不断与保存的主要数据进行对比，可识别到系统的任何偏差。多个内置的3D摄像头完成对胜斐迩码垛机器人的控制和货物流的监测。

二是能生成针对不同存储单元的胜斐迩包装模式。胜斐迩码垛机器人可利用胜斐迩包装模式生成器与“机器视觉”一起采集信息。胜斐迩包装模式生成器是胜斐迩物流软件的一个软件模块，可为单独的产品完成容积优化和稳固的包装方案，通过智能的打包算法计算出托盘或周转箱的打包模式，为物品选择最佳的打包模式。胜斐迩包装模式生成器拥有全面且强大的IT系统，可应对不同拣选点的分拣任务，实现“友好存储”的发货。

三是人工成本低，发货速度快。胜斐迩码垛机器人的自动化流程可减少人员成本并提升发货速度。此外，通过使用胜斐迩码垛机器人还能避免货物损坏和货物缺失，由此减少相关退货。

四是模块化、可升级且可扩展的系统解决方案。胜斐迩码垛机器人可针对客户的需求进行个性化定制。胜斐迩码垛机器人的系统可按照客户在不同场景下的特殊要求适配标准的组合模块，满足食品、非食品领域的特别要求，产品类别涵盖需严格温控的产品和其他普货。

（二）德马泰克自动导向车

Lactalis 公司是全球较大的乳制品集团之一。随着乳品的多元化发展，产品类型日趋增多，市场需求逐步增大，Lactalis 公司实现年均产奶量较过去增长近一倍。由于乳制品的产业链和供应链相对复杂，新鲜低温的乳制品对仓储环境有着极高要求，很难全面精准地监管从生产加工到流通销售的各个环节。Lactalis 公司最终决定与德马泰克展开合作，希望通过自动化物流系统提高新南威尔士州利德科姆牛奶工厂的生产效率。

德马泰克根据 Lactalis 公司的实际需求，决定采用德马泰克自动导向车来提高工厂效率，负责托盘的储存、运输、配送等工作。德马泰克自动导向车如图 9-18 所示。德马泰克自动导向车在接收从生产线上输送过来的货品托盘后，行进至订单缓存区，将托盘放在相应的储存货架上。

图 9-18　德马泰克自动导向车

资料来源：https：//mp. weixin. qq. com/s/g6Ofm76KeFIbHosiuE6KyQ。

德马泰克自动导向车主要有以下三个特点。

一是低温环境高效工作。德马泰克自动导向车可在低温环境中稳定运行。自接收从厂区生产线上输送过来的货品托盘后，能够将重达 1.2 吨的货物快速准确地放置在高达 6 米的货架上。

二是安全运行，充电极快。德马泰克自动导向车通过传感器和激光扫描仪的精确导航，能够准确判断周围工人和障碍物，以高达 1.7 米/秒的速度在狭小空间内安全作业。德马泰克自动导向车由锂电池供电，在非工作时间可自行前往充电板上充电，2 小时内即可充满。

三是自动化作业，真正的无人运行。德马泰克自动导向车是高度自动化的机器人，可以在生产线、仓库和配送中心移动和运输物品，无须人工干预。德马泰克自动导向车自运营开始，可以 7×24 小时全天候不停歇运行。

（三）落袋式分拣系统和快速翻板分拣系统

1980年成立的法国服装家居Eurodif公司拥有面积1000平方米的门店约85家，产品涉及服装、家纺、家居装饰等领域。为实现85家门店的高效配送，Eurodif在巴黎特鲁瓦建造了一个24000平方米的新配送中心，但该配送中心产品类型繁多且补货过程复杂，导致分拣效率低下，无法满足日益增长的分拣需求。为提升分拣效率，Eurodif决定采用德马泰克高度自动化仓储解决方案。

德马泰克在高度自动化仓储解决方案中提出，新集成系统需安装两套德马泰克新款分拣系统——落袋式分拣系统和快速翻板分拣系统，实现产品单件和整箱的高速分拣。两套分拣系统将订单处理流程变得井然有序，落袋式分拣系统按照订单需求将单件产品分拣到纸箱，通过运输线传送至快速翻板分拣系统；然后快速翻板分拣系统直接将订单分拣出库。Eurodif根据需求调整落袋式分拣系统的速度，单件订单流程变得灵活自由。德马泰克的落袋式分拣系统和快速翻板分拣系统如图9-19所示。

图9-19　德马泰克的落袋式分拣系统和快速翻板分拣系统

资料来源：https：//mp. weixin. qq. com/s/2GiKQjFNboKwYm2VZb_qFA。

德马泰克落袋式分拣系统久经考验，应用性强，维护成本低且操作简便，可根据需求自行调节分拣速度，Eurodif通过德马泰克的两套分拣系统实现了28000件/小时的高效分拣。单件配送产品被精准投放在落袋式分拣系统的120个斜槽中，可对门店订单与海外集装箱集中分拣。未来Eurodif将调整系统分拣流程，来满足线上线下订单的不同需求。

德马泰克快速翻板分拣系统采用低维护设计，具有稳定耐用的特点，在电子商务、补货等领域应用广泛。倾斜分拣系统能够在45~77米/分钟的速度内承载35千克内的单件产品稳定运转，以2000~5500件/小时的效率进行分拣。

德马泰克通过对落袋式分拣系统和快速翻板分拣系统的集成实现了以下五个方面的

效果。一是及时补货。Eurodif 门店补货更及时，满足客户不断增长的业务需求并确保公司持续盈利。二是反应迅速。补货效率提高，Eurodif 对市场的反应更加迅速，品牌竞争力增强。三是效率提高。德马泰克的分拣系统满足了单件和整箱配送的交付需求，仓库整洁度提高，员工补货作业更方便，工作效率提高。四是灵活调整。灵活的解决方案使 Eurodif 能够根据需求调整运营，以最佳的成本效益完成门店订单。五是实现扩展。集成系统使物流供应链更加完善，促使 Eurodif 在新市场扩大门店网络。

（四）Celluveyor 万向轮传送带

德国不来梅大学生产与物流研究所推出了一款智能传送带——Celluveyor 万向轮传送带，如图 9-20 所示。在我们以往的认知中，货物在快递工厂里面都是沿着传送带定向移动，到达某一固定位置。但是 Celluveyor 万向轮传送带与传统传送带不同，是一款模块化的万向细胞传送带，基于蜂窝输送技术，其小型六角形模块包含专门设置的全方位轮子，可以单独选择性控制，使物流操作员能在任何轨道上同时并独立地移动和定位多个物品。

图 9-20　Celluveyor 万向轮传送带

资料来源：http：//www. 360doc. com/content/21/1231/15/42649903_1011283476. shtml。

Celluveyor 万向轮传送带完美地体现了智能物流的标准化和模块化，其通过简单的组合，实现复杂的排列，让分拣系统也可实现曲线动作。这种技术的标准化程度非常高，每个硬件单元结构都一样，不同之处在于实时控制系统，可以根据物料前进方向，用物料来控制设备标准部件灵活运行。

Celluveyor 万向轮传送带具有以下特点。

一是输送过程的灵活性。Celluveyor 万向轮传送带的整体功能仅仅需要按一个键盘按钮就可以进行调整和适应。不需要任何的机械改变，只需要简单的软件调整和升级。例如，通过简单的软件调整与升级，它可以轻松从一个输送机变为分拣机或者自动码垛机。

二是布局的灵活性。Celluveyor 万向轮传送带的核心技术就是六角形模块。各模块之间依靠非常简单的机械连接，添加和分离都极为容易。另外，其布局的变化完全依靠控制软件的操作和调整，将可以大大减少停机时间。

三是吞吐量的灵活性。一般机器人输送系统如果达到满负荷，只能使用第二台机器来替补，而 Celluveyor 万向轮传送带只需要通过增减模块，就可以适应不同的运送量，能轻松应对输送物料吞吐量的大小，方便有效的控制吞吐量，非常适用于智能仓库和装配线，助力物流系统的完善。

四是运送对象的灵活性。Celluveyor 万向轮传送带运送的对象可以是多种形状和尺寸，只需要它拥有平坦的接触表面即可。

五是维修保养极为方便。模块化意味着维修保养极为方便。Celluveyor 万向轮传送带上的模块如果出问题立马就会被控制电脑侦测到，出问题的模块将会被货物绕行，而不影响整条线的持续运作。工作人员可以在短时间内更换模块，将问题模块送修。

六是节能高效。Celluveyor 万向轮传送带上的模块，只有在和货物短暂接触的时候才会运作耗能，而且这套系统机械部件之间的内部摩擦非常小，可以说是能源友好型系统的典范之作。

七是易于操作。操作员可以用安装在平板电脑上的特殊软件设置和规划产品的工作，使用起来也十分方便。

（五）Q-Loader 卡车整车自动装卸系统

德国公司 WDX 设计研发出一套卡车的自动装卸系统——Q-Loader 卡车整车自动装卸系统，如图 9-21 所示。当卡车停靠在装卸平台后，在系统的驱动之下，6 个智能的货叉自动地伸入卸货的轨道，然后将货物整盘拖出并放置到自动传输的设备上，通过流水线输送到指定的库区，最后通过自动导向车把货物送到指定的库位，整个过程可实现完全自动化，不需要人力。

图 9-21　Q-Loader 卡车整车自动装卸系统

资料来源：https：//mp. weixin. qq. com/s/Sci-_m3YrPgajcVXsT6r0g。

Q-Loader 卡车整车自动装载系统的应用可以解决以下问题：一是劳动力成本上升，

人力资源短缺；二是缺乏足够的储存和货物空间；三是产品装载效率低；四是因重型叉车作业而影响人员安全；五是因为码头数量少，导致车辆排队等候。

Q-Loader 卡车整车自动装载系统已在百事可乐位于密西西比州的中央配送仓库开始应用，这个配送中心面积达 5.8 万平方米，存放了 6 万个托盘，SKU 的数量高达 900 多个。该系统投入应用后，大大提升了百事可乐密西西比州中央配送仓库的作业效率。当前百事可乐密西西比州的中央配送仓库可实现每天 4500 个及以上托盘装车，300 辆以上汽车装卸。

（六）镀锌钢板仓

西班牙 Silos Cordoba 公司的主要业务是在收粮后的储存环节，为散装谷物、动物饲料储存和颗粒物料的收储提供综合解决方案。Silos Cordoba 公司是第一家使用 Z-600 镀锌钢为标准制造的钢板仓的筒仓制造商。

由于多功能性、易于组装、卫生处理和低储存成本等诸多优点，镀锌钢板筒仓现在是粮食储存领域内的热门产品。由镀锌钢制成的高屈服强度加强筋，提高了筒仓的质量，使其更容易装配并加强了筒仓对外部作用力的抵抗程度。柔和半径的波浪设计使筒仓清洁更为便捷，且改善了所存物料的排出通畅性，没有任何物料残留，因此储存的产品不会受到污染。Silos Cordoba 公司使用屈服强度从 350MPa 到 600MPa 的钢材作为加强筋，这种材料涂层含有 $600g/m^2$ 的锌，相当于每面 $42\mu m$ 的厚度，在恶劣的环境中也能保持长时间使用不被损坏，Silos Cordoba 公司的镀锌钢板仓如图 9-22 所示。

图 9-22　Silos Cordoba 公司的镀锌钢板仓

资料来源：https：//mp.weixin.qq.com/s/DHE0bxFpsp7d57-oyLcs6w。

Silos Cordoba 公司的镀锌钢板仓的技术优势体现在以下三个方面。一是选择用欧洲 EUROCODE 标准。如今，世界上计算筒仓常用的两个标准是欧洲 EUROCODE 标准和美国 ANSI 标准。尽管两种标准在世界范围内都得到承认，但经过计算验证，根据观测 EUROCODE 标准设计的筒仓更加坚固，有着更高的安全性和可靠性。使用欧洲 EURO-

CODE 标准与 Silos Cordoba 公司选择的优质材料和涂层一起，延长了镀锌钢板仓的使用寿命。二是因地制宜选择材料工艺，并且根据环境需求，在所有筒仓和 3 种不同涂层上平均至少安装 8. 8 个优质螺栓。在盐雾环境中采用“GEOMET 螺栓+密封剂”，可在盐雾室中耐腐蚀 1000 小时。在无盐环境中采用“重铬酸盐螺栓+密封剂”，可在盐雾室中耐腐蚀 400~500 小时。根据其他环境的要求，热浸镀锌螺栓的最小平均涂层厚度为 40~50μm，具体厚度由镀锌标准决定。三是专用的保护装置。对于极端天气区的储存工厂，有仓顶保护系统，可防止雪通过烟囱进入筒仓，以及在易受影响的区域积雪，并且所有的筒仓都具有保护元件，以防止鸟类进入。筒仓上的所有打开、维护方式都是为了用户安全并遵循人体工程学而设计的，并按照 UNE-EN ISO 14122-2 标准进行设计。

参考文献

[1] 张轩诚，武赫．居民人均收入视角下物流业发展影响消费市场的机理分析[J]．商业经济研究，2022（20）：106-109.

[2] 何黎明．党的十八大以来我国现代物流发展成就[J]．中国物流与采购，2022（18）：12-15.

[3] 汪鸣．物流园区年会展播丨汪鸣：新发展格局下物流的变与不变[EB/OL].（2020-12-21）[2022-11-12]. https：//mp. weixin. qq. com/s/A3ozXBrSDH9Gvjh_EX-uRJg.

[4] 何黎明．何黎明："十四五"现代物流高质量发展趋势方向[EB/OL].（2022-12-08）[2022-12-25]. https：//mp. weixin. qq. com/s/1bxKRkZFKiojkdzAMYcOSA.

[5] 王亮，叶奕宏，张格苗．助力"双碳"目标 温室气体监测站网如何布局[EB/OL].（2021-07-21）[2023-01-08]. https：//www. cma. gov. cn/2011xwzx/2011xqxxw/2011xqxyw/202107/t20210721_581155. html.

[6] 光伏能源圈．年发电上千万度！物流园区装光伏效果显著[EB/OL].（2022-04-22）[2022-12-22]. https：//t. cj. sina. com. cn/articles/view/3282136660/c3a16e5401900xxf9？sudaref=www. baidu. com&display=0&retcode=0.

[7] 雷超，李韬．碳中和背景下氢能利用关键技术及发展现状[J]．发电技术，2021，42（2）：207-217.

[8] 罗曼．一文了解丨 充换电前沿技术[EB/OL].（2021-12-17）[2022-12-22]. https：//mp. weixin. qq. com/s/QXrafszGUvobQ19Wc9dkiw.

[9] 方巍，伏宇翔．元宇宙：概念、技术及应用研究综述[J/OL]．南京信息工程大学学报（自然科学版）：1-25[2023-01-11]. http：//kns. cnki. net/kcms/detail/32. 1801. N. 20221207. 1946. 001. html.

[10] 童亮，袁裕鹏，李骁，等．我国氢动力船舶创新发展研究[J]．中国工程科学，2022，24（3）：127-139.

[11] 张扬军．飞行汽车发展的战略意义与未来愿景[J]．交通建设与管理，2022（3）：26-33.

［12］赵赛楠．氢能物流车成“香饽饽”？［EB/OL］．（2022-11-22）［2022-11-22］．https：//h2．in-en．com/html/h2-2419273．shtml．

［13］刘柏辰．自动化立体仓库，从起源到发展一文掌握！［EB/OL］．（2021-10-18）［2022-12-20］．https：//baijiahao．baidu．com/s？id=1713924640352153972&wfr=spider&for=pc．

［14］刘巧俏．数字孪生技术体系综述［EB/OL］．（2021-03-31）［2022-12-20］．https：//www．infoobs．com/article/20210331/46357．html．

［15］王响雷．5G 时代的智慧物流发展与物流技术变革丨热文回顾［EB/OL］．（2022-06-05）［2022-12-20］．https：//www．sohu．com/a/554218639_649545．

［16］周应梅．构建“数字仓储+数字贸易+数字金融”三位一体数字仓库 京东云直击大宗商品贸易痛点［EB/OL］．（2022-04-25）［2022-12-20］．https：//www．163．com/dy/article/H5QLKFO005199DKK．html．

［17］杜欢政，樊亚男，许元荣，等．快递包装如何实现绿色化循环化 回收利用难题待解［EB/OL］．（2021-06-17）［2022-12-20］．http：//www．chinaweekly．cn/html/industry/34162．html．

［18］李瑞娟．我国绿色包装材料的现状与发展［J］．信息记录材料，2019，20（11）：23-24．

［19］柯莎．“一纸成型”提携式包装结构减量化设计研究与应用［D］．长沙：湖南工业大学，2016．

［20］都芃．可循环快递包装正走向你我［N］．科技日报，2022-06-27（005）．

［21］杨云飞．箱箱共用：力推在线循环包装服务平台［J］．中国物流与采购，2021（21）：26-27．

［22］高康，黄倩．智能包装应用现状研究［J］．绿色包装，2019（3）：52-55．

［23］陈克复，陈广学．智能包装——发展现状、关键技术及应用前景［J］．包装学报，2019，11（1）：1-17，105．

［24］胡志才．“新零售”背景下智能包装设计的发展与应用研究［J］．包装工程，2022，43（14）：221-228，253．

［25］梅少云，万萱．食品类信息型智能包装的应用研究［J］．包装工程，2017，38（8）：15-18．

［26］马晓旭．物流托盘技术综述［J］．中小企业管理与科技（上旬刊），2016（7）：90-91．

［27］杜运坤，杨成．应急物流集装单元化问题浅析及展望［J］．中国储运，2022（3）：165-167．

［28］刁生富，冯桂锋，吴选红．区块链与产业新机遇［M］．北京：电子工业出版社，2021.

［29］孟凤翔．打造智慧生态圈的平安壹账链 | 区块链企业案例研究［EB/OL］．（2019-12-09）［2022-11-20］．https：//www.iyiou.com/analysis/20191209119894.

［30］张新生．基于数字孪生的车间管控系统的设计与实现［D］．郑州：郑州大学，2018.

［31］陶飞，刘蔚然，刘检华，等．数字孪生及其应用探索［J］．计算机集成制造系统，2018，24（1）：1-18.

［32］庄存波，刘检华，熊辉，等．产品数字孪生体的内涵、体系结构及其发展趋势［J］．计算机集成制造系统，2017，23（4）：753-768.

［33］陆剑峰，张浩，赵荣泳．数字孪生技术与工程实践［M］．北京：机械工业出版社，2022.

［34］程琳琳．邬贺铨：数字孪生发展面临五大挑战［EB/OL］．（2021-07-16）［2022-12-04］．http：//www.cww.net.cn/ article？ from=timeline&id=488771&isappinstalled=0.

［35］王继祥．【物流】王继祥："数字孪生"究竟是什么样的"黑科技"？物流领域如何应用？［EB/OL］．（2017-12-21）［2022-12-04］．https：//www.sohu.com/a/211847302_757817.

［36］朱福喜，杜友福，夏定纯．人工智能引论［M］．武汉：武汉大学出版社，2006.

［37］史湘宁，房超，李辉，等．我国人工智能关键技术体系演化路径及发展研究——基于科学计量视角［J］．科学管理研究，2022，40（3）：2-11.

［38］黄勇．人工智能应用及关键技术分析［J］．信息与电脑（理论版），2020，32（13）：108-110.

［39］罗磊，赵宁．人工智能在物流行业的应用综述与发展趋势［J］．物流技术与应用，2021，26（7）：116-121.

［40］张潜．物流运筹学［M］．北京：北京大学出版社，2009.

［41］宋华．宋华：不确定性催生物流行业根本性变革 | 教授洞见［EB/OL］．（2022-06-24）［2022-11-22］．https：//mp.weixin.qq.com/s/1LiqDBUnx2SJMkyLnbx_QA.

［42］徐翔斌，李志鹏．强化学习在运筹学的应用：研究进展与展望［J］．运筹与管理，2020，29（5）：227-239.

［43］高颖，冯卓，张水波．2020 工程管理研究前沿重点解读（三）——供应链韧性［EB/OL］．（2021-01-29）［2022-11-26］．https：//mp.weixin.qq.com/s/

UmB2l91RUfUzyZZA5MyqRw.

［44］李路遥，沈一帆，夏俊，等．考虑一致性约束的车辆路径问题综述［J］．交通运输工程与信息学报，2021，19（4）：62-74.

［45］刘烨．智能仓储 AGV 的任务分配与路径规划算法研究［D］．北京：北京印刷学院，2022.

［46］郭洪月，王元新，孙晨曦．自动泊车系统中 AGV 路径规划及碰撞规避问题分析［J］．装备制造技术，2020（4）：258-261，267.

［47］王非，张洪海，冯讴歌，等．基于改进 A*算法的物流无人机航路网络协同规划［J］．现代交通与冶金材料，2022，2（5）：31-38.

［48］赵畅，刘允刚，陈琳，等．面向元启发式算法的多无人机路径规划现状与展望［J］．控制与决策，2022，37（5）：1102-1115.

［49］井华．专栏｜从架构到算法，详解美团外卖订单分配内部机制［EB/OL］．（2017-10-26）［2022-12-25］．https：//mp. weixin. qq. com/s/84kj45NIx5SkbN7ed9c_Aw.

［50］熊浩，鄢慧丽．数据驱动外卖平台智能派单的实现机理研究［J］．南开管理评论，2022，25（2）：15-25.

［51］尹军琪．【物流】尹军琪：物流配送中心的拣选技术与策略分析［EB/OL］．（2022-11-14）［2022-12-25］．https：//www. sohu. com/a/605508713_757817.

［52］季爱迅．电商企业配送中心订单拣选作业优化研究［D］．沈阳：沈阳工业大学，2021.

［53］石源．兰州石化公司低密度聚乙烯产品生产排程优化研究［D］．兰州：兰州大学，2022.

［54］张长浩．回顾 No. 18 ｜ 程春博士：无人机在物流配送中的路径优化［EB/OL］．（2020-10-14）［2023-01-20］．https：//mp. weixin. qq. com/s/LfiJ6ThusYsBl9cunO68cw.

［55］刘君兰，张文博，姬红兵，等．无人机集群路径规划算法研究综述［J］．航天电子对抗，2022，38（1）：9-12.

［56］刘昕．新能源汽车成国际运输赛道“香饽饽”［EB/OL］．（2022-11-03）［2022-11-22］．http：//auto. cnwest. com/qczx/a/2022/11/03/21030959. html.

［57］中物联汽车物流分会．开启重卡铁路运输新时代［EB/OL］．（2022-05-23）［2022-11-17］．http：//qcwlfh. chinawuliu. com. cn/gzdt/202205/23/578395. shtml.

［58］林振强．东风日产：全程管理，智能升级，打造汽车零部件供应链物流体系——访东风日产乘用车公司供应链管理部部长李少新［EB/OL］．（2022-07-26）［2022-11-17］．https：//mp. weixin. qq. com/s/R-y2QDUQRuZVEv5sCZSWgw.

［59］王玉．长安民生物流的零部件供应链物流服务转型升级之道——访重庆长安民生物流股份有限公司智慧物流推进中心副总监黄斌［EB/OL］.（2022-07-28）［2022-11-17］. https：//mp. weixin. qq. com/s/kA_pt15sb8c3HUJaX-Cy0A.

［60］任芳．博泽：探路汽车行业供应链数智化升级 ——访博泽中国物流规划经理章永辉［EB/OL］.（2022-03-15）［2022-11-17］. https：//mp. weixin. qq. com/s/V8EC9ZJ1xE7PNQTbsO7zJw.

［61］中物联冷链物流专业委员会（农产品供应链分会）．年度盘点丨 2021 冷链物流政策盘点分析［EB/OL］.（2022-01-26）［2022-11-17］. http：//llzwh. chinawuliu. com. cn/sjbg/202201/26/569855. shtml.

［62］华经产业研究院 .2021 年中国冷链物流市场规模、需求量及行业相关企业注册量［EB/OL］.（2022-05-26）［2022-12-08］. https：//www. 163. com/dy/article/H89KSG4C0552SV13. html.

［63］崔忠付．重点关注丨党的十八大以来我国食品冷链物流发展成绩［EB/OL］.（2022-10-27）［2022-11-17］. https：//mp. weixin. qq. com/s/yZsWuBciFY_1xCx052i3Vw.

［64］舒建国，闫海滨．【会员专栏 NO. 5】冷冻冷藏项目 NH_3/CO_2 复叠制冷系统的 6 大设计特点［EB/OL］.（2020-04-10）［2022-11-17］. https：//mp. weixin. qq. com/s/VfvvBIuIlH-glNF8KpSZ4A.

［65］林德中国叉车有限公司．林德叉车冷库定制方案，“鲜活”您的冷链物流［EB/OL］.（2022-08-18）［2022-11-18］. https：//www. toutiao. com/article/7133135536394371587/.

［66］中物联冷链委．“十四五”冷链大家谈丨信息化时代，冷链终将抵达［EB/OL］.（2022-07-26）［2022-11-17］. https：//mp. weixin. qq. com/s/pCYk42vMWZVJnA3N41Snlg.

［67］中视健康．金域医学老板开启无人机科技助力生物样本冷链物流新时代［EB/OL］.（2022-05-06）［2022-11-17］. https：//www. sohu. com/na/544245403_121232403.

［68］王玉．预制菜火热发展下的冷链物流机遇［EB/OL］.（2022-10-19）［2022-11-17］. https：//mp. weixin. qq. com/s/P5YTRiZD6ebgwy3R76zqpQ.

［69］赵皎云．服装制造数智化转型中的物流升级［EB/OL］.（2022-02-25）［2022-12-18］. https：//mp. weixin. qq. com/s/7u1dw8_tEtUHEHbFGokd8g.

［70］张威．服装行业拆零拣选方案的对比分析丨热文回顾［EB/OL］.（2021-02-15）［2022-12-18］. https：//mp. weixin. qq. com/s/_l08MpoffkIexBzA32lFDw.

［71］杨云飞．“需求不稳 退货攀升”致服装供应链承压［J］. 中国物流与采购，

2022（13）：31-33.

［72］潘铎印．让快递包装“瘦身”需久久为功［EB/ OL］．（2022-11-09）［2022-12-18］．https：//www. workercn. cn/c/2022-11-09/7222306. shtml.

［73］张璇，班娟娟．实现 24 小时配送 无人车三重优势展现潜力［EB/OL］．（2022-11-25）［2022-12-20］．https：//finance. sina. com. cn/jjxw/2022-11-25/doc-imqmmthc5892959. shtml.

［74］郭家辉．无人配送车+人力协同，抢占千亿级即时配送市场［EB/OL］．（2020-05-21）［2022-12-19］．https：//zhuanlan. zhihu. com/p/142622091.

［75］刘晓鹏．美团无人机助力“最后三公里”配送［J］．中国物流与采购，2022（18）：28-29.

［76］喜崇彬，江宏．机场物流系统无人化升级 | 航空物流专题（六）［EB/OL］．（2021-04-28）［2023-01-08］．https：//www. 163. com/dy/article/G8N4GEP20530UFIR. html.

［77］任芳．物流无人机的发展与应用 | 物流“无人化”专题（六）［EB/OL］．（2019-02-27）［2023-01-08］．https：//www. sohu. com/a/298302481_649545.

［78］骆香茹．无人机带物流行业飞向未来［N］．科技日报，2002-12-02（006）.

［79］陈镜羽，张立．疫情背景下应急生活保障物资末端物流配送模式研究［J］．物流科技，2020，43（10）：47-50.

［80］王京阳，于旖婧，杨晴．区块链技术推动应急物流发展路径研究［J］．海峡科技与产业，2022，35（8）：60-63.

［81］肖远．【新变局：后疫情时代，无人机迎来爆发前夜】［EB/OL］．（2022-11-28）［2022-12-20］．https：//mp. weixin. qq. com/s/L1PWR4i96ygfybjM0nCKWA.

［82］龚谨．【供应链金融资讯】供应链金融科技发展的挑战及趋势［EB/OL］．（2022-08-08）［2022-11-17］．https：//www. financialnews. com. cn/ll/sx/202208/t20220808_252936. html.

［83］弋隽雅．案例 | Zipline：专注医疗配送的美国无人机物流公司［EB/OL］．（2022-10-10）［2022-10-30］．https：//mp. weixin. qq. com/s/ke8-iavcThr87GdJwx9ofA.

［84］铁路视点．【技术动态】美国 BNSF 公司智能化铁路货运技术［EB/OL］．（2021-12-13）［2022-10-28］．https：//mp. weixin. qq. com/s/hhWlKjkzO30mixUA_ZW2tA.

［85］德马泰克．德马泰克 AGV，助力 Lactalis 供应链优化升级［EB/OL］．（2020-08-22）［2022-11-15］．https：//mp. weixin. qq. com/s/g6Ofm76KeFIbHosiuE6KyQ.